Ex libris

Helga Kurzwart

KRÖNERS TASCHENAUSGABE BAND 194

BILDWÖRTERBUCH
DER ARCHITEKTUR

VON

HANS KOEPF

Mit 1300 Abbildungen

Zweite Auflage

ALFRED KRÖNER VERLAG STUTTGART

ISBN 3-520-19402-3
© 1974 by Alfred Kröner Verlag in Stuttgart
Printed in Germany. Alle Rechte vorbehalten
Gesamtherstellung von Friedrich Pustet, Regensburg

VORWORT

Architektur umgibt uns – nicht nur die modernen Zweckbauten der Großstadt, auch die Tempel und Kirchen, die Burgen und Schlösser der Vergangenheit, denen wir auf unseren Reisen begegnen, finden unser Interesse und verdienen unsere Bewunderung.

Wer jedoch einmal versucht hat, den Eindruck eines Bauwerkes in Worte zu fassen und das, was er sieht, zu beschreiben, wird rasch feststellen müssen, daß ihn sein Wortschatz im Stich läßt, vielleicht schon, wenn es um größere Bauteile geht, vielleicht erst, wenn es sich um die Details handelt.

Auch die Architektur, im Sinne dieses Buches als Baukunst im weitesten Sinne des Wortes, jedoch nicht als Ingenieurwissenschaft mit ihren Daten und Tabellen verstanden, hat ihre eigene Fachsprache, die aus der Notwendigkeit einer eindeutigen Bezeichnung von Bauteilen entstanden ist und die allein mit ihren Begriffsprägungen der praktischen Bedeutung und der historischen Entstehung der Bauteile gerecht wird. Wer sich mit der Architektur befaßt, sei es als Fachmann, als Kunstinteressierter, als Studierender der Architektur oder als aufgeschlossener Laie, muß diese Sprache beherrschen, oder er wird auf ein tieferes Verständnis der Baukunst verzichten müssen, die nicht von der Illusion des schönen Scheins allein, sondern eher vom realen Sachwissen getragen ist: Erst was man erkennen, benennen, definieren bzw. in seiner Gestalt und Funktion erfassen kann, das sieht man wirklich. Schon in früher Zeit hatten die Naturvölker den Glauben: Erst wenn ich den Namen eines Gegenstandes weiß, habe ich auch Macht über diesen Gegenstand.

Die grundlegende Fach- und Begriffssprache der Baukunst – weniger die der modernen Statik, zeitlich, räumlich und örtlich verschiedener Sonderbauweisen und der praktischen Bauausführung – in ihren Bestandteilen aus Vergangenheit und Gegenwart zu sammeln, durch Abbildungen zu belegen und in klarer Form zu definieren, ist die Zielsetzung des vorliegenden Wörterbuches.

Dieser Aufgabe wird es in doppelter Weise gerecht: Der alphabetisch geordnete Hauptteil bietet die rund 2400 wichtigsten Fachausdrücke mit Definitionen und – wo erforderlich – bildlichen Darstellungen; er erörtert die Entwicklungsgeschichte, die Funktion und die Bedeutung der Begriffe und verweist auch auf die mögliche Formenvielfalt innerhalb desselben Aufgabenbereiches.

Ein ergänzender Anhang zeigt anhand ausgewählter praktischer Beispiele von Prototypen der Baukunst die Benennung typischer Architekturformen und Architekturdetails und übersetzt so die optischen Eindrücke in eindeutige Sachbegriffe. Mit seiner Hilfe wird auch der zunächst weniger mit der Materie Vertraute in die Lage versetzt, die gesuchten Fachausdrücke für einzelne Bauteile zu finden und im alphabetischen Teil zur genaueren Information nachzuschlagen.

Der Umfang der Taschenausgabe verlangt eine strenge Konzentration auf das Wesentliche, größtmögliche Knappheit der Darstellungen und eine systematische Vereinfachung der Zeichnungen. Auf stilgeschichtliche Darstellungen wurde bewußt verzichtet, doch lassen zahlreiche zusammenfassende Tafeln (wie „Kapitellformen") die formalen Zusammenhänge optisch deutlich erkennen. Diese Beschränkung erweist sich als besonderer Vorzug: Dem Benutzer des Buches wird das notwendige Gerüst der Fachausdrücke ohne Beiwerk und ohne Wertung dargeboten.

Bei der Auswahl der Stichwörter wurde der europäische Raum bevorzugt dargestellt und dabei wiederum auf die Beschreibung der jeweiligen Bauformen (wie „Gewölbeformen") oder baulicher Details (wie „Gesimsformen") besonderer Wert gelegt, die in der Baukunst längere Zeit Verwendung gefunden haben und die deshalb als Prototypen gelten.

Verweispfeile (→) führen zu Artikeln, die weitere Aufklärung über den gesuchten Begriff bringen, Pfeile mit Stern (→*) verweisen auf Artikel, bei denen der Begriff abgebildet ist. Die Zusammenfassung technischer und formaler Begriffe zu Sammelkapiteln (wie „Dachkonstruktion", „Dachdeckung" oder „Dachformen") hat sich vor allem durch die zu Vergleichszwecken nebeneinander gezeichneten Abbildungen sehr bewährt. Beim einzelnen Stichwort (wie „Hängewerk", „Doppeldach" oder „Walmdach") findet sich dann nur eine Kurzinformation und der Hinweis auf das Sammelkapitel.

Die Literaturangaben sollen nicht erschöpfende Auskunft geben, sondern nur Anregungen zu weiterer Information vermitteln. Deshalb wurden nur diejenigen Werke aufgeführt, die zur grundsätzlichen Klärung der Begriffe beitragen können. Eine auch nur halbwegs vollständige Erfassung der fremdsprachigen Literatur hätte den Umfang des vorliegenden Lexikons in kaum vertretbarer Weise ausgeweitet.

Anregungen und Unterstützung erhielt der Autor von vielen Seiten. Herr Privatdozent Dr. Hans Holländer hat mich bei der Abfassung des vorbereitenden Stichwortkataloges unterstützt, Herr Dr. Helmut Dingeldey stellte im Anfangsstadium des Werkes seine reiche lexikalische Erfahrung zur Verfügung.

Die Abbildungen wurden zum größten Teil für dieses Werk neu gezeichnet, ein Teil wurde aus meinen früheren Werken „Deutsche Baukunst" und „Baukunst in fünf Jahrtausenden" entnommen. Herrn Dipl.-Ing. Roland Schachel danke ich für die Auswahl und die Mitbearbeitung des Abbildungsmaterials, für die Kontrolle der Verweise und das Lesen der Korrektur.

Für Anregungen zur Aufnahme weiterer Stichwörter sowie für Vorschläge für Ergänzungen und Verbesserungen der bereits vorliegenden Stichwörter sind Verlag und Autor jederzeit dankbar.

H. Koepf

VERZEICHNIS
DER ABBILDUNGEN
IM ANHANG

ABKÜRZUNGEN:

aram.	aramäisch	Mz.	Mehrzahl
bes.	besonders, besondere	n. Chr.	nach Christi Geburt
	besonderer	nördl.	nördlich
bzw.	beziehungsweise	o. J.	ohne Jahreszahl
christl.	christlich	österr.	österreichisch
ders.	derselbe	östl.	östlich
d.h.	das heißt	S.	San, Sant, Santa, Saint
Diss.	Dissertation		usw.
dt.	deutsch	sog.	sogenannt
europ.	europäisch	südl.	südlich
ff.	folgende	u. a.	und andere
figürl.	figürlich	u. dergl.	und dergleichen
franz.	französisch	urspr.	ursprünglich
gebräuchl.	gebräuchlich	usw.	und so weiter
Hdb.	Handbuch	v. Chr.	vor Christi Geburt
hg.	herausgegeben von	vgl.	vergleiche
ital.	italienisch	westl.	westlich
Jh.	Jahrhundert	Zs.	Zeitschrift
Jt.	Jahrtausend	zus.	zusammen
kath.	katholisch	→	siehe
kirchl.	kirchlich	*	mit Abbildung
lat.	lateinisch	hochgestellte Zahl vor Jahreszahl	
Lit.	Literatur	bei Literaturangaben = Auflage	
ma.	mittelalterlich	(z. B.: ²1956 = 2. Aufl. 1956)	
MA.	Mittelalter		

Aasdach, im skandinav. Blockbau gebräuchliche Dachkonstruktion, bei der die Dachhaut nur von
Pfetten (norweg. *Aaser, Åser*),
nicht von Sparren getragen wird.

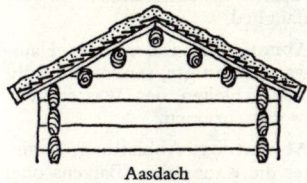

Aasdach

Aaskopf, → Bukranion, Nachbildung eines Tierschädels als Bauornament (→ *Fries).

Abakus (lat. von griech. *abax*
Tischplatte), meist rechteckige
oder quadrat. Deckplatte, die den
oberen Abschluß des → *Kapitells bildet. Der A. der dor. Säule
ist ebenflächig und ungegliedert,
der des ion. und korinth. Kapitells
durch Hohlkehle und Leiste profiliert, vielfach auch mit Blattwerk
oder anderem Ornament verziert.
Beim Kapitell der korinth. Ordnung und beim Kompositkapitell
sind die Seiten des A. konkav geschwungen. Während die A. in
der Baukunst der Antike und den
sie nachahmenden Baustilen die
Regel ist, tritt in der frühchristl.-
byzantin. Baukunst häufig ein
Kämpferaufsatz an seine Stelle. In
der ma. Baukunst kann der A.
auch ganz entfallen. Bei der sog.
protodor. Säule ersetzt der unge-

gliederte A. das Kapitell (Abakussäule).

Lit.: → Kapitell

Abakusblume, Blume oder Rosette in der Mitte jeder der vier
konkav eingezogenen Seiten des
Abakus am korinth. → *Kapitell.

Abaton (griech.: das Unbetrete-
ne), 1. Teil eines heiligen Bezir-
kes, der nur vom Priester oder besonders berechtigten Laien betreten werden darf, z. B. im altgriech.
Kurort Epidauros der Raum für
Heilungsuchende. Auch selten gebrauchte Bezeichnung für das
→ *Adyton im griech. Tempel.
2. Der von einer Ikonostasis abgeschlossene Chor als Allerheiligstes in orthodoxen Kirchen.

Abblattung, → *Abplattung.

Abdach, niederdt. Bezeichnung
für ein auskragendes Vordach.

Abfasen, abkanten, im Holz- und
Steinbau eine Kante so abarbeiten,
daß eine schräge Fläche, die →
*Fase, auch Schmiege, entsteht.

Abgeschnürte Vierung, eine →
*Vierung, die von stark vorgezo-
genen Mauerzungen begrenzt
wird.

Abgründung, Abblattung →
*Abplattung 2.

Abhängling, 1. zapfenförmig
herabhängender Schlußstein (hängender Schlußstein) bes. an spätgot. Gewölben; 2. zapfenförmig

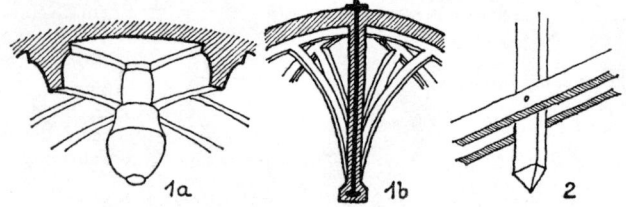

Abhängling
1 a Knauf   1 b Hängender Schlußstein mit Eisenanker beim
Zweischichtengewölbe   2 Hängezapfen einer Hängesäule

herabhängender Knauf am unteren Ende der Hängesäulen, an den Balkenkreuzungen von Balkendecken oder nach unten offenen Dachstühlen.

Abkanten, abfasen, abarbeiten einer Kante zu einer schrägen Fläche (→ *Fase).

Abkehlen, auskehlen, abarbeiten einer Kante in Form einer Hohlkehle (→ *Kehle).

Abkreuzung, 1. Konstruktion zur gegenseitigen Versteifung von Balken einer Balkenlage durch kreuzweise angeordnete Latten, sog. Kreuzstaken; 2. eine Fachwerkwand (→ *Fachwerk) mit hölzernen Kreuzstreben versehen (Andreaskreuz).

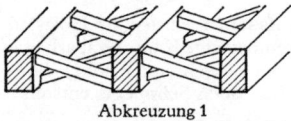

Abkreuzung 1

Ablaufrinne → Abtraufe.

Ablauf, Apophyge, Apothesis, im Gegensatz zum → Anlauf konkav

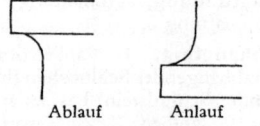

Ablauf   Anlauf

kurvierte Vermittlung zwischen einem vorspringenden oberen und einem zurücktretenden unteren Bauglied.

Ablaufrohr, das an der Hauswand befestigte, senkrechte Rohr zum Ableiten des Wassers von → *Dachrinnen.

Abplattung, Abblattung, 1. hinter die Kante eines Balkens oder

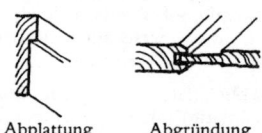

Abplattung   Abgründung

Brettes zurücktretende Fläche; 2. auch Abgründung, das Abarbeiten der Ränder von Füllungsbrettern auf die Stärke der Nuten, in die sie eingeschoben werden sollen, z. B. bei Türfüllungen.

Abschnittsburg, durch Gräben in mehrere befestigte Abschnitte mit je einem eigenen Hof unterteilte → Burg.

Abseite, heute kaum noch gebrauchte Bezeichnung für Seitenschiff (→ *Schiff).

Abside, Apside (mittellat. *absida*) → *Apsis.

Absidiole → Apsidiola.

Abtei, 1. unter der Leitung eines Abtes bzw. einer Äbtissin stehende Wohngemeinschaft eines Klosters; 2. das mit dem Kloster verbundene Haus des Abtes (Abtshaus) enthält außer den Wohnräumen des Abtes gewöhnlich eine eigene Kapelle, manchmal auch einen gesonderten Kreuzgang (Abtshof) und Garten.

Lit.: 2. K. G. Stephani, Der älteste dt. Wohnbau, 1903; F. Reischl, Wiener Prälatenhöfe, 1919.

Abtraufe, Ansetztraufe, schmuckloser → *Wasserspeier in Form einer Röhre oder Ablaufrinne.

Abtreppung, treppen- bzw. stufenförmige Ausbildung eines Bauteiles, z. B. eines → *Giebels (Treppengiebel).

Abtritterker, bei ma. Burgen übliche Art des Aborts in der Form eines kleinen vorgekragten Erkers. Im späten MA. sind die A. meist unten geschlossen und ruhen auf einem bis zum Erdboden reichenden hohlen Pfeiler.

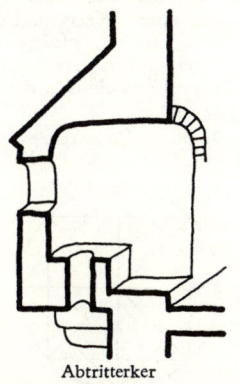

Abtritterker

Abtshaus → Abtei 2.

Abtshof, gesonderter Kreuzgang beim Abtshaus (→ Abtei 2).

Abwalmen, an einem Dach statt des Giebels einen Walm anbringen (→ *Dachformen).

Abweichstein, Abweiser, Radabweiser, Radstößer, Stein zum Schutz der Hausecken gegen Beschädigung durch Fahrzeuge (→ *Prellstein).

Abwicklung, fortlaufende Aneinanderreihung von Ansichten eines Baukörpers oder Raumes in Normalprojektion, z. B. Fassaden-A. oder Rauma. in einer Bauzeichnung.

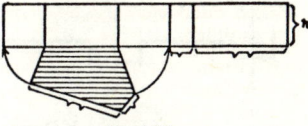

Abwicklung

Accoudoir (franz.), Armlehnen neben den Sitzen eines → *Chorgestühles.

Achse (lat. *axis*), Linie in horizontaler oder vertikaler Richtung, auf die bauliche Schöpfungen (Städtebau, Grundrisse, Schnitte, Fassaden, Fenster u. dergl.) bezogen sind. In der Längsrichtung angeordnete A. heißen Längsa., auf die Quera. bezogen sein können. Die Symmetriea. eines Bauwerks oder seiner Teile heißt Mittela. (Abb. S. 4).

Lit.: W. Rave, Die A. in der Baukunst (Diss. TH. Berlin), 1929; L. Adler, A. (Wasmuth), 1929.

Achsenbrechung → Achsenneigung.

Achsenneigung, Achsenbrechung, Abweichung der Mittelachsen von Teilen desselben Bauwerks, die normalerweise in gleicher Richtung verlaufen. Die A. kann durch Rücksichtnahme auf andere, ältere Bauteile oder auf

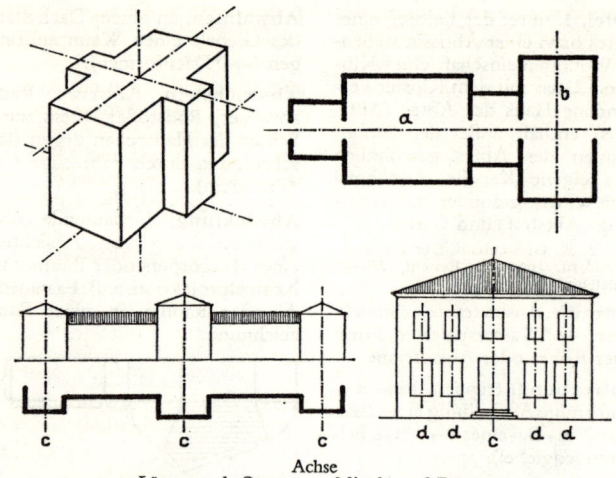

Achse
a Längsa.   b Quera.   c Mittela.   d Fenstera.

eine ortsgebundene Kultstätte, durch Ungenauigkeiten beim Bauen, durch Gelände- und Fundamentierungsschwierigkeiten

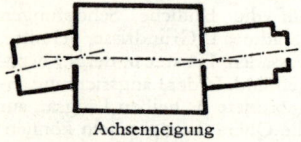

Achsenneigung

oder dadurch verursacht sein, daß während der Bauzeit die Ostung neu festgelegt wurde. Beispiele bes. auffälliger A. sind der Amuntempel von Luxor, die Ritterstiftskirche zu Wimpfen im Tal, die Stiftskirche von Gernrode und S. Vitale in Ravenna.

Achteck, das regelmäßige A., nach seiner griech. Bezeichnung auch Oktogon genannt, ist eine der wichtigsten geometr. Figuren und wurde bei röm., altchristl. und frühma. Zentralbauten vielfach als Grundrißfigur verwendet. L. Adler, A. (Wasmuth), 1929.

Achtort, Achtspitz, Achtuhr, aus den ma. Bauhütten stammende handwerkliche Bezeichnung für eine aus einem Kreis und zwei übereck gestellten gleichgroßen Quadraten konstruierte Figur, die ein Proportionsschlüssel der Gotik gewesen ist.

A. v. Drach: Das Hüttengeheimnis vom gerechten Steinmetzengrund, 1897.

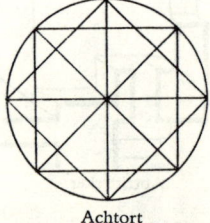

Achtort

Achtpaß, Ornamentfigur des got. Maßwerks aus acht Dreiviertelkreisbogen, die radial um einen Mittelpunkt angeordnet sind. (→ Paß).

Achtspitz → *Achtort.

Achtuhr → *Achtort.

Acoltello (ital.), eine Form des Ziegelpflasters (→*Ährenwerk 2).

Adelshotel → *Hôtel.

Ädikula

Ädikula, Aedicula (lat.: kleines Haus, Tempelchen), urspr. kleiner, einer Tempelfront ähnlicher Aufbau zur Unterbringung einer Statue. Danach jede aus Stützgliedern (Säulen, Pfeilern, Pilastern) und einem Giebel in Dreieckoder Segmentbogenform bestehende Umrahmung von Nischen. In der hellenist. und röm. Baukunst als architekton. Schmuck von Stadttoren, Triumphbögen, Thermen u. dgl. häufig verwendet, wurde das Motiv der Ä. auch in den antikisierenden Baustilen (Renaissance bis Klassizismus) bes. zur Belebung und Gliederung großer Mauerflächen am Außenbau wie im Innenraum wiederverwendet. – Im frühen MA. bezeichnet Ä. eine kleine, nicht für den öffentlichen Gottesdienst bestimmte Privatkapelle, auch eine Grabkapelle.

Ädikulaaltar → Altarretabel.

Adlerkapitell, eines der figürlichen Kapitelle der roman. Architektur, meist mit vier Adlern an den Ecken. Der vielfältig variierte Grundtyp ist klar und zwingend aus der Verwendung der heraldischen Adlerfigur entwickkelt.

K. Nothnagel, A. (RDK), 1937.

Adobe (span.), luftgetrocknete Lehmziegel, mit denen die Puebloindianer Mexikos ihre Dorfhäuser bauen.

Adyton (griech.: das Unzugängliche), auch Abaton, in griech. Tempeln der Raum, in dem das Kultbild steht und der als Allerheiligstes nur vom Priester betreten werden darf. In einigen Tempeln ist das A. ein gegen die Cella geöffnetes, erhöhtes Hintergemach, in anderen eine Kammer inmitten der Cella oder auch nur eine Nische an einer Rückwand der Cella. – Auch die ihrer Funktion nach ähnliche Barkenkammer (Sekos) ägypt. Tempel wird manchmal A. genannt.

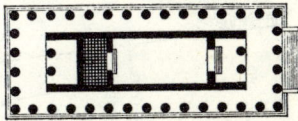

Adyton
(Beispiel: Selinunt, Heratempel, E)

Aëtoma, Aëtos (griech.: das Adlerförmige, der Adler), selten gebrauchte Bezeichnung des Giebels griech. Tempel (→ *Tympanon).

Agora (griech.: Markt), Platz der griech. Stadt, auf dem Versammlungen und Märkte abgehalten wurden. Die in der Regel viereckige A. war häufig von Säulenhallen (Stoa) umgeben, mit einem oder mehreren Altären und Ruhebänken versehen und mit Denkmälern geschmückt. An oder in der Nähe der A. lagen das Rathaus (→ *Buleuterion) und das Haus der städt. Behörden (→ Prytaneion), doch gab es in den kleinasiat. Griechenstädten mehrere Agoren von unterschiedlicher Bedeutung. Besonders typische Agoren besaßen Priene und Milet.

F. Krischen, A. (Wasmuth), 1929; ders., Die griech. Stadt, 1938; W. Dörpfeld, Alt-Athen und seine A., 1937.

Ägyptischer Saal, Hypostyl, hieß nach Vitruv ein in der hellenist. Baukunst vorkommender dreischiffiger Säulensaal, dessen überhöhtes Mittelschiff durch Fenster in den Oberwänden belichtet wurde (→ *basilikaler Querschnitt).

Vitruv, 6. Buch, III, 9.

Ägyptisches Kreuz, → Antoniuskreuz (→ *Kreuz).

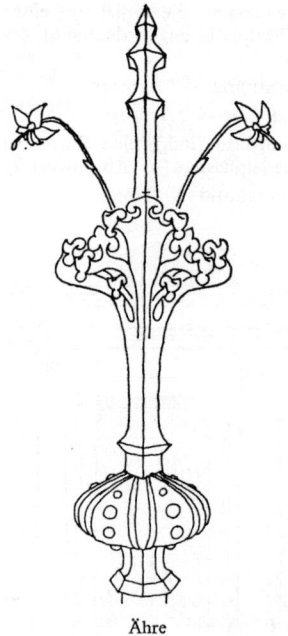

Ähre

Ähre, Bekrönung aus Eisen oder gebranntem Ton als verzierte Endigung von Turm- oder Giebelspitzen (Giebelä.), bes. an Profanbauten der nord. Renaissance üblich.

E. Viollet le Duc, *Dict. rais.*

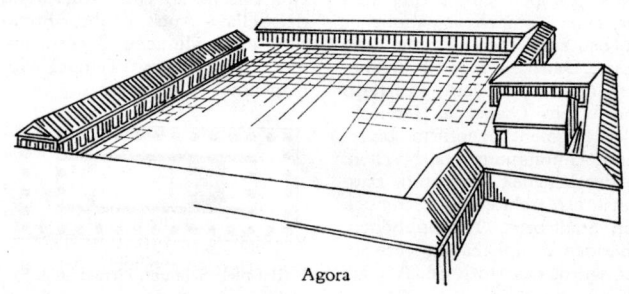

Agora

Ährenwerk (lat. *opus spicatum*),
1. eine Art des Mauerverbandes,
bei dem die Steine in zwei übereinanderliegenden Schichten abwechselnd schräg zu einander gesetzt sind (Schrägschar, Strom-
schicht), so daß ein ährenähn-
liches (Fischgrat-) Muster entsteht.
2. Die gleiche Anordnung flach
verlegter Steine beim Ziegel-
pflaster (Acoltello).

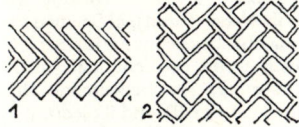

Ährenwerk
1 Stromschichten   2 Acoltello

Akanthus (griech.-lat.), am Mit-
telmeer sehr verbreitete Distelart
(Bärenklau), deren meist große,
buchtig ausgerandete und an der
Spitze leicht eingerollte Blätter in
mehr oder weniger stilisierter
Form ein beliebtes Dekorationselement der griech. und röm. Bau-

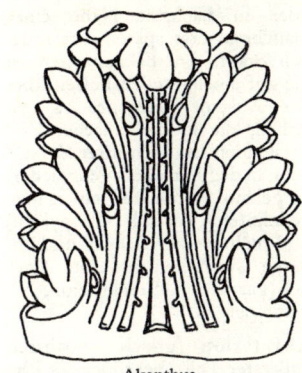

Akanthus

kunst sind, typisch bes. für das
korinthische Kapitell und seine
Abwandlungen in MA. und Neuzeit (→ *Kapitell).

F. Kempter, A. 1934; E. Strauß, A.
(RDK), 1937.

Akanthusfries → *Fries aus
fortlaufend gereihtem Akanthus.

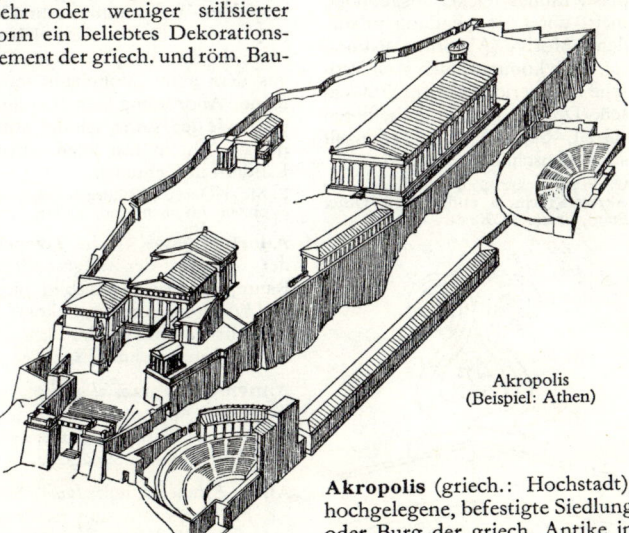

Akropolis
(Beispiel: Athen)

Akropolis (griech.: Hochstadt),
hochgelegene, befestigte Siedlung
oder Burg der griech. Antike in

oder in nächster Nähe einer manchmal erst später entstandenen Stadt. Am bekanntesten ist die auf einem steilen Felsen über der Altstadt gelegene A. von Athen, die in mykenischer Zeit entstanden ist, nach ihrer Zerstörung in den Perserkriegen wiederaufgebaut wurde und einen ausgedehnten Torbau (Propyläen) und mehrere der Athena und anderen Gottheiten geweihte Tempel (Parthenon, Erechtheion, Niketempel) hat.

Akroterion (griech.: höchster, äußerster Teil), bekrönendes Element, meist aufrechtstehende Giebelverzierung an Tempeln, Stelen usw. und zwar sowohl der Spitze wie auch der seitlichen Ecken des Giebeldreiecks. In der älteren griech. Baukunst eine kreisförmige Scheibe aus bemaltem Ton, wurde das A. ornamental und plast. immer reicher ausgebildet, meist unter Verwendung pflanzlicher Motive (Akanthus, Palmette), doch kommen auch vollplastische Akroterien in Form von Vasen, Dreifüßen oder Fabeltieren (Greif, Sphinx) vor, vereinzelt auch menschliche Gestalten.

C. Praschnicker, Zur Geschichte des Akroters (Schr. d. phil. Fak. d. Univ. Prag), Brünn 1929.

Giebelakroterion

Alae (Mz. v. lat. *ala:* Flügel), im röm. → *Wohnhaus zwei an das Atrium beiderseits anschließende und gegen dieses offene Räume.

Aleipterion (griech.: Salbraum), Raum des griech. Gymnasions und der röm. → Thermen, in dem man sich mit Öl einrieb bzw. vom Einsalber (Aleiptes) einreiben ließ.

Alkazar, Alcasar, Alcazar (v. arab. *al qasr:* Palast), in Spanien gebräuchl. Bezeichnung für Schloß, auch wenn es nicht arab.-maur. Ursprungs ist. Bedeutende Beispiele in Sevilla und Toledo.

M. v. Zmigrodzki, Geschichte der Baukunst der Araber und die Bauwerke der Mauren in Spanien, 1899; C. Gurlitt, M. Junghändel, Die Baukunst Spaniens, 1899; E. Sordo, Maur. Spanien, 1963.

Alkoven (franz. *alcove*, span. *alcoba*, nach arab. *al kubbe:* das Hohle), durch eine große Wandöffnung mit dem Wohnraum verbundener, kleiner fensterloser Nebenraum, in dem das Bett steht. Die aus dem arab. Wohnhaus stammende Anordnung kam über Spanien, wie der Name, seit der Mitte des 17. Jh. in fast allen europ. Ländern in Gebrauch.

E. Meier-Oberist, Kulturgeschichte des Wohnens im abendländ. Raum, 1956.

Allerheiligstes, 1. in Tempeln der Antike der abgesonderte Raum, der das Götterbild birgt (→ *Adyton, Abaton, Sekos); 2. in altchristl. Kirchen der Platz des Altars (Sanktuarium).

Almemor (v. arab. *al minbar:* die Redestatt), Bima, erhöhter und umgrenzter Platz des Vorlesers in der Mitte der → *Synagoge.

Altan, Altane (v. ital. *altana*), Söller, im Gegensatz zum frei vorkragenden Balkon ein bis zum

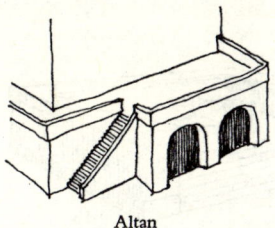

Altan

Erdboden unterbauter, mit einer Brüstung versehener Austritt an oberen Stockwerken.

Altar (v. lat. *alta ara*: erhöhte Opferstätte), 1. Entsprechend seinem ursprüngl. Zweck, der Darbringung von Tier-, Brand- und Rauchopfern, ist der A. der Antike ein steinerner Block oder eine untermauerte Steinplatte und steht in der Regel im Freien vor der Eingangsseite des Tempels, doch wurden auch auf Straßen und Plätzen oder in heiligen Hainen A. errichtet. Die Ecken der A.platte können als stilisierte Stierhörner gebildet oder auch mit Voluten und Tierschädeln (→ Bukranion) verziert, der Unterbau mit Girlanden oder figürl. Reliefs geschmückt sein. In der Spätantike steht der A. häufig auf einem hohen, von reliefgeschmückten Schranken und Säulen umgebenen Stufenunterbau und wird zu einem selbständigen Monument von oft beträchtlichem Umfang (Pergamon, Zeusaltar 34 × 37 m). 2. Der christl. (kath.) A., als Stätte des eucharist. Mahles gedacht, ist in der Regel aus Stein und besteht aus der A.platte oder Mensa und deren Träger oder Stipes. Dazu kommt im MA. noch eine auf der Mensa oder hinter dem A. angebrachte Schauwand, das → *Altarretabel, im frühen Ma. oft auch ein schützender und schmücken-

der Überbau, das → *Ziborium. In der altchristl. Basilika steht der A. vor der Apsis, und zwar häufig über einem Märtyrergrab. Im MA. rückt der Haupta., der A. des Herrn (Fron-, Hochaltar), in die Apsis hinein, während die den Heiligen gewidmeten Nebenaltäre an verschiedenen Plätzen der Kirche stehen können. Westlich des Chors unter dem Triumphbogen steht der Kreuzaltar. Möglichkeiten für die künstler. Ausstattung des A. bot zunächst die Altarbekleidung, das → *Antependium, im späteren MA. auch das A.retabel, aus dem sich der → *Flügelaltar entwickelte. Formal sind vier A.typen zu unterscheiden: a) Die älteste Form ist der Tisch-A., dessen Platte von einer oder mehreren Stützen (Stipes) getragen wird. b) Der Kasten-A. hat im Inneren des Unterbaus der Mensa einen großen, von außen zugänglichen Hohlraum, der die Reliquie birgt oder auch zur Aufbewahrung von Altargerät dient. Dieser war ursprünglich gedacht als → Konfessio, Vorraum des unter ihm befindlichen Reliquiengrabes, der die Verehrung der Reliquie aus nächster Nähe ermöglichen sollte. c) Beim Blockaltar ist der Unterbau ein massiver Block, dessen Vorderseite durch Maßwerk oder Bauornamentik geschmückt sein kann. d) Der Sarkophag-A., bei dem der Unterbau einen Sarkophag enthält, kommt erst im 17. Jh. auf und bes. in Süddeutschland und Österreich vom Barock bis zum Klassizismus vor.

– Im Gegensatz zur kath. Kirche kennt der Protestantismus in jeder Kirche nur einen A. Nur wenn der Chor einer ma. Kirche sehr stark gestreckt ist, wird der A.

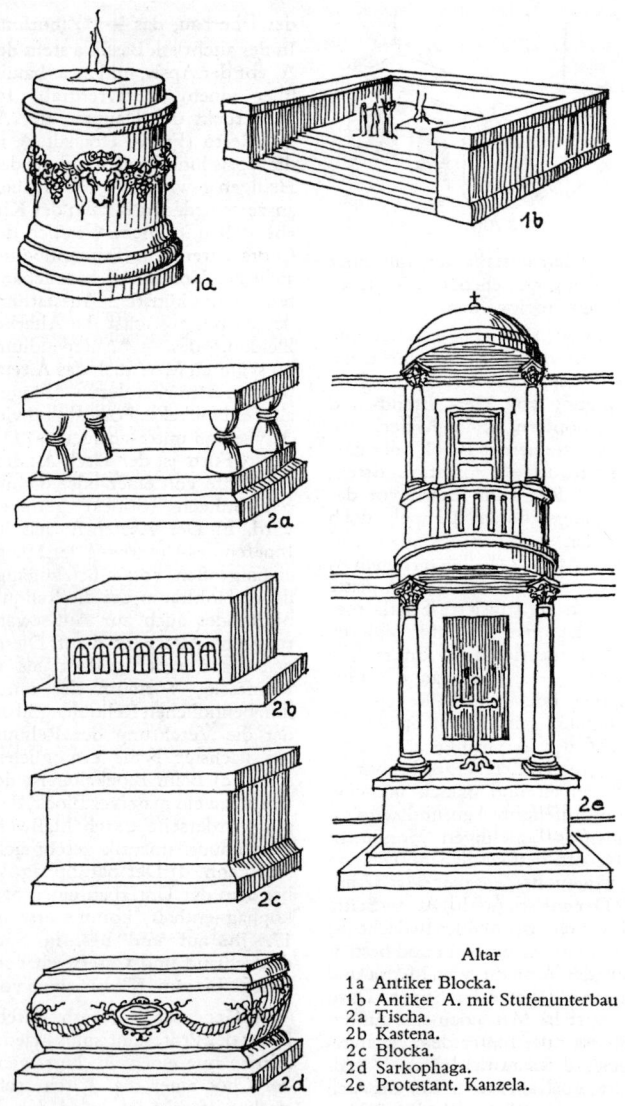

Altar

1a Antiker Blocka.
1b Antiker A. mit Stufenunterbau
2a Tischa.
2b Kastena.
2c Blocka.
2d Sarkophaga.
2e Protestant. Kanzela.

aus opt. und akust. Gründen nach
vorne auf die Grenze zwischen
Chor und Schiff gerückt. Von den
überkommenen A.typen wurde
nur der Kasten-A. infolge des
Wegfalls der Reliquienverehrung
von den Protestanten aufgegeben.
Das A.-Retabel, von den Refor-
mierten von vornherein abge-
lehnt, wurde von den Lutheri-
schen in mehr oder weniger ver-
änderter Form noch lange beibehalten. Eine protestant. Sonderform des 18. Jh. ist der Kanzel-A.,
bei dem die Kanzel und gegebenenfalls auch die Orgel auf einer
von Säulen getragenen Empore
über den A. vorkragen.

Ma. Altarretabel

A. Baumeister, A. (Denkmäler des
klass. Altertums), 1889; N. N., Der
Kirchenbau des Protestantismus, 1893;
W. Altmann, Die röm. Graba., 1905;
J. Braun, Der christl. A. 1924 (mit aus-
führl. Lit.angaben); ders., H. Eggert, A.
(RDK), 1937; K. Galling, Der A. in den
Kulturen des alten Orients, 1925; A. v.
Gerkan, Der A. des Artemistempels in
Magnesia (Forschungen und Fort-
schritte), 1931; K. Schultz, Der dt. A.
im späten MA., 1939; P. Parsch, R.
Kramreiter, Neue Kirchenkunst im
Geiste der Liturgie, 1939; W. Wegner,
Der dt. A. im späten MA. (Münchener
Beitr. zur Kunstgeschichte), 1941;
C. Humann, Der Pergamona., 1959;
E. M. Schmidt, Der große A. zu
Pergamon, 1961.

Altarantependium → *Antependium.

Altaraufsatz → *Altarretabel.

Altarblatt, Altarbild → Altarretabel.

Altarretabel (v. lat. *retabulum*:
Rückwand), jeder Altaraufsatz, im
dt. Sprachgebrauch oft schlecht-
hin Altar genannt, eine entweder
auf die Mensa des (kath.) Altars
direkt aufgesetzte, auf einem Zwischenstück (Predella) oder hinter
diesem auf einem Unterbau stehende Schauwand, die im MA.
aufkam. Das roman. A. aus Stein,
Stuck oder Metall ist mit Reliefs,
wenn aus Holz mit Malereien geschmückt. Sein Umriß ist rechteckig, halbrund oder rechteckig
mit halbrunder Erhöhung in der
Mitte. Die Gotik entwickelt das
A. mit bemalten Tafeln und umgibt diese mit einem architekton.
Rahmen, der mit einem Aufbau
aus Pfeilern, Wimpergen und Fialen (Gesprenge) versehen und
durch Hinzufügung von Flügeln
zu einem → *Flügelaltar erweitert werden kann. In Renaissance
und Barock ist das hinter dem
Altar aufgebaute A. üblich, wobei
auf Flügel weitgehend verzichtet
und nur das Altarblatt genannte
Mittelbild beibehalten wird, dessen architekton. Umrahmung in
Form einer Ädikula (Ädikulaaltar) mit der Architektur des
Chores und des ganzen Kirchenraumes zu einer stilist. und scheinbar konstrukt. Einheit ver-
schmilzt.

O. Döring, Der christl. Altar, sein
Schmuck und seine Ausstattung, 1928;
J. Braun, H. Eggert, A. (RDK), 1937.

Altarschranken, niedrige
Schranken aus Stein, Holz oder
Metall zur Abgrenzung des Raumes vor dem Altar vom übrigen
Innern der (kath.) Kirche, hervorgegangen aus den → Cancelli
der Basilika (→ *Chorschranken).
J. Braun, H. Eggert, A. (RDK), 1937;
s. a. Altar.

Altarschrein, hölzerner kasten-
förmiger Mittelteil eines → *Flügelaltars.

Altarstaffel, Predella, Zwischenstück zwischen Mensa und Altarretabel (→ *Flügelaltar).

Altarvorsatz → *Antependium.

Alter Dienst, stärker betonter
Dienst eines→*Bündelpfeilers im
Gegensatz zu dem Jungen Dienst.

Altis (griech.), Temenos, Peribolos, Bezeichnung für einen griech.
→ *Tempelbezirk.

Amalaka, Schmuckmotiv der
ind. Baukunst in Form eines flach-
runden, radial gerippten Wulstes
oder Polsters. Das A. erscheint
sowohl an Säulenkapitellen und
als gliederndes Zwischenstück an
Pfeilern, als auch als krönender
Abschluß nordind. → *Sikharas
und ist vielleicht der Frucht des
blauen und weißen Lotus nachgebildet. Der vasenförmige Abschluß des A. heißt Kalasa.

Ambitus (lat.: Umgang), 1. alter-
tüml. Bezeichnung für Chorumgang; 2. Kreuzgang; 3. der mehr
oder weniger schmale freie Raum
zwischen den Außenwänden einer
Kirche und einer diese umgebenden Mauer oder angrenzenden
Gebäuden.

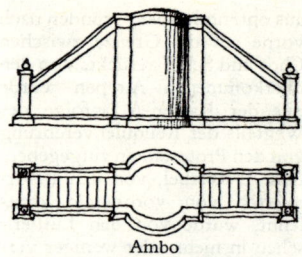

Ambo

Ambo (v. griech. *ambon*: Erhöhung), in der altchristl. und frühma. → *Basilika ein meist steinerner Aufbau mit Lesepult, in der
Regel zwei: Evangelien-A. an der
Nord-, Epistel-A. an der Südseite
der Chorschranken (Cancelli). Der
Evangelien-A. besteht urspr. aus
zwei mehrstufigen Treppen nach
O und W, dazwischen ein breite-
res Podest, auf dessen Brüstung
das Pult und östl. neben ihm der
steinerne Leuchter für die Oster-
kerze angebracht ist. Der Epistel-
A. war kleiner und weniger verziert als der Evangelien-A. und
hatte nur eine Treppe. Im späteren
MA. wurden die Ambonen dem
Lettner eingebaut oder durch die
Kanzel ersetzt.

F. Rademacher, Die Kanzel in ihrer
architekton. und künstler. Entwicklung
in Deutschland (Zs. f. christl. Kunst),
1921; L. Reygers, A. (RDK), 1937.

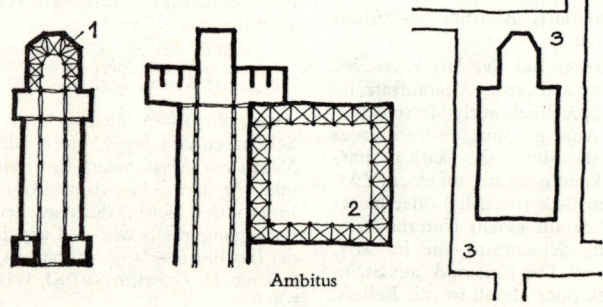

Ambitus

Amphiprostylos (griech.), antiker Tempel mit Säulen, die an den beiden Schmalseiten nicht zwischen → Anten stehen (→ *Tempelformen).

Amphitheater (griech.: ringsum geschlossenes Theater), 1. Theater mit ringsum geschlossenen Sitzreihen um eine ellipsenförmige Arena, in der sportliche Wettkämpfe, Tierkämpfe, Gladiatorenkämpfe, seltener Schlachten auf Schiffen (→ Naumachie) stattfanden. Bei den ersten Anlagen waren die Zuschauerränge auf ansteigendem Gelände entwickelt oder durch Aufschüttung von Erdwällen gebildet. Später wurden bei allen größeren Anlagen die Substruktionen im Steinbau errichtet. Die konzentrischen Gänge sind mit Ringtonnen (→ *Gewölbeformen) überwölbt, radial dazu verlaufen Stichgänge, die mit Treppenhäusern abwechseln. Die Gänge und Treppen münden an zahlreichen Stellen im Zuschauerraum, inmitten der als Sitzplätze dienenden Stufenanlagen, sodaß eine sehr rasche Fülung bzw. Leerung relativ kleiner Zuschauersektoren erreicht wurde. Die Arena liegt auf Geländehöhe, seltener darunter und war bei größeren Anlagen ganz unterkellert (Gelasse für Tiere). Der zwei-viergeschossige äußere Aufbau wurde durch Bogenstellungen zwischen rahmenden Säulen bzw. Pilastern in den klass. Ordnungen (dor., ion., korinth.) gebildet (→ *Säulenbogenstellung, → Pfeilerbogenstellung). Das oberste Geschoß wurde manchmal auch geschlossen ausgebildet. Die A. konnten ganz oder teilweise durch Sonnensegel abgedeckt werden. Diese konnten an Masten aufgezogen werden, deren Verankerung in der oberen Umfassungsmauer lag. A. mittlerer Größe (Salona, Nimes, Arles, Pola, Verona u. a.) faßten bei einer Ausdehnung von 100/130 m zwischen 15000 und 25000 Zuschauer. Das größte römische A. war das Kolosseum mit einer Ausdehnung von 156/185 m, 527 m Umfang und 48 m hohen Umfassungswänden. Es konnte 85000 Menschen fassen.
2. Als A. wird manchmal auch der „amphitheatralisch" angeordnete Teil des Zuschauerraumes moderner Theater bezeichnet.

L. Julius, A. (Denkmäler des klass. Altertums, hrsg. A. Baumeister), 1889;

Amphitheater

J. W. Anderson, R. Spiers, Ashby, *The Architecture of Ancient Rome*, 1927; E. Esperandieu, *L'Amphitheatre de Nimes*, Paris 1933.

Anaktoron (griech.: Götterwohnung), weniger gebräuchliche Bezeichnung für das → *Adyton des griech. Tempels.

Anda (Sanskrit: Ei), der kuppelförmige Oberbau des → *Stupa.

Andreaskreuz, → *Kreuz mit schräg gestellten Balken, benannt nach dem Apostel Andreas, der an ein solches Kreuz genagelt worden sein soll. Die Form des A. findet sich bes. beim → *Fachwerk als x-förmige Balkenverstrebung (Kreuzstreben, Abkreuzung 2) und zur Zierde.

Andron (griech.: Männergemach), 1. Speisesaal für Gastmähler im altgriech. Wohnhaus; 2. Verbindungsgang zwischen Atrium und Peristyl im pompejan.-röm. → *Wohnhaus.

Andronitis (griech.), Wohnteil der Männer im griech. → Wohnhaus, im Unterschied zur Frauenwohnung (Gynäkeion).

Anfallinie, Linie, über der die Krümmung der Laibung gestelzter Bogenformen beginnt.

Anfallspunkt, Punkt, in dem mehr als zwei Dachflächen zusammentreffen (→ *Dachausmittlung).

Anfangsfuge, an Bogen oder Gewölben die Fuge über dem Widerlager, an der die Wölbung beginnt (→ Bogen).

Anfangsstein, Anfänger, Anwölber, der erste Stein eines → Bogens oder → *Gewölbes (→ Gewölbeanfänger) über dem Kämpfer (Kämpferstein).

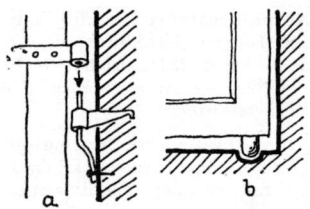

Angel
a mit Stützkegel   b mit Angelpfanne

Angel, am Gewände von Türen oder Fenstern sitzende Zapfen, um die sich die am Tür- bzw. Fensterflügel befestigten A.-bänder drehen. In der Antike saßen die A. meist am Flügel und bewegten sich unten in der A.pfanne, oben im A.ring. Diese Konstruktion ist noch heute für schwere Tore üblich.
→ Beschlag.

Angelpfanne → *Angel.

Angelring → Angel.

Angerdorf, Dorf, dessen durchlaufende Straße sich zu einem länglichen Anger erweitert (→ *Dorfformen 5).

Anker, konstruktive Vorrichtung zur zugsicheren, meist horizontalen Verbindung eines Bauteiles mit einem anderen (z. B. Stein-A.) oder zur Aufnahme von Zugspannungen, die durch Schubwirkung entstehen. 1. Der Balken-A. zur Verankerung von Holzbalken im Mauerwerk, ist meist ein am Balken befestigter Eisenstab, dessen in die Mauer eingreifendes Ende, der A.kopf, eine Öse (Auge) hat, durch die ein Querstück, der A.splint, gesteckt wird. Sichtbare A.splinte sind an Bauten des MA. und der Renaissance häufig ornamental (Zier-A.) oder kreuzförmig (Kreuz-A.) ausgebildet; 2. Zug-A.

dienen zur Sicherung gegen die Schubwirkung gemauerter Bögen, Gewölbe oder hölzerner Tonnen, z. B. zwischen den bogentragenden Stützen (Säulen, Pfeilern) an Vorhallen oder Loggien und als hölzerne → *A.balken von Wand zu Wand in ma. Kirchen. 3. Ring-A. aus Holz oder Eisen nehmen die bei Kuppel- und Klostergewölben entstehenden Ringspannungen auf, soweit die Mauerkonstruktion mit ihren Verstrebungen nicht genügt. So liegt z. B. um den Fuß der florentiner Domkuppel ein Ring aus

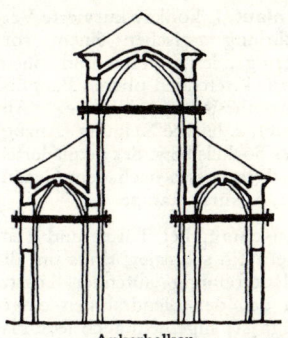

Ankerbalken

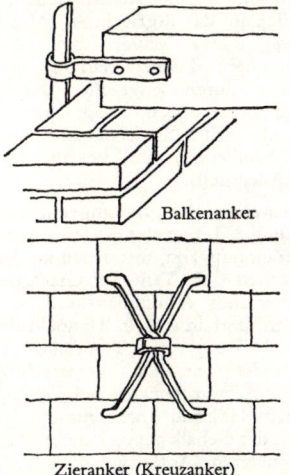

Balkenanker

Zieranker (Kreuzanker)

Kastanienholzbalken, die durch Eichenholzlaschen verbunden sind.

H. Hartung, Ital. Gotik, 1912; J. Buchkremer, G. Schulz, Ringverankerungen an got. Bauwerken (Wasmuths Monatshefte f. Baukunst), 1929; O. Gruber, A. (RDK), 1937.

Ankerbalken, hölzerner Zuganker (→ Anker 2) zur Sicherung der Wände gegen den Schub des Dachstuhles oder Gewölbes. Man findet sie häufig in den Kirchen der Backsteingotik, wo sie den Raum überquerend die Schiffwände zusammenhalten und meist weiß oder in verschiedenen Farben gestrichen sind.

Ankerkopf → Anker.

Ankersplint, Flacheisen, das durch die Öse des → *Ankers gesteckt wird, häufig ornamental ausgestaltet.

Ankerstein, Zungenstein, schwalbenschwanzförmiger oder gekröpfter Werkstein, der ineinandergreifend eine bes. feste Verbindung des Mauerwerks ergibt, daher hauptsächlich bei Vormauerungen, bei weit ausladenden Gesimsen, bei Widerlagern und Brückenpfeilern verwendet.

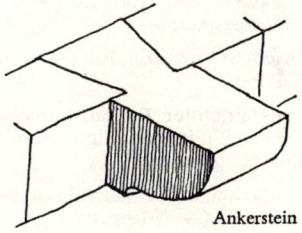

Ankerstein

Anlauf, 1. konkav kurvierte Vermittlung zwischen einem vorspringenden unteren und einem zurücktretenden oberen Bauglied (Apothesis, Apophyge, → *Ablauf); 2. leichte Neigung (Anzug) des Sockels bzw. des gequaderten Erdgeschosses nach dem Gebäude; 3. kurze Rampe.

Anschlag, bei Türen und Fenstern ein schmaler, rings um die Maueröffnung laufender Absatz, in den der Blendrahmen eingefügt ist; allgemein auch jede Fläche, gegen die ein anderer Teil, z. B. ein Fensterflügel, schlägt.

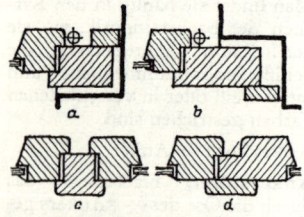

Anschlag
a, b, A. des Blendrahmens am Mauerwerk
c, Flügela. am Setzholz
d, Flügela. mit Schlagleiste

Anschluß, der Punkt oder die Fläche des Zusammentreffens verschiedener Baustoffe, Bauteile oder Bauelemente, z. B. von Bogen oder Gewölben mit ihren Widerlagern.

Ansetztraufe, Abtraufe (→ *Wasserspeier).

Ansicht → Aufriß, Riß (→ *Projektion).

Ansteigender Bogen, gleichbedeutend mit einhüftiger Bogen. (→ *Bogenformen).

Antarala, offene Vorhalle an ind. Tempeln (→ *Mandapa).

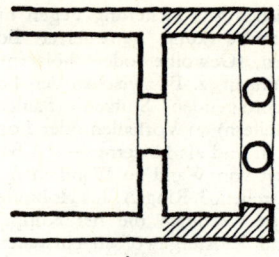

Ante

Ante (lat.), die vorgezogenen Seitenwände der Cella, die die Vorhalle des Antentempels (→ *Tempelformen) bilden. Die stärkere Ausbildung der A.stirn geht zurück auf das altgriech. → *Megaron, dessen Mauern aus ungebrannten Lehmziegeln an der Stirn durch senkrechte Bohlen geschützt waren. Diese Verstärkung heißt A.pfeiler und wird von einem Kapitell bekrönt (→ *A.kapitell).

Antefixa (lat.: die angenagelten Dinge), 1. bemalte Platten aus gebranntem Ton, mit denen an den frühen dor. Tempeln Großgriechenlands (Süditalien und Sizilien) und an etrusk. Tempeln das Gebälk unter dem Traufrand verkleidet war. Die Verwendung der A. wurde wahrscheinlich aus dem Holzbau übernommen, wo sie das Gebälk gegen Feuchtigkeit schützten (Antepagmenta), 2. → Stirnziegel.

Vitruv, 4. Buch, Kap. 6, 7; R. Borrmann, Die Keramik in der Baukunst (Hdb. der Architektur), [2]1908.

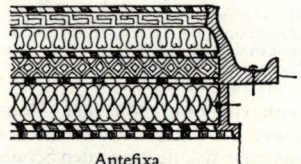

Antefixa

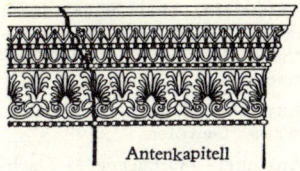

Antenkapitell

Antenkapitell, oberer Abschluß eines Antenpfeilers, meist aus Kymatien und Perlstäben bestehend.

Antenpfeiler → *Ante.

Antentempel (lat. *templum in antis*), die älteste Form des griech. Tempels, bestehend aus einem rechteckigen Raum (Naos, Cella) mit Vorhalle (Pronaos). Diese wird gebildet aus den verlängerten Seitenwänden der Cella mit meist zwei Säulen zwischen den Anten. Doppel-A. haben auch hinten eine ebensolche Vorhalle (Opisthodomos). Da der A. auf das altgriech. → *Megaron zurückgeht, wird er auch Megarontempel genannt (→ *Tempelformen).

Antepagmenta (griech.), die Giebelverkleidung eines Holztempels mit Terrakotten (→ *Antefixa).

Antependium (mittellat.: Vorhang), Bekleidung der Unterbauvorderseite des christl. → Altars zu dessen Schmuck. Entweder ein von der Mensa herabhängender, kostbar verzierter Stoffbehang

oder eine kunstreich bearbeitete Tafel (Altarvorsatz) aus Metall oder Holz. Berühmt wegen ihres künstler. und materiellen Wertes sind das silbervergoldete A. in San Ambrogio zu Mailand (um 850) und das goldene A. aus dem Basler Münster im Cluny-Museum zu Paris (1020). Nach seiner Anbringung an der Frontseite des Altars wird das A. auch Frontale genannt.

E. v. Sydow, Die Entwürfe des figürl. Schmucks der christl. Altara., 1912; J. Braun, Die liturg. Paramente in Gegenwart und Vergangenheit, 1924; ders., G. Stuhlfauth, Altar-A. (RDK), 1937; O. Döring, Der christl. Altar, 1928; s. a. Altar.

Anteportikus

Anteportikus (griech.), die auch Propylon genannte Torhalle vor dem Eingang in das Atrium der frühchristl. → *Basilika.

Antependium (Beispiel: Groß-Komburg)

Antetemplum (lat.), seltene Bezeichnung für die Vorhalle antiker Tempel.

Anthemienfries, → Anthemion, → *Fries.

Anthemion (v. griech. *anthos*: Blume), aus dem Orient stammendes antikes Ornament aus über Ranken aufsteigenden Palmetten und Lotosblüten. Bes. als gemalter oder plast. → *Fries in der griech. Baukunst viel verwendet.

Antichambre (franz.), Vorzimmer, in Schloßbauten des 17. und 18. Jh. oft zwei bis drei hintereinander als Warte-, Empfangs- oder Botenzimmer („antichambrieren").

Antikisieren, die Formensprache der Antike nachahmen; auch allgemein das Verwenden von Formen vergangener Stilepochen.

R. Wölfflin, Kunstgeschichtliche Grundbegriffe, ⁶1923.

Antiportikus → *Anteportikus.

Antoniuskreuz, Taukreuz, Ägyptisches Kreuz, in der kirchl. Baukunst als Grundrißfigur wichtige Kreuzform in Gestalt eines T (des griech. Tau), benannt nach dem Einsiedler Antonius, der in Ägypten lebte und einen so geformten Stock getragen haben soll (→ *Kreuz).

Antrittstufe, die erste Stufe eines Treppenlaufes (→ Treppe), bei hölzernen Treppen eine Block- oder Klotzstufe (→ *Stufe).

Anuli (lat.: Ringe), scharf unterschnittene Ringe, meist vier, mit überfallendem Profil am dor. Kapitell am unteren Ende des → *Echinus (→ *Dorische Ordnung).

Anwirteln, eine Säule durch einen Wirtel oder Bund (→ *Schaftring) mit der Wand verbinden.

Anwölber, Anfangsstein, Anfänger → *Gewölbe.

Anziegel → Ortziegel (→ Dachdeckung).

Anzug, leichte Neigung (→ Anlauf 2.).

Äolisches Kapitell, nach der altgriech. Küstenlandschaft Äolis im nordwestl. Kleinasien, ihrem Fundgebiet, benannte Sonder- oder Vorform des ion. Kapitells aus dem 7. Jh. v. Chr. Über einem Kranz herabhängender Blätter und einem Blattknauf erheben sich zwei aufwärtsgerichtete Voluten, zwischen denen eine Palmette herauswächst (→ *Kapitell).

O. Puchstein, Das ion. Kapitell, 1889; R. Koldewey, Neandria, 1891; M. v. Groote, Die Entstehung des ion. Kapitells (Zur Kunstgeschichte des Auslandes, Heft XXXIV), 1905; E. Akurgal, Vom äol. zum ion. Kapitell, 1960.

Apadana, Apadhana, freistehender Repräsentationsbau (Thronsaal?) in altpers. Palastbezirken, ein meist quadrat. Säulensaal mit Vorhalle(n). Das von Dareios I.

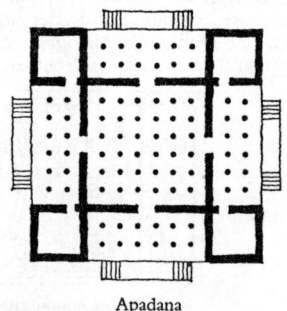

Apadana

in Persepolis errichtete A. maß 70 m im Geviert und hatte hundert Säulen.

R. Koldewey, Ausgrabungen in Sendschirli II, 1898; F. Oelmann, Hilani und Liwanhaus (Bonner Jb.), 1922; O. Reuther, Ind. Paläste und Wohnhäuser, o. J.; F. Wachtsmuth, Der Raum, Raumschöpfungen in der Kunst Vorderasiens, 1929.

Apodyterium (griech.-lat.), Auskleideraum in röm. → *Thermen.

Apophyge, Apophysis (griech.: das Fliehen, Fehlen), Anlauf oder → *Ablauf.

Apothesis, Anlauf oder → *Ablauf.

Appareil (franz.), franz. Bezeichnung für Mauerwerk aus Werksteinen oder Quadern.
E. Viollet le Duc, *Dict. rais.*

Appartement (franz.), eine Gruppe zusammengehöriger Zimmer in Schlössern, Hôtels usw., heute *apartment-house* und *apartment-hotel* (Hotel).

Apside, Abside, → *Apsis.

Apsidialkapelle, weniger gebräuchl. Bezeichnung für → Chorkapelle (→ *Chor d).

Apsidiola (lat.), kleine → Apsis, meist in der Mehrzahl Apsidiolen gebrachte Bezeichnung für die einer Apsis oder einem Chorumgang radial vorgelegten runden oder vieleckigen Kapellen, die zusammen den Kapellenkranz bilden (→ *Chor d, → *Auvergnat. Querriegel).

Apsis, Apside, Abside (griech.: Rundung, Bogen; Mz. Apsiden, Absiden), Exedra, Konche, in spätröm. Zeit aufgekommene Bezeichnung für einen halbkreisförmigen, mit einer Halbkuppel überwölbten Raum, der einem ihm übergeordneten Hauptraum ein- oder angebaut ist und sich

Apsis

meist in seiner vollen Breite und Höhe zu diesem öffnet. 1. Im röm. Profan- und Sakralbau wurde die A. vielfach verwendet. Bei der Markt- oder Gerichtshalle war in der an einer Schmalseite angeordneten A., der Tribuna oder dem Tribunal, der Platz des Tribunen. Der Tempel des Mars Ultor in Rom hatte eine A. an der Schmalseite gegenüber dem Eingang, der Doppeltempel der Venus und Roma zwei mit dem Rücken aneinanderstoßende Apsiden, in denen die Kultbilder standen. Auch in den röm. Kaiserpalästen und Thermen und an den Säulenhallen der Kaiserforen waren Apsiden angebracht (→ *Basilika 1). 2. Die Raumform der A., bes. als Abschluß eines rechteckigen Langbaues, wurde in der christl. Baukunst übernommen und bildet einen wichtigen Bestandteil des Kirchengebäudes (→ *Basilika 2).

In ihr schließt die halbrunde A., bei den Byzantinern außen polygonal ummantelt, zunächst unmittelbar an das Langhaus oder an das Querschiff an, bestimmt zur Aufnahme der Sitze der Geistlichkeit, der *Kathedra des Bischofs und der Sitzbänke der Presbyter zu ihren Seiten. Die meist nach O. gerichtete A. der altchristl. Basilika wurde im Innern mit Malereien oder Mosaiken geschmückt (berühmte Beispiele in Ravenna). Im frühen MA. schob sich zwischen A. und Querhaus das Chorquadrat, so daß die A. zu einem Teilraum des → *Chores wurde. Die Basilika erhielt häufig Nebenapsiden als östl. Verlängerungen der Seitenschiffe, auch das Querhaus kann nach O mit zusätzlichen, kleineren Apsiden versehen sein. Bei → *doppelchörigen Anlagen tritt der Ostapsis eine Westapsis gegenüber. In roman. Zeit wurde das Äußere der A. häufig reich mit Zierformen, (Blendnischen, Lisenen, Rundbogenfriesen, Zwerggalerien und Gesimsen) ausgestattet. Um die Mitte des 13. Jh. kommt in Deutschland die polygonale, statt der halbrunden Grundrißgestalt der A. auf, während beim franz. Kirchenbau die A. häufig von einem Chorumgang und von diesem ausstrahlenden Apsidial- oder Chorkapellen gerahmt wird. Infolge der oft starken Streckung des Chorgrundrisses in der Gotik verliert die A. in der Folgezeit mehr und mehr von ihrer ursprüngl. den Kirchenraum beherrschenden Bedeutung.

G. Dehio, G. v. Bezold, Die kirchl. Baukunst des Abendlandes, 1892–1901; L. Giese, A. (RDK), 1937.

Apteraltempel, griech. Tempel ohne Säulengang (Pteron) an den Längsseiten, z. B. Antentempel, Prostylos u. dergl. (→ *Tempelformen).

Aquädukt (lat. *aquae ductus*: Wasserleitung), in der röm. Kaiserzeit entwickelte Gefällwasserleitung. Durch eine von hohen, oft mehrstöckigen Bogenstellungen getragene Rinne mit leichtem Gefälle konnte das Gebirgswasser über Täler und Ebenen hinweg in die Städte fließen. Markante Ruinen von A. in der Campagna, in Kleinasien und in der Nähe von Tunis. Berühmt ist der dreistöckige sog. Pont du Gard bei Nimes. Von den A., die Rom mit Wasser versorgten, war der sog. Anio Novus 92 km lang und bis zu 34 m hoch.

C. Merckel, Die Ingenieurtechnik im Altertum, 1899; A. Neuburger, Technik des Altertums, ³1922; F. M. Feldhaus, Die Technik der Antike und des MA., 1931; V. Deman, *The Building of the Roman Aqueducts*, 1934; Ashby, *The Aqueducts of Ancient Rome*, 1935.

Arabeske (franz.: *arabesque* von ital.: *arabesco, rabesco*), 1. Islam. Dekoration, bestehend aus rein geometr. Formen und stark entnaturalisierten Pflanzenranken

Aquädukt (Beispiel: Pont du Gard)

Arabeske

1 Maureske

2 Groteske

(Mauresken). 2. Aus der hellenist.-röm. Antike stammendes
Ornament, das seit der ital. Renaissance A. genannt wird (Groteske). Die A. der Antike, ausgezeichnet durch die plast., fast naturalist. Auffassung und organi-
sche Bewegung ihres gleichwohl
stilisierten Laub- und Rankenwer-
kes, wurde als waagerechter Fries
oder in senkrechter Anordnung
(symmetr. ausgerichtet) zur Dekoration von Pilastern und Sok-
keln verwendet; in stärkerer Stili-
sierung und meist in kompakteren
Formen kehrt sie in der byzant.
Kunst wieder. Die ital. Frühre-

naissance nahm die A. in großem
Umfang wieder auf und von Italien aus fand sie Eingang in alle
an der Renaissance beteiligten
Länder. In Deutschland wurde sie
bes. durch den Ornamentstich
verbreitet, der in das Rankenwerk
häufig Masken, Köpfe und Figuren einfügte.

Prisse d'Avennes, *Le decoration arabe*,
1885; A. Lichtwark, Der Ornamentstich der dt. Frührenaissance, 1888;
A. Riegl, Stilfragen, 1893; L. Pulvermacher, A. (RDK), 1937; E. Kühnel,
Die A., 1949; F. Piel, Die Ornament-
Groteske in der ital. Renaissance, 1962.

Aräostylos (v. griech. *araios*:
dünn, licht, und *stylos*: Säule),
„lichtsäulig" nennt Vitruv den
Tempel, bei dessen Säulenstellung
das → *Interkolumnium zwischen
den Säulen 3½ untere Säulendurchmesser beträgt.
Vitruv, 3. Buch, Kap. 3.

Arbeitsfuge, Baufuge, die aus
arbeitstechnischen Gründen Bauteile trennt.

Architekt (griech. *architekton*:
Erzfüger). Der A. versucht die
Umwelt menschlichen Bedürfnissen entsprechend zu ordnen und
einzurichten und den Lebensraum
oder seine Teile nach den Regeln
der → Baukunst zu gestalten (→
Architektur). Der Stand des A.
entwickelte sich vom Leiter der
Bauleute (Parlier, Polier: Sprecher) zum ausführenden Baumeister, zum entwerfenden und theo-
retisierenden Künstler, der mit
dem konstruierenden und experi-
mentierenden Ingenieur verant-
wortlicher Planer wird. In zuneh-
mendem Maße wurde der A. auch
zum Interessenvertreter des →
Bauherrn. Bereits in der Antike
trat der A. vereinzelt aus der Ano-
nymität, doch entwickelten sich
ausgeprägte A. persönlichkeiten

erst seit dem ausgehenden MA. Als Attribute des A. gelten Richtscheit, Winkel, Waage und Zirkel.

F. Schumacher, Grundlagen der Baukunst, ²1919; M. S. Briggs, *The Architect in History*, Oxford 1927; K. Michaelis, Der A., 1927; L. Adler, A. (Wasmuth), 1929; N. Pevsner, Zur Geschichte des A.berufes, 1930/31; W. Andrae, A. in vergangener und kommender Zeit (Mitteil. des dt. Archäologie-Inst.), 1944; F. W. v. Bissing, Ägypt. Baumeister als künstler. Persönlichkeiten (Forschung und Fortschritte), 1947; P. Booz, Die Meister des got. Kirchenbaues (Diss. TH. Darmstadt), 1951; ders., Der got. Baumeister (Kunstwiss. Studien), 1955; ders., Der Baumeister der Gotik, 1956; W. Fleischhauer, Die Künstler der Renaissance- und Barockzeit in der bürgerlichen Gesellschaft (Zs. f. Württemberg. Landesgeschichte), 1951; H. Poelzig, Der A., 1955; O. Gruber, Einführung in das Studium der Architektur, 1951; E. F. Sekler, Wege der Erziehung zum A. und Städtebauer (Aufbau), 1955; A. E. Brinckmann, Baukunst, die künstler. Werte im Werke des A., 1956; H. Lasch, A.-Bibliographie, 1962.

Architektonik, die in der → Architekturtheorie erforschten und erkannten Gesetze des regelmäßigen Aufbaues, danach der gesetzmäßige Aufbau (→ Tektonik) eines Werkes. Allgemein bezeichnet A. auch die Architekturtheorie, seltener die Architektur.

R. Adamy, A. auf histor. und ästhet. Grundlage, 1881–96.

Architektonisch, baulich, baukünstlerisch, den Gesetzen der Baukunst entsprechend.

Architektur (aus griech.-lat. *architectura*) ist die Kunstform des Bauens, die Baukunst. Der Begriff wird daher oft auch für → Baukunst verwendet. A. beginnt dort, wo der Bauwille über Notwendigkeit und über Nützlichkeitserwägungen hinausgeht. Die absoluten Höhepunkte der A. erreichen allgemeinen Symbolcharakter: Malbau (Grabmal, Denkmal usw.) und Kultbau (Tempel, Kirche usw.). Techn. Vervollkommnung ermöglicht die prägnantere Ausbildung der Formen, die schließlich zu weitgehender Festlegung der Einzelheiten führt (z. B. Säulenordnungen). Dem ganzen Bau dagegen werden wandlungsfähige Systeme zugrunde gelegt (z. B. Formen des griech. Tempels, gebundenes System u. a.). Außer diesem Prinzip der Einheit in der Vielfalt gibt es das Prinzip der Vielfalt in der Einheit, das trotz gleichbleibender Systematik den Detailreichtum ermöglicht, und daneben stilistisch weniger ausgeprägte Formen, denen kein verpflichtender Formenkanon zugrunde liegt. Die formalist. Behandlung ursprüngl. sinnbezogener oder techn. bedingter Details ermöglichte es, diese auch zur Gestaltung nicht entsprechender, ja rein zweckbedingter Bauaufgaben zu übernehmen und führte so zum Zerfall der Einheit von Inhalt und Form.

Der Stand einer langen Entwicklung kennzeichnet die heute übliche Verwendung des Begriffes A. nur noch im Sinne von Ausschmückung und daher vielfach als überflüssig empfundene Zutat. Dagegen blieb der Begriff → Baukunst von einer solchen Abwertung verschont.

E. Viollet le Duc, *Entretiens sur l'Architecture*, Paris 1858—72; Vitruvius Pollio, Zehn Bücher über A.; O. Wagner, Die Baukunst unserer Zeit, ⁴1914; K. H. Brunner, Die Kultur des großzügigen Gefüges in der Baukunst (Diss. Wien), 1918; Le Corbusier, Kommende Baukunst, 1926; ders., Von der Poesie des Bauens, ²1958; G. A. Platz, Die Baukunst der neuesten Zeit, 1927; L. Moholy-Nagy, Vom Material zu A., 1929; H. Nagiller, Der Einfluß des konstruktiven Elementes auf das gestaltende Schaffen in der neueren Baukunst (Diss. Wien), 1932; S. Guyer,

Grundlagen ma. abendländ. Baukunst, 1950; H. B. Reichow, Organ. Baukunst, 1950; H. Rimpl, Die geistigen Grundlagen der Baukunst unserer Zeit, 1953; W. Gropius, A., 1956; S. Giedion, A. und Gemeinschaft, 1956; ders., Raum, Zeit, A., 1965; R. Jaspert (hg.), Hdb. moderner A., 1957; B. Zevi, *Architecture as Space, How to look at Architecture*, New York 1957; N. Pevsner, Europ. A. von den Anfängen bis zur Gegenwart, 1957; R. Schwarz, Die Baukunst der Gegenwart, 1958; J. Joedicke, Geschichte der modernen A., ²1958; ders., Dokumente der modernen A., 1961 ff; U. Kultermann, Dynam. A., 1959; W. Alex (hg.), Große Meister der A., 1960–62; K. Wachsmann, Wendepunkt im Bauen, 1962; G. Hatje (hg.), Knaurs Lexikon der modernen A., 1963; U. Conrads (hg.), Bauwelt Fundamente, 1963 ff.; R. Banham, Die Revolution der A., 1964; L. Benevole, Geschichte der A. im 19. und 20. Jh., 1964; s. a. Baukunst.

Architekturbild, gemalte oder graph. Darstellung einer architekton. Schöpfung um ihrer selbst willen, wobei menschl. Figuren oder landschaftl. Details nur zur Belebung und zur Verdeutlichung der Größenverhältnisse und Tiefenabstände dienen. Das A. entwickelte sich im 17. Jh. in Flandern und den Niederlanden zu einer selbständigen Gattung der → Architekturmalerei, angeregt durch die im Jahre 1560 im Stich veröffentlichten Architekturdarstellungen des holländ. Architekten und Malers Hans Vredeman de Vries, der mit seinen Phantasiebauten, tonnengewölbten Hallen und Kirchenräumen im Renaissancestil großen Erfolg hatte. Hauptvertreter dieser Richtung wurden Emanuel de Witte und Jan van der Heyden, die bes. Innenansichten got. Kirchen malten. Im 18. Jh. erlebte das A. eine Nachblüte in Italien durch Antonio Canale und seinen Neffen Bernardo Belotto gen. Canaletto, dessen figurenreiche Ansichten von

Straßen und Plätzen allerdings mehr in das Gebiet der → Vedute gehören, während die z. T. phantast. A. des Kupferstechers und Architekten Giovanni Battista Piranesi sich wieder denen von de Vries nähern.

H. Jantzen, Das niederländ. A., 1910; A. Gieseke, G. B. Piranesi, 1911; H. Voss, Studien zur Venezian. Vedutenmalerei des 18. Jh. (Rep. für Kunstwiss.), 1926; L. Weiher, Der Innenraum in der holländ. Malerei des 17. Jh. (Diss. München), 1936; H. A. Fritzsche, Bernardo Belotto, gen. Canaletto, 1936; J. Held, A. (RDK), 1937; F. Horb, Das Innenraumbild des späten Ma., 1938; F. Laufer, Das Interieur in der europ. Malerei des 11. Jhs. (Diss. Zürich), 1960.

Architekturdarstellung, die Darstellung von Bauwerken, Bauteilen und Innenräumen mit den Mitteln der Malerei und Graphik (→Architekturbild, → *Architekturmalerei, → *Vedute), als Planzeichnung (→ Bauplan, →*Bauriß) oder in der Form eines plastischen Modells (→ *Baumodell).

C. Linfert, Die Grundlagen der Architekturzeichnung (Kunstwiss. Forschungen I), 1931.

Architekturkritik, ähnlich der → Architekturtheorie das Bestreben, die der Baukunst zugrunde liegenden Gesetze zu erkennen und darzulegen. Jedoch versucht die A. die Ursachen der Fehlleistungen aufzudecken. Die A. trat zunächst ergänzend neben die Architekturtheorie und begann diese zu verdrängen, als die ursprüngliche Sicherheit im baukünstlerischen Gestalten mehr und mehr verloren ging. Sie ist vor allem der Ausdruck der Auseinandersetzung mit der zeitgenöss. Architektur und wird oft von Architekten betrieben. Meister der A. waren vor allen Adolf Loos, Walter Gropius und Le Corbusier.

Architekturmalerei (Beispiel: Ingolstadt, Bürgersaal, 18. Jh.)

A. Dresdner, Die Entstehung der Kunstkritik, 1915; W. Gropius, Schriften des Staatlichen Bauhauses, 1919ff.; ders., Architektur, 1956; Le Corbusier, Kommende Baukunst, 1926; R. Neutra, Wenn wir weiterleben wollen, 1956; J. Dahinden, Versuch einer Standortsbestimmung der Gegenwartsarchitektur, 1956; A. Loos, Sämtliche Schriften I (hg. F. Glück), 1962.

Architekturmalerei, Gemalte Darstellungen von Architektur, d. h. von Gebäuden und Gebäudeteilen, gab es schon in der Antike, wie Beispiele aus der ägypt. und kret.-myken. Kunst beweisen. Die Römer verwendeten die A. zur Dekoration der Wände von Innenräumen (z. B. in Pompeji), wobei die Darstellung von in Wirklichkeit nicht vorhandenen, zusätzlichen Räumen oder Raumteilen und von gleichfalls illusionist. Fensterausblicken auf Straßen und Nachbarhäuser bes. beliebt waren. In der altchristl. und byzant. Malerei (z. B. Ravenna) diente die formelhaft abgekürzte Darstellung von Architektur zur Andeutung des Schauplatzes, ebenso in der Malerei des MA. Erst im 14. Jh. kam es in Italien (Giotto), ab 1400 auch nördl. der Alpen zu einer detaillierten Schilderung von Baulichkeiten im Hintergrund von Gemälden (Jan van

Eyck). Seit der Entdeckung der mathemat. Konstruktion der → Perspektive in der Frührenaissance tritt die genaue Wiedergabe von (meist erfundener) Architektur mehr und mehr in den Vordergrund, bis im 16. Jh. das architekton. Gebilde das eigentl. Bildthema oft zur Nebensache werden läßt. In der Gotik, Renaissance und Barockzeit wurden die Innenräume, seltener Fassaden, von Kirchen, Klöstern und Schlössern mit A. geschmückt. (→ Freskomalerei, →*Fassadenmalerei, → Deckenmalerei).

T. Hetzer, Vom Plast. in der Malerei, über das Verhältnis der Malerei zur Architektur, 1957; s. a. Fassadenmalerei, Freskomalerei, Deckenmalerei, Wandmalerei.

Architekturmodell → *Baumodell.

Architekturtheorie (von griech. *theorein*: betrachten, überlegen), das Bestreben, die der Baukunst zugrundeliegenden Gesetze aus ihren Hauptwerken zu erkennen und darzulegen oder solche a priori aufzustellen. Die einzigen aus der Antike schriftlich überlieferten Versuche einer A. sind die von dem röm. Architekten Vitruvius Pollio zur Zeit des Augustus verfaßten „Zehn Bücher über die Baukunst". Deren Wiederentdeckung durch einen ital. Humanisten im Jahre 1415 (in einer Abschrift aus dem 9. Jh.) hat wesentlich zur „Wiedergeburt" der Antike in der Renaissancebaukunst beigetragen und eine Fülle ähnlicher, zugleich beschreibender und theoretisierender Schriften in fast allen an der Renaissance beteiligten Ländern hervorgerufen. Aus dem MA. sind ähnliche Versuche nicht erhalten, weil die in den → Bauhütten verwendeten

Regeln und Anweisungen nur mündlich weitergegeben oder überhaupt geheimgehalten wurden. Als Begründer der neueren A. gilt der ital. Architekt und Humanist Leo Battista Alberti, der um 1452 ebenfalls „Zehn Bücher über die Baukunst" verfaßte. Andere bedeutende Architekten der ital. Renaissance eiferten ihm nach, so z. B. Antonio Averlino gen. Filarete, mit einem in Romanform verfaßten „Traktat über Architektur" (1460–64), in dem er u. a. seinen Entwurf einer Idealstadt „Sforzinda" entwickelt, ferner Andrea Palladio („Quattro libri dell' architettura", 1570), dann Sebastiano Serlio mit seinem Werk „Regole Generali di Architettura" (1537) und Giacomo Barozzi gen. Vignola, der 1542 Leiter der „Vitruvianischen Akademie" in Rom war. Auch den Architekturtheoretikern nördl. der Alpen ging es hauptsächlich um die Verbreitung der bei Vitruv gefundenen Begriffe, Regeln und Proportionsgesetze und die Anwendung der Formensprache der Antike. Wegbereiter der Renaissance in Frankreich wurden Philibert Delorme, der sich in seinen Schriften (1561–67) bes. mit konstruktiven und techn. Fragen befaßte, und Jacques Ducerceau mit A.-Büchern. In Deutschland war Wendel Dietterleins „Architectura" (1593–94) von großer Wirkung, wenn auch hauptsächlich durch die Fülle der darin ausgebreiteten manierist. Ornamentformen. Wichtig für den Übergang zum Barock wurde Josef Furttenbach d. Ä., der in seiner „Architectura universalis" (1635) und zahlreichen anderen, meist sehr umfangreichen Büchern alle Zwei-

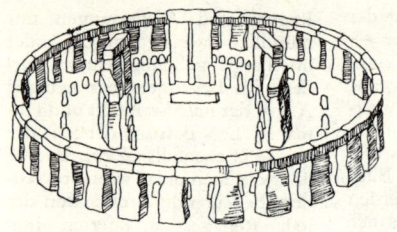

Architravbau
(Beispiel: Stonehenge)

ge der Baukunst im Sinne einer umfassenden Baulehre bis in alle Einzelheiten behandelte. Am Ende dieser Entwicklung der A. zur Baulehre stehen schließlich der Klassizist Friedrich Weinbrenner mit seinem mehrbändigen „Architekton. Lehrbuch" (1810–20), Gottfried Semper („Die vier Elemente in der Baukunst", 1851) und Theodor Fischer. In der Folge wird die A. immer kritischer und schließlich von der → Architekturkritik abgelöst.

V. C. Habicht, Die dt. Architekturtheoretiker des 17. und 18. Jh. (Zs. für Architektur und Ingenieurwesen), 1916; ders., A. (RDK), 1937; L. Adler, Vom Wesen der Baukunst I, 1926; ders., A. (Wasmuth), 1929; K. F. Wieninger, Grundlagen der A. (Diss. Wien), 1951; R. Wittkower, *Architectural Principles in the Age of Humanism*, London 1952; P. Tilger, Die A. des Filarete (Neue Münchener Beiträge, 5), 1963.

Architekturzeichnung → Bauzeichng.→ *Bauriß, Riß, Bauplan.

Architrav (von ital. *architrave* aus griech. *archi-*: Ober-, Haupt-, und lat. *trabs*: Balken), in der antiken Baukunst und den von ihr beeinflußten Baustilen der waagerechte, den Oberbau tragende Hauptbalken; da er beim griech. Tempel meist auf Säulen ruht, auch Epistyl (griech.: auf den Säulen liegend) genannt (→ *Säulenordnungen). Der steinerne A., von einer Säulenachse zur andern in Blöcke unterteilt, ist in der →

*Dor. Ordnung glatt und hat oben eine Abschlußleiste (taenie, lat.: Band), an der unterhalb kleine Leisten (regulae) mit „Tropfen" (guttae) angebracht sind. Im ion. und korinth. Stil ist der A. durch zwei oder drei übereinanderliegende horizontale Streifen (fasciae) von gleicher oder verschiedener Breite gegliedert und mit einer mehrfach unterteilten Leistenbekrönung versehen – beides eine Erinnerung an die übereinander liegenden Balken des Holzbaus (→ Gebälk).

F. Toebelmann, Röm. Gebälke, 1923; E. Fiechter, A. (RDK), 1937.

Architravbau wird mitunter die Bauweise genannt, bei der die Stützen (Pfeiler, Säulen) nur durch waagerechte Balken (Architrav), nicht durch Bogen miteinander verbunden sind.

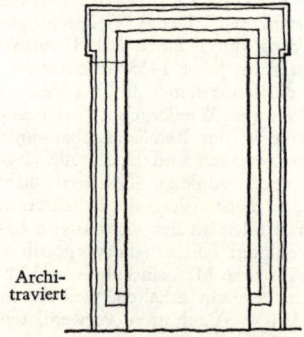

Architraviert

O. Schottenhaml, Lastprobleme des
griech. dor. Tempelbaues (Diss. Wien),
1943.

Architraviert sind Einfassungen
von Türen, Fenstern, Nischen u.
a., wenn sie nach Art des Architravs am Rande mit Profilleisten
versehen oder überhaupt profiliert
sind (→ *Archivolte).

Archivolte (von ital. *archivolto*:
Ober-, Vorderbogen), 1. aus der
ital. Renaissance stammende Bezeichnung für die bandartige, von

der Mauerwand abgesetzte Ein-
fassung eines Rundbogens. Als
selbständiges Bauglied auch Stirnbogen oder Bogenhaupt genannt.
Die häufig ornamentierte A. wurde in der röm.- und der hellenist.
Baukunst als Element an
Triumphbogen, Stadttoren u.
dergl. verwendet und von der
Renaissance übernommen. 2. Als
A. werden daher auch die Bogenläufe im → Gewände roman. und
got. Portale bezeichnet, die hier
die Fortsetzung der Gewände-
gliederung bilden und häufig mit
Skulpturen (Archivoltenfiguren)
besetzt sind.

K. Erdmann, Der Bogen (Jb. für
Kunstwiss.), 1929; D. Frey, A. (RDK),
1937.

Arcosolium, Arkosol (lat. aus
arcus: Bogen, *solium*: Sarg), Bo-
gengrab, Loculus, Nischengrab,
eine bes. in unterird. Grabanlagen
des frühen Christentums häufige
Form des Wandgrabes, bei dem
sich über dem kastenförmig in das
Gesteinsmassiv gehauenen, mit
einer flachen Platte geschlossenen
Grabtrog eine Bogennische wölbt.
Das A. war schon im vorderen
Orient, dort auch als freistehender Baldachin (→ Baldachingrab)
über einem Sarkophag, gebräuchlich, ehe es im 3. Jh. in den →
*KatakombenRomsEingang fand.

Realencyclopädie für protestant. Theo-
logie und Kirche, [3]1901.

Arena (lat.: Sand), der mit Sand
bestreute Kampfplatz im Zentrum
des röm. → *Amphitheaters.

Arenarium (lat.: Sandgrube),
Begräbnisplatz bzw. Abteilung
innerhalb der röm. Katakomben.

Arkade (franz. *arcade* nach mittellat. *arcata* von lat. *arcus*: Bogen),
Bogenstellung, d. h. ein auf Stützgliedern (Pfeilern, Säulen) ruhen-

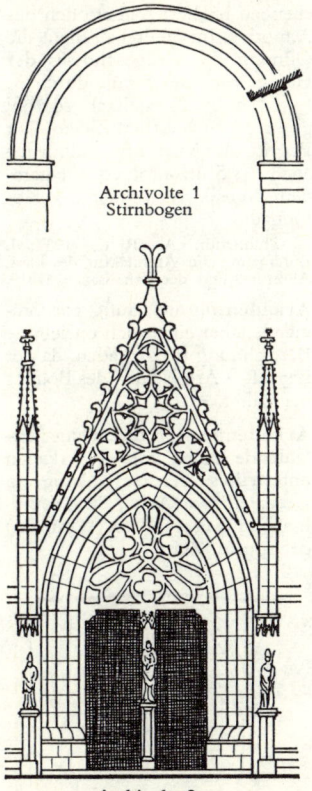

Archivolte 1
Stirnbogen

Archivolte 2
Bogenlauf

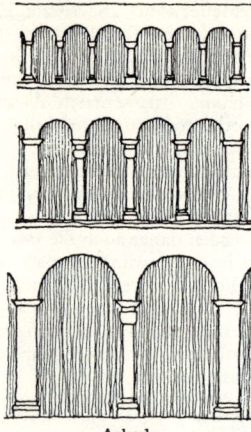

Arkade

der Bogen. Auch eine fortlaufende Reihe von Bogenstellungen (Arkatur) wird A. (doch meist Mz.) genannt, ebenso ein Gang, dessen eine Seite von offenen Bogenstellungen begrenzt wird. Die A. wurde in der Antike bes. von den Römern häufig verwendet (Aquädukte, Stadttore u. dergl.), weil der aus Keilsteinen zusammengefügte Rundbogen weitere Abstände überbrücken kann und größere Tragfähigkeit besitzt als der → Architrav. Auch in der ind. und islam. Baukunst spielt die A. eine bedeutende Rolle. Die größte Bedeutung gewann die A. jedoch im altchristl. und ma. Kirchenbau: im Zentralbau setzt sie den Mittelraum vom Umgang, in der Basilika das Mittelschiff von den Seitenschiffen ab, ohne sie opt. und akust. zu trennen (Scheidbogen). Über den A. verläuft das A.gesims, darüber erhebt sich die A.mauer (→ A.mauer 1). Die Blendarkade (ohne Maueröffnung) dient zur dekorativen Gliederung einer Wandfläche, Folgen kleinerer A. werden als Zierform bes. an roman. Choranlagen häufig verwendet (→ Zwerggalerie). A. können auch in mehreren Geschoßen übereinander angeordnet sein, wobei die Stützabstände in den oberen niedrigeren Etagen geringer sind. Die Zusammenfassung mehrerer A. unter einem Blendbogen und ihre Reihung als Fensteröffnungen (→ *Arkadenfenster) sind nicht nur im Kirchenbau beliebte Variationen des A.motivs. Im Städtebau dient die Öffnung des Erdgeschosses der Häuser nach der Straße durch A. (→ *Laube 2) vielfach sowohl prakt. als auch ästhet. Zielen. Der Begriff A. wird oft willkürlich auch für Stützenfolgen mit geradem Gebälk verwendet (→ Kolonnade).

G. Stuhlfauth, A. (RDK), 1937; J. Buhlmann, Die Architektur des klass. Altertums und der Renaissance, ⁴1919.

Arkadenbögen, häufig vorkommende, aber eigentlich unrichtige Bezeichnung für Arkaden, da der Begriff → Arkade den des Bogens beinhaltet.

Arkadenfenster, durch eine fortlaufende Reihe von → Arkaden unterteiltes Fenster, häufig in Kreuzgängen (Arles, St. Trophime) und Kaiserpfalzen (Wimpfen) der roman. Zeit.

Arkadenfenster

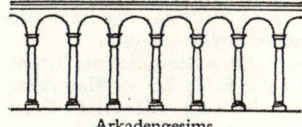

Arkadengesims

Arkadengesims, meist nur schwach hervortretendes waagerechtes Gesims über der Zone der → Arkaden im Innern ma. Kirchen, seltener am Außenbau.

Arkadenhof, Laubenhof, Innenhof mit meist mehrgeschossigen Bogenstellungen (→ Arkade), bes. häufig in Schlössern und repräsentativen Bürgerhäusern der Renaissance.

Arkadenmauer, 1. wenig gebräuchl. Bezeichnung für die von den Arkaden des Erdgeschosses getragene Hochschiffmauer einer Kirche, 2. eine mit Blendarkaden (→ *Blendbogen) dekorierte Mauer.

Arkatur (lat.), die Gesamtheit der Arkaden eines Gebäudes oder Gebäudeteiles, meist → Arkaden genannt.

Arkosol → Arcosolium.

Armierung, die → Bewehrung des → *Stahlbetons durch Eiseneinlagen.

Arsenal (von ital. *arsenale* nach arab. *ars sina'a*: Fabrik), Bezeichnung für → Zeughaus.

Âsana (Sanskrit: sitzend), altind. Tempeltypus, der über der Cella statt des → Sikhara ein flaches

Arkadenhof (Beispiel: München, Münzhof)

Āsana

Kuppeldach oder ein Walmdach hat. Diese Abweichung wird damit erklärt, daß das Kultbild in der Cella den Buddha oder Shiva in Yogastellung bzw. auf einem Throne sitzend, jedenfalls nicht stehend, darstellte.

E. la Roche, Ind. Baukunst, 1921; L. Frèdèric, Indien, Tempel und Skulpturen, 1959; s. a. Tempelbau.

Asklepieion (griech.), ein dem Heilgott Asklepios (Äskulap) geweihtes Heiligtum mit Räumen für den Heilschlaf und für Therapien (Pergamon, Epidauros).

A. Baumeister, Asklepios (Denkmäler des klass. Altertums), 1889; K. Sudhoff, Kos und Knidos, 1927; R. Herzog, Die Wunderheilungen von Epidauros, 1931; ders., Kos, Bd. 1., A., 1932; O. Deubner, Das A. von Pergamon, 1938.

Astragal (von griech. *astragalos*: Sprungbein, Würfel; die rund-

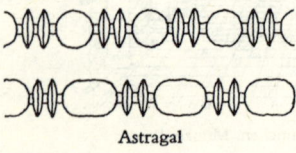

Astragal

lichen Fußknochen von Lämmern dienten im alten Griechenland als Würfel), in der griech. Baukunst ein schmaler, halbrund profilierter und als Perlenschnur gebildeter Stab (Perlstab), der die waagerechte Grenzlinie zwischen Bau- oder Ornamentgliedern betont. An der Säule der → *Ion. Ordnung bezeichnet der A. die Grenze zwischen Schaft und Kapitell, als Perlstab bildet er die untere Begrenzung des ion. → Kyma.

H. Blümner, A. (Denkmäler des klass. Altertums, hg. A. Baumeister), 1889; s. a. Kyma.

Astwerk, aus knorrigen, mit zahlreichen Stümpfen besetzten laublosen Ästen bestehendes Dekorationsmotiv der Spätgotik, häufig anstelle von Maßwerk an Baldachinen, Taufbecken, Kanzeln, → *Sakramentshäuschen und Kirchenportalen, vereinzelt auch an Gewölberippen vorkommend.

H. Wentzel, A. (RDK), 1937; E. H. Lemper, Das A. (Diss. Leipzig), 1950; M. Braun, Ast- und Laubwerk (Diss. Erlangen), 1960.

Astylos (griech.: säulenlos), Bauwerk, bes. Tempel ohne Säulenstellungen.

Atektonisch, den Regeln der → Tektonik nicht entsprechend.

Atelier (*artiliaria* von lat. *ars*: Kunst, a.franz. *artelier*), Werkstatt, insbesondere Künstlerwerkstatt; heute auch jeder Raum von bedeutenderer Größe und spezieller Beleuchtung für besondere handwerkliche Tätigkeit.

H. Huth, Künstler und Werkstatt der Spätgotik, 1923.

Atlant (von ital. *atlante*), aus der ital. Renaissance stammende Bezeichnung für eine meist überlebensgroße männliche Gestalt, auch

Telamon oder Gigant genannt (im Gegensatz zu den weiblichen →*Karyatiden), die anstelle einer tekton. Stütze das Gebälk trägt, so benannt nach dem Titanen Atlas der griech. Mythologie, der das Himmelsgewölbe tragen mußte. A. kommen schon in der Antike als Bauplastik vor (Agrigent, Zeustempel), finden sich vereinzelt auch in der kirchl. Baukunst des MA. als (bekleidete) Träger von Konsolen, Wasserspeiern u. dergl. und sind bes. häufig am Außenbau und in Innenräumen (Treppenhäusern) des Barocks (Bauten von Fischer v. Erlach und Lucas v. Hildebrandt in Prag und Wien) und an barockisierenden öffentl. und privaten Bauten des 19. Jh. anzutreffen. W. E. Braun, A. (RDK), 1937.

Atlant

Atriglyphon (griech.: triglyphenlos), Bezeichnung für einen Tempel der → Dor. Ordnung ohne Triglyphen über dem Gebälk.

Atrium (lat.), 1. Hauptraum des röm. → *Wohnhauses, in dem in älterer Zeit wohl der Herd stand, weshalb er rauchgeschwärzt (lat. *ater*) war. Später wurde das Dach über dem A. mit einer viereckigen Öffnung (Compluvium) versehen, gegen die sich das Dach an den vier Seiten neigte, sodaß der Regen (lat. *pluvia*) in ein darunterliegendes Bassin, das Impluvium, abfloß. In jüngerer Zeit wurde das Compluvium vergrößert und durch Säulen abgestützt. Das A. erhielt so den Charakter einer in der Mitte offenen Halle und diente als Empfangsraum. Die ältere, stützenlose Form des A. wurde nach Vitruv „etruskisch" (A. tuscanicum) genannt, „viersäulig" (A. tetrastylicum), wenn das Compluvium von vier Säulen an den Ecken gestützt wurde, und „korinthisch" (A. corinthicum), wenn es mehrere Säulen waren. Im Gegensatz zu dem A. impluviatum mit nach innen entwässertem Dach, heißt das A. mit nach außen entwässertem Dach A. displuviatum. – 2. Vorhof der altchristl. → *Basilika, meist von gleicher Breite wie diese und ihr im Westen vorgelagert, von einer Säulenhalle (Peristyl) umgeben und mit einem Brunnen (Kantharus) für die rituellen Waschungen in der Mitte. Dieser in Rom (z. B. S. Clemente) entwickelte Typus, auch Paradies genannt, wurde auch im frühen MA. noch beibehalten (Mailand, S. Ambrogio; Essen, Münster), verkümmerte aber allmählich zu einer quer-

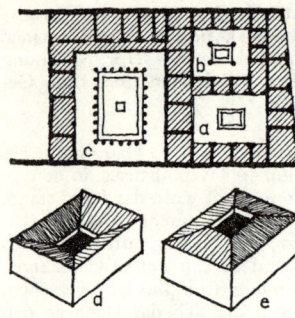

Atrium 1
a A. tuscanicum
b A. tetrastylicum
c A. corinthicum
d A. impluviatum
e A. displuviatum

rechteckigen Vorhalle, auf die vielfach der Name Paradies überging.

Vitruv, 6. Buch, Kap. 3; H. Holtzinger, Die altchristl. Architektur in systemat. Darstellung, 1889; L. Joutz, Der ma. Kirchenvorhof in Deutschland (Diss. TH. Berlin-Charlottenburg), 1906; A. Mau, Pompeji in Leben und Kunst, 1908; H. Reinhardt, A. (RDK), 1937; A. Maiuri, Pompeji (instituto poligrafico dello stato), Rom [8]1958; P. Peters, A.-häuser, Teppichsiedlungen, 1961; M. Brion, Pompeji und Herculaneum, 1961.

Attika (lat.: attisch, athenisch), niedriger Aufbau über dem Hauptgesims eines Bauwerks, meist mit einem nach oben abschließenden Gesims versehen. Die A. kommt in der Antike bes. an röm. Stadttoren und → *Triumphbogen vor, wo sie zur Anbringung von Inschriften und als Sockel für freiplast. Bildwerke diente. Seit der Renaissance verwendete man sie an Kirchen- und Profanbauten vielfach zum Verdecken des Dachansatzes, während das Barock ein niedriges Obergeschoß, das A.geschoß (→ *Geschoß), entwickelte. Im Klassizismus fehlt gewöhnlich das Abschlußgesims der A. (Brandenburger Tor, Berlin).

D. Frey, A. (RDK), 1937.

Attikageschoß, an die Stelle einer → Attika tretendes niedriges Obergeschoß über dem Hauptgesims von Schloßbauten des Barocks, danach auch an mehrgeschossigen städtischen Häusern (→ *Geschoß).

Attische Basis, im 5. Jh. v. Chr. in Attika bzw. Athen entstandene Sonderform der ion. Basis, bestehend aus einer Hohlkehle (Trochilus) zwischen zwei Wülsten (Tori), von denen der obere etwas niedriger und weniger ausladend ist als der untere und manchmal mit einem Riemengeflecht verziert sein kann. Diese schlichte, kraftvolle Form der Säulenbasis wurde später mit geringen Veränderungen (→ *Eckblatt) bes. von der roman. Baukunst häufig verwendet und auch noch vom Klassizismus bevorzugt. Differenziertere Sonderformen zeigt die → *Basis der kleinasiat. → ion. Ordnung.

W. Serida, Basis (RDK), 1937; s. a. Ion. Ordnung.

Attisch-ionische Ordnung, in Attika entwickelte Sonderform der → *Ion. Ordnung, für die im Gegensatz zur kleinasiat.-ion. Ordnung vor allem der Figurenfries (Zophoros) über dem Gebälk charakterist. ist (z. B. Nike-Tempel, Athen).

Aufgedoppelte Tür → *Tür.

Aufgehendes Mauerwerk, das Mauerwerk über dem Erdboden bzw. über dem Fundament.

Aufkröpfen, der Höhe nach verkröpfen, z. B. ein waagerecht laufendes Gesims, das durch eine

Maueröffnung (Tür, Fenster) unterbrochen würde, senkrecht nach oben führen, bis es in entsprechender Höhe wieder horizontal geführt werden kann (→ *Verkröpfung).

Auflager, Fläche, auf der ein tragendes Bauglied (z. B. Balken) aufliegt. Bei einem → *Bogen oder Gewölbe ist das A. die horizontale obere Abschlußfläche des Widerlagers.

Aufriß, graphische Darstellung der Außenansicht eines Bauwerks oder der Wandansicht eines Raumes in Normalprojektion (→ Projektion) und meist verkleinertem Maßstab, deren mehrere zur → *Abwicklung vereinigt werden können.

Aufweg, in der altägypt. Baukunst ein überdeckter Verbindungsgang zwischen dem an der Überschwemmungsgrenze des Nils gelegenen „Taltempel" und dem höher gelegenen → *Grabtempel (Totentempel, z. B. Gizeh, Chefren-Totentempel).

Auge, 1. kreisrunde Lichtöffnung im Scheitel einer → *Kuppel, gleichbedeutend mit Opaeon; 2. kleine runde Scheibe im Zentrum der Voluten des Kapitells der → *Ion. Ordnung. 3. weniger gebräuchl. für die Öse am Ankerkopf (→ Anker 1). 4. Die Lichtspindel einer → *Wendeltreppe (Treppena.).

Aula (lat. von griech. *aule*: Hof), 1. Innenhof des griech → *Wohnhauses, dem röm. → Atrium entsprechend. 2. In der röm. Kaiserzeit Bezeichnung für Palast, daher 3. im frühen MA. oft gleichbedeutend mit Pfalz (A. regia). 4. In der altchristl. Basilika wurde der mittlere Teil der Vorhalle, auch

der für die Laien bestimmte Platz im Langhaus A. genannt. 5. Seit dem 16. Jh. ist A. die übliche Bezeichnung für den Festsaal einer Schule oder Universität.

H. Wentzel, A. (RDK), 1937.

Ausgeschiedene Vierung, eine → *Vierung, deren Deckenfeld durch vier auf den Vierungspfeilern aufliegende Bogen begrenzt wird.

Ausgleichschicht, 1. die oberste, genau waagerechte Schicht des Mauerwerks als Auflager für das Tragwerk (Balken u. dergl.); 2. ausgleichende waagerechte Zwischenschicht im Bruchsteinmauerwerk, das bei größerer Höhe mehrere A. haben kann (→ *Mauerwerk 6).

Aushub, Material, das beim Ausheben einer → Baugrube anfällt.

Auskehlen, abkehlen → *Kehle.

Auskragung, das Vorspringen eines Bauteiles, z. B. eines Erkers, Balkons oder ganzen Stockwerkes. Die A. kann mittels aus der Wand vorstehender Balkenköpfe (→*Fachwerk), Kragsteine, Konsolen oder abgetreppter Mauerschichten bewirkt werden.

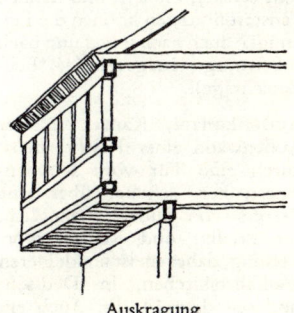

Auskragung

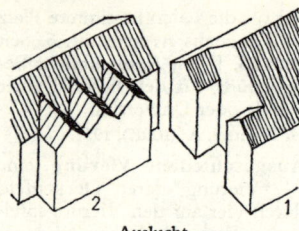

Auslucht

Auslucht, 1. an Renaissancebauten Niedersachsens ein vom Erdboden aufsteigender, meist mehrgeschossiger erkerartiger Vorbau an einer oder zu beiden Seiten der Haustüre; 2. über einem Seitenschiffjoch errichteter Querdachgiebel, bes. an got. Kirchen Ostdeutschlands (Lucht).

Auslugerker, Eckerker, heißen die → *Erker an Gebäudeecken (zum Unterschied von den Erkern an der Gebäudewand).

Ausschrägung, bei Steinbauten des MA. haben die Fensterleibungen häufig eine A. nach innen, so daß bei starken Mauern die innere Fensteröffnung größer ist als die äußere, wodurch der Lichteinfall vergrößert wird und das Fenster opt. größer erscheint, bes. wenn die A. weiß verputzt ist. Bei sehr starken Mauern und kleinen Fensteröffnungen können die Leibungen auch nach innen und nach außen ausgeschrägt sein (→ *Fensterschräge).

Außenkanzel, Kanzel an der Außenwand einer Kirche, meist durch eine Tür vom Kircheninnern her, seltener über eine Treppe von außen zugänglich, zur Predigt und Reliquienvorweisung, daher meist an kleineren Wallfahrtskirchen, in Deutschland seit dem 14. Jh. Auch ein

dem gleichen Zweck dienender offener Altan oder Balkon über einem Kirchenportal wird A. genannt.
H. Wentzel, A. (RDK), 1937.

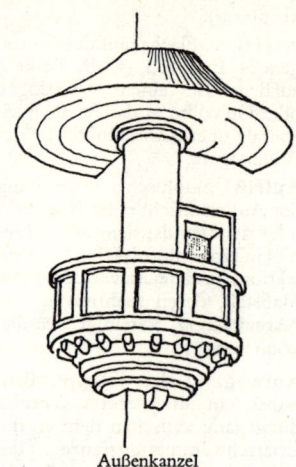

Außenkanzel

Außenmauern (auch Umfassungsmauern bzw. -wände), die ein Bauwerk umschließenden Mauern im Gegensatz zu den Innenwänden (Trennwänden).

Außentreppe

Außenputz, Putz an der Außenfront eines Bauwerks.

Außentreppe, an der Außenfront eines Gebäudes zu den oberen Stockwerken emporführende Treppe, manchmal auch überdacht.

Aussichtstempel, dekoratives Bauwerk auf Anhöhen in größeren Parkanlagen bes. des Barock und des Klassizismus.

Aussichtsturm, Aussichtswarte, Warte, ein Turm, der eine Fernsicht ermöglicht, bes. in Stadt- und Waldgebieten. Das bekannteste Beispiel ist der Eiffelturm in Paris.

Austrittstufe, die letzte Stufe eines Treppenlaufes (→ Treppe).

Auvergnatischer Querriegel, Bezeichnung für die an roman. Kirchen der Auvergne (Südfrankreich) vorkommende starke Hervorhebung des Querschiffes. In diesen Fällen besteht das Querhaus aus fünf verschieden hohen Teilen: als höchster in der Mitte die kuppelüberwölbte Vierung, beiderseits der Vierung und der Breite der Seitenschiffe entsprechend ein kurzer, halbtonnengewölbter Arm von der Höhe des Mittelschiffs und je ein niedrigerer äußerer Flügel (Beispiele: Issoire, St.-Nectaire, Orcival u. a.).

P. Frankl, Die frühma. und roman. Baukunst, 1926; C. B. Craptet, *Auvergne romane*, 1955; H. Foramitti, Orcival und die roman. Pilgerkirchen der Auvergne (Diss. Wien), 1957.

Axonometrie, Parallelprojektion, Parallelriß, zur Unterscheidung von der Zentralperspektive auch Parallelperspektive genannt (→ *Projektion).

Azulejos (span. v. arab. *azul*: blau), vielfarbig gemusterte Fayenceplatten, deren Herstellung und Verwendung als Wandfliesen im 14. Jh. von den Mauren in Spanien eingeführt wurde (Baukeramik).

R. Forrer, Geschichte der europ. Fliesenkeramik, 1901.

Bâb (arab.: Tor), häufige Bezeichnung für das ma. → Stadttor in den von den Arabern gegründeten bzw. befestigten Städten Nordafrikas. Es besteht meist aus einem oder seltener zwei, von zwei Türmen mit quadrat. Grundriß flankierten Bogenportalen (z. B. Bâb el Nasr, Kairo), oder aus einem großen Haupttor zwischen kleineren Seitenpforten.

F. Benoit, *L'afrique Méditerranéenne*, Paris 1931.

Backstein, Ziegelstein, Ziegel, aus Ton oder Lehm geformter Baustein, der zum Unterschied

Auvergnatischer Querriegel

vom luftgetrockneten Lehmziegel durch Brennen gehärtet und wetterfest gemacht ist. Über die Verbindung von B. zu Mauern → *Mauerverband.

P. Friedrich, Blütezeit und Niedergang unserer Ziegelindustrie, 1897; K. Dümmler-Loeser, Hdb. der Ziegelfabrikation, ³1926; F. Hart, E. Bogenberger, Der Mauerziegel, 1964.

Backsteinbau, Ziegelbau, die Bauweise aus geschichteten Backsteinen kommt bereits im 4. Jahrtausend v. Chr. bei den Sumerern vor und wurde von den Babyloniern und Assyrern weiterentwickelt, während sie im alten Ägypten nur verhältnismäßig selten in Gebrauch war. Bes. die babylon. Baukunst entwickelte den B. zu größter Perfektion und benutzte zur Dekoration von Lehmziegelbauten bereits farbige Glasursteine (→ *Baukeramik, Babylon: Ischtartor, Thronsaal, Prozessionsstraße). Das babylon. Vorbild wirkte auch auf die pers. Baukunst der Achämeniden (Susa), vor allem aber auf die parth. und sassanid. Kunst (Ktesiphon) ein. Im Abendlande nutzten zuerst die Römer den B., vor allem im Gewölbebau (Rom: Pantheon, Tempel der Minerva Medica, Substruktionen des Palatin, Thermen) wenn sie auch die bedeutenderen Bauten meist mit Naturstein verkleideten. Die Byzantiner übernahmen den B. von den Römern, doch sind bei ihnen die Außenwände oft abwechselnd aus Backstein- und Werksteinschichten ausgeführt (Konstantinopel, Landmauer); hervorragende Beispiele des reinen B. in der byzantin. Baukunst sind die ravennat. Bauten (S. Giovanni in Fonte, Grabkapelle der Galla Placidia u. a.). In der Romanik ist der B. bes. in den werksteinarmen Gebieten Oberitaliens und Norddeutschlands verbreitet. In der Gotik wirkt sich das Material des Backsteins auch auf die Gestaltung aus, wodurch im norddeutschen Raum, im Baltikum und im ganzen Ostseegebiet eine Sonderform der Gotik (→ *Backsteingotik) entsteht. Auch in Südwestfrankreich (Albi, Toulouse) wird durch den B. eine eigene Formensprache entwickelt. In der Renaissance bleibt der B. in Oberitalien weit verbreitet (Mailand, S. Maria delle Grazie), doch werden die Zierglieder oft in Terrakotta ausgeführt (Ferrara). Während die Barockzeit ihre aus Backsteinen errichteten Bauwerke immer verputzt, kommt im 19. Jh. (Schinkel) und in der Architektur nach 1900 (Höger, Bonatz, Schmitthenner) auch der unverputzte B. wieder zur Geltung.

L. Runge, Beiträge zur Kenntnis der Backstein-Architektur Italiens, 1885; O. Stiehl, Der B. roman. Zeit, bes. in Oberitalien und Norddeutschland, 1898; ders., zur Wiederaufnahme ma. Backsteintechnik (Zs. Die Denkmalpflege), 1905; ders., B. in Norddeutschland und Dänemark, 1923; H. Wentzel, B. (RDK), 1937; F. Schuhmacher, Das Wesen des neuzeitlichen B., 1917; F. Wachtsmuth, Der B. im Morgen- und Abendland, 1925; ders., B. (Wasmuth, Bd. 5), 1937; ders., Der B. der Neuzeit, 1942; A. Kamphausen, Die Baudenkmäler der dt. Kolonisation in Ostholstein und die Anfänge norddt. Backsteinarchitektur, 1938; J. H. Westphal (hg.), Fritz Höger, der niederdt. Backsteinbaumeister, 1938; F. Fischer, Norddt. Ziegelbau, 1944; A. Haupt, Der dt. B. der Gegenwart und seine Lage, 1910.

Backsteingotik, durch die Verwendung des Backsteins als Baumaterial entstandene Sonderform der Gotik, die sich hauptsächlich in Norddeutschland und im Ostseeraum verbreitete, wo es an

Backsteingotik (Beispiel: Königsberg/Neumark, Rathaus)

Natursteinen fehlte. Dieser Mangel zwang zunächst zu einer Verminderung der got. Zierformen, wurde aber durch die Verwendung von → Formsteinen (Baukeramik) und dunkel glasierten Klinkern, durch Weißtünchen der Blenden und durch eine eigene Gestaltung der Giebel und hohen Scheingiebel ausgeglichen. Die reifen Schöpfungen der B. im Kirchenbau (Prenzlau, Ostgiebel von St. Marien; Tangermünde, St. Stephan; Brandenburg, Hl. Blutkapelle) und ganz besonders im Profanbau (Rathäuser von Stralsund, Königsberg/Neumark, Tangermünde, Stadttore von Neubrandenburg, Stendal und Königsberg/Neumark) stehen jeden-

falls den gleichzeitigen Werksteinbauten an Reichtum der Dekoration nicht nach.

F. Adler, Ma. Bauwerke des Preuß.
Staates, 1862–1898; F. Gottlob, Formen-
lehre der norddt. B., ²¹1907; H. Much,
Norddt. B., ⁷¹923; M. Zoder, Studien
zur Entwicklung der ma. B. in Nieder-
bayern, 1929; W. Burmeister, Norddt.
Backsteindome, 1930; S. Thurm,
Norddt. Backsteinbau, 1935.

Badia, 1. (ital. von lat. *ecclesia
abbatialis*), Abtei, Abteikirche. Bekannt die B. di Fiesole (Florenz).
2. Auch Badija, Badiya, Wüsten-
schloß arab. Kalifen, mit großem
Luxus ausgestattet und hauptsächlich im Frühling bewohnt.
Erhalten sind die Ruinen von
Charani, Qasr el abiad, Tuba und
vor allem Mschatta.

H. Lammens, *La B. et la Hira sous les
Omajades* (Melanges de la Faculté
Orientale IV), 1921; E. Herzfeld,
Mshatta, Hira und Bâdiya (Jahrb. der
preuß. Kunstsammlung), 1921.

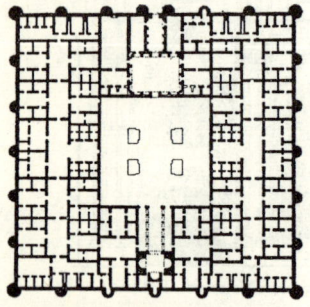

Badia (Beispiel: Mschatta)

Baldachin (franz. *baldaquin*, ital·
baldacchino), urspr. ein Traghim-
mel aus einem Baldakin (von
arab. *baldaqu*: Bagdad) genannten
Seidenstoff, in der Baukunst ein
dachartiger Aufbau über einer geweihten Stätte, einem Kultgegen-
stand oder einer Statue zu deren
Schutz bzw. bes. Hervorhebung.
In frühchristl. Zeit wurden B.

Baldachin

über Altären errichtet (→ *Ziborium, Tabernakel), im MA. auch
über Gräbern (→ *Baldachingrabmal). Am häufigsten ist der
an eine Wand angelehnte B. über
einer stehenden oder sitzenden Figur, der schon in roman. Zeit vorkommt und meist Architekturformen nachahmt. In der Gotik
ist der Figuren-B. pyramidenförmig und oft von Stützen getragen, die zugleich als seitliche Rahmung der auf einer Konsole stehenden Figur dienen. Dabei kann
die Unterseite des B. wie ein kleines Gewölbe gebildet sein, während der obere Abschluß aus Fialen, Verstrebungen und von
Kreuzblumen bekrönten Spitz-
pyramiden besteht.

J. Braun, Der christl. Altar, 1924; ders,
Altarb. (RDK), 1937; O. Schmitt, B.
(RDK), 1937.

Baldachingrabmal

Baldachingrabmal, ein steinernes Grabmal in Form eines von
Stützen (Säulen, Pfeilern) getragenen Baldachins, meist im Inneren von Kirchen (z. B. Marburg,
Elisabethkirche), seltener im
Freien (Kairo, Kalifengräber;
Verona, Skaligergräber).
O. Schmitt. B. (RDK), 1937.

Balken, allgem. jedes tragende
horizontale Bauelement (Träger,
Tragwerk), das bei senkrechter
Belastung ausschließlich senkrechte Auflagerdrücke erzeugt,
im Gegensatz zum Bogen und
zum Gewölbe, bei denen schräge,
d. h. zugleich senkrechte und
waagerechte Druckkräfte entstehen. Im engeren Sinn ist der B.
ein Holz von hochrechteckigem
Querschnitt, das vorwiegend zur
Überdeckung eines Raumes dient.
Mehrere zu diesem Zweck in Abständen nebeneinander verlegte B.
bilden die Balkenlage, die bei gro
ßer Länge durch quer zu ihr verlaufende B. (Unterzüge) auf Pfosten oder durch Querwände gestützt sein kann. Nach Lage und

Zweck innerhalb der Balkenlage
sind zu unterscheiden: 1. Durchgehende oder Voll-B., die mit
beiden Enden auf einer Mauer
aufliegen; 2. Grat- und Kehlgrat-
B. sind diagonal angeordnet; 3.
Streich- oder Streif-B. liegen neben einer Mauer; 4. Giebel- oder
Ort-B. liegen unmittelbar an oder
auf einem Absatz der Giebelmauer; 5. Stich-B. liegen mit
einem Ende auf einem Deckenb.
oder Wechsel mit dem anderen
auf der Außenmauer; 6. Krag-B.
ragen einseitig über eine Mauer
hinaus; 7. Bund-B. sind die Abschluß-B. über den Ständern des
→ *Fachwerks; 8. Wechsel-B.,
auch nur Wechsel genannt, sind
an beiden Enden mit anderen B.
verzapft, sie werden notwendig,
wenn keine Mauerunterstützung
möglich ist oder eine Befestigungsmöglichkeit an der Decke
geschaffen werden soll (z. B.
Kronleuchter-Wechsel, Treppenwechsel). Von geringerer konstruktiver Bedeutung sind die
Leer- oder Zwischen-B., die nur
den Fußboden des oberen Stockwerkes aufzunehmen haben; reichen B. ohne Zwischenstützen
durch die ganze Gebäudetiefe, so
heißen sie Ganz-B. (Haupt-B.).
O. Gruber, B. (RDK), 1937.

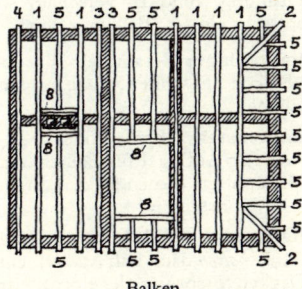

Balken

Balkenanker, → *Anker zur Verbindung von Holzbalken und Mauerwerk.

Balkengesims, im Holz- und Fachwerkbau ein Gesims, das durch Verschalung der vorstehenden → Balkenköpfe gebildet wird.

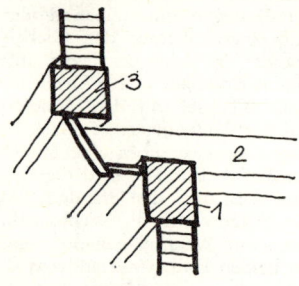

Balkengesims
1 Rähm   2 Balkenlage   3 Schwelle

Balkenkopf, das in oder auf einer Wand liegende oder über diese hinausragende Ende eines Balkens. Beim → *Fachwerk ist der sichtbare B. meist durch Profilierung, Schnitzerei und Bemalung verziert, vielfach auch konsolenartig ausgebildet. Eine Erinnerung an den B. des Holzbaus sind die → Triglyphe und der → Zahnschnitt an griech. Tempeln der → *Dor. und der kleinasiat. → Ion. Ordnung. Sind B. verschalt, so entsteht ein → *Balkengesims.

Balkenlage, Gesamtheit aller → *Balken in einer waagrechten Ebene.

Balkenstein, Kraft- oder Notstein, als Auflager für Balken und Mauerlatten dienender Kragstein (→ *Konsole).

Balkon (von ahd. *balcho*: Balken, franz. *balcon* nach ital. *balcone*), ein Deckenvorsprung, der einen meist ungedeckten Austritt trägt und durch eine Brüstung, eine Balustrade oder ein Geländer begrenzt wird. Der B. war im MA. aus Holz oder Stein und meist klein und erhielt in der Renaissance durchwegs größere Abmessungen. Er erstreckt sich oft längs der ganzen Hausfront und kann auch als Laufgang um den Baukörper herumgeführt sein (z. B. Rathaus in Molsheim/Elsaß). Noch öfter wird der B. im Barock dekorativ an Fassaden (Portal-B.) aber auch an Treppenhäusern verwendet.

C. A. Isermeyer, B. (RDK), 1937; F. Schuster, B., 1961; H. Meyer, B., Terrasse, Dachgarten, 1962.

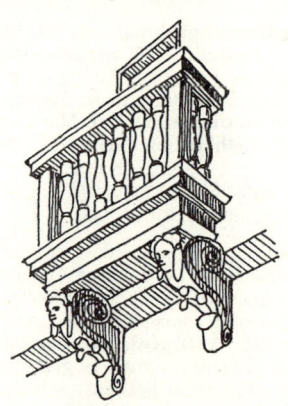

Balkon

Ballenblume, oft plast., knospenähnliches Ornament in Hohlkehlen von ma. Portalgewänden und Gesimsen.

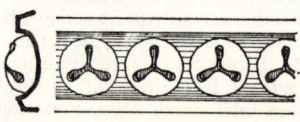

Ballenblume

Baluster (ital. *balaustro*, von griech. *balaustion*: Granatapfel), ein untersetztes Stützglied aus Stein oder Holz mit stark profiliertem Schaft von rundem oder polygonalem Querschnitt an einer Brüstung oder einem Geländer (→ *Balustrade). Der B. aus Holz wird vielfach auch Docke genannt.

Balustrade (franz. von ital. *balaustrata*), ein aus → Balustern (Docken) gebildetes durchbrochenes Geländer an Treppen, Brücken, Balkonen usw. oder als Dachabschluß. Die B., auch Dockengeländer genannt, ist die typ. Form von Geländern und Brüstungen der Renaissance und des Barocks, oft auch durch Pfeiler (Hauptpfosten) in einzelne Abschnitte unterteilt.

F. Ewerbech, E. Schmitt, Einfriedungen, Brüstungen und Geländer (Hdb. der Architektur), 1898; F. Feldbusch, Brüstungen (RDK), 1948.

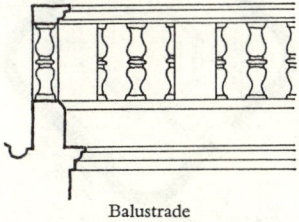

Balustrade

Band, 1. ein waagerechtes, mehr oder weniger ausladendes Bauglied von rechteckigem Querschnitt zur horizontalen Gliederung, meist in Verbindung mit Hohlkehle, Rundstab u. dgl. ein Gesims (→ Gesimsformen) bildend; 2. bei Holzkonstruktionen (→ *Fachwerk) ein schräg angeordnetes Holz, das zur Verbindung und Unterstützung zweier miteinander einen Winkel bilden-

den Hölzer dient (Fußb., Kopfb., Bugb.); 3. das eiserne B. (→ Bandeisen), das am → *Beschlag von Türen und Fenstern zus. mit dem Haken (B.haken) die Aufhänge- und Drehvorrichtung bildet; 4. häufiges Dekorationsmotiv (→ *Bandelwerk, → Flechtband).

Bandeisen, flach gewalzter Eisenstab von geringer Dicke. Der Begriff wird häufig für das Band an Türen oder Fenstern verwendet (→ Band 3., → *Beschlag).

Bandelwerk, Bandverschlingung, aus lebhaft geschwungenen Bandformen gebildete Dekoration des frühen 18. Jh., mitunter von rankenähnlichen und figürl. Motiven durchsetzt, bes. häufig als Wand- und Deckenstukkaturen.

F. Bleibaum, B. (RDK), 1937; H. Schwarz, Das B. (Diss. Wien), 1950.

Bandelwerk

Bandgeflecht, eine Flechtdekoration als Flächenfüllung oder Umhüllung eines Baugliedes.

A. Haupt, Die älteste Kunst der Germanen, ²1926; F. A. v. Scheltema (Geschichte des Kunstgewerbes, hg. H. T.

Bossert), 1928; W. Holmqvist, Kunstprobleme der Merowingerzeit, 1939.

Bandrippe, Gewölberippe in
Form eines Steinbandes mit meist
rechteckigem Profil, kommt
hauptsächlich bei spätroman. Bauten vor (→ *Rippe).

Bandstadt, ein Stadtmodell, das
erstmals 1882 für Madrid durch
Soria y Matas Pläne für die Aufreihung von Siedlungen an einem
Verkehrsband (Schnellbahn und
Straße) angewendet wird. Ein
späterer Ansatz für die B. zeigt
sich in Stalingrad, wo die Wohn-
siedlungen der Längserstreckung
des Weges der industriellen Pro-
duktion folgen.

E. Fuchs, Stadt in Streifen (Diss. Wien),
1931; H. Ehlgötz, B. (Wasmuth, Bd. 5),
1937; E. J. Zepf, Modell der Stadt-
region: Städtebänder und Freiräume
(Diss. Karlsruhe), 1964.

Bandverschlingung, wenig ge-
bräuchl. Bezeichnung für →
Flechtband, → Flechtwerk oder
→ *Bandelwerk (→ *Fries 7).

Bankgesims, Fensterbankgesims, → *Gesims.

Bankgrab, ägypt. → *Grabbau
(→ Mastaba).

Banksockel, für die ital. Früh-
renaissance typ. Ausbildung des
Gebäudesockels als umlaufende
Steinbank (z. B. Florenz, Pal.
Strozzi, Pal. Bartolini u. a.),
manchmal auch mit ausgebilde-

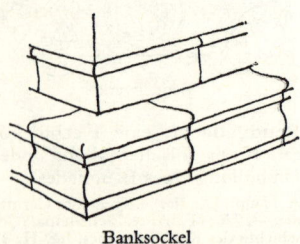

Banksockel

ter Rückenlehne (Florenz, Pal.
Rucellai).

Baptisterium (lat. v. griech.
baptisterion: Badebassin), Taufkirche. Der frühchristl. Brauch,

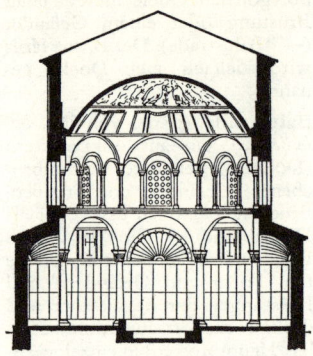

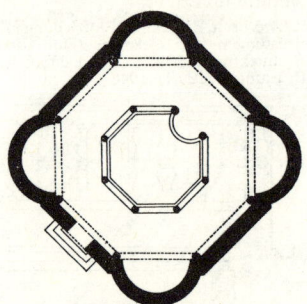

Baptisterium
(Beispiel: Ravenna, B. S. Giovanni in
fonte)

die Taufe (meist nur Erwachse-
ner) durch völliges Untertauchen
oder durch Eintauchen des Körpers zu vollziehen, führte schon
im 4. Jh. dazu, daß in unmittelbarer Nähe der bischöflichen Basilika eine kleinere Taufkirche
mit einem meist in den Boden ver-
senkten Wasserbassin (Piscina) in
der Mitte errichtet wurde. Diese

Baptisterien genannten Kapellen
sind in der Regel Zentralbauten
mit quadrat., häufiger polygonalem oder kreisrundem Grundriß, der durch apsisähnliche Anbauten auch kreuz- oder kleeblattförmig ausgebildet sein kann. Bei
größeren Anlagen ist das Tauf-
bassin oft von einem inneren Säulenkranz umgeben, auf dem eine
Obermauer mit Kuppel- oder
Zeltdachabschluß und Lichtöff-
nungen ruht, während der Umgang mit Tonnen- oder Gratge-
wölben überdeckt ist. Frühe Beispiele auf europ. Boden u. a. in
Frejus, Ravenna (B. S. Giovanni
in fonte, B. der Arianer) und in
Rom (Lateran-B.); berühmt die
ma. B. in Florenz, in Parma, in
Pisa u. a. Seit im hohen MA. die
Taufe durch Untertauchen aufgegeben wurde, dient das B. meist
allgemeinkirchl. Zwecken.

Lit.: → Zentralbau.

Barbakane (franz. aus arab. *bar-
bacane*), auch Bastille, bei ma.
Stadtbefestigungsanlagen   ein
meist ringförmiges, mit Schießscharten versehenes Außenwerk,
das Angriffe auf das Stadttor aufhalten sollte (z. B. in Carcassonne,
Krakau, Nördlingen).

E. Viollet le Duc, *Dict.*

Barbakane

Barghus, in Schleswig-Holstein
vorkommende Form des Bauernhauses mit niedrigen Außenmauern, hohem strohgedecktem

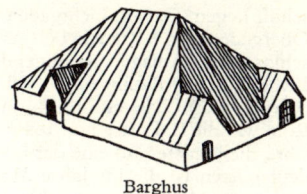

Barghus

Walmdach und relativ kurzem
First. Kleinere Giebelaufbauten
kommen erst bei späteren Beispielen vor. Bekannt vor allem
der „Rote Haubarg" in Eider-
stedt.

R. Mejborg, Das Bauernhaus im Her-
zogtum Schleswig, 1896; O. Lehmann,
Das Bauernhaus in Schleswig-Holstein,
1927; F. Saefl, Haubarg und B., 1930.

Barkenkammer, Sekos, das Allerheiligste im ägypt. → *Tempelbau, ein eigenes Gehäuse, in
dem hinter Vorhängen das Götterbild in einer meist goldenen
Barke stand.

Basilika (lat. *basilica* von griech.
basilike stoa: Königshalle) 1. urspr.
das Amtsgebäude des Archon Ba-
sileus auf der Agora von Athen,
der als „König" die Opfer und
religiösen Feste zu leiten hatte. Im
röm. Reich eine langgestreckte
Halle, in der Märkte und Ge-
richtsverhandlungen   abgehalten
wurden. Sie ist im Innern meist
durch Säulen- oder Pfeilerstellun-
gen in drei bis fünf Schiffe unterteilt, manchmal auch zweistöckig
und mit Emporen versehen. An
einer Schmalseite war der erhöhte
Platz für den Tribunen, häufig in
einem halbrunden Ausbau (Tribuna), ihm gegenüber der Haupteingang mit einer niedrigen Vorhalle (Chalcidicum). Das Mittelschiff ist in der Regel breiter und
höher als die Seitenschiffe und hat
in den Hochwänden Fenster, die
über dem Dachansatz der Seiten-

schiffe liegen (Gaden, Lichtgaden, Obergaden), sodaß auch bei geschlossenen Anlagen genügend Licht in den Raum fällt (vgl. Ägypt. Saal). Die älteste B. in Rom war die B. Porcia von 184 v. Chr., die jüngste und eine der bedeutendsten ist die im Jahre 315 vollendete Maxentius- bzw. Konstantins-B. am Forum Romanum; aus der Spätzeit stammt auch die B. in Trier.

2. Das Christentum übernahm mit dem Namen auch die Grundform der B. für die ersten, noch im 4. Jh. errichteten Kirchen, und das „basilikale Schema" blieb für die kirchl. Baukunst des Abendlandes auch in späteren Stilentwicklungen maßgebend. – Die frühchristl. B., meist nach O gerichtet, ist drei- bis fünfschiffig und nicht gewölbt. Die Seitenmauern des überhöhten Mittelschiffs ruhen auf Pfeilern oder Säulen (Pfeiler-B., Säulen-B.), die ein gerades Gebälk (Architrav) tragen (z. B. S. Maria Maggiore, Rom), meistens aber durch Bogen miteinander verbunden sind (→ Arkade), und haben in ihrer obersten Zone eine Fensterreihe. Das Mittelschiff (Navis), urspr. mit Holz flach gedeckt oder mit nach unten offenem Dachstuhl, mündet im O in die halbrunde Apsis (Exedra, Konche) mit dem Bischofsstuhl (Kathedra) und den Sitzen für den Klerus (Presbyterium, Bema). Zu beiden Seiten der Apsis, unter der sich eine → Krypta erstrecken kann, sind bei den Basiliken des Ostens zwei Nebenräume (Pastophorien) angebracht, die als Aufenthaltsraum für die Kleriker (Diakonikon) und zur Aufbewahrung der Opfergaben (Prothesis) dienten. In der

Apsis steht meist über einem Märtyrergrab der Altar (→ Altar 2). Der Altarraum (Sanctuarium) ist gegen das Mittelschiff oben meist durch einen mit dem Bild des Auferstandenen geschmückten Bogen (Triumphbogen), unten durch die Chorschranken (Cancelli) abgegrenzt, die den weit in den vorderen Teil des Mittelschiffs hineinragenden rechteckigen Raum für den Sängerchor umschließen und die beiden Ambonen (→ *Ambo) tragen. Der eigentl. Kirche im W vorgelagert war ein viereckiger Hof (Atrium, Paradies) mit Säulenumgang (Peristyl) und einem Reinigungsbrunnen (→ *Kantharus) in der Mitte. Der Hof war von der Straße aus durch eine kleine Vor-

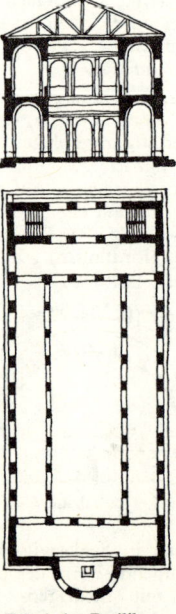

Römische Basilika

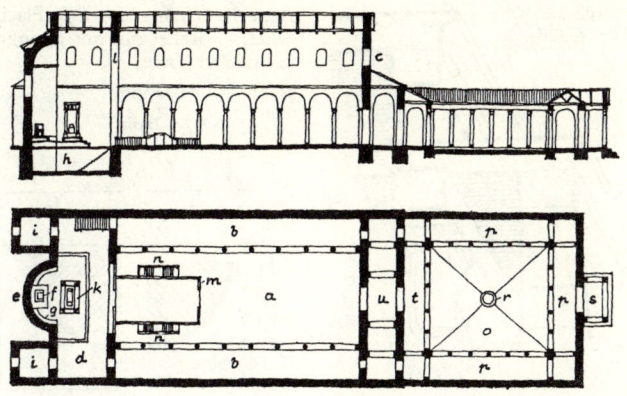

Frühchristliche Basilika

a Mittelschiff	e Apsis	k Altar	p Peristyl
b Seitenschiff	f Kathedra	l Triumphbogen	r Kantharus
c Obergaden	g Presbyterium	m Cancelli	s Anteportikus
d Sanctuarium	h Krypta	n Ambo	t Pronaos
(Querschiff)	i Pastophorien	o Atrium	u Narthex

halle (Anteportikus, Propylon) zugänglich, der gegenüber man die Kirche meist durch eine schmale äußere Vorhalle (Pronaos), deren Mittelteil auch Aula genannt wird, und eine innere (Narthex, Galilaea) betrat. – Noch im 4. Jh. wurde in Rom (Alt-St. Peter, St. Paul vor der Mauer) zwischen Apsis und Langhaus ein Querschiff eingeschoben, womit die Entwicklung zur kreuzförmigen B. angebahnt war, deren Typus den Kirchenbau weithin beherrschen sollte. Eine fünfschiffige Basilika, deren innere Seitenschiffe höher sind als die äußeren, wird als Staffelb. bezeichnet (→ *Staffelquerschnitt). Sind über den Seitenschiffen Emporen, so spricht man von → *Emporenb.

P. Frankl, Die frühma. und roman. Baukunst (Hdb. der Kunstwiss.), 1926; C. Hülsen, Forum und Palatin, 1926; K. Liesenberg, Der Einfluß der Liturgie auf die frühchristl. B. (Diss. Freiburg), 1928; R. Schultze, Röm.-german. Forschungen, B., Untersuchungen zur antiken und frühma. Baukunst, 1928; J. Sauer, B. (Wasmuth), 1929; E. Schmidt, Kirchliche Bauten des frühen Ma., 1932; L. Kitschelt, Die frühchristl. B. als Darstellung des himml. Jerusalem, 1938; E. Lehmann, Der frühe dt. Kirchenbau, 21949; J. G. Davies, *The Origin and Development of Early Christian Church Architecture*, 1952; A. v. Gerkan, Die profane und kirchliche B. (Röm. Quartalschr. für christl. Altertumskunde 48), 1953.

Basilikaler Querschnitt, auch basilikales Schema. Um auch die in der Mitte eines tiefen Baukörpers gelegenen Raumteile ausreichend zu belichten, können die Mittelräume um soviel erhöht werden, daß es möglich wird, in die Hochwände über dem Dachanschluß der niedrigeren Bauteile Fenster einzulassen (hohes Seiten-

Basilikaler Querschnitt

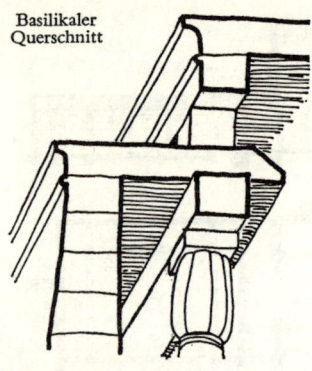

Basrelief (franz. *bas-relief*), Flach-relief, → Relief mit nur geringer räumlicher Tiefe.

Bastei → *Bastion.

Basis

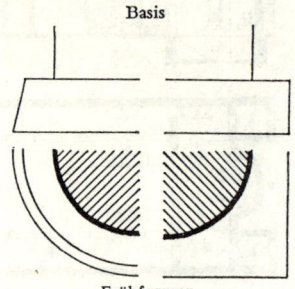

Frühformen

licht). Die durchfensterte Hoch-wand heißt Gaden, Obergaden oder Lichtgaden (→ *Basilika).

Basis (griech.: Schritt, Fuß, Mz.: Basen), der ausladende Fuß einer Säule oder eines Pfeilers. Die B. verteilt den Druck der Stütze auf eine größere Fläche und leitet zur Fußplatte (Plinthe) über. Der Übergang von der Senkrechten zur Waagerechten wird durch Profilierung der B. mit den ein-fachen Elementen Wulst (Torus) und Kehle (Trochilus) ästeth. ge-mildert, wie sie die → att. B. in weithin vorbildlich gewordener Form aufweist. Während schon die ägypt. Säulen des Alten Rei-ches ebenso wie die kret. teilweise eine B. besitzen, fehlt sie bei der dor. Säule grundsätzlich. Eine Sonderform innerhalb des griech. Kulturbereiches entwickelte die kleinasiat. → ion. Ordnung. Die Urform der B. war vermutl. der Stein, den man unter die hölzerne Stütze legte, um sie vor der Bo-denfeuchte zu schützen, bzw. vor dem Einsinken in den Boden zu bewahren.

W. Serida, B. (RDK), 1937..

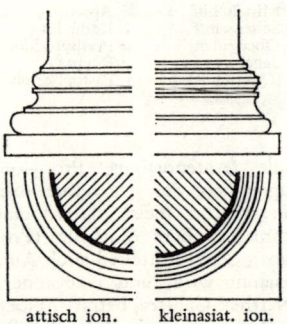

attisch ion.   kleinasiat. ion.

Bastide (franz. von provencal. *bastido*: ländl. Haus), Vorwerk, hieß im MA. ein kleiner befestig-ter Platz auf dem platten Lande, der in Kriegen als Stützpunkt im Falle eines Rückzugs dienen soll-te.

Bastille (franz.), im MA. urspr. ein der → *Barbakane ähnliches befestigtes Bollwerk vor der Stadtmauer in der Nähe eines Tores. B. hieß auch die in Paris am Tor Saint-Antoine 1369–83 gegen die Engländer errichtete,

47   **Baublock**

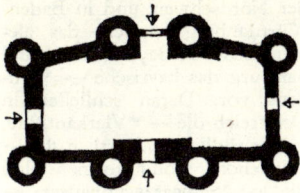

Bastille (Beispiel: Paris)

von acht Türmen flankierte Befestigungsanlage, die dann als Staatsgefängnis diente, zu Beginn der Franz. Revolution erstürmt und später geschleift wurde.
Bournon, *La B. 1370–1789,* 1893.

Bastion (franz.), Bastei, urspr. ein aus der Stadtmauer rund vorspringendes Verteidigungswerk, das im 16. Jh. aufkam und zur Aufstellung von Geschützen diente, mit denen ein von mehreren Seiten andringender Feind beschossen werden konnte. Später wurden die B. an Festungen winkelförmig (Sternschanzen) so angelegt, daß sie mit zwei Frontlinien (Facen) in das Angriffsfeld vorsprangen und mit zwei zurückgebogenen Linien (Flanken) das Vorfeld, die Gräben und die benachbarten B. beherrschten. Der Bau von B. wurde in Italien schon von Francesco di Giorgio Martini, in Deutschland u. a. von

Albrecht Dürer (1527) empfohlen und im 17. Jh. bes. von dem franz. Festungsbaumeister Vauban vervollkommnet.
A. v. Cohausen, Die Befestigungswerke der Vorzeit und des Ma., 1898; W. Waetzoldt, Dürers Befestigungslehre, o. J.; K. H. Clasen, B. (RDK), 1937; s. a. Festung.

Bauabschnitt, der innerhalb zeitlicher (Bauperiode) oder räumlicher Grenzen fertiggestellte Teil eines Baues. Bei großen Bauvorhaben, die eine lange Bauzeit erfordern, können von vornherein bestimmte B. eingeplant sein (Baulos), um das fristgerechte Fortschreiten der Bauarbeiten kontrollieren zu können oder aus wirtschaftlichen und anderen Gründen. Die an ma. Kathedralen erkennbaren B. (→ *Baunaht) sind jedoch häufig durch unfreiwillige Unterbrechungen der Bauarbeiten, wie wirtschaftliche Schwierigkeiten, Einsturzkatastrophen, Krieg, Brände u. a., entstanden.

Bauachse, die Mittelachse eines Bauwerks. Die B. kann bei Bauwerken, die in zwei oder mehreren Bauperioden entstanden sind, geknickt sein.→ *Achse,→ *Achsenneigung, → Ostung.

Bauaufnahme, Aufnahme, Vermessung eines vorhandenen Bauwerks oder Bauteiles, meist zum Zwecke der → Inventarisation.

K. Staatsmann, Das Aufnehmen von Architekturen, 1910; T. Bowie, *The Sketchbook of Villard de Honnecourt,* New York ²1959; T. Amsler, D. Herrmann, Corippo, 1959; R. Rainer, Anonymes Bauen, Nordburgenland, o. J.

Baublock, ein von mehreren Straßen umschlossener, aus zusammenhängenden Baukörpern bestehender Komplex.

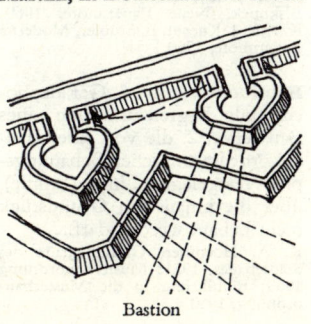

Bastion

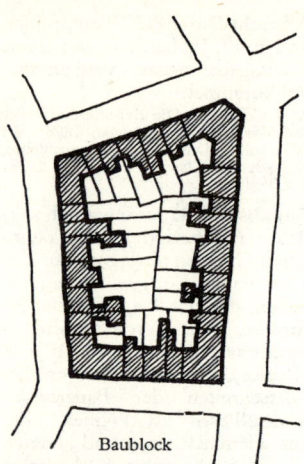

Baublock

W. C. Behrendt, Die einheitliche Block-front als Raumelement im Städtebau, 1912; W. Koeppen, L. Adler, B. (Wasmuth), 1929.

Bauernhaus, das Haus des Bauern, das als Einhaus die Wohn-, Wirtschafts-, Vorratsräume und Ställe unter einem Dach vereinigt, aber auch das Wohnhaus eines aus einzelnen um einen geschlossenen oder offenen Hof geordneten Gebäuden bestehenden Bauernhofes oder Gehöftes. Das B. ist meist ein Holzbau, manchmal auch ein Steinbau oder Backsteinbau. Eine Verbindung von Stein- und Holzbau ist möglich, entweder geschoßweise oder nach Funktionen getrennt (Wohnhaus aus Stein, Wirtschaftsgebäude aus Holz). Die verschiedenen Landschaften entwickelten charakterist. Typen: Das → *Niedersachsenhaus findet man in Norddeutschland zwischen Holland und der Oder. Südl. liegt zwischen Lothringen und Ostpreußen das Gebiet des mitteldeutschen → *Gehöftes. Im Elsaß, in der Nordschweiz und in Baden-Württemberg herrscht das alemannische, in Bayern, Tirol und Salzburg das bayrische → *Einhaus vor. Daran schließen in Österreich die → *Vierkanthöfe, weiter südlich und östlich die → *Zwiehöfe. Sonderformen sind die → *Schwarzwaldhäuser, → *Barghus (oder Hauberg in Schleswig-Holstein), → *Laubenhäuser und → *Umgebindehäuser (Ostdeutschland und Nordböhmen) und die → *Rauchstubenhäuser (Kärnten und Steiermark).

K. Rhamm, Dorf und Bauernhof, 1890; ders., Urzeitliche Bauernhöfe, 1908; Das B. in der Schweiz (Schweizer Ingenieur- und Architektenverein hg.), 1903; H. Lutsch, Das B. in Österreich-Ungarn, 1906; Das B. im Dt. Reich und in seinen Grenzgebieten (Verband dt. Architekten – und Ingenieurvereine hg.), 1906; W. Peßler, Die Haustypengebiete im dt. Reich, 1908; T. Garner, A. Stratton, The Domestic Architecture of England, London 1911; O. Gruber, Dt. B.- und Ackerbürgerhäuser, 1926; F. Oelmann, Haus und Hof im Altertum, 1927; O. Kloeppel, B. (Wasmuth Bd. 1 und Bd. 5), 1929–1937; K. Thiede, Das Erbe german. Baukunst im bäuerlichen Hausbau, 1936; ders., Dt. B. (Blaue Bücher), o. J.; H. Reinerth, Haus und Hof im nord. Raum, 1937; K. A. Sommer, B.-Bibliographie, 1944; H. Vogts, B. (RDK), 1948; W. Seilnacht, Das Bauen in der Landwirtschaft, 1950; E. Meyer-Heisig, Die dt. Bauernstube, 1952; T. Pertev, Türk. Dorfhäuser (Diss. Wien), 1960; E. P. Schmitter, Biskupek, Neue Bauernhöfe, 1960; K. Ade, J. Knecht, E. Stübler, Moderne Bauernhöfe, 1960.

Bauflucht, Flucht, 1. Gerade, horizontale Begrenzungslinie eines Bauwerks; 2. die von einer Baubehörde im amtlichen Bebauungsplan festgelegte Linie (B.linie), über die hinaus ein Grundstück nicht bebaut werden darf.

K. A. Hoepfner, Grundbegriffe des Städtebaues, 1921; Musterbauordnung 1960; Einführung in die Musterbauordnung, 1960.

Baufuge, 1.→*Baunaht; 2. Fuge, die Bauteile aus arbeitstechnischen und konstruktiven Gründen trennt (Arbeitsfuge, Dehnfuge, Setzfuge).

Bauglied, einzelnes, funktionell und formal klar umrissenes Element einer architekton. Schöpfung (z. B. Bogen, Gebälk, Pfeiler, Säule u. dergl.).

Baugrube, Ausschachtung für ein Bauwerk oder dessen Fundamente. Das anfallende Material heißt Aushub.

L. Brennecke, E. Lohmeyer, Der Grundbau, 1927.

Baugruppe, Gruppe von zusammengehörenden Gebäuden, die durch ihre Stellung und Größe aufeinander abgestimmt sind (z. B. Hofanlage, Schloßanlage u. dergl.).

G. Steinmetz, Grundlagen für das Bauen in Stadt und Land, 1928.

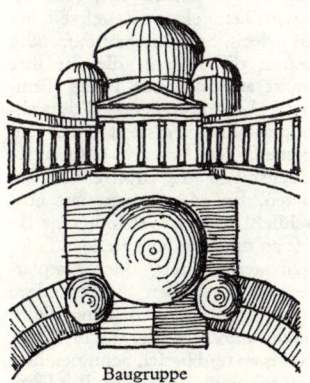

Baugruppe

Bauhaus, staatliche „Hochschule für Bau und Gestaltung", von Walter Gropius 1919 in Weimar gegründet und 1925 nach Dessau verlegt. Das B. beabsichtigte Form und Konstruktion wieder miteinander in Einklang zu bringen und führte die Schüler in theoret. Lehre und prakt. Werkarbeit in die verschiedenen Gebiete handwerklicher und architekton. Gestaltung ein (Keramik, Metall, Tapeten, Stoffe, Möbel). 1928 übernahm Hannes Meyer und 1932 Mies van der Rohe die Leitung. Das B. wurde wegen seiner radikal-modernen Einstellung („Bauhaus-Stil") vielfach bewundert, aber auch heftig bekämpft. 1932 übersiedelte das B. nach Berlin und wurde 1933 geschlossen.

Bauhaus-Bücher, 1925ff.; H. Bayer, W. Gropius, I. Gropius, B. 1919–1928, ³1955; L. Schreyer, Erinnerung an Sturm und B., 1956; H. M. Wingler, Das B. Weimar, Dessau, Berlin 1919 bis 1933, 1962; G. C. Argan, Gropius und das B., 1962; W. Gropius, Die neue Architektur und das B., 1965.

Bauherr, eine Person, in deren Auftrag und auf deren Kosten ein Bauvorhaben geplant und ausgeführt wird. Die Wünsche des B. spielen in der Baukunst eine neben den Ideen des Architekten meist unterschätzte Rolle, doch unterscheidet sich die Architektur gerade durch ihre Auftraggebundenheit von allen anderen Künsten, die auch ohne Auftrag Werke schaffen können. Alle Projekte ohne Mitwirkung eines B. bleiben → Idealpläne oder → Phantasiearchitektur.

B. Garschina, Architekt, B. und Unternehmer, 1961.

Bauhütte, Verband der Steinmetzen in der got. Epoche. Die B., in denen die Steinmetzen einer größeren Baustelle zusammengefaßt waren, sollten die strenge Ausbildung der Lehrlinge, Gesellen und Kunstdiener (Meisteranwärter) garantieren und das Zusammenwirken der Steinmetzen außerhalb der Zunftordnung durch Satzungen regeln. Obwohl das „Hüttengeheimnis", das in der Einführung in eine hochentwickelte Geometrie bestand, gegenüber Außenstehenden gewahrt werden sollte, gab es bereits im späten MA. „Fialenbüchlein", die auch im Buchdruck erschienen. Obwohl alle Vermutungen über geheime Bräuche der B. verfehlt sind und am Kern der Dinge vorbeigehen, hatten die B. doch eine gewisse Schlichtungstätigkeit in Streitfällen und eine eigene Hüttenkasse. Ausgesprochene Schlichtungsversammlungen waren der Hüttentag von Klosterneuburg (1511) und der Annaberger Steinmetztag (1518). Auf dem Regensburger Steinmetztag (1459) wurde die Ordnung der Straßburger Oberhütte für verbindlich erklärt. Weitere Oberhütten bestanden in Köln, Bern und Wien. Doch wurden später die Unterhütten (z. B. Passau, Krumau, Steyr, Admont, Kuttenberg, Esslingen, Stuttgart, Ulm, Frankfurt, Basel u. a.) mehr oder weniger selbständig oder vermochten sich vom Einfluß der Oberhütten ganz zu lösen. Ein Hüttenbuch, in dem die Zeichen der einzelnen Gesellen und Meister (→ *Steinmetzzeichen) eingetragen waren, ist in Admont (Steiermark) erhalten geblieben, während fast der gesamte Planbestand der Wiener Oberhütte (heute Wien, Akademie) und ein Teil des Planbestandes der Straßburger Oberhütte (Straßburg, Frauenhaus) erhalten geblieben sind. Das Werkstattgebäude, die eigentliche B., aus Holz oder Stein, stand in unmittelbarer Nähe der betreffenden Kirche und war heizbar, weil die Steinmetzen ihre Werksteine im Winter aus-

meißelten und im Sommer mit dem Versetzen beschäftigt waren.

A. Reichensperger, Die B. des Ma., 1879; L. Keller, Zur Geschichte der B. und der Hüttengeheimnisse, 1896; C. A. v. Drach, Das Hüttengeheimnis vom gerechten Steinmetzengrund, 1896; J. Haase, Die B. des späten Ma., 1919; L. Schwarz, Die dt. B. und die Erklärung der Steinmetzzeichen, 1926; F. Durach, Das Verhältnis der ma. B. zur Geometrie, 1929; C. Discher, Dt. B. und ihre Geheimnisse, 1932; E. Hempel, B. (RDK), 1937; F. Ried, Die Organisation einer B. (Diss. TH München), 1939; P. Booz, Der Baumeister der Gotik, 1956.

Bauinschrift, an oder in einem Bauwerk angebrachte Inschrift, die über den Zeitpunkt der Gründung oder Vollendung bzw. Weihe Auskunft gibt, oft mit den Namen der beteiligten Personen (Bauherr, Stifter, Baumeister), bei Tempeln und Kirchen auch der Götter bzw. Heiligen, denen sie geweiht sind. B. kommen schon bei den Sumerern vor, sind bei ägypt. Tempeln die Regel, seltener an griech. Sehr inschriftenfreudig waren die Römer, die für ihre meist ausführlichen B. an Tempeln, Aquädukten, → *Triumphbogen u. a. als erste statt der eingemeißelten auch aufgesetzte Buchstaben aus Bronze verwendeten. Im MA. tragen fast ausschließl. kirchl. Gebäude eine B., oft an unauffälliger Stelle auf eingemauerten Stein- oder Tonplatten, an Türstürzen, Strebepfeilern u. a.; im hohen MA. kann die B. auch durch einen architekton. Rahmen und figürl. Schmuck hervorgehoben sein (z. B. Ulm, Grundsteinlegungsinschrift im Münster). Monumentale Sonderformen sind die riesigen, den ganzen Boden der Vierung einnehmenden → Labyrinthe der Kathedralen von Chartres und Reims. Während die ma. B. im allgemei-

nen aber klein ist, nimmt ihm Ur-
fang mit der Renaissance zu, auch
wird sie an betonter Stelle angebracht. Im 17. Jh. wird die B. an
kirchlichen und profanen Bauten,
dem Vorbild röm. Triumphbogen
folgend, vielfach als Portal-
schmuck oder zur Gliederung der
Attika verwendet. – Urkundl.
Wert haben B. nur dann, wenn
sie aus der Zeit der Ereignisse
oder Personen stammen, die sie
nennen.

E. Hohmann, H. Wentzel, B. (RDK),
1948.

Baukeramik, zusammenfassende
Bezeichnung für die zum Schmuck
von Bauwerken dienenden Er-
zeugnisse der Keramik, wie
Wand- und Fußbodenfliesen, Or-
namentplatten, Reliefs und Formsteine. Bereits im 14. Jh. v. Chr.
wurden in Ägypten (Tell-el-
Amarna) farbig glasierte Wandfliesen verwendet. Auf hoher Stufe stand die B. in den Ländern am
Euphrat, wo Babylonier und Assyrer an ihren Monumentalbauten
große farbige Figurenfriese aus
glasierten Ziegeln anbrachten (z.
B. Ischtartor in Babylon, Zikkurat von Chorsabad). Auch die Perser (Susa, Palast des Dareios) haben solche Fliesen geschaffen. Bei
den Griechen waren an den frühen, urspr. hölzernen Tempeln
vor allem die Trauf- und Giebel-

Baukeramik
(Beispiel: Babylon, Ischtartor)

kanten des Daches mit bemalten
Terrakotten verkleidet (z. B. in
Selinunt), die im 4. Jh. zu plast.
Gebilden entwickelt wurden (→
*Akroterion).DieEtrusker beklei-
deten das ganze hölzerne Tempel-
gebälk mit verzierten Terrakotten
(→ *Antefixa), und aus Ton bestanden auch First- und Stirnziegel und der statuarische Schmuck
ihrer Tempel. Die hochentwickelte B. der Etrusker wurde von den
Römern nur teilweise übernommen, doch sind bes. aus der frühen Kaiserzeit zahlreiche Terra-
kottaplatten und -reliefs erhalten.
Eine große Rolle spielte die B. in
der islam. Baukunst: bunt glasierte, farbenprächtige Fayence-
fliesen bekleiden die Innen- und
Außenwände der Moscheen und
Grabbauten des Orients, von Persien über Vorderasien und Nordafrika bis nach Spanien, von wo
die islam. B. auch auf andere
europ. Länder wirkte (→ Azulejos). Im MA. war der oberital.
und norddt. → Backsteinbau das
bedeutendste Gebiet der B., bes.
die sog.→*Backsteingotik, die seit
dem 13. Jh. Formsteine und glasierte Ziegel als Schmuck verwendete. Figürl. B. gab es vor allem
in Florenz zur Zeit der Renaissance, wo die Familie der Robbia eine
Manufaktur für keram. Bau-
schmuck unterhielt. Im Barock
ist B. selten, sie wurde erst wieder
zu Beginn des 20. Jh.s von einigen Architekten (z. B. Otto Wagner, Fritz Höger) zum Schmuck
ihrer Bauten verwendet.

O. v. Falke, Majolika, ²1907; R. Borr-
mann, Die Keramik in der Baukunst
(Hdb. der Arch.), ²1908; E. Boersch-
mann, Chines. B., 1927; L. Adler, B.
(Wasmuth), 1929; A. Kamphausen, B.
(RDK), 1948; O. Riedrich, Keramik
und dt. Baukunst, ²1955; W. Henze,
Architektur und B., 1955.

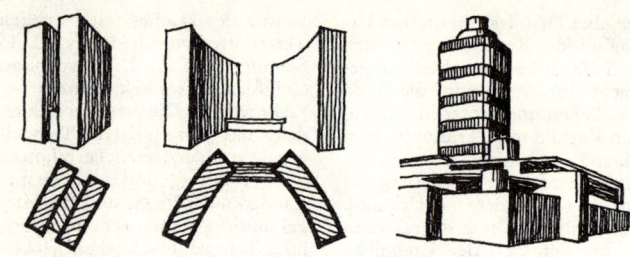

Baukörpergruppierungen

Baukörper, das sich über das Terrain erhebende Gesamtvolumen eines Bauwerkes. Seine Gestaltung ist, neben der des Raumes, das eigentliche Thema der Baukunst. Der B. steht in unmittelbarer Wechselbeziehung zum ihn umgebenden Raum oder zu ihm benachbarten anderen B. Von bes. Wichtigkeit ist dabei seine Form, die durch Gruppierungen vielfältig variiert werden kann. Durch die Wahl der Konstruktion und Struktur der Außenwand wird die äußere Erscheinung eines B. wesentlich beeinflußt. Andererseits steht der B. auch mit der inneren Raumverteilung in engstem Zusammenhang. Bisweilen wird diese ganz von der Form des B. diktiert, meist aber findet das innere Raumgefüge im B. seinen entsprechenden Ausdruck.

A. Mutscher, Zweck und Form im Hochbau, die Formgestaltung der einfachen Baumassen, 1914; G. Steinmetz, Grundlagen für das Bauen in Stadt und Land, Bd. 1: Körper und Raum, 1928; L. Adler, B. (Wasmuth), 1929; R. Klamt, Über die Auflösung der Baumasse und des Raumes (Diss. Wien), 1935; E. Hamann, Das Dach als architekton. Bestandteil des Hauses (Dt. Bauzeitung 70).

Baukunst, Gesamtheit des Bauschaffens, die alle Bauten eines Volkes oder einer Epoche umschließt, sofern diese Werke eine über die Erfüllung des Zweckes hinausgehende künstlerische Gestaltung oder aber einen tieferen geistigen Hintergrund haben. Hauptthema der B. ist die Gestaltung von → Raum und Körper (→ *Baukörper) unter der Mitwirkung von Licht und Farbe sowie dem zeitlichen Ablauf von Eindrücken eines Betrachters. Seit dem 16. Jh. wird B. in gleichem Sinne wie → Architektur verwendet.

L. B. Alberti, *De re aedificatoria Libri X,* 1485 (dt. 1912); A. Palladio, *I quattro libri dell'architettura,* 1570; Vitruvius Pollio, Zehn Bücher über Architektur; K. O. Hartmann, Die B. in ihrer Entwicklung, 1910/11; L. Adler, Vom Wesen der B., 1926; ders., B. (Wasmuth), 1929; Wasmuths Lexikon der B., 1929–1937; E. Gudenrath, Geist und Gestalt in der B., 1929; P. Klopfer, Das Wesen der B., 1930; A. Macku, Grundlagen für das Studium der Baugeschichte, 1947; S. Guyer, Grundlagen ma. abendländ. B., 1950; H. Straub, Die Geschichte der Bauingenieurkunst, 1951; R. Wallrat, B. der Welt in Stichworten, 1951; A. E. Brinckmann, B., die künstler. Werte im Werk des Architekten, 1956; H. Koepf, Deutsche B., 1956; ders., B. in fünf Jahrtausenden, [4]1963; E. Hempel, Geschichte der dt. B., [2]1956; F. Schumacher, Strömungen in dt. B. seit 1800, [3]1957; F. Baumgart, Geschichte der abendländ. B., 1960; U. Christoffel, Höhepunkte abendländ. Architektur, 1960; B. Cichi, B. in Europa, von den Griechen bis zum 19. Jh., 1960; F. Baessler (hg.), Große Zeiten und Werke der Architektur, 1963ff.; J. Joedicke, Für eine lebendige B., 1965; H. R. Hitchcock (hg.), B., 1966; s. a. Architektur.

Baulinie → Bauflucht 2.

Baulos → Bauabschnitt.

Baumeister, Ein Begriff, der ursprünglich mit dem des → Architekten identisch war, heute jedoch hauptsächlich für Bauleiter und ausführende Unternehmer verwendet wird, die eine Fachschule besucht und die Baumeisterprüfung abgelegt haben.

A. Springer, Die Künstlermönche im Ma. (Mitt. der Z. K.), 1862; M. Hasak, Haben Steinmetze unsere ma. Dome gebaut?, 1895; J. J. Morper, Über die künstler. Arbeitsweise des 18. Jh. (Christliche Kunst XII), 1926; M. Briggs, *The Architect in History*, Oxford 1927; E. Hempel, B. (RDK), 1948; P. Booz, Der B. der Gotik, 1956; K. Scheffler, Dt. B. als Beauftragte ihrer Zeit, ⁴19 56; H. Lasch, Architekten-Bibliographie, 1962; K. Gerstenberg, Die dt. B.bildnisse des MA., Berlin, 1966.

Baumodell, Architekturmodell, plastisch-dreidimensionale Darstellung eines Bauwerkes in Holz, Stein, Gips u. a. in verkleinertem Maßstab oder von Baudetails in natürlicher Größe. In der Regel handelt es sich um Entwurfsmodelle zur Veranschaulichung eines geplanten, seltener

Baumodell
(Beispiel: Ulm, Münster)

um Abbilder eines fertiggestellten Bauwerkes. Daneben gibt es noch Ideal- bzw. Phantasiemodelle, wie sie in der sakralen Kunst des MA. und der Antike vorkommen (z. B. Sarkophage, Baldachine, Tabernakel, Kultgeräte). Die kleinen Kirchenmodelle, die man häufig auf ma. Darstellungen in Verbindung mit Stiftern oder Heiligen findet, sind nur selten treue Abbilder einer geplanten oder fertiggestellten Kirche. In der Renaissance wird das Entwurfsmodell zur Regel. Bekannte Beispiele sind die B. verschiedener Künstler für St. Peter in Rom und die von Elias Holl für das Augsburger Rathaus. Auch im Barock wurde an dem Brauch festgehalten, daß der Architekt außer zeichnerischen Entwürfen auch ein B. zu liefern hatte, wie es heute noch bei Wettbewerben bes. städtebaulicher Art üblich ist. Modelle von ausgeführten Bauten wurden häufig auch vor Abbruch eines Gebäudes oder zu Lehrzwecken angefertigt. Die Darstellung eines ganzen Bauwerkes in natürlicher Größe ist außerordentlich selten. Bekannt sind das sogenannte Ca'del Diavolo in Vicenza von Palladio, ein B. mit zwei Fensterachsen, die Abgüsse, sog. Moulagen, archäologischer Museen und die materialgetreuen Nachbildungen in Freilichtmuseen (vor allem von Bauernhäusern).

O. Benndorf, Antike B. (Jahrhefte des Österr. Arch. Inst. in Wien), 1902; L. Wagner-Speyer, Grundlagen des modellmäßigen Bauens, 1918; L. H. Heydenreich, Architekturmodelle (RDK), 1937; R. Janke, Architekturmodelle, 1962; T. W. Hendrick, So baut man Architekturmodelle.

Baunaht, Baufuge, wird die Stelle an einem Bauwerk genannt, an der ein älterer und ein jüngerer

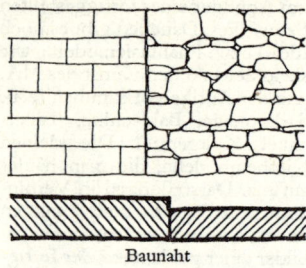

Baunaht

Teil sich deutlich erkennbar gegeneinander absetzen. Man findet solche B. häufig an ma. Anlagen, die in der Regel von O nach W gebaut wurden und bei oft langer Bauzeit techn. und stilist. Unterschiede zwischen den einzelnen Bauabschnitten aufweisen.

Bauopfer, im Altertum häufig, im MA. noch vereinzelt geübter Brauch, beim Bau eines Hauses, eines Dammes, einer Brücke usw. in das Fundament oder unter der Schwelle ein lebendes Tier einzumauern, um Dämonen, Naturgottheiten oder Hausgeister gnädig zu stimmen bzw. Unheil von dem Bau abzuwenden.

R. Andree, Ethnograph. Parallelen und Vergleiche, 1878; K. Klusemann, Das B., 1919; Hoffmann, Krayer, Bächtold-Stäubli, Handwörterbuch des dt. Aberglaubens, 1928.

Bauordnung, Verordnungen, die den Bauherrn bzw. den Baumeister zwingen, sich bestimmten Regelungen und Vorschriften zu unterwerfen. Diese betreffen die Standsicherheit, Konstruktion, Feuersicherheit, die Baulinien und Bauwiche, die Zahl und Höhe der Geschosse sowie die Ausbildung der Dächer und der Dachgesimse (Dachvorsprung). Die Überwachung, Genehmigung und Abnahme dieser durch Verordnun-

gen und Gesetze örtlich fixierten B. obliegt den Baupolizeibehörden.

K. Mayreder, Baugesetz und Baukunst, Ein Vergleich der B. von Berlin, London, Paris, Rom und Wien, 1908; W. Koeppen, B. (Wasmuth), 1929; M. Türler, Vom Werden unserer Städte, Ältere Schweizer. B. und ihr Einfluß auf das Stadtbild, 1949; H. Schürmann, Sonderb. für das Bundesgebiet, ²1959; Musterb., 1960; Einführung in die Musterb., 1960; Österr. Musterb. (Forschungsgesellschaft für den Wohnungsbau, 7), 1961.

Bauornament, allgemein jedes Schmuck- oder Zierglied (Ornament) an Werken der Baukunst. Nach ihrer Herkunft lassen sich zwei Gruppen von B. unterscheiden: 1. B., die ausschließlich oder überwiegend am Bau vorkommen, weil sie struktiven Baugliedern nachgebildet oder aus ihnen entwickelt, oder überhaupt am Bau entstanden sind (z.B.→*Maßwerk). 2. B., die auch in anderen

Arabisches Bauornament (2)

Kunstgattungen (z. B. Buchmalerei, Töpferei, Möbelbau, Goldschmiede- und Textilkunst) gebräuchlich sind. – Das B. hat neben der Funktion des Schmückens auch die des Gliederns, wobei die Schattenwirkung eine wesentliche Rolle spielt. Es ist daher in der Regel plastisch, häufig auch bemalt (Polychromie) oder aus verschiedenfarbigem Material in die Fläche eingelegt (→ *Inkrustation).

C. Schaefer, B. der roman. und got. Zeit, 1903; J. Fastenau, Roman. B. in Süddeutschland (Studien zur dt. Kunstgeschichte), 1916; L. Behling, Das ungegenständliche B. der Gotik (Diss. Berlin), 1937; E. Strauss, B. (RDK), 1948; J. Otzen, Got. B., o. J.

Bauperiode, der Zeitraum, in dem ein → Bauabschnitt entstanden ist. Die B. kann, muß aber nicht mit einer Stilepoche zusammenfallen. So kann z. B. eine gotische Kathedrale in mehreren B. entstanden sein, ohne daß dadurch ein Stilwechsel eingetreten ist. Andererseits läßt häufig gerade ein Stilwechsel an ein und demselben Bauwerk erkennen, daß es in zwei oder mehreren B. errichtet wurde und wie lang demnach die Bauzeit insgesamt gedauert haben muß.

Bauplan, Bauzeichnung, Entwurfs- oder Ausführungszeichnung bzw. Darstellung eines bestehenden Bauwerks (Bauaufnahme). Der älteste B. ist uns als Tempelgrundriß aus der Zeit des Priesterfürsten Gudea in Mesopotamien überliefert. In der Antike wurde der Grundriß in Naturgröße auf dem Stylobat aufgerissen, weshalb man wohl ohne B. auskam. Später entwickelte die Bauhütte im MA. den B. auf Pergament- bzw. Papierblättern (→ *Bauriß → Riß, Visierung).

Entwurfs- und Ausführungszeichnungen für Bauwerke werden in der Renaissance- und in der Barockzeit die Regel (vgl. die zahlreichen Entwürfe von Balthasar Neumann und die Mappe von Zeichnungen der Vorarlberger Meister im Kloster Schussenried). In der Zeit des Klassizismus wurden die Baupläne oft kunstvoll als Kupferstiche ausgeführt bzw. koloriert (vgl. Zeichnungen von Gilly, Schinkel, Thouret, Salucci, Weinbrenner, Hansen), während heute der B. eine reine Konstruktionszeichnung ist.

Lit.: → Bauzeichnung.

Bauplastik, die eigens für ein Bauwerk geschaffene und mit ihm fest verbundene figürl. Plastik, meist aus Stein. Sie ist entweder rein dekorativ (Masken) oder sie dient außer zum Schmuck auch zur Veranschaulichung von Sinn und Zweck des Bauwerkes, wie es bes. bei Kultbauten (Tempel, Kirche) der Fall ist. Die B. kann dem architekton. System völlig eingeordnet sein (sowohl formal: z. B. Metopen und Giebelgruppen des griech. Tempels, als auch konstruktiv: →*Atlanten und →*Karyatiden), sie kann es aber auch überschneiden, plastisch fortsetzen (Gotik, Barock) oder es geradezu überwuchern (ind. Tempel).– B. gibt es in der entwickelten Steinbaukunst aller Zeiten und Völker. Frühe Beispiele sind die Kolossalskulpturen sitzender oder stehender Pharaonen zwischen den Säulen oder vor den Pfeilern ägypt. Tempelhöfe, die geflügelten, menschenköpfigen Löwen an den Portalen assyr. Paläste, die glasierten Figurenreliefs, mit denen Babylonier und Perser ihre Torbauten und Paläste schmückten (→*Baukeramik), und im ägäischen Kul-

Bauplastik (Beispiel: Poitiers, Notre Dame)

turkreis das bekannte Löwentor
zu Mykene. In der klass. Antike
findet sich B. hauptsächlich in der
Form von Metopenreliefs, Figu-
renfriesen und Giebelskulpturen
der Tempel, aber auch als mehr
oder weniger plast. Reliefs an den
Treppenaufgängen der Pracht-
altäre. Mit dem Ende der Antike
tritt ein allgemeiner Rückgang der
B. ein: in der altchristl. und byzantin. Kunst kommt sie nur noch
vereinzelt vor. Erst im Rahmen
der roman. Baukunst gewinnt die
B. wieder an Bedeutung, zunächst
in Mittel- und Südfrankreich, wo
Fassaden und Portale der Kathedralen mit Statuen und Reliefs
reich geschmückt werden, während die B. in Deutschland sich

außer am Portal vorwiegend im
Innern der Kirchen (z. B. an
Chorschranken, Säulenbasen und
-kapitellen) entwickelt. In der Gotik bleibt das Kirchenportal der
Hauptort einer gleichsam erzäh-
lenden B., die mit Gewändesta-
tuen, Archivoltenfiguren und
Tympanonreliefs Gestalten und
ganze Szenen der Bibel und
christl. Legende wiedergibt. In
der Renaissance geht die kirchl.
B. zurück, dafür werden die Fassaden und Portale der Profanbauten (Paläste, Schlösser, Rathäuser)
mit reichem plast. Schmuck ausgestattet. Im Barock kommt die
kirchl. B. wieder stärker zur Geltung, vor allem in den Stukkatu-
ren des Innenraums, aber auch als

Portal- und Fassadenschmuck, während Atlanten und Gebälktragende → *Hermen beliebte Motive der profanen B. werden. Im Klassizismus und im späteren 19. Jh. geht die enge Verbindung von Plastik und Architektur verloren, soweit nicht die historisierende Nachahmung früherer Baustile bei öffentlichen Gebäuden, aber auch bei Villen und städtischen Miethäusern zu einer Scheinblüte der B. führte, die bis ins 20. Jh. anhielt (→ *Baldachin, → *Drolerie).

G. Kowalczyk, Dekorative Skulptur, 1926; A. v. Reitzenstein, Architekturplastik (RDK), 1937; H. Appel, B. (Wasmuth, Bd. 5), 1937; ders., Plastik am Bau aus dreieinhalb Jt. europ. Kunst, 1944; W. Graf Rotkirch, Architektur und monumentale Darstellung im hohen Ma., 1938; P. Damaz, *Art in European Architecture*, New York, 1956; R. Schwarz, K. Knappe, Plastik im Kirchenbau (Jahrb. der dt. Ges. für christl. Kunst), 1958; U. Boeck, Plastik am Bau, 1961; H. Walter, Bauwerk und Bildwerk, zur Einheit griech. Architektur und bildenden Kunst, 1965.

Bauplatz, Platz auf dem gebaut werden soll, zum Unterschied von der → Baustelle, auf der bereits gebaut wird.

Bauriß, Riß, Entwurfs-, Werkoder Aufnahmezeichnung von Bauwerken oder Bauteilen als Grundriß oder Aufriß in einer bestimmten Verkleinerung, bei kleineren Baugliedern (z. B. Rippenprofile) auch in natürl. Größe. Von B. spricht man hauptsächl. bei den Bauzeichnungen der Gotik, bei denen meist mehrere Ebenen in einen Grundriß projiziert wurden (eine Sonderform der kotierten → Projektion).

S. Boisserée, Ansichten, Risse und einzelne Teile des Doms von Köln, 1842; F. Keller, B. des Klosters St. Gallen vom Jahre 820, 1844; H. Koepf, Got. Planrisse der Wiener Sammlungen, 1968.

Baustein, der zum Bauen verwendete, natürliche oder künstliche Einzelstein. Natürliche oder gewachsene B. sind die nicht zugehauenen Bruchsteine von unregelmäßiger Form und die Hauoder Werksteine, die durch Behauen in eine regelmäßige Form gebracht sind und als größerer rechteckiger Block auch Quader genannt werden. Der meist gebrauchte künstliche B. ist der → Backstein (→ *Mauerwerk).

A. Kieslinger, Zur Geschichte der Steinverwendung (österr. Zs. für Kunst und Denkmalpflege), 1936.

Baustelle heißt ein Bauplatz, auf dem bereits gebaut wird.

G. Snyder, Bauten im Werden, 1960.

Baustil, die gemeinsame Eigenart (→ Stil) zusammengehöriger Bauten. Die Kunstwissenschaft des 19. Jh. förderte die Bildung schemat. Stilbegriffe (sog. „Stile") unter bes. Betrachtung der Dekoration und benützte diese zur Ordnung von Kunstwerken und zur zeitlichen Einteilung der Geschichte.

G. Semper, Der Stil in den techn. und tekton. Künsten, ²1878/79; ders., Kleine Schriften, 1883; U. Titz, Was ist Stil?, 1911; H. Tietze, Die Methode der Kunstwissenschaft, 1913; R. Neutra,

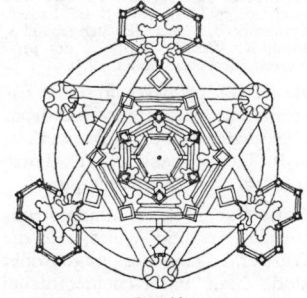

Bauriß
(Beispiel: Baldachin, Grundriß

Amerika, Die Stilbildung des neuen Bauens, 1930; H. Weniger, Die drei Stilcharaktere der Antike, 1932; F. Schuster, Der Stil unserer Zeit, 1948; A. Kohler, Stilkunde, 1954; H. Lützeler, Vom Sinn der Bauformen, ⁴1957; R. Pfefferkorn, Stilkunde des Abendlandes, 1961; U. Hatje (hg.), Knaurs Stilkunde, 1963; H. Kürth, A. Kutschmar, B.fibel, 1964.

Bausymbolik, die symbolische Bedeutung eines Bauwerkes und seiner Teile. Die B. war bes. im ma. Kirchenbau ausgebildet und vielfach bei der Grundrißgestaltung mitbestimmend, z. B. Kreuzform der Basilika. Auch die Symbolik der Zahlen (die Dreizahl bei Dreifaltigkeitskirchen, das Achteck für kaiserliche Bauten, das Zwölfeck), der Materialien (Edelsteine, Porphyr) und der Farben spielte bei der B. eine große Rolle.

G. Semper, Über architekton. Symbole (Kleine Schriften), 1883; L. Borchardt, Gegen die Zahlenmystik an der großen Pyramide bei Giseh, 1922; J. Sauer, Die Symbolik des Kirchengebäudes und seiner Ausstattung, ²1924; O. Boehm, Von geheimnisvollen Maßen, Zahlen und Zeichen, 1929; J. Frank, Architektur als Symbol, 1931; L. Kitschelt, Die frühchristl. Basilika als Darstellung des himml. Jerusalem, 1938; G. Haupt, Die Farben in der sakralen Kunst des abendländ. Ma. (Diss. Leipzig), 1941; G. Bandmann, Ma. Architektur als Bedeutungsträger, 1951; E. Baldwin-Smith, *Architectural Symbolisme of Imperial Rome and the Middle Ages* (Princeton Monographs in Art and Archaeology 30), 1956; E. Sauser, Symbolik des kath. Kirchengebäudes, 1960; K. Wessel, Symbolik des protestant. Kirchengebäudes, 1960.

Bauteil, 1. größerer, in seiner Erscheinung vom Hauptbaukörper abgesetzter Teil eines Bauwerkes, z. B. Treppenhaus, Flügel, Turm u. dergl. 2. → Bauabschnitt.

Bauweise, in der Siedlungsstruktur die Art und Weise, wie die Bauwerke einander zugeordnet sind. Man unterscheidet dabei haupts. die geschlossene, die gemischte und die offene B. Eine

geschlossene B. entsteht, wenn die einzelnen Häuser durch eine gemeinsame Brandmauer verbunden sind (Reihenhaus). Bei der offenen B. sind die Baukörper durch den Bauwich voneinander getrennt. Bei der halboffenen (gemischten) B. sind einzelne Häuser im Sinne der geschlossenen B. zu Gruppen zusammengefaßt, von den anderen Gruppen aber nach Art der offenen B. abgesetzt. Neuere B. sind die Blockb., die eine architekton. einheitliche Bebauung für eine von mehreren Straßen umschlossenes Baugrundstück vorschreibt, und die Zeilenb., bei der die langgestreckten Bauten zueinander parallel angeordnet sind. Die B. ist meist behördlich vorgeschrieben oder auch durch örtliche oder land-

Bauweise

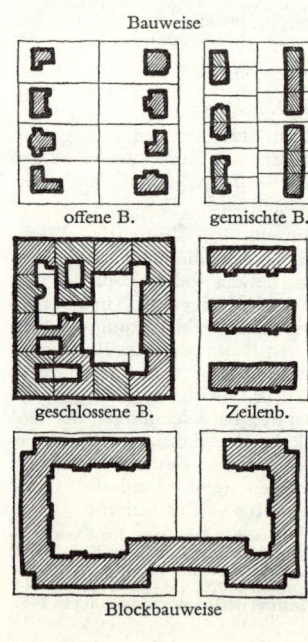

offene B.   gemischte B.

geschlossene B.   Zeilenb.

Blockbauweise

schaftliche Besonderheiten in der Größe, Art und Stellung der Baukörper (ortsübliche, heim. B.) unterschieden.

K. A. Hoepfner, Grundbegriffe des Städtebaues, 1921; F. Sieger, Hoch- und Flachbau, ihre Gleichberechtigung als großstädt. B. (Diss. Wien), 1934.

Bauwerk, an einen festen Standort gebundene Schöpfung baulicher Art, die unter Verwendung der Mittel der Bautechnik und in Kenntnis der Erfordernisse der Baukonstruktion aus verschiedenartigen Baumaterialien entstand. Unter B. versteht man nicht nur Leistungen des Hochbaus (Gebäude), sondern auch Ingenieurbauten (Flußbau, Straßenbau, Tiefbau).

Bauwich, Abstand der einzelnen Häuser an den seitlichen Grundstücksgrenzen. Der B. wurde hauptsächlich zur Ableitung des Regenwassers und zur Erhöhung des Feuerschutzes von den Bauordnungen vorgeschrieben.

K. A. Hoepfner, Grundbegriffe des Städtebaues, 1921.

Bauzeichnung, Architekturzeichnung, Bauplan, darunter versteht man → Risse, → *Baurisse, Visierungen, Entwürfe, → Details und Ausführungszeichnungen in versch. Ebenen (Grundriß, Aufriß, Schnitt u. dergl.).

D. Frey, Architekturzeichnung (RDK), 1937; K. Knöll, K. Schönemann, Darstellungen von Bauzeichnungen im Hochbau, ⁷1951; A. Nedoluha, Kulturgeschichte des techn. Zeichnens, 1960.

Beffroi, Beffroy, franz. Bezeichnung für → *Belfried.

Beinhaus, meist zweigeschossige Friedhofskapelle, in der Gebeine aufbewahrt werden, → *Karner.

Beischlag, offene Terrasse an der Straßenfront eines Bürgerhauses

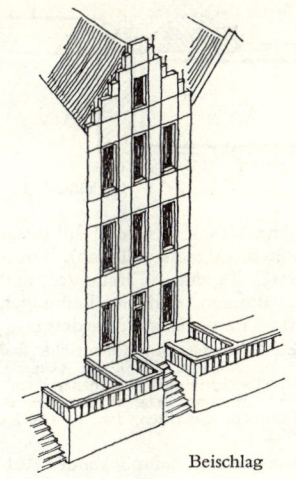

Beischlag

(Renaissance und Barock) mit steinerner Brüstung oder geschmiedetem Geländer und von der Straße aus über eine Treppe zugänglich. Der B. findet sich hauptsächl. im Ostseeraum, bes. in Danzig, und diente statt eines Gartens zum Sitzen im Freien.

W. Melhop, Althamburg. Bauweise, 1908; P. Oberg, Der B. des dt. Bürgerhauses, 1935.

Bekleidung, 1. Veredelung der Oberfläche einer Konstruktion durch eine nichttragende Materialschicht aus ästhet. Gründen, zur Erhöhung der Widerstandsfähigkeit gegen Abnutzung, Verwitterung, Feuchte und Brand, oder zur Verbesserung akust. und therm. Eigenschaften. Nach dem von Gottfried Semper und von Adolf Loos formulierten „Gesetz der Bekleidung", darf diese nicht Massivität vortäuschen (→ Verblendung) und nicht die Farbe des bekleideten Materials haben. Anstriche und Schutzschichten,

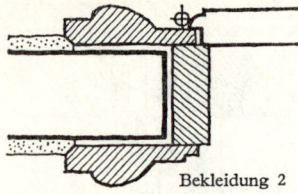

Bekleidung 2

(Putz, Stuck, Estrich), Inkrustationen (Mosaik, Fliesen), Fourniere, Tapeten, Täfelungen und Schalungen. 2. B. der Laibungen von Türen, Fenstern u. dergl.

G. Semper, Der Stil in den techn. und tekton. Künsten, ²1878/79; E. Gangele, Wandbekleidungen (Ausbauarbeiten), 1952; A. Loos, Das Prinzip der B. (Sämtliche Schriften, hg. F. Glück), 1962.

Bekrönung, schmückender Aufbau oder obere Endigung eines Bauteils: z. B. Fensterb. (→ *Fensterverdachung) und Portalb., (→ *Wimperg), → *Baldachin, Sima, → Stirnziegel, → Attika und → *Balustrade über dem Hauptgesims, (→ *Firstb. Firstkamm), → *Akroterien, → *Krabben am Giebel, Fialen an got. Strebepfeilern, Dachfiguren, Turmknauf, → *Ähre, → *Kreuzblume u. a.

Beletage (franz.: schönes Stockwerk), das Hauptgeschoß eines Gebäudes (→ Geschoß).

Belfried (franz. Beffroi), hoher, schlanker Rathaus- oder freistehender Turm in spätma. Städten Flanderns und Nordwestfrankreichs (z. B. Douai, Brügge, Brüssel, Gent, Tournai). Mitunter wird auch der → Bergfried ma. Burgen B. genannt.

Bellevue (franz.: Schönblick) → Belvedere.

Belvedere (ital.: Schönblick; franz. Bellevue), 1. Aussichts-

terrasse auf dem Dach oder im Dachgeschoß von Wohnhäusern, Villen, Palästen und Schlössern, 2. architekton. gestalteter Aussichtspunkt in Parkanlagen und Name von schön gelegenen Gartenpalästen und Lustschlössern, vornehmlich der Renaissance und des Barock (z. B. in Prag, Wien, Potsdam u. a.).

P. O. Rave, B. (RDK), 1948.

Bema (griech.: Stufe, Tritt), andere Bezeichnung für das um eine oder mehrere Stufen erhöhte Presbyterium der altchristl.-byzantin. Basilika.

Berchfrit → *Bergfried.

Bergfried, Berchfrit, auch Belfried, hoher, starker Turm der ma. → *Burg von quadrat., polygo-

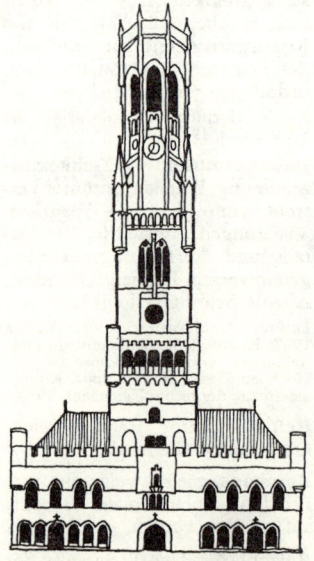

Belfried
(Beispiel: Brügge, Tuchhalle)

Bergfried
(Beispiel: Burg Steinsberg)

nalem oder kreisrundem Querschnitt, dient als Beobachtungs-
stand und vor allem als letzte Zuflucht für die Burgbewohner. Der
B. war nicht wie der → Donjon
zu dauerndem Wohnen eingerichtet, wenn auch in den oberen
Stockwerken häufig mit Kaminen
zur Erwärmung ausgestattet. Den
Zugang zu seinem Innern bildete
ein in mehrfacher Mannshöhe
über dem Erdboden gelegenes
Einsteigeloch mit leicht zu besei-
tigender hölzerner Stiege oder
Leiter. Gewölbe oder Holzdecken
trennten die einzelnen durch Lei-
tern, seltener durch feste Treppen
verbundenen Stockwerke, die
durch enge Mauerschlitze spär-
liches Licht erhielten. Eine Verteidigung war nur von der meist
mit Zinnen umgebenen Plattform
aus möglich; erst im späten MA.
wurden Wehrerker oder ein vor-
kragendes Wehrgeschoß üblich.
Um die Mauern unten möglichst
dick halten zu können, befand
sich unterhalb des Einstiegge-
schosses und nur von ihm aus zugänglich meist nur ein Schacht,
das sog. Verließ, das gewöhnlich
als Gefängnis diente.
K. H. Clasen, B. (RDK), 1948; s. a.
Burg.

Bering, Mantelmauer, die Ringmauer einer → *Burg.

Beschlag, meist flache, oft dekorativ geformte Metallteile zur Ver-
festigung und Verzierung von
hölzernen Türen. Schon die Römer verwendeten B. aus Eisen
oder Bronze, und im frühen MA.
hielten vielfach eiserne Querbän-
der die Bohlen schwerer Holztüren zusammen. An roman. und
got. Kirchentüren ist häufig der
ganze Türflügel mit einem dekorativen System aus schmiedeeiser-
nen, rund oder zackig verästelten
Bändern überspannt (→ Band 3).
Zum B. zählen auch die Schloß-
bleche, Griffe, → *Türklopfer
und Schlösser, die bis ins 19. Jh.
Gegenstand künstler. Gestaltung
blieben.

A. Brüning, Die Schmiedekunst bis
zum Ausgang des 18. Jh., ²1922; F. W.
Schlegel, Tür und Beschlag, 1958;
J. Estrich, B. für Fenster, Türen und
Möbel, 1959; H. Scheel, Der Bau-,
Kunst- und Konstruktionsschlosser,
1960.

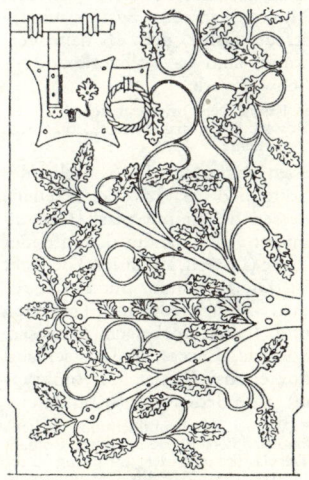

Beschlag
einer spätgot. Tür

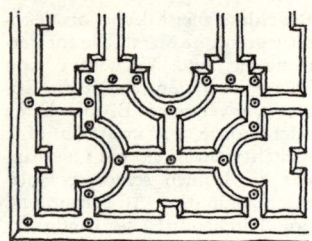

Beschlagwerk

Beschlagwerk, schwachplast. Ornament der dt. Renaissance, bestehend aus symmetr. angeordneten Bändern und Leisten, mit denen die zu schmückenden Flächen wie beschlagen sind, was häufig durch angedeutete Nagel- und Nietköpfe noch betont wird. Als Bauornament findet sich das B. hauptsächl. an Einzelteilen wie Erkern, Portalen, Giebeln, Säulen, Sockeln u. a., seltener als Fassadenschmuck. Mitunter sind auch naturalist. Motive (Früchte, Masken) in das System eingestreut. Stilist. dem B. nahe verwandt sind → Rollwerk und → Schweifwerk.

P. Jessen, Der Ornamentstich, 1920; H. Bossert, Das Ornamentwerk, 1924; s. a. Ornament.

Bestiensäule, freistehendes Stützglied (Säule oder Pfeiler), dessen Schaft mit plast. Darstellungen miteinander kämpfender Tiere (Löwen, Fabeltiere) bedeckt ist. Die B. kommt nur in der roman. Kunst vor, in Frankreich und Italien mehrfach (Moissac, Souillac, Lucca), in Deutschland nur einmal (Freising, Domkrypta); ihre Bedeutung ist unklar.

R. Wiebel, Drachenbilder und Drachenkampf, 1924; R. Bernheimer, Roman. Tierplastik und der Ursprung ihrer Motive, 1931; B. Salin, Die altgerman. Tierornamentik, ²1935; W. v. Blankenburg, Heilige und dämon. Tiere, 1943.

Beton (franz.), Gußmauerwerk, das bereits den Römern bekannt war (*opus incertum*) und das hinter einer Vormauerung als Hinterfüllung, meist aber auf einer Schalung gegossen wird. B. besteht aus festen Stoffen (Zuschlagstoffe) und einem Bindemittel (meist Zement), die mit Wasser aufbereitet werden. Je nach der Art und Menge der Zuschlagstoffe und der Bindemittel unterscheidet man verschiedene Arten von B. (Leichtb. oder Schwerb.; Schlakkenb., Zellenb., Gußb., Kiesb., Hartb.). Eine neue Entwicklung nahm der Beton durch die Verwendung von Rundeiseneinlagen (Bewehrung) zur Aufnahme der Zugspannungen (→ *Stahlb.) und von vorgespannten Drähten (Spannb.).

R. Grün, Der B., 1926; F. Pfammatter, B.kirchen, 1948; S. Kiene, P. Bonatz,

Bestiensäule
(Beispiel: Freising, Domkrypta)

Bauten aus B.- und Stahlb.-Fertigteilen,
1951; H. Schiller-Bülow, B. in Garten
und Landschaft, 1958; W. Schulze, K.
Müller, B., eine bibliograph. Einfüh-
rung in die Technologie, 1960; O. Graf,
Die Eigenschaften des B., 1960; R.
Semler, B., Fundamente, Formen,
Figuren, 1960; E. Lübbert, Zur Aesthe-
tik des B.baus, 1960; F. R. McMillan,
B.praxis, kleine B.kunde in Frage und
Antwort, 1962; s. a. Stahlbeton.

Betsäule, Bildstock, im Freien,
bes. an öffentl. Wegen errichtetes
religiöses Wahrzeichen, meist in
Form einer Säule oder eines Pfeilers mit einem religiösen Bildwerk
in einer Nische, einem tabernakel-
ähnlichen Aufbau, oder als Bekrönung. Steinerne B., in got. Zeit
oft mit architekton. Zierrat, neben solchen aus Holz finden sich
hauptsächl. in Franken, Schwaben
und in den Alpenländern.

L. Arntz, Wegkreuz und Wegbild (Zs.
für christl. Kunst), 1912; F. Hula, Der
Ursprung des Bildstocks (Kirchenkunst), 1937; F. Zoepfl, Bildstock
(RDK), 1948; F. Hula, Die Toten-
leuchten und Bildstöcke Österreichs,
1948; J. Weingartner, Tiroler Bildstöcke, 1949.

Bettelordenkirchen, Sammelbezeichnung für die von den Bettelorden, bes. von Franziskanern
(Minoriten, Barfüßer) und Domi-
nikanern (Prediger) errichteten
Kirchen, die innerhalb der got.
Kirchenbaukunst eine Sonder-
gruppe bilden. Die B. haben kein
Querhaus, keine Türme, höch-
stens ein kleines Glockentürm-
chen auf dem Dach in Chornähe,
kein Triforium und meist nur
kleine Hochschifffenster. Das Strebewerk ist außen und innen auf
das Notwendigste reduziert, sodaß die Gewölbe häufig ohne Verbindung mit den Pfeilern auf
Kragsteinen aufsitzen. Auch auf
Bauplastik ist weitgehend verzichtet, damit nichts die Laien-
gemeinde vom Anhören der Predigt, dem Hauptanliegen der Bet-

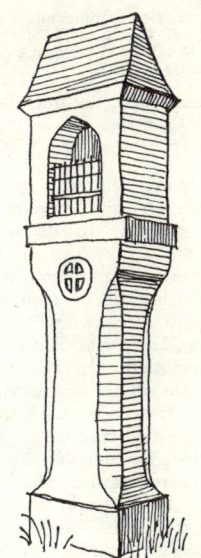

Betsäule

telorden, ablenkt. Die meisten B.
entstanden von der Mitte des 13.
Jh. bis zur Mitte des 14. Jh. und
haben bes. in Italien wesentlich
zur Ausbreitung der Gotik beigetragen. In Renaissance und
Barock wurde der schlichte,
schmucklose Typus mehr und
mehr aufgegeben (→ *Kloster).

R. Krautheimer, Die Kirchen der B. in
Deutschland, 1925; J. Oberst, Die ma.
Architektur der Dominikaner und
Franziskaner in der Schweiz, 1927; L.
Schürenberg, Die kirchl. Baukunst in
Frankreich zwischen 1270 u. 1380, 1934;
K. Donin, Die B. in Österreich, 1935.

Bewehrung, die Armierung des
→ *Stahlbetons durch Eiseneinlagen. Man unterscheidet sog.
schlaffe B. beim normal auf Bie-
gung beanspruchten Stahlbeton,
vorgespannte B. beim Spannbeton
und Druckbewehrungen bei Stützen.

R. Saliger, Der Stahlbetonbau, [8]1956; K. Daßdorf, Die B. im Stahlbetonbau, [21]1958; R. Glatz, Einführung in den Stahlbetonbau, [21]1962.

Biberschwanz, der gewöhnliche flache Dachziegel, → *Dachdeckung.

Bibliothek, Raum, in dem Schriftrollen und Bücher verwahrt werden. In der Antike waren die B. von Alexandria und Pergamon (Pergament!) weltberühmt. Eine eigene architekton. Erscheinung zeigte die B. des Celsus zu Ephesus. Einen Aufschwung nahm der Bau von B. wieder in der Renaissance, als Venedig für die B. des Kardinals Bessarion die berühmte B. gegenüber dem Dogenpalast errichten ließ. Einen einsamen Höhepunkt erlebte die B.-baukunst in der Barockzeit, als in Wien die monumentale Hofbibliothek mit ihrem großen Prunksaal entstand. Auch die österr. und dt. Klöster und Stifte errichteten großartige B., meist durch zwei Geschoße reichende Säle mit ringsumlaufender Galerie. Bekannte Kloster-B. sind in Altenburg (N. Österr.), Melk (N. Österr.), Admont (Steiermark), St. Florian (O. Österr.), St. Gallen (Schweiz), St. Peter (Schwarzwald), Schussenried (Württ.), Ottobeuren (Schwaben) und in Ulm-Wiblingen (Württ.). Mit der Übergabe zur öffentlichen Benützung und dem Zunehmen der Büchermassen wurde die Speicher-B. entwickelt, in der Lesesaal und Büchermagazine getrennt (erstmals 1816 von Leopold della Santa) und dekorative Büchersäle nur noch zur Schaustellung kostbarer Unikate eingerichtet sind. In neuester Zeit versucht man, die alte Einheit wiederherzustellen und richtet sog. Freihand-B. ein, die eine direkte Benützung ermöglichen.

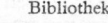

Bibliothek

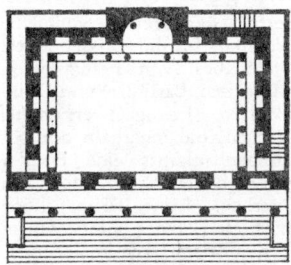

(Beispiel: Ephesus, B. des Celsus)

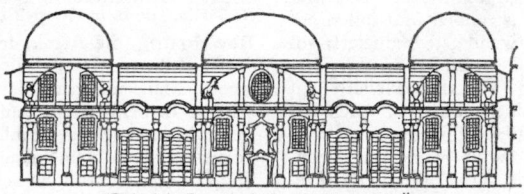

(Beispiel: B. von Stift Altenburg/N.Ö.)

T. Gottlieb, Über ma. B., 1890; K. Löffler, Dt. Klosterb., ²1922; W. Schürmeyer, B.räume aus fünf Jh., 1929; G. Leyh, B. (Wasmuth), 1929; F. Milkan, Geschichte der B. im alten Orient, 1934; G. Adriani, Die Klosterb. des Spätbarock in Österreich und Süddeutschland, 1935; J. Müller, B. (RDK), 1948; J. Vorstius, Grundzüge der B.geschichte, ⁵1954; B.bauten, Literaturzusammenstellung (Dokumentationsstelle für Bautechnik in der Fraunhofer-Ges. Stuttgart), 1954–1960; E. Lehmann, Die B.räume der dt. Klöster im Ma., 1957; R. Stromeyer, Europ. B.bauten seit 1930, 1962.

Bilderkapitell, → Figurenkapitell, → *Kapitell.

Bildstock, → *Betsäule.

Bima (hebr.: Bühne), Almemor, → *Synagoge.

Binder, 1. im → *Mauerverband der mit seiner Langseite quer zur Mauerflucht liegende, in die Mauer „einbindende" Stein, im Gegensatz zum Läufer, dessen Langseite in der Mauerflucht liegt; 2. beim Dachstuhl das die Sparren mit Pfetten aufnehmende Tragwerk (Dachbinder, → *Dachkonstruktion).

Binderverband, auch Streckerverband → *Mauerverband.

Birnstab, stabartiges Bauglied der Gotik (→*Rippe, Dienst u.a.) mit birnförmigem Querschnitt.

Bischofskirche, Hauptkirche am Sitz eines Bischofs. Die B. wird nach dem in ihr stehenden Bischofsstuhl (griech. *kathedra*) in Frankreich, Spanien und England meist Kathedrale genannt, während in Deutschland die Bezeichnungen Dom oder Münster üblicher sind.

Blatt, 1. im Holzbau der Ausschnitt in zwei Balken oder Sparren zum Zweck ihrer kreuzförmigen Verbindung in derselben Ebene, wobei jedes Holz um die

Hälfte seiner Stärke geschwächt ist (Ver-, Überblattung, → *Holzverbindung). 2. beim got. → Maßwerk spitzbogig abgeschlossenes Element, das hauptsächlich in krummlinig begrenzte (sphär.) Dreiecke oder Quadrate eingesetzt ist (Dreib., Vierb., u. dergl.). 3. Flügel einer → *Tür (Türb.).

2: L. Behling, Das ungegenständliche Bauornament der Gotik (Diss. Berlin), 1937.

Blattfries, aus mehr oder weniger stilisierten Blättern in fortlaufender Reihung gebildeter → *Fries. Als Bauornament schon in der klass. Antike besonders in der Form der Blattwelle (→ *Kyma) viel verwendet, kommt der B., häufig mit Ranken durchsetzt, auch auf unterschnittenen Profilen und auf nicht ausladenden Bändern (Band 1) in der roman. und got. Baukunst wieder vor.

Blätterkapitell, → Blattkapitell, → *Kapitell.

Blattkapitell, mit stilisierten oder naturgetreu nachgebildeten Blättern geschmücktes → *Kapitell. In der Antike ist das von Akanthusblättern umgebene Kapitell der korinth. Ordnung die reichste Form. Sie wird in vielen stilist. Abwandlungen in die roman. Baukunst übernommen, während die Gotik heimische Blattformen (Eiche, Efeu, Wein, Ahorn u. a.) zunächst in naturalist., dann in immer stärker stilisierter Wieder-

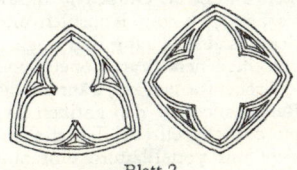

Blatt 2

Dreiblatt   Vierblatt

gabe bevorzugt. Renaissance, Barock und Klassizismus verwenden wieder die klass. Form des korinth. Kapitells.

E. Ahlenstiel-Engel, Die stilist. Entwicklung der Hauptblattform der roman. Kapitellplastik in Deutschland (Repetitorium für Kunstwiss.), 1922; H. Weigert, Das Kapitell in der dt. Baukunst des Ma. (Zs. für Kunstgeschichte), 1936; ders., B. (RDK), 1948.

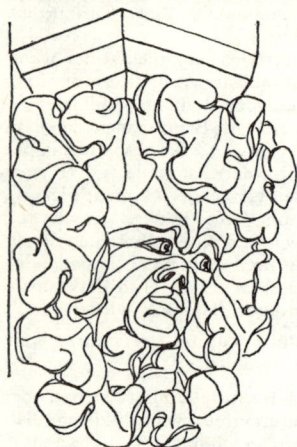

Got. Blattmaske

Blattmaske, menschl. Gesicht, das in Blätter übergeht oder ganz aus Blättern gebildet ist. Die B. kommt zuerst in der röm. Baukunst als plast. Schmuckmotiv vor und wurde von der roman. Baukunst in Frankreich, weniger in Deutschland wiederaufgenommen. In der dt. Gotik tritt die B. als Schmuck von Konsolen und Schlußsteinen häufig und in ganz verschiedenen Variationen und Zwischenformen auf, während die Renaissance auf den antiken Typus zurückgreift, bei dem das Gesicht nur von Blättern umrahmt wird.

M. Wegener, Die B. (Das 7. Jahrzehnt, Festschrift für A. Goldschmidt), 1935; H. Keller, Die Entstehung des Bildnisses am Ende des Hochma. (Röm. Jb. für Kunstgeschichte), 1939.

Blattstab, → *Stab mit Blattdekoration. Eine Sonderform, die hauptsächlich in der Barockzeit vorkommt, ist der Lorbeerstab.

Blattwelle, aus Blättern gebildetes Bauornament der griech. Antike, → *Kyma.

Blattwerk, Laubwerk, Sammelbezeichnung für die aus stilisierten oder naturgetreu nachgebildeten Blättern bestehende Verzierung bes. an → *Friesen (Blattfries), Gesimsen, Konsolen und → *Kapitellen (Blattkapitell) der Gotik, oft in Form des sog. Wasserblattes. Eine engl. Sonderform ist das → Tudorblatt. Die Antike kennt vor allem Akanthusblätter und Wasserlaub (lesb.→*Kyma).

M. Meurer, Vergleichende Formenlehre des Ornaments und der Pflanze, 1909; H. Weigert, B. (RDK), 1948.

Blendarkade, → Blendbogen.

Blendbogen, ein Bogen, der keine Maueröffnung überbrückt, sondern der geschlossenen Wand nur vorgeblendet, d. h. aufgelegt ist. Der B. ist bes. in der roman. und got. Baukunst ein beliebtes Mittel zur Wandgliederung. In erweitertem Sinne wird der Begriff B. auch für eine Blendarkade verwendet.

L. Giese, Blende, B. (RDK), 1948.

Blendbogen

Blende, Mauerb., bezeichnet entsprechend dem Wortsinn blenden
= blind machen und täuschen, in
der Baukunst zweierlei: 1. Meist
flache Mauervertiefung mit ebe-
nem Hintergrund, die verschiedenen Umriß haben kann, z. B.
Rechteck, Kreis, Oval, Dreieck
u. a. 2. Der Mauerfläche aufge-
legtes, „vorgeblendetes" architekton. Motiv, z. B. eine Reihe von
Bögen (→ *Lisenen, Blendbögen,
Blendarkade). Beide Arten werden zur Dekoration und Gliederung der Mauer verwendet.

Blendfassade

L. Giese, B., Blendbogen (RDK), 1948.

Blendfassade, Fassade, die einem
andersartigen, meist unschönen

oder in seinen Proportionen bzw.
in seiner Gestaltung ästhet. nicht

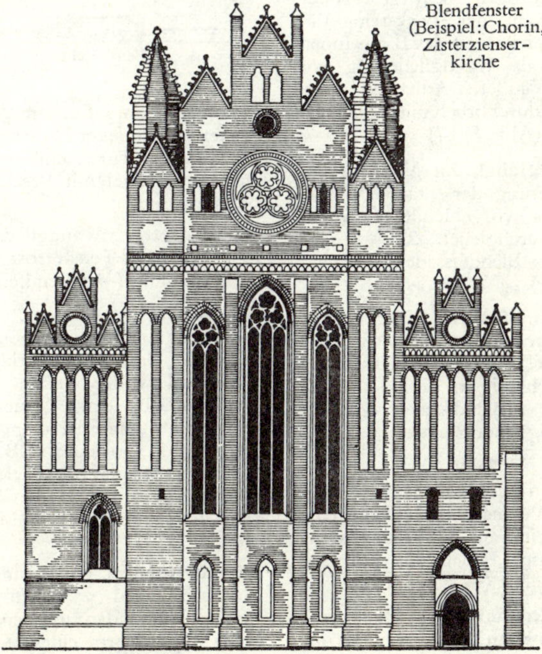

Blendfenster
(Beispiel: Chorin,
Zisterzienser-
kirche

befriedigenden Baukörper vorgelagert ist. Die B. kann größer oder kleiner als der dahinterliegende Baukörper sein und braucht dessen Querschnitt (Blendgiebel), Geschoßeinteilung, Fensterteilung, Konstruktion und Material nicht zu übernehmen.

Lit.: → Fassade.

Blendfenster, Fenster, das einer Fassade vorgeblendet sein kann, ohne daß Fensteröffnungen dahinterliegen. Auch kann das B. ein relativ niedriges Fenster nach unten bzw. nach oben opt. ausweiten. Bei Basiliken ohne Triforium können die Fenster über die geschlossene Mauerfläche hinter den Seitenschiffdächern als B. heruntergezogen sein (besonders häufig in der Backsteingotik). Seltener kommt das B. im Innenraum als Wandgliederung vor, wenn äußere Anbauten einen Mauerdurchbruch unmöglich machen. (Abb. S. 67).

Blendgiebel, Ziergiebel, 1. zur Gliederung der Traufseite eines Daches vorgeblendeter Giebel, → Zwerchgiebel. 2. → Giebel einer → Blendfassade (→ *Blendfenster).

Blendmaßwerk, einer nicht durchbrochenen Fläche (z. B. → *Giebel) vorgeblendetes Maßwerk, häufig in Verbindung mit einem → Blendfenster oder zur Füllung einer Blende.

Lit.: → Maßwerk.

Blendmauer, eine Füllmauer, deren Vormauerung (Blendsteine) Massivität aus besserem Material vortäuscht, auch die Vormauerung selbst (→ *Mauerwerk).

Blendmauerwerk, Mauerwerk, dessen Kern durch ein wertvolle-

res bzw. wetterbeständigeres Material (Blendsteine u. dergl.) verblendet ist.

Blendnische, eine Nische, die durch die Mauerstruktur oder durch Art und Farbe des Steinmaterials stärker betont wird. Die B. kommt hauptsächlich in spätroman. Zeit vor (Worms, Dom, W-Chor).

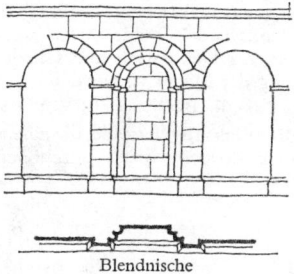

Blendnische

Blendrahmen, fest mit der Mauer verbundener Holzrahmen, an dem bei Türen und → Fenstern die Flügel mit Beschlägen befestigt sind.

Blendrosette, Wandgliederung in Form einer Fensterrose ohne Maueröffnung (→ *Blendfenster).

Blendstein, Verblender, Stein aus besserem oder schönerem Material, der zum Verkleiden (Verblenden) der Außen- bzw. Ansichtsfläche einer Mauer aus einfacherem Material dient (Bekleidung 1). So kann z. B. eine Lehmziegelmauer mit Backstein, eine Backsteinmauer mit Werkstein verblendet sein (→ *Mauerwerk).

Blendtriforium, Gliederung der Hochschiffwand zwischen den Seitenschiffarkaden und den Fenstern in der Form eines → Triforiums, aber ohne dahinter liegendem Laufgang.

Blendtüre, Wandgliederung, die in der Erscheinung wie eine Türe wirkt. Berühmtes Beispiel die beiden B. an der Fassade von San Miniato zu Florenz. Eine B. ist auch die → *Scheintür der ägypt. Mastaba (→ *Inkrustation).

Blindes Fenster, ein vorgetäuschtes Fenster ohne Öffnung, das aufgemalt oder mit Spiegeln versehen innerhalb des Rahmens eines Blendfensters angeordnet sein kann. B. F. werden dann verwendet, wenn Fassaden oder Innenräume einheitlich durch Fensterachsen gegliedert werden sollen, obwohl eine Maueröffnung nicht möglich ist. Auch später vermauerte Fenster können als b. F. ausgebildet sein.

Blindrahmen, ein unsichtbarer Rahmen, z. B. bei einer Sperrholztür, einem Ölbild, einer Wandbespannung.

Blockaltar, Altar mit massivem Unterbau (→ *Altar 2c.).

Blockbau, bes. in Skandinavien, Rußland und den Alpenländern verbreitete Art des Holzbaus, bei der die Wände aus waagerecht aufeinander geschichteten Balken (Blockhölzern) oder Stämmen (Rundhölzern) gebildet und die

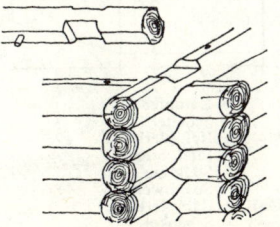

Blockbau: Eckausbildung

dabei entstehenden Fugen meist mit Moos, Lehm u. dergl. abgedichtet sind. An den Ecken sind die Querschnitte der Blockhölzer um die Hälfte in der Höhe versetzt und stehen über. Meist ruht die unterste Lage auf hölzernen oder steinernen Stützen oder auf einer Untermauerung, die vielfach Erdgeschoßhöhe erreichen kann.

H. Phleps, Der B., 1942.

Blockbauweise, eine → *Bauweise, die die architekton. einheitliche Bebauung eines von mehreren Straßen umschlossenen Bauplatzes vorschreibt.

W. C. Behrendt, Die einheitliche Blockfront als Raumelement im Städtebau, 1912.

Blockstufe, Klotzstufe, massive Stufe mit rechteckigem Querschnitt, die massive Antrittstufe einer Holztreppe (→ *Stufe).

Blocktreppe, → Treppe aus Blockstufen.

Blockverband, → *Mauerverband, bei dem über der Stoßfuge der Läuferschicht die Mittelachse eines Bindersteines liegt.

Blütenkapitell, → *Kapitell, dessen Kelch mit Blüten geschmückt ist. B. sind die ägypt. Lotos-, Papyrus- und Lilienkapitelle. In der ma. Baukunst kommen Blüten mit Blättern vermischt vor, doch bezeichnet man diese Mischform als Blattkapitelle.

Bogen, I. Konstruktion: Alle natürlichen und künstlichen Bausteine haben eine höhere Druckfestigkeit, aber eine geringere Biegezugfestigkeit, weshalb die Spannweite beim Architravbau begrenzt ist. Die B.steine dagegen sind zwischen zwei Widerlagern auch auf Druck beansprucht, wes-

Bogen

halb größere Spannweiten überbrückt werden können. Sämtliche
auf diesem Prinzip beruhenden
Konstruktionen sind echte B. wie
z. B. der aus Keilsteinen konstruierte → *scheitrechte Sturz. Der
→ unechte B. kann auch eine
b.förmige Begrenzung haben,
doch wird er nur durch vorkragende Steine mit parallelen Ver-
tikalfugen gebildet. Es gibt B.
aus Keilsteinen mit gleicher Breite
der Fugen und B. aus rechteckigen Steinen (Backstein) mit
Keilfugen. Die Fugen müssen
stets zum Krümmungsmittelpunkt gerichtet sein. Der
B.druck auf das Widerlager ist die
Resultierende aus dem senkrecht
ansetzenden Auflagerdruck und
dem horizontal wirkenden B.-
schub, weshalb der Druck schräg
nach außen gerichtet ist. Der Unterbau muß aus diesem Grunde
kontinuierlich nach unten verstärkt werden, falls nicht der B.
in einer breiteren Mauer liegt.
Umgekehrt kann der B.schub
auch durch zwischen den Widerlagern angeordnete Zuganker (→
*Anker) aufgenommen werden.
Die B.linie beginnt in den Kämpferpunkten. Die Verbindung zwischen den Kämpferpunkten heißt
Kämpferlinie, die bei gleich hoch
liegenden Kämpferpunkten die
Spannweite (B.weite, lichte Weite) ist. Der höchste Punkt des B.
ist der Scheitel. Die B.höhe (Pfeil,
Stich) ist der senkrechte Abstand
zwischen Kämpferlinie und Scheitel, die dem Verlauf der B.achse
entspricht. B.schenkel sind die
B.hälften zwischen Kämpfer und
Scheitel. Die Fläche zwischen der
B.linie und der Kämpferlinie ist
das B.feld, das auch geschlossen
sein kann (→ *Tympanon). Der
erste Stein des B. heißt der B.an-

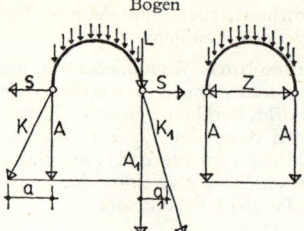

A = Auflagerdruck
A 1 = Auflagerdruck (A + L)
K = Kämpferdruck
K 1 = Kämpferdruck (A + S)
L = Auflast
S = Schub
Z = Zuganker (2 S)
a, a 1 = Auflager-Sohlenbreite

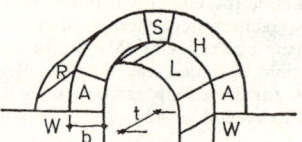

A = Anwölber, Anfänger
H = Haupt, Stirn
L = Laibung
R = Rücken
S = Schlußstein
W = Widerlager
b = Bogenstärke
t = Bogentiefe

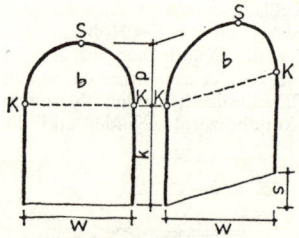

K = Kämpfer
S = Scheitel
k = Kämpferhöhe
p = Pfeil, Stich
s = Steigung
w = Spannweite
K—K = Kämpferlinie
K—S = Schenkel
b = Bogenfeld

fänger, der oberste Stein im Scheitel Schlußstein (analog: Anfangsfuge, Scheitelfuge). Die Innenfläche des B. nennt man B.laibung, die obere (meist übermauerte) Fläche B.rücken. Die B.laibung (B.tiefe) beginnt in Kämpferhöhe auf der Anfallinie. Die vordere Ansichtsfläche des B. heißt B.haupt oder B.stirn, deren Höhe die B.stärke.

II. Anwendung: Außer zur Überspannung von Öffnungen dienen B. zur → *Entlastung nicht genügend tragfähiger Bauteile (Entlastungsb.), zur Vergrößerung der Standfläche auf schlechtem Baugrund (→ *Erdb.), zur Übertragung von Horizontalschub (Schwibb.), zum Überdecken, Gliedern und Unterteilen von Innenräumen (Transversalb.), zur Übertragung von Gewölbeschub (→ Strebeb.) und zur Gliederung von Wandflächen (Wandb.,Blendb.). Die übrigen B. (Schildb., Stirnb., Gurtb., Scheidb., Gratb., Kreuzb., Diagonalb. u. a.) sind bestandteile des Gewölbebaus (→ *Gewölbe). Zur formalen Ausbildung des B. → *B.formen.

K.Erdmann, Der B. (Jb. für Kunstwiss.), 1929; F. v. Arens, B. (RDK), 1948; H. T. Schmidt, H. Ebinghaus, Handbuch des Hochbaues; W. Swida, Statik der B. und Gewölbe, 1954.

Bogenanker, Zuganker, Anker zur Sicherung gegen die Schubwirkung eines Bogens (→ *Anker 2).

Bogenbinder, Binder des Bogendaches (→ *Dachkonstruktion).

Bogenbrücke, → *Brücke.

Bogendach, 1. Tonnendach, mit gekrümmtem Umriß (→ *Dachformen); 2. → *Dachkonstruktion über Bogenbindern.

D. Gilly, Über Erfindung, Konstruktion und Material der Bohlendächer, 1797; Emy, *Description d'un nouveau systeme d'arcs*, 1828.

Bogenfeld, das von einem Bogen und seiner Kämpferlinie umgrenzte Feld (→ *Bogen I). Das B. über dem waagerechten Türsturz roman. und got. Kirchenportale wird auch → *Tympanon genannt, ebenso das B. an bogenförmigen Giebeln und Bekrönungen von Tür- und Portalumrahmungen der Renaissance und des Barocks (→ *Lünette); beide sind meist mit figürl. Schmuck gefüllt. Ferner kann ein B. unter einem Entlastungsbogen über einer Reihe kleinerer Bogenöffnungen auftreten, bes. an Fenstern, Emporen und Triforien der roman. und got. Baukunst. Schließlich kann auch ein Schildbogen (→ Gewölbe) unter einem Gewölbe ein B. bilden, wenn die Kämpferlinie durch ein Gesims betont ist.

D. Frey, B. (RDK), 1948.

Bogenfenster, eine → *Fensterform mit Bogenabschluß.

Bogenformen, die meisten in der Baukunst angewandten B. sind aus dem Kreis entwickelt oder auch aus zwei, drei oder mehreren Kreisbogenstücken zusammengesetzt. Sie bleiben meist in der Ebene, können aber auch → Raumbogen sein (Kurven höherer Ordnungen). Die verschiedenen B. entspringen zumeist formalen Vorstellungen, doch folgten bereits die Spitzbogen den konstruktiven Anforderungen in hohem Maße. Dem stat. Kräfteverlauf entsprechen genau nur die Parabelbogen, aber die häufigste B. ist der Halbkreisbogen (Rundbogen). Soll der Bogen höher als ein Rundbogen sein, so wird er

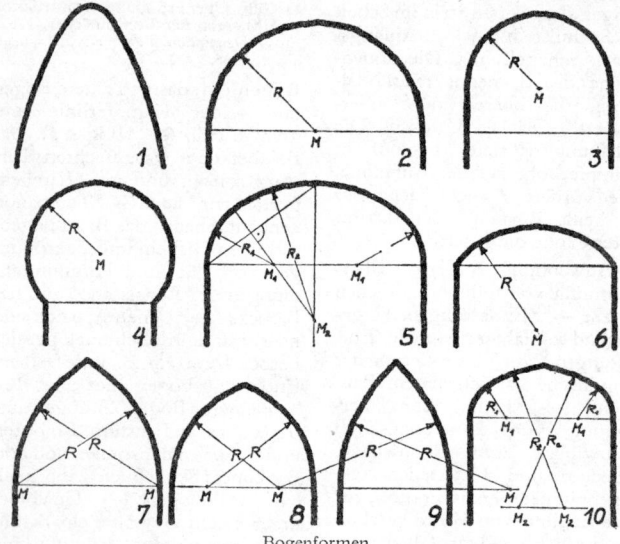

Bogenformen

gefußt oder gestelzt, d. h. die Bogenkrümmung beginnt erst über einer kurz fortgesetzten Vertikalen. Gedrückt bzw. überhöht nennt man alle B. deren Stich geringer bzw. größer ist als die halbe Bogenweite. Eine Sonderform des Rundbogens ist der Hufeisenbogen, der unten eingezogen ist, da ihm der Dreiviertelkreis zugrunde liegt, und auch zugespitzt vorkommen kann. Der Korbbogen ist ellipsenähnlich aber aus Kreisbogenstücken zusammengesetzt, dagegen entspricht der seltenere Ellipsenbogen tatsächlich der Halbellipse. Der Segment-, Flach- oder Stichbogen nähert sich in seinen Extremen entweder dem Halbkreisbogen oder dem → *scheitrechten Sturz. Die Bogenmittelpunkte des normalen gleichseitigen Spitzbogens liegen in den Kämpferpunkten. Zwischen die Kämpferpunkte rücken die Krümmungsmittelpunkte beim gedrückten Spitzbogen, während sie beim überspitzten Lanzettbogen hinaus rücken. Der Tudorbogen ist ein flacher Spitzbogen, der aus vier Kreisbögen zusammengesetzt ist. Der Kleeblatt- oder Dreipaßbogen setzt sich aus drei stark eingezogenen Kreisbogen zusammen, deren mittlerer größer oder auch gespitzt sein kann. Wird die Zahl der begleitenden Kreisbogen erhöht, so entsteht der Vielpaß-, Zacken- oder

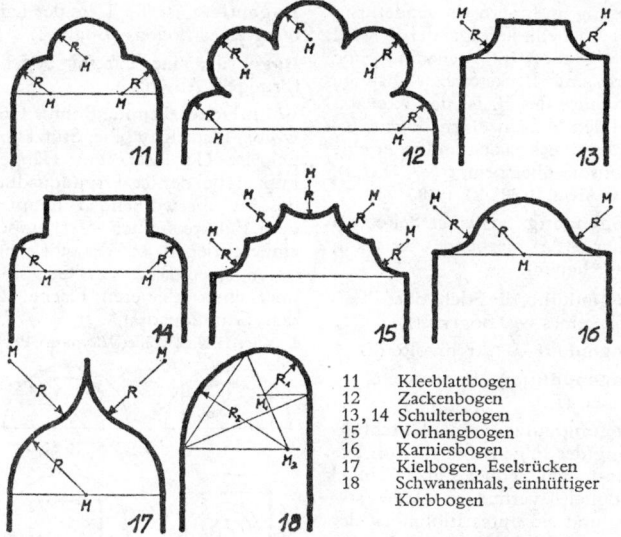

11   Kleeblattbogen
12   Zackenbogen
13, 14 Schulterbogen
15   Vorhangbogen
16   Karniesbogen
17   Kielbogen, Eselsrücken
18   Schwanenhals, einhüftiger
     Korbbogen

Bogenformen

Fächerbogen. Eine Abart des Kleeblattbogens ist der Schulter-, Konsol- oder Kragsturzbogen, bei dem der mittlere Kreisbogen durch einen waagrechten Sturz ersetzt ist und die beiden seitlichen Kreisbogen meist auskragende Konsolsteine sind. Er ist also kein echter Bogen (→ Bogen I). Die Konvexbogen bestehen aus konvexen und meist auch aus konkaven Bogenteilen. Der Vorhang- oder Sternbogen ist die Umkehrung des Kleeblattbogens und wird von konvexen Bogenlinien begrenzt. Beim Karniesbogen (→ Karnies) setzen sich die unteren konvexen Bogenteile nach oben konkav fort, während beim Kiel- oder Sattelbogen, der auch Eselsrücken genannt wird, die konkaven Teile oben konvex fortgesetzt werden. Die meisten

B. treten auch einhüftig oder steigend auf, d. h. die Kämpferpunkte eines solchen Bogens liegen verschieden hoch. Besonders der steigende Korbbogen ist häufig anzutreffen und heißt auch Schwanenhals. Die Bogenläufe werden häufig an Stirn oder Laibung profiliert oder ornamentiert und → *Archivolte oder Faszienbogen genannt.

K. Erdmann, Der Bogen (Jb. für Kunstwiss.), 1929; F. v. Arens, B. (RDK), 1948.

Bogenfries, eine fortlaufende Reihe von kleinen, der Wand vorgeblendeten Bogen, meist Rundbogen, die oft reich profiliert und auf Konsolen gesetzt sind. Der B. wird hauptsächl. in der roman. Baukunst zum Schmuck des Außenbaues (bes. unter Dachgesimsen), aber auch als Wandgliederung im Innern verwendet. Ein der Giebellinie folgender B. wird „steigender B." genannt. Eine bes. im Backsteinbau häufige Variante der B. ist der Kreuzb., bei dem die einzelnen Bogen einander überkreuzen und jeder eine Konsole überspringt (→ *Fries). F. v. Arens, B. (RDK), 1948.

Bogengang, auf einer Seite von einer → Arkade begrenzter Gang (→ *Laube).

Bogenhöhe, die Stich- oder Pfeilhöhe eines → *Bogens (I).

Bogenlauf → *Archivolte (2).

Bogenöffnung, Bogenweite, → Bogen (I).

Bogenquaderung, 1. Durchführung des Fugenschnittes von Bogensteinen, wobei spitze Winkel möglichst vermieden werden sollen und ein gutes Einbinden der Bogensteine in das übrige Mauerwerk gewährleistet werden soll. 2. Betont reliefartige Hervorhebung der Stirnfläche der einzelnen Bogensteine (Bossen).

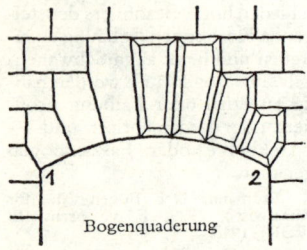

Bogenquaderung

Bogenstärke, Höhe der vorderen Ansichtsfläche eines → *Bogens.

Bogensteine heißen die meist keilförmig zugehauenen Steine (Keilsteine), aus denen ein gemauerter → *Bogen (I) besteht.

Bogenstellung → *Arkade.

Bogentiefe, ist die Tiefe der Laibung eines Bogens (Bogen I).

Bogentür, eine Tür mit bogenförmigem Abschluß.

Böhmische Kappe, Böhm. Gewölbe, Platzelgewölbe, Stutzkuppel, im Gegensatz zur Hängekuppel, bei der das Grundquadrat des zu überwölbenden Raumes dem Fußkreis einer → *Kuppel einbeschrieben ist, versteht man unter einer B.K. ein Gewölbe über einer kleineren Fläche als dem Grundquadrat. L. Adler, B.K.gewölbe(Wasmuth), 1929.

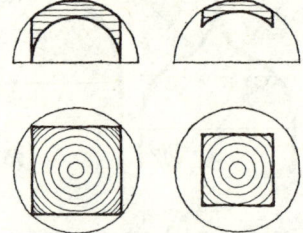

Hängekuppel   Böhmische Kappe

Bollwerk, urspr. Bezeichnung für eine mit Bohlen befestigte Erdaufschüttung, die als behelfsmäßiges Verteidigungswerk diente; danach allgemein für eine vorgeschobene, einer Festung oder Stadtbefestigung vorgelagerte Verteidigungsanlage (→ *Barbakane).

Boskett (franz. u. ital.), an das → Broderieparterre anschließender Gartenteil, der aus streng beschnittenen, geometr. oder ornamental angelegten Buchshecken besteht, in Sonderfällen auch als Irrgarten (→ Labyrinth, → *Garten). M. L. Gothein, Geschichte der Gartenkunst, [2]1926.

Bosse (von mhd. *bozen*: schlagen); 1. Die nur roh zugerichtete,

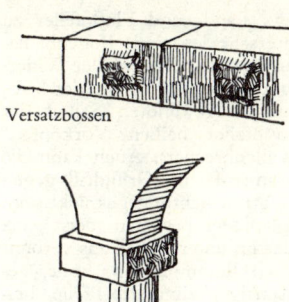

Versatzbossen

Bossen

grob zuhauen, so daß eine erhabene → *Bosse stehenbleibt.

Bouleuterion → *Buleuterion.

Brandmauer, Feuermauer, gegen ein angebautes Nachbarhaus gerichtete, nicht durchbrochene Abschlußmauer eines Bauwerkes, in die keine Holzteile einbinden dürfen. Auch eine vom Keller bis über die Dachhaut geführte Mauer innerhalb eines Gebäudes, das dieses in einzelne untereinander nur mit besonderen Sicherheitsvorkehrungen verbundene Brandabschnitte unterteilt.

daher buckelige Vorderseite bzw. Ansichtsfläche eines Werksteines oder Quaders (Buckelquader). Die B. diente urspr. wohl dazu, das Abgleiten schwerer Steine von den Hebetauen zu verhindern (Versatzb.), und kommt bereits in der antiken Mauertechnik und an altamerikan. Bauten vor. Bes. häufig findet man B.mauerwerk (B.werk) an Burgen der Stauferzeit und an Palastbauten der Frührenaissance (→ Rustika, → *Mauerwerk). – 2. Eine nur angelegte, nicht vollendete Bildhauer- oder Steinmetzenarbeit, z. B. ein Kapitell, das in unfertigem Zustand versetzt wurde. Solche B.-Kapitelle finden sich, oft neben fertigen, bes. an Bauten des MA.

A. E. Brinckmann, Barock-Bozzetti, 1923–1925; F. v. Arens, B., B.kapitell (RDK), 1948.

Bossenkapitell → *Bosse (2).

Bossenmauerwerk, Bossenwerk → Bosse 1. (→ *Mauerwerk).

Bossenquader, Buckelquader, an seiner Vorderseite nur roh bearbeiteter Quader oder Werkstein (→ Bosse 1, → *Mauerwerk).

Bossieren, einen Werkstein oder Quader an seiner Vorderseite

Brauttüre, an größeren ma. Kirchen meist ein Seitenportal an der N.-seite, vor dem der Priester die Eheschließung und den Ringwechsel vornahm, ehe er das Brautpaar in die Kirche führte. Die B. ist daher gewöhnlich überdacht oder mit einer Vorhalle versehen und mit symbol. Bogenfeld- oder Gewändeplastik geschmückt. Lit.: → Portal.

Broderieparterre (franz. von *broder*: sticken und *parterre*), unmittelbar vor dem Schloß gelegener ebener Gartenteil, dessen Teppichbeete durch geordnete Blumen, seltener Kieselsteine zwischen niedrigen Hecken (→ Boskett) wie eine Stickerei gemustert sind (→ *Garten).

M. L. Gothein, Geschichte der Gartenkunst, [2]1926.

Bruchfuge, 1. Fuge, die sich bei der lagerhaften Schichtung der Steine, d. h. ihrer natürlichen Lagerung entsprechend, ergibt; 2. Fuge, die sich bei zu starker Belastung eines Bogens öffnet.

Bruchsteine, natürliche Steine, die im Gegensatz zu den behauenen Werksteinen so verwendet werden, wie sie roh oder nur wenig bearbeitet aus dem Steinbruch kommen.

Bruchsteinmauerwerk, →
*Mauerwerk.

Brücke, Bauwerk zur Überleitung von Verkehrswegen, Straßen (Viadukt) oder Wasserleitungen (Aquädukt) über Gewässer oder Geländeeinsenkungen aus Holz, aus Stein oder aus Holz und Stein, in neuerer Zeit auch aus Stahl, Stahlbeton oder Spannbeton. Die Hauptbestandteile einer B. sind Fundamente, Stützen, Tragwerk und Oberbau mit B.-Bahn, die in der Mitte meist leicht überhöht ist. Die frei stehenden Stützen werden Pfeiler genannt, wobei End- und Mittelpfeiler

bzw. Land- und Flußpfeiler zu unterscheiden sind; Bogenb. haben statt der Landpfeiler Widerlager (Landfesten). Die der Strömung zugewandten Seiten der Flußpfeiler heißen Vorköpfe (Wellenbrecher). Auch kann die gesamte B. im Grundriß gegen die Stromrichtung geknickt sein. Holzpfeiler bestehen meist ganz oder im unteren Teil aus verbundenen Rammpfählen; hohe, gerüstartig gezimmerte Pfeiler heißen Gerüstpfeiler. Nach dem stat. System des Tragwerks unterscheidet man Balken-, Bogen- und Hängeb. Bei Balkenb. werden vom Tragwerk bei Belastung Auflagerdrücke ausgeübt, während bei Bogenb., deren Hauptträger

Brücke

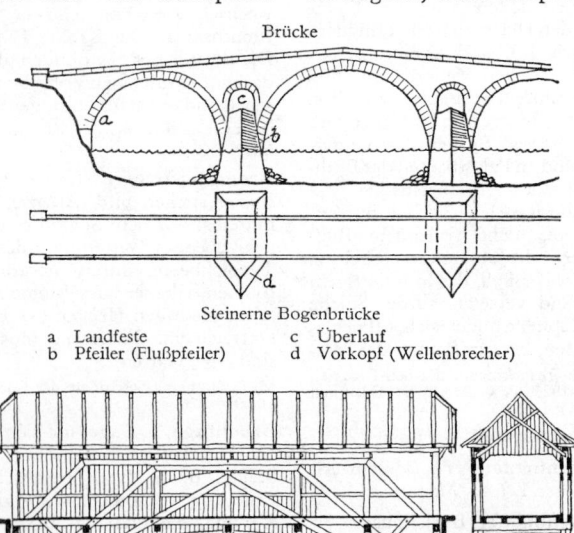

Steinerne Bogenbrücke

| a | Landfeste | c | Überlauf |
| b | Pfeiler (Flußpfeiler) | d | Vorkopf (Wellenbrecher) |

Hölzerne Dachbrücke

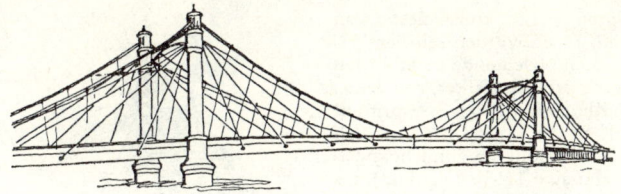

Eiserne Hängebrücke
(Beispiel: London, Albert Bridge)

Bogen oder Gewölbe sind, schräg nach außen gerichtete Schubwirkung entsteht. Hängeb. werden heute in Stahl ausgeführt, wobei das Tragwerk zwischen zwei Masten, hohen Pfeilern oder Türmen (Pylonen) aufgehängt wird, die die B.bahn überragen. Außer diesen festen B. gibt es bewegliche, wie Dreh-, Hub-, Zugb., die auch bei hohem Wasserstand bzw. niedrigen Uferböschungen den Schiffen die Durchfahrt ermöglichen, während Schiffs- oder Pontonb. als behelfsmäßige B. hauptsächlich militär. Zwecken dienen (so schon bei der Überbrückung des Hellespont durch Alexander d. Gr.). – Eine der ältesten bekannten festen B. stand in Ninive (7. Jh. v. Chr.), berühmt war die aus gebrannten Lehmziegeln errichtete Euphratbrücke in Babylon (um 600 v. Chr.). Die Römer entwickelten die steinerne Bogenb. mit Halbkreisbogen, die sie auch bei ihren → *Aquädukten verwendeten. Die größte der erhaltenen Römer-B. ist die von Salamanca mit 27 Bogen und einer Länge von 400 m, die älteste die Fabricius-B. in Rom (138 v. Chr.). Im MA. herrschte die auch von den Römern weiter entwickelte Holzb. vor, die oft überdeckt war (Dachb. in Luzern, Beuron, Säckingen) und als → *Hängewerk oder →

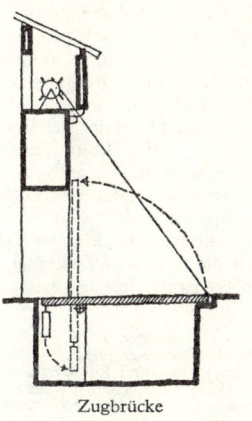

Zugbrücke

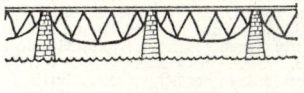

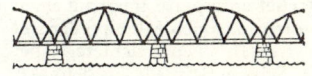

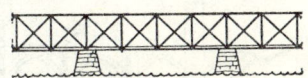

Eiserne Fachwerk- und Gitterbrücken

*Sprengwerk konstruiert sein kann. Doch wurden seit dem 12. Jh. auch bedeutende Steinb. nach röm. Vorbild errichtet, von denen die Rhone-B. in Pont S. Esprit mit 1000 m die längste ist. Eine den röm. Aquädukten ähnliche zwei-geschossige Tal-B. (Viadukt) aus dem MA. überquert das Tauber-tal bei Rothenburg. Zu den be-kanntesten ma. Steinb. gehören die Donau-B. in Regensburg (die älteste der in Deutschland erhal-tenen), die alte Main-B. in Würz-burg, die B. über die Moldau in Prag und die Rhone-B. in Avi-gnon, während aus der Renaissan-cezeit die Rialto-B. in Venedig bes. berühmt ist. – Stahlb., meist aus Fachwerk- oder aus Gitter-trägern, aber auch aus Vollwand-trägern konstruiert, können eben-so wie die modernen Spannbeton-b. größte Entfernungen überspan-nen.

J. Brix, F. Genzmer, B. in Stadt und Land,1913; P. Zucker, Die B.,Typologie und Geschichte ihrer künstler. Gestal-tung, 1921; C. Kersten, Freitragende Holzbauten, [2]1926; ders., Holzbrücken (Wasmuth), 1931; F. Hartmann, Ästhetik im B.bau unter bes. Berück-sichtigung der Eisenb., 1928; A. Schau, Ästhetik im B.bau, 1928; H. Tintelnot, B. (RDK), 1948; E. Melan (hg.), Der B.bau, [2]1953; M. Bill, B. und Kon-struktionen, [2]1955; A. Laskus, Hölzerne B., [8]1955; Brunner, Der Bau von B. aus Holz in der Schweiz; P. Bonatz, F. Leonhardt, B., 1960.

Brückenkapelle, meist auf einem vorspringenden Mittelpfeiler stei-nerner Brücken errichtete Kapel-le. Schöne Beispiele aus dem MA.

Brückenkapelle

in Avignon, Eßlingen, Kaysers-berg (Elsaß) und Calw (Württem-berg).

Brückenkopf, Schanze oder Be-festigungsanlage am Ende einer Brücke oder in seiner nächsten Nähe zur Verteidigung des Brük-kenüberganges; auch allgemein für Brückenende (→ *Stadtbe-festigung).

Brückenturm, 1. im MA. wur-den die Brückenköpfe beiderseits der Flußläufe oder das der Stadt zugewandte Brückenende häufig mit Tortürmen besetzt, vielfach auch ein weiterer Turm auf

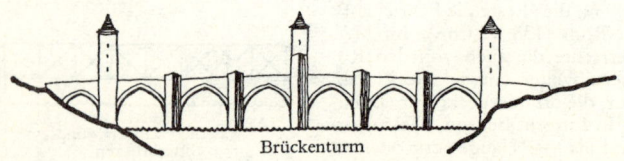

Brückenturm

dem verstärkten Mittelpfeiler der Brücke errichtet, was eine abschnittsweise Verteidigung der Brücke ermöglichte, so z. B. am Pont Valentre bei Cahors. Wegen seiner Größe und bauplast. Dekoration berühmt ist der Altstädter B. von Peter Parler in Prag.

2. Pylon, die turmartigen Pfeiler der Hängebrücke.

G. Fehr, Die Karlsbrücke zu Prag, 1944.

Brunnen kommen als Lauf- bzw. Schöpf-, Zieh- oder Springb. vor. Die einfachste Form ist der B.-stock (B.pfosten) mit einem B.-rohr, aus dem Wasser in den B.trog (B.becken) fließt. Anstelle des B.beckens können auch eine oder mehrere Schalen angeordnet sein (→ Schalenb.). Brunnen waren schon in der Antike Gegenstand architekton. und allgemein künstler. Ausgestaltung. Jede griech. Stadt besaß öffentliche B., die z. T. mit B.häusern und plastischem Schmuck ausgestattet waren, wie z. B. das dreigeschossige →*Nymphäum in Milet. In Rom

Brunnen

links: Ziehbrunnen
           Laufbrunnen (Schalenbrunnen)
           Springbrunnen
rechts: Laufbrunnen mit got.
           Turmpyramide

und den röm. Provinzen waren die Quellen oder die Verteilungsstellen des von den Aquädukten hergeleiteten Wassers in ähnlicher Weise zu Nymphäen ausgestaltet. Aus dem Orient, wo der B. noch heute zur Ausstattung des Innenhofes gehört, übernahmen die Römer die Sitte, im Peristyl ihrer Wohnhäuser Zierbrunnen, wohl meist Schalenb., aufzustellen (Pompeji). Die Tradition wurde im byzant. Reich, im Hof der altchristl. Kirche (→ *Kantharus) und in den arab. Städten fortgesetzt. Im MA. bedienten sich zunächst hauptsächl. die Klöster der von der Antike übernommenen Wasserleitungstechnik für ihre Brunnenhäuser (→ Kloster), während die Städte vielfach nur den dörflichen Einbaumb. kannten. Erst mit dem Aufblühen der Städte im hohen MA. wurden steinerne B. auf Straßen und Plätzen zu wahren Prunkstücken der Städte, und zwar sowohl in der Form des Schalenb. (Perugia, Fonte maggiore; Goslar, Adlerbrunnen) als auch des Röhrenb. mit got. Turmpyramide inmitten eines runden oder polygonalen Troges (Nürnberg, Schöner B.; Ulm, Fischkasten). In der Renaissance kam unter ital. Einfluß (Florenz, Bologna) auch nördl. der Alpen der Bronzeb. auf (Augsburg, Augustus-, Herkulesund Merkurb.; Nürnberg, Tugendb.) mit einer symbol. Figur als Bekrönung, die bes. in der Schweiz (Bern) auch als herald. Steinfigur (Wappner) auftritt. Daneben blieben auch der Zisternenb. mit baldachinartigem Überbau und der Ziehb. in Gebrauch, dessen steinernes Traggerüst (Galgen) ebenfalls den Architekturformen der Zeit angepaßt wurde.

In der Barockzeit entwickelt sich der B. oft zu monumentalen, sowohl architekton. als auch plast. reich ausgestatteten Gebilden (Rom, Fontana dei Fiumi u. Fontana Trevi; Salzburg, Residenzb.; Wien, Donnerb.), während im Rokoko und Klassizismus Röhrenb. mit hohen Säulen oder Obelisken in der Trogmitte beliebt waren In den Gärten wurden Springb. und Kaskaden bevorzugt.

H. Blümner, B. (Denkmäler des klass. Altertums, hg. A. Baumeister), 1889; A. Heubach, Monumentalb. Deutschlands, Österreichs und der Schweiz aus den 13.–18. Jh., 1902; H. Volkmann, Die künstler. Verwendung des Wassers im Städtebau, 1911; W. Lindner, Schöne B. in Deutschland, 1920; B. H. Wiles, *The Fountains of Florentine Sculptors and their Followers from Donatello to Bernini*, 1933; G. B. Colonna, *Fontane di Roma*, Novara 1942; G. Lill, B. (RDK), 1948; W. Kiewert, Der schöne B., 1956; E. Bieske, Handb. des B.baus, 1956–1962. s. a. Sebil.

Brunnenhaus → *Kloster.

Brustriegel, Querverbindung unter einer Fensteröffnung im → *Fachwerk.

Brüstung, waagerechte, brusthohe Sicherung von → *Fenstern, Terrassen (→ *Geländer) u. dergl. (→ *Balustrade).
H. Feldbusch, B. (RDK), 1948.

Brüstungsgesims → *Gesims, das in der Höhe einer Brüstung (meist Fensterbrüstung) verläuft.

Brustwehr, bei Verteidigungsanlagen eine nach innen senkrechte, nach außen meist schräg abgeböschte Aufschüttung zum Schutz der Besatzung. Im Steinbau ist die B. meist aus → *Zinnen gebildet (→ *Stadtmauer).

Buckelquader, Buckelstein, Bossenquader, Werkstein, dessen Vorderseite nur roh behauen ist und daher mehr oder weniger stark vorspringt. Um exaktes Versetzen zu ermöglichen, erhalten die B. meist einen schmalen Randschlag mit gerader Kante (→ *Mauerwerk).

Bug, Bugband, ältere Bezeichnung für die obere Querverstrebung des → *Fachwerks (Kopfband, → Band 2).

Bühne, 1. erhöhte Plattform insbesondere im → *Theaterbau. Im röm. Theater fand die B. ihren ersten baulichen Ausdruck. Sie war umgeben von einem architekton. Rahmen mehrgeschossiger Säulenstellungen (Paraskenien, Scenae frons, z. B. in Ephesus, Aspendos, Sabratha, Dugga, Orange, Arles u. a.) und geschützt durch ein hölzernes Dach. Erst die Renaissancezeit knüpfte wieder an dieser Gestaltung an (Vicenza, Teatro olimpico des Palladio), die in der Barockzeit eine großartige Weiterentwicklung fand (Bologna, Bayreuth u. a.). **2.** volkstümliche Bezeichnung für den Dachraum (Dachboden) eines Hauses.

O. Puchstein, Die griech. B., 1911; P. Zucker, Theaterdekoration des Barock, 1925; ders., Theaterdekoration des Klassizismus, 1925; A. Wedemeyer, B. (Wasmuth), 1929; H. Tintelnot, Barocktheater und barocke Kunst, 1939; ders., B.bild (RDK), 1954; s. a. Kulisse, Theaterbau.

Bukranienfries, → Bukranion, → *Fries.

Bukranion (griech.: Rindsschädel), Aaskopf, dem Schädelskelett der Opfertiere nachgebildetes Schmuckmotiv an hellenist. und röm. Altären, Grabmälern und Metopen, meist mit Blumen und Bändern verziert. Häufig sind mehrere solcher Schädel nebeneinandergereiht und durch Girlanden verbunden oder mit Rosetten in den Zwischenräumen zu einem Fries vereinigt, dem Bukranienfries (→ *Fries). Das Motiv wurde in der Renaissance wieder aufgenommen und auch im Barock noch gelegentlich verwendet.

A. E. Napp, B. und Girlande (Diss. Heidelberg), 1930.

Buleuterion, Bouleuterion (griech.), das Rathaus der griech. Stadt, im Unterschied zum Sitz der städt. Beamten (Prytaneion) der Ort für die Vollversammlungen des Rates (Bulé), meist in der Nähe des Marktes (Agora) gelegen. In hellenist. Zeit (Milet, Priene) bestand das B. aus einem Vorhof, den man durch einen Torbau (Propylon) betrat, und dem eigentlichen Rathaus, das im Innern halbkreisförmig ansteigende Sitzstufen wie im Theater,

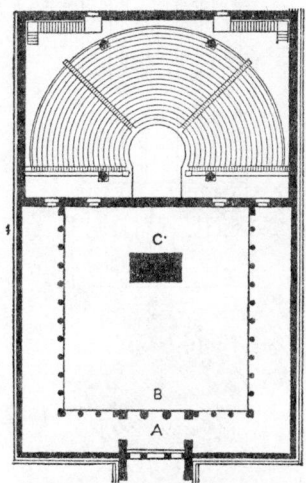

Buleuterion (Beispiel; Milet)
A Propylon　　B Vorhof　　C Altar

manchmal auch in U-förmiger Anordnung, besaß.

H. Knackfuß, Das Rathaus von Milet (Ergebnisse der Ausgrabungen, Heft 2), o. J.; F. Krischen, Antike Rathäuser, 1941.

Bund, Wirtel, → *Schaftring.

Bundbalken, 1. Rähm, Oberschwelle, oberer Abschlußbalken, der auf den Ständern eines → *Fachwerks aufruht (→ Balken 7). Seltener für Binderbalken einer → *Dachkonstruktion.

Bündelpfeiler, in der spätroman. und got. Baukunst ein Pfeiler, der rundum mit Dreiviertelsäulen von

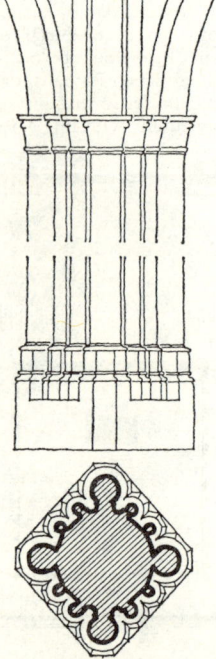

Bündelpfeiler

größerer und geringerer Stärke, sog. Alten und Jungen Diensten, besetzt ist, wobei bes. in der Hochgotik der durch Hohlkehlen ausgetiefte Pfeilerkern oft kaum noch zu sehen ist.

G. Ungewitter, Lehrbuch der got. Konstruktionen, [4]1900–1903; H. Jantzen, Die Kunst der Gotik, 1957.

Bündelsäule, Säulenbündel, 1. fälschlich für → *Bündelpfeiler; 2. Bezeichnung für die ägypt. Lotos- und Papyrussäulen, deren Schäfte wie ein durch Bänder zusammengehaltenes Stengelbündel gebildet sind (→ *Säule).

Bundsäule, 1. mit einem → *Schaftring (Bund, Wirtel) versehene Säule. 2. auch Bundpfosten, mittlerer senkrechter Stiel eines Binders (→ *Dachkonstruktion).

Bundschwelle, → *Fachwerk.

Bundgespärre, Bundsparren, Bindesparren einer → *Dachkonstruktion.

Bundtram, Binderbalken einer → *Dachkonstruktion.

Bungalow (engl. aus hindustanisch), leichtes, eingeschossiges Sommerhaus.

M. Mittag, Kleinsthäuser, Ferienhäuser, B., [2]1960; K. Trost, Landhaus und B., 1961.

Burg, befestigte Anlage, die bereits in vor- und frühgeschichtlicher Zeit als → *Fliehburg vorkommt, später meist in Stein errichteter, befestigter Wohnsitz eines Territorialherrn. Für die Anlage einer B. wurde ein Ort bevorzugt, der entweder durch seine Höhenlage die Gegend beherrschte (Höhenb.) oder, falls er in der Ebene lag (Niederb.), durch umfließende Gewässer geschützt

Höhenburg

war (Wasserb.). Da Niederb. der Zerstörung im Laufe der Jahrhunderte weit stärker ausgesetzt waren als Höhenb., versteht man heute unter B. im allgemeinen eine Höhenb. Sie ist in der Regel von einer Ringmauer (Bering, Mantelmauer, Zingel) umschlossen und häufig noch durch einen Graben (Halsgraben) mit oder ohne Wasser geschützt, vor dem eine weitere befestigte Anlage (Vorb.) zur Befestigung des Tores liegen kann. Der Raum zwischen der Ringmauer, deren Zug zuweilen durch Türme verstärkt ist, und einer etwa vorhandenen zweiten Außenmauer wird Zwinger genannt. Je nach der Beschaffenheit des Geländes können mehrere durch Gräben getrennte und befestigte Abschnitte hintereinander liegen, sodaß eine sog. Abschnittsburg entsteht. Steigt das Gelände hinter der B. weiter an, so kann die gefährdete Stelle durch eine bes. hohe Mauer (Schildmauer) gesichert sein. Meist sind die Gebäude im Innern der B. an die Ringmauer angelehnt und umschließen den Burghof. Ring- und Schildmauer tragen oben einen durch Zinnen geschützten → *Wehrgang, der oft, bes. in Frankreich, nach außen vorgekragt ist (Maschikuli); anstelle der Zinnen und in den unteren Stockwerken können auch Schießscharten angebracht sein. Besonders stark gesichert war das B.tor, über dem sich ein Torturm erhob, das aber auch von zwei Türmen flankiert sein kann. Ein wirksamer Schutz des B.tors war die über den Halsgraben führende Zugbrücke (→ *Brücke), die dem Feind das Vordringen bis zum Tor erschwerte und hochgezogen zugleich den Toreingang verschloß, der außerdem durch ein → *Fallgatter gesperrt werden konnte. Durch eine über dem Tor angebrachte Pechnase konnte heißes Pech auf den Angreifer hinab-

Wasserburg (Beispiel: Sully, Loire, 14.–15. Jh.)

gegossen werden. Das wehrhafte Hauptstück der B. ist der hohe und starke Turm, der → *Bergfried, der isoliert in der Mitte der B. oder an einer Frontseite stehen kann. Der B.turm kann von einer Wallmauer (Hemd) umgeben sein. Hauptwohnbau ist der Palas, in dessen Erdgeschoß der Rittersaal lag. Das durch einen Kamin heizbare Frauengemach im Palas, aber auch ein kleinerer selbständiger Wohnbau, hieß Kemenate und wurde im späten MA. Dürnitz genannt. Palas und Bergfried können auch in einem gewaltigen Wohnturm, in Frankreich → *Donjon genannt, vereinigt sein. Die → Burgkapelle kann ein selbständiger Bau, aber auch dem Palas oder dem Bergfried anoder eingebaut sein. Eine von mehreren Besitzern bewohnte B., die sog. Ganerbenb., kann mit-

unter zwei und mehr Palasbauten, Bergfriede oder Wohntürme haben. Andere Sonderformen der B. sind die → *Ordensb. und die → Pfalz (→ *Kaiserpfalz), bei denen wie bei dem nachma. Schloß jedoch die Wehrhaftigkeit der Anlage hinter dem Bedürfnis nach Repräsentation zurücktritt.

E. Violett le Duc, *Dict*; B. Ebhardt, Dt. B., 1899–1908; ders., Die B. Italiens, 1909–1928; ders., Der Wehrbau Europas im Ma., 1939; O. Piper, Österreich. B., 1902–1910; ders., B.-kunde, 1912; ders., Abriß der B.kunde, [3]1914; E. Probst hg., Die B. und Schlösser der Schweiz, 1929ff; C. Schuchhardt, Die B. im Wandel der Weltgeschichte, 1930; K. H. Clasen, B. (RDK), 1954; W. Pinder hg., Dt. B. und feste Schlösser, [2]1957; ders., Dt. Wasserb., [2]1957; A. Toulae, B. des Abendlandes, 1958; C. Tillmann, Lexikon der dt. B. und Schlösser, 1958–1961; R. Schmidt, B. des dt. Ma., 1959; H. de Caboga-Stuber, Kleine B.kunde 1961.

Bürgerbauten (Beispiel: Köln, Gürzenich, 15. Jh.)

Bürgerbauten sind außer den Wohnhäusern der Handwerker und der Bürger (→ *Bürgerhaus) vor allem die Gemeinschaftsaufgaben dienenden öffentlichen Gebäude des Bürgertums einer Stadt, wie → *Rathaus, Münze, Zeughaus, Gewandhaus, Schranne, Kornhaus, Bauhof, Spital, Kaufhaus, Ballhaus, Hochzeitshaus u. dergl. Auch die von den einzelnen Zünften errichteten Zunfthäuser gehören in diese Reihe (→ *Speicher).

H. Bergner, Hdb. der bürgerlichen Kunstaltertümer in Deutschland, 1906; K. Junghanns, Die öffentlichen Gebäude im ma. Stadtbild, 1956; W. Pinder, B. dt. Vergangenheit, 1957; F. Rörig, Die europ. Stadt und die Kultur des Bürgertums im Ma., ²1958; H. Phleps, Dt. Fachwerkbauten, 1959.

Bürgerhaus, das Haus des städt. Bürgers, das sich in den einzelnen Städten und Ländern ganz verschiedenartig entwickelt hat, wobei die immer differenziertere Typenbildung weniger durch die stilist. Entwicklung als durch örtliche Traditionen und Bauweisen bzw. Bauordnungen entstanden ist. Auch wirtschaftliche Gegebenheiten und soziolog. Strukturformen waren bei der Entwicklung des B. maßgeblich beteiligt (Ackerbürgerhaus, Zusammenfassung bestimmter Gewerbe in einzelnen Straßen oder an Flußläufen u. dergl.). Die Unterschiede in der Erscheinungsform des B. sind durch die Grundrißgestaltung und das Baumaterial bestimmt. In bestimmten Landschaften Süddeutschlands war das B. meist ein Fachwerkhaus, während das Steinhaus („Burg") lange Zeit dem Stadtadel vorbehalten blieb (→ *Patrizierhaus). Erst mit dem Aufblühen der Zünfte und der Handelsgesellschaften im späten MA. verwischen sich derartige

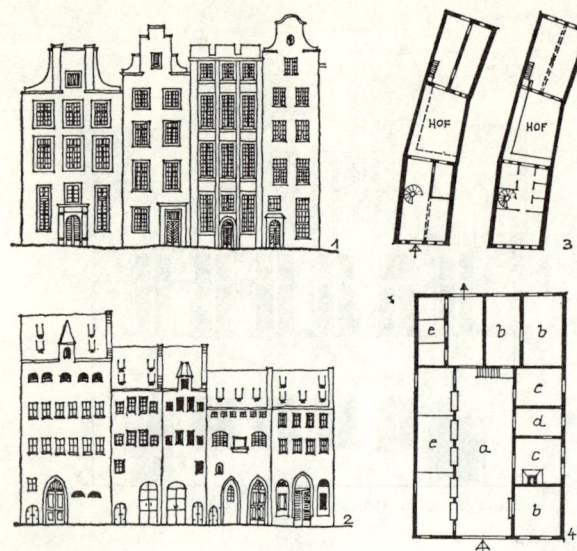

Bürgerhaus
1 Giebelhäuser (niederdt. Typ)
2 Traufenhäuser (oberdt. Typ)
3 Oberdt. Hofhaus
4 Nordwesteuropäisches Hallenhaus
(a Diele b Stube c Küche d Kammer
e Stall)

Differenzierungen in der Bauweise. Einzelne Landschaften (Lothringen, Oberbayern, Österreich) verwenden beim B. fast ausnahmslos den Steinbau. In Norddeutschland gibt es ausgesprochene Fachwerkgebiete (Braunschweig, Goslar, Hildesheim, Wernigerode u. a.) neben ausgesprochenen Backsteingebieten (Lübeck, Rostock, Wismar, Danzig u. a.), was für die äußere Erscheinung bezeichnend ist. Im Backsteingebiet findet man hauptsächlich Giebelhäuser, während die norddt. Fachwerkbauten vornehmlich Traufenhäuser sind. In Süddeutschland kommen Giebel- und Traufenhaus oft nebeneinander vor, in einzelnen Städten und Landschaften dominiert der eine oder der andere Typ.

In Süddeutschland ist das oberdeutsche B. der vorherrschende Typ. Es hat ein geschlossenes Erdgeschoß – auch bei Fachwerkbauten oft in Stein – für die gewerblich genutzten Räume, im Obergeschoß ist die Wohnung mit mehreren Stuben und der Küche. In Norddeutschland ist das nordwesteurop. Hallenhaus mit seiner mittleren Diele zum niederdt. B. weiterentwickelt worden. Es hatte ursprünglich nur eine Feuerstelle, den Herd. Die Stube war an der Straßenseite im Erdgeschoß, später wurden darüber Hängekammern bzw. über der Stube eine Oberstube eingefügt. Die Treppe wurde in der Diele eingefügt, letztere in ihrer zentralen Stellung immer mehr geschmälert. In der späteren Entwicklung wurde in den Handelsstädten das niederdt. B. aufgestockt und mit Speicherräumen versehen, falls an den Wasserstraßen nicht eigene Speicherbauten (Danzig) errichtet wurden. Auch gibt es Verbindungen zwischen ober- und niederdt. B.typen, vor allem in den niederrhein. Gebieten. Bei langgestreckten Parzellen kam es zur Ausbildung eines Vorderhauses und eines Hinterhauses, die durch einen oder zwei schmale Verbindungsbauten (oft mit Arkaden) zusammengefaßt sind. Die Fassadenausbildung des B. ist von großer Mannigfaltigkeit. Beim niederdt. B. ist die Stube oft in einem Vorbau (Auslucht), der schon im Erdgeschoß beginnt. Daneben erscheint (vor allem in Danzig) ein erhöhter Sitzplatz vor dem Haus (Beischlag). In Süddeutschland kommt oft ein Erker im Obergeschoß vor, bei Eckhäusern ein Eckerker. Bei Traufenhäusern können Zwerchgiebel, bei Giebelhäusern reiche Ausbildung des Giebels durch Lisenen, Fialen oder Voluten vorkommen. Das Fachwerk kann (bes. im Harzgebiet) reich geschnitzt sein, während die verputzten Steinbauten (bes. in der nördl. Schweiz) oft bemalt sind. Das B. als selbständiger Bautyp verliert im 18. Jh. immer mehr an Bedeutung, wobei die reicheren Typen Formelemente des Adelspalais übernehmen. Im 19. Jh. geht es im städt. → Wohnhaus oder im → Mietshaus auf.

M. Heyne, Dt. Hausaltertümer, 1899 ff.; H. Schmerber, Studie über das dt. Schloß und B. im 17. und 18. Jh., 1902;

H. Göbel, Das süddt. B., 1908; Nautha, Holzbaukunst am dt. B., 1909; A. Erbe, C. Ranck, Das Hamburger B., 1911; P. Ehmig, Das dt. Haus, 1914 bis 1920; P. Klopfer, Das dt. Bauern- und B., 1915; O. Gruber, Dt. Bauern- und Ackerb., 1926; R. Anheißer, Das ma. Wohnhaus in dt. Landen, 1935; M. Grantz, Der dt. Bürger und sein Haus, 1935; A. Bernt, B. (RDK), 1954; ders., (hg.), Das dt. B., o. J.

Burgkapelle, als selbständiger Baukörper errichtete oder über einem Burgtor, im Palas, seltener in einem Bergfried eingebaute Kapelle, die häufig mit ihrem Chorabschluß als Erker („Chörlein") über das Mauerwerk vorspringt. Auch zweigeschossige B. kommen manchmal vor (→ *Doppelkapelle).

L. Arntz, Burg- und Schloßkapellen (Zs. für christl. Kunst 27), 1914.

Burgwarte, Wartturm, ein in der Verteidigungsanlage einer ma. Burg stehender Turm, danach auch häufig Bezeichnung für einen vorgeschobenen, meist hochgelegenen Wartturm einer ma. Stadt, von dem aus die Bewegungen herannahender Feinde frühzeitig erkannt werden konnten.

Bußkapelle, kleine, meist rechteckige Kapelle an der O-Seite des Querschiffs (Querhauskapelle) oder Chores einer Zisterzienserkirche, bestimmt für die Bußübungen der Mönche.

Busung, gebust, → *Gewölbeformen.

F. Hart, Kunst und Technik der Wölbung, 1965.

C → auch unter „K" oder „Z".

Cairn, Carn, (gäl.-ir.), frühgeschichtliches Grabmal in Form eines pyramidenförmig aufgeschichteten Steinhaufens, bes. in

England und Irland; dort auch
Bezeichnung für ebenso gebildete
Grenzmäler und Wegzeichen.

Caldarium (lat., von *caldus:*
warm), Heißbaderaum der röm.
→ *Thermen. Warmes → Ge-
wächshaus.

Calefactorium (von lat. *calefa-
cere:* erwärmen), Wärmestube in
ma. Klöstern, hauptsächl. in
Zisterzienserklöstern, meist östl.
des Refektoriums gelegen und
vielfach der einzige heizbare
Raum des Klosters. Die Erwärmung erfolgte durch Luftheizung,
wozu im Erdgeschoß unter dem
C. eine Heizkammer lag, von deren erhitzten Wänden die Warmluft durch Kanäle im Gewölbe
nach oben stieg.

G. Fusch, Über Hypokaustenheizungen
und ma. Heizungsanlagen (Diss.
Hannover), 1910.

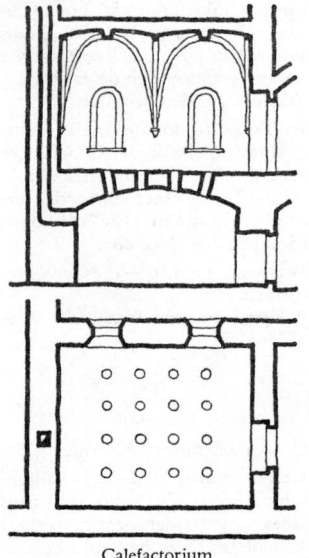

Calefactorium

Campanile → *Kampanile.

Campo Santo (ital.: heiliges
Feld), Friedhof, bes. wenn es sich
um eine Anlage von regelmäßigem Grundriß handelt, die von
Arkaden umgeben sein kann (so
der berühmte kreuzgangähnliche
C. von Pisa), meist jedoch nur
von mächtigen Mauern für Wand-
bestattungen umschlossen ist.

E. Carli, P. E. Arias, *Il C. di Pisa*
(Bollettino d'Arte), 1948.

Canabae (lat., Mz. von *canaba:*
Baracke), nichtmilitär. Siedlung
außerhalb eines röm. → Castrums
oder Militärlagers, die kein Stadtrecht hatte; vielfach in Ruinen
erhalten, am besten in Lambaesis
(Algerien).

E. Egli, Geschichte des Städtebaues,
1960; K. D. Matthews, *Cities in the
sand*, Philadelphia ²1963.

Cancelli (von lat. *cancellus:* Gitter, Schranken), in der altchristl.
→ *Basilika meist steinerne Altarschranken, die den Raum für den
Sängerchor gegen den Gemeinderaum abgrenzen. Mit den seitlichen Schranken waren die →
*Ambonen verbunden, von de-
nen die Schrift verlesen wurde,
weshalb der Begriff C. in der ver-
deutschten Form → Kanzel
schließlich die erhöhte Plattform
für den die Schrift verlesenden
Geistlichen bezeichnet.

Capilla Mayor (span.: Haupt-
kapelle), in span. Kirchen der
Altarraum im mittleren Teil des
Chores, vom Chorumgang und
dem Gemeinderaum durch hohe
steinerne Schranken (→ *Chorschranken) getrennt, die meist mit
reichem plast. Schmuck ausgestattet sind.

Carceres (lat.: Schranken), Ablaufstände im röm. → Zirkus.

Cardo (lat.: Scheidelinie), eine der beiden Hauptachsen des röm. → *Castrums und röm. Stadtanlagen, in der Regel nord-südlich verlaufend (vergl. Decumanus → *Stadtbaukunst).

Castell → *Kastell.

Castrum (lat., meist in der Mz. *castra:* befestigter Platz, Lager), Standlager röm. Truppen, rechteckig, meist mit dem Seitenverhältnis 2:3 angelegt, von einem Wall und einer Mauer mit Türmen umschlossen und durch die parallel zu den Hauptachsen (Cardo, Decumanus) verlaufenden Lagergassen schachbrettartig unterteilt. In der Mitte das Praetorium als Haus des Kommandanten, vor diesem im Zug der Mauer die Porta Prætoria. Die Querachse führt von der Porta Dextra am Praetorium vorbei zur Porta Sinistra. An der vierten Seite liegt die Porta Decumana. Weitere Gebäude des C. sind das Zeughaus (Armamentarium), das

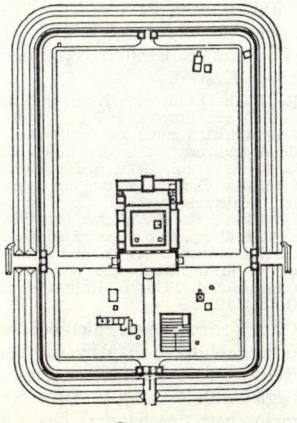

Castrum
(Beispiel: Saalburg, Hessen)

Magazin (Horreum), das Lazarett (Valetudinarium) und die Kasernen. In den röm. Provinzen wurde das C. häufig zum Kern einer späteren Stadtanlage (Wien, Neuß, Xanten, Friedberg/Hessen, Regensburg). Die Form ist heute noch klar erkennbar in Timgad (Algerien).

W. Heydendorff, Carnuntum, Geschichte und Probleme der Legionsfeste und der Zivilstadt, 1947; K. D. Matthews, Cities in the Sand, Philadelphia [2]1963; E. Swoboda, Carnuntum, [4]1964.

Cella (lat.: Kammer, Zelle), das von Mauern umschlossene Gehäuse im antiken → *Tempelbau mit dem Götterbild, bei den Griechen → Naos, bei den Ägyptern Sekos (→ Barkenkammer) genannt. Die C. war fensterlos und empfing ihr Licht vom Eingang, den man über eine Vorhalle (Pronaos) betrat. Bei größeren Tempeln kann die C. durch Säulenstellungen in mehrere, meistens drei Schiffe geteilt sein. Im dor. Tempel waren diese Säulen in der Regel in zwei Geschossen übereinander angeordnet, so daß in den Seitenschiffen Galerien (Hyperoa) angebracht werden konnten (z.B. Ägina, Aphaia-Tempel). An der Rückwand der C. war bei frühgriech. Tempeln, bes. auf Sizilien (Selinunt), ein kleiner Raum für das Kultbild abgeteilt (→ *Adyton), während der Hauptraum für einen Teil des Kultes und bes. zur Aufnahme von Weihgeschenken diente. Bei den großen → *Hypäthraltempeln war die C. nicht überdeckt, sondern wie ein Innenhof ausgebildet. In diesem stand frei das Adyton, selbst in der Gestalt eines Tempels (z. B. Didyma, Apollotempel).

Lit.: → Tempelbau.

Cella trichora → *Dreikonchen-anlage.

Cenaculum, Coenaculum (lat.), Speisezimmer des röm. Wohnhauses. Da es manchmal im Obergeschoß lag, wurde auch dieses selbst C. genannt.

Cenotaphium → Kenotaph (→ Grabdenkmal).

Certosa (ital.), Bezeichnung für ein Kloster des Kartäuserordens (→ *Kartause) in Italien. Berühmt sind die C. di Pavia, deren Kirche mit prunkvoller Marmorfassade als eines der schönsten Bauwerke der ital. Renaissance gilt, sowie die Grande Chartreuse bei Grenoble.
L. Beltrami, *La C. di Pavia*, [3]1907; A. Morassi, *La C. di Pavia*, Rom [3]1961.

Chalcidicum (lat.), nach Vitruv Bezeichnung für die Vorhalle der antiken → Basilika (z. B. in Pompeji).

Chan, Han (pers.: Haus), orientalische Herberge für Pilger und Karawanen (→ *Karawanserei).

Chanka, Changah (von pers. *chan:* Haus, *gah:* Ort), Kloster der Derwische im Orient, meist in Verbindung mit einem Sultansgrab und einer Moschee, in der Anlage sehr verschieden, nur übereinstimmend in den langen Gängen mit den Zellen, die um einen Hof gruppiert sind.

Chattra, Tschattra, Bekrönung des ind. → *Stupa.

Chilani, Palast der Hethiter (→ *Hilani).

Chinoiserie (franz.), Bezeichnung für die Übernahme bzw. Nachahmung chines. oder überhaupt ostasiat. Formen durch die europ. Baukunst und Innenarchitektur des 17. und 18. Jh. Chines.

Chinoiserie
Gartenhaus in Pagodenform

Zimmer gibt es in den meisten Residenzen des Barocks und des Rokokos, auch in Gärten und Parks wurden Pavillons und Pagoden in chines. Stil errichtet (Potsdam, Sanssouci; Nymphenburg; Kassel).
R. Graul, Die ostasiat. Kunst und ihr Einfluß auf Europa, 1906; F. Laske, Der ostasiat. Einfluß auf die Baukunst des Abendlandes, vornehmlich Deutschlands im 18. Jh., 1909; A. Reichwein, China und Europa, geistige und künstler. Beziehungen, 1923; C. Yamada, Die Chinamode des Spätbarocks, 1935; E. v. Erdberg, Der chines. Einfluß auf die Gartenbauten des 18. und Anfang des 19. Jh. in Mittel- und Westeuropa (Diss. Bonn), 1936; E. Köllmann, C. (RDK), 1954.

Chor (griech. *choros*) hieß bei den Griechen der Tanzplatz für den Reigen sowie dieser selbst, der ihn begleitende Gesang und die Gemeinschaft der Sänger. Der Begriff wurde in das kirchlich-liturg.

Leben des MA. übernommen und bezeichnet den für das Gebet der Geistlichen bzw. der Mönche bestimmten Platz in der Kirche. Bei größeren Basiliken mit Querhaus war es der meist quadrat. Raumteil (C.quadrat), der durch die Verlängerung des Mittelschiffs über das Querschiff hinaus gebildet wurde und an den sich im O. die nun den C.schluß oder das C.haupt bildende → Apsis anschließt. Der C.schluß kann halbrund, polygonal (C.nische) oder gerade („platt") sein, letzteres hauptsächl. bei Bauten der Hirsauer und Zisterzienser. Ein weiteres C.element ist der Chorus minor in Kirchen der Hirsauer und Cluniazenser. Bei diesen kommen auch neben den gerade verlaufenden Seiten des C.quad-

rates bzw. Langc. Nebenräume in der Art von Seitenschiffen vor (Nebenchöre). Schließen Langc. und Nebenchöre mit Apsiden, so spricht man von einem Dreiapsidenc., der auch gestaffelt sein kann, indem die Langc. weiter vorspringt als die Nebenchöre. In der Gotik wird der polygonale C.schluß (Polygonc.) die Regel. Er kann von einem → C.umgang (Ambitus) und dieser wieder von einem Kapellenkranz umgeben sein. Bei karoling. und otton. Bauten kommt außer dem nach O. gelegenen Hauptc. noch ein Westc. vor (→ *Doppelchörige Anlage). Architekton. trennt ein C.bogen (Triumphbogen 1) den C. vom Langhaus bzw. der Vierung ab, während der Gemeinderaum vom C.raum durch →* C.-

Chor

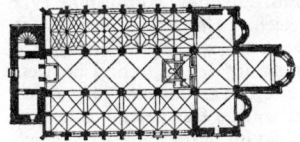

C.quadrat (Beispiel: Braunschweig, Dom)

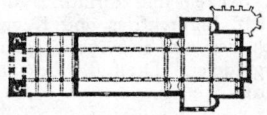

C. mit Nebenc. und plattem C.schluß (Beispiel: Hirsau, St. Peter und Paul, 11. Jh.)

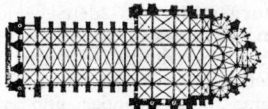

Polygonc. mit Umgang und Kapellenkranz (Beispiel: Reims, Kathedrale, 13. Jh.)

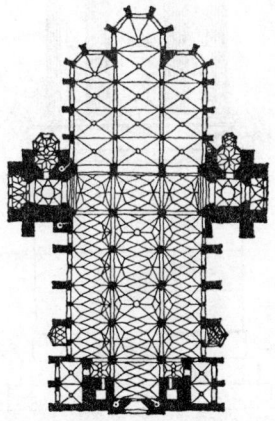

Gestaffelter Dreiapsidenc., Staffelc. (Beispiel: Wien, St. Stephan, 14. Jh.)

schranken bzw. den Lettner oder durch C.gitter abgeschlossen wird. Der C., in dem der Hochaltar und das C.gestühl stehen, ist um einige Stufen über das Niveau der Kirche erhöht (Oberc.); wenn sich unter ihm eine Krypta befindet, kann diese Erhöhung beträchtlich sein. Ein unmittelbar vor dem C. angeordneter Raum-

teil für Diakone und Sänger (Unterc., Chorus minor) liegt um wenige Stufen tiefer und ist häufig durch eine Schranke (Diastole) vom Oberc. getrennt. In England wird ein Teil des C. Retroc. genannt. Bei Basiliken heißt der obere Teil des C. in der Fensterzone Hochc. Der C. einer Hallenkirche wird → *Hallenc. genannt.

G. Dehio, Zur Geschichte der got. Rezeption in Deutschland (Zs. für Geschichte der Architektur), 1911/12; E. Gall, C. (RDK), 1954; s. a. → Apsis.

Choraltar, Bezeichnung für den Haupt- oder Hochaltar in kathol. Kirchen, der seit dem MA. stets im Chor steht.

Chorbogen, Bogen, der einen Chor vom Langhaus bzw. der Vierung abtrennt (→ Triumphbogen 1).

Choregisches Monument (von griech. *choregos:* Chorführer), Denkmal, das zur Erinnerung an einen in den griech. Chorwettbewerben errungenen Sieg errichtet wurde. Das bekannteste C.M. ist das im Jahre 334 v. Chr. errichtete Lysikratesdenkmal in Athen, ein zierlicher Rundbau auf quadrat. Sockel, mit korinth. Halbsäulen, Figurenfries und Kegeldach, das vom Siegespreis, einem vergoldeten Dreifuß, bekrönt wurde.

L. Julius, Lysikratesdenkmal (Denkmäler des klass. Altertums, hg. A. Baumeister), 1889; J. Dell, Das Lysikratesdenkmal in Athen (Diss. Wien), 1902.

Chorgestühl, an den beiden Langseiten des Chores aufgestellte Sitzreihen für die Geistlichen in zwei oder mehreren Reihen auf Stufen hintereinander und gewöhnlich mit einer hohen, architekton. gegliederten Rückwand (Dorsale) versehen, die in der

Choregisches Monument
(Beispiel: Athen, Lysikratesdenkmal)

Chorgitter
(Beispiel:
Weingarten
Klosterkirche)

Gotik oft von einer Baldachin-
reihe abgeschlossen wird. Die
Sitze (Stallen) haben Armlehnen
(Accoudoirs) und sind meist
Klappsitze, an deren vorderem
Rand eine Verbreiterung (Miserikordie) als Gesäßstütze beim
Stehen angebracht ist. Die Seitenwände des C. heißen Wangen. Berühmt sind die C. im Stifterchor
des Naumburger Domes, im Ulmer Münster und im Kölner Dom
(→ *Chorschranken).

F. Neugaß, Ma. C. in Deutschland
(Studien zur dt. Kunstgeschichte 249),
1927; W. Loose, Die C. des Ma., 1931;
P. Ganz, T. Seeger, Das C. in der
Schweiz, 1946; J. S. Witsen Elias,
Koorbanken, Koorhokken en Kansels,
1946; M. Urban, C. (RDK), 1954.

Chorgitter, urspr. ein hohes Gitter aus Eisen, Bronze oder Messing, das in spätgot. Zeit vielfach
die Chorschranken ersetzte (z. B.
Lübeck, St. Marien). Danach das

seit dem 17. Jh. an die Stelle des
Lettners getretene Gitter, das den
Chor gegen W abschließt und dabei doch den Durchblick zum
Hochaltar erlaubt. Bei den sog.
perspektivischen C. der Barockzeit ist die Zeichnung auf einen
Fluchtpunkt bezogen, wodurch
eine Raumillusion entsteht (Lu-

Chorgestühl →
(M = Misericordie)

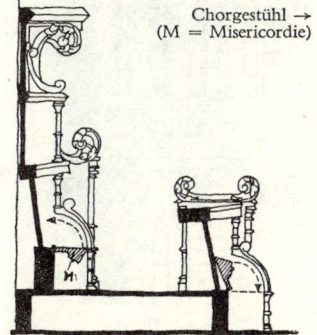

zern, Hofkirche; Weingarten, Klosterkirche).

P. F. Schmidt, Zur Geschichte des Eisengitters (Kunst und Kunsthandwerk 19), 1916; F. Stuttmann, Dt. Schmiedeeisenkunst, 1927–1930; F. v. Lorentz, Chorschranken (RDK), 1954.

Chorhaupt, das am Außenbau einer Kirche hervortretende Abschlußelement des → *Chores.

Chorkapelle, Apsidialkapelle, Kapelle an einem Chorschluß (→ *Scheitelkapelle) oder einem Chorumgang. Die Gesamtheit der Apsidialkapellen an einem → *Chor heißt Kapellenkranz.

Chörlein, Kapellenerker, bei Burgen, Schlössern und Patrizierhäusern des MA. ein erkerartigvorgekragter Bauteil, der den Altarraum einer im Obergeschoß

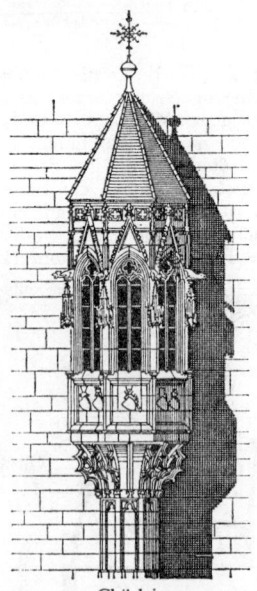

Chörlein
(Beispiel: Nürnberg, Sebaldusc., 14. Jh.)

eingebauten Hauskapelle umschloß (z. B. Salzburg, Festung Hohensalzburg; Prag, Universität; Nürnberg, Sebalduspfarrhof).

L. Arntz, Burg- und Schloßkapellen (Zs. für christl. Kunst, 27), 1914; W. Paesseler, Die Nürnberger C. (Beitrag zur fränk. Kunstgeschichte), 1932; K. Pilz, C. (RDK), 1954.

Chornische, Chorschluß, nischenförmiger bzw. halbrunder Abschluß eines → *Chores.

Chorpolygon, polygonaler Abschluß eines → *Chores.

Chorquadrat, quadrat. → *Chor.

Chorschluß, der Abschluß des → *Chors. Er kann halbrund, gerade („platt") oder polygonal, d. h. aus mehreren Seiten eines Vielecks gebildet (Chorpolygon, Polygonchor) und von einem Chorumgang bzw. Chorkapellen (Kapellenkranz, Apsidialkapellen) umgeben sein. Besteht der C. z. B. aus fünf Seiten eines Achtecks, so spricht man von Fünfachtelschluß.

Chorschranken, hohe steinerne Trennungswände, die den mittleren Raumteil mehrschiffiger Chöre (→ Capilla Mayor) seitlich, mitunter auch gegen das Schiff umschließen und ihn, meist in Verbindung mit dem Lettner, als Ort des Gottesdienstes der Geistlichen bzw. der Mönche gegen den Laienraum absondern; nicht zu verwechseln mit → Altarschranken und den ebenfalls wesentlich niedrigeren Cancelli der altchristl. Basilika. Die C. sind im frühen MA. häufig mit Skulpturen in Blendarkaden geschmückt (Hildesheim, St. Michael; Bamberger Dom, Georgenchor), werden vom 15. Jh. an vielfach durch Gitter aus Eisen, Bronze oder Messing

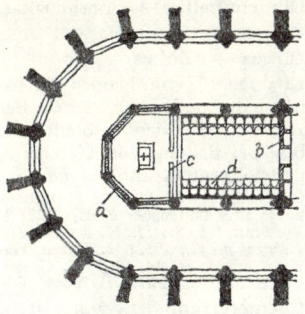

Chorschranken
a Chorschranken
b Lettner
c Altarschranken
d Chorgestühl

gebildet und schließlich durch das Chorgitter ersetzt.

F. v. Lorentz, C. (RDK), 1954.

Chorturm, 1. Turm über einem Chor, in dessen Erdgeschoß sich der Altarraum befindet, dem sich im O noch ein Chorpolygon anfügen kann; 2. Türme zu beiden Seiten einen Chor flankierend (z. B. Münster in Freiburg und Ulm).

E. Bachmann, C. (RDK), 1954.

Chorturmkirche, eine Kirche, deren einziger Turm sich über dem Chor erhebt (→ *Chorturm 1).

M. Eimer, Die roman. C. in Süd- und Westdeutschland, 1935; R. Egger, Ursprung der roman. C. (Wiener Jahreshefte 32), 1940.

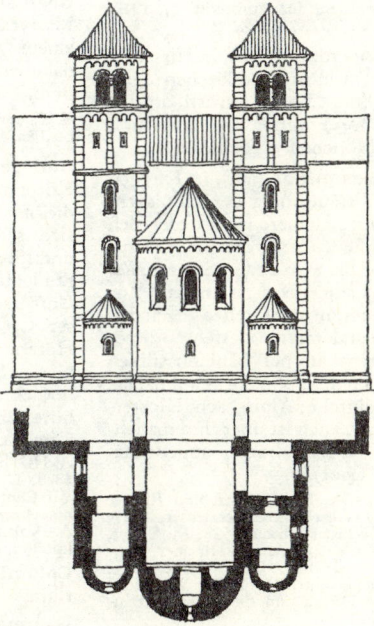

Chorturm 1   Chorturm 2

Chorumgang, Deambulatorium, ein um den → *Chor herumlaufender Gang, der durch Weiterführung der Seitenschiffe entsteht, gewöhnlich durch offene Bogenstellungen vom Chor geschieden. Er ist häufig von einem Kapellenkranz umgeben, d. h. von radial angeordneten Chorkapellen (Apsidialkapellen), die nach außen vorspringen und sich nach innen als Altarräume öffnen. Der C. mit Kapellenkranz wurde zuerst in Frankreich ausgebildet, wo er schon in karoling. Zeit vorkommt (Tours, St. Martin). Über dem C. können auch Emporen in gleicher Anordnung (→ *Emporenumgang) liegen.

E. Gall, Studien zur Geschichte des C. (Monatshefte für Kunstwiss. 5), 1912; ders., C. (RDK), 1954.

Chorus major (lat.), in Hirsauer- oder Cluniazenserkirchen der „größere Chor", der östl. an den → Chorus minor anschließt und den Mönchen vorbehalten war.

Chorus minor (lat.), in Kirchen der Hirsauer oder der Cluniazenser der „kleinere Chor", der sich anschließend an den → Chorus major bis zum ersten Stützenpaar des Langhauses erstreckt. Zur Markierung der Grenze gegen den Gemeinderaum besteht dieses Stützenpaar bei Säulenbasiliken aus Pfeilern (z. B. Paulinzella, Abteikirche; Alpirsbach, Klosterkirche), auch ist über ihm manchmal ein Querbogen angeordnet (→ *Chor).

A. Mettler, Die Kirchen und Klöster der Hirsauer und Zisterzienser, 1927; ders., Kloster Hirsau, 1928; M. Eimer, Über die sogenannte Hirsauer Bauschule (Blätter für Württemberg. Kirchengeschichte), 1937; W. Hoffmann, Hirsau und die Hirsauer Bauschule, 1950.

Ciborium → *Ziborium.

Ciboriumaltar → Ziboriumaltar.

Cippus → *Zippus.

Circus → *Zirkus.

City (engl.), vom Namen der Innenstadt Londons abgeleitete Bezeichnung für den → Stadtkern, bes. bei Ballung von Geschäfts- und Verwaltungsfunktionen.

Großhaus und C.bildung Stadtbaukunst alter und neuer Zeit), 1927; J. Tyrwhitt, J. L. Sert, E. N. Rogers, The Heart of the C., 1952; H. Simon, Das Herz unserer Städte, 1963; V. Gruen, The Heart of our Cities, New York, 1964

Coemeterium (lat., von griech. koimeterion: Schlafkammer), altchristl. Begräbnisstätte bes. in den Katakomben, auch allgemein Friedhof.

Lit.: → Katakomben.

Coemetrialkirche, Memoria, Martyria, Kirche auf oder in einem → Coemeterium, meist nahe oder über einem Märtyrergrab.

T. Klauser, Vom Heroon zur Märtyrerbasilika, 1942.

College (engl.), wissenschaftliche Körperschaft (Kollegium), bes. die aus dem MA. stammenden sich selbst verwaltenden Haus- und Studiengemeinschaften von Studenten und Dozenten engl. Universitäten. Die Gebäude dieser C. sind meist um mehrere Höfe und um eine Kapelle gruppiert, Haupträume sind die Bibliothek und der Speisesaal, oft gehört ein Park dazu (Oxford, Cambridge).

A. H. Thompson, Cambridge and its C., 1898; C. Gurlitt, Histor. Städtebilder VII: Cambridge, 1905; A. J. Brumbaugh hg., American Universities and C., [8]1960; A. Valance, The old C. of Oxford, London, o. J.

Columbarium → *Kolumbarium.

Commodité (franz.: Bequemlichkeit), ein architekturtheoret.

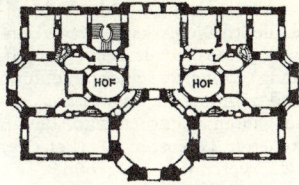

Commodité
(Beispiel: Benrath, Schloß)

Begriff des 18. Jh., der für den Schloß- und Hotelbau die möglichst sinnvolle und zweckmäßige Anordnung aller Haupt- und Nebenräume, also die Bequemlichkeit des Wohnens über die Repräsentation stellte. Die C. reformierte die Baukunst vom Grundriß her und ist bereits im Schloß

stimmten, dem „allgemeinen" Gebrauch dienenden Nebengebäude zu beiden Seiten des Ehrenhofes franz. Landschlösser und Hotels des 17. und 18. Jh., meist niedriger als das der Herrschaft vorbehaltene → *Corps de logis. Bekannt durch ihre architekton. Stellung sind die C. des Neuen Palais zu Potsdam.

Lit.: → Corps de Logis.

Compluvium (lat.), Öffnung im Dach des röm. → *Atriums.
Vitruv, VI. Buch, Kap. 3.

Concha → Konche.

Corona (lat.: Kranz), auch Geison genanntes Kranzgesims der → *Dor. Ordnung.

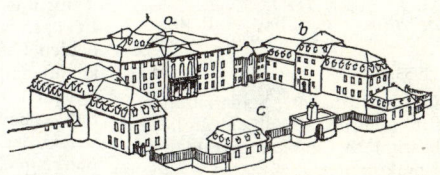

Corps de Logis
(Beispiel:Bruchsal,Schloß)

a Corps de Logis
b Communs, Flügel
c Cour d'honneur

Vaux-le-Vicomte (1657–60) vorweggenommen. Ein gutes Beispiel ist Schloß Benrath, 1755–65.
J. Furttenbach d. Ä., *Architectura civilis*, 1638; E. Renard, Das neue Schloß zu Benrath, 1931; L. Hager, C. (RDK), 1954.

Communs (franz.), die für wirtschaftliche Zwecke und zur Unterbringung der Dienerschaft be-

Corps de logis (franz.), Bezeichnung für das mittlere Hauptgebäude, das „Wohnhaus" der Herrschaft, bei Schlössern des 17. und 18. Jh. z. B. in Ludwigsburg oder Bruchsal.

A. E. Brinckmann, Die Baukunst des 17. und 18. Jh. in den roman. Ländern, ⁵1929; M. Wackernagel, Die Baukunst des 17. und 18. Jh. in den german. Ländern, o. J.

Cosmaten, eine vom 12. bis 14. Jh. in Rom tätige Gruppe von Bau- und Dekorationskünstlern, in deren Inschriften der Name Cosmas häufig vorkommt. Da sie eine bes. Fertigkeit in der Dekoration von Wänden, Fußböden, Säulen u. a. mit feiner Einlegearbeit aus buntem Marmor (In-

Cosmatenarbeit

krustation) besaßen, wird diese Technik „Cosmatenarbeit" genannt.

E. Huston, *The Cosmati*, 1951.

Cottage (engl.), Landhaus, Häuschen, österr. für Villenviertel im Vorstadtbereich.

Cour d'honneur (franz.), der von drei Flügeln umschlossene „Ehrenhof" des Barockschlosses (→ *Corps de logis).

Crescent (engl.), halbmondförmig zurückschwingende Häuserreihe, ein großzügiges städtebauliches Motiv, das weitausgreifend die Landschaft umfaßt und vor allem in Bath bei London einige Male konsequent ausgeführt wurde.

M. A. Green, *The Eighteenth Century Architecture of Bath*, 1904; A. E. Brinckmann, Stadtbaukunst, 1920; J. Summerson, *Architecture in Britain 1530 to 1830*, ²1955.

Cubiculum (lat.: Schlafzimmer), für mehrere Familienmitglieder bestimmte Grabkammer in röm. Katakomben.

Curtainwall (engl.), → *Vorhangfassade.

Cyklopenmauer → Zyklopenmauer.

Dach, das D. schließt ein Bauwerk nach oben ab und schützt es gegen Witterungseinflüsse. Seine Ausführung ist abhängig vom Klima, von den Baustoffen, von Form und Größe des zu überdachenden Baukörpers und von den herrschenden Gestaltvorstellungen. In südl. Ländern ist das Flachd. heimisch, während im regenreichen Mittel- und Nordeuropa das Steild. vorherrscht,

das einen D.raum (D.boden) umschließt. Dieser kann für Wohnzwecke ausgebaut sein (D.wohnung), wobei zu seiner Belichtung und räumlichen Ausweitung D.-aufbauten vonnöten sind, die als stehende D.fenster, D.erker oder als Zwerchhaus ausgebildet sein können. Das D. besteht aus dem D.stuhl (→ *D.konstruktion) und und der darauf ruhenden → *D.-deckung. Die obere waagerechte Schnittlinie zweier ansteigender D.flächen heißt First (D.first), ihre untere waagerechte Begrenzung Traufe (D.traufe, Trauflinie, D.fuß). Bilden zwei D.flächen mit ihren Trauflinien eine ausspringende Ecke, so wird ihre Schnittlinie zum Grat; bilden ihre Trauflinien eine einspringende Ecke, so wird die Schnittlinie der beiden D.flächen zur Kehle (D.-kehle). Ein Grat, der zwei verschieden hohe Firstpunkte verbindet, heißt Verfall (Verfallung), wobei der Schnittpunkt Anfalls-punkt genannt wird (→ *D.aus-mittlung). Den frontalen Abschluß des D. bildet entweder ein Giebel oder ein Walm (→ *D.for-men). Die Begrenzungslinien der D.flächen am Giebel heißen Ort, bzw. linker und rechter Ort.

H. Vogts, D. (RDK), 1954; H. T. Schmidt, H. Ebinghaus, Hdb. des Hochbaues, o. J.; R. M. Zollinger, D., Bauarten, Baustoffe, Bauformen, 1957.

Dachaufbauten nennt man alle über die Grundform des Daches hinausragenden Bauteile (Dachfenster, Dacherker und Zwerchhäuser, aber auch Attiken, Balustraden, Ziergiebel, Schornsteine) und die vielgestaltigen Aufbauten auf Flachdächern, Dachterrassen oder Dachgärten (Aufzugsmaschinenhäuser und Stiegenhausmündungen, Atelierbauten, Pavillons und Glashäuser). Auf den Dachterrassen amerikan. Wolkenkratzer gibt es oft kleine luxuriöse Einfamilienhäuser, sog. Penthouses.

Dachausmittlung heißt die geometrische Festlegung einer Dachform und ihrer Schnittlinien (Traufe, Ort, First, Grat, Kehle, Verfallung) über dem gegebenen Grundriß. Sie ist die Grundlage für die konstruktive Ausbildung des Daches (Werksatz).

H. T. Schmidt, H. Ebinghaus, Hdb. des Hochbaues, o. J.; K. Esselborn, Lehrbuch des Hochbaues, [8]1922; O. Frick, K. Knöll, Baukonstruktionslehre, 1927.

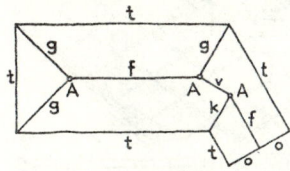

Dachausmittlung

t Traufe	g Grat
o Ort	k Kehle
f First	v Verfallung
A Anfallspunkt	

Dachbalken, Teil des Dachgebälks, → *Dachkonstruktion.

Dachbalkenlage, Gesamtheit aller horizontalen Balken des Sparrendaches (→ Dachkonstruktion).

Dachbinder, Binder (2), Konstruktiv tragender Teil der → *Dachkonstruktion.

Dachboden, Dachraum, 1. der von der Dachbalkenlage und den Dachflächen begrenzte Raum des Steildaches (→ Dach); 2. der Fußboden über der Dachbalkenlage.

Dachbrücke, überdachte Holzbrücke (→ *Brücken).

Dachdeckung, die den Abschluß des Steildaches bildende dichte Dachhaut und deren Herstellung. Den Abschluß des → Flachdaches nennt man Dichtung. Die D. kann aus Steinplatten (hauptsächlich im Mittelmeergebiet), aus mit Steinen beschwerten Brettern, aus Moos über Holzschalung und Birkenrinde (hauptsächlich in Skandinavien), aus Stroh oder Schilf (meist ältere Bauernhäuser), aus Schindeln, Schieferplatten, Blech oder Dichtungsbahnen bestehen. Die zu allen Zeiten gebräuchlichste D. ist jedoch das Ziegeldach mit Platten aus gebranntem Ton (Dachziegel). Ihrer Form nach unterscheidet man Flach-, Falz- und Hohlziegel. Von den Flachziegeln ist der Biberschwanz am verbreitetsten. Er wird mit einer an seiner Unterseite vorstehenden Nase in einzelnen Scharen an waagerechten Dachlatten aufgehängt und z. T. angenagelt, wobei es verschiedene Eindeckungsarten gibt: beim Spließdach (Spandach) wird unter jede seitliche Fuge ein Spließ (Span) aus Holz eingelegt, beim Doppeldach überdecken die Ziegel einander um zwei Drittel ihrer Länge und sind seitlich versetzt, beim Kronendach (Ritterdach) trägt jede Dachlatte zwei Reihen versetzter Biberschwänze. Zu den Flachziegeln werden auch die Krempziegel (Krämpziegel) gerechnet, die auf der einen Langseite rund, auf der anderen kantig aufgekrempt sind und mit diesen Krempen ineinandergreifen. Falzziegel sind allseitig mit Falzen und Leisten versehen und greifen mit diesen ineinander. Hohlziegel überdecken einander nur seitlich. Zu ihnen gehören die ∼-förmig gekrümmte Pfanne (Dachpfanne)

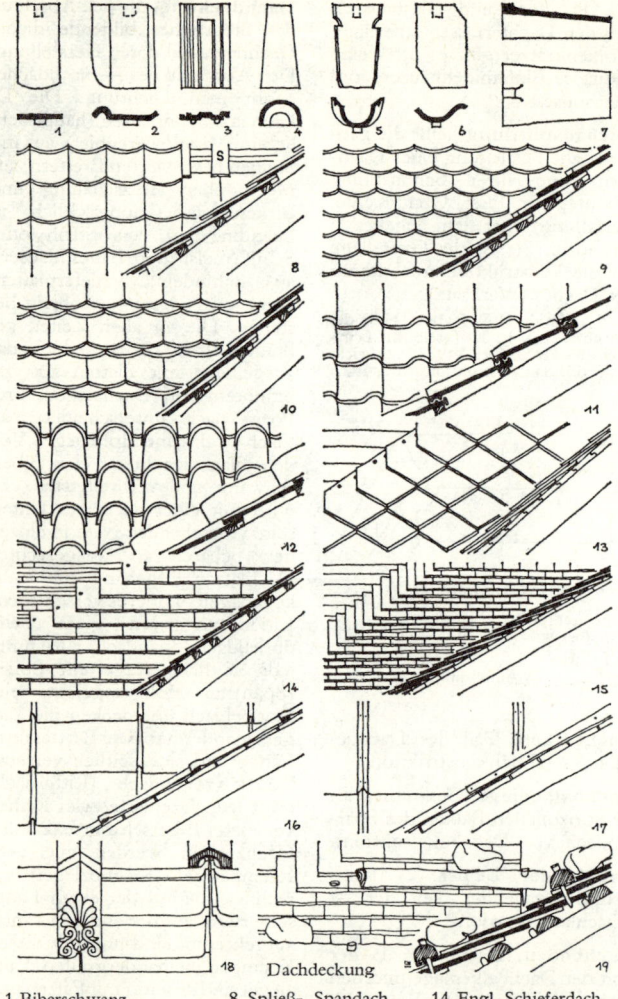

Dachdeckung

1 Biberschwanz
2 Krempziegel
3 Falzziegel
4 Klosterziegel (Mönch)
5 Klosterziegel (Nonne)
6 Pfanne
7 First-, Gratziegel

8 Spließ-, Spandach
9 Doppeldach
10 Kronen-, Ritterdach
11 Pfannendach
12 Klosterdach
13 Dt. Schieferdach mit Normschablonen

14 Engl. Schieferdach
15 Schindeldach
16 Blechdach
17 Pappedach
18 Antikes Dach mit Stirnziegeln
19 Legschindeldach

und die „Mönch und Nonne" genannten halbzylindrischen Ziegel (Klosterziegel), die abwechselnd mit der Höhlung nach unten und nach oben verlegt werden. Auch der Stirnziegel an den Traufkanten von Bauten der Antike ist ein Hohlziegel, ebenso der Firstziegel und Gratziegel, die den Dachfirst bzw. einen Dachgrat überdecken. Die Dachkehlen und die kurvierten Dachflächen wurden früher mit kleinen, mitunter gekrümmten Biberschwänzen gedeckt. Die über einem Giebel liegenden Dachziegel heißen An- bzw. Ortziegel. Beim Schieferdach werden die Schieferplatten (Decksteine) auf einer Dachschalung aus Brettern angenagelt, ebenso meist die hölzernen Schindel des Schindeldachs. Legschindel werden nur durch Steine beschwert und wie die Hohlziegel durch Windbretter an den Giebelseiten (Stirnbrett) gegen Windstöße gesichert. Das Blechdach wird mit einzelnen Blechbahnen, die durch Fälze miteinander verbunden sind, überdeckt.

H. Koch, D. (Hdb. der Architektur III), [3]1899; L. David, Neuzeitliche freitragende Dacheindeckungen, 1927; H. Kunz, Kupferd. und Kupferbauklempnerei, 1930; J. Carstensen, Schindeldach und Schindelgiebel, 1937; R. Stegemann, Das große Baustofflexikon, 1941; N. Jungblut, Dt. Schieferdeckung, 1948; F. Hess, Dachstühle und D., 1949; H. Eckert, Das Dach und seine Deckung, 1956/57.

Dacherker, Lukarne, aus dem stehenden → *Dachfenster entwickelter, in der Höhe der Trauflinie aufsteigender Dachaufbau, dessen Vorderseite bündig mit der Außenfläche des Gebäudes liegt.

Dachfenster, Öffnung zur Beleuchtung und Belüftung des Dachraumes. Man unterscheidet liegende D., die in der geneigten Dachfläche liegen, mit hochstellbaren Klappflügeln, und stehende D. (Dachgaupen, Gauben, Schleppgaube, Dachladen, Dacherker) mit senkrechter Fensterfläche. Die Fledermausgaupe (Froschmaul), bildet eine geschwungene Erhebung in der Dachfläche. Mit senkrechten Seitenwänden (Dachbacken) versehen ist die Schleppgaupe, deren Dach gleichfalls von einer Anhebung der Dachhaut gebildet wird; eine sehr breite Schleppgaupe, wie z. B. zur Lüftung an Speichergebäuden, heißt Hechtfenster. Größere stehende D. mit senkrechten Seitenflächen, auch Dachhäuschen genannt, haben ihr eigenes Dach, meist ein Satteldach (z. B. Giebelgaupen), doch kommen auch Walmdächer vor (Zwerchhaus). Nicht nur der Be-

Dachfenster

liegendes   Fledermaus-   Schlepp-   Dachhäuschen   Dacherker
             gaupe   gaupe

leuchtung und Lüftung, sondern zugleich zur Erweiterung des Dachraumes dienen Dachaufbauten, die aus dem stehenden D. entwickelt sind, wie → Dacherker.

H. Ossenberg, R. Schneider, Fenster im Dach, 1957; F. Gockel, Neuzeitliche Lichtquellen im Dach, 1960.

Dachfirst, First, obere waagerechte Schnittlinie zweier Dachflächen (→ *Dachausmittlung).

Dachfläche → Dach.

Dachformen. Die Formen der Dächer werden nach der Anordnung der geneigten Dachflächen bestimmt. Das Flachdach (Terrassendach) ist daher eigentlich keine D., da es am Baukörper nicht in Erscheinung tritt. Die einfachste D. ist das Pultdach oder Halbdach, das aus nur einer schräg ansteigenden Dachfläche besteht; es findet sich bes. über niedrigeren Anbauten neben höher geführten Bauteilen, z. B. über den Seitenschiffen der Basiliken, über Wehrgängen, Schuppen usw., seltener über selbständigen Gebäuden. Wird das Pultdach um einen Rundbau bzw. über dessen Umgang herumgeführt, so entsteht ein Ringpultdach. Die verbreitetste D. ist das Satteldach aus zwei gegeneinander ansteigenden Dachflächen, wobei senkrechte dreieckige Giebel entstehen, daher auch Giebeldach genannt. Sind mehrere Satteldächer mit ihren Längsachsen nebeneinander angeordnet, wie gelegentlich bei Kirchen die Langschiffdächer, so spricht man vom Paralleldach. Das bei modernen Fabrik- und Ausstellungshallen vorkommende Sägedach (Sheddach) besteht gleichfalls aus parallel angeordneten Satteldächern, deren steiler angeordnete Flächen verglast sind.

Wenn bei einem Satteldach beide Giebel durch je eine weitere Dachfläche (Walm, Schopf) ersetzt werden, entsteht das Walmdach; ist nur ein Walm vorhanden, heißt es Halbwalmdach, wenn nur der obere Teil der Giebel abgewalmt ist, Krüppelwalmdach, falls nur am unteren Ende ein Walm ist, Fußwalmdach. Das nach einem franz. Architekten des 17. Jh. benannte Mansarddach ist ein geknicktes Dach mit steilerer Neigung im unteren und flacherer Neigung im oberen Teil. Das Mansarddach ist meist als Walmdach ausgebildet und kann in seinem unteren, steileren Teil eine Dachwohnung (Mansarde) enthalten (Mansardendach). Fuß- und Krüppelwalm finden auch beim Mansarddach Anwendung. Ein Dach, dessen First quer zum First des Hauptdaches verläuft, heißt Querdach (Zwerchdach). Ist das Dach über einen Anbau in Fortsetzung der übrigen Dachfläche herabgezogen, so entsteht ein Schleppdach. Dagegen kann ein über die Trauflinie des Hauptdaches vorstehendes Kragdach (Konsoldach) auch nach diesem zu geneigt sein. Tonnendach heißt ein Dach von der Form eines Tonnengewölbes; meist sind mehrere Tonnen nebeneinander angeordnet. Eine Sonderform ist das Grabendach, bei dem die Dachflächen im Gegensatz zum Satteldach nach innen geneigt sind, statt im First also in einer Rinne (Zwischenrinne) aneinanderstoßen. Eine neuere Dachform ist das → *Hängedach, das segelförmig durchhängt und in erster Linie konstruktiv begründet ist. Türme mit quadrat. Grundriß können ein Kreuzdach haben, das

Dachformen

1 Pultdach	9 Mansardgiebeldach	18 Kreuzdach
2 Ringpultdach	10 Mansardwalmdach	19 Rhombendach
3 Sattel-, Giebeldach	11 Mansarddach mit Schopf	20 Faltdach
4 Paralleldach	12 Mansarddach mit Fußwalm	21 Pyramidendach
5 Sheddach	13 Zwerchdach	22 Kegeldach
6 Walmdach	14 Schleppdach	23 Zwiebeldach
7 Krüppelwalm-, Schopf- walmdach	15 Kragdach	24 Glockendach
8 Fußwalmdach	16 Tonnendach	25 Kuppeldach
	17 Grabendach	26 Hängedach

aus zwei steilen, einander rechtwinklig durchdringenden Satteldächern besteht und wegen seiner vier Giebel auch Kreuzgiebeldach genannt wird. Steigen über seinen Giebelspitzen Grate zu einer gemeinsamen Spitze auf, so daß sich dazwischen Rhombenflächen bilden, so entsteht das Rhomben- oder Rautendach. Sind die Grate über den Giebelspitzen erhöht und in die einspringenden Winkel Kehlen gelegt, so spricht man von Faltendach. Als Dach oder Helm eines Turmes mit quadrat. Grundriß kommt das einfache Zeltdach vor, bei dem die Dachflächen gleichmäßig nach oben spitz zulaufen und in einem Firstpunkt enden, so daß eine pyramidenähnliche D. entsteht (Pyramidendach). Auch ein Zeltdach über polygonalem Grundriß mit demgemäß mehr als vier aufsteigenden Dachflächen wird als Dachpyramide (weniger genau: Dachhelm) bezeichnet. Ein Turmdach mit kreisförmigem Grundriß und rundum aufsteigender Dachfläche ist ein Kegeldach (Kegelhelm). Turmdächer mit geschweifter Kontur werden Haubendach (Dachhaube) oder Kuppeldach genannt. Zu den Haubendächern gehören die Welsche Haube (Zwiebeldach, seltener Kaiserdach), die unten konvex oben konkav geschweift ist, und das umgekehrt geschweifte Glokkendach.

M. Hasak, Heim. D., 1910; C. Gurlitt, Hdb. des Städtebaues, 1920; F. Stolberg, Das Turmdachwerk vom MA. bis zur Barockzeit (Diss. Karlsruhe), 1924; H. Schwab, Die D. des Bauernhauses, 1927; ders., Das schöne dt. Dach, 1954; A. Reinhardt, Das flache Satteldach (Diss. Wien), 1941; F. Otto, Das hängende Dach, 1954; R. M. Zollinger, Dächer, Bauarten, Baustoffe, Bauformen, 1957; E. Hamann, Das Dach

als architekton. Bestandteil des Hauses (Dt. Bauzeitung 70).

Dachfuß, Dachtraufe, Trauflinie, → *Dauchausmittlung.

Dachgarten, gärtner. Anlage auf einem Flachdach, das mit einer Erdschicht bedeckt ist, in der Pflanzen, Sträucher und Bäume wachsen und das daher besonders stark konstruiert sein muß. Dagegen sind Dachterrassen stets gepflastert und nur durch Kübelpflanzen und Blumenschalen belebt.

E. Pepinski, Vom D. (Gartenschönheit), 1924; H. Gerlach, Hat der D. Daseinsberechtigung? (Gartenkunst), 1931; R. Homann, Wann, wo und wie ein D. (Gartenkunst), 1932; H. Meyer, Balkon, Terrasse, D., 1962; G. Gollwitzer, W. Wirsing, D. und Dachterrassen, 1962.

Dachgaupe, Dachgaube, stehendes → *Dachfenster.

Dachgebälk, Gesamtheit aller Dachbalken, → *Dachkonstruktion.

Dachgeschoß, Mansarde →*Geschoß innerhalb eines Daches.

Dachgesims, Abschlußgesims zwischen Baukörper und Dachkörper, zu dem es konstruktiv gehört. (→ *Gesims, → Dachdeckung).

Dachgiebel → *Giebel, → *Dachformen.

Dachhaube, Haubendach, Turmdach mit meist geschweifter Kontur, Sonderformen sind das Zwiebeldach und das Glockendach. (→ *Dachformen).

Dachhäuschen, stehendes → *Dachfenster mit eigenem Dach.

Dachhaut → *Dachdeckung samt Lattung oder Schalung.

Dachhelm, Helmdach, ein auf allen Seiten mit geraden Flächen nach oben spitz zulaufendes Dach, bes. bei Türmen als Rhomben-

dach, Zeltdach oder Pyramidendach auftretend (→ Turmhelm,
→ *Dachformen).

L. Schmidt, Die geometr. Proportionen
der barocken Zwiebelhelme (Diss.
Wien), 1959.

Dachkamm, Firstkamm →
*Firstbekrönung in Form einer
kammartig gesägten Dachverzie-
rung.

E. Viollet le Duc, *Dict.*

Dachkehle, Kehle, der einspringende Winkel, den zwei aufein-
anderstoßende Dachflächen bilden, bzw. die dadurch entstehen-
de Rinne, unter der ein → *Kehlsparren liegt (→ *Dachausmittlung).

Dachkonstruktion, Dachstuhl,
das Traggerüst des Daches, aus
Holz, Stahl oder Stahlbeton. Der
hölzerne Dachstuhl, die am meisten verwendete D., steht in der
Regel auf der horizontalen Dachbalkenlage, die auf den Wänden
bzw. Umfassungsmauern des Gebäudes aufliegt. Sind die Umfassungswände noch höher geführt als der Dachboden, so entsteht ein Kniestock (Drempel).
Fußpfette und Sparren müssen bei
dieser Konstruktion allerdings
gegen das Ausweichen gesichert
sein. Dies kann durch Zangen –
paarweise angeordnete und miteinander verschraubte Horizon-
talbalken – geschehen, durch die
man Sparren in der Querrichtung
miteinander verbindet. Die schräg
ansteigenden Kanthölzer des
Dachstuhls heißen Sparren und
bilden zusammen das Gespärre
oder Sparrenwerk. Sie sind in Abständen meist paarweise angeordnet, ruhen unten auf Dachbalken
und treffen oben im Dachfirst zusammen (einfacher Sparrendach-
stuhl). Die Ecksparren eines
Walmdaches heißen Gratsparren.

Bei größerer Länge werden die
Sparren durch einen sog. Kehlbalken, der horizontal von einem
Sparren zum gegenüberliegenden
führt, verbunden (Kehlbalken-
dachstuhl). Die Sparren können
aber auch durch sog. Pfetten unterstützt werden, die in der Längsrichtung des Daches waagerecht
unter den Sparren der Dachflächen entlanglaufen und ihrerseits
von Wänden oder Pfosten (Säulen, Stuhlsäulen) gestützt werden.
Die oberste, unter dem Dachfirst
liegende Pfette heißt Firstpfette,
der sie stützende Pfosten Firstsäule. Die festen Konstruktionen
liegen jedoch nicht zwischen jedem Sparrenpaar (Gebinde), sondern wiederholen sich nur in größeren Abständen (3–4 m) bei den
sog. Bindern (Binder 2, Hauptgebinde). Die Balken des Binders
heißen Bundbalken, die Pfosten
Bundpfosten, (Bundsäule), die
Sparren Hauptsparren (Bund-,
Bindesparren). Die Pfetten ruhen
dann auf diesen Bindern und stützen die dazwischenliegenden
Sparrenpaare (Leergebinde). Die
Querversteifung zwischen Pfosten, Pfetten und Balken erfolgt
durch Kopfbüge (Büge, Kopfbänder) und Streben. Der Längsverband (Windverband) wird
durch Rispen (Windrispen) genannte Latten ebenfalls gesichert,
die unter den Sparren schräg zur
Trauflinie befestigt sind. Die
durch senkrechte Pfosten gestütz-
te D. wird stehender Dachstuhl
genannt. Das Pfettendach wird
durch horizontale Balken (Pfetten) getragen, die auf festen Querwänden aufruhen. Tragen anstelle
der Querwände Binder die Pfetten, so entsteht ein Pfettensparrendach, dessen Dachhaut von
Sparren getragen wird. Soll die

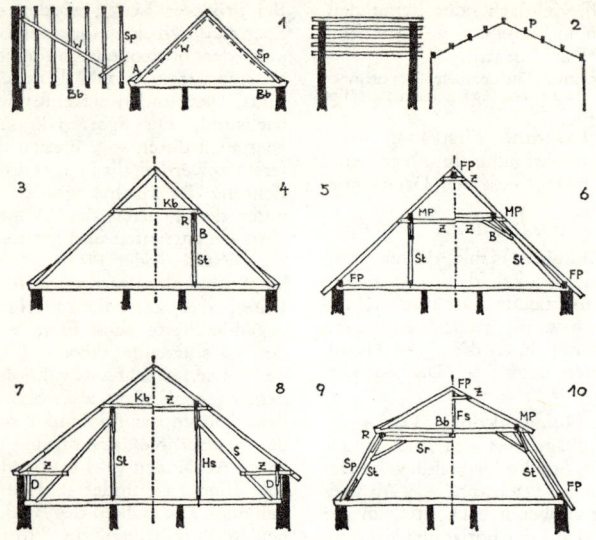

gesamte lichte Weite frei überspannt werden, so wählt man freitragende Binder. Ein Bogendach
wird durch zwei gegeneinander
gelehnte, gekrümmte Streben gebildet. Um den Dachraum möglichst frei zu halten, können die
Pfosten (Säulen) auch schräg gestellt werden und durch einen
Spannriegel verspannt sein, wodurch der sog. liegende Dachstuhl
entsteht. Eine ähnliche D. ist das
→ *Sprengwerk, bei dem ein
hochliegender, von Streben ver-
spannter Balken (Spannriegel) das
Hauptkonstruktionselement dar-
stellt. Beim → *Hängewerk wird
der Dachstuhl durch eine oder
mehrere von Streben unterstützte
Hängesäulen gebildet; an ihnen
hängt ein Unterzug (bzw. Überzug), der das Gebälk trägt. Ein
Schwerterdach besteht aus zwei
sich überkreuzenden Streben, zwi-

Dachkonstruktion

1 Sparrendach
2 Pfettendach
3 Kehlbalkendach
4 Kehlbalkendach mit stehendem
  Stuhl
5 Pfettensparrendach mit stehendem
  Stuhl
6 Pfettensparrendach mit liegendem
  Stuhl
7 Sparrendach mit Drempel
8 Pfettendach mit Drempel
9 Mansarddach mit Sparrenstuhl
10 Mansarddach mit Pfettensparren-
  stuhl
11 Schwerterdach
12 Bogendach nach D. Gilly
13 Welsche Haube (Glockendach)
14 Turmdach

schen die verbindende Knaggen
eingefügt sind, so daß dem Querschnitt eine Holztonne einbeschrieben werden kann. Neben
diesen klass. D. gibt es eine Reihe
moderner → *Gitterträger, Nagelbinder und andere meist freitragende Konstruktionen zur

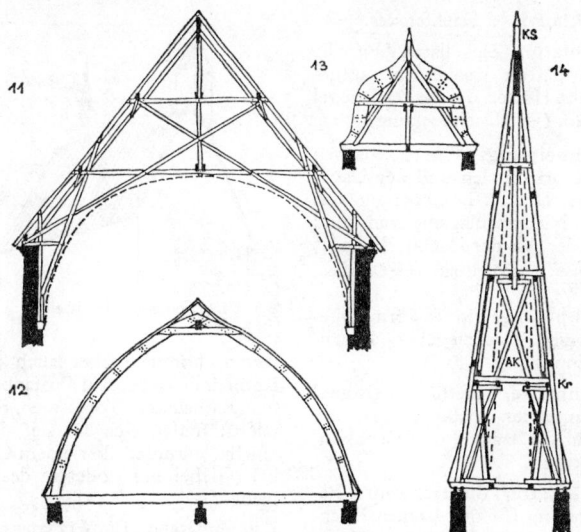

A	Anschübling	einander durch Streben und An-
AK	Andreaskreuz	dreaskreuze verspannt sind.
B	Bug	
Bb	Bundbalken	F. Ostendorf, Geschichte des Dach-
D	Drempel	werks, 1908; T. Gesteschi, Hölzerne D.,
FP	First-, bzw. Fußpfette	1923; F. Stollberg, Das Turmdachwerk
Fs	Firstsäule	vom Ma. bis zur Barockzeit (Diss.
Hs	Hängesäule	Karlsruhe), 1924; C. Kersten, Frei-
Kb	Kehlbalken	tragende Holzbauten, ²1926; ders.,
KS	Kirchturmspitze	Holzkonstruktionen (Wasmuth), 1931;
Kr	Kranz	Bund dt. Zimmermeister hg., Das dt.
Mp	Mittelpfette	Zimmerhandwerk, 1928; R. Schellen-
P	Pfette	berger, Über das Dachwerk der got.
R	Riegel	Staffelkirchen (Diss. Wien), 1937; H.
S	Strebe	Mühlfeld, Das dt. Zimmermannsdach,
Sp	Sparren	²1939; F. Neiß, Sparrendach und
Sr	Spannriegel	Pfettensteildach (Diss. Braunschweig),
St	Stuhlsäule	1940; F. Hess, Dachstühle und Dach-
W	Windrispe	deckungen, 1949; J. K. Merinsky,
Z	Zange	Hochbau III. Teil, 1951; A. Hodge,

The Woodwork of Greek Roofs, 1960;
C. A. Hinterleitner-Graf, Spätma.
Dachstühle in Österreich (Österr. Zs. f.
Kunst- u. Denkmalpflege), 1960; B.
Wedler, Hölzerne Hausdächer, ⁷1961;
A. Gattnar, F. Trysna, Hölzerne Dach-
und Hallenbauten, ⁷1961.

Überspannung größerer Hallenbauten. Mansarddächer sind meist
in der Art eines Sprengwerkes
konstruiert. Bei spitzen Turmhelmen sind mehrere horizontale
Konstruktionen (Kränze) übereinander geschaltet, auf denen die
Gratsparren aufruhen, die unter-

Dachkörper, der von den Dachflächen begrenzte Teil des Baukörpers (→ *Dachformen).

Dachladen → Dachfenster.

Dachlatte, Ziegellatte, auf die Dachsparren waagerecht aufgenagelte Hölzer, die die Dachziegel tragen. (→ *Dachdeckung).

Dachneigung, Winkel zwischen der Horizontalen und der Dachfläche. Die D. ist abhängig von den Niederschlagsmengen und von der Art der Dachdeckung.

H. Eckert, Das Dach und seine Deckung, 1956/57.

Giebelreiter   Dachreiter

Dachpfanne, ein ∼-förmig geschweifter Dachziegel (→ *Dachdeckung).

Dachpfette, Pfette, horizontal verlaufender Balken, der die Dachhaut trägt (→ *Dachkonstruktion).

Dachplatte, Biberschwanz, Bezeichnung für den flachen Dachziegel (→ *Dachdeckung).

Dachpyramide, Pyramidendach, Zeltdach → *Dachformen.

Dachraum, der vom Dachgebälk gebildete Raum. Er liegt meist auf der Dachbalkenlage und wird als → Dachboden verwendet. Beim offenen Dachstuhl dagegen ist er eine bedeutende Erweiterung des darunterliegenden Innenraumes.

Dachreiter, schlankes, meist hölzernes Türmchen, das auf dem Dachfirst zu reiten scheint, tatsächlich aber mittels Pfosten auf der Konstruktion des Dachstuhls fußt. D. sind häufig über der Vierung angeordnet und dienen als Glockenstuhl. D. aus Holz und Stein, oft mit reichem Strebewerk, gewannen im 13. Jh. besondere Bedeutung bei den im übrigen turmlosen Kirchen der Zisterzienser und Bettelorden, denen nur zwei Glocken gestattet

waren, kommen aber auch auf Kathedralen vor. Auf Profanbauten (Rathäusern, Tortürmen, Spitälern) finden sich D. seit dem 15. Jh., mitunter über einem Giebel (Giebelreiter) oder in dessen Nähe.

J. u. W. Grimm, Dt. Wörterbuch II, 1860; A. Mettler, Kirchen und Klöster der Hirsauer und Zisterzienser, 1927; H. Vogts, D. (RDK), 1954; H. Hahn, Die frühe Kirchenbaukunst der Zisterzienser, 1957.

Dachrinne, Rinne, zur Entwässerung des Daches entlang der Trauflinie. Eine Sonderform mit rechteckigem Querschnitt heißt Kastenrinne. Die Ableitung des Wassers erfolgt mittels der Wasserspeier oder des Ablaufrohres.

K. Esselborn, Lehrbuch des Hochbaues, 8 1922.

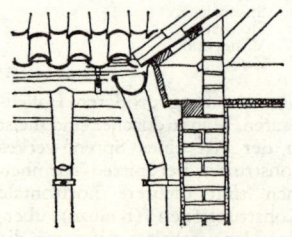

Dachrinne an
hölzernem Dachgesims

Dachschalung, Verkleidung der Dachflächen mit Brettern (→ Dachdeckung).

Dachsparren → *Dachkonstruktion.

Dachstuhl, Traggerüst eines Daches (→ *Dachkonstruktion).
J. u. W. Grimm, Dt. Wörterb. II, 1860.

Dachterrasse, zu angenehmem Aufenthalt ausgestaltetes Flachdach, oft mit Kübelpflanzen und Blumenschalen belebt und fälschlich → Dachgarten genannt.
G. Gollwitzer, W. Wirsing, Dachgärten und D., 1962.

Dachtraufe, Traufe, Dachfuß, der untere, waagerechte Rand einer geneigten Dachfläche, über den das Regenwasser abtropft (→ *Dachausmittlung).

Dachwohnung, Mansarde, für Wohnzwecke ausgebauter → Dachraum.

Dachziegel → *Dachdeckung.

Dachzinne → *Zinne mit dachförmigem oberem Abschluß.

Dagaba, Dagoba, Dagop (aus Sanskrit *dhatu garbha:* Reliquienbehälter), singhales. Bezeichnung für einen → *Stupa.

Dansker, Danzker, Danzk, Bezeichnung unbekannter Herkunft für den turmähnlichen Aufbau bei dt. → Ordensburgen, in dem die Abortanlagen untergebracht waren. Der D. steht abgesondert über einem Gewässer, einem Flußarm oder Burggraben. Er ist durch einen hochgelegenen, von Bögen oder Stützen getragenen Gang mit dem Obergeschoß des Burgkomplexes verbunden (Marienburg, Marienwerder, Rheden, Thorn).
W. Huber, Der Abort (Habil.schrift TH. Karlsruhe), 1950; ders., D. (RDK), 1954.

Deambulatorium (mittellat.), Chorumgang (→ *Chor).

Decke, der meist waagerechte obere Abschluß eines Raumes (Plafond). Der opt. Raumabschluß ist nicht immer auch konstruktiver Raumabschluß, da D. aus opt., akust. und wärmetechn. Gründen unter die tatsächlich tragende Geschoßd. gehängt sein können. Wird ein Raum in der Höhe unterteilt, so schiebt man eine Zwischend. ein, die begehbar sein kann. Die D. kann aus Holz (Balkend.), Stein, Stahl oder Stahlbeton bestehen. Bei der Massivd. ist die D.fläche aus einem homogenen Material z. B. aus dicht gereihten Balken (Dippelbalkend.) oder aus Stahlbeton konstruiert. Meist sind aber die D.balken und D.rippen (Rippend.) in Abständen verlegt und mit tragenden Flächen verbunden, wodurch zwischen den stärkeren Elementen Vertiefungen (D.felder, D.fach) entstehen. Eine Massivd. ohne Unterzüge heißt Plattendecke, mit Unterzügen → *Plattenbalkend. Verlaufen Balken bzw. Rippen auch in der Querrichtung so entsteht eine Kassettend. → *Kassette. Weitgespannte D. ruhen auf Unterzügen auf, die selbst wieder von

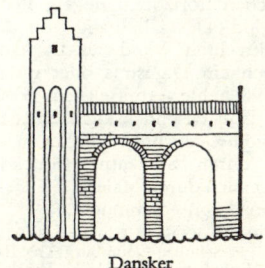

Dansker

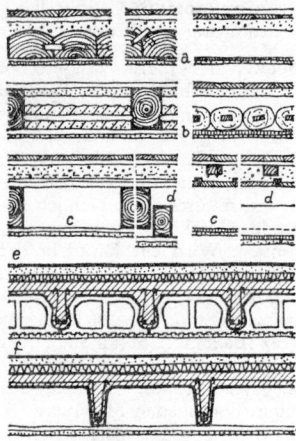

Decke
a Dippelbalkendecke
b Windelboden
c Balkendecke
d Fehlbalkendecke
e Stahlbetondecke mit Füllkörpern
f Stahlbetonrippendecke

Stützen getragen sein können. Ist eine D.platte durch eine allseitig schräg ansteigende Verstärkung (Anzug) mit der Stütze verbunden, so entsteht eine → *Pilzdecke. Das mittlere Feld einer D., das von Profilen gerahmt ist, heißt D.spiegel (Spiegeld). Eine stufenförmig nach der Mitte zu ansteigende D., deren einzelne Flächen horizontal liegen, heißt Kappd. Der Übergang von der senkrechten Wand zur D. kann durch ein D.gesims oder durch eine D.kehle vermittelt sein (Voute, dann fälschlich auch Spiegelgewölbe genannt). Die D. wird oft durch Stuckatur (Stuckd.) oder auch durch Malerei (→ Deckenmalerei) geschmückt.

F. Ostendorf, Die dt. Baukunst des Ma., 1922; P. Schultze-Naumburg, Der Bau des Wohnhauses I, 1924; K. Bracher,

Entwicklung der D.konstruktion im Spiegel der Patentliteratur, (Diss. Wien), 1949; J. K. Merinsky, Hochbau II. Teil; 1949; O. Gruber, D. (RDK), 1954.

Deckenfach, Deckenfeld, bei einer → Decke mit sichtbaren Balken und Rippen der Raum zwischen den vortretenden Elementen.

Deckengemälde → Deckenmalerei.

Deckengesims, Gesims zwischen Decke und Wand, das bei reicher ausgestatteten Innenräumen häufig an die Stelle der Deckenkehle tritt.

Deckenkehle, Voute, konkav gerundeter Übergang zwischen Wand und Decke.

Deckenmalerei, die Bemalung der Decken oder der Gewölbe sakraler und profaner Innenräume. Wie die Wandmalerei, zu der sie als Teil der farbigen Raumausschmückung gehört, war auch die D. schon in der Antike üblich (in ägypt. Tempeln und Grabbauten, kret.-myken. Palästen und röm. Häusern) und zwar meist in der Freskotechnik (→ Freskomalerei), die bis in die Neuzeit vorherrschte. Im MA. waren die flachen Holzdecken und die Gewölbe mit Ornamenten und abgeteilten Bilderfolgen bemalt. Auch die Kassettendecken der Renaissance wurden mit einzelnen Gemälden (oft auf Leinwand) ausgestattet, wobei die Figuren wie in der Tafelmalerei parallel zur Bildfläche erschienen. Erst in der illusionist. D. des Barocks wurden durch perspektiv. Verkürzung die Figuren und Architekturen der Deckengemälde von unten gesehen dargestellt, so daß die raumabschließende Funktion der Decke durch die Malerei aufgehoben wurde und der Betrachter scheinbar in einen Raum jenseits der Decke blickt, in dem sich die dargestellten Vorgänge, oft unter einem durch Wolken perspektiv. vertieften Himmel, abspielen. Große Meister der barocken D. waren Andrea Pozzo, G. B. Tiepolo, C. D. Asam, Daniel Gran, Paul Troger, Franz Anton Maulpertsch u. a. (→ *Architekturmalerei).

K. Lamprecht, Bilderzyklen und Illustrationstechnik im späten Ma., 1884; R. Borrmann, Aufnahmen ma. Wand- und D. in Deutschland, 1897; K. Ronczewski, Gewölbeschmuck im röm. Altertum, 1903; H. T. Bossert, Farbige Dekorationen, 1928; F. Würtenberger, Die manierist. D. in Mittelitalien (Röm. Jb. für Kunstgeschichte), 1940; H. Tintelnot, Die barocke Freskenmalerei in Deutschland, 1951; ders., D. (RDK), 1954; L. Siegmeth, Das Verhältnis von Malerei und Architektur (Diss. Wien), 1952; W. Mrazek, Ikonologie der barocken D., 1953; E. Guldan, Die jochverschleifende Gemäldedekoration von Michelangelo bis Pozzo, 1954.

Deckenplatte, 1. im Stahlbetonbau häufige Deckenkonstruktion, bei der zur Aufnahme der Zugbeanspruchung hohe schlanke Balken (Randbalken) entwickelt werden, während das Deckenfeld mit einer nur auf Druck beanspruchten und daher relativ dünnen D. geschlossen wird (→ Plattendecke), 2. auch die nach den gleichen Überlegungen konstruierte, aber mit geringer Spannweite über eine größere Anzahl von Unterzügen durchlaufende D. einer → *Plattenbalkendecke.

G. Heroldt, Plattenbauweise, 1936; F. Angerer, Bauen mit tragenden Flächen, 1960.

Deckenspiegel, mittleres, von Profilen gerahmtes Feld einer Decke (Spiegeldecke).

Deckgesims, horizontales Gesims, das die Fuge am Anschluß zweier verschiedener Bauteile abdeckt.

Deckleiste, Fugenleiste, flache, meist hölzerne → *Leiste zur Überdeckung der Anschlußfuge zweier Bauteile oder Bauelemente verschiedenen Materials.

Deckplatte → Abakus eines → *Kapitells.

Decorated style (engl.: verzierter Stil), die englische Hochgotik.

Decumanus (lat.: zur Zehnten gehörig) hieß die eine, gewöhnlich von O nach W verlaufende Hauptachse des röm. → *Castrums, die sich mit der anderen Achse (Cardo) rechtwinklig überkreuzt. Cardo und D. bilden auch das Straßenkreuz röm. Städte und teilen diese in Viertel (Stadtviertel) unter. (→ *Stadtbaukunst).

Dehnfuge, Baufuge, die eine Wärmedehnung einzelner Bauteile ermöglichen soll.

Dekagon (griech.), Zehneck. Spätantike → Zentralbauten wie die Minerva Medica in Rom und die Grundanlage von St. Gereon zu Köln.

Dekastylos (griech.: zehnsäulig), Bezeichnung für eine Tempelform mit zehn Säulen an einer Front.

Dekor (franz. *decor*) → Dekoration.

Dekoration (von lat. *decorare* schmücken), die Gesamtheit der „Ausschmückung" von Bauwerken, bes. von Innenräumen, im Gegensatz zum Ornament, das als einzelnes Schmuckmotiv nur ein Teil der D. ist.

G. Semper, Über das Verhältnis der dekorativen Kunst zur Architektur (Kleine Schriften), 1883; Prisse d'Aven-

nes, *Le decoration arabe*, 1885; O.
Strnad, Das Prinzip der D. der früh-
christl. Kunst (Diss. Wien), 1904;
H. T. Bossert, Farbige D., 1928; H.
Schmitz, Festd. (Wasmuth, Bd. 5),
1937; A. Koch, D.-stoffe, Tapeten,
Teppiche, 1953; *Le livre de la decoration*,
1961.

Denkmal, Monument, 1. das zur
Erinnerung an eine Person oder
ein Ereignis errichtete Gedächtnismal, von der einfachen Erdaufschüttung und Steinsetzung bis
zum architekton. und zum bild-
ner. Kunstwerk. Die frühesten
und verbreitetsten D. sind der →
*Grabbau und das → *Grabdenk-
mal. Die meisten der bis in die
Gegenwart gebräuchl. D.typen
stammen aus der Antike: Pyramide, Obelisk, Rundbau, Tetrapylon, Siegessäule, Triumphbogen,
Statue, Reiterd. und Löwend. Berühmtes Beispiel des letzteren
Typs ist der marmorne Löwe auf
dem Schlachtfeld von Chäronea
(338 v. Chr.), für den Rundbau
das Lysikratesd. in Athen (→
*Choregisches Monument),für das
Reiterd. das eherne Reiterbild des
Kaisers Mark Aurel auf dem Kapitol zu Rom. Bekannte architekton. D. aus der Römerzeit sind
außer den Triumphbogen die na-
mentlich in den röm. Provinzen
verbreiteten Kenotaphe, wie das
einen Obelisken tragende Tetrapylon in Vienne, das mehrstöckige
Gedächtnismal der Julier in St.
Remy bei Tarascon und das D. der
Secundinier in Igel bei Trier („Igeler Säule"). Das MA. kannte außerhalb des kirchlichen Bereichs
keine D. für einzelne Personen.
Der bronzene Löwe, den Heinrich
der Löwe in Braunschweig auf-
stellen ließ, und das „Reiterd." auf
dem Marktplatz zu Magdeburg
waren ebenso wie die überlebens-
großen „Rolandstatuen" norddt.
Städte keine D., sondern Hoheits-

und Rechtszeichen. Auch die be-
rühmten Stifterfiguren im Naumburger Dom können wegen ihrer
architekton. und geistigen Bindung an den übergeordneten Zusammenhang der Kirche nicht als
D. gelten. Erst die ital. Renaissance mit ihrer neuen Wertschätzung
der Einzelpersönlichkeit nahm die
antike Überlieferung des freien,
für sich selbst bestehenden D.
wieder auf, so mit dem Grab des
Can Grande della Scala in Verona,
einer Verbindung von Grab- und
Reiterd., und mit den Reiterstand-
bildern des Gattamelata in Padua
und des Colleoni in Venedig, während die dt. Renaissance selbst bei
dem vielfigurigen Maximilians-
grab in Innsbruck und einem
nicht aufgestellten Reiterd. desselben Kaisers in Augsburg die
Bindung an den kirchl. Zusammenhang noch beibehielt. Im Barock wurde neben dem bes. in
Frankreich beliebten Triumphtor
das Reiterd. der bevorzugte D.-
typus. Berühmtes Beispiel: das
Reiterstandbild des Großen Kur-
fürsten von A. Schlüter, vormals
auf der Langen Brücke in Berlin,
jetzt in Charlottenburg. Der Früh-
klassizismus übernahm von antiken D.formen außer dem
Triumphbogen (Berlin, Brandenburger Tor; Paris, Arc de Triomphe) besonders den Rundtempel
(→ *Monopteros), der als sog.
„Freundschaftstempel" viele Parkanlagen zierte (z. B. das D. für
die Markgräfin von Bayreuth im
Park von Sanssouci). Der Hi-
storismus des 19. Jh. brachte die
antiken Tempeln nachgebildeten
„Ruhmeshallen" (z. B. Walhalla
bei Regensburg), während die allgemeine D.freudigkeit dieser
Epoche Städte und Dörfer bes.
gern mit bronzenen Porträtsta-

Denkmal

a Gedächtnismal („Igeler Säule") b Reiterdenkmal
c Löwendenkmal   d Standbild

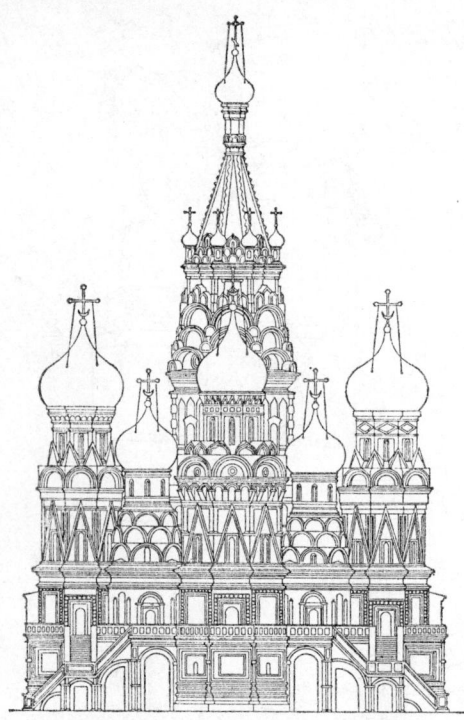

Denkmalkirche
(Beispiel: Moskau,
Basiliuskathedrale,
16. Jh.)

tuen und -büsten auf steinernen Sockeln versah.

2. Unbewegliche und bewegliche Gegenstände von geschichtlicher, künstler. oder kultureller Bedeutung: Baud., Kunstd., Klangd. (Orgeln, Glocken etc.), Bibliotheken und Sammlungen (→ Denkmalschutz).

A. Riegl, Der moderne D.kultus, sein Wesen und seine Entstehung, 1903; A. Hoffmann, D. (Hdb. der Architektur IV.), 1906; Wasmuth, hg., Monumente und Standbilder Europas, 1914; C. Gurlitt, Hdb. des Städtebaues, 1920; A. E. Brinckmann, Platz und Monument, ³1923; J. v. Schlosser, Der moderne D.kultus, 1930; A Neumeyer, Der D.gedanke des Klassizismus, 1932/33; H. Appel, D. (Wasmuth, Bd. 5), 1937; H. Keller, D. (RDK), 1954.

Denkmalkirche, speziell russ. Beitrag zur Baukunst, der auch in Indien Parallelen findet. Das bekannteste Denkmal neben Kolomenskoje ist die Basiliuskathedrale inMoskau, gestiftet alsDenkmal zur Erinnerung an den Sieg über die Mongolen bei Kasan.

G. H. Hamilton, *The Art and Architecture of Russia*, 1954; I. E. Grabar, V. N. Lazarev, V. S. Kemenov, *Geschichte der russ. Kunst*, Moskau 1957.

Denkmalpflege, Erfassung, → *Rekonstruktion, Erhaltung und

Schutz von Denkmalen (Denkmal 2, → Denkmalschutz).

A. Riegl, Der moderne Denkmalkultus, 1903; J. Reimers, Hdb. für die D., ³1911; E. Blunc, D. und Städtebau (Städtebauliche Vorträge, hg. Brix und Genzmer) o. J.; M. Dvořák, Katechismus der D., ²1918; K. Kühn, D., Heimatschutz und Baugewebe, Karlsbad 1922; H. Hörmann, D. und Steinschutz in England, 1928; ders., Methodik der D. (Studien zur Bauforschung), 1938; P. Clemen, Die dt. Kunst und die D., 1933; Dt. Kunst und D., 1934ff.; Österr. Zs. für D., 1934ff.; G. Grundmann, Großstadt und D., 1945–1959; W. Götz, Beitrag zur Vorgeschichte der D. (Diss. Leipzig), 1956; Congres International de Architectes et Techniciens des Monuments Historiques, Paris 1957; W. Zimmer, Landschafts- und D., 1957; J. Zykan, Begriffsbildungen in der D. (Österr. Zs. für Kunst und D.), 1962; R. Wurzer, Das Zusammenwirken von D. und Städtebau (Österr. Zs. für Kunst und D.), 1962; s. a. Denkmalschutz.

Denkmalschutz, Gegenstände, deren Erhaltung ihrer Bedeutung wegen in öffentlichem Interesse liegt, sog. Denkmale (→ Denkmal 2), sind in den meisten Staaten listenmäßig (Denkmalliste, Inventarisation) oder durch Bauaufnahmen, Fotos u. a. erfaßt und gesetzlich geschützt. Ihren Eigentümern sind damit weitgehende Verfügungsbeschränkungen, gleichzeitig aber auch Pflichten zur Erhaltung, Pflege oder Instandsetzung auferlegt. Staatliche, städt. oder kirchl. Behörden sind für Einhaltung der Vorschriften und Unterstützung ihrer Verwirklichung zuständig (Denkmalpflege).

P. Clemen, Kunstschutz im Kriege, 1919; W. Kirsch, D., 1937; P. Leisching, Neue Wege der Denkmalschutzgesetzgebung in Frankreich, Die „Loi Malraux 1962" (Österr. Zs. für Kunst und Denkmalpflege), 1964; H. Sedlmayer, Die demolierte Schönheit, Ein Aufruf zur Rettung der Altstadt Salzburgs, 1965; s. a. Denkmalpflege.

Desornamentadostil (von span. *desornamentado:* schmucklos), Bezeichnung für die strenge, betont karge Stilrichtung der span. Renaissancebaukunst, die sich zur Zeit Philipps II. in Kastilien durchsetzte, nach dem Baumeister Juan de Herrera, dem Vollender des Escorial, auch Herrerastil genannt.

Detail (franz.), 1. Einzelheit; 2. Bauzeichnung einer Einzelheit in möglichst großem Maßstab, z. B. Naturgröße.

M. Mittag, Architekturd., 1958.

Deutsche Säulenordnung, in der älteren Literatur vorkommende Bezeichnung für eine barocke Variante der → ionischen Ordnung.

O. Mothes, Illustriertes Baulexikon, ⁴1881.

Deutsches Band, ältere Bezeichnung für einen nicht nur im norddt. Backsteinbau verbreiteten → *Fries, der aus einer Schicht von übereckgelegten Steinen (Sägeschicht) gebildet wird, wobei deren vordere Kante in der Mauerfläche liegt.

O. Stiehl, Band dt. (RDK), 1937.

Déva kotuva (Götterburg), singhales. Bezeichnung für das ind. Harmika, den würfelförmigen Aufsatz auf dem Anda eines → *Stupa.

Dhvadschastambha (Sanskrit), indischer Stambha (Gedenksäule), der ein religiöses Symbol oder ein Götterbild trägt.

Diaconicum → Diakonikon.

Diadembogen, sphär. Bogen → Raumbogen.

Diagonalbogen → *Gewölbeformen.

Diagonalrippe, Kreuzrippe, Gewölberippe an einem Diagonalbogen (→ Gewölbeformen).

Diakonikon, Diaconicum (griech., lat.), in der altchristl.-oriental. Kirche der symmetr. zur Prothesis neben der Apsis (Konche) angeordnete Nebenraum (→ *Basilika), der als Aufenthaltsort für die Diakone und zur Aufbewahrung der liturgischen Geräte und Gewänder diente. D. und Prothesis werden als Pastophorien bezeichnet.

R. Egger, D. (RDK), 1954.

Diamantierung, bes. in der Spätromanik vorkommende Ornamentierung (Nagelkopf) von Baugliedern (Diensten, Gewölberippen, →*Friesen, Kapitellen) durch kleine aneinandergereihte, in der Form von Edelsteinfacetten ausgemeißelte Gebilde.

T. v. Bogyay, D. (RDK), 1954.

Diamantquader heißen Quader, deren Ansichtsfläche (Bosse) einem geschliffenen Diamanten ähnlich bearbeitet ist. Die D. sind eine Erfindung der ital. Renaissance (berühmt der ganz mit D. bekleidete Palazzo dei Diamanti in Ferrara), wurden nördl. der Alpen bes. zur Fassadengliederung (Sockel) verwendet und kommen auch noch im Barock vor.

J. Christern, D. (RDK), 1954.

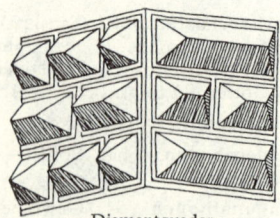

Diamantquader

Diaphane Struktur, das von der Gotik angestrebte Strukturprinzip, bei dem die Felder zwischen den tragenden Rippen, Pfeilern und Streben nicht massiv sondern durchscheinend (Glasmalerei) oder zweischichtig räumlich (Zweischichtengewölbe, Blendmaßwerk, Schleierwerk) geschlossen werden.

W. Worringer, Formprobleme der Gotik, 1927; H. Jantzen, Die Kunst der Gotik, 1957.

Diastole (griech.) Schranke zwischen Ober- und Unterchor (→ Chor).

Diastylos (griech.: weitsäulig) wird nach Vitruv ein Säulentempel genannt, bei dem das → *Interkolumnium drei untere Säulendurchmesser beträgt.

Vitruv, 3. Buch, Kap. 3.

Diazoma (griech.: Gürtel), im Halbkreis angeordneter, breiterer Umgang zwischen den Sitzstufen im griech. → Theaterbau.

Diele, 1. Hauptraum (Flett) des → *Niedersachsenhauses; 2. im → *Bürgerhaus Norddeutschlands größerer Raum im Erdgeschoß, der als Werkstätte des Handwerkers, Lager- oder Verkaufsraum des Kaufmanns oder als Empfangsraum diente; 3. im heutigen Wohnhaus ein Wohnraum (Wohndiele) mit sichtbarem Treppenaufgang, danach auch Bezeichnung für den erweiterten Vorraum einer Mietwohnung; 4. Fußbodenbrett (Bodend.).

F. Unglaub, Die D. im niedersächs. Bauernhaus und norddt. Bürgerhaus (Zs. für Lübeck. Geschichte, 13), 1911; K. Trost, Eingang, D., Flur, 1962.

Dielenkopf (lat. *mutulus*), viereckige Platte an der Unterseite des Geisons griech. Tempel (→ *Dorische Ordnung), je eine über jeder Triglyphe und Metope, besetzt mit drei Reihen von je sechs zylindr. „Tropfen" (lat. *guttae*), deren Form auf den Holzbau zurückweist (Holznägel).

Dienst, in der got. Baukunst das lange, dünne Säulchen oder Halbsäulchen, im Querschnitt auch viertel-, dreiviertelkreis- oder birnenförmig, das Gurte oder Rippen des Kreuzgewölbes oder die Profile der Arkadenbögen aufnimmt. Die D. sind in der Regel an einen Pfeilerkern angegliedert oder um ihn herum angeordnet (→ *Bündelpfeiler), wobei die stärkeren Alten D. die Quer- und Längsgurte, die schwächeren Jungen D. die Rippen und rippenähnlichen Profile tragen. Die D. haben meist eine gemeinsame vieleckige Basis, aus der sich oft für jeden D. eine eigene, stärker profilierte Basis herauslöst. In der Spätgotik haben die D. vielfach keine Kapitelle, so daß die Gurte und Rippen direkt in sie übergehen. Ein der Wand vorgelagerter D. heißt Wandd., mehrere D. → *D.bündel.

E. Gall, D. (RDK), 1954; H. Jantzen, Kunst der Gotik, 1957.

Dienstbündel, die Gesamtheit der Dienste an einem Bündelpfeiler oder an einer Hochschiffwand.

Diglyph (griech.: Zweischlitz), eine in der ital. Renaissance bes. von Vignola entwickelte Abart der → Triglyphe, bei der dessen seitliche Halbschlitze fehlen.

Dippelbalkendecke, Dippelbaumdecke, Massivdecke aus dicht gereihten verdübelten („verdippelten") Holzbalken (→ *Decke).

Dipteros (griech.), → *Tempelform mit doppelter Säulenstellung an den Langseiten, bes. im ion. Kleinasien verbreitet (z. B. Ephesos, Artemistempel).

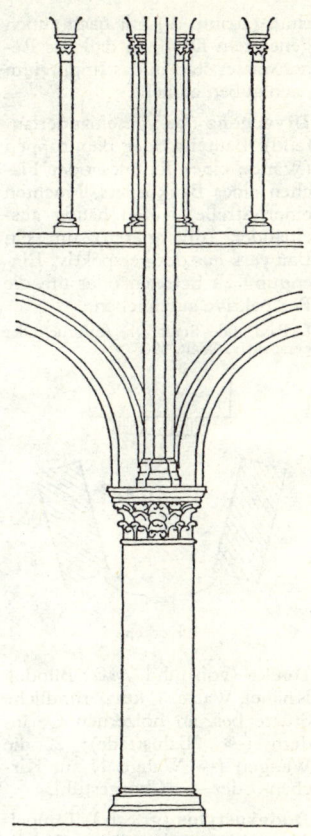

Dienstbündel

Dipylon (griech.), Doppeltor, 1. Tor mit zwei durch einen Mittelpfeiler getrennten Öffnungen. 2. Zwei hintereinandergeschaltete Toröffnungen.

W. Judeich ‚Topographie von Athen, 1905; A. Brückner, Der Friedhof am Eridanos, 1909.

Dirnitz → Dürnitz.

Displuviatum (lat.: regenabweisend) nennt Vitruv ein → *Atrium (atrium d.) mit nach außen geneigtem Dach, so daß das Regenwasser statt in das Impluvium nach außen abfließt.

Divergenz (lat.: auseinanderlaufend), Bauteile oder Baugruppen (Wände eines Raumes oder Flächen eines Baukörpers, Fluchten einer Straße) laufen häufig auseinander (divergieren), um ein Bauwerk aus der perspektiv. Einengung zu befreien oder um die Perspektive aufzuheben.

J. Pahl, Die Stadt im Aufbruch der perspektiv. Welt, 1963.

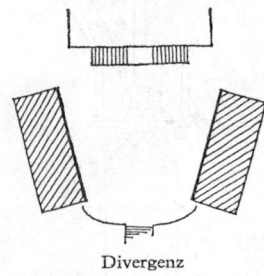

Divergenz

Docke (von mhd. *tocke:* Bündel, Knäuel, Walze) 1. kurze rundliche Stütze bes. an hölzernen Geländern (→ *Balustrade); 2. die Wangen (→ Wange 1) am Kirchen- oder → *Chorgestühl.

Dodekastylos (griech.), Tempelform mit zwölfsäuliger Giebelfront.

Doldenkapitell, Blütenkapitell, weitausladendes → *Kapitell mit geöffneten Blütenblättern, im Gegensatz zum geschlossenen Knospenkapitell.

Dollen → *Dübel.

Dolmen (kelt.: Steintisch), vorgeschichtlicher → Grabbau aus meist vier bis sechs aufrecht stehenden unbehauenen Felsblöcken

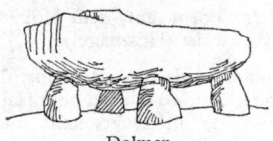

Dolmen

mit einem ebensolchen als Deckstein darüber (Mega[1]ithbau), ursprünglich mit Erde überdeckt.

C. Schuchhardt, Alteuropa, [3]1935.

Dom (frz. *dôme,* von lat. *domus episcopalis:* Haus des Bischofs), urspr. Bezeichnung für das Wohnhaus eines Bischofs, dann übertragen auf die Bischofskirche (Kathedrale), schließlich allgemein für die Hauptkirche einer Stadt, in Süddeutschland vielfach → Münster genannt.

K. H. Clasen, Zehn dt. Dome, 1939; E. Gall, D. und Klosterkirchen am Rhein, 1956; W. Pinder, Dt. D. des Ma., 1960; J. Baum, H. Schmidt-Glassner, Zwölf dt. D. des Ma., [2]1962.

Domikalgewölbe, kuppelartig überhöhte (gebuste) → *Gewölbeform mit Diagonal- und Scheitelrippen, die hauptsächlich in der spätrom. Baukunst Südwestfrankreichs (Angers) und Westfalens vorkommt (Dome von Minden, Münster, Osnabrück).

R. Kömstedt, Die Entwicklung des Gewölbebaues in den ma. Kirchen Westfalens, 1914.

Donjon (franz., aus lat., *domus dominationis:* Haus der Herrschaft), Bezeichnung für den zentralen wehrhaften Hauptturm bes. französischer Burgen, der dem Bergfried deutscher Burgen entspricht, im Gegensatz zu diesem aber zu dauerndem Wohnen eingerichtet war (Wohnturm). Einen D. besitzen Burg Coucy (Dep. Aisne), Beaugancy-sur-Loire, Falaise, Loches und Vincennes.

E. Viollet le Duc, *Dict.*

Donnerbesen, im niederdt. Backsteinbau vorkommendes Ornament in Form eines aufwärts gerichteten Besens, das nach dem Volksglauben das Haus gegen Ungewitter schützen sollte.

Doppelantentempel → Antentempel (→ *Tempelformen).

Doppelarkade, zwei Arkaden, die durch einen sie gemeinsam überspannenden Blendbogen oder sichtbaren Entlastungsbogen zu einer Einheit zusammengefaßt (→ gekuppelt) sind, häufig bei Fenstern romanischer Kreuzgänge vorkommend (→ *Westwerk).

Doppelchörige Anlage, Kirche mit einem Ost- und einem Westchor, was bes. häufig in der karoling. und otton. Baukunst vorkommt, oft auch zusammen mit einer Verdoppelung des Querhauses (z. B. St. Michael in Hildesheim). Die Schaffung eines zweiten Chores kann durch Aufnahme eines neuen Kirchenpatrons, eines Heiligengrabes oder andere Gründe bedingt sein.

H. Holtzinger, Ursprung und Bedeutung der Doppelchöre, 1882; R. Kautzsch, St. Michael zu Hildesheim, 1922; P. Frankl, Die frühma. und roman. Baukunst, 1926; A. Schmidt, Westwerke und Doppelchöre (Diss. Göttingen), 1950; H. Beseler, H.

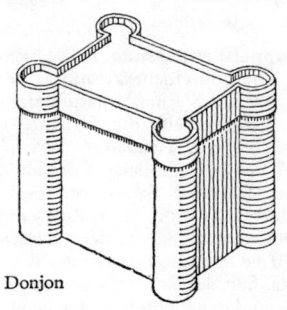

Donjon

Roggenkamps, Die Michaeliskirche in Hildesheim, 1954.

Doppeldach → *Dachdeckung.

Doppelfenster, → *Fenster mit zwei parallel hintereinander geschalteten Flügeln.

Doppelgewölbe, Doppelschalenkuppel, ein Gewölbe mit voneinander getrennten Innen- und Außenschalen (→ Kuppel).

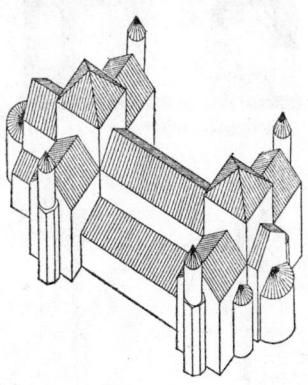

Doppelchörige Anlage
(Beispiel: Hildesheim, St. Michael, 11. Jh.)

Doppelkapelle, bei Pfalzen und Burgen des MA. zwei übereinanderliegende Kapellen, meist durch eine mittlere Öffnung miteinander verbunden, jede mit einem eigenen Eingang versehen. Die obere Kapelle war für die Herrschaft und ihr Gefolge, die untere für das Gesinde bestimmt. Auch Grabkapellen können als D. ausgebildet sein, wobei der untere Raum für die Bestattung diente. Beispiele von D. u. a. in Nürnberg (Burg), Eger (Pfalz), Schwarzrheindorf bei Bonn (→ Karner). (Abb.: S. 120).

O. Schürer, Roman. D., 1929; L. H. Nickel, Die D. zu Landsberg, o. J.

Doppelkapelle

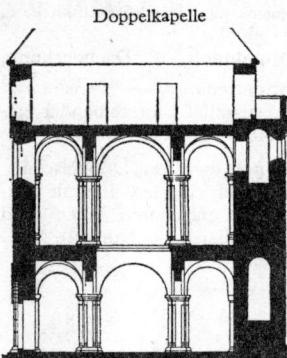

(Beispiel: Landsberg, D., 13. Jh.)

(Beispiel: Paris, S. Chapelle, 13. Jh.)

Doppelkirche, zwei meist nebeneinander, manchmal auch achsial hintereinander liegende Kirchen. (z. B. Neuweiler/Elsaß).

Doppelkloster, Kloster, das aus einem Männer- und Frauenkloster besteht.

Doppelpilaster, zwei unmittelbar nebeneinander stehende → *Pfeiler (Pilaster).

Doppelschalenkuppel, Doppelgewölbe, eine → *Kuppel mit einer inneren (unteren) und einer äußeren (oberen) Schale, die konstruktiv durch Stege miteinander verbunden sein können (Mausoleum in Sultanijeh, Persien), meist aber aus ästhet. Gründen getrennt sind, wobei die innere Schale den Innenraum nach oben abschließt, die äußere die Gesamtwirkung des Bauwerks nach außen wesentlich mitbestimmt (z. B. Florenz, Dom; Rom, St. Peter; Paris, Invalidendom; Wien, Karlskirche; London, St. Pauls-Kathedrale; Dresden, zerstörte Frauenkirche).

Lit.: → Kuppel.

Doppeltempel, Verbindung von zwei verschiedenen Gottheiten geweihten Tempeln durch unmittelbare Nebeneinanderreihung (Kom-Ombo, Tempel des Suchos u. Haroëris), doch können auch Abstände zwischen den beiden Tempelelementen bestehen (Halebid, Hoyshaleshvara-Tempel). Beim Venus- u. Roma-Tempel (Rom) sind die Apsiden der beiden Tempelcellen Kopf an Kopf angeordnet.

Lit.: → Tempelbau.

Doppelturmfassade, eine Fassade, die von einem Turmpaar begrenzt wird. Eine Vorstufe einer D. zeigt bereits die frühchristl. Basilika von Turmanin (Syrien), bei der altanähnliche Vorbauten den Eingang flankieren. Beim Klosterplan von St. Gallen (um 800) stehen die beiden runden Türme noch isoliert vor der Basilika. Seit der Romanik gehört die D. zu den beliebtesten Fassadenlösungen beim Kirchenbau (→ *Turmfassade).

H. Kunze, Das Fassadenproblem der franz. Früh- und Hochgotik (Diss. Straßburg), 1921; N. Karger, Der Kirchturm in der österr. Baukunst (Diss. Würzburg), 1937.

Doppeltür, 1. → *Tür mit zwei in geringem Abstand hintereinander angeordneten Türblättern zur Schalldämmung oder Wärmeisolierung (Krankenzimmertür, Außentür eines Wohnraumes). **2.** Aufgedoppelte → *Tür mit zweichichtiger Holzkonstruktion. **3.** Ungenau für Zweiflügeltür, eine → *Tür mit relativ breiter, von zwei Türflügeln verschlossener Öffnung.

Doppelwürfelkapitell, Würfelkapitell mit je zwei nebeneinanderliegenden Halbkreisbogen an jeder der vier Seitenflächen (→ *Kapitell).

Dorf, eine Häufung ländlicher Einzelsiedlungen (Bauernhäuser, Gehöfte, Höfe) mitsamt allen zugehörenden Ländereien (Dorfflur, Dorfmark, Feldmark), deren Bewohner in der Mehrzahl Landwirtschaft betreiben. Die Erscheinungsform des D. kann sehr vielgestaltig sein (→ *Dorfformen) und ist außer von geograph. und wirtschaftlichen Voraussetzungen auch vom sozialen Aufbau der Dorfgemeinde abhängig.

K. Rhamm, D. und Bauernhof, 1890; G. Wolf, Das niederdt. D., 1923; R. Mielke, Siedlungskunde des dt. Volkes, 1927; ders., Der dt. Bauer und sein D., 1934; L. v. Wiese hg., Das D. als soziales Gebilde, 1928; W. Lindner, Das D., seine Pflege und Gestaltung, 1938; H. Ebner, Das D. – heute und morgen, 1957; K. S. Bader, Das ma. D. als Friedens- und Rechtsbereich, 1957; H. J. Enstipp, P. Peters, Dorfplanung und Bauernhof, 1959; J. Bendermacher, Das D. und sein Raum (ALB-Schriftenreihe), 1960; G. Wurzbacher, R. Pflaum, Das D. im Spannungsfeld industrieller Entwicklung, ²1961.

Doppeltempel

(Beispiel: Rom, Venus und Roma, rechts)

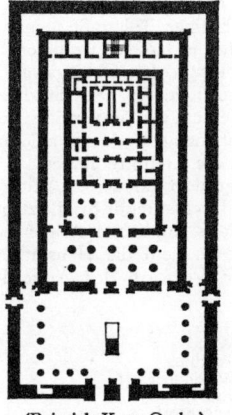

(Beispiel: Kom-Ombo)

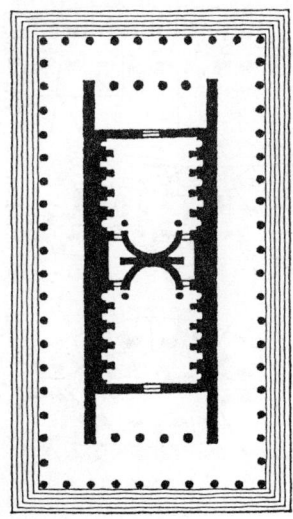

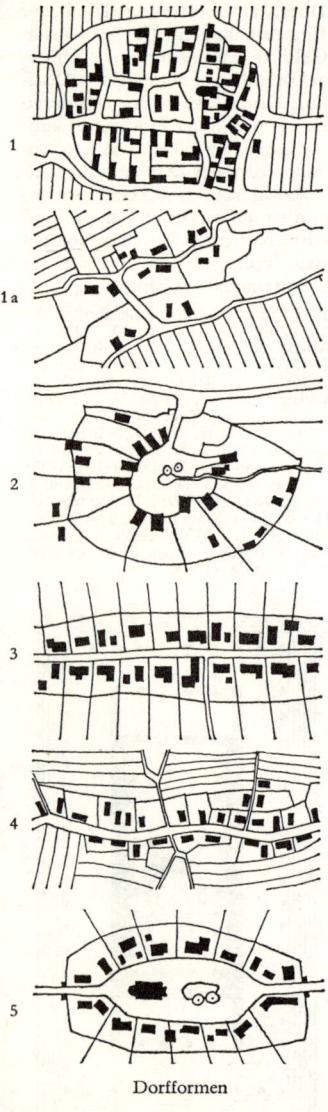

Dorfformen

Dorfformen. Nach der Anordnung der Gehöfte bzw. Häuser unterscheidet man folgende D.:
1. Das Haufendorf, wenn um einen Hauptplatz gruppiert auch Platzdorf genannt, ist die lockerste der D. Die Gehöfte stehen ohne bestimmten Grundplan und ohne regelmäßige Frontstellung beieinander. Eine Abart oder auch Vorform ist der aus nur wenigen Gehöften bestehende Weiler. 2. Die geschlossenste D. ist der aus dem Wehr- und Schutzbedürfnis der Siedler entstandene Rundling (Runddorf), urspr. von einer Hecke umgeben, bei dem die Häuser mit der Giebelseite um einen runden, nur an einer Seite zugänglichen Platz stehen. 3. Reihendörfer (Kettendörfer) sind: a) in Marschgebieten das Marschhufendorf, dessen Häuser an der Innenseite eines Deiches aufgereiht sind, während die zu den einzelnen Höfen gehörigen Hufen sich senkrecht zum Deich hinter den Häusern erstrecken, b) das Waldhufendorf, meist in Gebirgsgegenden oder -tälern, bei dem die Gehöfte längs eines Baches oder einer Talstraße liegen, die Hufen in langen parallelen Streifen bis in den Gebirgswald hinaufreichen. 4. Das Straßendorf mit einem verhältnismäßig kurzen Straßenzug, zu dessen beiden Seiten die Gehöfte liegen. 5. Das Angerdorf, in dessen Mitte sich die durchlaufende Straße zu einem breiten länglichen Anger erweitert, an dem die Häuser liegen. Eine Vorform des Angerdorfes

1   Haufendorf
1a Weiler
2   Rundling
3   Waldhufendorf
4   Straßendorf
5   Angerdorf

ist das sich um einen Platz grup-
pierende Platzdorf.

Reallexikon der german. Altertums-
kunde II., 1913–1915; R. Mielke, Die
Entwicklung der dörflichen Siedlungen
(Städtebauliche Vorträge, hg. Brix und
Genzmer), 1913; ders., Das dt. Dorf,
³1920; ders., Siedlungskunde des dt.
Volkes, 1927; R. Martiny, Die Grund-
rißgestaltung der dt. Siedlungen, 1928.

Dorische Ordnung, älteste der
griech. Ordnungen, im 7. Jh. im
griech. Mutterland entstanden,
später auch in Unteritalien und
Sizilien (Magna Graecia = Groß-
griechenland) weiterentwickelt,
benannt nach den Dorern, einem
der Hauptstämme Altgriechen-
lands. In der D. O. ist das Fundament (Stereobat) des Tempels
im Erdboden verborgen. Über
das Bodenniveau hebt den Tempel ein meist dreistufiger, aus
Quadern gefügter Unterbau (Krepis, Krepidoma) empor. Auf seiner oberen Fläche (Stylobat), zu
der bei größeren Tempeln eine
aus kleineren Zwischenstufen gebildete Treppe oder eine Rampe
hinaufführt, erheben sich die
Wände und Säulen. Die Wand der
Cella besteht aus Quadern, die
nicht durch Mörtel, sondern
durch Metallklammern oder Dübel miteinander verbunden sind.
Die Blöcke der unteren Lage
(Orthostaten) haben die doppelte
Höhe und Länge der übrigen
Quader, die bei kleineren Tempeln in einfachen Läuferschichten
angeordnet sind, während bei
großen Tempeln bzw. dickeren
Mauern Binder mit gedoppelten
Läufern abwechseln. Die Säulen
stehen, ohne Basis, unmittelbar
auf dem Stylobat. Der mit 16–20
vertikalen Furchen, (Kanneluren)
versehene Säulenschaft ist nach
oben verjüngt und zeigt eine deut-
liche Schwellung (→ Entasis). Am
oberen Ende des Säulenschaftes,
der meist aus mehreren, miteinander verdübelten Trommeln zu-

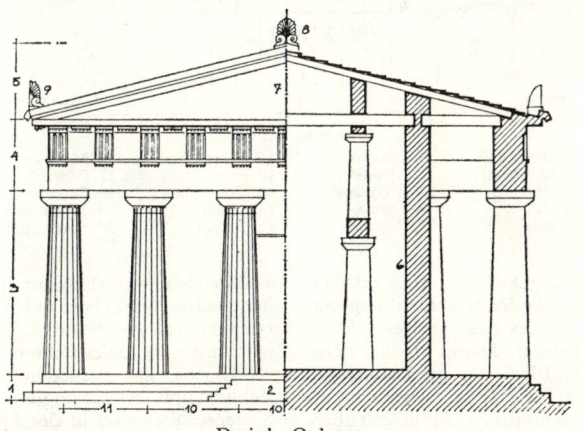

Dorische Ordnung

1 Krepis	5 Dach	9 Eckakroterion
2 Rampe	6 Cellawand	10 Interkolumnium
3 Säulen	7 Tympanon	11 Eckinterkolum-
4 Gebälk	8 Firstakroterion	nium

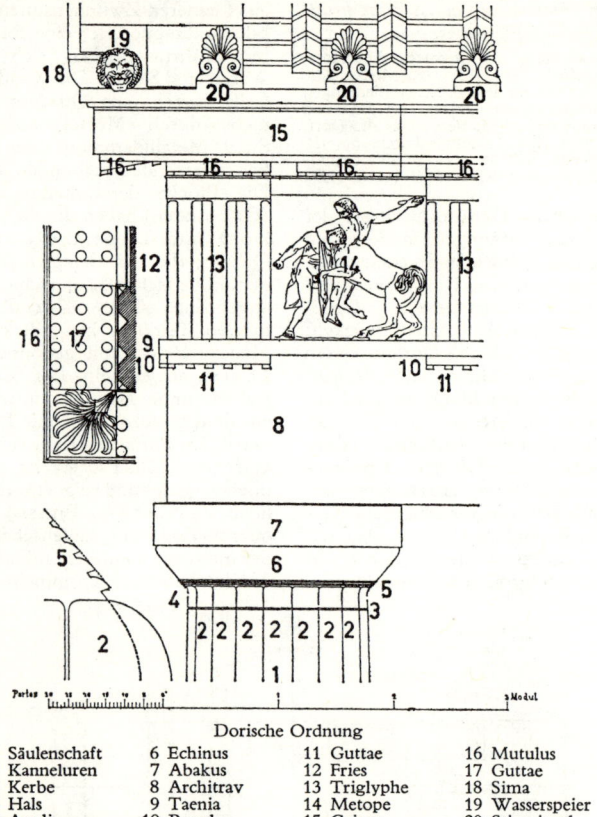

Dorische Ordnung

1 Säulenschaft	6 Echinus	11 Guttae	16 Mutulus
2 Kanneluren	7 Abakus	12 Fries	17 Guttae
3 Kerbe	8 Architrav	13 Triglyphe	18 Sima
4 Hals	9 Taenia	14 Metope	19 Wasserspeier
5 Anuli	10 Regula	15 Geison	20 Stirnziegel

sammengesetzt ist, markiert eine rundumlaufende Einkerbung den Beginn des Säulenhalses (Hypotrachelion). Dieser ist aus demselben Block wie das Kapitell gearbeitet und durch mehrere Riemchen oder Ringe (Anuli) mit überfallendem Profil abgeschlossen, nur an frühen Säulen durch einen Blattkranz. Darüber folgt das Kapitell, das aus dem bauchig

ausladenden → *Echinus und der quadrat. Deckplatte (Abakus) besteht; am → *Antenkapitell tritt an die Stelle des Echinus ein → *Kyma. Die Ausladung des Echinus und die Verjüngung des Säulenschaftes sind in der Frühzeit stärker als in der klass. Zeit, auch sind die frühen Säulen gedrungener und die Zwischenräume zwischen ihnen (→ *Interkolumnium) enger. Das Gebälk beginnt mit dem Epistyl (Architrav), dem aus mehreren nebeneinander angeordneten Blöcken bestehenden Steinbalken, der horizontal auf den Säulen ruht und die feste, einheitliche Grundlage für den weiteren Oberbau ist. Das Epistyl wird oben von einer vorspringenden Leiste (Taenia) abgeschlossen, an deren sichtbarer Unterfläche über jeder Säulenmitte und jedem Säulenzwischenraum kleine Leisten (Regulae) mit sechs Tropfen (Guttae) an der Unterseite angebracht sind. Die nächste horizontale Gebälkzone ist der Triglyphenfries (Triglyphon), so genannt nach den ihn vertikal unterteilenden Dreischlitzplatten (Triglyphen) die in der Säulenachse und in der Mitte des Interkolumniums liegen (→ *Triglyphenkonflikt). Die etwa quadrat. Felder zwischen ihnen heißen Metopen und sind oft mit figürlichen Reliefs geschmückt. Als oberer Abschluß des Gebälks folgt über dem Triglyphon ein ringsumlaufendes, weitausladendes Gesims, das Geison oder Kranzgesims (Korona). Seine unterschnittene, etwas nach unten geneigte, Untersicht trägt über jeder Triglyphe und jeder Metope an viereckigen Hängeplatten (Mutuli, → Dielenköpfe) drei Reihen von sechs „Tropfen". Über dem Geison folgt eine aufgebogene Rinnleiste (Sima), die den Regen aufnimmt und durch meist als Löwenköpfe gebildete Wasserspeier abführt. Das dreieckige Giebelfeld (→ *Tympanon, Aëtoma) an der Vorder- und Rückseite des Tempels wird an den Schrägseiten von einem Schräggeison begrenzt, über dem in der Regel als Schmuck eine bemalte Sima mit löwenköpfigen Wasserspeiern am Ende angebracht ist. Die Spitze und die beiden seitlichen Endpunkte des Giebels sind durch aufrechtstehende plast. Gebilde ornamentaler oder figürlicher Art, die → *Akroterien, besonders betont. – Schon bei der D. O. spielt die Polychromie eine wesentliche Rolle, bes. die Bemalung der Einzelglieder des Gebälks teils mit einfarbigem Anstrich, teils mit mehrfarbigen Ornamenten. So werden die vertikal zusammengehörigen Glieder (Triglyphen, Regulae, Mutuli) meist dunkelblau, die horizontal verlaufenden Glieder (die obere Abschlußleiste des Epistyls und die Unterseite des Geisons zwischen den Tropfenplatten) kräftig rot gefärbt, während die Tropfen gelb oder in einer anderen hellen Farbe gehalten sind. Die Metopen blieben weiß, außer wenn sie mit Skulpturen geschmückt waren, die ein farbiger Hintergrund (rot oder blau) stärker hervortreten ließ (→ *Polychromie).

J. Durm, Die Baukunst der Griechen, 1881; F. Krischen, D. O. (Wasmuth), 1930; M. Raphael, Der dor. Tempel, dargestellt am Poseidontempel in Paestum, 1930; O. Schottenhaml, Lastprobleme des griech. dor. Tempelbaues (Diss. Wien), 1943; H. Koch, Der griech. dor. Tempel, 1951; R. Borrmann, Der dor. Tempel der Griechen.

Dorische Säule → *Dorische Ordnung.

Dorment → *Dormitorium.

Dormitorium Dorment (von lat. *dormire:* schlafen), Schlafsaal eines Klosters, meist neben der Kirche der größte Raum, in dem die Mönche gemeinsam schliefen. Nach Einführung der Einzelzellen wurden diese häufig an den Langseiten des D. angeordnet (erhaltene Beispiele in Alpirsbach,

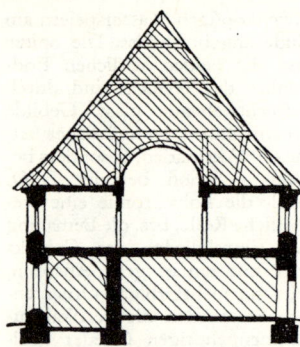

Dormitorium (Beispiel: Blaubeuren)

Blaubeuren und Bebenhausen), daher ging der Begriff D. später vielfach auf den ganzen Gebäudeteil oder das Geschoß über, in dem an einem langen Gang die Zellen nebeneinander liegen. Bes. schöne Dormitorien der ursprünglichen Art in Eberbach/Rheingau (zweischiffig) und Heiligenkreuz/Niederösterreich (dreischiffig).

O. Stiehl, Der Wohnbau des MA., ²1908; A. Dehlinger, Die Ordensgesetzgebung der Benediktiner und ihre Auswirkung auf die Grundrißgestaltung (Diss. Dresden), 1936.

Dorsale (von lat. *dorsum:* Rükken), die Rückwand des → *Chorgestühls.

Doxale (mittellat.), vielleicht von der liturg. Lobpreisung (Doxologie) abgeleiteter Begriff, mit dem im MA. der Lettner, seltener das Chorgitter, später aber auch die Sängertribüne und die Orgelempore bezeichnet wurden.

Draufsicht, Darstellung eines Gegenstandes mit Blick von oben.

Dravidha (ind.), über der Cella eines ind. Tempels aufgebauter Turm (→ Sikhara) von achteckigem Grundriß.

Drehbrücke → Brücke.

Drehbühne, eine drehbare, mehrteilige Bühne, die raschen Szenenwechsel ermöglicht. Die D. kann als Drehscheibe bei Bedarf auf den Bühnenboden aufgelegt werden oder aber als Drehzylinderbühne ständig eingebaut sein.

F. Kranich, Bühnentechnik der Gegenwart, 1929.

Drehtür, eine um eine mittlere Achse bewegliche → *Tür mit drei oder vier im Winkel angeordneten Blättern (z. B. Außentüren bei Hotels).

Dreiapsidenchor → *Chor mit drei Chornischen.

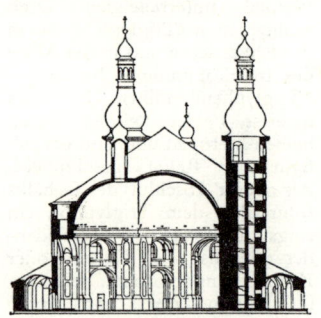

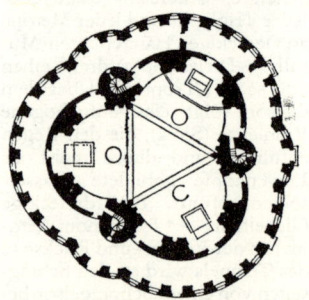

Dreifaltigkeitskirchen
(Beispiel: Kappel bei Waldsassen 17. Jh.

Dreiblatt, aus drei gleich großen Spitzbogen bestehende Einzelfigur des got. Maßwerks (→ *Blatt 2).

Dreiecksbogen, → *Giebelbogen.

Dreifaltigkeitskirchen, der hl. Dreifaltigkeit geweihte, meist auf ein Dreieck oder einen Dreipaß aufgebaute Zentralbauten, besonders in der Barockzeit vorkommend (Kappel-Waldsassen, Stadl-Paura).

K. Kühn, Die D. des Stiftes Kukus (Diss. Wien), 1909.

Dreiflügelanlage (Triklinium 2), Grundrißform des barocken Schloßbaues mit einem Hauptgebäude (→ *Corps de Logis) und zwei meist kürzeren Seitenflügeln, die einen offenen Hof (Ehrenhofs Cour d'honneur) U-förmig umfassen.

Dreikantleisten, Dreieckleisten, Holzleisten von dreieckigem Querschnitt, die bei Fachwerkbauten an das Holzwerk geschlagen werden, um das Ausbrechen des Füllmauerwerks in den Gefachen zu verhindern.

Dreikonchenanlage, Kirche mit drei halbrunden oder polygonalen Apsiden (Konchen, Trikonchos, Trichorum, Cella trichora), die im Gegensatz zum Dreiapsidenchor (→ *Chor) nach drei Richtungen weisen, so daß sich bei annähernd gleicher Größe der Konchen die Grundrißform eines regelmäßigen Kleeblattes ergeben kann. Meist handelt es sich dabei um das Ostende des Chores oder das Nord- und Südende des Querhauses (Betlehem, Geburtskirche; Köln, St. Maria im Kapitol und St. Aposteln; Marburg, Elisabethkirche), doch können auch quadrat. Zentralbauten (Regensburg, Allerheiligenkapelle im

Dreikonchenanlage

Domkreuzgang) oder quadrat. Chöre (Mainz, Dom-Westchor) D. sein.

L. v. Sybel, Christl. Antike II, 1909; Fresfield, *Cella trichora in Sicily, North Africa and Sardina,* London 1913; J. Strzygowski, Der Ursprung des trikonchen Kirchenbaues (Zs. für christl. Kunst XXVIII), 1916; ders., Die Baukunst der Armenier und Europa, 1918; Vincent, *Le plan tréflé dans l'architecture byzantine* (Rev. Archeol.), 1920.

Dreipaß, aus drei Kreisbogen zusammengesetzte Figur des Maßwerks (→ Paß).

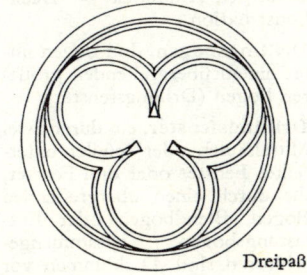

Dreipaß

Dreipaßbogen, Kleeblattbogen,
→ *Bogenformen.

Dreischlitz, Verdeutschung von
→Triglyphe (→ *Dorische Ordnung).

Dreischneuß, aus drei in einem
Kreis angeordneten → Fischblasen bestehende Figur des Maßwerks (→ *Schneuß).

Dreispänner, Typ eines → Miethauses, bei dem in jedem Geschoß
drei Wohnungen am Treppenhaus
angeordnet sind (→ *Sternhaus).
K. L. Spengemann, Grundrißatlas, Eine
Typenkunde für den Wohnungsbau,
1955.

Dreistrahlgewölbe, hauptsächlich bei Zisterzienserbauten des
14. Jh. vorkommende Sonderform des got. Gewölbes, bei der
dreieckige Gewölbeflächen durch
winkelhalbierende Rippen unter
teilt sind, so daß sich kunstvolle
Sternformen ergeben (Eberbach,
Kapitelsaal; Bebenhausen, Sommerrefektorium; Maulbronn, Kapitelsaal) → *Gewölbeformen.

Dreiviertelsäule, meist an Ecken
angebrachte Wandsäule, deren
Querschnitt ein Dreiviertelkreis
ist.

Dreiviertelstab, ein → Rundstab mit dreiviertelkreisförmigem
Querschnitt.

Drempel, Kniestock → *Dachkonstruktion.

Drillingsbogen, drei Bogen unter einem übergreifenden größeren Bogen (Drillingsfenster).

Drillingsfenster, ein durch zwei
Mittelsäulen oder -pfeiler unterteiltes Fenster oder drei Fenster,
die durch einen übergreifenden
Bogen, Blendbogen oder Entlastungsbogen, zusammengeschlossen sind. D. kommen vor

allem in Kreuzgängen der roman.
und frühgot. Epoche vor (→
*Fensterformen).

Drolerie (franz.), im MA. beliebte drollige Darstellung mit
Menschen, Tieren und Fabelwesen, als plast. Schmuckmotiv auch
in der Baukunst häufig verwendet, z. B. an Kapitellen und Friesen roman. und got. Kirchen, besonders häufig an Miserikordien
der got. → Chorgestühle.
Lit.: → Bauplastik.

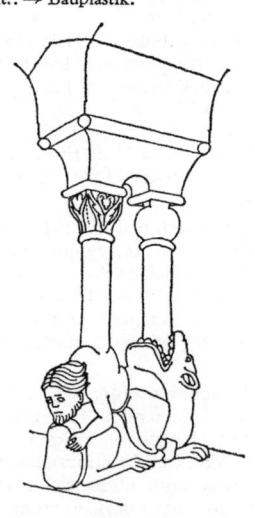

Drolerie
(Beispiel: Millstatt, Kreuzgang)

Dromos (griech.: Lauf, Gang),
Bezeichnung für einen Gang, der
zu einem Raum führt, z. B. für
die Zugänge zu den → *Kuppel-
gräbern von Mykene.

Drudenfuß → *Pentagramm.

Dübel, Bauelemente aus Holz
(Holzd.), Metall (Metalld., Dollen), seltener aus Stein (Steind.),
die dazu dienen, Bauteile (Balken,

Unterzüge, Steine, Gesimse u.
dergl.) gegen seitliches Verschie-
ben, Kippen oder Verkanten zu
schützen. Im Holzbau kommen
vornehmlich Hartholzd. vor, die
auch prismatisch oder schwalbenschwanzförmig sein können
und oft noch durch Verschrau-
bungen verstärkt werden. Im
Steinbau werden meist senkrecht
stehende Metalld. (Dollen) verwendet. Bei primitiven Stein-
mauern aus frühgeschichtlicher
Zeit (Heidenmauer des Odilienberges) können auch schwalbenschwanzförmige Hartholzd. im
Steinbau vorkommen.

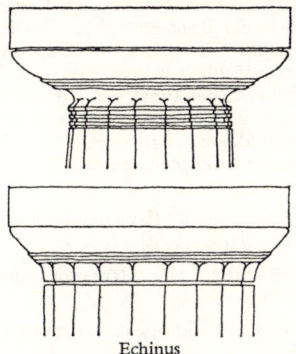

Echinus

der Schale des Seeigels (E. escu-
lentus). In der Frühzeit stark
bauchig und weit ausladend, erscheint der E. in der klass. Form
gestraffter und erstarrt in der
nachklass. Zeit fast zum Kegel-
stumpf.

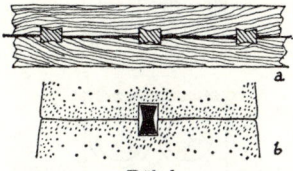

Dübel
a Holzdübel   b Metalldübel

Durchhaus, Gebäude mit einem
öffentlichen Durchgang zwischen
zwei Straßen.

Dürnitz (von slaw. *dwornitza,
turnitza:* Feuerstätte), Bezeichnung für einen heizbaren Raum
oder eine Halle einer → Burg.

Eckblatt, Ecksporn, blatt-, knol-
len- oder spornähnliche Verzierung an den vier Zwickeln, die
auf der quadrat. Fußplatte (Plin-

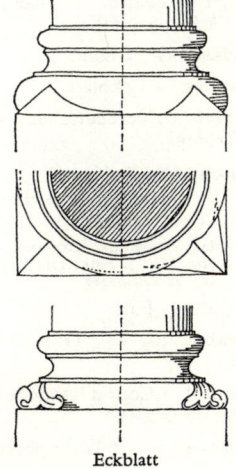

Eckblatt

Early English, engl. Frühgotik.

Echinus (griech.: Igel, Seeigel),
Polster, der wulstartige, im Querschnitt kreisförmige Teil des dor.
Kapitells, der zwischen der Deckplatte und dem Säulenschaft vermittelt (→ Dorische Ordnung)
mit Ringen (Anuli) an seinem
unteren Ende. Die Bezeichnung
beruht auf seiner Ähnlichkeit mit

the) einer Säule infolge der Kreisform der Basis entstehen. Das E. kommt in vielen Variationen hauptsächlich in der roman. und frühgot. Baukunst vor. An seine Stelle können bes. in der Romanik auch kleine Fabelwesen, z. T. mit Menschenköpfen, treten.

W. Serida, Basis (RDK), 1937.

Eckerker, → *Erker an der Ecke eines Bauwerkes.

Eckklaue, ein klauenförmiges Eckblatt.

Eckknolle, knollenförmiges Eckblatt.

Eckkonflikt → *Triglyphenkonflikt.

Eckkontraktion, Verringerung des Eckinterkolumniums. Die E. tritt am dor. Tempel als Folge des → *Triglyphenkonfliktes auf. Bei den anderen Säulenordnungen tritt manchmal eine E. (meist über zwei Interkolumnien) als opt. Korrektur auf.

Eckpilaster, an einer Ecke angebrachter → Pilaster mit zwei Ansichtsflächen (→ *Pfeiler).

Eckrisalit → *Risalit.

Ecksporn → Eckblatt.

Ecktrichter, Verdeutschung von → *Trompe.

Eckzwickel, Pendentif, ungenaue Bezeichnung für Hängezwickel (→ *Kuppel).

J. Rosintal, Pendentifs, Trompen und Stalaktiten, 1912; J. Fink, Die Kuppel über dem Viereck, 1958.

Edelputz → Putz.

Ehrenbogen → *Triumphbogen.

Ehrenhof → Cour d'honneur (→ *Corps de Logis).

Ehrensäule → *Triumphsäule.

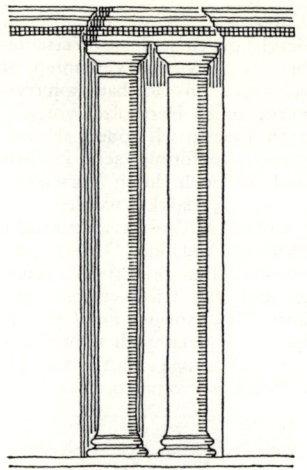

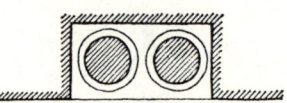

Eingeblendete Säule

Eierstab, ionisches → *Kyma.

Eingeblendete Säule, Säule in nischenartiger Wandvertiefung.

Eingezogene Streben nennt man Strebepfeiler, die in ihrem unteren Teil oder in voller Höhe in den Innenraum einbezogen sind und Rechtecknischen (→ Einsatzkapellen) umschließen.

K. Gerstenberg, Dt. Sondergotik 1913.

Einhäuptig, häuptig, wird ein Mauerwerk genannt, das gegen das Erdreich stößt und deshalb nur an einer Seite sichtbar ist (→ Haupt 1).

Einhaus, Bezeichnung für ein Bauernhaus, das alle seine Funktionen unter einem Dach vereinigt, im Gegensatz zum Gehöft,

das Wohnhaus, Ställe und Scheuer
unterscheidet. Das E. kommt bes.
im alemann. und bayr. Gebiet vor
(→ *Schwarzwaldhaus, → *Barghus, → *Niedersachsenhaus).

J. Eigl, Das Salzburger Gebirgshaus'
1894; K. Thiede, Das Erbe german.
Baukunst im bäuerlichen Hausbau,
1936.

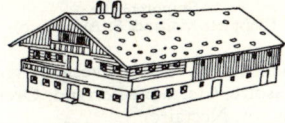

Einhaus (bayr. Typus)

Einhüftig, 1. ein Bogen oder Gewölbe, bei dem die korrespondie-
renden Kämpferpunkte nicht in
derselben Höhe liegen (→ *Bogenformen), 2., einbündig, ein Gebäude mit Flur, an dem nur einseitig Räume liegen.

Einsatzkapellen, als Kapellen
dienende rechteckige oder trapezförmige Räume, die zwischen eingezogenen Streben liegen und
hauptsächlich in der Spätgotik
vorkommen (Wandpfeilerkirche)
z. B. in München, Frauenkirche;
Salzburg, Chor der Franziskanerkirche (→ *Hallenchor).

K. Gerstenberg, Dt. Sondergotik, 1913;
J. Büchner, Die spätgot. Wandpfeilerkirche Bayerns und Österreichs, 1964.

Einschubleiste, → *Leiste, die
zwei Bretter konstruktiv verbinden soll.

Einturmfassade, Front eines
Bauwerks, bei Kirchen meist die
Westfassade, an oder in deren
Front ein Turm steht, z. B. Frei-
burg, Münster; Ulm, Münster
(→ *Turmfassade).

H. Soehner, Geschichte des Westeinturmes im Abendland (Diss. München),
1950.

Einziehung, Verengung des
Querschnittes, bezogen auf die

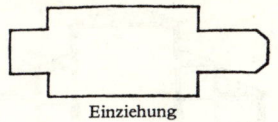

Einziehung

Längsachse. So kann z. B. der
Chor einer Kirche gegenüber dem
breiteren Langhaus „eingezogen"
sein.

Eisenbeton, veraltete Bezeichnung für → *Stahlbeton.

Ellipsenbogen, ein Bogen dessen Krümmung aus einer in der
Längsrichtung halbierten Ellipse
besteht (→ *Bogenformen). Im
Gewölbebau kommt der E. vor
allem als Diagonalbogen des
Kreuzgewölbes über rechteckigem Grundriß vor.

Elliptisches Gewölbe, Gewölbe
über dem Grundriß einer Ellipse,
hauptsächlich im böhm. und
fränk. Barock vorkommend.

Emblem (von griech. *emblema:*
das Eingesetzte), in der griech.
Antike meist sinnbildliche Verzierung (Ziselierung) an Kunstwerken aus Metall, danach allgemein Bezeichnung für ein zur Dekoration verwendetes Symbol
gegenständlicher Art (z. B. Krone, Palmzweig, Schwert u. a.) →
Trophäe 2.

M. P. Verneuil, *Dict. des symboles, em-
blèmes et attributs,* 1897.

Empore, galerie- oder altanähn-
licher architekton. Aufbau, der in
einem Innenraum steht oder sich
auf einen Innenraum hin öffnet.
In Kirchen können E. zu beiden
Seiten des Mittelschiffs, aber auch
über dem Eingang liegen. In der
oriental. und byzantin. Kirche
waren die E. für die Frauen bestimmt, in Klosterkirchen des
MA. meist eine E. für die Non-

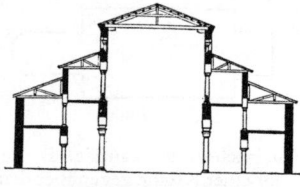

Emporenhalle
(Beispiel: Mailand, S. Ambrogio)

Emporenbasilika
(Beispiel: Saloniki, Demetriusbasilika)

nen. Auch für Kaiser und Fürsten wurden in den Kirchen E. errichtet. Die bekanntesten E.bauten der byzantin. Epoche sind Hagia Irene und Hagia Sophia sowie S. Sergius und Bacchus in Konstantinopel. Nach dem Schema der letztgenannten Anlage wurden in derselben Epoche S. Vitale in Ravenna und in der karolingischen Zeit etwas vereinfacht auch das Münster zu Aachen errichtet. E. kommen in der franz. Romanik (Caen) und vor allem in der frühen Gotik (Laon) vor und werden auch noch in Barockkirchen verwendet (→ Galerie 3, Tribüne 2, → *Nonnene., → *Orgele., → *Wandaufbau).

P. O. Rave, Der E.bau in roman. und frühgot. Zeit, 1924.

Emporenbasilika, Basilika, die zu beiden Seiten des Mittelschiffes Emporen über den Seitenschiffen hat (Saloniki, Demetriusbasilika).

Emporenhalle, Hallenkirche mit Emporen über den Seitenschiffen. E. kommen in roman. Zeit haupt-

sächlich in der Auvergne vor (Issoire, Clermont-Ferrand, Orcival, St. Nectaire).
Lit.: → Empore.

Emporenkirche, 1. Kirche mit Emporen. E. mit belichtetem Mittelschiff heißt man → *Emporenbasiliken, mit unbelichtetem Mittelschiff → *Emporenhallen. 2. Teil des Kirchenraumes auf der Empore, hauptsächlich bei Nonnenkirchen (→ *Nonnenempore).
Lit.: → Empore.

Emporenumgang, ein Chorumgang in der Höhe der Emporen; über einem ebenerdigen Chorumgang, manchmal auch über einem geschlossenen Unterbau oder Einsatzkapellen.
K. Gerstenberg, Dt. Sondergotik, 1913.

Enfilade (franz.: Auffädelung, Aufreihung), eine Zimmerflucht, bei der die Türen an einer Achse

Emporenumgang

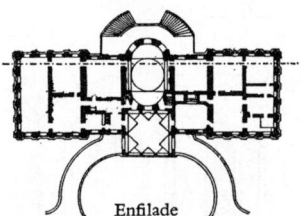

Enfilade
(Beispiel: Wien, Palais Schwarzenberg)

liegen, so daß bei geöffneten Türen eine Durchsicht vom ersten bis zum letzten Zimmer möglich ist. Die E., in die auch ein in der Mitte liegender Saal einbezogen sein kann, ist typisch für Schlösser, Hotels und andere repräsentative Profanbauten des Barocks und wurde in Frankreich entwickelt.

A. E. Brinckmann, Die Baukunst des 17. und 18. Jh. in den roman. Ländern, ⁵1929; M. Wackernagel, Baukunst des 17. u. 18. Jh. in den german. Ländern, o. J.

Englischer Garten, Park, unregelmäßige, im Prinzip an die Natur anschließende Form des → Gartens, die in England bereits im 17. Jh. aufkam und damals vielleicht durch „Ideallandschaften" franz. oder niederländ. Maler angeregt war. Später wurden Publikationen über ostasiat. Gärten bei der Disposition des E. G. gleich bedeutsam. Der E. G. möchte gesteigerte Natur sein. Weideflächen wechseln mit Teichen und Baumgruppen ab. Die Architektur ist durch Landhäuser – oft im Stil von Schweizerhäusern – vertreten. Auch romantische Faktoren – vor allem beim E. G. in Deutschland – können durch Anordnung von Tempeln, Pyramiden, Aquädukten und Burgen (meist in ruinenhaftem Zustand) aufklingen. Berühmte Ba-

rockgärten wurden später oft in E. G.-Anlagen umgewandelt (Schwetzingen, Nymphenburg). Eine von Anfang an als E. G. geplante Anlage ist der Park von Wörlitz.

Sir U. Price, *Essays on the Picturesque in Gardening*, 1780; J. L. Mansa, Pläne zu Gartenanlagen im engl. Geschmack, 1798–1800; M. Repton, *The Landscape-Gardening and Landscape-Architecture*, London 1849; F. L. v. Sckell, Beiträge zur bildenden Gartenkunst, 1818; E. E. Petzold, Die Landschaftsgärtnerei, 1861; K. E. Schneider, Die Ästhetik der Landschaftsgärtnerei, 1890; J. Conder, *Landscape Gardening in Japan*, 1893; E. Hallier, Grundzüge der landschaftlichen Gartenkunst, ²1896; M. Dreger, Der E. G. und seine Beziehung zur Baukunst (Allgemeine Bauzeitung), 1896; Fürst H. v. Pückler-Muskau, Andeutungen über Landschaftsgärtnerei, ²1904; H. Berger, Architektur und Landschaft (Diss. Wien), 1905; F. Kammerer, Zur Geschichte des Landschaftsgefühls im frühen 18. Jh., 1909; M. L. Gothein, Geschichte der Gartenkunst, ²1926; F. Hallbaum, Der Landschaftsgarten, 1927; s. a. Garten.

Englischer Verband → Mauerverband, bei dem auf eine Binderschicht mehrere Läuferschichten folgen.

Engsäulig, → Pyknostylos (→ *Interkolumnium.

Entasis (griech.: Anspannung), die leichte Schwellung des Schaftes der griech. Säulen, die kurz unterhalb der Schaftmitte am stärksten ist. Die E. verleiht der Säule als tragender Stütze den Eindruck von gespannter Kraft und findet sich auch in der Romanik und in den auf die Antike zurückgehenden Baustilen (Renaissance, Barock, Klassizismus) in mehr oder weniger ausgeprägter Form (→ *Dorische Ordnung, → *Ionische Ordnung, → *Säule).

J. Durm, Die Baukunst der Griechen, 1881; F. Krischen, Dor. Ordnung (Wasmuth), 1930.

Entlastung

Entlastungs-
dreieck

Entlastungs-
bogen

Entlastung, da Steinbalken über Öffnungen keine größere Auflast ertragen, wird das darüberliegende Mauerwerk durch E.dreiecke oder E.bogen abgefangen, so z. B. beim Löwentor zu Mykene. Über Gebälken und weitgespannten Bogenkonstruktionen werden zur E. Nischen, über Gewölben Hohlräume angeordnet (→ *Giebelbogen).

Entlastungsbogen, Überfangbogen, ein Bogen innerhalb des Mauerwerks, der eine oder mehrere Öffnungen überspannt und deren obere Abdeckung (z. B. einen Sturz) entlastet (→ *Entlastung).

Entlastungsträger sind Träger, die einen anderen Träger entlasten.

Entresol (franz.), Mezzanin, niedriges Zwischengeschoß (→ *Geschoß).

Entwurf, zeichnerische Lösung einer Bauaufgabe als Unterlage für die Planung eines Bauwerks: Vorentwurf und Schaubild.

Episkenion (griech.), nach Vitruv Bezeichnung für das obere Stockwerk des Bühnenhauses (Skene) im griech. → Theaterbau.

Epistelambo, Epistelpult →Ambo auf der Epistelseite (S.seite)

Epistelseite, die vom Schiff aus gesehen rechte (S.-) Seite des Kircheninneren, so genannt, weil in kath. Kirchen die Episteln an einem auf dieser Seite in oder vor dem Chor stehenden Pult (Epistelpult) verlesen werden, wie dies schon in der altchristl. Basilika vom rechten → Ambo aus geschah. Da im MA. auf dieser Seite die Männer saßen, wird die E. auch Männerseite genannt (im Gegensatz zur Evangelienseite).

Epistylion, Epistyl (griech.), Architrav eines Tempels (→ Gebälk).

Epitaph (von griech. *epitaphium:* Grabschrift), an der Außenwand der Kirche oder in ihrem Inneren an einer Wand oder einem Pfeiler aufgestelltes oder aufgehängtes Mal zum Gedächtnis an einen Verstorbenen, meist mit einer ausführlichen Inschrift und (oder) figürl. Darstellungen versehen. Das E. befindet sich in der Regel nicht über einem Grab, obwohl es im späten MA. noch vielfach die Form des die Gestalt des Verstorbenen tragenden Grabsteins hat.

Epitaph (1585)

In der Renaissance und noch mehr im Barock wird das E. zu einem prunkvollen, architekton. gegliederten, oft mehrgeschossigen Gebilde mit reichem plast. Schmuck (→ Grabdenkmal).

Epitrachelium (griech.), Hypotrachelion, Säulenhals (→ *Echinus, → *Dorische Ordnung).

Erdbogen, Gegen-, Grundbogen, umgekehrter, mit dem Scheitel nach unten gerichteter Bogen zur gegenseitigen Verspannung der Fundamentpfeiler und zur gleichmäßigen Verteilung der Auflast auf schlechtem Baugrund (→ Bogen II).
Lit.: → Fundament.

Erdgeschoß → *Geschoß.

Eremitage (franz.: Einsiedelei), im Barockzeitalter beliebte Bezeichnung für ein Garten- oder Lustschloß, dessen ländliche Abgeschiedenheit damit betont werden sollte. Eine „richtige" Einsiedelei, eine Art architekton. Maskerade, ist die 1720 begonnene E. bei Bayreuth mit „Zellen" für die Herren und Damen des markgräflichen Hofes und einem „Refektorium" (Abb. S. 136).

Erker, ein- oder mehrgeschossiger geschlossener Anbau an der Fassade oder Ecke (Eckerker) eines Gebäudes, der im Unterschied zu Altan (Söller) und Auslucht nicht vom Erdboden aufsteigt, sondern durch Auskragungen oder von Konsolen getragen wird, beim ma. Burgenbau auch

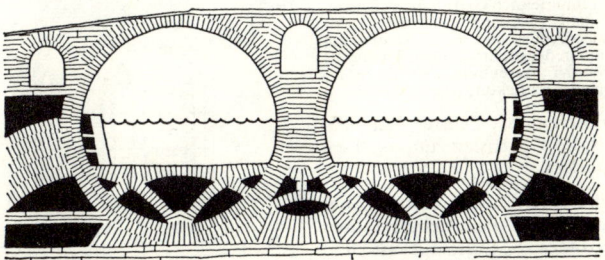

Erdbogen (Beispiel: Rom, Brücke des Fabricius, 62 v. Chr.)

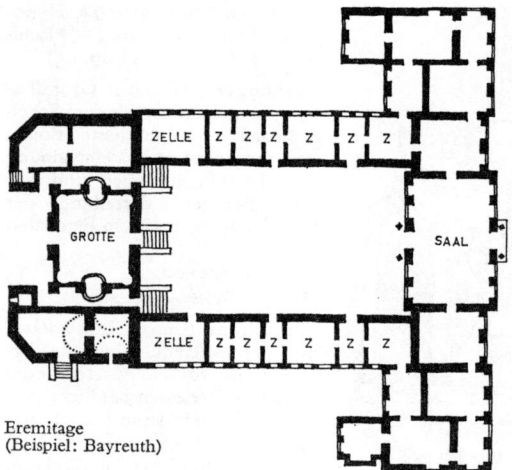

Eremitage
(Beispiel: Bayreuth)

als Aborterker vorkommend. In
der Spätgotik und dt. Renaissance
häufig verwendet, diente der E.
zur Erweiterung des Wohnraumes (Stubenerker) und zur
schmückenden Belebung der
Frontseite von Bürgerhäusern
und Schloßbauten, ebenso an
städt. Miethäusern des Neu-
barock gegen Ende des 19. Jh.
Dem E. ähnlich und nahe verwandt ist das → *Chörlein. Dagegen ist der → Dacherker ein
Dachaufbau.

A. Hinterleitner-Graf, Unter Lauben,
E. und Schwibbogen, 1959; W.
Haubenreißer, Der E. als Architektur-
motiv in der dt. Stadt (Diss. Tübingen),
1960; M. Cereghini, Der E. in der
alpinen Architektur, Mailand 1962.

Erkerfenster, Fenster eines Erkers, im Gegensatz zum → *Fenstererker.

Erkertürmchen, Erker, der
turmartig in die Dachzone eines
Gebäudes hochgeführt ist und
einen eigenen Dachhelm hat.

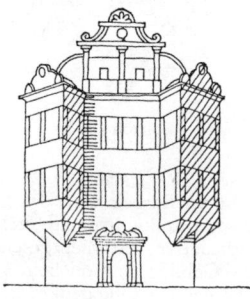

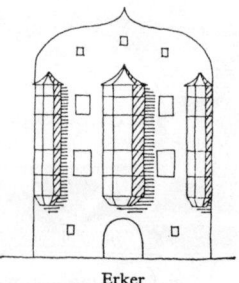

Erker

Erkertürmchen
(Beispiel: Freiburg, Kaufhaus, 16. Jh.)

Erscheinungsfenster, Fenster zwischen dem Palast und dem ersten Hof eines ägypt. Totentempels des Neuen Reiches (Theben, Ramesseum und Theben, Medinet Habu). Am E. zeigte sich der Pharao, um sich von der im Hof versammelten Menge huldigen zu lassen (→ *Grabtempel).

Eselsrücken → *Bogenformen.

Eselstreppe → Eselsturm.

Eselsturm, Bezeichnung für Türme an roman. Domen (Regensburg, Speyer, Worms), in denen statt einer Wendeltreppe eine gewendelte Rampe emporführt, auf der das Baumaterial von Eseln hinaufgetragen wurde. Der E. wurde möglichst frühzeitig errichtet, damit man das Baumaterial von oben her einbauen konnte. Nach Aufkommen des Baukrans erübrigte sich die Anlage von „Eselstreppen" in Türmen.
F. M. Feldhaus, Die Technik der Antike und des Ma., 1931.

Esplanade (span.-franz., von lat. *planus:* eben), 1. künstlich eingeebnete freie Zone, in Festungen zwischen Zitadelle und Stadt; 2. bes. breite Straße, die meist bei einer Stadterweiterung an Stelle der Befestigung (E. 1) angelegt wurde.
Lit.: → Stadterweiterung.

Estrade (franz., span. *estrado* von lat. *stratum:* Unterlage), erhöhter Teil des Fußbodens, z. B. in einer Fensternische, einem Erker oder Saal, zur Aufnahme eines bevorzugten Sitzes (Sessel, Thron).

Estrade

Estrella (span.), Fensterrose.

Estrich (von griech.-mittellat. *astricus:* Pflaster), fugenloser Fußboden aus weich aufgetragenem Lehm, Asphalt oder Mörtel. Dieser besteht aus verschiedenen Zuschlagstoffen und Zement, Gips, Kalk oder anderen Bindemitteln (Steinholz, Terrazzo, Zemente, Gipse).
F. Eichler, E. und Bodenbeläge im Hochbau, 1955; W. Schütze, Der schwimmende E., ³1965.

Eukterion (griech., von *euchomai:* beten), das „Bethaus" der frühchristl. Gemeinde vor Einführung der Basilika, wahrscheinlich ein einfacher Saal.

Eustylos (griech.: schönsäulig), nach Vitruv eine Säulenstellung der hellenist. Zeit, bei der das →

*Interkolumnium 2¼, das der beiden mittleren Säulen aber 3 untere Säulendurchmesser beträgt.

Vitruv, Buch III, 3. Kapitel.

Euthynterie (von griech. *euthenteria:* Steuerlager), Stylobat, oberste Schicht des Stereobats des griech. Tempels.

Evangelienambo, Evangelienpult → Ambo auf der Evangelienseite (N.seite).

Evangelienseite heißt die vom Schiff aus gesehen linke, nördl. Seite des Kircheninneren, weil in der Messe die Evangelien an einem auf dieser Seite stehenden → Ambo (Evangelienpult) verlesen werden (im Gegensatz zur Epistelseite).

Exedra (griech., wörtl.: „abgelegener Sitzplatz"), 1. Unterhaltungsraum im griech.-röm. → Wohnhaus; 2. mit Sitzen versehene halbkreisförmige Erweiterung an Säulengängen hellenist. Tempelhöfe und öffentlicher Plätze; 3. in der altchristl. und ma. Kirche gleichbedeutend mit → *Apsis.

Facen (Mz. franz. *face:* Gesicht), die beiden Frontlinien (Gesichtslinien) der winkelförmigen → *Bastion.

Fächerbogen, Vielpaß- oder Zackenbogen, aus mehreren fächerförmig angeordneten Kreisbogen bestehender Bogen, bes. in der islam. und spätroman. Baukunst (→ *Bogenformen).

Fächerfenster, in der spätroman. Baukunst vorkommende → *Fensterform mit verengtem unteren Teil und einer oberen Verbreiterung, die mit einem Fächerbogen schließt (Neuß, St. Quirin).

Fächergewölbe, Strahlengewölbe, Palmengewölbe, in der engl. Spätgotik beliebte, auch in den Bauten des Deutschen Ordens vorkommende → *Gewölbeform, deren Rippen fächerförmig von einem Punkte ausstrahlen.

Lit.: → Gewölbeformen.

Fächerrosette, beliebtes Ziermotiv an Fachwerkbauten der dt. Renaissance in Form einer Halbkreisscheibe, die mit einer halben Rosette bzw. mit einer verschiedenfarbigen, fächerartig gefalteten Innengliederung gefüllt ist und die meist in der Zone der Fußstreben vorkommt.

Fächerrosette

Fachwand → Fachwerk.

Fachwerk, eine Skelettbauweise, deren tragendes Gerüst aus meist hölzernen Pfosten, Querverbindungen und Streben besteht (F.-träger, F.binder). Werden dessen Zwischenräume (Fache, Gefache) mit anderem Material (Lehm, Backstein) ausgefüllt, so entsteht eine geschlossene Wand, die F.- oder Fachwand. Die senkrechten Konstruktionselemente (Pfosten, Säulen, Stiele) werden unten von der Schwelle (Bundschwelle), oben von dem Rähm (Rahmen, Oberschwelle, Bundbalken) gehalten. Die Querverbindungen bilden die Riegel: die über bzw. unter einer Fensteröffnung liegenden Riegel heißen Sturz- bzw. Brüstungsriegel, die anderen Zwi-

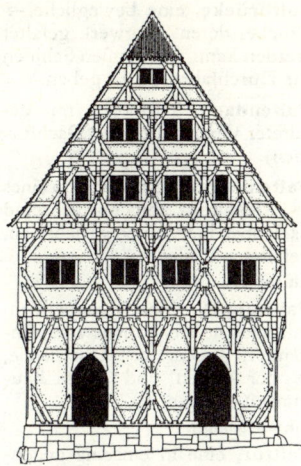

Fachwerk
(Beispiel: Esslingen, Altes Rathaus)

Versatz, Blatt oder Schwalbenschwanz hergestellt sein (→
*Holzverbindungen). Die oberen
Geschosse des F.hauses stehen oft
aus konstruktiven und räumlichen
Gründen etwas über (Überhang),
wobei → Knaggen die vorstehenden Balkenköpfe unterstützen
können. Das F. ist hauptsächlich
in german. besiedelten Landstri-
chen verbreitet (England, Nor-
mandie, Deutschland, Schweiz),
während es in Gebieten mit alter
röm. Steinbautradition seltener
vorkommt. Beim Bauernhaus und
noch öfter beim Bürgerhaus kann
die zunächst rein techn. bedingte

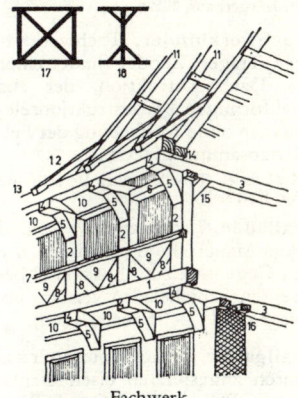

Fachwerk

1 Schwelle
2 Stiel, Ständer, Säule
3 Deckenbalken
4 Balkenkopf
5 Knagge
6 Rähm, Rahmen, Oberschwelle
7 Fensterlatte, Riegel (Brustriegel)
8 Strebe, Fußband, Bug
9 Gefach
10 Windbrett
11 Sparren
12 Aufschiebling
13 Dachschwelle, Saumschwelle
14 Sparrenschwelle
15 Kopfband, Strebe, Bug
16 Mauerlatte
17 Andreaskreuz
18 Stehender Mann

schenriegel. Ebenso unterscheidet
man bei den Pfosten Tür-, Fen-
ster- und Zwischenpfosten, dazu
die im Querschnitt stärkeren Eck-
pfosten und die „Bundsäule",
hinter der im Inneren eine unter-
teilende Wand steht. In der Diagonale verspannen die Streben,
die auch als Doppelstreben in
Form eines Andreaskreuzes ausgebildet sein können. Die Säulen
sind manchmal zusätzlich durch
meist zwei symmetrisch angeordnete kleinere Fußstreben (Fuß-
bänder) mit der Bundschwelle,
durch ebensolche Kopfstreben
(Kopfbänder, Kopfbüge) mit
dem Rähm verbunden. Nur die so
ausgestatteten Pfosten werden gewöhnlich Ständer, auch „stehender Mann" genannt, dementspre-
chend ein solches F. oder eine
solche F.wand auch Ständerwerk
oder Ständerwand. Die Verbindungen können durch Zapfen,

F.struktur von großer ornamentaler Schönheit sein, bes. wenn
die Streben, wie in der Renais-
sance- und Barockzeit, geschwungen und dekorativ geformt und
alle Teile reich verziert und geschnitzt, teilweise auch bunt bemalt sind. Auch die Ausfachung
mit Backsteinen in figuriertem
Verband oder die mit Sgraffito
verputzten Felder können das F.
beleben.

W. Fiedler, Das F.haus in Deutschland,
Frankreich und England, 1902; O.
Döring, Alte F.bauten der Provinz
Sachsen, 1910; F. Fricke, Braunschwei-
ger F.bauten, 1942; H. Phleps, Dt. F.-
bauten, 1951; H. Walbe, Das hess.-
fränk. F., ²1954; A. Bernt (hg.), Das
dt. Bürgerhaus, 1959ff.

Fachwerkbinder, Fachwerkträger, Träger (2) oder Binder einer
→ Dachkonstruktion, der aus
stabförmigen Konstruktionselementen ohne Ausfachung der Felder zusammengesetzt ist.

H. Lahde, Tabellen zur Berechnung
von F., 1954.

Falladen, Laden zum Verschluß
einer Maueröffnung (Fenster), der
im Gegensatz zum horizontal bewegten Schiebeladen vertikal bewegt wird (→ *Fensterladen).

Fallgatter, starkes Holzgatter aus
unten zugespitzten eisenbeschla-
genen Pfählen und Querbalken,
zum Sperren von Burg-, Stadt-
oder Festungstoren. Das F. ist
über dem Tor an Ketten aufgehängt und seitlich in Mauerschlit-
zen geführt und konnte bei Be-
lagerungen mit einer Winde rasch
heruntergelassen werden.

E. Viollet le Duc, *Dict.*

Falscher Bogen, → unechter
Bogen.

Falsches Gewölbe, → *unechtes
Gewölbe.

Faltbrücke, eine bewegliche →
Brücke, deren Tragwerk gefaltet
werden kann, um großen Schiffen
die Durchfahrt frei zu geben.

Faltendach, Turmdach mit gefalteter Oberfläche (→ *Dachformen).

Faltenkapitell, Sonderform eines
→ *Kapitells mit abwechselnd
nach oben bzw. unten gerichteten,
gefalteten Teilen.

Lit.: → Kapitell.

Faltkuppel, eine Kuppelform
mit nach außen konvex vorspringender, „gefalteter" Oberfläche,
in der armen. und islam. Baukunst (→*Kuppel).

Lit.: → Kuppel.

Falttür, eine in einzelne gegeneinander klappende Elemente unterteilte → *Tür.

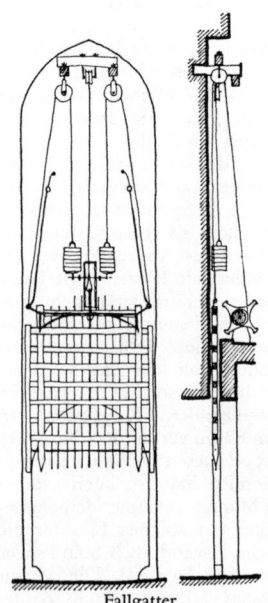

Fallgatter

Faltwand, eine aus einzelnen Elementen bestehende, zusammenklappbare Zwischenwand, die zur Verbindung zweier Räume geöffnet werden kann.

Faltwerk, Faltzwickel, Bauteile aus gefalteten Elementen mit abwechselnd nach oben und nach unten gerichteten Teilen, bes. Eckzwickel, Zwischengelenke und →*Kapitelle, hauptsächlich in der osman. Baukunst (z. B. in Brussa).

J. Rosintal, Pendentifs, Trompen und Stalaktiten, 1912; J. Born, F., Ihre Theorie und Berechnung, 1954; ders., Schalen, F., Rippenkuppeln und Hängedächer, 1962.

Faltwerk an einem türk. Kuppelbau

Falz, Verbindung durch Übergriff verschiedener Elemente, Tafeln oder Bahnen des gleichen Materials. Aus Blech kann die hakenförmig ineinandergreifende Verbindung liegend oder stehend (Stehf.) angeordnet sein, bei Fenstern und Türen sind Rahmen

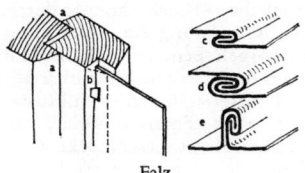

Falz

a Schlagfalz   c liegender Einfachfalz
b Glasfalz   d liegender Doppelfalz
        e stehender Falz

und Flügel durch einen oder mehrere Fälze miteinander verbunden (→ *Anschlag).

T. Böhm, Hdb. der Holzkonstruktionen, 1911.

Falzziegel, mit Falzen und Leisten ineinandergreifende Dachziegel (→ *Dachdeckung).

Farbige Architektur, →*Polychromie.

Fasciae, → Faszien (→ *ionische Ordnung).

Fase, durch Abfasen (Abkanten) entstandene schmale Fläche anstelle der Kante.

Fase

Fassade (franz. *facade* nach ital. *facciata* von lat. *facies*: Gesicht), die Hauptansichtsseite (Schauseite) eines Gebäudes, auf die die ganze Gestaltung konzentriert ist, in der Regel die Haupteingangsseite, bei Kirchen daher meist die Eingangsfront im Westen. Gewöhnlich zeigt die F. die innere Gliederung bzw. den Querschnitt des hinter ihr liegenden Baukörpers (z. B. bei roman. Basiliken, got. Kathedralen und Palästen der Renaissance und Barockzeit), sie kann aber auch für sich komponiert sein und weder in den Abmessungen noch im Querschnitt dem zugehörigen Bau entsprechen (z. B. Rom, St. Peter). Das klass. Land prunkvoller Kirchenfassaden ist Italien, wo zu dem architekton. und bauplast. Schmuck häufig noch der Farbwechsel des Gesteins hinzutritt (Siena und Orvieto, Domfassaden; Certosa bei Pavia) und die F. meist größer als der Raumquerschnitt (→ *Blendfassade, z.

1 Petit Palais, Kirche, 12. Jh.

2 Orvieto, Dom, 14. Jh.

3 Venedig, S. Giorgio Magg., 16. Jh.

4 Florenz, Pal. Rucellai, 15. Jh.

Fassade

B. Lucca, S. Michele) ist, selten kleiner (Mantua, S. Andrea).Häufig ist die F. durch einen oder durch mehrere Türme betont (→ *Turmfassade, Doppelturmfassade, Zweiturmfassade). Im Zeichen der Gegenreformation wurde auch nördl. der Alpen auf pompöse Kirchenfassaden bes. Wert gelegt, vor allem bei den weithin sichtbaren Klosterkirchen des süddt. Barock (z. B. Banz, Weingarten, Zwiefalten). Bei Profanbauten können die städtebaulich oder landschaftlich wirksamen Seiten durch bes. Hervorhebung

der F. gekennzeichnet sein. Portale und Portalvorbauten, Fenstergruppierungen, Säulenordnungen od. → *Kolossalordnung, Arkaden, Erker, Freitreppen u. dergl. sind die Kompositionselemente. Auch die →*Giebel können durch bes. Gliederung od. Bekrönung hervorgehoben sein. Außerdem kann die Fassade durch kostbareres Steinmaterial, durch →*Inkrustation, Putz, Sgraffito, Stuck od. Freskomalerei geschmückt werden.

H. Kunze, Das F.problem der franz. Früh- und Hochgotik (Diss. Straßburg), 1912; J. Bühlmann, Die Architektur

Fassadenmalerei
(Beispiel: Basel,
Haus zum Tanz,
Entwurf von
Holbein d. J., 1520)

des klass. Altertums und der Renaissance, ⁴1919; P. Schultze-Naumburg,
Das Gesicht des dt. Hauses, 1929.

Fassadenabwicklung, → Abwicklung der Schauseiten eines
Bauwerkes oder mehrerer nebeneinanderstehender Bauten (Stra
ßenzug, Platzwand).

Fassadenmalerei, die bes. in
Oberitalien, in der Schweiz und
in Süddeutschland verbreitete Bemalung von Fassaden mit architekton. (Architekturmalerei) und
figürl. Motiven, auch mit ganzen
Szenen religiösen und histor. Inhalts (→ Polychromie).

M. Baur-Heinhold, Süddt. F. vom
MA. bis zur Gegenwart, 1952.

Fassadenturm, ein an oder in der
Front eines Bauwerkes stehender
Turm, bei Kirchen meist die
Westfassade, z. B. in Freiburg und
in Ulm (→ *Turmfassade).

Lit.: → Turm.

Faszien (lat. *fasciae:* Binden) hei
ßen die drei, seltener zwei übereinander liegenden, von unten
nach oben leicht vorspringenden
Streifen, die den Architrav der
→ *Ionischen und der Korinthischen Ordnung waagerecht unterteilen.

Faszienbogen, ein Bogen mit durch Leisten oder Streifen (Faszien) profilierter Stirn (→ *Archivolte 1).

Fayence (franz., doch im Franz. heute *faience* geschrieben), nach der Stadt Faenza, einem der ersten ital. Herstellungsorte der F., benanntes Erzeugnis aus gebranntem Ton, das mit einer meist weißen und mit Scharffeuerfarben bemalten Glasur aus Zinn oder Blei überschmolzen ist. Das Verfahren wurde schon im Altertum von den Ägyptern, Babyloniern und Assyrern für ihre → Baukeramik angewandt, gelangte durch Vermittlung der Araber im 14. Jh. nach Europa (→ Azulejos) und findet noch heute als Wandschmuck und Baudekoration, vor allem aber im Kunstgewerbe vielseitige Verwendung (→ Fliesen).

O. v. Falke, Majolika, ²1907; F. W. Hudig, Delfter F., 1929; K. v. Hüseler, Dt. F., 1956–1958; C. Liverani, Ital. Majolika, 1960.

Feinputz, → Putz, der auf einem Unterputz aufgetragen wird und eine feinkörnige Struktur der Zuschlagstoffe aufweist.

Felderdecke, eine → Decke mit durch vortretende Balken oder durch Stuckprofile gebildeter Felderteilung an der Untersicht. Sonderformen sind die Kassettendecke (→ *Kassette) und die Spiegeldecke.

Felderfries, ein Fries aus viereckigen, meist quadrat. Vertiefungen, der bes. unter den Zwerggalerien rheinischer Dome der Spätromanik vorkommt (→Fries).

Feldsteinmauerwerk, aus Fundsteinen zusammengesetztes, unregelmäßiges → Mauerwerk.

Felsengrab, als Stollen in den Fels getriebenes Grab (→ *Grabbau).

G. Hirschfeld, Die paphlagonischen F., 1885; F. Reber, Die phryg. Felsendenkmäler, 1897; G. Dalmann, Petra und seine Felsheiligtümer, 1908; H. Brunner, Die Anlagen der ägypt. F. bis zum Mittleren Reich, 1936; E. Akurgal, Die Kunst Anatoliens, 1961.

Felsenkirche, → *Höhlenkirche, in den anstehenden Fels hineingehauene Kirche aus frühchristl. Zeit, hauptsächlich in Kappadozien im Südosten Kleinasiens verbreitet.

Felsenkloster, Felsenvihara, Höhlenkloster, in den natürlichen Fels gehauenes buddhist. Kloster (Vihara), hauptsächlich in Mittel- und Südindien, z. B. in Adschanta (2.–6. Jh.).

J. Fergusson, *History of Indian and Eastern Architecture*, London 1910; E. Diez, Die Kunst Indiens, o. J.

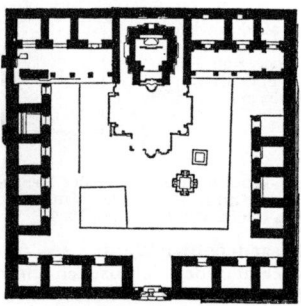

Felsenkloster
(Beispiel: Santschi, Tempel 45)

Felsentempel, Tempel, der entweder als Höhlung in den Felsen hineingetrieben ist (→ *Höhlentempel), z. B. der F. von Abu Simbel (Ägypten), oder aus einem Felsblock herausgehauen wurde, wie bes. in der ind. Baukunst (z. B. der F. von Ellura).

J. Burgess, *The Rock Temples of Elura*, Bombay 1877; J. Fergusson, J. Burgess, *The Cave Temples of India*, London 1880; J. Fergusson, *History of Indian and Eastern Architecture*, London 1910; V. Goloubew, *Le Kailasa d'Ellora* (Annales du Musee Guimet), Paris 1916.

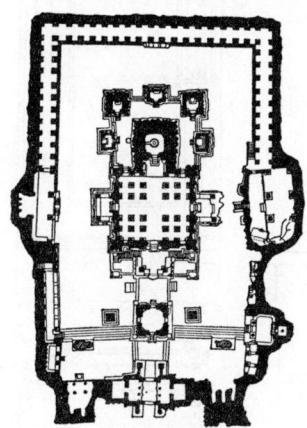

Felsentempel
(Beispiel: Ellura, Kailasanatha-Tempel, 8. Jh.)

Felsenvihara, → *Felsenkloster.

Fenster (von lat. *fenestra*), sind Maueröffnungen zur Belichtung und Belüftung der Innenräume. Ihre Größe, Form (→ *F.formen), Lage und Gruppierung in der Mauerfläche ist von großer Wichtigkeit für die äußere Erscheinung eines Bauwerkes (→ *Fassade) und durch die Art der Lichtführung von entscheidender Bedeutung für die Wirkung der Innenräume (tiefes oder hohes Licht, Atelierlicht, Kellerlukenlicht, Deckenlicht usw.). Die F.öffnung wird oben durch den geraden F.sturz oder durch einen Bogen (Laibungsbogen), unten durch die waagerechte Sohlbank und seitlich durch die F.laibung oder durch das schräg einge-

schnittene F.gewände (→ *F.-schräge) begrenzt. Die lichte Öffnung eines F. heißt F.fläche. Die Wand zwischen Fußboden und F.sohlbank, auf der das F.bett (Simsbrett) aufliegt, heißt F.brüstung. Sie ist meist schwächer als die Außenmauer, so daß bei großer Mauerstärke eine F.nische entsteht. Außen kann die F.öffnung von einer vorspringenden Rahmung (F.einfassung) umgeben und von einem vorstehenden Bogen (F.bogen) oder Giebel (F.-giebel) überdacht (→ *F.verdachung) sein. Reichere Formen nennt man F.bekrönung. Die F.-öffnung kann durch bewegliche F.läden und F.flügel oder durch fixe F.scheiben geschlossen werden. Läden und Flügel können direkt am Mauerwerk angeschlagen werden, sind aber meist an einem fest mit dem Mauerwerk verbundenen F.stock (der als Blendrahmen, bzw. als Zarge ausgebildet sein kann) beweglich durch Bänder befestigt. Der F.-rahmen kann in der Breite durch einen oder mehrere F.pfosten (Setzhölzer), in der Höhe durch ein Querholz (Kämpfer), unterteilt werden, die zusammen das F.kreuz (Kreuzstock) bilden. Das Setzholz kann fehlen, wenn die Flügel gegeneinanderschlagen und zur Abdeckung des → *Falzes mit einer Schlagleiste versehen sind. Die F.flügel lassen sich nach innen oder nach außen öffnen und sind aus vier Schenkeln zusammengesetzt. In ihre Glasfälze sind die Scheiben eingekittet. Große Flügel sind häufig durch Sprossen in Felder geteilt. Der untere Schenkel nach innen aufgehender Außenflügel ist mit einer nach außen ausladenden Wassernase versehen (Wetterschenkel). Außer

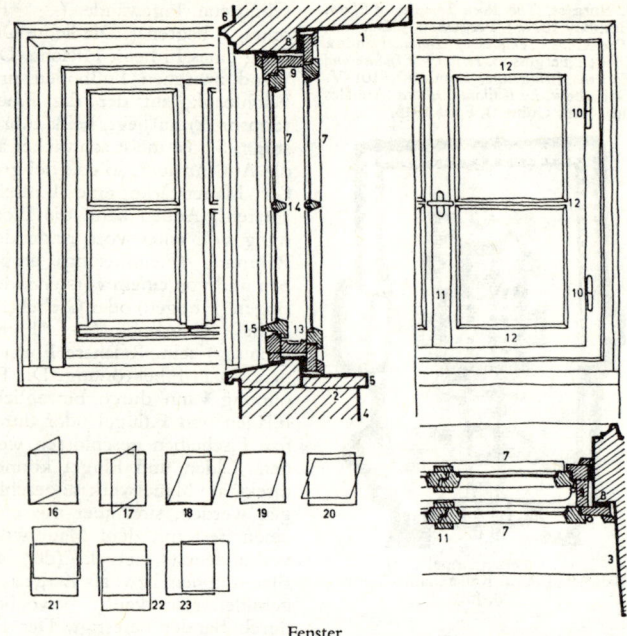

Fenster

Zweiteiliges Doppelfenster		Bezeichnung der Fensterflügel:	
1 Sturz	9 F.Stock	16 Drehflügel	
2 Sohlbank	10 F.Band	17 Wendeflügel	
3 F.Laibung	11 Schlagleiste	18 Kippflügel	
4 Brüstung mit Nische	12 Schenkel	19 Klappflügel	
5 F.Brett	13 Glasfalz	20 Schwingflügel	
6 F.Einfassung	14 Sprosse	21 Hebefenster	
7 F.Flügel	15 Wetter-	22 Senkfenster	
8 Anschlag	schenkel	23 Schiebefenster	

den einfachen F. gibt es noch Doppelf., die durch parallel hintereinander angeordnete Flügel geschlossen sind und Verbundf., deren parallele Flügel gemeinsam angeschlagen und mit einem einzigen Handgriff zu öffnen sind. Nach der Art ihrer Beweglichkeit unterscheidet man Dreh- und Wende-, Kipp-, Klapp- und Schwingflügel-, sowie Schiebe-, Hebe- und Senkf. Der Beweglichkeit und der Feststellung der Flü-

gel dienen die Beschläge, Bänder und Reiber oder Triebe. Zu ihnen zählen auch die sog. Scheinhaken, eiserne Winkel, die ein Verziehen der rechtwinkeligen Flügel verhindern sollen und die Spreizstangen (F.haken), die dem Offenhalten der F. dienen.

M. Simon, Das F. (Diss. Darmstadt), 1933; A. J. Wacker, Das F. im dt. Wohnhaus, 1938; O. Völkers, Glas und F., 1939; H. Frühling, Die Beleuchtung von Innenräumen durch Tageslicht (Heft der dt. Beleuchtungstechnik Gesellschaft), 1940; G. Backer, B. Funaro, *Windows in Modern Architecture*, New York 1950; H. Rumpp, Neuzeitlicher F.bau in Holz und Metall, 1954; R. Reitmayer, Holzf. in handwerklicher Konstruktion, [5]1956; A. G. Schneck, F. aus Holz und Metall, [6]1958; F. W. Schlegel, Fertigf.-Fertigtüren, 1961.

Fensterachse, falls die Mittelachsen von Fenstern in mehreren Geschoßen übereinander liegen, spricht man von F. Die Fassade erhält dadurch eine starke vertikale Bindung, so daß man eine Fassade nicht nur nach Geschossen sondern auch nach F. (→ *Achsen) charakterisieren kann.

Fensterarkaden, die bogenüberspannten Teilöffnungen eines → *Arkadenfensters.

Fensterausschrägung → *Fensterschräge.

Fensterband, 1. Teil des Beschlages eines Fensters (→ Band 3), 2. eine Reihe mehrerer unmittelbar nebeneinander liegender Fenster (→ *Fensterformen).

Fensterbank, 1. Sohlbank, untere Begrenzung des → *Fensters; 2. Sitzbank in einer Fensternische.

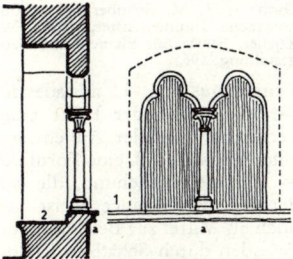
Fensterbank
a Fensterbankgesims (Sohlbankgesims)

Fensterbankgesims, Bankgesims, Sohlbankgesims → *Gesims (→ *Fensterbank).

Fensterbekrönung, außen über dem Fenstersturz angebrachte oft sehr freie Schmuckform, deren Vorläufer Fensterbogen und → *Fensterverdachung waren.

Fensterbogen, 1. der obere Abschluß eines Bogenfensters, 2. an der Außenwand über einem Fenster angeordneter vorspringender Bogen (→ *Fensterverdachung), 3. Entlastungsbogen in der Mauer über dem Fenstersturz.

Fensterbrett, innere Abdeckung der Brüstung eines → *Fensters.

Fensterbrüstung, die Mauer zwischen Fußboden und Fensterbrett (→ *Fenster).

Fenstereinfassung, äußere, die Fensteröffnung rahmende Zierglieder, oft von einer → *Fensterverdachung bekrönt und unten meist vom Fensterbankgesims abgeschlossen (→ *Fenster).

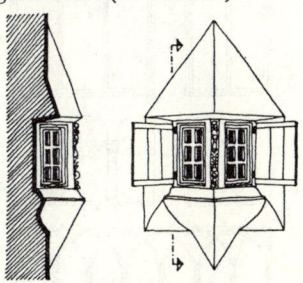
Fenstererker

Fenstererker, nur in der Höhe der Fensterzone, nicht in der des ganzen Stockwerks vorspringender Erker. Der F. kommt auch im Fachwerkbau vor, wo er durch Verdoppelung des Brustriegels und des Sturzriegels unter und über der Fensteröffnung gewonnen wird.

Fensterfläche, die von Sohlbank, Sturz bzw. Bogen und Gewände begrenzte Fläche der lichten Fensteröffnung.

Fensterflügel, der zum Unterschied vom Fensterladen meist verglaste bewegliche Teil des Verschlusses der Fensteröffnung (→ *Fenster).

Fensterformen, nach der Form der Fensteröffnung unterscheidet man Rechteckfenster, Bogenfenster, die nach den → *Bogenformen der oberen Abschlüsse benannt werden (Rundbogenfenster, Fächerfenster, Kleeblattfenster, Lanzettfenster usw.) und → *Rundfenster, die kreisrunden Umriß haben und nach ihrer Unterteilung Ochsenauge, Radfenster oder Fensterrose heißen. Eine Sonderform ist das ind. Lotosfenster. → *Blendfenster sind Fenster ohne Maueröffnung. Beim

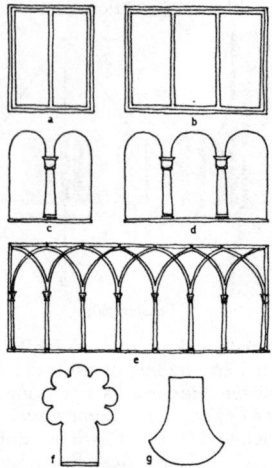

Fensterformen
a zweiteiliges Fenster
b dreiteiliges Fenster
c gekuppeltes Fenster (Zwillingsfenster
d Drillingsfenster
e Fensterband
f Fächerfenster
g Schlüssellochfenster

Giebel- und beim Segmentfenster ist die Bezeichnung von der Form der → *Fensterverdachung abgeleitet. Wohnhausfenster sind fast durchwegs rechteckig, vorwiegend liegend oder quadratähnlich. Hochrechteckige Fenster übernahm man von den Palästen, deren Fenster wie bei Kirchen, wegen großer Raumhöhen zunächst übereinander angeordnet und schließlich zu schmalen hochgezogenen F. vereint wurden. Bei horizontaler Gruppierung erhält man zwei- oder mehrteilige Fenster, die durch mehrere Flügel geschlossen werden, aber nur durch Pfosten unterteilt sind und gekuppelte oder Gruppenfenster. Das sind mehrere durch Pfeiler oder Säulen getrennte aber zu Gruppen zusammengerückte Fenster (Zwillings- od. Drillingsfenster). Eine fortlaufende Reihe von Fenstern wird Fensterband genannt. Sonderform→*Fenstertür.

R. Herbig, Die Fenster in der Architektur des Altertums (Diss. Heidelberg), 1929; R. Offermann, Die Entwicklung des got. Fensters (Diss. Frankfurt), 1932; H. Ossenberg, R. Schneider, Fenster im Dach, 1957; M. Schubert, Das vollkommene Blumenfenster, 1959; W. Zoeller, Fenster als Element der Baugestaltung, 1961.

Fenstergesims, 1. ausladendes → *Gesims in der Höhe einer Fensterbank an der Außenwand eines Gebäudes. 2. eine Form der → *Fensterverdachung, die seit der ital. Renaissance meist nur noch als Mittel zur Belebung von Fassaden durch Schattenwirkung angewendet wird.

Fenstergewände → Gewände, schräg eingeschnittene, seitliche Begrenzung eines → *Fensters in Mauerstärke.

Fenstergiebel, (Fenstergesims 2) vorspringender Dreiecks- oder

Segmentgiebel über einem Fenster, urspr. zur Entlastung und vielleicht auch als Regenschutz gedacht, dann nur noch dekorativ angewandt, bes. zur Fassengliederung an Palastbauten der ital. Renaissance (→ *Fensterverdachung).

Fenstergitter, in oder vor der Fensteröffnug angebrachtes schmiedeeisernes Gitter, manchmal in seinem unteren Teil nach außen schwingend (Fensterkorb), damit man beim Hinauslehnen nicht behindert ist. Das F. ist oft verziert und bes. an seinem oberen Ende reich ausgeschmückt.

F. Stuttmann, Dt. Schmiedeeisenkunst, 1927 bis 1930; G. Kowalczyk hg., Das Eisenwerk, o. J.; O. Höver, Das Eisenwerk, 1953.

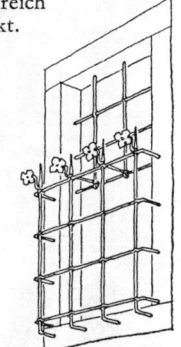

Fenstergitter

Fensterhaken, Spreizstange zum Festhalten nach außen aufgehender Fensterflügel oder -läden.

Fensterkorb, ausladender unterer Teil eines → Fenstergitters.

Fensterkreuz, die von Setzholz und Querholz gebildete Teilung eines → Fensters.

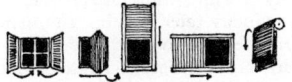

Fensterladen
Klapp-, Falt-, Fall-, Schiebe-Rolladen

Fensterladen, der aus Holz, seltener aus Metall konstruierte äußere (seltener der innere) Verschluß eines Fensters. Die F. können als → Klappladen, Faltladen, → Falladen, → Schiebeladen oder → Rolladen ausgebildet sein. Die Klappläden waren früher oft bemalt manchmal auch mit fixen oder mit beweglichen Jalousien ausgestattet.

Lit.: → Fenster.

Fensterlaibung, Fensterleibung, seitliche Begrenzung eines → *Fensters im Inneren eines Raumes.

Fenstermaßwerk → *Maßwerk.

Fensternische, Nische, die hinter einer schwächeren Brüstungsmauer eines → *Fensters bei größerer Mauerstärke entsteht.

Fensteröffnung, Fensterfläche, lichte Öffnung eines → Fensters.

Fensterpfosten, Setzholz, senkrechte Gliederung eines → Fensters.

Fensterrahmen, fest mit der Mauer verbundener Teil des → *Fensters, an dem die Flügel befestigt sind.

Fensterrose, kreisrundes, mit radial angeordnetem Maßwerk gefülltes Fenster der Gotik. Über dem Mittelportal der Westfassaden got. Kathedralen oft von riesigem Umfang (Paris, Notre Dame; Straßburg, Münster), findet sich die F. auch häufig über den Querschiffportalen, in der norddt. Backsteingotik bes. in Ziergiebeln (Radfenster, → *Rundfenster).

Fensterschräge. Um bei relativ kleinen Fensteröffnungen in starkem Mauerwerk den Lichteinfall zu vergrößern oder das Fenster opt. größer erscheinen zu lassen,

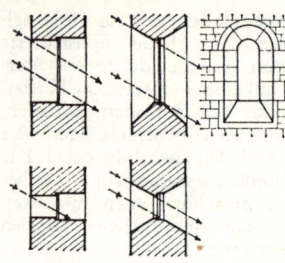

Fensterschräge

werden die Fenstereinschnitte nach innen, meist auch nach außen gern schräg geführt. Die Wirkung wird noch erhöht, wenn die schrägen Schnittflächen weiß gestrichen sind.

Fenstersprossen → *Fenster.

Fenstersohlbank, → Sohlbank (→ *Fenster).

Fensterstock, fest mit dem Mauerwerk verbundener Rahmen eines → *Fensters.

Fenstersturz, oberer waagerechter Abschluß eines → *Fensters.

Fenstertritt, bei hohen Fensterbrüstungen innen vor dem Fenster angebrachte Stufen.

Fenstertür, „französisches Fenster", eine bes. in Frankreich anzutreffende Zwischenform von

Fenster und Tür, ein bis zum Boden oder fast bis zum Boden reichendes, hochrechteckiges Fenster. Liegt die F. in einem Obergeschoß, erhält sie als Brüstung ein meist vor der Fassade liegendes Gitter.

Fensterverdachung, Fensterbekrönung, vorspringendes Bauglied über einer Fensteröffnung an der Außenwand, urspr. zur Entlastung und vielleicht als Regenschutz, meist aber rein dekorativ angewendet (→ Fenstergesims 2, → Fenstergiebel, → *Wimperg).

Fensterverdachung
(Beispiel: Florenz, Palazzo Uguccioni, 16. Jh.)

Fernsehturm, → *Turm, der einen Fernsehsendemast trägt und oft auch als Aussichtsturm (manchmal mit Restaurant) dient.

Feston (franz., nach ital. *festone*), Dekorationsmotiv in Form eines bogenförmig durchhängenden Gewindes aus Laub, Blumen, Früchten, oft mit flatternden Bändern an den beiden Enden oder mit Bändern kreuzweise umwunden. Urspr. natürlicher Schmuck

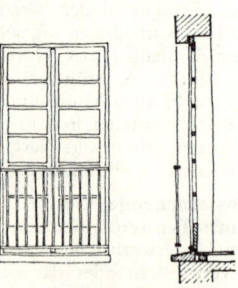

Fenstertür

an Altären und Gebäuden, wurde das F. schon in der Antike in Stein nachgebildet (z. B. Rom, Ara Pacis) und später bes. in der Renaissance und im Klassizismus, auch in Stuck, Holz oder Metall ausgeführt oder nur aufgemalt.

M. Gerlach, F. und dekorative Gruppen, ³1901; A. E. Napp, Bukranion und Girlande (Diss. Heidelberg), 1930.

Feston

Festung, durch ein System von Verteidigungsanlagen (→ *Bastionen, → Bollwerke, → Forts u. a.) befestigter Ort, meist mit einer beherrschenden → Zitadelle. Schon in der Hauptstadt Hattusa (Boghasköy) des kleinasiat. Hethiterreiches (um 2000 v. Chr.) gab es außer der Stadtmauer mehrere Abschnittsmauern und eine bes. stark befestigte Burg, so daß die Stadt abschnittsweise verteitigt werden konnte und die Burg, wie später der → Bergfried mittelalterl. Burgen, die letzte Zuflucht bildete (Fluchtburg). Bei den As-

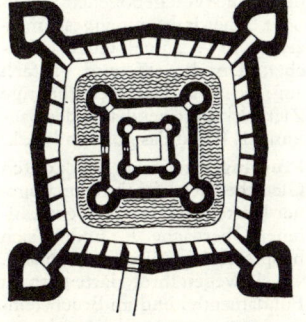

Festung nach einem Entwurf Albertis

syrern lag die Burg als stärkster Teil der Befestigung an der am meisten gefährdeten Stelle der Stadt, deren Mauern und Tore mit mächtigen Türmen bewehrt waren. Das Zusammenwirken von Stadtbefestigung und Burg war auch den Griechen bekannt (→ Akropolis). Erst nach Einführung der Feuerwaffen entstand die venezian. Befestigungsweise (z. B. Palmanova, 1593), die die Stadtumwallung bis zur Sternform in einzelne vor und zurückspringende Fronten unterteilte, ein System, das dann vor allem unter dem Einfluß des franz. Festungsbaumeisters Vauban im 18. und 19. Jh. weiterentwickelt wurde (Vauban-System).

A. Müller, F. Krieg (Denkmäler des klass. Altertums, hg. A. Baumeister), 1889; ders., Geschichte des Festungskrieges seit allgemeiner Einführung der Feuerwaffen, ²1892; O. Brialmont, *Progres de la fortification depuis Vauban,* Brüssel 1898; M. v. Brumer, Die beständige Festung, ⁶1901; M. Ebert hg., F. (Reallexikon der Vorgeschichte) 1924; M. Ludwig, Neuzeitliche Befestigungen, 1938.

Feuermauer, → Brandmauer.

Feuertempel, durch Stützen unterteilter, meist quadratischer Baukörper der altiranischen Baukunst.

J. Strzygowski, Die altslaw. Kunst, 1928; ders., Asiens bildende Kunst, 1930.

Feuertreppe, → eiserne Nottreppe, meist außerhalb des Baukörpers.

Fiale (von griech. *phiale:* Gefäß), typ. architekton. Zierform der Gotik, eine schlanke, spitze Pyramide, die bes. häufig als Bekrönung von Strebepfeilern und (paarweise) als seitliche Begrenzung von Wimpergen auftritt. Der untere Teil der F., ihr meist vier- oder achtseitiger „Leib", ist

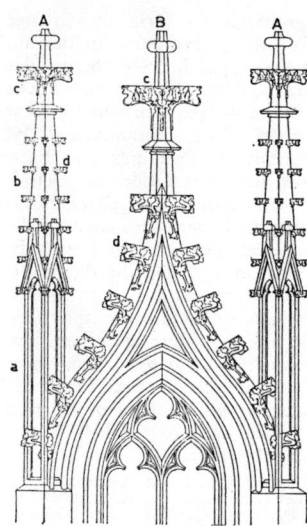

Fiale
A Fiale
B Wimperg
a Leib
b Helm, Riese
c Kreuzblume
d Krabbe

in der Regel mit Maßwerk verziert und über jeder Seite mit einem Giebel versehen. Darüber erhebt sich der pyramidenförmige Helm oder „Riese", der an den Kanten meist mit Krabben besetzt und von einer Kreuzblume bekrönt ist.

M. Roriczer, Das Büchlein von der Fialen Gerechtigkeit, 1965.

Figurenfries, Zophoros → Fries, der mit figürl. Darstellungen geschmückt ist, meist über dem Gebälk der attisch →*ionischen Ordnung.

G. Aroza, Les frises du Parthenon par Phidias, Paris 1868; H. Kenner, Der Fries des Tempels von Bassae-Phigalia, 1946; s. a. Fries.

Figurenkapitell, Bilderkapitell, → *Kapitell, an dem Figuren von Menschen, Tieren oder Fabelwe-

sen erscheinen, oft zu ganzen Szenen vereint. Das F. kommt schon in der Spätantike vor, hat sich aber erst in der roman. Baukunst bes. Frankreichs voll entwickelt.

K. Ginhart, Das christl. Kapitell zwischen Spätantike und Spätgotik, 1923; R. Bernheimer, Roman. Tierplastik und der Ursprung ihrer Motive, 1931; s. a. Kapitell.

Figuriert, 1. ein Bauelement (z. B. Gewölbe, → Schlußstein), das mit figürl. Darstellungen versehen ist; 2. ein → Mauerverband mit zu geometr. Figuren gelegten Steinen; 3. die Stern- und Netzgewölbe der Spätgotik werden f. genannt (→ *Gewölbeformen).

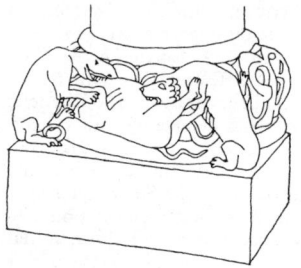

Figurierte Säulenbasis

Filigran (von ital. *filigrana*, aus lat. *filum:* Faden und *granum:* Korn), Schmuckstück aus dünnem, kunstvoll gebogenem Gold- oder Silberdraht mit angeschmolzenen bzw. aufgelöteten Körnchen. Der Begriff wird vielfach auf jedes ähnlich feingliedrige Zierwerk angewendet, in der Baukunst z. B. auf das got. Maßwerk.

Findling, erratischer Block, durch Gletscher der Eiszeit fortgetragener Gesteinsblock mit abgeschliffener Oberfläche. F. finden sich hauptsächl. in Norddeutschland, wo sie wegen ihrer Härte gern zu Fundamenten und im Bruchsteinmauerwerk verwendet werden.

First, Dachfirst, die obere, meist waagerechte Schnittlinie zweier geneigter Dachflächen (→ *Dachausmittlung).

Firstbekrönung, bes. im MA. häufige, auf dem Dachfirst entlanglaufende Verzierung aus Stein oder Blei, die kammartig gesägt (Firstkamm, Dachkamm) und gitterartig durchbrochen sein kann (Firstgitter). F. kommen auch an Reliquienschreinen und Sarkophagen, die Werken der Architektur nachgebildet sind, vor.

Firstbekrönung

Firstblume → *Kreuzblume.

Firstgitter → Firstbekrönung.

Firstkamm → *Firstbekrönung.

Firstpfette, die oberste, unter dem First liegende Pfette (→ *Dachkonstruktion).

Firstsäule, der die Firstpfette stützende Pfosten (→ *Dachkonstruktion).

Firstverzierung → *Firstbekrönung.

Firstziegel, Hohlziegel zum Abdecken des Dachfirstes (→ *Dachdeckung).

Fischblase, → *Schneuß, ein im spätgot. →*Maßwerk häufig vorkommendes Ornamentmotiv, das dem Umriß der Schwimmblase der Fische ähnelt. Die F. kann auch S-förmig geschwungen und in Gruppen angeordnet sein. Die F. in einem Kreis zusammengestellt, ergeben z. B. eine Wirbelform, den sog. Dreischneuß. In der franz. und engl. Spätgotik ist die geschwungene F. in die Länge gezogen, so daß sie eher einer Flamme gleicht, weshalb in Frankreich die ganze Spätgotik „*Style flamboyant*" (geflammter Stil) genannt wird (→ Flamboyant).

L. Behling, Das ungegenständliche Bauornament der Gotik (Diss. Berlin), 1937.

Fischgrat, Fischgrätenverband, eine Art des Mauerverbandes, → *Ährenwerk.

Flachbogen, Stichbogen, Segmentbogen, → *Bogenformen.

Flachdach, ein Dach ohne oder mit sehr geringer Neigung, das als begehbares Terrassendach oder auch als Dachgarten ausgestaltet sein kann. Die tragende Unterkonstruktion ist meist mit der obersten Geschoßdecke ident.

W. Gropius, Das flache Dach (Bauwelt) 1926; P. Schultze-Naumburg, Flaches oder geneigtes Dach, 1927; E. Neufert, Das F., 1934; K. Moritz, F.hdb., 1961; W. Henn, Das flache Dach, [4]1962; A. W. Rick, Das flache Dach, [3]1962.

Flachkuppel, eine Kuppel, deren Wölbung von einem Kugelabschnitt (Kalotte), nicht von einer Halbkugel gebildet wird, so daß ihr Pfeil (Stich) geringer als der Halbmesser ist (→ *Kuppel).

Flachrelief, Basrelief, plastische Komposition, die sich schwach über dem Hintergrund erhebt (→ Relief).

Flachschicht, hauptsächl. bei der Ziegelpflasterung von Fußböden gebrauchte Bezeichnung für das Verlegen der Backsteine auf ihrer Breitseite (Gegensatz: hochkant).

Flachtonne, Tonnengewölbe mit segmentbogenförmigem Querschnitt (→ *Gewölbeformen).

Flachziegel, Biberschwanz und Krempziegel der → *Dachdeckung.

Flamboyant (franz.: flammend, geflammt), Maßwerkform der spätgot. Baukunst in Frankreich und England, *Flowing tracery*, die von der dort als Flamme gedeuteten → Fischblase bes. starken Gebrauch macht. Im Deutschen spricht man mitunter von F., wenn der obere Teil eines Maßwerkfensters ganz oder fast ganz mit Fischblasen gefüllt ist (→ *Maßwerk*).
L. Behling, Das ungegenständliche Bauornament der Gotik (Diss. Berlin), 1937.

Flammenstil, wenig gebräuchliche Verdeutschung von → Flamboyant.

Flanke, Seitenfläche einer → *Bastion.

Flanschen, waagerechte Elemente eines Profilträgers (T-Träger), die durch einen → *Steg verbunden werden.

Flechtband, bandförmiges Ornament aus einem oder mehreren Streifen, die sich in sich oder miteinander verschlingen, wahrscheinlich aus der Flechttechnik entwickelt. Das F. kommt bereits in vorgeschichtlicher Zeit als Ziermotiv vor, wird in der Antike gern als Randverzierung (z.B. von röm. Mosaikfußböden) verwendet und tritt in der Holz- und Steinarchitektur des MA. hauptsächlich an Balken, → *Friesen, Bändern, Gesimsen und Kapitellen auf (→ *Fries 7).
A. Haupt, Die älteste Kunst der Germanen, ²1926; A. v. Scheltema (in Geschichte des Kunstgewerbes hg. H. T. Bossert) 1928; N. Aberg, Nord. Ornamentik, 1930; W. Holmqvist, Kunstprobleme der Merowingerzeit, 1939; E. Oxenstierna, Die Nordgermanen, 1958; ders., Die Wikinger, 1959.

Flechtwerk, Flächenfüllung, auch Umhüllung eines Bauelements (Kapitell, Säulenschaft u. dergl.) mit Flechtdekoration.
K. Ginhart, Die karoling. F.steine in Kärnten (Carinthia I), 1942.

Fledermausgaupe, Froschmaul, → *Dachfenster.

Fliehburg, Fluchtburg, mit Wällen, Palisaden oder Mauern befestigter Bezirk in vor- und frühgeschichtlicher Zeit, der in Kriegszeiten von der Bevölkerung des umliegenden Gebietes als Zufluchtsort aufgesucht wurde (oppidum). Im MA. erfüllten die → *Kirchenburgen denselben Zweck. Eine in Spuren erhaltene F. wird irrtümlich vielfach als Heuneburg, Hünenburg, Römer- und Schwedenschanze bezeichnet. Bekannteste Beispiele sind die „Heuneburg" bei Riedlingen (Württ.) und die „Heidenmauer" des Odilienberges (Elsaß).
M. Ebert hg., Festung (Reallexikon der Vorgeschichte), 1924; F. Behn, Aus europ. Vorzeit, 1957.

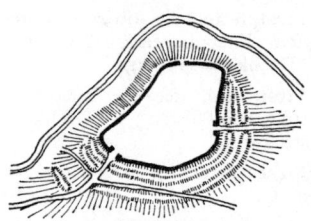

Fliehburg

Fliesen (von mittelniederdt. *vlise* aus mhd. *vlins*: Steinstück), vier- oder mehreckige Platten zum Bekleiden von Wänden und Fußböden, meist aus gebranntem oder auch aus gesintertem Ton. Farbige F. waren schon im alten Orient (Babylon, Assur) bekannt und wurden im islam. Osten das bevorzugte Dekorationsmittel für Außenwände sakraler und profaner Monumentalbauten, während der span.-maur. Westen ihre Verwendung auf Innenräume beschränkte (→ Azulejos). Die Bemalung der einzelnen F. mittels Zinnschmelz wurde im ganzen MA. betrieben; berühmt sind die pers. Wandf. des 13. Jh. in gepreßtem Relief mit farbigen Arabesken und Tierdekor. Im Abendland kommt im 12. Jh. in Kirchen und Klöstern der Fußbodenbelag aus zuerst unglasierten roten oder gelblichen Tonplatten mit eingeritztem oder eingepreßtem Muster auf, die später auch mit einer Bleiglasur überzogen wurden. Mit der Ausbreitung der → Fayence unter ital. Einfluß im 15. Jh. wurde diese Technik auch nördl. der Alpen zur Herstellung farbiger Wandf. angewandt, von denen die im 17. u. 18. Jh. in der niederländ. Stadt Delft erzeugten „Delfter Kacheln" bes. geschätzt wurden (→ Baukeramik).

R. Forrer, Geschichte der europ. F.keramik, 1901; E. M. Vis, C. de Geus, Altholländ. F., 1926–31; R. Führer, Die F., ein keram. Belagselement zur Innenraumgestaltung der europ. Baukunst des vergangenen Jh. (Diss. Wien), 1950; H. Ebel, Keram. F. (Hdb. für Architektur), 1956; C. Bülow, Das Kachelbuch, 2.1957; A. Berendsen, F., eine Geschichte der Wand- und Bodenf., 1964.

Flowing tracery (engl.). „fließendes Maßwerk" wird die im Decorated style der engl. Gotik angewandte Form des → *Maßwerks genannt, die sich von der vorausgegangenen durch bewegtere Linienführung im Sinne des → Flamboyant unterscheidet.

L. Behling, Das ungegenständliche Bauornament der Gotik (Diss. Berlin), 1937.

Flucht, 1. gerade Linie (F.linie), die mehrere Gebäude oder Bauteile nach einer Seite hin begrenzt und als → Bauflucht behördl. vorgeschrieben sein kann; 2. eine Folge von Zimmern, die geradlinig hintereinanderliegen, d. h. an einer Achse aufgereiht sind (Zimmerflucht, → *Enfilade); 3. genau geradliniger Verlauf einer Mauer, die dazu „ab"- oder „eingefluchtet" wurde, so daß sie „fluchtet".

Fluchtburg → Fliehburg.

Fluchtpunkt → *Perspektive.

Flügel, 1. Baukörper, die an einen Hauptbau anschließen, oft paarweise, auch im Winkel angeordnet, hauptsächlich beim → Cour d'honneur eines Barockschlosses; 2. Die beweglichen Teile bei → *Türen und → *Fenstern oder an einem → *F.altar.

Flügelaltar, hauptsächlich von der dt. Gotik entwickelte Form des → Altarretabels. Der F. besteht aus einem feststehenden, meist hölzernen Mittelteil, dem Altarschrein, an dem rechts und links bewegliche Flügel aus Holz angebracht sind. Schrein und Flügel sind mit geschnitzten (Schnitzaltar) oder gemalten Darstellungen versehen, doch sind die Flügel an ihrer Außenseite meist nur bemalt, so daß der F., wenn er geschlossen ist, nur Gemälde zeigt. Statt des einen Flügelpaares kann der Schrein auch mehrere Flügel haben, was einen mehrfachen Wandel der Ansichten ermöglicht (Wandelaltar). Im 15. Jh. und später wird der F. mit einem Untersatz in der Breite des Schreins versehen, der Predella oder Altarstaffel, die meist auch mit geschnitzten oder gemalten Darstellungen ausgestattet ist und in der Mitte auch ein Gehäuse zur Aufnahme des Hostienbehälters

Gotischer Flügelaltar
a Schrein c Predella
b Flügel d Gesprenge

haben kann. In der Spätgotik erhält der Schrein vielfach einen
hohen, turmartigen Aufbau, das
Gesprenge, ein Gebilde aus zier-
lichen und dünnen Architektur-
gliedern, auch mit geschnitzten
Figuren besetzt.

E. F. A. Münzenberger, Beissel, Zur
Kenntnis und Würdigung der ma.
Altäre Deutschlands, 1885–1904; M.
Schütte, Der schwäb. Schnitzaltar,
1907; K. Schultz, Der dt. Altar im spä-
ten Ma., 1939; W. Wegner, Der dt.
Altar des späten Ma. (Münchener Bei-
träge zur Kunstgeschichte), 1941; M.
Hasse, Der F., 1941.

Flur → Hausflur.

Flußpfeiler, Zwischenpfeiler
einer → *Brücke im Gegensatz
zum Landpfeiler.

Flüstergewölbe, Flüstergalerie,
Bezeichnung für einen überwölbten Raum, in dem an einer Stelle
geflüsterte Worte durch Reflexion
an einer entfernten Stelle deutlich
vernehmbar sind, während sie im
übrigen Raum nicht und aus der
Nähe kaum gehört werden. Diese
Erscheinung kann zufällig sein
oder auf einer raffiniert ausgeklü-
gelten Planung beruhen, (meist
ellipt. Raumbegrenzungen, Sprecher und Hörer in den Brenn-
punkten). Bekannte F. sind u. a.
der Karyatidensaal des Louvre in
Paris, die Vorhalle der Residenz
in Würzburg und ein Raum im
Sforzakastell zu Mailand.

W. C. Sabine, *Collected Papers on Acous-
tics*, Cambridge 1922.

Formstein, natürlicher oder
künstlicher Stein (Backstein, Ziegel, Beton), der in eine bes. Form
gebracht ist, weil er als Bogenstein, für Gesimsprofile (z. B. in
der → *Backsteingotik) und in
der modernen Architektur zur
Fassadenverkleidung gebraucht
wird.

F. Wachtsmuth, Die islam. Backsteinformen der Profanbauten im Irak, 1916.

Fort (franz.: fest, stark), kleine
selbständige Festungsanlage, deren mehrere einer Festung bzw.
→ Stadtbefestigung als Gürtel-
forts vorgeschoben sein können.
Sehr kleine F. wurden im 19. Jh.
Fortins genannt.

Forum (lat.), ein meist viereck-
ger Platz der röm. Stadt, der wie
die griech. → Agora als Marktplatz und Versammlungsort diente und an dem die öffentlichen Gebäude lagen. Während kleinere
Städte nur einen Marktplatz hatten, gab es in Rom und anderen
Städten mehrere Fora (Rinder-
markt, Gemüsemarkt, Fischmarkt
u. a.) in verschiedenen Stadtvier-

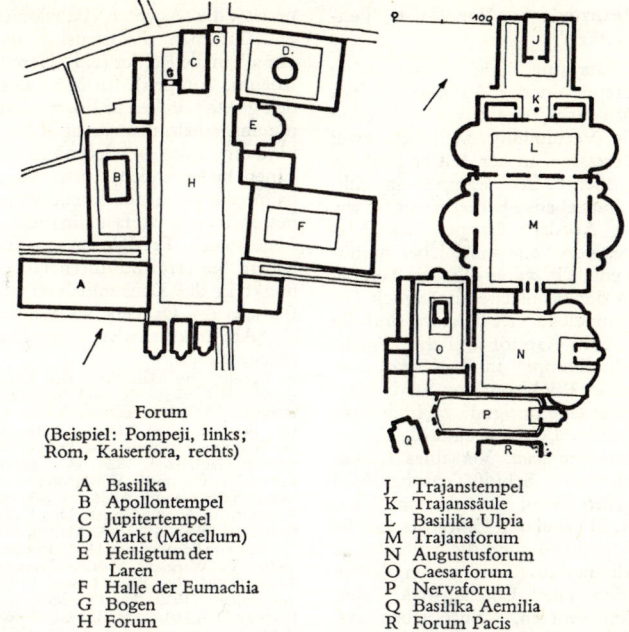

Forum
(Beispiel: Pompeji, links;
Rom, Kaiserfora, rechts)

A	Basilika	J	Trajanstempel
B	Apollontempel	K	Trajanssäule
C	Jupitertempel	L	Basilika Ulpia
D	Markt (Macellum)	M	Trajansforum
E	Heiligtum der	N	Augustusforum
	Laren	O	Caesarforum
F	Halle der Eumachia	P	Nervaforum
G	Bogen	Q	Basilika Aemilia
H	Forum	R	Forum Pacis

teln. Zum eigentlichen Mittelpunkt des polit. und religiösen Lebens in Rom aber wurde das Forum Romanum zwischen Kapitol und Palatin, das bis in die legendäre Gründungszeit Roms zurückreichende Erinnerungsstätten barg. Auf ihm und an seinem Rand wurden im Laufe der Zeit mehrere Tempel, Basiliken, Markthallen und Triumphbogen errichtet. Als der Platz schließlich nicht mehr ausreichte, wurden von einigen Kaisern (Caesar, Augustus, Nerva, Trajan) neue Fora, die sog. „Kaiserfora", angelegt, die mit ihnen wiederum zahlreichen öffentlichen Gebäuden jedoch im Unterschied zum F. Romanum eine straffe achsiale Gliederung aufweisen. In Anlehnung

an das römische F. wurden auch in Byzanz versch. Fora errichtet.

F. Dutert, *Le F. Romain et les f. de Jule Cesar, d'Auguste, de Vespasian, de Nerva et de Trajan*, Paris 1876; C. Gurlitt, Handbuch des Städtebaues, 1920; C. Hülsen, Forum und Palatin, 1926; P. Romanelli, *Il Foro Romano*, ²1956 (dt. 1951).

Französische Ordnung (Franz. Säulenordnung), von dem franz. Baumeister und Architekturtheoretiker der Renaissance, Philibert Delorme, erfundene und zuerst praktizierte Manier, die Säulenschäfte mit breiten Rustikaringen zu gliedern oder sie aus verschieden ornamentierten Trommeln zusammenzusetzen (z. B. Paris, Gartenfront der Tulerien; La Rochelle, Rathaus).

P. Delorme, *Règle generale d'architecture des cinq manieres de colonnes*, 1564.

Französisches Fenster → *Fenstertür.

Freitreppe, nicht überdachte Treppe an der Außenseite eines Bauwerks oder ein Treppenweg als Verbindung zwischen zwei Terrassen. In der Antike sind die großen F. bzw. Rampen der Zikkurats ebenso bemerkenswert wie die Apadana-Treppen des Palastes von Persepolis. Über monumentale F. waren die röm. Tempel an der Frontseite zugänglich (→ Tempelbau 1). Bekannt sind die F. zum Kapitol und die „Spanische Treppe" in Rom, wo auch an der Rückfront von S. M. Maggiore eine riesige F. zu finden ist. Weitere Beispiele sind die F. von Fontainebleau, Versailles („Cent marches"), Schloß Troja bei Prag, Erfurt-Dom, Schwäbisch Hall-St. Michael und Caprarola. Große F. besitzen auch die Stufenberge Altamerikas (Teotihuacan, Xochicalco, Tikal, Chichen-Itza, Tajin, Tzinztuntzan, Monte-Alban und Tenochtitlan). → *Stufenberg.

F. Corell, F. und Portale vom MA. bis zur Neuzeit, 1902; F. Mielke, Die Geschichte der dt. Treppen, 1966.

Freskomalerei, Malerei mit in Wasser angeriebenen kalkbeständigen Farben auf frischem (ital. *fresco*), kurz vorher aufgetragenem Kalkputz. Die Farben dringen in die nasse Putzschicht ein und bleiben nach dem Trocknen unlöslich mit ihr verbunden. Da bei dieser Technik das einmal Begonnene noch am gleichen Tag vollendet sein muß, werden große Fresken abschnittsweise ausgeführt, was eine genaue Vorplanung des Ganzen erfordert. Als Hilfsmittel hierzu dienen Kartons mit Vorzeichnungen in der Größe des Originals, deren Umrisse auf die Wand übertragen werden. F. kannten

bereits die Ägypter, Babylonier und Griechen, die Etrusker und vor allem die Römer (z. B. Herculaneum, Pompeji). Im MA. wurden ganze Kirchen in Freskotechnik ausgemalt, manchmal in Verbindung mit → Seccomalerei. Einen bedeutenden Aufschwung nahm die F. in der Renaissance, bes. in Italien, wo fast alle großen Maler auch Fresken geschaffen haben. Sie erreichte ihren Höhepunkt in der Deckenmalerei des Barocks (→ Decken-, → Wand-, → *Architekturmalerei, → *Fassadenmalerei).

E. Berger, Die Maltechnik des Altertums, 1904; ders., F. und Sgraffitotechnik, 1909; A. Feulner, Süddt. F. (Jb. der bildenden Künste), 1916–18; H. Schmid, Enkaustik und Fresko auf antiker Grundlage, 1926; A. Eibner, Entwicklung und Werkstoffe der Wandmalerei vom Altertum bis zur Neuzeit, 1926; A. Christ, Die Kalkfarbentechniken, 1935; A. Maiuri, Die Fresken von Pompeji und Herkulaneum, 1939; T. Wiegand, Antike Fresken, 1944; G. Muche, Buon fresco, Briefe aus Italien, ²1950; H. Tintelnot, Die barocke F. in Deutschland, 1951; E. W. Anthony, *Romanesque Frescoes*, 1951; K. Wehlte, Wandmalerei, ⁴1957.

Friedhof, Bestattungsstätte, meist in Verbindung mit einer Kirche (Kirchhof). Der F. kann befestigt (→ *Kirchenburg) und durch Umfassungsmauern mit Nischenbestattungen (→ *Kolumbarium) abgeschlossen sein (Campo Santo). Manche F. sind auch von Arkadengängen umgeben, in denen die wichtigsten Grabdenkmäler liegen (Salzburg, St. Petersf. und Sebastiansf.).

S. Fayans, Die Entwicklung der modernen F.anlagen (Diss. Wien), 1904; S. Hirzel, Grab und F. der Gegenwart, 1927; ders., F. (Wasmuth), 1930; H. Melchert, Die Entwicklung der dt. F.ordnungen, 1929; H. Derwein, Geschichte des christl. F. in Deutschland, 1931; R. Pfister, Die F.fibel, 1955; H. Schwenkel, Der F. auf dem Lande, 1955; R. Aloi, *Arte Funeraria D'oggi*, Mailand, 1959; O. Valentien, Der F., ²1962.

Fries

1 Bukranienf.	8 Rautenf.	15 Scheibenf.	21 Deutsches
2 Akanthusf.	9 Diamantf.	16 Kugelf.	Band
3 Anthemion	10 Würfelf.	17 Plattenf.	22 Bogenf.
4 Mäander	11 Rollenf.	18 Hundszahn	23 Kreuzbogenf.
5 Laufender Hund	12 Schuppenf.	19 Wolkenornament	24 Spitzbogenf.
6 Zangenf.	13 Zickzackf.	20 Sägezahnf.	25 Blattwerkf.
7 Flechtband	14 Zinnenf.		26 Lilienf.

Fries, in der Baukunst allgemein jeder glatte schmale Streifen zur Abgrenzung oder Teilung von Flächen, im bes. der waagerechte glatte oder ornamentierte Streifen (Ornamentf.) am oberen Rand einer Wandfläche. Beim antiken Tempel heißt F. der unter dem Kranzgesims des Daches entlanglaufende Streifen, der am dorischen Tempel (→ *Dorische Ordnung) aus Triglyphen und Metopen zusammengesetzt (Triglyphenf.), bei der → *Ion. u. Korinth. Ordnung ein ungeteiltes, mit Figurenreliefs besetztes Element ist (Figurenf., Zophoros, sowie der aus Stierschädeln gebildete Bukranienf.). Von den gemalten oder plast. Ornamentfriesen der Antike sind die am häufigsten vorkommenden das → Kymation, der Akanthusf., der aus Palmetten und Voluten bestehende Palmettenf., das aus Palmetten und Lotosblüten zusammengesetzte → Anthemion und der → Mäander, der in gerundeter Form, sich überschlagenden Wogen ähnlich, „laufender Hund" genannt wird. Eine nicht mehr rein antike Sonderform ist der → Zangenf. bzw. das Flechtband. Das MA. hat eine Fülle von F.formen hervorgebracht, vorwiegend von abstrakt stereometr. Bildung, wie den Rautenf., den Diamantf., den aus schachbrettartig angeordneten, vor- und zurückspringenden Elementen bestehenden Würfeloder Schachbrettf. und den mit letzterem verwandten Rollen- und den Schuppenf. Erfindungen der normann. Kunst sind ferner der Zickzackf., der Zinnenf., Scheibenf. und Kugelf., die häufig an Bogen vorkommen. Hauptsächlich auf normann. Bauten beschränkt sind auch der Plattenf.

und der Kugelf.; seltenere F.formen sind der Hundszahn und das Wolkenornament. Eine sägeförmige Struktur hat der Sägezahnf., während das → Dt. Band bzw. der Zahnf. aus übereckstehenden Backsteinen besteht. Der aus Rundbogen zusammengesetzte → Bogenfries kommt in der roman. Baukunst bes. häufig vor, während der mit ihm kaum verwandte Kreuzbogenf. mehr der normann. und islam. Baukunst zugehört. Die Gotik entwickelte neben dem Spitzbogenf. hauptsächlich Blatt- und Laubwerkf. und aus Maßwerk gebildete F. Beliebt war auch der → Lilienf., der aus Spitzbogen (oft mit Maßwerk) besteht und anstelle der Konsolen lilienähnliche Endigungen besitzt. Die Renaissance verwendete im Wesentlichen die antiken F., wenn auch in mannigfaltigen Variationen (Abb. S. 159).

G. Rodenwaldt, Das Relief bei den Griechen, 1923; M. Meurer, Formenlehre des Ornaments, 1909; H. Kenner, Der F. des Tempels von Bassae-Phigalia, 1946; s. a. Figurenfries.

Frigidarium (lat., von *frigidus:* kalt), Raum für kalte Bäder in den röm. → *Thermen.

Fronaltar, Hochaltar, → Altar.

Frontale (lat.), andere Bezeichnung für → *Antependium, die Verkleidung an der Frontseite eines Altars.

Frontalperspektive, eine → *Perspektive, deren einziger Fluchtpunkt dem betrachtenden Auge gegenüber in der Bildmitte liegt.

Frontispiz (von franz. *frontispice):* Vorder- oder Hauptansicht), Frontgiebel, Giebeldreieck über dem Mittelrisalit eines Gebäudes (→ Risalit) auch über Türen und

Frontispiz
(Beispiel: Münster, Schloß, 18. Jh.)

Fenstern, oft auch mit dem im Franz. dafür gebräuchlichen Wort als Fronton bezeichnet.

Fronton (franz.) → *Frontispiz.

Froschmaul, Fledermausgaupe → *Dachfenster.

Froschperspektive, eine→*Perspektive mit tiefliegendem Horizont (waagerechte Blickrichtung) oder mit nach oben gerichtetem Blick.

Fuge, 1. der hohle oder mit einem Binde- oder Dichtungsmittel gefüllte Raum zwischen zwei aneinanderliegenden Elementen gleichen oder verschiedenen Materials, auch die sichtbare Grenzlinie zwischen ihnen. Die waagerechte F. im Mauerwerk (Mauerverband) heißt Lagerf., die senkrechte Stoßf. Eine F. ohne Mörtel heißt Luftf. (Trockenf.). Füllt der Mörtel die F. nur teilweise aus, so daß sie an der Ansichtsfläche der Mauer hohl erscheinen, so spricht man von offenen F. →

Anfangsf., → Bruchf., Keilf. und Scheitelf. (→ *Bogen). 2. Bauf., eine F., die Bauteile aus arbeitstechnischen und konstruktiven Gründen trennt (Arbeitsf., Dehnf., Setzf.).

A. Kleinlogel, Bewegungsf. im Beton und Stahlbetonbau, [6]1958; R. v. Halasz, G. Tantow, Ausbildung der F. im Großtafelbau, 1964; W. v. Meng, B. Schweigert, F. und F. konstruktionen im Beton und Stahlbetonbau, 1966.

Füllmauer, eine Mauer, die zwischen regelmäßig gemauerten Ansichtsflächen (Blendmauer) mit Bruchsteinen oder Mörtel aufgefüllt ist (→ *Mauerwerk).

Füllung, bei Türen, Wandverkleidungen, Möbeln, Decken u. dergl. die meist aus dünnerem Holz bestehende Fläche, die von einem stärkeren Rahmen umgeben wird, in dem Nuten zur Aufnahme der am Rande manchmal in der Holzstärke verringerten (→ *Abplattung 2, Abgründung) F. angebracht sind. Bei der überschobenen F. ist die Stärke der F. gleich oder annähernd gleich der Stärke des Rahmens. In übertragenem Sinne versteht man unter

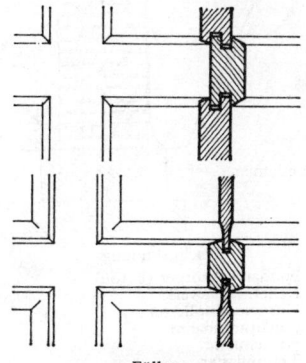

Füllung
oben: überschobene Füllung
unten: Rahmen und Füllung

F. auch alle zurückliegenden Flächen, die von stärkeren rahmenden Baugliedern umgeben sind.

Fundament (lat. „das Gegründete"), ist die Gesamtheit des Unterbaus eines Gebäudes. Bei nichtunterkellerten Bauwerken muß die F.mauer (Grundmauer) immer bis in frostfreie Tiefe heruntergeführt werden. Von einer Tiefgründung spricht man, wenn das F. wegen eines schlechten Baugrundes in größere Tiefe heruntergeführt werden muß. Daneben kommt die Flachgründung vor, bei der die F.breite so groß sein muß, daß die zulässige Beanspruchung der Baugrundpressung nicht überschritten wird. Falls die F.breite wesentlich größer ist als das Mauerwerk, so kann das F. einmal oder mehrfach abgetreppt

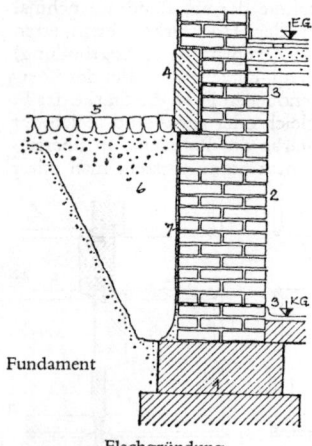

Fundament

Flachgründung
1 Fundamentkörper (Beton)
2 Kellermauerwerk
3 Horizontalisolierung
   (Dichtungsbahn)
4 Sockelplatte
5 Traufpflaster
6 Hinterfüllung
7 Vertikalisolierung (Anstrich)

werden, doch darf der Winkel der Druckverteilung nicht geringer als 45° angenommen werden. Bei schlechtem Baugrund wird oft die Pfahlrostgründung verwendet. Auch können armierte F.platten sowie → *Erdbogen bzw. umgekehrte Gewölbe unter dem Baukörper angeordnet sein.

E. Artmann, Die Fundierung im Hochbau (Diss. Wien), 1906; W. Bellina, Einführung in den Grundbau, Flachgründungen, 1951; A. Schoklitsch, Der Grundbau, [2]1952; H. Petermann, H. U. Smoltczyk, Gründungen im Wohnungsbau (Forschungsbericht des Bundesministeriums für Wohnungsbau), 1958; W. E. Schulze, Grundbau, [13]1961; E. Bachus, Grundbaupraxis, 1961.

Fundamentmauer, Grundmauer, → Fundament.

Fünfblatt, eine aus fünf gleichgroßen Spitzbogen bestehende Figur des got. Maßwerks (→ Blatt 2).

Fünfpaß, Figur des got. Maßwerks aus fünf gleichgroßen Kreisteilen, die in oder um einen Kreis angeordnet sind (→ Paß).

Funktion, die Erfüllung einer Aufgabe. Die F. wird erfüllt durch zweckentsprechende und sinngemäße Anordnung und Ausführung eines Bauwerkes und seiner Teile.

L. Adler, Funktionalismus (Wasmuth), 1930; C. A. Sfaellos, *Le fonctionalisme dans l'architecture contemporaine,* Paris 1953; J. Joedicke, Geschichte der modernen Architektur, 1958; E. Torroja, Logik der Form, 1961; A. Behne, Der moderne Zweckbau, 1964.

Furniere (von franz. *fournir:* mit etwas versehen, aus ahd. *frumjan:* verschaffen, vollenden), dünne Blätter (0,3–8 mm) aus edlen Hölzern zum Bekleiden von Möbeln aus weniger wertvollem Holz. Das einzelne Furnier, durch Schneiden, Sägen, Hobeln oder

Schälen gewonnen, wird auf die aufgerauhte Unterlage (Blindholz) aufgeleimt.

Fußband, Fußbug, Fußstrebe, im Gegensatz zum Kopfband des Fachwerkbaus ein Holz, das in schräger Richtung Pfosten und Schwelle miteinander verbindet, meist paarweise angeordnet (→ *Fachwerk).

Fußgesims, Sockelgesims, Gesims als unterer Abschluß einer Wand auch über einem Sockel (→ *Gesims).

Fußleiste, → *Leiste zwischen Fußboden und Wand.

Fußstrebe, Fußband, → *Fachwerk.

Fußwalm, im Gegensatz zum Krüppelwalm Abwalmung an der unteren Seite eines Giebels. In Ostasien Irimoyadach genannt (→ *Dachformen).

Futtermauer, gemauerte Bekleidung, z. B. einer Böschung, zum Schutz gegen das Abstürzen von Felsmassen.

Gaden, Fensterzone im oberen Teil (Oberg.) des Mittelschiffes einer → *Basilika.

Galerie (franz.), langer, gedeckter, seitlich offener Gang, abgeleitet von → Galilaea. 1. Langgestreckter Verbindungsgang oder Festsaal in einem Renaissance- oder Barockschloß (Fontainebleau, Versailles), manchmal auch zum Aufhängen von Bildern benutzt (Ludwigsburg – Ahnengalerie), deshalb auch für die Räume einer Gemäldesammlung gebraucht. 2. Laufgang oder Zierarchitektur mit Stützenstellungen an einer Fassade (Säuleng., Blend-

Galerie 2

g., → Zwergg., → *Königsg.). 3. Oberer Rang in einem → Theater bzw. Empore in einem Saal. 4. Seitlich offene Schutzüberbauung von Gebirgsstraßen.

2. G. Kahl, Die Zwergg., 1939.

Galilaea, Narthex, Vorhalle, auch Vorhof (Atrium, → *Paradies) einer → *Basilika, wo sich die Heiden (sog. Galiläer) aufhalten durften.

Ganerbenburg, → Burg, in der mehrere Besitzer in verschiedenen Wohnbauten untergebracht sind
F. Michel, Burg Eltz, 1963; s. a. Burg.

Gang, 1. Verkehrsraum zwischen den einzelnen Räumen eines Geschosses, im Gebäudeinneren Korridor oder Flur, an der Front gelegen und manchmal seitlich offen Laubeng. genannt. 2. Städtebaulich: schmaler Verbindungsweg ohne Fahrverkehr.

R. Eberstadt, Hdb. des Wohnungswesens, [4]1920.

Ganggrab, stollenförmig i. den Felsen bzw. in das Erdreich vorgetriebener → *Grabbau, der hauptsächlich in Ägypten (Neues Reich; Theben – Tal der Könige) vorkommt. Der meist nach unten abfallende Gang kann durch Querausweitungen gegliedert sein und endigt in einer Grabkammer.

Ganzbalken, → Hauptbalken.

Garbha-Griha (ind.: Mutterleib), Inneres der Cella des indischen Tempels (Tempelbau 5), in der ein Lingam als Symbol der Zeugung stand (→ *Mandapa).

Garderobe (franz.), Kleiderkammer, Kleiderablageraum.
M. Muthesius, Wie baue ich mein Haus, 1917.

Garten, nach der Einfriedung mit Gerten (Stangenzaun) benannter, künstlich bepflanzter und gepflegter Bereich, der durch Wege, Stützmauern, Treppen, Terrassen und Wasserbassins vielfältig gestaltet werden kann. Der G. steht vor allem auch in der modernen Baukunst zur Wohnung in enger Beziehung, so daß der G. Ergänzung und Erweiterung der Wohnung werden kann: Terrassen, Sitzplätze, überdeckte Lauben und → *G.häuser. Schon in Ägypten öffnet sich die Vorhalle des → Wohnhauses gegen einen G., in dessen Mitte oft ein Bassin lag. Bes. entwickelt war die G.-kunst in Mesopotamien (Hängende Gärten der Semiramis in Babylon), wo die künstliche Bewässerung die Voraussetzung der G.-anlage war. Prachtvolle Parkanlagen umgaben auch die Paläste der Achämeniden, deren Kanäle auf die Architektur Bezug nahmen. Auch die Griechen und die Römer kannten prachtvolle G.anlagen wie z. B. die Villa Hadrians in Tivoli, von der noch zahlreiche Teile (Bassins, Kolonnaden, Zierarchitektut, Plastik) erhalten sind. Den G. des Islams liegt ebenso wie den ma. G. die Vorstellung vom Paradies zugrunde, doch herrschte im MA. der Nutzg. bzw. Arzneimittelg. vor. Neu belebt wurde die G.kunst in der Renaissance, deren G. meist regelmäßig um ein Zentrum (Bassin, Gartenpalast) angelegt waren. In der Barockzeit erhält der G. (Park)

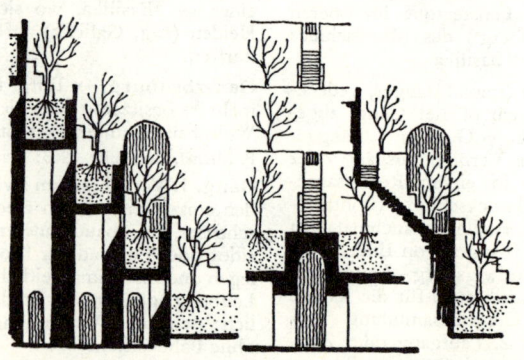

Garten
(Beispiel: Babylon, Hängende Gärten der Semiramis)

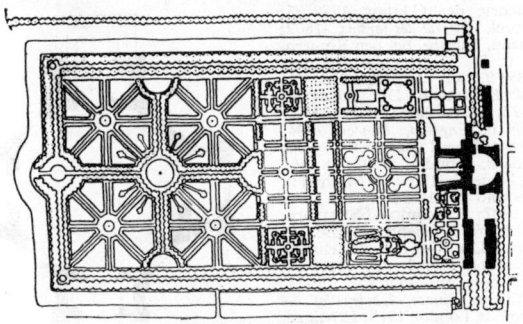

(Beispiel: Hannover, Herrenhausen)

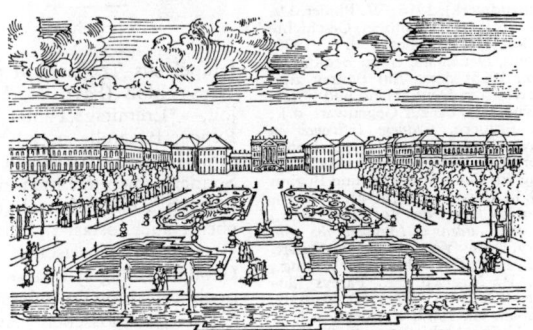

(Beispiel: München, Nymphenburg)

gesteigerte Bedeutung und wird eng auf die Architektur des Schlosses bezogen. Die Teile der G. sind symmetr. um eine Mittelachse (Weg, Allee, Kanal) angeordnet und gegen das Schloß deutlich gesteigert (Tapis Vert, → Boskett, → Broderieparterre). Später herrschte der → engl. G. vor, der ähnlich ostasiat. G., eine lockere, natürliche, maler. Gestaltung anstrebt, also den Gegensatz zum streng geometr. Renaissance- und Barockg. hervorkehrt. Dem Interesse an seltenen Pflanzen entsprechen Alpeng. (Alpinum) und Botanischer G., die durch → *Orangerien für nicht winterharte Pflanzen ergänzt werden. Seit dem 19. Jh. wechselt die Vorliebe zwischen geometr. und maler. bzw. asymmetr. G.anlagen. Bedeutend ist auch die G.kunst des islam. Kulturbereiches, dessen mit Wasserspielen versehene Gärten meist durch Aquädukte versorgt sind (Sevilla, Granada – Generalife). Eine hochentwickelte G.kunst hat Japan, dessen Gärten verkleinerten Ausschnitten der Landschaft gleichen oder symbol. der Meditation dienen (Steing.).

D. d'Argenville, *La théorie et la practique du jardinage*, dt. 1731; C. C. L. Hirsch-

feld, Theorie der G.kunst, 1779–85;
J. M. Morel, *Théorie des jardins*, ²1802;
Wüstemann, Kunstg. bei den Römern,
1946; J. u. W. Grimm, Dt. Wörter-
buch, 1854 ff.; O. v. Falke, Der G.,
1884; A. Kaufmann, Der G.bau im
MA., 1892; M. Amherst, *A History of
Gardening in England*, London 1884;
H. I. Triggs, *Formal Gardens in England
and Scotland*, London 1902; J. M.,
Olbrich, Neue G., 1905; H. Muthesius,
Landhaus und G., 1907; F. Enke, Der
Hausg., 1907; P. Schultze-Naumburg,
Kulturarbeiten 2. Band, ³1909; A.
Griesebach, Der G., eine Geschichte
seiner künstler. Gestaltung, 1910; H.
Koch, G.kunst im Städtebau, ²1923;
C. M. Villiers Stuart, *Gardens of the
Great Mughals*, London 1913; L. Migge,
Die G.kultur des 20. Jh., 1913; J.
Folnesics, Moderne G.kunst (Kunst und
Kunsthandwerk), 1916; W. Pinder, Dt.
Parke, 1923; M. L. Gothein, Geschichte
der G.kunst, ²1926; dies., Ind. G., 1926;
H. Pfann, Der kleine G. zu Beginn des
19. Jh., 1935; ders., Ein Beitrag zum
G.bauwesen in Deutschland und Öster-
reich von 1750 bis zur Gegenwart, o.J.;
E. v. Erdberg, *Chinese Influence on
European Gardenstructures* (Diss. Bonn-
Cambridge), 1936; L. Sadowski, Ein
Beitrag zur G.kunst des 18. und Beginn
des 19. Jh. (Diss. Wien), 1940; O. Siren,
Gardens of China, New York 1949; ders.,
*China and Gardens of Europe of the 18th
Century*, New York 1950; A. Seifert,
Ital. G., 1950; G. Harbers, Der Wohng.,
⁴1954; R. Maatsch hg., Pareys Illu-
striertes G.lexikon, ⁵1956; T. Yoshida,
Der japan. G., 1957; P. Shepheard, E.
Kühn, Grüne Architektur, 1959; F. G.
Jünger, G. im Abend- und Morgen-
land, 1960; A. Bernatzky, Von der ma.
Stadtbefestigung zu den Wallgrün-
flächen von heute, 1960; C. Fioriani,
Ital. G. der Renaissance und des Barock,
1961; D. Hennebo, A. Hoffmann, Ge-
schichte der dt. G.kunst, 1962 ff.; D.
Clifford, Geschichte der G.kunst, 1966;
s. a. Engl. G.

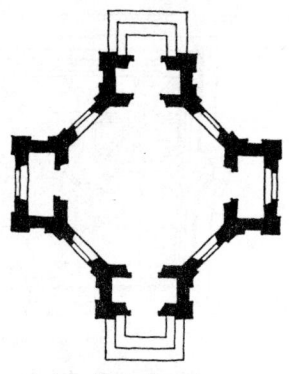

Gartenhaus

Gartenhaus, kleines Gebäude,
das zunächst zur Unterbringung
von Gartengeräten gedacht war,
in einem Garten. Das G., das später auch als Gartensaal zum
Schutz gegen die Witterung oder
für einfache Wohnzwecke errichtet wurde, ist in der Barockzeit
oft von differenzierter Gestalt und
bedeutender Größe. Es kann dann
als → Belvedere, → Aussichts-

tempel, als Teepavillon oder →
*Lustschloß (Favorite, Mon Bi-
jou,→*Eremitage,Fantaisie, Mon
Repos, Bagatelle u. a.) am Ab-
schluß einer Gartenanlage stehen.
Sonderformen nehmen dem da-
maligen Zeitgeschmack entspre-
chend auch ostasiat. Formen an
(Pagode, Chinesisches Haus).
Größere Anlagen von G., die oft
noch mit Flügeln oder mit im
Kreis geschlossenen Anbauten
(„Zirkel") versehen sein können,
nennt man manchmal auch →
*Orangerie (→*Chinoiserie).

E. v. Erdberg, Der chines. Einfluß auf
die Gartenbauten des 18. und Anfang
des 19. Jh. in Mittel- und Westeuropa
(Diss. Bonn), 1936; F. E. Carl, Klein-
architekturen in der dt. Gartenkunst,
1956; L. Hager, Nymphenburg, Schloß,
Park und Burgen, o. J.

Gartenstadt, ein Siedlungstypus,
der eine durchgreifende Wohnre-
form ermöglichen sollte. Die G.
sollte eine planmäßig gestaltete
Siedlung auf wohlfeilem, dauernd
im Eigentum der Gemeinde ver-
bleibendem Gelände sein, so daß
die Bodenspekulationen ein für
alle Mal ausgeschaltet wird (Erb-
pacht). Der Großteil des Gemein-

degebietes sollte dauernd dem Garten- und Ackerbau gesichert sein. Die G.bewegung folgte vor allem Ebenezer Howards Buch „*Garden-Cities of tomorrow*" (1898). Ihr Endziel war die Dezentralisierung von Industrie und Gewerbe und deren gleichmäßige Verteilung über das ganze Land. 1903 entstand die G. Letchworth (35000 Ew.), 1920 Welwyn (40000 Ew.), beide bei London, 1907 die G. Hellerau (Dresden), Staaken (Berlin) und die G. Karlsruhe.

R. Unwin, *The Garden City*, London 1905; E. Howard, G. in Sicht, 1907; Schriften der dt. G.gesellschaft, 1907ff.; H. Kampffmeyer, Die G.bewegung, ²1913; ders., Wohnungen, Siedlungen und G., 1926; C. B. Purdom, *The Garden City*, 1913; ders., *The Building of Satellite Towns*, London 1925; F. Stachl, Die G.bewegung (Diss. Wien), 1939.

Gartentheater, Heckentheater, ein Naturtheater in barocken Gartenanlagen, dessen Bühne meist von kulissenartig angeordneten Hecken gebildet und mit allegor. Figuren geschmückt ist (Hannover, Herrenhausen), aber auch aus einer romant. Ruine oder aus einer Grotte bestehen kann (Salzburg, Hellbrunn).

M. L. Gothein, Geschichte der Gartenkunst, ²1926.

Gasthaus, Gasthof, Haus in dem Gäste beherbergt (Herberge, Hotel) oder verpflegt werden (Gastwirtschaft, Wirtshaus, Restaurant). Die G. haben meist Hausnamen erhalten und sind bis auf den heutigen Tag durch Schilder gekennzeichnet (Wirtshausschild).

S. Mörth, Die Entwicklung der Gaststätte (Diss. Wien), 1933.

Gaube, Gaupe, stehendes → *Dachfenster.

Gebälk, Gesamtheit der → *Balken einer Deckenkonstruktion (Balkenlage) oder einer → *Dachkonstruktion (Dachg.). In der antiken Architektur die Gesamtheit von Balken (Architrav, Epistyl), Fries (→ *Dorische Ordnung, → *Ionische Ordnung, → *Korinthische Ordnung, → Toskanische Ordnung) und Kranzgesims (Geison, Konsolgesims), urspr. eine Holzkonstruktion, die aber schon

Gartentheater

früh mit Terrakotten ummantelt (→ *Antefixa) oder durch Steinbalken ersetzt wurde.

F. Toebelmann, Röm. G., 1923; A. v. Gerkan, Betrachtungen zum ion. G. (Jb. des Dt. Archäolog. Inst. 61/62), 1946/47; ders., Die Herkunft des dor. G. (Jb. des Dt. Archäolog. Inst. 63/64), 1948/49.

Gebäude, ein sich über die Erde erhebendes und Räume umschließendes → Bauwerk.

J. u. W. Grimm, Dt. Wörterbuch, 1878.

Gebundenes System

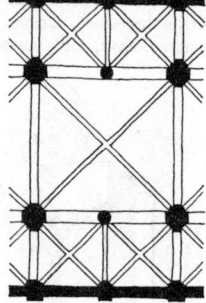

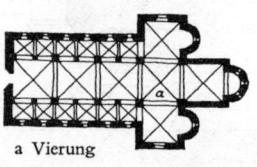

a Vierung

Gebinde, Sparrenpaar einer → *Dachkonstruktion. Man unterscheidet das durch einen Binder (Bundbalken) unterstützte Hauptg. und die dazwischenliegenden Leerg.

Gebundenes System, ein quadrat., auf das Vierungsquadrat zurückgehender Schematismus, der dem gesamten Grundriß einer gewölbten roman. Basilika zugrunde liegt: einem Quadrat im Mittelschiff entsprechen in den beiden Seitenschiffen je zwei Quadrate von halber Seitenlänge. Diese Ausbildung ist durch die → *Gewölbeform bedingt: alle Gurt- und Schildbogen können halbkreisförmig ausgebildet werden.

P. Frankl, Die frühma. und roman. Baukunst, 1926.

Geburtshaus, Mammisi, vor ägypt. Tempeln der Spätzeit (Dendera, Edfu) am Eingang des Tempelbezirks errichtetes Gebäude, in dem das göttliche Kind der Liebesgöttin Hathor geboren wurde. Das G. besteht meist aus mehreren Räumen und einer Vorhalle mit seitlichen Treppen. Hier waren Darstellungen des Gottes Bes zu finden. Die übrigen Seiten waren von Säulen gerahmt, zwischen die Schranken mit Reliefdarstellungen (Verehrung der Hathor und des Götterkindes durch Pharaonen) in halber Höhe der Stützen eingefügt waren.

Gefußt, gestelzt nennt man einen Bogen oder ein Gewölbe, dessen Krümmung erst über einer über dem Kämpfergesims oder Kapitell kurz fortgesetzten Vertikalen beginnt (→ *Bogenformen).

Gegenbogen, → *Erdbogen (→ Bogen II).

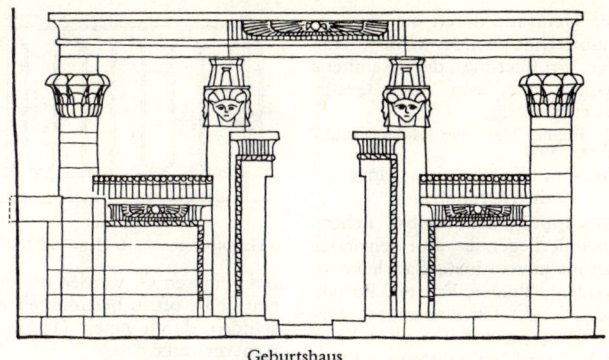

Geburtshaus

Gehöft, Gruppierung von verschiedenen Baukörpern, hauptsächlich bei landwirtschaftlichen Gebäuden, die nach ihren Funktionen – Wohnhaus, Stall, Scheune – differenziert und meist U-förmig um einen Hof gruppiert sind. Die wichtigsten G.formen des → Bauernhauses sind das mitteldt. und das fränk. G., die jedoch in verschiedenen Varianten vorkommen, wobei Wohnteil und Stall manchmal auch in einem Baukörper liegen können. An der Straßenfront ist meist ein kleineres Tor für die Bewohner neben einer größeren Wageneinfahrt angeordnet. Eine Sonderform des G. ist der → *Vierkanthof (hauptsächlich in Österreich).

Lit.: → Bauernhaus.

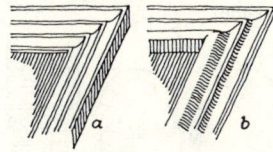

Gehrung
a Winkelgehrung   b Gratgehrung

Gehrung, Verbindung von zwei Balken, Bohlen oder Brettern (Rahmen), die (meist unter 45°) schräg aneinanderstoßen, so daß

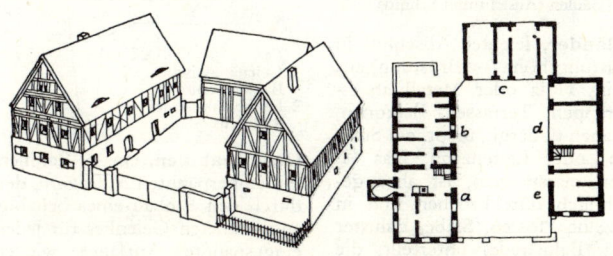

Mitteldeutsches Gehöft
a Wohnung   b Stall   c Scheune   d Schuppen   e Altenteil

die Gehrlinie durch die Winkelhalbierende gebildet wird. Je nach
der Profilierung des Rahmens
spricht man von einer Gratg.
bzw. Winkelg.

T. Böhm, Hdb. der Holzkonstruktionen, 1911.

Geison, Kranzgesims einer →
*Dorischen Ordnung.

Gekuppelt, unmittelbar nebeneinanderliegende und einander
betont zugeordnete Bauelemente
(Säulen, Träger, Fenster, Portale
oder dergl.). Um eine engere Verbindung herzustellen wird beim
g. Fenster (Zwillingsfenster,Dop-
pelarkade) oder Portal meist der
verbindende Mittelpfosten leichter ausgebildet als die normale
Gewänderahmung (→ *Fensterformen, → *Drolerie, → *Kolonnade).

Gekuppelte Fenster mit gekuppelten
Säulen (Ansicht und Schnitt)

Geländer, leichter Abschluß in
Brüstungshöhe (→ Brüstung) aus
Stein, Holz oder Metall an →
*Treppen, Terrassen, Balkonen,
Altanen u. dergl., urspr. ein Stan-
gen- oder Lattenzaun. Das G.
kann massiv sein, ist aber ge-
wöhnlich durchbrochen und in
einzelne Pfosten, Stäbe, Baluster
(→ *Balustrade) unterteilt, die
oben von einem G.holm (→
Handlauf) abgeschlossen werden.

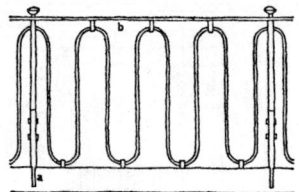

Geländer
a Hauptpfosten   b Handlauf (Holm)

Bei längeren G. werden die dünnen Stäbe oft in bestimmten Abständen durch einen Hauptpfosten verstärkt.

F. Ewerbech, E. Schmitt, Einfriedun-
gen, Brüstungen und G. (Hdb. der
Architektur), 1898; F. Kress, Der
Treppen- und G.bauer, 1949; W.
Tscherneck, A. Berger, G. in Schmie-
deeisen, 1960.

Gelenk, 1. Verbindungselement
zwischen zwei verschieden gerichteten Bau- oder Raumteilen;
2. frei bewegliche Verbindung
verschiedener Konstruktionsteile
(zum Unterschied vom starren
→ Knoten).

Maier-Leibnitz, G. (Luegers Lexikon
der gesamten Technik III), 1927.

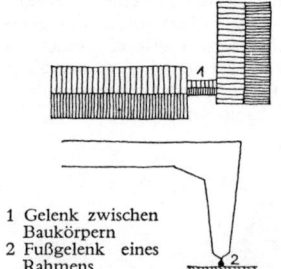

1 Gelenk zwischen
  Baukörpern
2 Fußgelenk eines
  Rahmens

Gelenkrahmen, ein → Rahmen
mit eingespannten Auflagern, der
durch den Einbau eines beliebig
angeordneten Gelenkes für jedes
eingespannte Auflager wieder
stat. bestimmbar wird.

Lit.: → Rahmen.

Gemeindeplanung, Stadtplanung, Ortsplanung, eine Aufgabe
der gemeindlichen Selbstverwaltung, die auf Grund abschätzbarer
Bedürfnisse die angestrebte wirtschaftliche, soziale und kulturelle
Entwicklung des Gemeindegebie-
tes in Übereinstimmung mit dem
regionalen Entwicklungspro-
gramm (→ Raumordnung) fest-
legt. Ihr Ergebnis sind Flächen-
widmungspläne und Bebauungs-
pläne.

W. H. Real, Stadtplanung, 1950; J.
Umlauf, Dt. Schrifttum zur Stadtplanung, 1953; R. Wurzer, Der Beitrag zur Raumplanung (Der Aufbau
15. Jg. Heft 5), 1960; N. J. Lenort,
Strukturforschung und G., 1960; G.
Schreiber, Der Stand der G. in Österreich (Diss. Wien), 1964; s. a. Städtebau.

Gerippebau, → Skelettbau.

Geschlechterturm, Wohnturm
des Adels in einer Stadt. Der Eingang lag oft wie beim Bergfried
hoch, als Abschluß findet man

Geschlechterturm

häufig → *Zinnen. G. kommen
hauptsächlich in Italien (Florenz,
S. Gimignano, Bologna, Pavia)
vor und sind im dt. MA. selten
(Metz, Regensburg). Eine dem G.
ähnliche Zwischenform von Palas
und Bergfried kommt auch bei
der → Burg vor, in Frankreich
meist → *Donjon genannt.

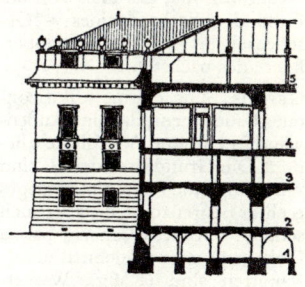

Geschoß
1   Unterg. (Keller)
2   Erdg. (Sockelg.)
3   1. Oberg., (Halbg.)
4   2. Oberg., (Hauptg.)
5   3. Oberg., Dachg. (Mansarde
    bzw. Attikag.)

Geschoß, ein durch Decken begrenzter Ausschnitt eines Gebäudes. Bei der Zählung der G. wird
das Erdgeschoß (Parterre) mitge-
rechnet, nicht dagegen das Kel-
lerg. (Unterg.) und das Dachg.
Im Sprachgebrauch wird auch der
ursprünglich aus dem Holzbau
stammende Begriff des Stockwerks („Stock") analog verwendet, wobei aber die Zählung der
Stockwerke erst mit dem G. über
dem Erdg. (1. Oberg. = 1. Stock)
beginnt. Ein niedriges Zwischen-
g. heißt Entresol oder Mezzanin,
das Hauptg. eines größeren Gebäudes Beletage oder Piano nobile. Die G.teilung wird auch an der
Fassade sichtbar (→ *Gesims).
Oft wird das Erdg. durch seine

Gestaltung (z. B. Rustika) zum Sockelg., bes. bei der Kolossalordnung. Attikag. heißt ein über dem Hauptgesims liegendes, niedrigeres Oberg. bes. an barocken Schlössern und mehrgeschossigen städt. Häusern.

A. Müßd, Stockwerksbau der Griechen und Römer (Diss. Berlin), 1932.

Geschoßhöhe, das Maß von der Fußbodenoberkante eines → *Geschosses bis zur Fußbodenoberkante des nächsten.

Gesims, Sims, ein meist horizontales Bauelement, das eine Außenwand in einzelne Abschnitte gliedert. Die Grundform der G. sind vorspringende Platten mit waagerechter Begrenzung, die aber auch schräge Abdeckflächen haben (Schrägg.) oder manchmal unterschnitten sind (Kaffg., Wasserschlag). G. können an ihrer Unterseite durch wulstartige Zierformen (→ *Kyma, → *Astragal) geschmückt oder durch Konsolen (→ Konsolgesims) unterstützt sein. Je nach Lage unterscheidet man Sockel- oder Fußg. an einem Unterbau, Gurt- bzw. Stockwerksg. (Kordong.), Fensterbankg. und das abschließende Dachg. (Hauptg., Schlußg.). Eine Sonderform des Dachg. ist das beim Tempel- und Palastbau vorkommende, stark ausladende Kranzg., das konstruktiv noch zur Außenwand gehört und meist als Konsolg. ausgebildet ist (→ *G.formen). Das Giebelg. läuft schräg entlang der Giebellinie. Als Kehlg. bezeichnet man das unterhalb einer Deckenkehle (Voute) verlaufende G., aber auch die gesimsartige Ausbildung des Dachbruches eines Mansarddaches. Bei Verschalung vorstehender Balkenköpfe entsteht das Balkeng.

A. Göller, G. (Hdb. der Architektur, III. Teil), 1899; C. Uhde, Die Konstruktionen und die Kunstformen der Architektur, 1902.

Gesimsformen, die Hauptgesimse (Dachgesims), seltener die Gurtgesimse, sind bei größeren und differenzierteren Baukörpern

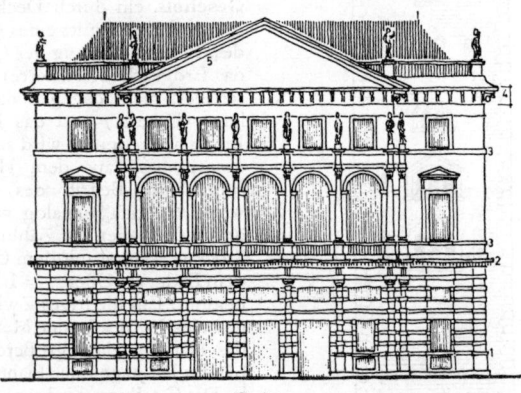

Gesims

1 Fußg., Sockelg.
3 Fensterbankg., Sohlbankg.

2 Gurtg., Stockwerkg., Kordong.
4 Kranzg.   5 Giebelg.

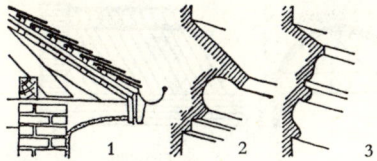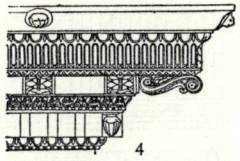

Gesimsformen
1 Dachgesims   2, 3 gotisches Kaffgesims mit Wasserschlag
4 Kranzgesims (röm. Konsolgesims)

oft weitausladend und meist durch zusätzliche Schmuckelemente (→ *Kymation, → Band 1., Rund- und Birnstäbe) belebt. Unter der Abdeckplatte können Hohlkehlen, → *Friese, Konsolen und Reliefstreifen angeordnet sein (Unterglieder).
Lit.: → Gesims.

Gespärre, Sparrenwerk, Gesamtheit der Sparren einer → Dachkonstruktion (→ *Werksatz).

Gesprenge, feingliedriger holzgeschnitzter Aufbau aus Baldadachinen, Fialen und Laubwerk über dem Retabel eines → *Flügelaltars. Das G. ist charakterist. für spätgot. Altarschreine und übertrifft in vielen Fällen den Altarschrein an Höhe. Oft sind auch Skulpturen im G. zu finden.
M. Hasse, Der Flügelaltar, 1941; s. a. Flügelaltar.

Gesprengte Decke, hölzerne Decke, deren Mitte einen Pfeil oder Stich hat, also „gewölbt" ist.

Gesprengter Giebel, → *Giebel, dessen Mitte nicht geschlossen ist.

Gestaltung, eine an die wesensgemäße Erfüllung der Aufgabe (→ Funktion) gebundene, manchmal auch stilistisch bestimmte, Formgebung.
A. Mutscher, Zweck und Form im Hochbau, 1914; E. Gudenrath, Geist und Gestalt in der Baukunst, 1929. M. Buchartz, G.lehre, 1953; ders., Gleichnis der Harmonie, [2]1955; A. E;

Brinckmann, Baukunst, die künstler. Werte im Werk des Architekten, 1956; W. Braun-Feldweg, Gestaltete Umwelt, [2]1959; R. Dittrich, Gestaltendes Sehen, 1959; M. Heidegger, Der Ursprung des Kunstwerkes, A. Malraux, Psychologie der Kunst, 1958.

Gestelzt, gefußt, ist ein Bogen oder Gewölbe, dessen Krümmung erst oberhalb einer über dem Kämpfergesims beginnenden Vertikalen aufsteigt (→ *Bogenformen).

Gewächshaus, Glashaus, das Pflanzen vor den Einflüssen der Witterung zu schützen hat. Der Fußboden des G. liegt meist unter dem Gelände, es wird von Glasfenstern abgedeckt. Eine Sonderform des G. ist die → *Orangerie, die in den Schloßgärten der Barockzeit zur Überwinterung von Pflanzen diente.
G. Lampmann, Der G.bau, 1927; ders., G. (Wasmuth), 1930; A. Tschira, Orangerien und G., 1939; F. Javorsky, Die Entwicklung des G.baues in konstruktiver und materialtechn. Hinsicht (Diss. TH. Wien), 1963.

Gewände, die schräg geführte Mauerfläche (Laibung) seitlich eines Fensters (→ *Fensterschräge) oder Portals. Das G. kann profiliert sein (Stab, Hohlkehle), manchmal stehen in den Abtreppungen des G. auch Säulen oder Skulpturen (→ Stufenportal).

Gewölbe, krummflächiger oberer Abschluß eines Raumes. Konstruktion: Das G. besteht in der

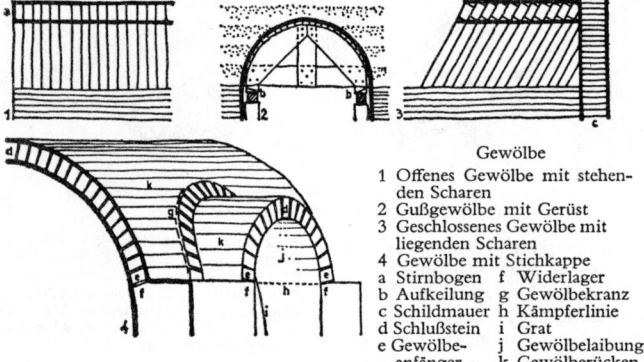

Gewölbe

1 Offenes Gewölbe mit stehenden Scharen
2 Gußgewölbe mit Gerüst
3 Geschlossenes Gewölbe mit
  liegenden Scharen
4 Gewölbe mit Stichkappe

a Stirnbogen   f Widerlager
b Aufkeilung   g Gewölbekranz
c Schildmauer   h Kämpferlinie
d Schlußstein   i Grat
e Gewölbe-   j Gewölbelaibung
  anfänger   k Gewölberücken

Regel aus Steinen, die sich zwischen Widerlagern verspannen (echtes G.). In frühester Zeit wurde das G. allerdings durch Vorkragen einzelner horizontaler Steinschichten gebildet (→ *unechtes G.). Auch können die Schichten eines Gewölbes schräg an eine Stirnmauer angelehnt sein. Meist wird das G. über einem später wieder entfernten Lehrgerüst aus Holz aufgebaut, falls es nicht direkt auf einer Schalung gegossen wird (Gußg.). Die Fugen zwischen den Steinen sind auf den G.mittelpunkt gerichtet, Die Bezeichnungen der einzelnen Teile des G. sind ähnlich wie beim Bogen (→ Bogen I). Der erste Stein des G. heißt G.anfänger, der oberste Schlußstein, seine Höhe über dem Kämpfer ist die Pfeiloder Stichhöhe. Die Untersicht des G. heißt G.fläche (G.laibung). Die Dicke der G.schale nennt man G.stärke, die obere Seite eines G. ist der G.rücken. Ist das Bogenfeld eines G. offen, so entsteht ein offenes G., dessen vordere Ansichtsfläche der Stirnbogen itt. Ist das Bogenfeld mit einer Mauer

(Stirnm., Schildmauer) verschlossen, so entsteht das geschlossene G. Schneiden in ein G. andere Wölbungen ein, deren Scheitel quer zum Scheitel des Hauptg. verlaufen (Stichkappen), so ist die Fläche des Hauptg. von der Stichkappe durch den G.kranz (Kappenkranz) getrennt. Die Kanten, die durch die Überschneidung verschiedener G.flächen an der Laibung entstehen, nennt man Grate. Das G. übt an den Widerlagern einen Schub aus, der im Inneren durch → *Anker aufgenommen werden kann. Der schräg nach unten gerichtete G.-druck auf die G.widerlager ist die Resultierende aus Auflagerdruck und G.schub, und wird durch Strebemauern oder Strebepfeiler aufgenommen (→ *Bogen, → *Strebewerk). Zur Verringerung des G.gewichtes wurden manchmal Hohlkörper aus Ton (Töpfe) eingegossen oder Kassetten ausgespart. Als Teilg. bezeichnet man die eingeschnittenen Zwickel eines G. (Stichkappen) hauptsächl. aber die zum G. überleitenden Elemente (→ Pendentif, → *Trompe).

G. Ungewitter, Lehrbuch der got. Konstruktionen, ⁴1900–03; J. Eich, Die G., 1921; H. Glück, Probleme des Wölbungsbaues, 1921; E. Mörsch, Statik der G. und Rahmen, 1947; J. Lehner, Byzantin. got. Wölbungsbau in der Moldau (Diss. Wien), 1947; W. Swida, Statik der Bogen und G., 1954; I. Badr, Vom G. zum räuml. Tragwerk (Diss. Zürich), 1962; F. Hart, Kunst und Technik der Wölbung, 1965; s. a. Gewölbeformen.

Gewölbeachse, ist die gedachte Linie unterhalb des Scheitels in Kämpferhöhe.

Gewölbeanfänger, Anwölber, Anfangstein, der erste zur Krümmung überleitende Stein über dem Kämpfer eines → *Gewölbes.

Gewölbeanker, → *Anker.

Gewölbefeld, Travée, Grundfläche eines Gewölbeabschnitts, der durch Stützen, Gurt- und Scheidbogen als vollständiges Einzelelement eines größeren Gewölbesystems ausgeschieden ist.

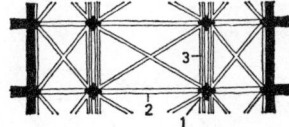

Gewölbefeld

1 Pfeiler   2 Gurtbogen
3 Scheidbogen

Gewölbeformen. Die einfachsten G. sind die Tonnengewölbe mit halbkreisförmigem Querschnitt (Rundtonne), die Halbtonne mit Viertelkreisquerschnitt (Einhüftiges Gewölbe, Horng.), die Flachtonne mit segmentbogenförmigem Querschnitt, die Parabeltonne mit parabol. Querschnitt und die Spitztonne mit Spitzbogenquerschnitt. Die dem Kämpfer zugeordneten Teile der Gewölbeschale heißen beim Tonnengewölbe Wangen, die der Öffnung nächsten Kappen. Steigende Tonnen sind Tonnengewölbe mit steigendem Scheitel. Eine Ringtonne hat eine im Grundriß kreisförmig verlaufende Scheitellinie. Eine steigende Ringtonne wird als Spiral-, Spindel- oder Schnekkengewölbe bezeichnet (z. B. Unterbau von Wendeltreppen). Tonnengewölbe können oben und unten durch Gurtbogen verstärkt sein (Obergurt, Untergurt). Der Scheitel einer Längstonne läuft parallel zur Längsachse des Raumes, der einer Quertonne im rechten Winkel dazu. Längs- und Quertonnen können auch beim selben Bauwerk vorkommen. Beim Verschnitt zweier gleich hoher Tonnengewölbe entsteht das Kreuzgewölbe (Kreuzkappengewölbe), das man sich auch aus der Verbindung von vier Kappen (Kreuzkappen, → Gewölbekappen) entstanden denken kann. Die Gewölbeflächen eines Kreuzgewölbes (Kreuzgratgewölbe) verschneiden sich in Graten (Kreuzbogen, Diagonalbogen), deren Grundrißprojektion Diagonalen des Gewölbefeldes sind. Der Gurtbogen trennt die Gewölbefelder desselben Schiffes, während der Scheidbogen quer zum Gurtbogen verläuft und die nebeneinanderliegenden Gewölbefelder zwischen den einzelnen Schiffen abtrennt. Ist der Scheitelpunkt eines Kreuzgewölbes höher als die Scheitel der Gurt- und Wandbogen (Schildbogen), so entsteht eine Busung, die auch bei anderen G. vorkommen kann. Sind verschieden lange Seiten eines Rechtecks zu überwölben, so kann der Halbkreisbogen über der kürzeren Seite auch gestelzt werden (Stelzbogen), um die

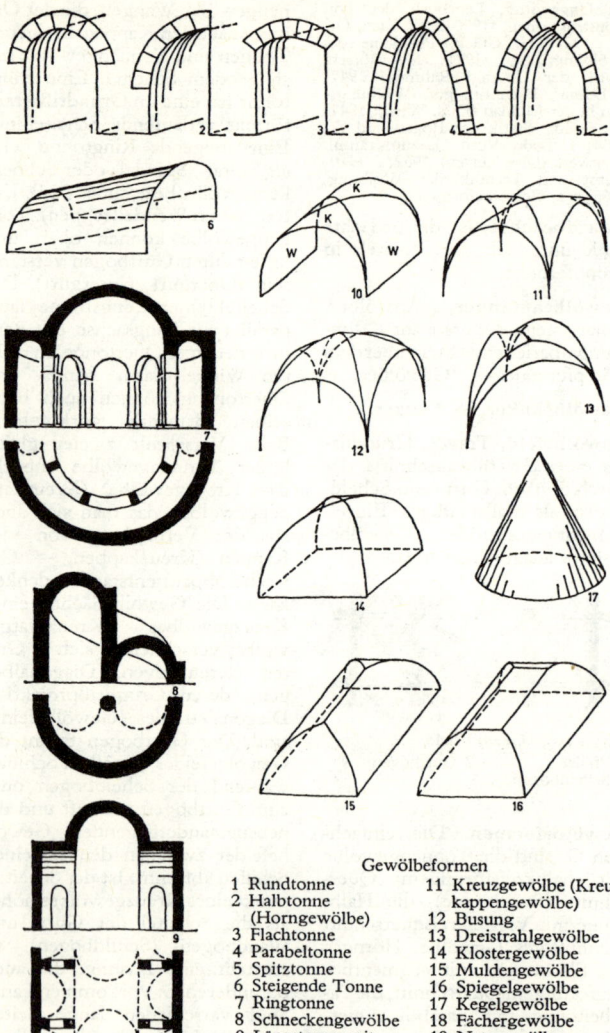

Gewölbeformen

1 Rundtonne	11 Kreuzgewölbe (Kreuz-kappengewölbe)
2 Halbtonne (Horngewölbe)	12 Busung
3 Flachtonne	13 Dreistrahlgewölbe
4 Parabeltonne	14 Klostergewölbe
5 Spitztonne	15 Muldengewölbe
6 Steigende Tonne	16 Spiegelgewölbe
7 Ringtonne	17 Kegelgewölbe
8 Schneckengewölbe	18 Fächergewölbe
9 Längstonne mit Quertonnen	19 Netzgewölbe
10 Kappen und Wangen	20 Sterngewölbe
	21 Zellengewölbe
22 Stalaktitengewölbe	

Scheitelhöhe des Halbkreisbogens über der längeren Seite zu erreichen. Drei Kappen über dreieckigem Grundriß ergeben ein Dreistrahlgewölbe. Das Klostergewölbe ist dagegen ausschließlich aus Wangen zusammengesetzt, die auf den Umfassungsmauern polygonaler Bauten aufruhen. Im Gegensatz zu der formal verwandten → *Kuppel sind die Wangen des Klostergewölbes durch Grate voneinander getrennt. Das Muldengewölbe kann man sich aus einem Tonnengewölbe entstanden vorstellen, dessen Schmalseiten durch Wangen geschlossen sind. Muldengewölbe mit einer ebenen Fläche anstelle des Scheitels heißen Spiegelgewölbe. Ein Kegelgewölbe entwickelt sich über einem kreisrunden Grundriß bei dreieckigem Querschnitt. Gewölbe, bei denen im Verlauf der Grate tragende → *Rippen angeordnet sind, heißen Rippengewöl-

be. Anstelle des Kreuzgratgewölbes entsteht so das Kreuzrippengewölbe, bei dem die Rippen die Gewölbeschale tragen. Ist ein Kreuzrippengewölbe in der Querrichtung durch ein vom Kämpfer zum Schlußstein gehendes Rippenpaar unterteilt, so entsteht ein sechsteiliges Gewölbe. Besitzt die Längsachse auch eine Scheitelrippe, so spricht man vom achtteiligen Gewölbe. Eine Sonderform des achtteiligen Gewölbes mit starker Busung ist das Domikalgewölbe, das jedoch meist kuppelförmig ausgebildet ist (auch Rippenkuppel). Ein Segelgewölbe (Schirmgewölbe) ist eine Rippenkuppel (→ Kuppel) mit segelartig geblähten Kappen zwischen den Rippen. Beim Fächergewölbe (Strahlengewölbe, Palmengewölbe) strahlen zahlreiche Rippen von der Stütze bzw. vom Scheitel aus. Das Sterngewölbe setzt sich aus Dreistrahlgewölben oder Rauten zusammen, die zentral um einen Schlußstein gruppiert sind. Seltener ist eine Stütze der Mittelpunkt des sternförmigen Gewölbegefüges. Ein Netzgewölbe besteht aus mehreren parallel verlaufenden Rippen, teilweise aus Rippengabeln, so daß Quadrate, Rechtecke oder Rauten entstehen (Rautengewölbe), die aneinandergereiht sind. Ist die Reihung auch in der Grundrißprojektion kurviert, so entsteht die → *gewundene Reihung (Kurvatur). Die reichen Figurationen später Rippengewölbe haben im allgemeinen keine tragende Funktion mehr, sondern sind rein dekorativ der Gewölbeschale unterlegt (Stuckrippen). Zweischichtige Gewölbe haben unter der figurierten Gewölbeschale noch eine von dieser losgelöste, nichttragende Rippenfiguration. Sind die Gewölbeflächen beim Netz- bzw. Sterngewölbe prismat. vertieft und die Grate (ohne hervortretende Rippen) scharfkantig gebildet, so entsteht ein Zellengewölbe. Eine Sonderform ist das Tropfsteingebilden nachgebildete Stalaktitengewölbe der islam. Baukunst.

H. Lömpel, Die monumentale Tonne (Diss. München), 1913; J. Eich, Die Gewölbe, 1921; H. Glück, Der Ursprung des röm. und abendländ. Wölbens, 1933; ders., Zur Entstehung des Gurten- und Rippengewölbes (Belvedere IX, X), o. J.; K. H. Clasen, Deutschlands Anteil am Gewölbebau der Spätgotik (Zs. der dt. Vereins für Kunstwiss.), 1937; ders., Dt. Gewölbe der Spätgotik, ²1961; F. Hart, Kunst und Technik der Wölbung, 1965; s. a. Kuppel.

Gewölbehöhe, Stich, Pfeil, Höhe eines Gewölbes, gemessen als senkrechter Abstand zwischen Kämpferebene und Schlußstein.

Gewölbekappe, eines der vier Teilstücke des Kreuzgewölbes, das aus gleich hohen, rechtwinkelig überkreuzten Tonnen (→ *Gewölbeformen) entsteht. Senkrechte Einschnitte in ein Tonnengewölbe nennt man Stichkappen. Aus einzelnen Kappen können auch ganze Gewölbe gebildet werden, so nennt man aneinandergereihte Tonnensegmente → Preußische Kappen. Der → *Böhmischen Kappe liegt ein Kugelausschnitt zugrunde.

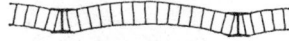

Gewölbekappe
(Preußische Kappe)

Gewölberippe, → *Rippe.

Gewölbeschale, die massive Konstruktion einer Wölbung, d. h. die Gewölbestärke in der ganzen Ausdehnung eines Gewölbefeldes.

Gewölbezwickel, überleitende Elemente, die zwischen dem quadrat. Grundriß des Unterbaues und dem Fußkreis einer → *Kuppel, eines Domikalgewölbes oder dem Polygon eines Klostergewölbes vermitteln (→ *Trompen, → Pendentifs).

J. Rosintal, Pendentifs, Trompen und Stalaktiten, 1912.

Gewundene Reihung, Kurvatur, im Grundriß kurvenförmige Ausbildung von Gewölberippen. In der spätgot. Baukunst vor al-

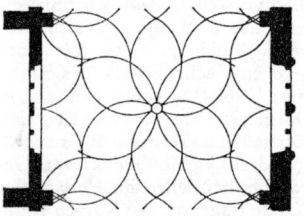

Gewundene Reihung

Treppengiebel
(Beispiel: Münster, Rathaus, 14. Jh.)

Geschweifter Knickgiebel

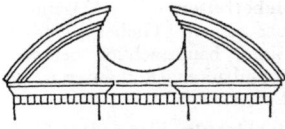

Gesprengter und verkröpfter Giebel

Maßwerkgiebel
(Beispiel: Prenzlau, Marienkirche,
14. Jh.)

Giebel

lem in Böhmen, Mähren und
Österreich vorkommend.

K. Gerstenberg, Dt. Sondergotik, 1913;
K. H. Clasen, Dt. Gewölbe der Spätgotik, ²1961.

Gezogene Stufe, eine nach bestimmter Gesetzmäßigkeit verzogene Stufe, die den allmählichen
Übergang vom geraden zum ge-
bogenen Treppenlauf herstellt
(→ *Treppe).

Ghat (ind.), Uferterrasse mit Freitreppen an ind. Flüssen.

Giebel, Abschlußform eines Sat-
teldaches, auch Bekrönung eines
Fensters (Fensterverdachung,
Fensterg.), einer → *Ädikula
oder eines anderen Bauteils. Der
G. kann dreieckig, segmentbo-
genförmig, abgetreppt (Treppen-
g., Staffelg.) oder der Dachform
entsprechend in mehreren Win-

keln gebrochen (Knickg.) oder kurvenförmig ausgebildet sein. In der Antike trägt das G.feld (→ *Tympanon) bauplast. Schmuck und wird von → *Akroterien bekrönt. In der Gotik wird der G. durch Maßwerk oder Blenden gegliedert und von Wasserspeiern oder Fialen gerahmt. Seit der Renaissance werden G. mit Voluten geschmückt (→*Voluteng.). Die Mitte eines G. ist (bes. in der Barockzeit) manchmal nicht geschlossen („gesprengter" G.).Der G. über dem Mittelrisalit eines Gebäudes heißt Frontg. oder → *Frontispiz. Der G. eines Zwerchdaches heißt Zwerchg. oder Blendg. Als Blendg. oder Zierg. werden auch G. bezeichnet, denen kein Dachquerschnitt entspricht.
Lit.: → Dachformen, Tympanon.

Giebelähre, eiserne Turmendigung in Ährenform (→ *Ähre).

Giebelbalken, Ortbalken, ein → *Balken, der entlang der Giebelmauer verläuft.

Giebelblume, Firstblume, pflanzliches Ornament, das den oberen Abschluß got. Fialen, Wimperge und Turmpyramiden bildet (→ *Kreuzblume).

Giebelbogen, Dreiecksbogen, ein „Bogen", der aus zwei schräg

aneinander gelegten Steinen besteht. Obwohl er von zwei Geraden gebildet wird, erfüllt er konstruktiv die Voraussetzungen eines echten Bogens.

Giebeldach, ein Satteldach, das mit Giebeln abschließt (→ *Dachformen), bes. dann so bezeichnet, wenn die Haupt- oder Straßenfront den Giebel zeigt (z. U. von Traufendach).

Giebelfeld, die Fläche eines Giebels. Der Ausdruck wird hauptsächlich für das → *Tympanon des antiken Tempels verwendet.

Giebelgaupe, Dachgaupe, die mit einem Satteldach versehen ist, das in einem Giebel endigt (→ *Dachfenster).

Giebelgesims, Ortgesims, → *Gesims, das die Giebelschräge begleitet.

Giebelhaus, Haus mit einem Satteldach, dessen → *Giebel die Hauptfront bildet (z. U. von Traufenhaus) → *Bürgerhaus.

Giebelreiter, → *Dachreiter über einem Giebel. Der G. kommt hauptsächlich bei städt. Profanbauten (Rathäuser u. dergl.) vor.

Giebelsäule, hinter dem Giebel liegende Stuhlsäule einer → Dachkonstruktion.

Giebelturm, Turm, der über einem Giebel aufsteigt und im Gegensatz zum Giebelreiter bedeutendere Dimensionen hat.

Gigant (griech.-lat. *gigas*), nach der griech. Mythologie die riesenhaften Söhne der Gaia. In der Baukunst verwendet man G. (ähnlich den → *Atlanten) als figürl. architekton. Stützglieder (Agrigent, Zeustempel).

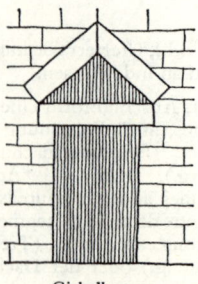

Giebelbogen

Giebelturm

H. Hunger, Lexikon der griech. und röm. Mythologie, ⁵1958.

Girlande (franz. *guirlande*), → *Feston, durchhängendes Blumen- oder Blattgewinde, das auch mit Früchten durchsetzt sein kann und wahrscheinlich von Festdekorationen aus natürlichen Blumen herrührt. Die G. kommt

Giganten
(Beispiel; Agrigent, Zeustempel)

hauptsächlich am Fries röm. Tempel vor, ist aber auch in der Baukunst der Renaissance und des Barocks weit verbreitet.

M. Gerlach, Feston und dekorative Gruppen, ³1901; A. E. Napp, Bukranien und G. (Diss. Heidelberg), 1930.

Gitterträger, Träger aus einander überkreuzenden Stäben, die vernietet sind. G. kommen hauptsächlich als Brücken- und Dachkonstruktionen vor.

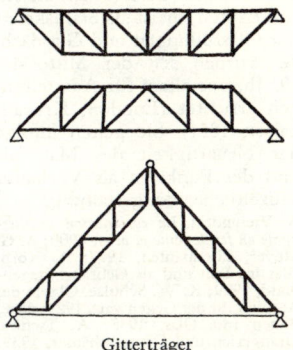

Gitterträger

Glasbaustein, hohle Gußglaskörper, die durch Mörtel miteinander verbunden werden.

Glasbetonstein, Baustein, aus einem Betonrahmen mit meist fix eingekitteter Glasscheibe bestehend.

L. David, Neuzeitliche freitragende Dacheindeckungen, 1927.

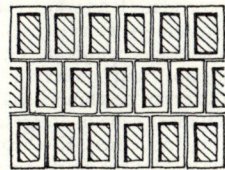

Glasbetonsteine

Glasdach, mit Glas eingedecktes und meist von einem Stahl- oder Stahlbetonskelett getragenes Dach. G. können als Satteldächer, Kuppeln oder Tonnen ausgebildet sein und werden hauptsächlich für Ausstellungshallen, Fabrikhallen, Gewächshäuser u. dergl. verwendet. Eine Sonderform des G. ist das Sheddach.

Lit.: → Glashaus.

Glashaus, in der Art der → Gewächshäuser (Orangerien) errichtete Bauten, meist als Stahlskelett mit Glasfüllungen und Glasdach. G. wurden seit der Mitte des 19. Jh. vor allem für Ausstellungen errichtet (London, Kristallpalast, 1851). Sie gelten infolge der Neuartigkeit des Materials und der Funktion als Vorläufer neuzeitlicher Baugestaltung.

A. Vierendeel, *La construction architecturale en fer de fonte et acier,* 1900; A. G. Meyer, Eisenbauten, 1907; A. Korn, Glas im Bau und als Gebrauchsgegenstand, 1929; K. W. Schulze, Glas in der Architektur der Gegenwart, 1929; ders., Bauen mit Glas, 1948; A. Tschira, Orangerien und Gewächshäuser, 1939; P. Scheerbart, Glasarchitektur (Programme und Manifeste zur Architektur des 20. Jh., U. Conrads hg.), 1964; L. Benevolo, Geschichte der Architektur im 19. und 20. Jh., 1964; S. Giedion, Raum, Zeit und Architektur, 1965.

Glasmalerei, eine Bildkomposition, die zunächst aus farbigen Glasstücken mit Bleiruten zusammengesetzt war, während später die Farben aufgeschmolzen wurden. Durch die Entwicklung der got. Architektur wurde die G. oft bestimmend für Bauformen (Maßwerkfenster, → Fensterrose). In der Renaissance wurde die G. bedeutungslos und geriet in der durch Fresken geschmückten Barockbaukunst ganz in Vergessenheit. Im modernen Kirchenbau wird sie wieder bes. wirkungsvoll eingesetzt.

F. de Lasteyrie, *Histoire de la peinture sur verre en France,* 1857; E. Viollet le Duc, *Dict.*; C. Schäfer, G. des Ma. und der Renaissance, 1881; Westlake, *A History of Design in Painted Glass,* 1881–94; H. Oidtmann, Die Technik und die Geschichte der G., 1892–98; G. Heinersdorff, Die G., 1914; C. J. Stahl, Dekorative G., 1915; F. Kieslinger, Die G. in Österreich, 1922; F. Gaudin, *Le vitrail du 12e an 18e siècle en France,* 1928; J. L. Fischer, Hdb. der G., [2]1937; M. Engels, Zur Problematik der ma. G., 1937, R. Huch, Farbenfenster großer Kathedralen, 1937; M. Aubert, *Le Vitrail en France,* 1947; L. Grodecki, *Vitraux des eglises de France,* 1947; H. Wentzel, Meisterwerke der G., [2]1954; C. Woodforde, *English Stained and Painted Glass,* Oxford 1954; G. Marchini, *Le vitrate italiane,* 1955; Corpus Vitrearum Medii Aevi, 1956ff.; *Le Vitrail francais,* Paris 1958; E. L. Armitage, *Stained Glass,* 1960; U. Frenzel, Glasbilder aus got. Zeit, 1960; E. Frodl-Kraft, Die ma. Glasgemälde in Wien, Corpus Vitrearum Medii Aevi, Österreich, Bd. I, Graz, 1962.

Glastür, Türflügel, dessen Holz- oder Stahlrahmen mit Glasscheiben gefüllt ist. Heute werden vielfach G. verwendet, die ganz aus Glas bestehen (→ *Tür).

Glaswand, eine in Glas aufgelöste Wand. G. kommen hauptsächlich als Raumteilung in größeren Bürohäusern und als → *Vorhangfassade (→Curtainwall), auch als Außenwand vor.

Glasziegel, Dachziegel aus Glas zur Belichtung eines Dachbodens. Der G. hat die Form normaler Dachziegel, um genau im Verband eingesetzt werden zu können.

Glockendach, → *Dachform, die oben konvex, unten konkav ausschwingt und hauptsächlich bei Turmbekrönungen vorkommt.

Glockengiebel, Giebelaufbau mit einer oder mehreren Öffnungen, in denen Glocken aufgehängt sind. G. kommen an kleineren Kirchen und Kapellen vor und sind meist selbst mit einem Giebel abgeschlossen.

Glockenkapitell, → Kapitell, das wie eine Glocke oben konvex und unten konkav ist. Das G. kommt in der ägypt. Baukunst vor (→ *Säule).

Glockenstuhl, Gerüst mit starken Verstrebungen, an dem die Glocken in einem Turm aufgehängt sind.

Glockenstupa, Sonderform eines → Stupas mit glockenförmig geschwungener Kontur.

Glyptothek, Skulpturensammlung.

Goldene Halle, hölzerne Tempelhalle mit Buddhabild in China. Der Eingang liegt stets an der Breitseite, die Statuen stehen erhöht auf einem Sockel an der Rückwand, manchmal umschreitbar Rücken an Rücken. Konstruktiv ist die G. H. ein Holzständerbau mit reichen Dachformen.

E. Boerschmann, Chines. Architektur, 1925; ders., Chines. Baukunst (Wasmuth), 1930; Tokiwa, Sekino, *Buddhist Monuments*; L. Sickmann, A. Soper, *The Art and Architecture of China*, 1956.

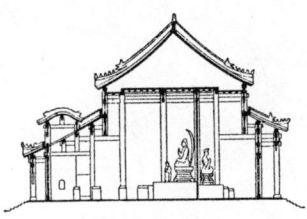
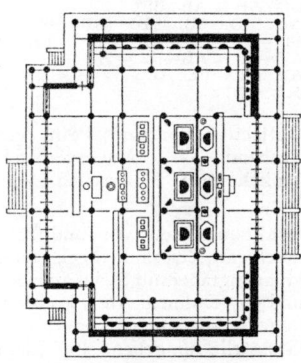

Goldene Halle
(Beispiel: Wu-T'ai-Shan, Shansi, Halle des Hsien-Tung-sse, 15./16. Jh.)

Goldener Schnitt, harmon. Teilung einer Strecke in einen kleineren und einen größeren Abschnitt, wobei sich der größere Teil zur Gesamtlänge wie der kleinere Teil zum größeren Teil verhält.
b:a = c:b. Der G. S. wird oft zur harmon. Proportionierung von Bauwerken und deren Teilen angewandt (→ Proportion). (Abb. S. 184)

Gopura, Gopuram (ind.), Torbau eines südind. → *Tempelbezirkes, meist von einem hohen Stufenaufbau gekrönt. So hat der innere Tempelbezirk von Madura vier G., die achsial auf vier größere G. des äußeren Tempelbezirkes bezogen sind.

Glockengiebel

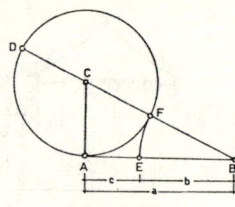

Goldener Schnitt

BD : AB = AB : BF
AB : (BD—AB) = BF : (AB—BF)
BD—AB = BD—DF = BF = BE
AB—BF = AB—BE = AE
AB : BE = BE : AE
a : b = b : c

Gotischer Verband, Polnischer Verband, → *Mauerverband, ähnlich dem Märkischen Verband.

Grabbau, G. der vor- und frühgeschichtl. Zeit sind Hügelgräber, Hühnengräber mit Steinkammern und → *Dolmen. Auch kreisförmige Steinsetzungen können eine Grabstelle umgeben. Im Alten Reich Ägyptens errichtete man rechteckige G. mit geböschten Außenflächen (Bankgrab, → Mastaba), die oft mehrere Räume enthielten. Mehrere Mastabas aufeinander ergeben die Stufenmastaba (Sakkara, „Stufenpyramide" des Djoser). Die gewaltigsten G. des Alten Reiches sind die → *Pyramiden, die sich über quadrat. Grundriß entwickeln und unter einem Neigungswinkel von 51° geböscht sind (Gizeh, Abusir). Im Mittleren und Neuen Reich bestattete man die Toten in → Ganggräbern (Theben, Tal der Könige). Im achämenid. Persien errichtete man Sarkophage auf einem Stufenunterbau (Grabmal des Kyrus) und Felsgräber (Persepolis, Naksch-i-Rustem). Auch im südwestl. Kleinasien (Lydien, Lykien) war der G. in Form von

Fels- und → Turmgräbern hoch entwickelt. Dabei wurden den Felsen Fassadenreliefs vorgeblendet. Auch die Griechen errichteten in Kleinasien bedeutende G., so das Löwenmonument von Knidos, das Nereidenmonument zu Xanthos und das Grabmal des Königs Mausollos von Halikarnass (→ *Mausoleum). In Mykenae entstanden neben Schachtgräbern bedeutende → *Kuppelgräber („Schatzhaus" des Atreus, Grab der Klytemnästra). In Italien errichteten die Etrusker zahlreiche G. unterschiedlicher Form,

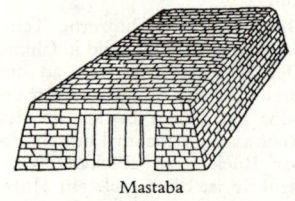

Mastaba

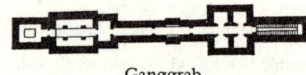

Ganggrab

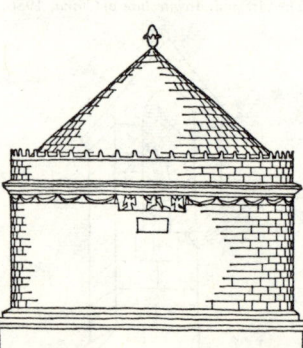

Grabmal der Cäcilia Metella in Rom

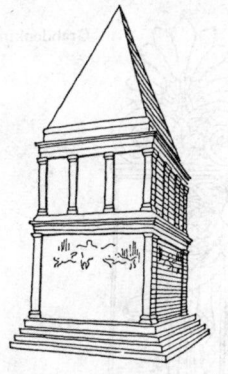

Römisches Turmgrab in Hermel/Syrien

teils als Felsgräber, als unterird. Grabkammern mit Nischen (→ *Hypogäum) oder mehrere Kammern mit darüberliegenden Grabhügeln. (Cerveteri, Tarquinia, Chiusi). Etrusk. G. (→ Tumulus) wirkten dann auf die röm. Baukunst ein, die bes. in der Kaiserzeit beachtliche G. entwickelte (Rom, Mausoleum des Augustus, Hadriansmausoleum „Engelsburg"). Daneben gab es in Rom unterird. Räume mit zahlreichen

Nischen für die Aschenurnen (→ *Kolumbarium). In der spätröm. Zeit entstanden auch G. in der Form eines Zentralbaues (Grabmal der Cäcilia Metella, Diokletiansmausoleum in Spalato), die im Grabmal Theoderichs einen späten Nachläufer fanden. Auch ägypt. Vorbilder wurden imitiert (Rom, Cestiuspyramide). In frühchristl. Zeit entstanden noch G. ähnlicher Art (Rom, S. Costanza; Ravenna, Grabmal der Galla Placidia). Turmähnliche G. mit oberem Pyramidenabschluß entstanden in spätantiker Zeit in Nordafrika (Dugga, Kasserine), → Felsgräber mit prachtvollen Fas-

Grab des Kyrus in Pasargadae

Lykisches Felsengrab (Fassade und Schnitt)

saden in Petra. Im MA. nimmt die
Bedeutung des G. ab, die → Grabkapellen und → *Karner sind
ohne bes. architekton. Rang
(Gruft, → *Krypta). Erst in der
Renaissance gewann der G. wieder größere Bedeutung (Berga-
mo, Colleonikapelle). In der islam. Welt kommen vor allem in
Indien und Persien beachtliche G.
vor (Bischapur, Grabmal des Adil
Schah; Sultanijeh, Mausoleum),
die türk. Sultane und Wesire errichteten größere G. (→ *Türbe)
in Bursa und Istanbul, manchmal
bei den von ihnen gestifteten Moscheen. In nähere räuml. Beziehung mit einer Moschee treten die
G. der Sultane Barkuk, Kait Bey
und Hassan in der Totenstadt von
Kairo (→ *Grabmoschee). In Indien → *Stupa.

P. S. Bartoli, *Gli antichi sepolcri, ovvero
mausolei romani ed etruschi*, Rom 1768;
F. Wetzel, Islam. G. in Indien, 1919;
H. Carter, A. C. Mau, Tut ench-Amun,
Ein ägypt. Königsgrab, ²1924; J. J.
Bachofen, Versuch über die Gräber-
symbolik, ²1925; O. Daum, Der ägypt.
Profangrabbau (Diss. Wien), 1926;
M. Boregatti, *Il Mausoleo di Adrianl l
Castel Sant'Angelo*, Rom 1929; M.
Demus-Quatember, Etrusk. Grab-
architektur, 1958.

Grabdenkmal, im Gegensatz
zum raumschaffenden → *Grabbau ist das G. lediglich ein Er-
innerungsmal an einen Toten.
Doch sind die Übergänge fließend. Reicher geschmückte Formen sind einem Sarg (→ *Sarkophag, ohne Bestattung: → Kenotaph) oder der Liegestatt für einen
Toten (→ Tumba) nachgebildet.
Eine Sonderform ist das → Heilige Grab. Das G. kann ferner in
der Form einer Säule, einer aufrecht stehenden (→ Stele) oder
liegenden Platte (Grabplatte) oder
als eine in die Wand eingelassene
Platte (→ *Epitaph) ausgebildet

Grabdenkmal

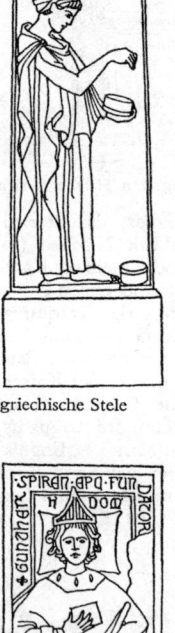

griechische Stele

ma. Grabstein eines Bischofs

sein. Die Tumben können wie die Sarkophage einen architekton. Überbau (→ Baldachin, → *Baldachingrabmal) haben und durch Plastik geschmückt sein. Griechen und Römer stellten ihre G. oft an Straßen (Athen, Kerameikos; Rom, Via Appia) auf. Im MA. finden wir G. hauptsächlich im Inneren der Kirchen und Kapellen, manchmal auch in der Form eines → *Nischengrabes, das auch an der Außenwand einer Kirche vorkommen kann. In der Renaissance und in der Barockzeit wurden aufwendigere G. mit zahlreichen Skulpturen, Putten und allegor. Gestalten geschaffen.

A. Conze, Die dt. Grabreliefs, 1890 bis 1923; T. G. Thiele, H. Küsthardt, Meisterwerke der Grabmalskunst, 1914; K. v. Seeger, Das Denkmal des Weltkrieges, 1930; A. Diepolder, Die att. Grabreliefs, 1931; E. Borgwardt, Die Typen des ma. Grabmales in Deutschland (Diss. Freiburg), 1939.

Grabendach, → *Dachformen.

Gräberstadt, Totenstadt (griech. Nekropole) ist ein Friedhof mit architekton. gestalteten Gräbern oder mit → *Grabbauten, die oft noch gruppiert oder um größere Grabbauten regelmäßig angeordnet sind. G. kommen hauptsächlich bei den Ägyptern (Gizeh, Sakkara, Theben-West) aber auch bei den Moslems (Kairo, Totenstadt) vor. Eine größere Anzahl von → *Türben findet man in Bursa und in Istanbul-Eyub. Auch die Etrusker legten ihre Toten-

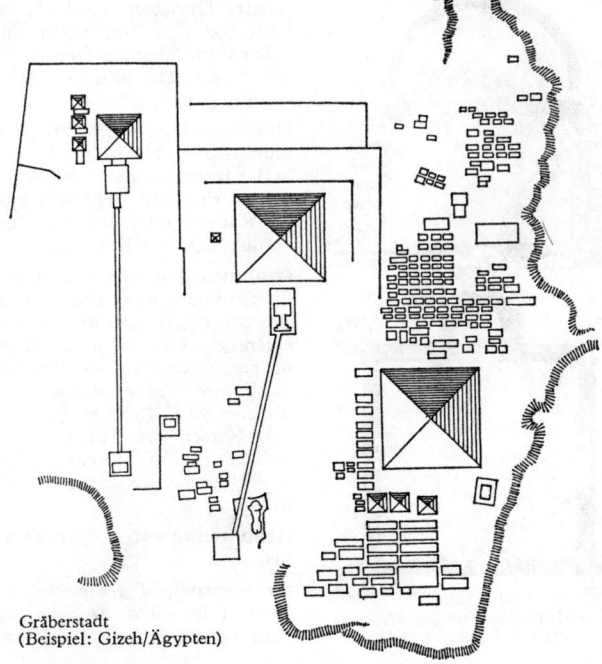

Gräberstadt
(Beispiel: Gizeh/Ägypten)

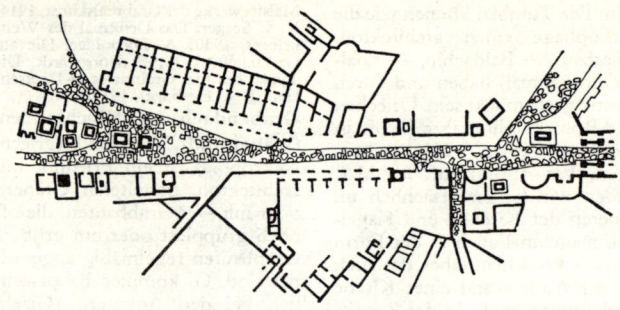

Gräberstraße (Beispiel: Pompeji)

städte um Straßen und Wege geordnet an (→ *Gräberstraße).

Franz-Pascha, Kairo, Berühmte Kunst-
stätten, 1903; H. Juncker hg., Giza,
1929–55.

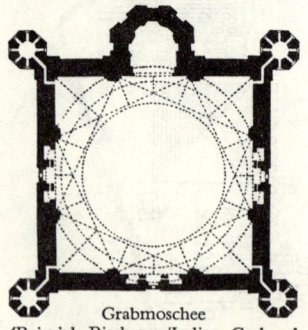

Grabmoschee
(Beispiel: Bischapur/Indien, Grabmal
des Adil Schah, 17. Jh.)

Gräberstraße. Der alte etrusk.
Brauch, Tote in → Grabbauten
bzw. unter → Grabdenkmälern
zu bestatten, die an beiden Seiten
einer Straße aufgereiht sind
(Caere, Orvieto), wurde später
auch von den Römern in ähnlicher Form übernommen (Rom,
Via Appia; Pompeji, G.; Arles,
Alyscamps).

Grabkapelle, Kapelle, meist in
unmittelbarer Nähe einer Kirche,
in der Bischöfe oder Adelige beigesetzt sind (Im Gegensatz zum
→ Karner, dem Beinhaus mit
darüberliegender Kapelle).

Grabmoschee, eine → Moschee,
die am Grabe eines hohen islam.
Würdenträgers errichtet ist. Das
eigentliche Grab ist in der Regel
in einem eigenen → Grabbau
(türk.: → *Türbe), die Moschee
nur angebaut. Die G. tragen meist
den Namen des Toten (Kairo,
Sultan Hassan-Moschee, Kait
Bey-Moschee, Sultan Barkuk-
Moschee).

Grabmonument, → *Grabdenkmal.

Grabtempel, Totentempel, ein
Tempel im alten Ägypten, der
dem Totenopferkult des Pharao

diente. Im Alten Reich besteht der G. aus einem Taltempel, dem von diesem zum G. führenden Aufweg und dem eigentlichen G. vor der → *Pyramide (Gizeh, Abusir). Im Neuen Reich gleicht sich der G. den anderen Tempelanlagen an (Pylon, Hof, Vorhalle, Quersaal, Allerheiligstes mit Kammern) (Theben, Ramesseum; Theben, Medinet Habu). Sonderformen von G. in der Form von → *Terrassentempeln sind der G. des Mentuhotep in Theben-Der el Bahri und der neben diesem liegende Hatschepsuttempel. Wie schon im Alten Reich in Sakkara, so ist auch im Neuen Reich in Theben eine Nachbildung des Pharaonenpalastes neben dem G. zu finden.

J. L. de Cenival, Architektur der Welt. Ägypten 1964.

Grabzippus, → *Zippus, eiförmiger Aufsatz auf etrusk. Kistengräbern oder Grabhügeln.

Grat, 1. die Schnittkante zweier Dachflächen mit ausspringendem Winkel (→ *Dachausmittlung); 2. Kante zwischen zwei einander überschneidenden Flächen eines → Gewölbes.

Gratbogen, die Schnittkurve zwischen zwei einander überschneidenden Gewölbeflächen (→ Gewölbe).

Gratbalken, Kehlgratbalken, der diagonal auf eine Ecke zulaufende → *Balken einer Balkenlage (Balken 2).

Gratsparren, der den Grat unterstützende, diagonal von der ausspringenden Ecke einer Traufe zum First verlaufende Sparren eines Walmdaches (→ Dachkonstruktion), dessen Oberfläche zwei, den beiden Dachflächen entsprechende, Neigungsflächen

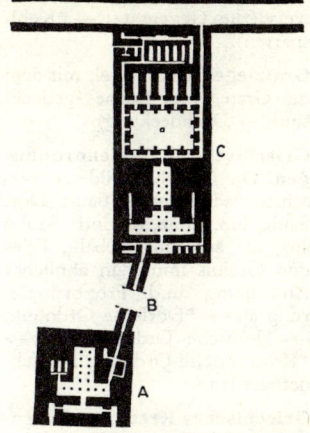

Grabtempel
(Beispiel: Gizeh, G. des Chefren)
A Taltempel, B Aufweg, C Grabtempel

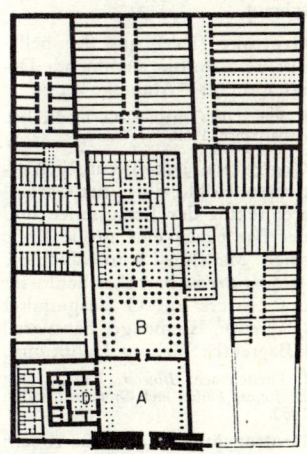

Grabtempel
(Beispiel: Theben, Ramesseum)
A erster Hof
B zweiter Hof mit Osirispfeilern
C Säulensaal
D Erscheinungsfenster

hat, deren Winkel nach außen weist (zum Gegensatz: → *Kehlsparren).

Gratziegel, Dachziegel, mit dem die Grate eines Daches gedeckt sind (→ Dachdeckung).

Griechische Säulenordnungen. Die Griechen bildeten verschiedene Formen der Säule (Dor. Säule, Ion. Säule, Korinth. Säule) aus, die zus. mit Gebälk, Fries und Gesims immer in ähnlicher Anordnung und Proportionierung als → *Dorische Ordnung, → *Ionische Ordnung und → *Korinthische Ordnung bezeichnet werden.

Griechisches Kreuz, im Gegensatz zum latein. → *Kreuz eine Form des Kreuzes mit gleich langen Armen, die als Grundrißfigur vieler → *Zentralbauten erscheint.

Groteske (ital.), aus der hellenist.-röm. Antike stammende Dekoration (→ *Arabeske 2).

F. Piel, Die Ornament-G. in der ital. Renaissance, 1962.

Grotte (ital. *grotta*), künstlich errichtete Höhle, die in der Gartenarchitektur der Renaissance und der Barockzeit eine große Rolle spielt. Manchmal wurde auch die → *Sala terrena* barocker Schlösser mit G.werk zur G. ausgestaltet (Bayreuth, Eremitage; Sanspareil b.Bayreuth; Salzburg, Hellbrunn).

J. Furttenbach, *Itinerar. Italia,* 1627; B. Jones, *Follies and Grottoes,* London 1953.

Grottensäule, Stütze aus rohem Gestein, die mit Muscheln, Schnecken u.dgl. geschmückt ist.

Grundbogen, umgekehrter, mit dem Scheitel zum Erdreich gerichteter Bogen (→ *Erdbogen).

Grundriß, waagerechter Schnitt durch ein Bauwerk bzw. dessen Geschosse (→ *Projektion).

K. Spengemann, Grundrißatlas, eine Typenkunde für den Wohnungsbau, 1955.

Grundstein, erster Stein, der oft in feierlicher Form mit Beigabe von Urkunden und Münzen bei Baubeginn gelegt wird. Er kann im Fundament vermauert oder sichtbar (manchmal als Eckstein) angeordnet sein.

Guadrone (ital.), vom ion. → Kyma (Eierstab) abgeleitete, stark ausgebauchte Verzierung der ital. Renaissance.

Guckkastenbühne, Bühne mit architekton. gerahmter Bühnenöffnung, die das Bühnenbild begrenzt und sowohl die völlige Abschließung des Bühnenhauses vom Zuschauerraum, als auch eine illusionist. Ausgestaltung des Bühnenbildes (→ Kulisse, → Soffitte 2, → *Theaterbau) ermöglicht. Die Zone zwischen G. und Zuschauerraum ist das Proszenium.

M. Hammschitz, Der moderne Theaterbau, 1906; F. Kranich, Bühnentechnik der Gegenwart, 1929–33.

Gurtbogen, Gurt, der quer zur Längsachse eines → Gewölbes verlaufende Verstärkungsbogen.

Obergurt   Untergurt

Er kommt hauptsächlich beim Tonnengewölbe und beim Kreuzgewölbe vor (→ *Gewölbeformen) und kann sichtbar an der Gewölbelaibung (Untergurt) oder am Gewölberücken (Obergurt) vortreten.

H. Glück, Zur Entstehung des Gurten-
und Rippengewölbes (Belvedere IX,
X), o. J.

Gurtgesims, Kordongesims.
Stockwerksgesims → *Gesims,

Gußgewölbe, auf Schalung ge-
gossenes → Gewölbe (→ *Topfgewölbe).

Gußmauerwerk, → *Mauerwerk, das zwischen Schalungen
gegossen wird oder bei größeren
Mauerstücken durch Ausgießen
des Zwischenraumes zweier gemauerter Wände entsteht. Die G.-
technik (opus incertum) war bereits den Römern bekannt und
wurde ebenso wie das Gußgewölbe häufig ausgeführt. Die Guß-
masse war ein mit Steinbrocken
durchmischter Mörtel, der als
Vorläufer des modernen Betons
gelten kann.

E. Rudofsky, Eine primitive Beton-
bauweise auf den südlichen Kykladen
(Diss. Wien), 1931; M. E. Blake,
Ancient Roman Construction in Italy,
Washington 1947.

Guttae, tropfenartige Gebilde der
→ *Dorischen Ordnung, die in
drei Gruppen zu sechs Tropfen
an den Mutuli (Dielenköpfe) und
außerdem sechs G. in einer Reihe
unter den Regulae angebracht
sind.

Gymnasion (von griech. *gymnos:*
nackt), Schule mit Laufbahnen,
Bädern und Hörsälen, die auch
mit einer Ringerschule (Palästra)
verbunden sein kann, für die kör-
perliche Ausbildung der Knaben,
Epheben und Jünglinge. Ein G.
mit mehreren terrassenförmig angelegten Stadien lag z. B. am
Stadtrand von Priene. Eine große

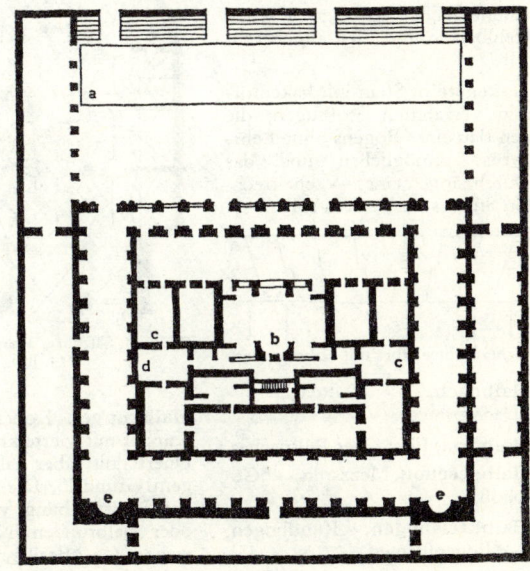

Gymnasion
(Beispiel:
Ephesus)

a Stadion
b Ephebeum
c Frigidarium
d Tepidarium
e Exedra

G.anlage mit mehreren Auditorien ist z. T. noch neben dem Demeterbezirk in Pergamon erhalten.

L. Julius, G. (Denkmäler des klass. Altertums, hg. A. Baumeister), 1889.

Gynäkeion, Gynaikeion (griech.) 1. Frauengemach des griech. → Wohnhauses im Gegensatz zum Wohnteil der Männer (Andronitis); 2. für die Frauen reservierter Raum einer Kirche.

Hallenchor

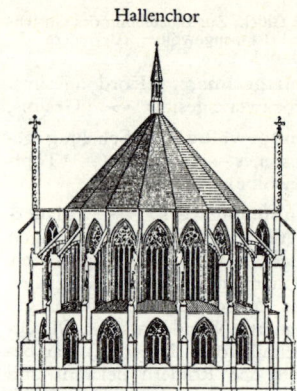

(Beispiel: Zwettl/NÖ, Stiftskirche)

Hahnebaum, Helmstange, Kaiserstiel, senkrechter Mittelpfosten eines Helmdaches (→ *Dachkonstruktion), in den die Gratsparren eingelassen sind und der den Turmknauf (Turmhahn) trägt.

Hahnenbalken, oberster Querbalken des Kehlgebälks einer → Dachkonstruktion, der zur Unterteilung der Sparrenlänge zwischen Kehlbalken und First angebracht wird.

Hakenstein, Stein mit hakenförmig verzahnten Stoßfugen, die den Bau eines Bogens ohne Lehrgerüst ermöglichen und das Durchhängen eines → scheitrechten Sturzes verhindern sollen.

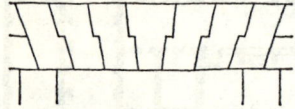

Scheitrechter Sturz mit Hakensteinen

Halbdach, → Pultdach (→ *Dachformen).

Halbfirst, First eines Pultdaches.

Halbgeschoß, Mezzanin, →*Geschoß.

Halbkreisbogen, Rundbogen, → *Bogenformen.

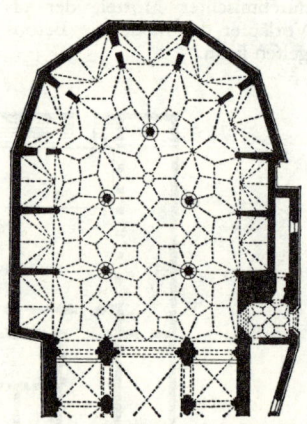

(Beispiel; Salzburg, Franziskanerkirche 15. Jh.)

Halbkuppel, Konche, eine *→ Kuppel mit viertelkreisförmigem Querschnitt über halbkreisförmigem Grundriß. Die H. wird oft zur Überwölbung von Apsiden oder halbrunden Nischen verwendet (→ *Basilika).

Halbschlitz, abgeschrägte Ecke
der Triglyphe bei der → *Dorischen Ordnung.

Halbtonne, Tonnengewölbe mit
viertelkreisförmigem Querschnitt
(→ *Gewölbeformen).

Halbwalmdach, Dach, das nur
an einer Frontseite abgewalmt ist
(→ *Dachformen).

Halle, ein geräumiger meist öffentlicher Bau oder Raum. 1. Ein
offener oder halboffener Bau, ursprünglich zum Schutz vor Regen
oder Sonne (→ Stoa, Wandelhalle, Vorh.), bisweilen auch geschlossen (Rathaush., Markth.,
Bahnhofsh.). 2. Eine weite Raumform, die nur über eingestellte
Stützen gedeckt werden konnte
und nur durch die Außenfronten
belichtet wurde (Säulenh., →*H.-
kirche). 3. Der Hauptraum des
nordwesteurop. Wohnhauses (→
Diele, → Saal) wird in England
hall genannt, danach auch Hotelh.

1. C. Kersten, Freitragende Holzbauten,
²1926; ders., H.bauten, 1936; A. Gattnar, F. Trysna, Hölzerne Dach- und
H.bauten, ⁷1961.
3. K. Lange, Haus und H., 1885; M. B.
Adams, *Old English Hauses*, 1888; H.
Muthesius, Das engl. Haus, ²1908;
K. Rhamm, Urzeitliche Bauernhöfe,
1908.

Hallenchor, mehrschiffiger →*
Chor mit gleicher oder annähernd
gleicher Höhe der einzelnen Schiffe, jedoch ohne selbständige Belichtung des Mittelschiffes.

K. Gerstenberg, Dt. Sondergotik, 1913;
s. a. Chor.

Hallenkirche, Halle 2, mehrschiffige Kirchenanlage mit gleicher oder annähernd gleicher Höhe (→*Staffelhalle, → Staffelquerschnitt) der einzelnen Schiffe, jedoch ohne selbständige Belichtung des Mittelschiffes. Diese in
fast allen Stilepochen vorkom-

Hallenkirche

(Beispiel: Danzig, St. Marien)

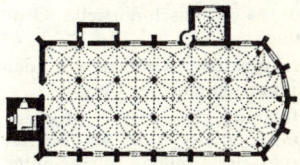

(Beispiel: Schneeberg/Sa., St. Maria
und Wolfgang)

mende Raumform ist (als Gegensatz zur → Basilika mit einem
höheren, selbständig belichteten
Mittelschiff) bes. in der Zeit der
Spätgotik in Mitteleuropa weit-
verbreitet und entspricht der Tendenz zur weitgehenden Verein-
heitlichung des Raumes. Die konstruktiven Vorteile der H. (keine
Strebebogen) werden wieder in
Frage gestellt durch Schwierigkeiten beim Bau des Daches, das
den Baukörper monumental stei-

gert, oft aber sehr lastend und schwer wirkt. Man kommt deshalb zu einer Aufteilung in parallele Dächer über jedem Schiff (Paralleldächer) oder zu einer Unterteilung in Mittelschiffdach und Zwerchdächer (→ *Auslucht 2), die abgewalmt oder mit Giebeln versehen sein können.

K. Gerstenberg, Dt. Sondergotik, 1913; E. Fink, Die got. H. Westfalens, 1934; W. Krönig, H. in Italien, 1938.

Hallenkrypta, mehrschiffige → *Krypta mit gleichhohen Gewölben.

Hallenlanghaus, Langhaus einer → Hallenkirche.

Hallenquerhaus, ausladendes, mehrschiffiges Querhaus einer → Hallenkirche.

Hals, Teil des Säulenschaftes unmittelbar unter dem Kapitell, der gegen den darunterliegenden Säulenschaft durch einen Ring abgeschlossen sein kann und manchmal auch eingezogen ist (→*Echinus, → Römisch-dorische Ordnung).

Halsgraben, Graben vor der Ringmauer einer → Burg.

Halsring, bei der → toskan. Ordnung ein Ring am oberen Ende des Säulenschaftes unter dem Säulenhals (→ *Säulenordnungen).

Hammam (von arab. *hamman:* heiß machen), Badeanlage der Türken meist in Form eines kuppelüberwölbten Zentralbaus oder einer ganzen Gruppe von zum Teil symmetr. oder paarweise angeordneten Kuppelbauten. Die Tradition der röm. Thermen lebt im H. weiter, wobei auch die Fußbodenheizung (→ *Hypokausten) übernommen wurde, falls das H. nicht von einer Thermalquelle gespeist wurde (wie z. B. in Bursa).

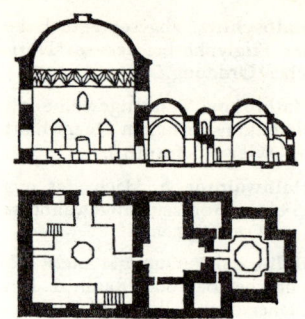

Hammam

Einer der Haupträume ist der Schwitzraum (Harara).

Mavrogeny, *Les bains orientaux,* 1891; H. Minetti, Osman. provinziale Baukunst auf dem Balkan, 1923; K. Klinghardt, Türk. Bäder, 1927; H. Glück, Probleme des Wölbungsbaues, Die Bäder Konstantinopels, 1929; K. A. Arn, *Türk hamamlari etüdü,* Istanbul 1949.

Han, Chan (pers.: Haus), im Orient Bezeichnung für die Herberge (→ *Karawanserei) an einer Karawanenstraße hauptsächlich in der Türkei und in Persien. Die Räume sind meist zweigeschossig um einen Hof gruppiert.

K. Müller, Die Karawanserei im vorderen Orient, 1920; F. Wachtsmuth, Der Raum, Raumschöpfungen in der Kunst Vorderasiens, 1929.

Handlauf, Griffleiste, Holm, der Hand angepaßte Abschlußleiste eines → *Geländers.

Handwerkerhaus, Sonderform des → *Bürgerhauses, die den Bedürfnissen eines Handwerkbetriebes, vor allem der Lagerhaltung, angepaßt ist. So sind die Häuser der Gerber und der Färber oft an einem Flußlauf zusammengefaßt und haben gegen diesen zu gelegene, offene Lauben bzw. einen Dachraum mit langgestreckten

mehrgeschossigen Schleppgaupen und breiten Öffnungen im Dachgiebel.
Lit.: → Bürgerhaus.

Hangar (lat.), an einer Langseite offener Schuppen, insbes. Flugzeughalle.

Hängebalken, → *Hängewerk.

Hängebrücke, → *Brücke.

Hängedach, Seildach, durchhängendes Dach, dessen Konstruktionsteile nur auf Zug beansprucht werden. Daher ist die stützenfreie Überdeckung großer Spannweiten mit geringem Auf-

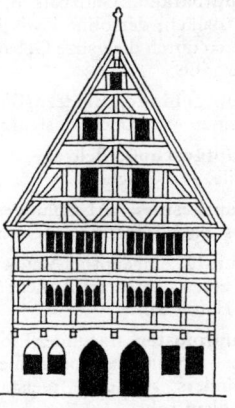

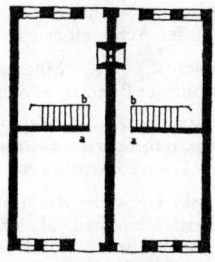

ma. Handwerkerhaus
a Werkstatt   b Küche

wand möglich. Gleichzeitig entsteht darunter ein Raum mit von den Rändern zur Mitte abnehmender Höhe (→ *Dachformen).
F. Otto, Das hängende Dach, 1954.

Hängeeisen, → *Hängewerk.

Hängekammer, in die Diele eines norddt. → Bürgerhauses später eingehängte Kammer.

Hängekuppel, Stutzkuppel, im Gegensatz zur → *Böhmischen Kappe, deren überwölbte Fläche kleiner als das Grundquadrat einer zu ergänzenden größeren Kuppel ist, wird bei der Hängekuppel das Grundquadrat in den Fußkreis einer Kuppel einbeschrieben, sodaß vier Kalotten entfallen. Entfernt man die Scheitelkalotte, so verbleiben vier Pendentifs (→ *Kuppel).

Hängeplatte, Dielenkopf, Mutulus der → *Dorischen Ordnung.

Hängesäule, der senkrechte Pfosten eines → *Hängewerks, an dem der Hängebalken aufgehängt ist. Die H. wird nach den Auflagern abgestrebt.

Hängewerk, eine meist hölzerne Konstruktion zur Aufnahme von Lasten bzw. zur Überbrückung großer Spannweiten. Beim H. wird der waagerechte Hängebalken, der sich bei größerer Länge zwischen den beiden Auflagern durchbiegen würde, durch eine oder mehrere Hängesäulen gehalten. Die Hängesäulen werden gegen die Auflager abgestrebt (Hängebock). Je nach Zahl der Hängesäulen spricht man von einem einsäuligen (einfachen), zweisäuligen (doppelten) oder dreisäuligen H. Der Hängebalken ist mit der Hängesäule durch ein Bandeisen (Hängeeisen) verschraubt und kann auch als Un-

terzug unter den Bindern angeordnet sein und die Leerbalken
zwischen den Bindern tragen.
H.konstruktionen gibt es auch im
Stahlbau und finden bei Dachkonstruktionen, vor allem aber bei
Brückenkonstruktionen Anwendung.

Luegers Lexikon der gesamten Technik
III., ³1927.

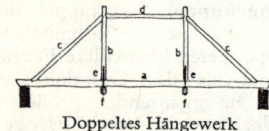

Doppeltes Hängewerk

a Hängebalken   d Spannriegel
b Hängesäule   e Hängeeisen
c Strebe   f Unterzug

Hängezapfen, Abhängling, zapfenförmig herunterhängender Teil
am unteren Ende einer Hängesäule (→ Hängewerk, → *Abhängling 2).

Hängezwickel, Pendentif, sphär.
Dreieck zur Überleitung vom
quadr. Grundriß zum Fußkreis
einer → *Kuppel.

J. Rosintal, Pendentifs, Trompen und
Stalaktiten, 1912.

Haram (arab.), Betsaal, Innenraum einer Moschee.

Harara (arab.), Schwitzraum
eines → Hammam.

Harem (arab.), den Frauen vor-
behaltener und für Fremde unzu-
gänglicher Teil des Wohnhauses
im islam. Kulturbereich.

O. Reuther, Das Wohnhaus in Bagdad
und in anderen Städten des Irak, 1910.

Hathorsäule, Sistrumsäule,
ägypt. Säule mit einem Hathor-
aufsatz oder mit einem Hathorkapitell (→ *Kapitell, → *Geburtshaus).

Hathortempel, ein der ägypt.
Liebesgöttin Hathor geweihter

Tempel, meist mit Hathorsäulen.
Das Hauptheiligtum der Hathor
war in Dendera.

H. Bonnet, Reallexikon der ägypt.
Religionsgeschichte, 1952.

Haubarg, → *Barghus.

Haubendach, welsche Haube (→
*Dachformen).

Haufendorf, → *Dorfformen.

Haupt, 1. bei →*Mauerwerk, →
*Bogen u. dergl. die sichtbare
Außenseite, im Gegensatz zum
Lager. Die Vorderseite heißt Vorh.
oder Stirn, die Rückseite Hinterh.
2. Riese, der Helm der → *Fiale.

Hauptbalken, Ganzbalken, ein
→ *Balken, der ohne Zwischenstützen durch die ganze Gebäudetiefe geht.

Hauptgebinde, Binder (Binder
2) einer → *Dachkonstruktion.

Hauptgeschoß, Beletage, Piano
nobile, → *Geschoß.

Hauptgesims, Abschlußgesims
eines Baukörpers (→ *Gesims).

Häuptig, einhäuptig, Mauer mit
nur einer sichtbaren Außenfläche
(→ Haupt 1).

Hauptpfosten, tragender Pfosten
einer → *Balustrade oder eines →
Geländers, auf dem meist der
Handlauf ruht.

Hauptportal, wichtigstes Portal,
meist in der Achse einer Fassade.

Hauptschiff, das Mittelschiff
mehrschiffiger Räume(→*Schiff).

Hauptsparren, Bundsparren,
Bindesparren, Sparren am Binder
einer → Dachkonstruktion.

Haus, ein Gebäude, das im allgemeinen Menschen als Wohnung (→ *Wohnh., → *Bürgerh.,
→ Bauernh.) aber auch anderen
Aufgaben dient (→ *Rath., →

*Kaufh., → Warenh., → Zeugh., → Zunfth., → *Gartenh., → Gasth. u. a.) und der Aufgabe entsprechend verschiedene Formen haben kann. Nach der Stellung der H. zueinander und im Siedlungsraum unterscheidet man z. B. Reihenh., Doppelh., freistehendes H. (→ *Bauweise), nach seiner Höhe Flachbau, Geschoßbau, Hochh., nach der Form des Baukörpers Rundh., Megaronh., Hofh., → *Terrassenh., Turmh., Punkth., Sternh., Giebelh., Traufenh., nach dem Material und der Konstruktion Holzh., Steinh., Fachwerkh. usw.

J. u. W. Grimm, Dt. Wörterbuch IV, 1877; F. Noack, Ovalh. und Palast in Kreta, 1908; J. Brix, F. Genzmer, Das H. im Stadtkörper, 1912; W. Schulz, Das germ. H. in vorgeschichtlicher Zeit, ²1923; J. Bergmann, Die Gestalt des hochalpinen H. als Funktion der Landschaft (Diss. Wien), 1924; K. Weule, Kulturelemente der Menschheit, ¹⁷1925; F. Öhlmann, H. und Hof, 1927; F. Behn, Das H. in vorröm. Zeit, ²1928; Handwörterbuch des Wohnungswesens, 1930; W. Radig, Die Frühformen der Hausentwicklung in Deutschland, 1958.

Hausbaum, der vertikale Hauptpfosten, der das Gebälk ma. Wohnhäuser trägt.

Hausflur, Flur, Vorraum zwischen dem Hauseingang und dem Treppenhaus, in Stockwerkswohnungen zwischen Wohnungstür und den einzelnen Zimmern.

R. Eberstadt, Hdb. des Wohnungswesens, ⁴1920; K. Trost, Eingang, Diele, Flur, 1962.

Hauskapelle, private Kapelle eines Bürgerhauses oder Patrizierhauses, die meist in einem Obergeschoß liegt, da keine weiteren Räume über ihr angeordnet werden durften. Sie springt manchmal in einem polygonalen → *Chörlein (Kapellenerker) über

die Außenwand vor (Nürnberg, Sebalduschörlein).

Hausmarke, Hauszeichen, figürl. oder geometr. Symbol zur Kennzeichnung eines Hauses, früher meist am Schlußstein der Eingangstür angebracht. Nach der H. wurden früher die Häuser benannt (Hausname, z. B. „zum Schwanen"), auch wenn es keine Gasthäuser waren. Die H. ersetzte die moderne Ordnungsnummer.

Blavignac, *Histoire des enseignes d'hôtelleries, d'auberges et de cabarets*, 1878; C. G. Homeyer, Die Haus- und Hofmarken, ²1890; Larwood, Hotten, *History of Signbords from the Earliest Times*, 1898; E. Grohne, Die Hausnamen und Hauszeichen, 1912.

Haustein, an allen Seiten behauener Naturstein im Gegensatz zum unbearbeiteten Bruchstein oder zum rohen Feldstein (Findling). Den nach den Erfordernissen des Fugenschnittes vom Steinmetzen sorgfältig zugerichteten H. nennt man → Werkstein. Bleibt die Sichtfläche unbearbeitet, spricht man von Bossenstein, ist die sichtbare Seite so behauen, daß innerhalb eines Randschlages eine weitausladende → *Bosse stehen bleibt, spricht man von Buckel- oder Kropfstein (→ Rustika, → *Mauerwerk).

Hausurne, in frühen Kulturen verwendete Aschenurnen zeigen, ähnlich wie die Sarkophage, oft Nachbildungen der damals üblichen Hausformen. Die H. ermöglichen wertvolle Rückschlüsse auf den Aufbau und das Aussehen der gleichzeitigen Wohnhäuser (z. B. der Etrusker).

H. Blümner, Aschengefäße (Denkmäler des klass. Altertums, hg. A. Baumeister), 1889; W. Schulz, Das german. Haus in vorgeschichtlicher Zeit, ²1923; F. Behn, H. (Vorgeschichtliche Forschungen, Bd. 1), 1924; ders., H. (Reallexikon der Vorgeschichte V., hg. Erbet), 1926,

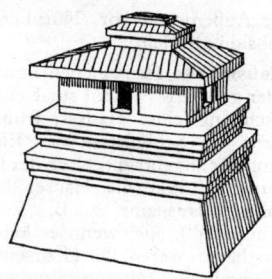

Etruskische Hausurne

C. Engel, Herkunft und Ausbreitung der früheisenzeitlichen H., 1929; F. Öhlmann, H. oder Getreidespeicherurnen (Bonner Jb.), 1929.

Hebebrücke, Hubbrücke, → Brücke.

Hebefenster, Sonderform des → Schiebefensters, dessen beweglicher Flügel gegen einen meist feststehenden oberen Teil gehoben und festgestellt wird (→*Fenster).

Hebetür, 1. meist auf Terrassen oder Balkone führende Außentür, die beim Öffnen einige Zentimeter angehoben wird, weil sie geschlossen auf einer höheren Schwelle aufsitzt. 2. Tür, die durch Anheben des Blattes geöffnet wird (meist bei Garagentoren oder dergl.).

Hechtfenster, sehr breite Schleppgaupe (→ Dachfenster).

Heiliges Grab, Kenotaph Christi, in zwei verschiedenen Formen vorkommend: 1. Eine Rotunde oder ein Polygon (vor allem in Frankreich) als Nachbildung der Grabeskirche in Jerusalem (z. B. in Konstanz, Münster). 2. Eine Tumba (→ Grabdenkmal) mit dem Leichnam Christi und den Frauen mit Salbgefäßen, manchmal auch mit Grabwächtern (z. B.

in Freiburg, Münster; Schwäb. Gmünd, Hl. Kreuzkirche).

A. Heisenberg, Grabeskirche und Apostelkirche, 1908; K. Schmaltz, Mater ecclesiarum, die Grabkirche in Jerusalem, 1918; G. Dolmann, Das Grab Christi in Deutschland, 1922; C. Gurlitt, Das Grab Christi in der Grabeskirche in Jerusalem, 1926; A. Schwarzweber, Das H.G. in der dt. Bildnerei des Ma. (Diss. Freiburg), 1940.

Hekal (aram.), Altarraum des salomon. Tempels in Jerusalem, auch der Altarraum einer kopt. (ägypt.) Kirche.

K. Galling, Tempel, salomon. und herodian. (Wasmuth), 1932.

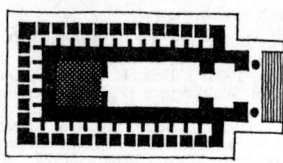

Hekal
(Beispiel: Jerusalem, Salomonischer Tempel)

Hekatompedon (griech.: „hundert Fuß"), Tempelcella, die hundert Fuß lang ist (alter Parthenontempel zu Athen).

Helm, Helmdach, Dachhelm, Turmhelm, spitze → *Dachform über polygonalem Grundriß. Als H.dach (Dachh.) meist eine Zimmermannskonstruktion mit → Kaiserstiel, als Turmh. eher massiv oder durchbrochen in Steinbau, wobei die Grenzen der Terminologie allerdings fließend sind.

F. Stolberg, Das Turmdachwerk vom Ma. bis zur Barockzeit. (Diss. Karlsruhe), 1924.

Helmstange, Hahnebaum, Kaiserstiel (→ *Dachkonstruktion).

Hemd eines Turmes, Wallmauer unmittelbar am Fuß eines Burgturms.

Hephaisteion (griech.), ein dem Gott Hephaistos geweihtes Heiligtum.

Heraion (griech.), der Göttin Hera geweihtes Heiligtum. Bekannte Hera-Heiligtümer waren auf Samos, in Olympia und in Argos.

E. Buschor, Heraion von Samos (Athen. Mitt.), 1930; F. Krischen, H. (Wasmuth), 1931; *Oxford Classicac Dictionary*, 1953; O. Reuther, Der Heratempel von Samos, 1957; C. Waldstein, *The Argive Heraeum*, Boston.

Herberge, Gasthaus, im Orient → *Karawanserei, Han, Chan.

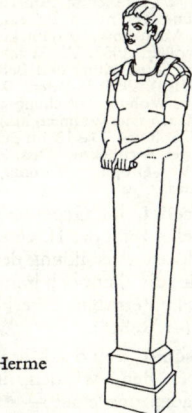

Herme

Herme (griech.), Bildwerk mit dem Kopf urspr. des Gottes Hermes oder auch dem ganzen Oberkörper, der sich nach unten in einen verjüngten Pfeiler fortsetzt (H.pfeiler). H.pfeiler wurden bes. in der Barockzeit gerne als figürl. Gebälkträger verwendet (Potsdam, Sanssouci; Dresden, Zwinger).

A. Baumeister, Hermes (Denkmäler des klass. Altertums), 1889; A. G. Meyer, Zur Geschichte der Renaissanceherme, 1894; L. Curtius, Die antike H. (Diss. München), 1903; R. Lullies, Die Typen der griech. H., 1931.

Hermenpilaster, ein sich nach unten verjüngender Pilaster, der oben mit einer Figur oder Kapitell abschließt.

Heroon (griech.), Kultplatz (seltener Kulttempel) eines Halbgottes (Heros) (Pelopsmal in Olympia, Kekropsmal im Erechtheion u. a.).

G. Niemann, W. Unger, Das H. von Gjölbaschi-Trysa, 1889; K. Pfister, Der Reliquienkult im Altertum, 1909; E. Dyggve, F. Poulsen, K. Rhomaios, Das H. von Kalydon, 1934; T. Klauser, Vom H. zur Märtyrerbasilika, 1942.

Herrenchor, Mönchschor in einem Zisterzienserkloster, an den westlich der Chor der Laienbrüder anschloß.

A. Mettler, Die Kirchen und Klöster der Hirsauer und Zisterzienser, 1927; E. Gall, Chor (RDK), 1954.

Hesarbaf (pers.), dekoratives Backsteinmuster der islam. Baukunst, das durch Senkrecht- und Waagrechtstellen der Ziegelsteine erreicht wird. Das gleiche Muster kommt auch in Stuck oder in Holz vor.

F. Wachtsmuth, Die islam. Backsteinformen der Profanbauten im Irak, 1916.

Hexastylos (griech.), Tempel mit sechs Säulen an der Frontseite (→ *Tempelformen).

Hilani (assyr. *bit hillani*), charakterist. Form eines hethit. Palastes

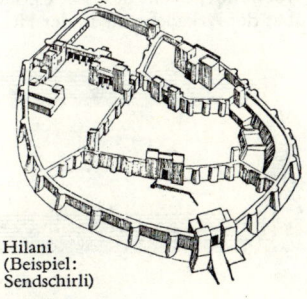

Hilani
(Beispiel:
Sendschirli)

mit offener Vorhalle zwischen turmähnlichen Seitenteilen, also mit einer voll entwickelten Fassade (Sendschirli).

R. Koldewey, Ausgrabungen in Sendschirli II, 1898; F. Öhlmann, H. und Liwanhaus (Bonner Jb.), 1922; Thommen, H. (Reallexikon der Vorgeschichte, hg. Ebert), 1926; A. Moortgat, Die bildende Kunst des Alten Orients, 1932; E. Akurgal, Die Kunst der Hethiter, 1961.

Hintermauerung, die Ausmauerung der Hohlräume hinter einer vorgeblendeten Schale aus besserem Material, auch das Ausfüllen des Hohlraums zwischen der Gewölbeschale und dem aufgehenden Mauerwerk.

Hippodrom (griech.), Pferderennbahn, im Anlagetyp dem → Stadion ähnlich (Olympia), d. h. eine doppelte Bahn mit halbkreisförmigem Abschluß.

L. Julius, H. (Denkmäler des klass. Altertums, hg. A. Baumeister), 1889.

Hochaltar, → Altar.

Hochbau, 1. jener Bereich des Bauwesens, der sich hauptsächlich mit der Herstellung von Gebäuden beschäftigt (Gegensatz: Tiefbau). Eine klare Scheidung in Hoch- und Tiefbau ist kaum möglich. 2. ein sich über die Erde erhebendes, Nutzräume enthaltendes Bauwerk (Gebäude).

Hochchor, Teil des → Chors über der Arkadenzone in der Höhe des Lichtgadens einer Basilika, entsprechend dem Hochschiff.

E. Gall, Chor (RDK), 1954.

Hochhaus, ein bes. hohes Gebäude. Für die Bezeichnung ist die Erreichung einer bestimmten Geschoßzahl bzw. Gesamthöhe nicht allgemein üblich. Das H. wird durch die Höhe der Grundstückspreise bedingt, doch wird es in der modernen Stadtbaukunst auch als Akzent errichtet.

L. Mumford, Vom Blockhaus zum Wolkenkratzer, 1925; E. Mendelsohn, Amerika, 1926; Großhaus und Citybildung (Stadtbaukunst alter und neuer Zeit), 1927; R. Neutra, Amerika, Die Stilbildung des neuen Bauens, 1930; B. P. Michailow, Architektur der Sowjetvölker, 1953; A. Wanko, Das H., seine Entwicklung und Bedeutung (Diss. Wien), 1955; P. Peters, Wohnh., 1958; Das Wohnh. (Forschungsgemeinschaft Bauen und Wohnen, hg.), 1961; A. A. F. Soliman, Das H. im Städtebau und in der Architektur (Diss. Zürich), 1961; W. Gropius, Wohnh., s. a. Punkthaus.

Hochrelief, im Gegensatz zum Flachrelief zeigt das H. eine nahezu vollplast. Ausbildung der Darstellung, die aber noch immer mit dem Hintergrund verbunden bleibt (→ Relief).

Hochschiff. Teil des Mittelschiffes über den Arkaden, in der Obergadenzone einer → *Basilika.

Hochschiffstrebe, Strebe am Hochschiff einer Basilika (→ *Strebewerk, → *Wandaufbau).

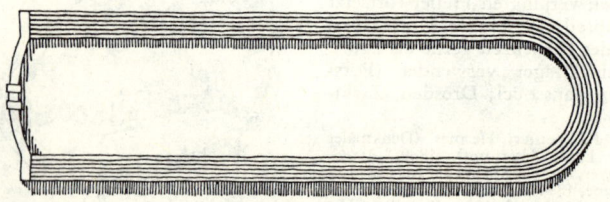

Hippodrom

Hof, 1. Ringsum oder an mehreren Seiten von Gebäuden, Gebäudeteilen oder Mauern umschlossener Freiraum. Der H.
kann innerhalb eines Gebäudes
(Innenh., → *Atrium), vor oder
hinter einem größeren Gebäude
liegen (Vorh., Hinterh.). Ist der
Vorh. an der Eingangsseite offen,
so spricht man von Straßenh.,
beim Barockschloß von Ehrenhof
(→ *Corps de logis). Je nach
Art der Gestaltung unterscheidet
man den → *Arkaden- oder Lau-
benh., den Säulenh. (→ Peri-
stylh.), den Brunnenh. oder Gartenh. Der Lichth. ist oft durch
ein Glasdach geschlossen. Nach
seiner Verwendung unterscheidet
man Wohnh., Wirtschaftsh.,
Tournierh., Klosterh. 2. Das →
Bauernhaus wird allgemein auch
Bauernh. genannt, selbst wenn es
keine eigentliche H.anlage hat.
Eine Sonderform des Bauernh. ist
der rings um einen H. angelegte
→ *Vierkanth. (→ *Gehöft).

J. Stübben, Der Städtebau, 1924; Z.
Oezel, Die Entwicklung der Freiraum-
gestaltung in der Türkei (Diss. Berlin),
1964.

Höhenburg, auf einer Anhöhe
gelegene → *Burg, im Gegensatz
zur Wasserburg.

Hohe Wand, die Firstmauer
eines Pultdaches.

Höhlenkirche, Felsenkirche, in
den Felsen gehauene Kirche. Bekannt sind die zahlreichen H. von
Göreme (Türkei).

Höhlentempel, in den Felsen ge-
hauener Tempel, hauptsächlich in
Ägypten (Abu Simbel) und in
Indien (→ *Felsentempel, →
*Tschaityahalle).

Höhlentempel
(Beispiel: Abu Simbel, Tempel
Ramses' II.)

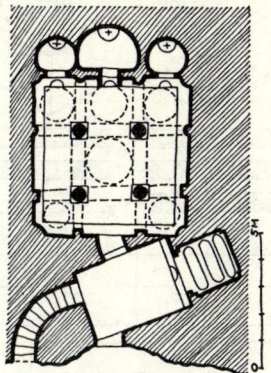

Höhlenkirche
(Beispiel: Göreme, Karanlik Kilise,
11. Jh.)

J. Fergusson, J. Burgess, *The Cave
Temples of India*, London 1880; ders.,
History of Indian and Eastern Architecture,
London [2]1910; G. Dalmann, Petra und
seine Felsheiligtümer, 1908; Branden-
burg, Felsarchitektur im Mittelmeer-
gebiet (Mitt. der Vorderasiat.-Ägypt.
Gesellschaft), 1914; E. la Roche, Ind.
Baukunst, 1921/22.

Hohlkehle, konkaves Zierprofil
(→ *Ablauf), hauptsächlich bei
Gesimsen. Bes. häufig in der Gotik (→ Kaffgesims, → Wasserschlag, → *Gesimsformen), auch
an den Gewänden got. Portale
und Fenster vorkommend.

Hohlmauerwerk, → Mauerwerk
mit Hohlräumen im Gegensatz
zum Vollmauerwerk.

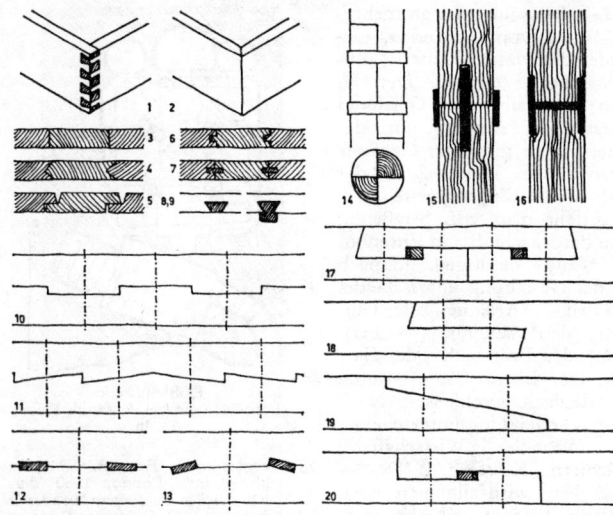

Holzverbindung

Tischlermäßig

Winkelverbindungen:
1 Verzinkung (offene)
2 Gehrung

Verbreiterungen:
3 gerader Stoß
4 Gratspundung
5 halbe Spundung
6 Nut und Feder

7 eingeschobene Feder
8 Einschubleiste bündig
9 Einschubleiste mit Nut auf Grat

Zimmermannsmäßig

Verstärkungen:
10 Verschränkung
11 Verzahnung
12 Verdübelung
13 Verdübelung mit Zahndübeln

Hohltreppe, → *Wendeltreppe mit offener Spindel.

Hohlziegel, → *Dachdeckung.

Holländischer Verband, → *Mauerverband, bei dem auf jede Binderschicht eine Schicht folgt, bei der Läufer und Binder regelmäßig abwechseln.

Holm, Griffstange, → Handlauf, stärkeres Holz, in das schwächere Stäbe (→ Geländer) oder Sprossen (Leiter) eingreifen (→ *Treppe).

Holzbau, Bauweise unter ausschließlicher Verwendung von Holz. Man unterscheidet Massivbau (→ *Blockbau, → *Ständerbau) oder Skelettbau (→ Stabbau, → *Fachwerk), in neuerer Zeit den → Tafelbau, der den Fertigteilbau ermöglicht.

L. Dietrichson, H. Munthe, Die H.kunst Norwegens, 21901; O. v. Leixner, Der H. in seiner Entwicklung und in seinen charakterist. Typen, 1907; C. Kersten, Freitragende H., 21926; K. Wachsmann, Holzhausbau, 1330; ders., H.weise (Wasmuth, 1931; H. Phleps, H.kunst (Wasmuth), 1931; ders., H.kunst, Der Blockbau, 1942; H. Stolper, Bauen in Holz, 1933; H. Franke, Ostgerman. H. kultur, 1936; C. Schäfer, Dt. H.kunst, 1937; W. Stoy, Der H., 51950; H. A.

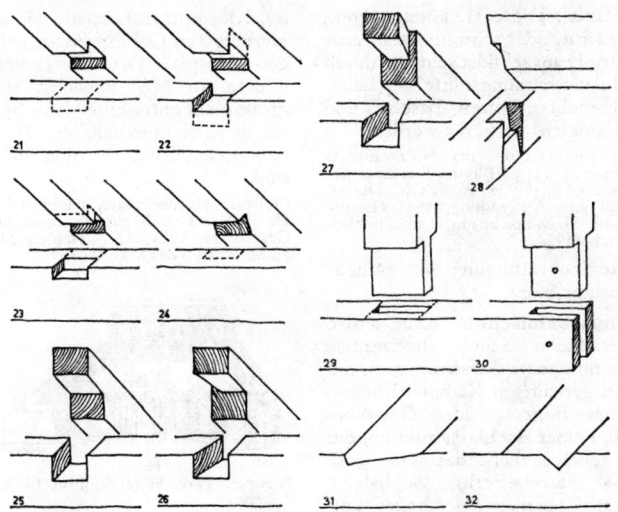

Verlängerungen:

14 Aufpropfung mit Kreuzzapfen
15 Aufpropfung mit eisernem Dorn
16 englische Aufpropfung
17 Stoß mit verkeilter Hakenlasche
18 gerades Blatt mit schiefem Stoß
19 schiefes Blatt
20 gerades Heckenblatt mit Keilen

Kreuzungen:

21 Überschneidung
22 Überblattung

23 einfacher Kamm
24 Aufklauung

Abzweigungen:

25 einfaches Blatt
26 Weihschwanzblatt
27 Schwalbenschwanzblatt
28 schiefe Brüstung mit Rast
29 Schlitzzapfen
30 Scherzapfen
31 einfacher Versatz
32 Fersenversatz

Lehmann, B. J. Stolze, Ingenieurh., 1959; E. Deutschmann, Lausitzer H.kunst, 1959; F. Fonrobert, Grundzüge des H. im Hochbau, [7]1960; R. Schäfer, Die Holzarchitektur Deutschlands vom 14.–18. Jh.

Holzbrücke → *Brücke.

Holzdübel → *Dübel.

Holzkirche, H. kommen in Polen und Rußland, in bes. eindrucksvoller Prägung in skandinav.Ländern (→*Stabkirche) vor.

L. Dietrichson, H. Munthe, Die Holzbaukunst Norwegens, [2]1901; R. Dethlefsen, Bauernhäuser und H. in Ostpreußen, 1911; W. R. Zaloziecky, Got. und barocke H. in den Karpaten-

ländern, 1926; L. Burgemeister, Die H. und Holztürme der preuß. Ostprovinzen; s. a. Holzbau.

Holzverbindung, Verbindung von zwei Hölzern, die nebeneinander, übereinander, hintereinander oder in derselben bzw. verschiedenen Ebenen winkelförmig angeordnet sind Die H. dienen zum Verbreitern, Verdicken und Verlängern von Hölzern und zur Herstellung von Winkelverbindungen. Dies erfolgt durch Stoß, Blatt, Zapfen, Scherzapfen, Falz, Nut und Feder, Dübel, Verzahnung, Verzinkung, Kamm und

Klauen. Diese H. können kon., prismat. oder schwalbenschwanzförmig ausgebildet sein und durch Holzverbindungsmittel (Leim-Schrauben, Bolzen, Laschen und Klemmen) verstärkt werden.

T. Böhm, Hdb. der Holzkonstruktionen, 1911; G. Blohm, Das Zimmerhandwerk, [10]1926; A. Scholz, Die H. und ihre Anwendung, 1947; Bermpohl, H. Winkelmann, Das Tischlerbuch, [9]1958.

Horizontalbogen → *scheitrechter Sturz.

Horizontalschub, nach außen gerichteter Schub (horizontale Komponente des schräg nach unten gerichteten Kämpferdruckes) eines Bogens, eines Gewölbes oder einer Dachkonstruktion, der durch anschließendes Mauerwerk (→ *Strebewerk), Zugbalken, oder Zuganker (→ *Anker) aufgenommen wird.

Lit.: → Statik.

Hornkonsole, → Konsole, deren untere Endigung hornförmig umgebogen ist. Die H. kommt meist unter Diensten und Gewölberippen vor.

Hospital (von lat. *hospes:* der Gast), Krankenhaus bzw. Altersheim in Städten (Beaune, Brügge, Lübeck, Würzburg, Straßburg u.

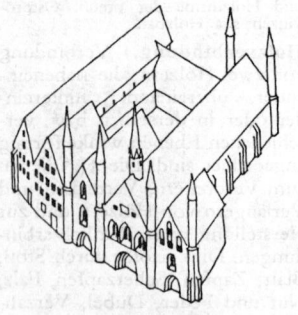
ma. Hospital

a.), Klöstern, manchmal auch als Herberge an Gebirgspässen gelegen (Hospiz). Den Mittelpunkt bildete im MA. zunächst eine große nicht unterteilte Halle. Später wurden innerhalb der Halle Kojen eingebaut, die oben offen sind.

O.Bolak, *Hastanelerimiz*, Istanbul 1950; H. Ritter, Der Krankenhausbau der Gegenwart, 1954; U. Craemer, Das H. als Bautyp des Ma., 1963.

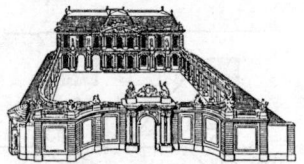
Hotel
(Beispiel: Paris, Hotel Soubise, 18. Jh.)

Hotel (franz. von lat. *hospitale*), 1. Bezeichnung für die Wohnung eines Landadeligen (Adelsh.) in der franz. Stadt (vor allem in Paris). Auch das Absteigequartier für die Mönche eines Klosters (→ *Pfleghof). 2. Beherbungsbetrieb vom einfachsten Gasthof bis zum Luxush. Reine Wohnh. ohne Restaurantbetrieb nennt man H. garni (Appartemenh.), solche mit bes. Bequemlichkeit für den motorisierten Gast, Motel.

G. Pillement, *Les Hotels de Paris*, Paris 1945; G. Baker, *Motels*, New York 1957; A. Koch, H.bauten, Motels, Ferienhäuser, [2]1961; M. Hoffmann, Geschichte des dt. H., 1961; O. Mayr, F. Hierl, H.bau, 1961; S. Garrett, *The Modern Hotel*, London 1961.

Hti, Ti, Tee (birmes.), Bezeichnung für den schirmförmigen Abschluß eines → *Stupa.

Hubbrücke, Hebebrücke → Brücke.

Hufeisenbogen, → *Bogenformen.

Hundszahn, blattähnliches Ornament an Profilen frühgot. Kathedralen in England (→ *Fries).

Hurde, auf ausgekragten Balken liegender → *Wehrgang an Stadtmauern und Befestigungstürmen.

Hütte, 1. ein mit einfachsten Mitteln ausgeführter und bedeckter Schutzbau als Zufluchtsstätte, primitiver Wohnbau oder Lager; 2. als Kurzform gebräuchliche Bezeichnung des Gebäudes bzw. eines Werkes der Erz- und Glasveredelung; 3. Kurzform für → Bauh.

Hypäthraltempel, Hypäthros (griech.: unter freiem Himmel), Tempel, dessen Cella nicht überdeckt ist. Diese von Vitruv überlieferte Tempelform ist nur bei größeren Bauten ohne innere Stützenstellungen verständlich, deren lichte Spannweite der Cella zu groß war, um mit den damals bekannten Zimmermannskonstruktionen überdeckt zu werden. Sicher nachgewiesen als H. ist der Apollotempel von Didyma, in dessen „Hof" ein kleinerer Tempel (Adyton) steht. (Abb. S. 206).

W. Dörpfeld. Die Beleuchtung der griech. Tempel (Zs. für Geschichte der Architektur), 1913; T. Wiegand, Didyma, 1941.

Hypogäum (griech.: „unter der Erde"), unterird. Grabbau. Bekannt sind Hypogäen der Etrusker in Italien, die aus einer Hauptkammer mit Nebenkammern (Volumniergrab bei Perugia) oder aus verschiedenen Grabkammern bestehen können.

A. Akerström. Studien über die etrusk. Gräber, Lund 1934; G. Patroni: *Architettura preistorica generale de Italica: Architettura etrusca*, 1941; M. Demus-Quatember, Etrusk. Grabarchitektur, 1958; M. Santangelo, Museen und Baudenkmäler etrusk. Kunst, 1961.

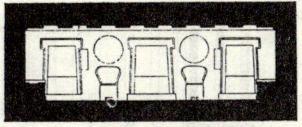

Hypogäum

Hypokausten, Hypocaustum (griech.-lat.), Fußbodenheizung der röm. → Thermen, vornehmen Wohnhäuser, Villen und Paläste, hauptsächlich in den kälteren Provinzen des Imperiums. Die Anlage besteht aus einem kleineren Heizraum (Praefurnium) am äußeren Rande des zu beheizenden Raumes, dessen Boden auf 2–3 Fuß hohen Ziegelpfeilern steht, zwischen denen die Warmluft zirkuliert und den Boden erwärmt. Mit der Bodenheizung kann eine Wandheizung verbunden sein, wobei die Warmluft in senkrechten Tonkanälen (Tubuli, Zubuli) aufsteigt. Fehlen die Zubuli, so wird die Warmluft über Schornsteine abgeleitet. Im MA. wurde diese Warmluftheizung noch bei Klosterbauten angewendet (→ *Calefactorium), die Türken verwendeten sie bei ihren Bädern (→ *Hammam).

J. Durm, Die Baukunst der Etrusker und Römer, 1885; G. Fusch, Über H.heizungen und ma. Heizungsanlagen

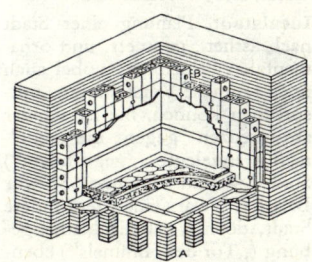

Hypokausten
A Ziegelpfeiler   B Tubuli, Zubuli

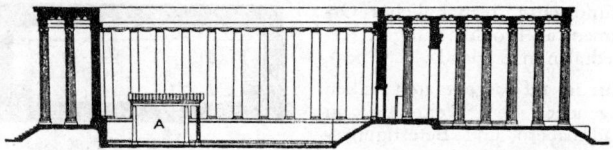

Hypäthraltempel (Beispiel: Didyma, Apollotempel)   A Adyton

(Diss. Hannover), 1910; A. v. Gerkan,
F. Krischen, Thermen und Palästren,
1928; G. Schween, Die Beheizungs-
anlage der Stabianer Thermen in
Pompeji (Diss. Dresden), 1937.

Hyposkenion (griech.), Unterbühne im griech. → Theaterbau.

Hypostyl (griech.), Innenraum
(seltener Vorhalle) mit Säulen.
Nach Vitruv eine Säulenhalle mit
belichtetem Mittelschiff (→ ägyptischer Saal).

Hypotrachelion, Epitrachelium
(griech., lat.), Hals am Kapitell
der → *Dorischen Ordnung (→
Echinus).

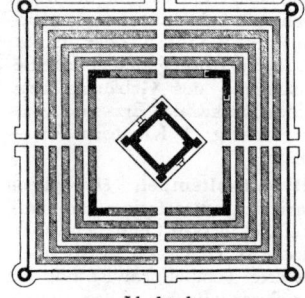

Idealstadt
(Beispiel: Freudenstadt, um 1600)

Idealplan, Planung eines Bauwerkes nach rein ästhet. Gesichtspunkten, aber so, daß eine Verwirklichung nicht ausgeschlossen
ist. Bekannt wurde der Idealplan
für das → Kloster Weingarten.

J. Ponten, Architektur die nicht gebaut
wurde, 1925; s. a. Idealstadt.

Idealstadt, Planung einer Stadt
nach ästhet., geometr. und ornamentalen Prinzipien, wobei auch
noch religiöse Vorstellungen mit-
sprechen können. Sie ist schwer
abzugrenzen gegen die regelmäßig angelegte („gegründete")
Stadt (→ Stadtbaukunst). So war
Babylon zwar eine gegründete
Stadt, doch weist die Namenge-
bung („Tor des Himmels") ebenso wie die Benennung der Tore
nach Götternamen bereits auf die

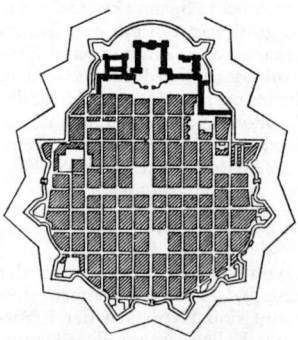

(Beispiel: Mannheim, 17. Jh.)

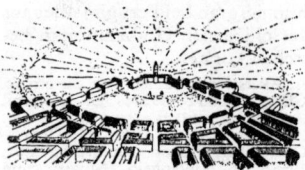

(Beispiel: Karlsruhe, 18. Jh.)

„himml. Stadt" hin, die dann im MA. zu der Vorstellung vom „himml. Jerusalem" mit der Zwölfzahl von Toren führt. Der Gedanke der I. wird in der Renaissancezeit durch Filaretes Werk Sforzinda neu belebt, das eine I. mit radialen Straßen und einer sternförmigen Umrißkontur propagiert, die an die Stelle Mailands treten sollte. I.pläne entwickelten auch die Italiener Francesco di Giorgio, Peruzzi, Maggi und Scamozzi. Realisiert wurde allerdings nur das Projekt von Palma Nuova bei Udine. In Deutschland ist ein I.entwurf von Albrecht Dürer aus dem Jahre 1527 bekannt, das einen quadrat. Schloßbau im Zentrum einer quadrat. Stadt vorsieht. Der Straßburger Daniel Speckle sah 1589 das I.problem

Ikonostasis

unter dem Gesichtswinkel des Festungsbaus (Architectura von Festungen), während Heinrich Schickhardt 1599 ein I.projekt in Freudenstadt realisieren konnte, das nach dem Mühlbrettschema angelegt wurde. 1650 entwickelte Joseph Furttenbach d. J. in der Schrift „Gewerb-Statt-Gebäw" einen langgestreckten polygonalen Grundriß mit Sternschanzenbefestigung, in dessen Mittelpunkt Schule, Kirche, Rathaus und Zeughaus angeordnet sind. In Frankreich haben Ducerceau und Jacques Perret I.projekte entworfen, letzterer eine polygonale, sternförmige Stadt mit einer kleineren, ebenfalls sternförmigen Zitadelle als Kopf. Dieses Planbild kehrt beim Aufbau von Mannheim wieder, hat aber im Gegensatz zu Perrets I. keine radiale Straßenführung, sondern ein Schachbrettsystem rechtwinkeliger Straßenkreuzungen. Auch die Barockstadt fußt noch auf der Idee der I., wofür Karlsruhe mit seinem Zirkel, der Stadt und Park gleichartig bestimmt, das hervorragendste Beispiel ist (→ Stadtbaukunst).

W. v. Oettingen, Traktat Filaretes von der Architektur (Quellenschriften zur Kunstgeschichte, N.F. III), 1890; J. Gantner, Grundformen der europ. Stadt, 1929; G. Münther, Die Geschichte der I. (Städtebau), 1929; dies., I. ihre Geschichte vom 15.–17. Jh., 1957; H. Rosenau, *The Ideal City in its Architectural Evolution,* London 1959; G. Eimer, Die Stadtplanung im schwed. Ostseereich 1600–1750 mit Beiträgen zur Geschichte der I., Stockholm 1961.

Ikonostasis (griech.: Bilderaufstellung), Bilderwand zwischen Altar- und Gemeinderaum einer orthodoxen Kirche. (Abb. S. 207).

M. Alpatov, N. Brunov, Geschichte der altruss. Kunst, 1932; W. Felicetti-Liebenfels, Geschichte der byzantin. Ikonenmalerei, 1956.

Impluvium, → *Atrium.

Infirmeria, Krankenhaus in einem → Kloster.

Inkrustation
(Beispiel: Lorsch, Torhalle, 8. Jh.)

(Beispiel: Florenz, S. Miniato al Monte, 12. Jh.)

Inkrustation (lat.), Bekleidung aus verschiedenfarbigen Blendsteinen von Wänden und Fassaden, die oft in Anlehnung an konstruktive Vorbilder rein ornamental angebracht sind (Bauornament). Bekannt sind die Arbeiten der → *Cosmaten sowie die I. an Bauten der Protorenaissance in Italien, vor allem Florenz, Badia di Fiesole, S. Miniato und Baptisterium.

O. Wlach, Die farbige I. der Florentiner Protorenaissance (Diss. Wien), 1906; F. Rupp, I.stil der roman. Baukunst zu Florenz, 1912; F. Behn. Das karoling.

Reichskloster zu Lorsch, 1934; ders., Kloster Lorsch, ²1949; E. Huston, *The Cosmati*, 1951.

Inkubationsraum, Raum für den Tempelschlaf in antiken Heilbädern (Pergamon, Asklepieion).

Innenmauern, Innenwände, sind die Mauern im Inneren eines Bauwerkes im Gegensatz zu den Außenmauern (Umfassungsmauern). Man unterscheidet Mittelmauer, Trennmauern und Zwischenwände.

Intarsia (lat.-ital.), Marketerie, Einlegearbeit aus verschiedenfarbigen Holzfurnieren, die zu ornamentalen oder figürl. Mustern zusammengesetzt werden. Dabei können auch andere Materialien (Stein, Elfenbein, Perlmutt usw.) Verwendung finden.

C. Scherer, Technik und Geschichte der I., 1891; A. Weinsheimer, Die I., 1925; G. Kossatz, Die Kunst der I., 1954; H. Beblo, Die I. und ihre Techniken, ⁴1958; F. Krauss, I., Herkunft, Herstellung, Verwendung, ⁴1960.

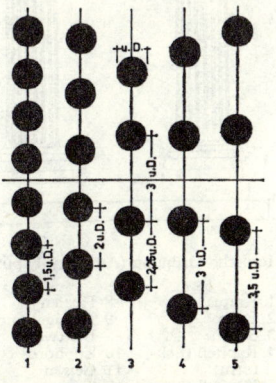

Interkolumnium
1 pyknostylos   3 eustylos
2 systylos   4 diastylos
       5 aräostylos

Interkolumnium (lat.), Säulenabstand, gemessen von Säulenachse zu Säulenachse. Das Verhältnis des Säulendurchmessers zum I. ist mitbestimmend für die Wirkung der Architektur. Je nach dem Verhältnis von I. zu unterem Säulendurchmesser (gleich zwei Moduli) unterscheidet Vitruv verschiedene Proportionen: dichtsäulig (→ pyknostylos, engsäulig), weitsäulig (→ diastylos), schönsäulig (→ eustylos, lichtsäulig (→ aräostylos), gedehnt (→ systylos).

Vitruv, III. Buch, Kap. 3.

Inventarisation, Verzeichnis von Gegenständen. Die Aufnahme (→ Bauaufnahme) der Bau- und Kunstdenkmäler einer Stadt, einer Provinz oder eines Landes (→ Denkmalschutz).

Ionische Ordnung, griech. Säulenordnung der in Attika siedelnden Ionier. Das Hauptverbreitungsgebiet der I. O. war jedoch in den griech. Kolonien Kleinasiens. In der I. O. sind Stereobat, Krepis und Stylobat (→ Tempelbau) ähnlich der → *Dorischen Ordnung ausgebildet. Im Gegensatz zur dor. Säule hat die ion. Säule eine Basis, bestehend aus einer quadrat. Sockelplatte (Plinthe) und meist einer Hohlkehle (Trochilus) zwischen zwei Wülsten (Tori) von kreisförmigem Grundriß (Att. → *Basis). Daneben gibt es – vor allem in Kleinasien – Sonderformen der Basis, die aus mehreren Trochilus-Elementen mit abschließendem durch Hohlkehlen (Kanneluren) profiliertem Torus bestehen. Die ion. Säule ist schlanker als die dor. (7–12 untere Säulendurchmesser). Ihr mit bis zu 24 Kanneluren versehener Schaft ist geschwellt (Entasis) doch weniger stark verjüngt als der Schaft der dor. Säule. Die Kanneluren sind hier durch Stege voneinander getrennt und schließen über der Basis und unter dem Kapitell halbrund ab. Charakterist. für das ionische Kapitell sind die beiden Voluten, die über einem Wulstkörper (dem dor. Echinus entsprechend, jedoch mit einem plast. Eierstab verziert) miteinander verbunden sind. Das Zentrum der Voluten heißt Auge. Am Hals des Säulenschaftes kann unter dem Kapitell noch ein Palmettenfries zwischen Perlstäben (Astragal) eingeschaltet sein. Die frühen ion. Kapitelle fallen durch ihre weitausladenden und relativ großen Voluten auf. Den oberen Abschluß bildet eine profilierte Abdeckplatte (Abakus). Da das Kapitell der I. O. auf Geradeansicht berechnet ist, bereitet die Eckausbildung Schwierigkeiten. Man fügt hier zwei Frontansichten im rechten Winkel so zusammen, daß die Eckvolute in der Diagonale liegt, während die Volutenkörper innen rechtwinkelig zusammengefügt sind. Die Volutenkörper sind meist kanneliert, seltener geschuppt oder mit Blättern geschmückt und in der Mitte immer eingezogen. In der Spätzeit können alle vier Seiten mit Voluten versehen sein, die in die Diagonale gedreht sind. Auf den Kapitellen ruht das Epistyl, das sich in drei Unterteilungen (Faszien) gliedert, die oben leicht vorspringend angeordnet sind und von einem Astragal und einer Blattwelle abgeschlossen werden. Darüber folgt bei der att. ion. Ordnung der Bilderfries (Zophoros), bei der kleinasiat. ion. Ordnung der aus Balkenköpfen abstrahierte Zahnschnitt (mit gerun-

detem Abschluß: Kälberzähne) über einer Blattwelle, unter der ein Fries liegen kann. Doch gibt

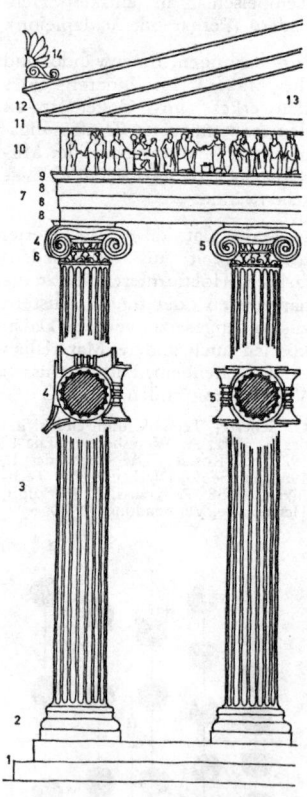

Ionische Ordnung (Attischer Typus)

1	Krepis	8	Faszien
2	Basis	9	Astragal und
3	Schaft		Blattwelle
4	Kapitell (Eck-	10	Zophoros
	form)	11	Geison
5	Kapitell (Nor-	12	Sima
	malform)	13	Tympanon
6	Hals	14	Akroterion
7	Epistyl (Archi-		
	trav)		

es daneben noch eine Reihe von variierenden Sonderformen. Den oberen Abschluß bildet wie bei der dor. Ordnung das Geison oder Kranzgesims und die Rinnleiste (Sima). Giebelfeld (Tympanon) und Akroterien unterscheiden sich kaum von der Ausbildung der dor. Ordnung. Die Polychromie ist sehr verschieden, da sie nicht nur wie bei der dor. Ordnung auf verschiedene Färbung beschränkt ist, sondern zudem noch mit verschiedenfarbigen Materialien (Elfenbein, Gold) erreicht wird. Eine Sonderform ist die → *Römisch ion. Ordnung (→ *Säulenordnungen).

O. Puchstein, Das ion. Kapitell, 1889; ders., Die ion. Säule, 1907; M. v. Groote, Die Entstehung des ion. Kapitells (Zur Kunstgeschichte des Auslandes, Heft XXXIV), 1905; F. v. Luschan, Entstehung und Herkunft der ion. Säule, 1912; J. Braun-Vogelstein, Die ion. Säule (Jb. des Dt. Archäolog. Institutes 35), 1920; F. Krischen, Ion. Stil (Wasmuth), 1931; A. v. Gerkan, Betrachtungen zum ion. Gebälk (Jb. des Dt. Archäolog. Institutes 61/62), 1946/47; H. Koch, Colloquium Palatinum, Von ion. Baukunst, 1956; E. Akurgal, Vom äol. zum ion. Kapitell, 1960.

Irimoya-Dach, Dach des japan. Hauses oder Tempels von stark geschwungener Kontur in der Grundform eines Fußwalmes (→ *Dachformen).

Lit.: → Tempelbau 7.

Isometrie, axonometr. Darstellung eines Objektes ohne Verkürzungen, meist so, daß die Kontur des Einheitswürfels die Form des regelmäßigen Sechseckes annimmt (→ *Projektion).

Iwan, → Liwan, Haupthalle des vorderasiat. Hauses (→ *Medrese).

F. Öhlmann, Hilani und Liwanhaus (Bonner Jb.), 1922.

Jalousie (franz.), Sonnenschutzvorhang aus schmalen Lamellen, die an Schnüren geführt heraufgezogen und um ihre eigene Achse gedreht werden können.

Joch, Gewölbefeld eines Bauwerkes, das in der Richtung der Längsachse gezählt wird, im Gegensatz zu den Schiffen, deren Anzahl in der Querachse feststellbar ist.

F. Hart, Kunst und Technik der Wölbung, 1965.

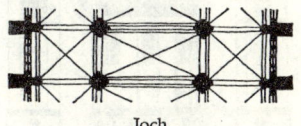

Joch

Junger Dienst, weniger betonter Dienst eines → *Bündelpfeilers im Gegensatz zum Alten Dienst.

G. Ungewitter, Lehrbuch der got. Konstruktionen, ⁴1900–03; s. a. Dienst.

Jupitersäule, säulenförmiges Monument der Römer, das mit einer Statue des Gottes Jupiter gekrönt war.

F. Koepp, Die Römer in Deutschland, ³1926.

K siehe auch unter „C".

Kabinett (franz. *cabinet*), kleines Gemach, Nebenzimmer; abgeschlossenes Besprechungszimmer und Arbeitsraum eines Fürsten oder Ministers; Spielzimmer, Raum zur Aufbewahrung von Sammlungen und Bildern (K.-stück).

Kaffenster, Kappfenster, Dachluke, die von einem Hohlziegel (Kaffziegel) mit halbkreisförmiger Öffnung überdeckt wird.

J. u. W. Grimm, Dt. Wörterbuch, 1873.

Kaiserdom
(Beispiel: Speyer, Dom Ostansicht)

Kaffgesims, → Gesims, → *Gesimsformen.

Kaffziegel, Kappziegel, Dachziegel mit hohem Aufsatz, dessen vordere Öffnung als Kaffenster bezeichnet wird.

Kaiserdom, eine Bischofskirche, die als Hofkirche und Grablege für die Kaiser und als Krönungskirche für die dt. Könige diente. Die K. fallen durch monumentale

Gestaltung (Vieltürmigkeit), Emporenanlagen (vielleicht in Anlehnung an ehemalige → *Westwerke), teilweise auch durch Verdoppelung der Choranlagen auf. Die klass. K. sind die Dome von Speyer, Worms und Mainz.

H. Weigert, Die K. Speyer, Mainz, und Worms, 1934; W. Hege, H. Weigert, Die K. am Mittelrhein, ²1938; N. Grass, Zur Rechtsgeschichte der abendländ. Königskirche (Festschrift für K. S. Bader), 1965.

Kaiserfora → *Forum.

Kaiserpfalz, Pfalz, Hofhaltung eines dt. Kaisers, die aus Torbau, Pfalzkapelle und Saalbauten besteht. Der Palasbau geht dabei in seiner Grundstruktur auf die german. → *Königshalle zurück. Die karoling. Beispiele (Aachen, Ingelheim) sind fast völlig zerstört. Aus otton.-sal. Zeit sind die beachtlichen Saalbauten von Braunschweig (Burg Dankwarderode) und Goslar erhalten. Auch die Staufer errichteten – meist in landschaftlich schöner Umgebung – ihre K. (Wimpfen, Seligenstadt, Gelnhausen), die aber immer mehr den Charakter von → Burgen annahmen. Eine ganze Reihe beachtlicher Beispiele (Straßburg, Hagenau, Kaiserslautern, Worms) ist völlig abgetragen (→ *Palas).

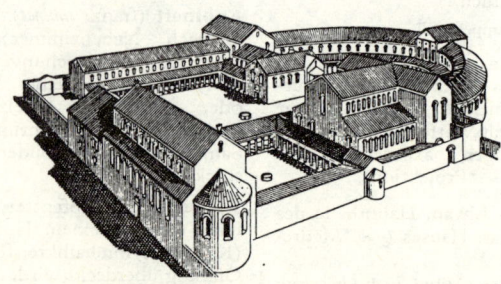

Kaiserpfalz (Beispiel: Ingelheim, Pfalz)

P. Clemen, Der karoling. Kaiserpalast zu Ingelheim (Westdt. Zs. für Geschichte und Kunst), 1890; K. Plath, Die Königspfalzen der Merowinger und Karolinger (Diss. Berlin), 1892; W. Weitzel, Die dt. K. und Königshöfe vom 8.–16. Jh., 1905; K. M. Swoboda, Röm. und roman. Paläste, 1919; U. Hoelscher, Die K. Goslar, 1927; Die dt. K. (Denkmäler dt. Kunst), 1927 ff.; O. Schürer, Die K. Eger, 1934; G. von der Osten, Pfalz (Wasmuth, Bd. 5), 1937; G. Schlag, Die dt. K., 1940.

Kaiserstiel, Hahnebaun., Helmstange, mittlere Stuhlsäule eines Zelt- oder Helmdaches (→ *Dachkonstruktion).

F. Stollberg, Das Turmdachwerk vom MA. bis zur Barockzeit (Diss. Karlsruhe), 1924.

Kalasa (ind.), vasenförmiger Aufsatz eines Amalaka ind. Tempeltürme (→ *Sikhara).

Kalathos (griech.), Blattkelch des Kapitells der → *Korinthischen Ordnung (→ *Kapitell).

Kälberauge, eine dem Eierstab ähnliche Verzierung am Wulstkörper (Echinus) eines Kapitells, hauptsächlich in der Barockzeit vorkommend.

Kälberzähne, abgerundete Balkenköpfe eines Zahnschnittes der kleinasiat. → Ionischen Ordnung.

Kaldarium (lat. *caldus:* warm), 1. beheiztes → Gewächshaus; 2. Heißbaderaum röm. → *Thermen.

Kalotte (franz.), Kugelabschnitt, dessen Pfeil geringer als der Halbmesser ist (→ *Kuppel).

Kamin, 1. offene Feuerstelle oft mit architekton. Rahmung. Der K. hat vorkragende Seitenwangen, darüber einen Sturz mit Abschlußplatte und schräger Verdachung als Ummantelung des Abzugsschachtes zum Schornstein. Beachtliche Beispiele sind bereits in stauf. Zeit nachgewiesen

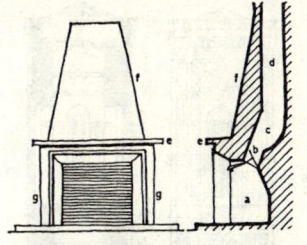

Kamin
a Feuerstelle (Herd)   c Rauchsammler
b Rauchklappe   d Schornstein
e Kaminsims   f Haube   g Wange

(Gelnhausen, Kaiserpfalz; Neipperg, Burg). Reich dekorierte K. gibt es auch in franz. Schlössern des MA. und der Renaissance (Amboise, Poitiers), ital. Renaissancepalästen (Urbino, Pal. Ducale) und dt. Schloßanlagen (Weikersheim). 2. Volkstümliche und eigentlich unrichtige Bezeichnung für einen Schornstein.

H. Grohmann, Kachelofen und K., ²1954; F. Häusler, C. Madaus, Hdb. für den K.bau, ²1959; F. Barran, Der offene K., ²1959–62.

Kaminaufsatz, → *Schornsteinaufsatz, Abdeckplatte oder Abschlußrohr am oberen Ende eines Schornsteines (Kaminkopf, Schornsteinkopf).

Lit.: → Schornstein.

Kampanile (von ital. *campana:* Glocke), freistehender Glockenturm ital. Kirchen. Der K. kommt seit dem 6. Jh. vor und steht meist etwas abseits der Basilika, was vielleicht dadurch erklärlich ist, daß die ersten frühchristl. Anlagen in Ravenna und Rom urspr. keine Glocken kannten. Seine isolierte Anordnung wurde jedoch bis in die Renaissance beibehalten (berühmte Beispiele: der schiefe Turm in Pisa, der K. des Doms

Kampanile
(Beispiel: Florenz, Dom)

zu Florenz und der von San Marco in Venedig). Nördl. der Alpen bilden freistehende Glockentürme neben Kirchen die Ausnahme (z. B. Schwäb. Gmünd, Johanniskirche, deren Turm urspr. frei stand).

P. Sanapaolesi, *Il Campanile di Pisa*, Pisa 1956.

Kämpfer, 1. Zone, an der die Krümmung eines → *Bogens (K.stein) oder eines → *Gewölbes beginnt, und an der die Lasten eines Bogens bzw. eines Gewölbes vom aufgehenden Mauerwerk aufgenommen werden. 2. Quer-

holz zur Unterteilung eines → Fensters (einer Tür), das zus. mit dem Setzholz das Fensterkreuz bildet.

Kämpferaufsatz, würfelähnlicher, meist trapezoider Aufsatz über einem Kapitell, hauptsächlich bei frühchristl.-byzantin. Kirchen (Ravenna, Byzanz) vorkommend. Der K. ist als verkümmerter Rest eines entfallenden Gebälks zu verstehen. Er wird im Laufe der Entwicklung geschmückt und immer mehr dem Kapitell angeglichen.

O. Wulff, Altchristl. und byzantin. Kunst, 1914.

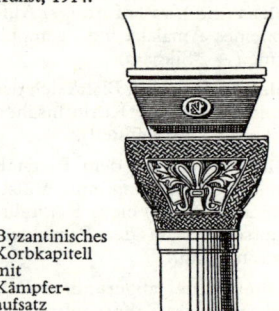

Byzantinisches
Korbkapitell
mit
Kämpfer-
aufsatz

Kämpferdruck, der Druck, eines Bogens oder eines Gewölbes auf die Kämpfer.

Kämpfergesims, ein Gesims in der Zone eines Kämpfers.

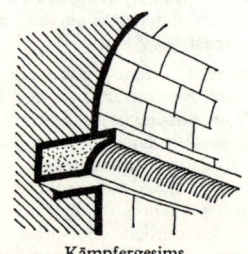

Kämpfergesims

Kämpferhöhe, Höhe des Kämpfers über dem Fußboden.

Kämpferlinie, 1. Verbindungslinie zwischen den Kämpfern eines Bogens oder Gewölbes; 2. Grenzlinie zwischen aufgehendem Mauerwerk und Gewölbelaibung.

Kämpferstein, 1. der erste Stein über dem Kämpfer eines → *Bogens oder → *Gewölbes (Anfangsstein, Anfänger, Anwölber); 2. steinerne Ausführung eines Fensterkämpfers (→ Kämpfer 2.).

Kandelaber (lat. *candelabrum*), Kerzenhalter aus Metall, Holz oder Stein, oft monumental mit reich (auch figürlich) dekoriertem Schaft. Bei antiken K. hat der Fuß oft die Form eines Dreifußes. In neuerer Zeit wird K. auch als Bezeichnung für Straßenbeleuchtungen verwendet.

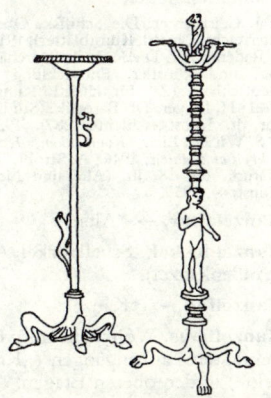

Antike Kandelaber

Kanephore (griech.: Korbträgerin), andere Bezeichnung für Kore bzw. → *Karyatide.

Kannelierung, → Kanneluren.

Kanneluren (aus griech.-lat. *canna:* Rohr), senkrechte konkave Rillen am Schaft eines Stützgliedes der klass. Ordnungen. Die K. können scharfkantig aneinanderstoßen (→ *Dorische Ordnung), oder durch Stege voneinander getrennt sein (→ *Ionische Ordnung). Bei spätantiken Ordnungen können die K. im unteren Teil des Schaftes mit sog. →*Pfeifen gefüllt sein (→ *Kapitell).

Kanon (griech. *kanonos:* Rohrstab), Richtschnur und Maßstab, im übertragenen Sinne klass. Norm. Der Formenk. der Baukunst bestimmt Reihenfolge und Größenordnung (→ Proportion).

Kantenblume, Kriechblume → *Krabbe.

Kantenschlag, → Randschlag (→ *Bosse 1).

Kantharus (griech.-lat.), Reinigungsbrunnen im Atrium frühchristl. Basiliken, nach dem Vorbild oriental. Hofbrunnen und der Zierbrunnen im Peristyl des röm. Hauses mehr oder weniger reich ausgebildet. Der K. von Alt-St. Peter in Rom z. B. war ein Vierröhrenbrunnen mit runden Scha-

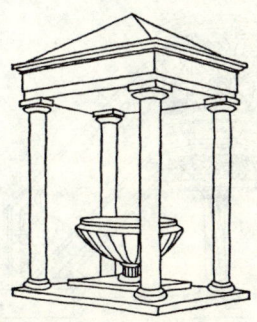

Kantharus mit Baldachin

len, Löwenköpfen und einem bekrönenden Pinienzapfen geschmückt, unter einem Säulenbaldachin mit turmähnlichem Dach.

Kantoniert, → *Pfeiler und Mauern, die an den Kanten von Halbsäulen oder Dreiviertelsäulen gerahmt werden, nennt man k.

Kanzel (von lat. *cancelli*: Gitter, Schranke), erhöhter, hervorragender und abgesonderter Standort bes. für den Prediger, den Lehrer oder den Richter. Die K. ist in der christl. Kirche aus den Vorformen von → *Ambo bzw. → *Lettner hervorgegangen. Isolierte K. kommen erst seit dem 13. Jh. vor. Die K. kann von einer oder mehreren Stützen (K.fuß) getragen sein, die auch figürl. ausgebildet sein können (K.träger). So werden die Säulen der K. von S. Andrea in Pistoja von Atlanten und Löwen, die K. im Dom zu Pisa von Christus, Ecclesia, Evangelisten und den Tugenden gestützt. Bekannt ist die Kanzel von Ravello, deren Stützen von zahlreichen schreitenden Löwen getragen werden. Über dem K.fuß folgt meist ein kelchförmiges Zwi-

schenelement, der K.korb. Die Brüstung des K.korbes ist oft durch Reliefs und Bauplastik verziert (Pisa, Dom und Baptisterium; Siena, Dom; Wien, Stephansdom). Der Zugang zum erhöht liegenden K.korb erfolgt über die K.treppe, die oft ein reich geschmücktes Geländer besitzt. Den oberen Abschluß bildet ein K.-deckel (Schalldeckel), der einen reichen Aufbau tragen kann. So besteht der K.deckel im Ulmer Münster aus einer zweiten K. mit K.treppe für den himmlischen Prediger. In der Barockzeit kommen Sonderformen von K. in der Form eines Segelschiffes oder Fischerbootes u. ä. vor. Der K. kann auch ein gegenüberliegendes K.pendant als symmetr. Ergänzung entsprechen (Zwiefalten, Klosterkirche). Eine Sonderform ist die → *Außenk. vor allem bei Wallfahrtskirchen.

P. J. Geistberger, Die Schiffsk. Oberösterreichs (Christl. Kunstblätter), 1914; F. Rademacher, Die K. in ihrer archäolog. und künstler. Entwicklung in Deutschland (Zs. für christl. Kunst), 1921; H. Mayer, Dt. Barockk. (Studien zur dt. Kunstgeschichte, 287), 1932; J. S. Witsen Elias, *Koorbanken, Koorhokken en Kansels*, 1946; A. Strobl, Die Naturk. des 18. Jh. (Alte und Neue Kunst, 4), 1955.

Kanzelaltar, → *Altar.

Kanzeldeckel, Schalldeckel (→ *Außenkanzel).

Kanzelfuß, → *Kanzel.

Kanzelhaus, Wohnhaus mit vorgekragten Laubengängen („Kanzeln") in den oberen Etagen.

Kanzelkorb, → *Kanzel.

Kanzelträger, Träger, meist Steinmetzfigur, die den Kanzelfuß bzw. die Kanzeltreppe trägt (→ Kanzel).

Gotische Kanzel

Kanzeltreppe, → *Kanzel.

Kapelle (lat. *capella* kleiner Mantel), ursprünglich der Raum, in dem der Mantel (capa) des Hl. Martin von Tours aufbewahrt wurde. Allgemein ein Sakralraum für bes. Zwecke (Taufk., → *Baptisterium, Grabk., → Burgk., → *Schloßk., Pfalzk., → Palastk., Friedhofsk., → *Karner u. a.), kleinere Kirchen ohne Pfarrechte bzw. Nebenk. mit Altären (Einsatzk., Querhausk., Zwillingskapelle, Chork., (K. kranz, → *Chor, *Scheitelk.).
G. W. Holzinger, Roman. Turmk. (Diss. Aachen), 1962.

Kapellenerker, → *Chörlein.

Kapellenkranz, radial auf einen Mittelpunkt bezogene Kapellen, an einem halbrunden oder polygonalen → *Chor bzw. Chorumgang. In der Romanik hatten Toulouse, S. Sernin, Cluny III und die meisten auvergnat. Kirchen einen K., in der franz. Gotik wird der K. vorherrschend.

Kapellennischen, nischenartige, nach außen nicht einzeln vortretende → Kapellen in der Mauerstärke an Langhaus, Querhaus oder Rechteckchor einer Kirche, zwischen Strebepfeilern auch → Einsatzkapellen genannt (→*Hallenchor).

Kapitelhaus, *Chapterhouse,* ein polygonaler, mit dem Kreuzgang einer Domkirche durch einen Stichgang verbundener, sonst aber freistehender Baukörper, der im Gegensatz zum Kapitelsaal nicht innerhalb der Klausur liegt. Das K. kommt hauptsächlich bei engl. Kathedralen der Gotik als meist achteckiger Zentralbau mit Mittelstütze vor (York, Wells, Lincoln, Salisbury u. a.).
F. Bond, *Gothic Architecture in England,* 1905; ders., *An Introduction to English Church Architecture from the 11th to the*

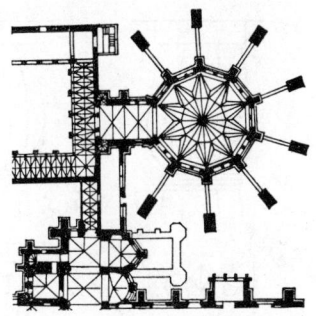

Kapitelhaus
(Beispiel: Lincoln, Kathedrale)

16th Century, London 1913; K. Escher, Engl. Kathedralen, 1929; M. Hürlimann.

Kapitell (von lat. *capitulum* bzw. *capitellum:* Köpfchen), ausladendes Kopfstück einer Stütze. Das K. vermittelt formal zwischen Stütze und Last. Man kann das K. aus dem Sattelholz, formal auch durch Abstraktion von Naturformen, wie z. B. der Blattkrone eines Baumes, entstanden denken. Außerdem gibt es eine Fülle von figürl. und von stereometr. Möglichkeiten, das K. als Übergang zwischen dem runden Säulenschaft und der meist quadrat. Abdeckplatte zu formen. Auf Naturformen gehen die Blüten- und Blattk. zurück. Die ägypt. Baukunst hat Blütenk. nach den Vorbildern von Lotos, Papyros und Lilie entwickelt, wobei man geschlossene Knospenk. und offene Doldenk. unterscheidet. Zu den Blattk. gehört das ägypt. Palmenk., das vereinfacht auch noch in hellenist. Zeit auftritt. Die wichtigste Form des Blattk. ist das korinthische K., bei dem zwei Akanthusblattkränze übereinander angeordnet sind, und die Ecken durch je zwei diagonal ge-

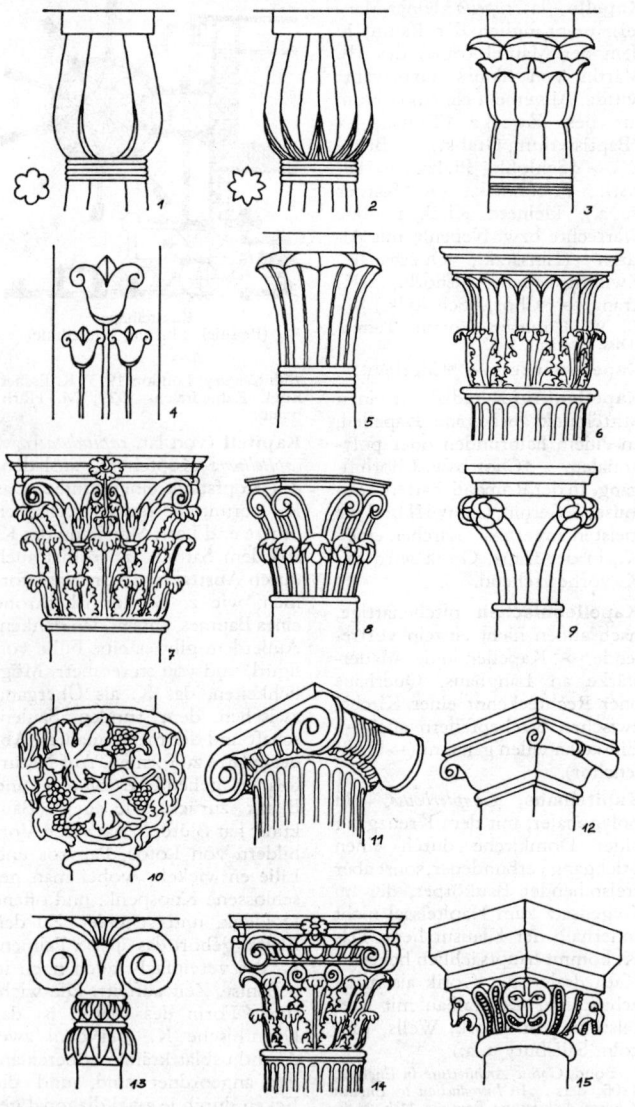

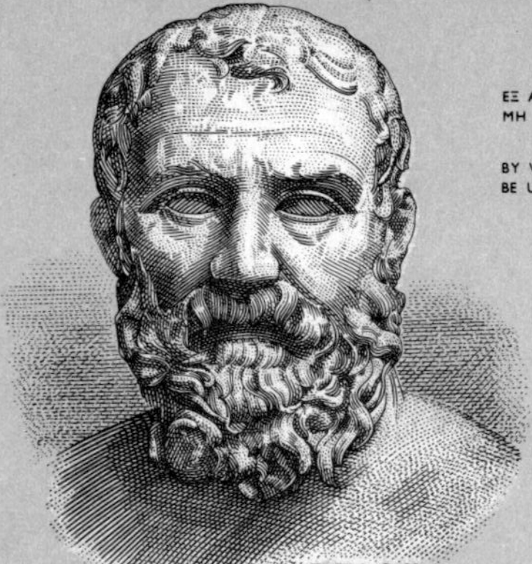

ΣΟΛΩΝ

ΕΞ ΑΝΕΜΩΝ ΔΕ ΘΑΛΑΣΣΑ ΤΑΡΑΣΣΕΤΑΙ, ΗΝ ΔΕ ΤΙΣ ΑΥΤΗΝ ΜΗ ΚΙΝΗ, ΠΑΝΤΩΝ ΕΣΤΙ ΔΙΚΑΙΟΤΑΤΗ.

BY WINDS THE SEA IS LASHED TO STORM, BUT IF IT BE UNVEXED, IT IS OF ALL THINGS MOST AMENABLE.

ΣΟΛΩΝ - SOLON

ΔΙΑΓΡΑΦΕΤΑ

K 015840

ΕΙΣΙΤΗΡΙΟΝ

ΔΡΧ. 25
DR.

ΕΚΤΥΠΩΣΙΣ "ΑΤΛΑΝΤΙΣ - ΠΕΧΛΙΒΑΝΙΔΗΣ" - ΑΘΗΝΑΙ

Korinth

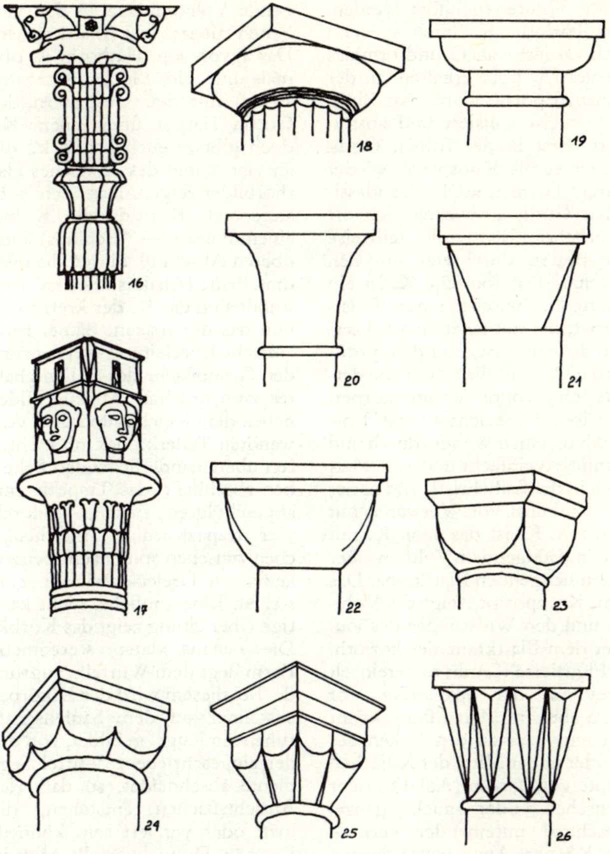

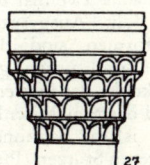

Kapitell

1 Lotosknospenk.
2 Papyrusknospenk.
3 Blüten-(Dolden-)K.
4 Lilie
5 Palmenk.
6 Korinthisches K. (Vorstufe)
7 Korinthisches K. (klass.)
8 Korinthisches K. (mittelalt.)
9 Knospenk.
10 Blattk.
11 Ionisches K.
12 Ionisches K. (mittelalt.)
13 Äolisches K.
14 Kompositk.
15 Figürliches K.
16 Persisches K.
17 Hathork.
18 Dorisches K.
19 Toskanisches K.
20 Kelchk.
21 Trapezk.
22 Korbk.
23 Würfelk.
24 Doppelwürfelk.
25 Pfeifenk.
26 Faltenk.
27 Stalaktitenk.

stellte Voluten gebildet werden. Das korinth. K. blieb – wenn auch variiert – als Grundform das ganze MA. über erhalten. In der roman. Epoche wurde das Blattwerk meist stilisiert und abstrahiert. Erst in der frühen Gotik nimmt es als Knospenk. wieder klarere Formen an. In der klassischen Gotik entwickelt sich oft natürliches Blattwerk teilweise mit Blüten durchsetzt um den K.kelch. Das ionische K. ist ein Volutenk. Zwischen einem Wulstkörper, der mit einem plast. Eierstab dekoriert ist, und dem profilierten Abakus liegt der beiderseits eingerollte Volutenkörper. Das ion. K. macht in der Entwicklung einen Wandel durch und kommt vereinfacht und verändert noch in der frühchristl. und in der ma. Baukunst vor. Verwandt mit dem ion. K. ist das aeol. K. mit zwei aufsteigenden Voluten über einem hängenden Blattkranz. Das röm. Kompositk. zeigt die Voluten und den Wulstträger des ion. über dem Blattkranz des korinth. K. Figurierte K. gibt es vereinzelt bereits in der Spätantike, vor allem aber im MA. Man erkennt hier entweder an den Ecken des K. oder in der Mitte der K.flächen Köpfe von Tieren (Adlerk.) oder Menschen oder auch ganze, manchmal miteinander verknotete Körper. Auch ganze Szenen (Christi Geburt, Flucht nach Ägypten) werden – vor allem in der franz. Romanik – am K. abgewickelt (Bilderk.). Es gibt auch Verbindungen von Blatt-, Voluten- und figürl. K. (Kompositk.). Eine Sonderform mit zwei Stierleibern als dem Sattelholz entsprechendem Oberteil ist das K. der pers. Säule (Stierk.). Darunter folgen außerdem je zwei aufstei-

gende Volutenpaare an den vier Seiten über zwei Blattkränzen. Das ägypt. sog. Hathork. ist oftmals nur ein Blockaufsatz (Sistrum) mit den Gesichtern der Göttin Hathor über einem K., doch gibt es auch Hathork., die an vier Seiten des K.kelches Hathorbilder zeigen. Das wichtigste stereometr. K. ist das dor. K. mit einem Polster (→ *Echinus). Den oberen Abschluß bildet die quadrat. Platte (Abakus). Formal verwandt sind das K. der kret. Säule und das der toskan. Säule. Eine einfache Überleitung von der runden Grundfläche des Säulenschaftes zum quadrat. Abakus bildet neben dem Kelchk. und dem verwandten Tellerk., das mit mehreren übereinanderliegenden Scheiben abschließt, das Trapezk. mit abgeschrägten Ecken, wodurch vier trapezförmige Ansichtsflächen zwischen spitz nach oben zulaufenden Dreieckszwickeln entstehen. Eine ähnliche, nicht kantige Überleitung zeigt das Korbk. Die weitaus klarste stereometr. Form liegt dem Würfelk. zugrunde. Bei diesem wird der K.körper aus einer auf dem Säulenschaft ruhenden Kugel gebildet, von der der eingeschriebene Würfel Segmente abschneidet, so daß vier Ansichtsflächen entstehen, die glatt oder verziert sein können. Das sog. Doppelwürfelk. zeigt in jeder Ansichtsfläche zweimal die Form des Würfelk. Ausgesprochene Sonderformen sind das oben verjüngte und unten geschweifte Glockenk., das Pfeifen-, das Falten- und das Stalaktitenk., letztere in der islam. Baukunst. Bei komplizierteren Stützen (Pfeiler mit Säulenvorlagen, Bündelpfeiler u. dergl.) können K.additionen vorkommen, wobei je nach

Art der Stütze halbe K., Viertelk. und K.ausschnitte zu einer größeren Einheit zusammengeschlossen sind.

O. Puchstein, Das ion. K., 1889; M. v. Groote, Die Entstehung des ion. K. (Zur Kunstgeschichte des Auslandes, Heft XXXIV), 1905; E. Ahlenstiehl-Engel, Das roman. K., 1912; W. v. Alten, Geschichte des altchristl. K., 1913; E. Weigand, Vorgeschichte des korinth. K., 1920; M. Gütschow, Untersuchungen zum korinth. K. (Hdb. des Dt. archäolog. Institutes, 36), 1921; K. Ginhart, Das christl. K. zwischen Spätantike und Spätgotik, 1923; E. Alp. Das K. im Entstehungsgebiete der Gotik, 1928; R.Kautzsch, K.studien, 1936; H. Weigert, Das K. in der dt. Baukunst des MA., 1943; E. Akurgal, Vom äol. zum ion. K., 1960.

Kapitellkelch, Kapitellrumpf, Grundform eines Kapitells ohne seine Zierformen, Voluten, Blattwerk u. dergl. Der K. der korinth. Ordnung heißt Kalathos.

Kapitelsaal, Raum in einem → *Kloster, meist am Ostflügel des Kreuzgangs, in dem Weisungen an die Mönche erteilt wurden.

Kapitol, Hügel in Rom mit den Haupttempeln der Stadt, danach später allgemeine Bezeichnung für den Haupttempelbezirk einer röm. Stadt. Der kapitolin. Hügel trug später die Gebäude der Stadtverwaltung (Senatorenpalast). Deshalb heißen oft auch die Regierungsbezirke der Städte bes. im engl. Kultur- u. Einflußbereich K. (Washington, Bombay etc.).

J. Jordan, C. Hülsen, Topographie der Stadt Rom, 1871–1907; H. Siebenhüner, Das K. in Rom, Idee und Gestalt, 1954; E. Nash, Bildlexikon zur Topographie des antiken Rom, 1961.

Kappdecke, nach der Raummitte zu treppenartig ansteigende Decke.

Kappe, → Gewölbekappe (→ *Gewölbeformen).

Kappenkranz, Kranz, Konstruktionsteil eines → *Gewölbes zwischen Hauptgewölbe und Stichkappe.

Kappfenster, → Kaffenster.

Kappgesims, Kaffgesims (→ *Gesimsformen).

Karawanserei, *Karawan serail* (pers.-arab.), Chan, Han, Konak, an Karawanenstraßen gelegene Herberge, bei der die Unterkunftsräume regelmäßig um einen Hof gruppiert sind.

K. Müller, Die K. im vorderen Orient, 1920; F. Wachtsmuth, Der Raum, Raumschöpfungen in der Kunst Vorderasiens, 1929; M. Rostovzeff, *Caravan cities*, 1938.

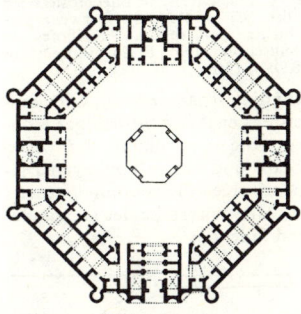

Karawanserei
(Beispiel: Aminabad, Persien)

Karner (lat. *carnarium*) Beinhaus, eine meist zweigeschossige Friedhofskapelle. Der K. ist meist ein Zentralbau mit kleiner Ostapsis. Im Untergeschoß wurden ausgegrabene Gebeine aufbewahrt, im Obergeschoß ist ein Altarraum für Totenmessen. Bes. monumentale K. stammen aus spätroman. Zeit (Pulkau, Tulln, Mödling, Hartberg in Österreich). In der Gotik gibt es auch kleinere K. als langgestreckte Kapellen (Waib-

Karner

lingen, Oppenheim, Ochsenfurt, Gerolzhofen), die meist dem Hl. Michael geweiht sind.

M. Capra, Die K. in Niederösterreich (Diss. Wien), 1926; H. Derwein, Geschichte des christl. Friedhofes in Deutschland, 1931; F. Zoepfl, Beinhaus (RDK), 1948.

Karnies (span. *carnisa*), Glockenleiste, Leiste mit S-förmiger Kontur, die aus einem konvexen (Stab) und einem konkaven Element (Kehle) zusammengesetzt ist. Man unterscheidet steigendes und fallendes K.

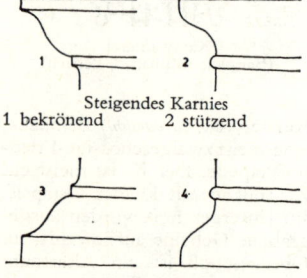

Steigendes Karnies
1 bekrönend   2 stützend

Fallendes Karnies
3 auslaufend   4 fußend

Karniesbogen, Bogen mit karniesähnlicher Kontur (→ *Bogenformen).

Karniesrinne, Rinnleiste des griech. Tempels in Karniesform.

Kartause, Kartäuserkloster. Die Mönche wohnen in einzelnen kleinen Häusern, die nur durch den Kreuzgang verbunden sind. Die bekanntesten K. sind die Certosa di Pavia, die Grande Chartreuse bei Grenoble, die K. Gaming und Mauerbach in Österreich und von Buxheim in Schwaben (→ Certosa).

R. K. Donin, Die K. in Gaming, o. J.; A. Morassi, *La Certosa di Pavia*, Rom [3]1961.

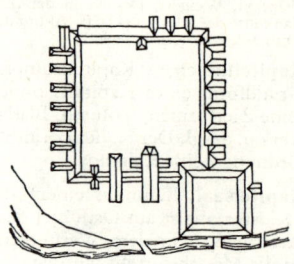

Kartause
(Beispiel: Mauerbach)

Kartusche (franz. *cartouche:* Rolle), hauptsächlich in der Barockzeit vorkommender und aus Rollwerk, Knorpelwerk oder Rocaille gebildeter Zierrahmen für Wappen, Inschriften u. dergl.

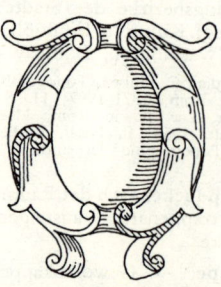

Kartusche mit Rollwerk

P. Jessen, Der Ornamentstich, 1920; D. Hadergott, Die K., die Lebensgeschichte einer Form (Diss. Göttingen), 1955.

Karyatide (griech.: Tänzerinnen aus Karyä), Kore, Kanephore, Mädchengestalt mit korb- oder polsterförmigem Kopfputz, die anstelle tekton. Stützen ein Gebälk trägt. K. kommen bereits an den Schatzhäusern von Delphi vor. Das bekannteste Bauwerk mit K. ist die Korenhalle des Erechtheions auf der Akropolis von Athen (→ *Schatzhaus).

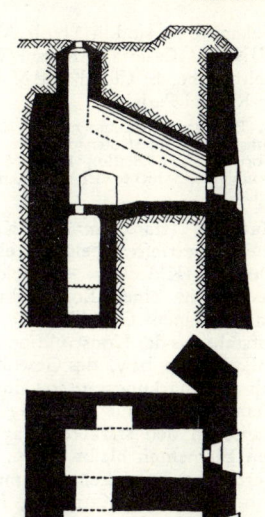

Karyatide

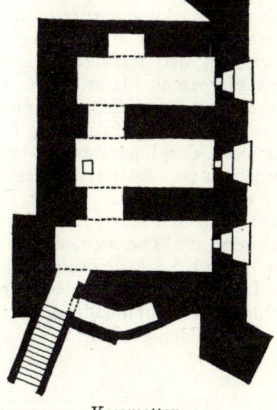

Kasematten

Kasematten, Wallgewölbe, gegen Beschuß gesicherte, überwölbte Räume in Festungen, Forts und Zitadellen.

Lit.: → Festung.

Kasino (ital. *casino:* kleines Haus), 1. Landhaus (Villa) inmitten eines Gartens in der ital. Renaissance; 2. Tanz-, Konzert- und Spielhaus in Kurorten; 3. Speisesaal für Offiziere.

Kaskade (ital. *cascare:* fallen), künstlich abgetreppter Wasserfall, hauptsächlich in Parkanlagen der Renaissance und des Barocks.

Kaskade

Bekannte K. sind in Tivoli (Villa d'Este), Caserta, Kassel-Wilhelmshöhe, S. Cloud und Marly-le-Roi bei Paris.

R. Borrmann, Monumentale Wasserkunstanlagen im Städtebau (Städtebaul. Vorträge, TH. Berlin), 1910; M. L. Gothein, Geschichte der Gartenkunst, [2]1926.

Kassette (franz. *cassette:* Kästchen), vertieftes Feld in einer Decke (K.decke, → Felderdecke), in einer Bogenlaibung oder in einem Gewölbe. Die K. entsteht aus der Konstruktion der Balkendecke bzw. des Gewölbes mit Verstärkungsgurten durch Verspannung mit Querträgern. Zwischen den stärkeren tragenden Elementen bleibt die K. als Vertiefung. Das K.feld wird meist von Zierleisten, Karniesen, Kymatien u. dergl. gerahmt und mit Ornamenten, Rosetten, Gemälden oder Reliefs geschmückt. Die bekanntesten Bauten mit K.decken sind die Thermen, das Pantheon und die Maxentiusbasilika zu Rom, Renaissancepaläste und Schlösser (Fontainebleau, Weikersheim, Heiligenberg u. a.).

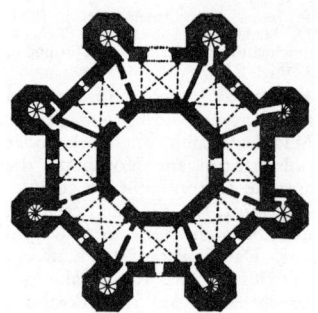

Kastell
(Beispiel: Castel del Monte)

Kastell (lat. *castellum*), befestigte Anlage in der Art einer Burg oder eines Schlosses. Bei den Römern ein befestigtes Standlager an den Grenzen (→ *Castrum*).

L. Bruhns, Hohenstaufenschlösser in Deutschland und Italien, 1959; H. Waldburg-Wolfegg, Vom Südreich der Hohenstaufen, [3]1960; H. Hahn, Hohenstaufenburgen in Süditalien, 1961; C. v. Lorck, K., Paläste und Villen in Italien, 1961.

Kastenaltar, Altar mit Hohlraum im Unterbau der Mensa (→ *Altar 2b).

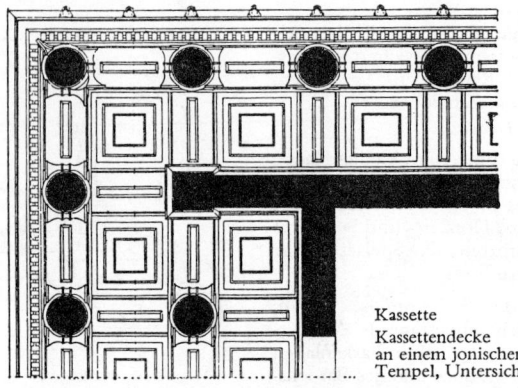

Kassette
Kassettendecke
an einem jonischen
Tempel, Untersicht.

Kastenrinne, auf dem Hauptgesims stehende Dachrinne mit rechteckigem (kastenförmigem) Querschnitt.

Katafalk (lat. *catafalcium:* Schaugerüst), Unterbau des Sarges bei der Leichenfeier, bes. in der Barockzeit prächtig geschmückt.

A. Trost, Wiener Triumphbogen und Trauergerüste auf Stichen (Mitt. der Gesellschaft für Vervielfältigende Kunst, Beilage 23), 1900.

Katakomben (griech.), Arenarium, Coemeterium, unterird. Grabanlagen, die bereits von den Etruskern (Hypogaeum) und bes. von den Römern bis in frühchristl. Zeit angelegt wurden. Der Name der K. stammt von einem Gang über den Gräbern von S. Sebastiano zu Rom und wurde später auf alle ähnlichen Anlagen (Rom, Neapel, Alexandria) übertragen. Die K. können durch größere Haupträume (Cubiculum) erweitert sein. Die Gräber liegen in Wandnischen (Loculi, →*Nischengrab), die manchmal von einem Bogen abgeschlossen werden (Arcosolium, → *Kolumbarium).

O. Marucchi, *Le Catacombe Romane,* 1933; P. Styger, Die röm. K., 1933; ders.: Röm. Märtyrergrüfte, 1935; *Roma Sotterranea Christiana per cura del Pontificale Instituo do Archeologia Christiana,* Rom 1936; H. Achelis, Die K. von Neapel, 1936; L. Hertling, E. Kirschbaum, Die röm. K., 1950.

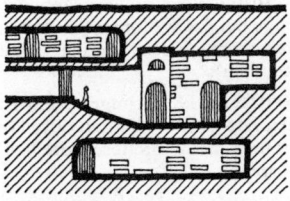
Katakomben
(Querschnitt mit Nischengräbern)

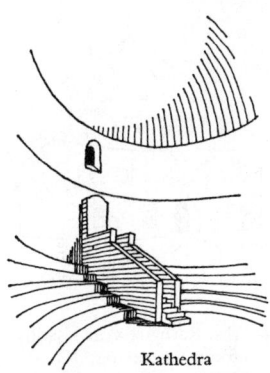
Kathedra

Kathedra, Stuhl des Bischofs in der frühchristl. Basilika.

T. Klauser, Die Cathedra im Totenkult der heidn. und christl. Antike, 1927.

Kathedrale (griech.), urspr. Bischofskirche. Größere Kirche mit einer Kathedra. Später wandelt sich die Bedeutung (→ Dom, → Münster).

G. Dehio, G. v. Bezold, Die kirchliche Baukunst des Abendlandes, 1884–1901; R. de Lasteyrie, *L'architecture religieuse en France à l'épogue gotique,* 1926/27; K. Escher, Engl. K., 1929; H. Sedlmayr, Die Entstehung der K., 1950; J. Hubert, *L'architecture religieuse du haut-moyen âge en France,* 1952; E. Gall, Die got. Baukunst in Frankreich und Deutschland, 21955; P. Meyer, M. Hürlimann, Engl. K., 31956; ders., Got. K. in Frankreich, 51960; H. Jantzen, Die Kunst der Gotik, 1957; ders., Die Gotik des Abendlandes, 1962.

Katholikon, griech. → *Klosterkirche, meist eine Kuppelbasilika.

O. Wulff, Das K. von Hosios Lukas (Die Baukunst II), 1903; ders., Byzantin. Kunst (Hdb. der Kunstwiss.), 1914; G. Bals, *Biseric din Serbia,* Bucaret 1911.

Kaufhaus, Haus, in dem Waren feilgeboten werden, meist am Marktplatz einer Stadt gelegen. Diesem Zweck diente auch häufig eine weiträumige Halle im Erdgeschoß des Rathauses (z. B.

Kaufhaus
(Beispiel: Konstanz, „Konzilsgebäude")

das Alte Rathaus von Esslingen). Bemerkenswerte ma. K. mit interessanter Grundrißeinteilung waren in Nördlingen (abgebrannt), in Konstanz („Konzilsgebäude") und in Freiburg/Brsg. Das moderne K. wird meist Warenhaus genannt.

Kavalierriß, nach den Kavalieren, erhöhten Aussichtspunkten von Befestigungsanlagen, benannte schief-axonometrische Darstellung (Schrägriß) eines Objektes bei beliebiger Blickrichtung, wobei zum Unterschied vom Militärriß die Tiefenmaße vor dem Aufriß aufgetragen werden. Der K. wird manchmal auch ungenau Kavalierperspektive genannt (→ *Projektion).

Kegeldach, → *Dachformen, → *Trulli.

Kegelgewölbe, Gewölbe über kreisförmigem Grundriß bei dreieckigem Querschnitt (→ *Gewölbeformen).

Kehlbalken, horizontaler Balken zwischen zwei Sparren (→ *Dachkonstruktion).

Kehle, 1. → Dachkehle; 2. → Hohlkehle (→ *Gesimsformen), Herstellen einer K. an Stelle einer Kante: abkehlen; 3. Verschnei-

dung der Flächen eines Klostergewölbes in der Untersicht (→ *Gewölbeformen).

Kehle 2

Kehlgesims, 1. → Gesims, das eine Wand unter der Deckenkehle (Voute) abschließt; 2. Gesims am Bruch der verschieden geneigten Dachflächen eines Mansarddaches (→ Dachformen).

Kehlleiste, → *Leiste zwischen Wand und Decke.

Kehlrinne, Rinne in der → Dachkehle (→ Dachausmittlung).

Kehlsparren, Sparren unter einer → Dachkehle, der zwei den beiden Dachflächen entsprechend geneigte Flächen mit einspringendem Winkel hat. Gegensatz → Gratsparren mit einem nach außen gerichteten Winkel.

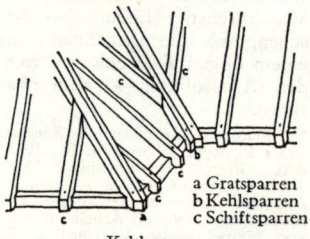

a Gratsparren
b Kehlsparren
c Schiftsparren
Kehlsparren

Keilfuge, keilförmig ausgebildete Fuge bei der Wölbung (→ Bogen) mit rechteckigen Steinen (Backsteinbau).

Keilstein, keilförmiger Stein für den Bau von → *Bogen oder Gewölben. Seine breitere Seite heißt Kopf.

Keilstufe, → *Stufe mit keilförmigem Querschnitt. Die Untersicht mehrerer K. ist nicht abgetreppt wie bei Blockstufen, sondern schräg dem Treppenlauf folgend.

Kelchkapitell, → *Kapitell.

Keller (lat. *cellarium*: Speisekammer), ein ganz oder teilweise unter dem Erdboden liegender Raum, der meist von einer massiven Decke oder von einem Gewölbe abgeschlossen wird. Der Zugang zum K. bzw. K.geschoß (→ *Geschoß) liegt entweder im Gebäude (K.treppe) oder außerhalb (→ *K.hals).

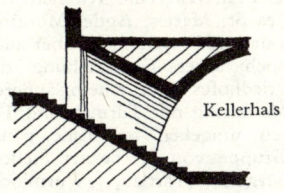

Kellerhals

Kellerhals, eine Kellertreppe, die von außerhalb des Gebäudes in den Keller hineinführt, so daß sich im Gelände ein Einschnitt ergibt. Der im Haus liegende Teil des K. kann durch eine steigende Tonne überwölbt sein.

Kemenate (lat.), heizbares Wohngemach (speziell Frauengemach) in einer Burg.

Kenotaph (griech.), → Grabdenkmal für einen an anderer Stelle beigesetzten Toten. Ein bekannter K. ist das sog. Grabmal der Julier in S. Remy (Provence).

Kerbschnitt, Ornament aus der Holzschnitzerei, dessen Kerben scharfkantig aneinandergrenzen.

K. Rumpf, Eine dt. Bauernkunst, 1943; C. Rubi, Holzbemalen, Kerbschnitzen und verwandtes Zieren, 1951.

Kerbzinne, Sonderform einer → *Zinne mit mittlerem manchmal

auch schwalbenschwanzförmigem Einschnitt zum Auflegen von Schußwaffen.

Kerkides (griech.), bei den radial angeordneten Treppen beidseitig begrenzte Sektoren eines antiken → Theaters (→ *Theaterbau).

Kettendorf, Reihendorf (→ *Dorfformen 3).

Kielbogen, Sattelbogen, Eselsrücken, → *Bogenformen.

Kiosk (pers.), 1. offener Gartenpavillon, seltener erkerartiger Vorbau oder Dachaufbau in pers. Hofgärten und im Serail zu Istanbul. Der K. ist die Vorstufe des türk. Wohnhauses. 2. Verkaufsstand für Zeitungen, Getränke u.a.

J. Strzygowski, Der K. von Konia (Zs. für Geschichte der Architektur), 1907.

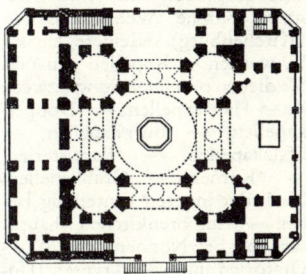

Kiosk
(Beispiel: Isfahan, Hescht Bihischt)

Kippfenster, → *Fenster, dessen Flügel (Kippflügel) um die untere waagrechte Achse kippbar ist.

Kirchenbauten, dem Gottesdienst bzw. der Kultausübung verschiedener christl. Religionsgemeinschaften dienende Gebäude. Man unterscheidet je nach dem Rang der Kirche Bischofskirchen, → Pfarrkirchen, Filialkirchen, → *Klosterkirchen, →

Stiftskirchen, → Kollegiatkirchen, → Wallfahrtskirchen, Memorialkirchen, Coemeterialkirchen, → *Denkmalkirchen, Spitalkirchen u. dergl. Baulich unterscheidet man um einen Mittelpunkt entwickelte → *Zentralbauten und nach einer Hauptachse ausgerichtete Langbauten. Diese können einschiffige Säle und Predigträume (manchmal mit Emporen) oder mehrschiffige → *Basiliken bzw. → *Hallenkirchen, auch mit Querschiff und → *Chor sein. Prozessionskirchen (hauptsächlich in Böhmen und Mähren), sind → *Wallfahrtskirchen, deren Hauptraum durch zwei Umgänge mit der hinter dem Chor isoliert liegenden Gnadenkapelle verbunden ist. Zwei neben- oder hintereinander liegende Kirchen nennt man Doppelkirchen, eine befestigte Kirche Wehrkirche (→ *Kirchenburg). Kleinere christl. K. werden → Kapellen genannt. Sie dienen oft einem Sonderzweck als → Hauskapellen, → *Doppelkapellen, → Burgkapellen, → Pfalzkapellen, → *Baptisterien, → *Karner, → Grabkapellen. Nach der inneren Einteilung bilden → Emporenkirchen (hauptsächlich bei Nonnenkirchen), → Oratorien und → *Krypten (Unterkirche) Teile von K. Eine konstruktive Sonderform ist die → *Stabkirche.

E. Sulze, Aus der Geschichte des protestant. Kirchenbaues, (Protestant. Kirchenzeitung), 1889; Fritsch, Der K. des Protestantismus von der Reformation bis zur Gegenwart (Vereinigung Berliner Architekten hg.), 1893; R. Bürkner, Grundriß des dt.-evangel. K., 1899; P. Brathe, Theorie des evangel. Kirchengebäudes, 1906; A. Kuhn, Die Kirche, ihr Bau, ihre Ausstattung, ihre Restauration, [5]1916; O. Bartning, Vom neuen Kirchenbau, 1919; ders., W. Weyres, Kirchen, 1958; J. Sauer, C. Horn, Kirchliche Baukunst (Wasmuth), 1931; W. Distel, Protestant. Kirchenbau seit 1900 in Deutschland, 1933; A. Leitl, Kirchliche Baukunst (Wasmuth, Bd. 5), 1937; R. Schwarz, Vom Bau der Kirche, 1947; ders., Kirchenbau, Welt vor der Schwelle, 1960; F. Pfammatter, Betonkirchen, 1948; C. Holzmeister, Kirchenbau ewig neu, 1951; R. Biedrzynski, Kirchen unserer Zeit, 1958; A. Henze, Neue kirchl. Kunst, 1958; R. Gieselmann, W. Aebli, Kirchenbau, 1959; H. Muck, S. J., Sakralbau heute, 1961; W. Andrä, Das Gotteshaus und die Urformen des Bauens im alten Orient (Studien zur Bauforschung); s. a. Basilika, Kathedrale, Katholikon.

Kirchenburg, befestigte Kirche, die mit einem Wehrgang versehen sein kann (Wehrkirche), wie z.B. in Frankreich die Kirchen von Les St. Maries, Agde, Montmajour und Royat, meist aber auch noch unter Einbeziehung des Friedhofes von einem äußeren Mauerring mit Türmen und Toren umgeben ist. Eine ganze Gruppe von K. besitzt Siebenbürgen (Tartlau, Wurmloch, Schönberg, Schässburg). Auch in der Schweiz (Sitten), in Schwaben (Merklingen, Lienzingen, Großsachsenheim) und in Österreich (Weissenkirchen, Maria-Saal, Maria-Wörth) sind K. nachgewiesen.

E. Sigerus, Siebenbürg.-Sächs. K., Hermannstadt [4]1909; W. Horwarth, Siebenbürg.-Sächs. K., 1934; M. Weber, Wehrhafte Kirchen in Thüringen,

Kirchenburg

1935; W. v. Erffa, Die Dorfkirche als Wehrbau, 1938; G. Oprescu, E. Daniel, Die Wehrkirchen in Siebenbürgen, 1961.

Kirchhof, → Friedhof.

Kirttistambha (ind.: „Ruhmessäule"), das Ehrentor einer brahman. Tempelanlage, das auf die → Toranas zurückgeht.

Klappfenster, → *Fenster, dessen Flügel (Klappflügel) um die obere waagrechte Achse drehbar sind.

Klappladen, Laden zum Verschluß einer Maueröffnung (Fenster, → *Fensterladen), der (zum Unterschied vom Klappfenster) um eine meist senkrechte Achse aufgeklappt werden kann.

Klaue, Verklauung, Aufklauung, → *Holzverbindung bei überkreuzten Hölzern.

Klause (lat. *clusa:* umschlossener Raum), Klosterzelle, Einsiedelei.

Klausur (lat. *clausura:* Verschluß, Einschließung), der nur den Mönchen zugängliche Teil des → Klosters.

Kleeblattbogen, Dreipaßbogen, → *Bogenformen.

Kleeblattfenster, Fenster, das von einem Kleeblattbogen abgeschlossen ist (→ *Fensterbank).

Kleinasiatisch-Ionische Ordnung, Sonderform der → Ionischen Ordnung, die hauptsächlich in Kleinasien vorkommt (→ *Säulenordnungen).

Klinker, bis zur Sinterung gebrannter Backstein (Sinterzeug), der dunkelrot bis blauschwarz, bes. druckfest und nur wenig hygroskop. ist.

K. Dümmler, K. Loeser, Hdb. der Ziegelfabrikation, ³1926; L. Adler, Baukeramik (Wasmuth), 1929; F. Wachtsmuth, Der Backsteinbau der Neuzeit, 1942.

Kloster (von lat. *claustrum:* „Das Verschlossene") Das K. (auch Abtei) als ausgeprägte bauliche Anlage geht auf die Ordensregel des hl. Benedikt zurück, doch gab es auch schon früher (Kalat Siman, kopt. Klöster) und auch außerhalb des christl. Bekenntnisses K.anlagen (→ Tekje, → *Felsenk., → Vihara). Doppelklöster (Mönchsk. und Nonnenk.) gab es nur im MA. Die späteren Varianten des Benediktinerordens (Cluniazenser, Hirsauer) und Ordensneugründungen (Zisterzienser, Bettelorden) veränderten und vereinfachten das bereits um 810 im St. Gallener K.plan klar ausgeprägte Bauschema. Die Klausur besteht aus der Kirche und den meist im Geviert um den → Kreuzgang liegenden Gebäuden. Der Kreuzgang ist wohl aus dem Peristylhof des antiken Hauses hervorgegangen. In seiner Mitte stand urspr. das Brunnenhaus („Brunnenkapelle"), das jedoch bald gegenüber dem Refektorium an den Kreuzgang angeschlossen wird. An der Nordseite des Kreuzganges liegt die → *K.kirche, an die sich der Kapitelsaal im Ostflügel des K. anschließt. Dieser diente zur Bekanntgabe von Weisungen an die K.insassen, wobei ein Kapitel aus der Hl. Schrift verlesen wurde. Ein oder zwei urspr. steinerne Sitzbänke umgeben den Raum, der oft gegen den Kreuzgang durch Fenster geöffnet ist und nach außen manchmal durch ein Chörlein in Erscheinung tritt. Einer der wichtigsten Räume des K. ist das Refektorium, der Speisesaal der K.insassen, in dem der Kirche gegenüberliegenden K.flügel. Es kann auch als eigener Baukörper quer zum Kreuzgang angeordnet sein.

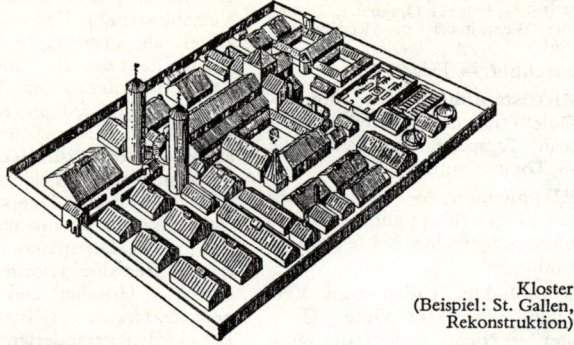

Kloster
(Beispiel: St. Gallen,
Rekonstruktion)

Zisterzienserklöster hatten zwei Refektorien (für Mönche und Laienbrüder), wobei das Mönchsrefektorium das baulich bedeutendere war (Maulbronn, „Herrenrefektorium"; Bebenhausen, „Sommerrefektorium"). In der Nähe des Refektoriums liegen die K.-küche und manchmal das → *Calefactorium (Wärmestube). Im Obergeschoß des Ostflügels liegt das → *Dormitorium (Dorment), urspr. ohne Unterteilung in Zellen. Außerhalb der Klausur lag in der Nähe des Ostflügels das Abthaus, in weiterer Entfernung, oft

an einem Bach, das Krankenhaus (Infirmeria), die Schule und die Nebengebäude (Ställe, Lagerhäuser, Keltern, Scheuern u. dergl.). Bei Benediktinern, Zisterziensern und anderen Orden kann die K.-anlage mit Mauern, Türmen und Toren befestigt sein (Groß-Komburg). Dagegen sind die in den Städten liegenden Bettelordensklöster (Franziskaner, Dominikaner) immer unbefestigt und haben keine Wirtschaftsgebäude. Eine Sonderform des befestigten K. ist die → *Ordensburg. Ebenso ist die → *Kartause ein vom Schema abweichender K.typ. Hier wurde versucht, Eremitentum und K.gemeinschaft zu vereinen und für jeden Mönch ein eigenes Haus am Kreuzgang errichtet. Gut erhalte-

Kloster
(Beispiel: Maulbronn, 12.–13. Jh.)

A Kreuzgang   E Calefactorium
B Sakristei   F Herrenrefektorium
C Kapitelsaal   G Brunnenhaus
D Parlatorium   H Laienrefektorium
                    J Lettner

(Beispiel: Gebweiler,
Dominikanerkloster)

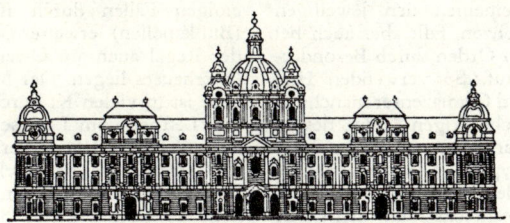

(Beispiel: Klosterbruck, M. 18. Jh.)

ne K.anlagen sind Fontenay, Fontefroide und vor allem das befestigte K. Mont St. Michel in Frankreich, Eberbach, Maulbronn und Bebenhausen in Deutschland, Heiligenkreuz, Lilienfeld und Zwettl in Österreich. Eine Sonderlösung stellt der Escorial bei Madrid als Verbindung von K. und Königsschloß dar. In Süddeutschland und Österreich griff man in der Barockzeit gerne auf dieses Vorbild zurück, wenn auch nur einige dieser Anlagen vollendet werden konnten. Die K.kirche liegt hier in der Mitte (seltener vor der Stirnfront) eines K.komplexes. Die übrigen Gebäude sind möglichst regelmäßig angeordnet. Die wichtigsten Räume (Refektorium, → *Bibliothek, auch Festsäle, Marmorsaal, Kaisersaal) liegen in Mittel- und Eckrisaliten und gehen oftmals durch zwei Geschosse. Die beste Vorstellung eines barocken K. spiegelt der Weingartener Idealplan wieder, der allerdings nicht zur Gänze ausgeführt ist. Ähnlich ging es bei anderen Großplanungen (Klosterneuburg, Göttweig, Grüssau, Klosterbruck, Schussenried u. a.).

F. Keller, Bauriß des Klosters St. Gallen vom Jahre 820, 1844; J. v. Schlosser, Die abendländ. K.anlagen des frühen MA., 1889; F. Ostendorf, Die Zisterzienserk. Deutschlands (Zs. für Bauwesen 64), 1914; H. Rose, Die Bauten der Cisterzienser, 1916; A. Hardegger, Die alte Stiftskirche und die ehemaligen Klostergebäude von St. Gallen, 1917; A. Mettler, Kirchen und K. der Hirauer und Zisterzienser, 1927; J. Schumacher, Dt. K., 1928; A. Dehlinger, Die Ordensgesetzgebung der Benediktiner und ihre Auswirkung auf die Grundriß-gestaltung (Diss. Dresden), 1936; H. Reinhart, Der St. Gallener Klosterplan, 1952; O. Linck, Mönchtum und Klosterbauten Württembergs im MA., ²1953; G. H. Cook, Smith, *English Abbeys and Priories*, London 1960; ders., *English Monasteries in the Middle Ages*, London 1961; M. A. Dimier, *L'Art cistercien franc.*, Yonne 1962; M. Eschapasse, *L'Architecture Benedictine*, Paris 1963; A. Schmeller-Kitt, K. in Österreich, 1965.

Klosterbibliothek, → *Bibliothek.

Klostergewölbe, → *Gewölbeform, die nur aus Wangen zusammengesetzt ist, die auf den Umfassungsmauern polygonaler Bauten aufruhen, und im Gegensatz zur formal verwandten Kuppel eine gebrochene Laibung hat.

J. Eich, Die Gewölbe, 1921.

Klosterkirche, Münster, die im Gegensatz zu der griech. K. („Katholikon") meist langgestreckte Kirche eines Klosters, die in der Regel an der Nordseite des Kreuzganges liegt. Sie folgt im allgemeinen den jeweiligen Stiltendenzen, fällt aber auch bei manchen Orden durch Besonderheiten auf. So verwenden Hirsauer und Cluniazenser manchmal einen rechteckigen Schluß des → *Chors und vermeiden Westchöre und Krypten. Die Zisterzienser verwenden ebenfalls manchmal einen Rechteckschluß, den sie in

Klosterkirche

(Beispiel: Istanbul, Pantokratorkirche)

(Beispiel: Cluny, Abteikirche, 3. Periode)

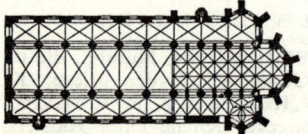

(Beispiel: Lübeck, Minoritenkirche, M. 14. Jh.)

einigen Fällen durch Kapellen (Bußkapellen) erweitern, die in der Regel am Ostende des Querhauses liegen. Der Mönchschor ist in vielen K. durch einen → *Lettner vom Laienschiff getrennt. Die Zisterzienserkirchen sind ebenso wie die Kirchen der Bettelorden (Franziskaner, Dominikaner) bis auf kleine hölzerne Dachreiter turmlos, die Bettelordenskirchen auch meist ohne Querhaus und im Langhaus oft flachgedeckt. In der Barockzeit unterscheidet sich der Typ der K. nicht mehr wesentlich von der Erscheinungsform anderer → Kirchenbauten.

A. Mettler, Die zweite Kirche in Cluny und die Kirchen in Hirsau (Zs. für Geschichte der Architektur 3 und 4), 1909–11; ders., Die Kirchen und Klöster der Hirsauer und Zisterzienser, 1927; R. Kraurheimer, Die Kirchen der Bettelorden in Deutschland, 1925; L. Oberst, Die ma. Architektur der Dominikaner und Franziskaner in der Schweiz, 1927; L. Schürenberg, Die kirchl. Baukunst in Frankreich zwischen 1270 und 1380, 1934; dies., Ma. Kirchenbau als Ausdruck geistiger Strömungen (Wiener Jb. für Kunstgeschichte 14), 1950; ders., Cluniazenser (RDK), 1954; K. Donin, Die Bettelordenskirchen (RDK), 1948; J. Evans, *The Romanesque Architecture of the Order of Cluny*, 1938; L. Giese, Bettelordenskirchen (RDK), 1948; H. Hahn, Der frühe Kirchenbau der Zisterzienser, 1957.

Klosterziegel, Mönch und Nonne, eine → *Dachdeckung aus zweierlei verschieden geformten Hohlziegeln.

Klotzstufe, Blockstufe, massive → *Stufe mit rechteckigem Querschnitt.

Knagge, kleines Holzstück, das als Verstärkung zwischen Pfosten und Rähm bzw. Schwelle des → *Fachwerks eingefügt ist.

F. L. K. Weigand, Dt. Wörterbuch, [5]1909.

Knauf, knopf- und kugelförmiges Ende eines Gegenstandes, z. B. K. einer Turmspitze, einer Säule (ungenau für Kapitell), eines Türgriffes, → *Abhängling u. dergl.

Knickgiebel, → Giebel mit gebrochenen Begrenzungen, z. B. bei einem Mansarddach (→ *Giebel).

Knickpyramide, → *Pyramide.

Kniestock, Drempel, → *Dachkonstruktion.

Knolle, Bezeichnung für eine Spielart des → *Eckblattes, für die Knospe eines Kapitells (Knospenkapitell) oder für eine → *Krabbe.

Knorpelwerk, Dekoration (ähnlich dem → *Ohrmuschelwerk) aus knorpelähnlichen Elementen, hauptsächlich der dt. Renaissance im späten 16. und im 17. Jh., manchmal von naturalist. Formen (Fratzen) durchsetzt.

W. K. Zülch, Entstehung des Ohrmuschelstils (Heidelberger Kunstgeschichtliche Abhandlungen), 1932.

Knorre, seltene Bezeichnung für eine knollenförmige Giebelblume.

Knospenkapitell, → *Kapitell.

Knoten, Knotenpunkt, 1. unbewegliche Verbindung von Konstruktionselementen (Holz, Stahl oder Kombination verschiedener Materialien) im Gegensatz zum beweglichen Gelenk (→ Gelenk 2). 2. Verbindung verschiedener Verkehrsströme (Verkehrsk.).

Beispielsammlung niveaugleicher Kreuzungen (Kuratorium für Verkehrssicherheit Wien), 1965.

Knotensäule, gekuppelte oder Vierlingssäulen, deren Schäfte in der Mitte miteinander verknotet sind (→ *Säule).

Knoten

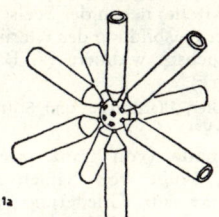

1a   Stahlrohrknoten

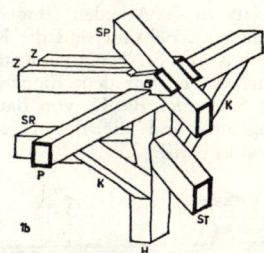

1b   Knoten im hölzernen Dachwerk
     (Hängewerk)
H   Hängesäule
K   Kopfband
P   Pfette
SP   Sparren (Bundsparren)
SR   Spannriegel
ST   Strebe
Z   Zange

2   Kreuzungsfreier Autobahnknoten

Koilanaglyph (griech.), eingetieftes, versenktes Relief, bei dem die Zwischenflächen nicht abgearbeitet sind, sondern stehen bleiben (→ *Relief).

Kollegiatkirche, Kollegienkirche, Kirche eines Kollegiums, einer Klerikergemeinschaft, die sich auf wenigen Stiftspfründen (Stiftskirche) neben der Seelsorge bes. der Ausbildung des Klerikernachwuchses widmete (z. B. in Salzburg).

H. Schäfer, Pfarrkirche und Stift im MA., 1903.

Kolonnade (von franz. *colonne:* Säule), Folge von Säulen mit Architrav zur Gliederung von Fassaden und Rahmung von Platzanlagen und Straßen im Gegensatz zu → Arkaden (Bogenreihungen). Bekannt sind die K. Berninis vor St. Peter zu Rom, ferner die K. vor dem Eingang von Sanssouci, die K. von Bath (England) und die des Palais Royal in Paris.

Kolossalordnung
(Beispiel: Vicenza, Palazzo Valmarana, Palladio)

Michelangelo) und bes. im Barock vor.

Kolossalpilaster, Wandpfeiler einer → *Kolossalordnung.

Kolosseum, Colosseum, Bezeichnung für das große → *Amphitheater in Rom (→ *Säulenbogenstellung).

H. Babucke, Geschichte des K., 1899.

Kolumbarium (lat.: *columbarium* = Taubenhaus), spätröm. meist unterird. Grabkammer mit mehreren übereinander angeordneten Reihen kleiner Nischen zur Aufstellung von Aschenurnen. Solche Anlagen aus dem 1. Jh. n. Chr., von denen in Rom mehrere erhalten sind, konnten bis zu tausend Urnen aufnehmen und dienten hauptsächlich zur Beisetzung der Asche von Unbemittelten (Sklaven, Freigelassene). Die Bezeichnung K. erhielten sie wegen der Ähnlichkeit ihres Inneren mit dem eines mehrgeschossigen Taubenhauses mit vielen Schlupflöchern.

Lit.: → Katakomben.

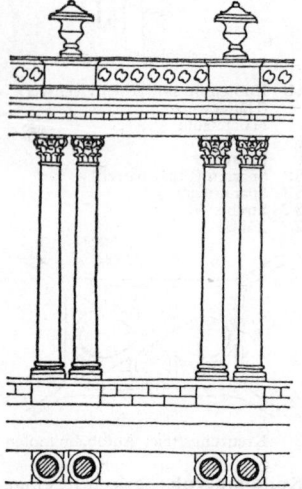

Kolonnade mit gekuppelten Säulen

Kolossalordnung, Säulen oder Pilaster, die samt ihrem Sockel mehrere Geschosse einer Fassade zusammenfassen. Die K. kommt in der Spätrenaissance (Palladio,

Kompositkapitell (von lat. *compositum:* zusammengesetzt) aus verschiedenen, ursprünglich nicht zusammengehörenden Teilen bestehendes → *Kapitell. Bekannt

vor allem das in der röm. Baukunst vorkommende K., das aus
Teilen des ion. und des korinth.
Kapitells zusammengesetzt ist,
aber auch die aus heterogenen
Elementen bestehenden Kapitelle
der → pers. Säule und spätägypt.
(ptolemäischer) Säulen.

Kompositordnung, Säulenordnung mit einem Kompositkapitell
(→ *Kapitell), aber auch aus Teilen verschiedener klass. Ordnungen zusammengesetzte Ordnung
mit variierten Elementen in Gebälk, Fries und Gesims, bes. in
der röm. Baukunst vorkommend.
Lit.: → Säulenordnung.

Konak (türk.), urspr. Gasthof
und Herberge (Han, → *Karawanserei), dann Regierungspalast
einer türk. Stadt.

Konche (griech.-lat. *concha:* Muschel), halbrunde Apsis (oft einer
→ *Basilika), im engeren Sinne

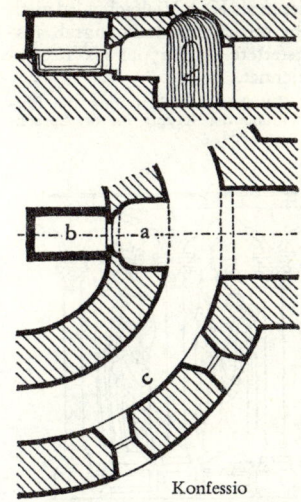

Konfessio

a Konfessio
b Märtyrergrab
c Umgang (Ringkrypta)

auch nur deren einer Muschel vergleichbare Halbkuppel (→ *Kuppel).
Lit.: → Apsis.

Konfessio (lat.: Bekenntnis). 1. in
altchristl. und frühma. Kirchen
eine Vorkammer vor dem unter
dem Altare liegenden Grab eines
Märtyrers oder Blutzeugen (*Con-
fessor*). Die K. sollte den Gläubi-
gen die Annäherung an das Grab
oder dessen Berührung mit später
als Reliquien verehrten Gegenständen ermöglichen, wozu in der
Wand zwischen K. und Grab eine
Öffnung war. In karoling. Zeit
führte man um das Grab im Halbkreis einen Gang herum, der über
Treppen als Zugang zur K. diente
(z. B. K. im Westchor von St.
Emmeran, Regensburg). 2. Auch
der Hohlraum im Kastenaltar (→
Altar 2) über einem Heiligengrab

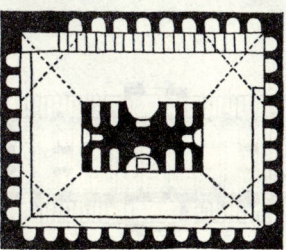

Kolumbarium

diente als K. 3. Vielfach wird auch
eine mit einem Heiligengrab aus-
gestattete → Krypta als K. bezeichnet.

H. Buschow, Studien über die Entwicklung der Krypta im dt. Sprachgebiet, 1934.

Königsgalerie

Königsgalerie, Folge von Statuen in einer Galerie, in Nischen
oder unter Baldachinen. Die K.
bildet den oberen Abschluß einer
got. Kathedralfassade in Frankreich (Reims), kann aber auch
über der Portalzone angeordnet
sein (Paris, Notre Dame). Ob die
Bezeichnung von den königlichen

Vorfahren Christi oder von den
französischen Königen kommt,
ist ungewiß.

Lit.: → Kathedrale.

Königshalle, german. Fürstenhalle mit Lauben an den beiden
Stirnseiten. Die Eingänge lagen in
der Mitte der Langseiten und waren über Freitreppen erreichbar,
da die Halle im Obergeschoß lag.
Urspr. Holzbauten sind nicht erhalten, doch zeigt die K. von
Oviedo in Spanien als Steinbau
zahlreiche für den Holzbau typ.
Details. Der Typ der K. lebt noch
im → *Palas späterer → Kaiserpfalzen (Goslar) fort und ist auch
noch bei der Königshalle von
Bergen (Norwegen) aus dem 15.
Jh. zu erkennen.

F. Seesselberg, Die frühma. Kunst der
german. Völker, 1897; A. Haupt, Die
älteste Kunst, insbes. die Baukunst der
Germanen, ²1923; H. Schneider,
German. Altertumskunde, 1938.

Königshof, ummauerter und um-
wallter Rechteckhof mit Palas
(*Domus regalis*), in der karoling.
Zeit in Sachsen als Stützpunkte
angelegt und später oft zu Burgen
umgebaut.

W. Weitzel, Die dt. Kaiserpfalzen und
K. vom 8–16 .Jh., 1905; K. Schuch-
hardt, K. (Reallexikon zur. german.
Altertumskunde III), 1916.

Konsoldach, Kragdach,→*Dachformen.

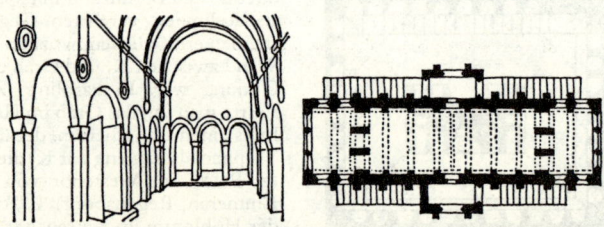

Königshalle (Beispiel: Oviedo, westgot. Königshalle um 750)

Konsole

Konsole (franz.), vorspringendes Tragelement, im Steinbau ein Kragstein (Kraft-, Not- oder Balkenstein), auf dem ein Bogen, ein Gesims (K.gesims), Skulpturen, Balken, Balkone, Erker, Dienste, Gewölbeanfänger u. dergl. ruhen. Eine nur zur Unterstützung von Diensten und Gewölbeanfängern vorkommende Sonderform sind die Hornkonsolen (→ *Ankerstein).

Konsolgesims, ausladendes Gesims, meist Kranzgesims (→ *Gesimsformen) als Abschluß eines Gebäudes. Die Deckplatte wird dabei von Konsolen gestützt. K. findet man hauptsächlich an röm. Tempeln und an Palastbauten der ital. Renaissance.

C. Uhde, Die Konstruktion und die Kunstform der Architektur, 1902.

Konsolträger, → Kragträger.

Konvergenz (lat.: zusammenlaufend), Gegensatz zur → Divergenz. Die Begrenzungen eines Raumes, eines Platzes oder einer Straße nähern einander in Wirklichkeit (ähnlich der Perspektive in der opt. Erscheinung) und verstärken die Wirkung der Perspektive, wodurch Gegenstände und Gebäude im Zielpunkt einer K. weiter entfernt erscheinen. Die K. wird oft bei Barockbauten (Rom, Vatikan, Scala Regia), im Städtebau und in der Gartenkunst angewandt.

J. Pahl, Die Stadt im Aufbruch der perspektiv. Welt, 1964.

Konvexbogen, → *Bogenformen.

Kopf, 1. bei Keilsteinen die breitere Seite. Bei Werksteinen und Backsteinen die Ansichtsfläche eines → Binders (→ Binder 1); 2. oberes Ende einer Stütze („Säulenk." meist für Kapitell, „Kopfband") und eines Balkens (→ Balkenkopf).

Kopfanker, am Kopf eines Balkens angebrachter → *Anker.

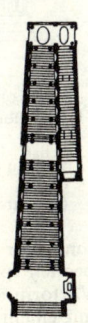
Konvergenz
(Beispiel: Rom,
Vatikan,
Scala Regia,
Bernini)

Kopfband, Kopfbug, Kopfstrebe, kurze Verstrebung am oberen Ende eines Pfostens (Stiels) im → *Fachwerk. Das K. verstrebt Pfosten und Rähm (Unterzüge, Balken) und kommt meist paarweise vor. Gegensatz: Fußband.

Korbbogen, → *Bogenformen.

Korbgitter, → Fenstergitter.

Korbkapitell, Form des → *Kapitells, die korb- bzw. kesselartig vom runden Säulenauflager zum quadrat. Abakus überleitet. Das K. kommt hauptsächlich in der frühbyzantin. Baukunst (Konstantinopel, Ravenna) vor. Es ist meist mit Flechtwerk, seltener mit figürl. Darstellungen versehen.

Kordongesims, Gurtgesims (→ *Gesims).

Kore (griech.: Jungfrau), Kanephore → *Karyatide.

Korinthische Ordnung, Sonderform der (kleinasiat.) → *Ionischen Ordnung, die sich von letzterer hauptsächlich durch die Form des korinth. → *Kapitells unterscheidet. Dieses hat einen Blattkelch (Kalathos), bestehend aus 16 → *Akanthus- (Bärenklau-) blättern, deren acht einen unteren Kranz bilden, während die übrigen acht höher ansteigen. Aus dem Blattkranz entwickeln sich acht Volutenpaare, die an den Ecken bzw. in der Mitte einer jeden Ansichtsfläche angeordnet sind. Die überstehenden Eckvoluten tragen die konkav eingezogene Abdeckplatte (Abakus), in deren Seitenmitte je eine Blume (Abakusblume) sitzt. Die (im Gegensatz zum ion. Kapitell) gleichartige Ausführung aller Ansichtsflächen sicherte dem korinth. Kapitell bald allgemeine Verbreit-

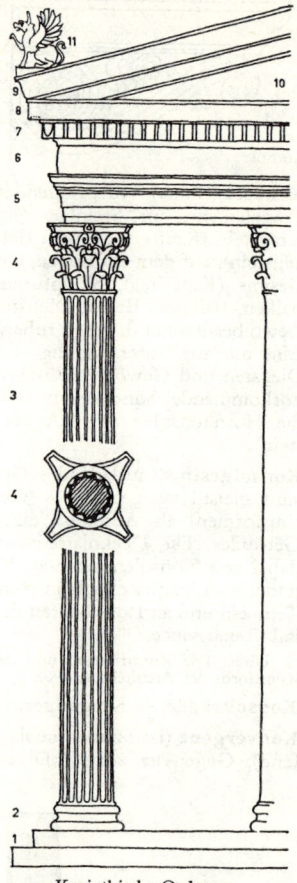

Korinthische Ordnung
1 Krepidoma 6 Fries
2 Basis 7 Zahnschnitt
3 Schaft 8 Geison
4 Kapitell 9 Sima
5 Epistyl 10 Tympanon
  (Architrav) 11 Akroterion

tung, vor allem in der prunkliebenden spätröm. Baukunst. Eine Vorform des korinth. Kapitells mit einem Akanthus- und einem

Palmblattkranz gibt es am Turm der Winde zu Athen, weitere Frühformen an der mittleren Säule des Apollotempels von Bassae und an den Wandsäulen des Alea Athena-Tempels von Tegea (M. 4. Jh.). Die klass. Ausbildung findet das korinth. Kapitell im Innenraum des Tholos von Epidauros, einem Werk des jüngeren Polyklet (360–320). Spätformen sind barock und von Figuren durchsetzt (Kompositkapitell). In der röm. Baukunst tritt an die Stelle des Zahnschnitts der kleinasiat.-ion. Ordnung das Konsolgesims. Zwischen den weitausladenden Konsolen sind in der Untersicht des Gesimses Kassetten mit Blumen oder Rosetten eingefügt. Falls ein Fries vorhanden ist, kann dieser auch wie bei der att.-ion. Ordnung mit Emblemen (Bukranien), Waffen u. dergl. dekoriert sein.

E. Weigand, Vorgeschichte des korinth. Kapitells, 1920; M. Gütschow, Untersuchungen zum korinth. Kapitell (Jb. des Dt. archäolog. Institutes 36), 1921; T. Fyfe, *Hellenistic Architecture*, 1936.

Korridor (ital. *corridore:* Laufgang), Gang zwischen zwei Zimmerfluchten oder Verbindungsgang im Inneren eines Gebäudes.

R. Eberstadt, Hdb. des Wohnungswesens, [4]1920.

Kote, in Plänen eingetragene Maßzahl.

Kotierte Projektion, graph. Darstellung eines Objektes, wobei die Höhenentwicklung über dem Grundriß durch in diesen eingetragene Höhenkoten (Maßzahlen) festgehalten wird, z. B. bei Landkarten (→ Projektion). Eine Art der K. P. liegt den Plandarstellungen der Gotik zugrunde (→ *Bauriß).

Kraal, Negerdorf, meist in der Form eines Rundlings.

H. Baumann, Negerbauten (Wasmuth), 1931; L. Frobenius, Afrika (Wasmuth, Bd. 5), 1937; H. Haselberger, Bautraditionen der westafrikan. Negerkulturen, 1964.

Krabbe, Knolle, got. Kriechblume an den Kanten von → *Fialen, Wimperggiebeln, Turmpyramiden u. dergl.

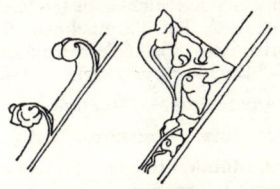

Krabbe

Kraftstein, Not- oder Balkenstein, ein Kragstein als Auflager für Mauerlatte oder Balken (→ *Konsole, → *Ankerstein).

Kragbalken, über eine Mauer hinausragender Balken.

Kragbogen, → unechter Bogen aus Kragsteinen (→ *Unechtes Gewölbe).

Kragdach, Konsoldach, auskragendes und nur an einer Seite eingespanntes Dach, hauptsächlich über Rampen, Freitreppen u. dergl. (→ *Dachformen).

Kragholz, ein über die Mauerflucht vorspringender, vorkragender Balken (→ *Auskragung).

Kragstein, Kraft-, Not-, Balkenstein, auskragender Stein, der eine Last aufnehmen kann (→ *Konsole, → *Ankerstein).

Kragsturzbogen, auf zwei viertelkreisförmigen Kragsteinen ruhender gerader Sturz, also kein echter Bogen (→ *Bogenformen).

Kragträger, Konsolträger, frei auskragender Träger, der nur an einem Ende eingespannt ist (→ *Auskragung).

Krämpziegel, Krempziegel, → *Dachdeckung.

Kranz, 1. Gewölbe-, Kappenkranz, selbständig gemauerter Gewölbebogen zwischen der Gewölbefläche und einer in diese einschneidenden Stichkappe (→*Gewölbe). 2. Bei Turmhelmen die horizontale Balkenkonstruktion (→ *Dachkonstruktion).

Kranzgesims, → *Gesims.

Kratzputz, → Sgrafitto.

Krepidoma, Krepis, Stereobat (griech.), Stufenunterbau und Fundament eines antiken Bauwerks, vor allem des Tempels (→ Tempelbau, → *Dorische Ordnung).

Kretische Säule, → *Säule mit nach unten verjüngtem, hölzernem Schaft, polsterähnlichem Kapitell und Abakus. Darstellungen findet man auf kret. Fresken, Rekonstruktionen der K. S. in Knossos.

H. T. Bossert, Altkreta, 1923; F. Schachermeyr, Die minoische Kultur des alten Kreta, 1964.

Kreuz, für die Baukunst wichtige Kreuzformen sind: griech. K. mit gleich langen Armen (Zentralbau), lat. K. mit längerem Hauptarm (Kirchengrundriß), Antoniusk. als T-förmiges Gebilde

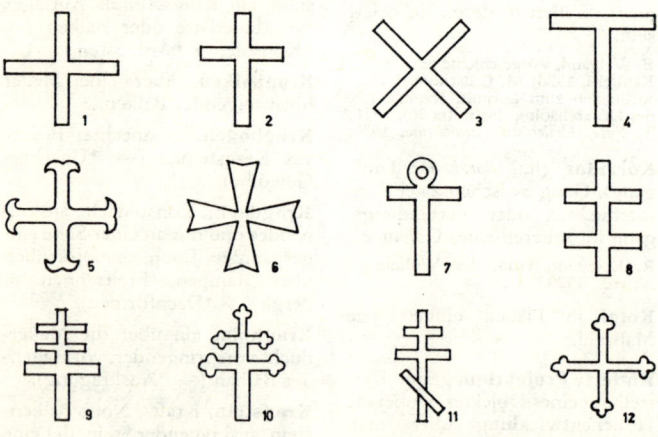

Kreuze

1 Griechisches Kreuz
2 Lateinisches Kreuz
3 Andreaskreuz
4 Antoniuskreuz
5 Ankerkreuz
6 Malteserkreuz
7 Henkelkreuz
8 Doppelkreuz
9 Päpstliches Kreuz
10 Patriarchenkreuz
11 Russisches Kreuz
12 Wiederkreuz

(Kirchengrundriß meist aber mit Apsis), Andreask. als X-förmiges Gebilde, Hakenk. beim → Mäander.

S. Guyer, Grundlagen ma. abendländ. Baukunst, 1950.

Kreuzaltar, → Altar der Gemeinde, der in Klosterkirchen, Stiftskirchen oder Kathedralen westl. des Chors unter dem Triumphbogen steht.

Kreuzanker, → *Anker, dessen Splint kreuzförmig ausgebildet ist.

Kreuzarme, Kreuzflügel, Bezeichnung der Querhausarme (→ *Querhaus) zu beiden Seiten der Vierung einer Kirche.

Kreuzband, 1. eisernes Band in Kreuzform als Beschlag; 2. im Fachwerkbau ein Andreaskreuz (→ *Fachwerk).

Kreuzblume, First-, Giebelblume, in Grund- und Aufriß kreuzförmiges, stilisiertes Blattgebilde als Krönung von → *Fialen, Wimpergen, Turmpyramiden u. dergl.

Kreuzbogen, Diagonalbogen eines Gewölbes (→ *Gewölbeformen).

Kreuzbogenfries, → *Fries aus einzelnen einander überschneidenden Bogen.

Kreuzdach, Kreuzgiebeldach, Dach, das aus einander rechtwinklig überkreuzenden Satteldächern über quadrat. Grundriß besteht (→ *Dachformen).

Kreuzfahrerburg, Burg der Kreuzfahrer in Palästina. Bekannt ist vor allem der Craq de Chevaliers.

E. Weigand, K. (Wasmuth, Bd. 5), 1937; R. Fodden, J. Thomson, K. im Heiligen Land, 1959; W. Müller-Wiener, Burgen der Kreuzritter, 1966.

Kreuzblume

Kreuzflügel, Kreuzarme, Querhausarme (→ *Querhaus).

Kreuzgang (Ambitus 2), um den Rechteckhof einer Klausur angelegter Gang, in dem Prozessionen mit einem Kreuz abgehalten wurden. Der K. bildet mit der Kirche das Kernstück eines → *Klosters. An den K. schließen oft gegen den Hof eine Brunnenkapelle, gegenüber der Kapitelsaal und das Refektorium an. Manchmal sind K.flügel zu zweischiffigen Hallen erweitert (Königslutter), die dann als Kapitelsaal dienen. Der K. geht auf den antiken Peristylhof zurück.

Lit.: → Kloster.

Kreuzgewölbe, Kreuzkappengewölbe, Gewölbe, das durch Verschneiden zweier gleich hoher
Tonnengewölbe entsteht (→*Gewölbeformen).

Kreuzgiebeldach, Kreuzdach,→
*Dachformen.

Kreuzgurt, mißverständlich für
Kreuzrippe (Diagonalrippe) eines
Kreuzgewölbes (→ *Gewölbe-
formen).

Kreuzkappe, Kappe einesKreuz-
gewölbes (→ *Gewölbeformen).

Kreuzkappengewölbe, →*Gewölbeformen.

Kreuzkuppelkirche, kuppel-
überdeckte Kirche über dem
Grundriß von der Form eines
griech. Kreuzes. Der nicht einheitlich definierte Begriff wird sowohl für Kirchen mit fünf Kuppeln (drei Kuppeln in jeder Achse
z.B. Konstantinopel, Apostelkirche; Perigueux, S. Front;Venedig,

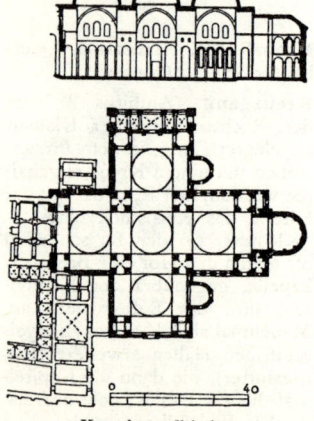

Kreuzkuppelkirche
(Beispiel: Perigueux, S. Front, 12. Jh.)

S. Marco), als auch für Kirchen
mit mittlerer Hauptkuppel und
vier bzw. mehreren Eckkuppeln
in der Diagonale zwischen den
tonnengewölbten Kreuzarmen
(Saloniki, 12-Apostelkirche;Kon-
stantinopel, H. Theodoros) angewendet. Der letztgenannte Typ
bildet den Ausgangspunkt für
die osteurop. Kirchenbaukunst
(Kiew, Sophienkathedrale).

K. Bühlmann, Die Entstehung der K.,
1914; J. Strzygowski, Die Baukunst der
Armenier und Europa, 1918; W.
Zaloziecky, Zur Frage des byzantin.
Ursprungs der fünfschiffigen K. (By-
zantin. Zs.), 1929.

Kreuzpfeiler, → *Pfeiler von
kreuzförmigem Grundriß, meist
an Knotenpunkten von Mauern
(Vierungspfeiler u. dergl.).

Kreuzrippe, Diagonalrippe, Gewölberippe an einem Diagonalbogen (→ *Gewölbeformen).

G. Ungewitter, Lehrbuch der got.
Konstruktionen, [2]1875; M. Aubert,
Les plus anciennes croisées d'ogives,
1934.

Kreuzrippengewölbe, Kreuzgewölbe mit unterlegten Rippen (→
*Gewölbeformen).

Kreuzstaken, kreuzweise angeordnete Latten zur gegenseitigen
Versteifung (→ *Abkreuzung)
von Balken einer Balkenlage.

Kreuzstock, Fensterstock mit
Kämpferholz und Pfosten, die ein
Fensterkreuz bilden (→ Fenster).

Kreuzstrebe, in einer Fachwerkwand (→ *Fachwerk) sich über-
kreuzende, hölzerne Streben (Andreaskreuz).

Kreuzstütze, Kreuzpfeiler, →
*Pfeiler mit kreuzförmigem
Grundriß.

Kreuzverband, → *Mauerverband, bei dem zu beiden Seiten

der Mittelachse eines Läufers ein Binder angeordnet ist.

Kreuzvorlage, seltene Bezeichnung für den vor die Flucht des Langhauses vortretenden Teil eines → *Querhauses.

Kriechblume, Kantenblume, → *Krabbe.

Krone, obere Fläche von → *Mauern u. dergl.

Kronendach, Ritterdach, → *Dachdeckung, bei der jede Dachlatte zwei Reihen versetzter Biberschwänze trägt.

Kröpfen, → *Verkröpfung.

Kropfkante, vorstehender Grat eines verkröpften kantigen Bauelementes (→ *Verkröpfung).

Kropfleiste, Zierleiste (meist Kyma oder Viertelstab) unter einem Geison (→ Ionische Ordnung).

Kropfstein, Bogenstein mit verzahnten Fugenflächen. Die Verzahnung kann hakenförmig sein (→ *Hakenstein), nimmt aber in der islam. Baukunst oft auch reichere Profilierungen an.

Kröpfling, Krümmling, gewundenes Verbindungsstück zweier Treppenwangen (→ *Treppe).

Kröpfung, → *Verkröpfung.

Krümmling, Kröpfling, Verbindung zweier die Richtung ändernder Treppenwangen (→ *Treppe).

Krüppelwalmdach, Dach, bei dem nur der obere Teil des Giebels abgewalmt ist (→ *Dachformen).

Krypta (griech.: „überdeckter Gang"), Gruft, aus unterird. Grab- und Reliquienkapellen (→ *Konfessio), über denen der Altar

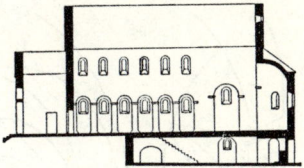
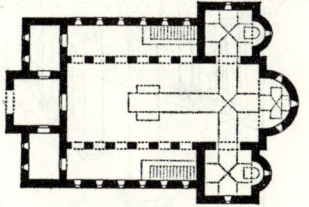

Krypta (Stollenkrypta)
(Beispiel: Steinbach/Odenwald, Einhardsbasilika, 9. Jh.)

errichtet war, hervorgegangen. Sie liegt unter dem Chor einer Kirche und kann sich bis unter das Querschiff erstrecken. Frühe Krypten sind manchmal stollenförmig (Ringk.: Regensburg, St. Emmeran, Emmeransk.). Später werden mehrschiffige Krypten (Hallenkrypten) bevorzugt (Regensburg, St. Emmeran, Ramwoldk.), die oft sehr weiträumig und säulenreich werden (Speyer, Dom; Gurk, Dom; Verona, S. Zeno; Parma, Dom). Da die Krypten oft nicht ganz versenkt angelegt sind, sind Chorboden und Altar beträchtlich über das Niveau des Langhauses (Florenz, S. Miniato) erhöht. Die Folge sind wirkungsvolle Stufenanlagen (Abb. S. 244).

H. Buschow, Studien über die Entwicklung der K. im dt. Sprachgebiet, 1934; R. Wallrath, Zur Entwicklungsgeschichte der K., 1940; ders., Zur Bedeutung der ma. K. (Beiträge zur Kunst des MA.), 1950; L. Hertwig, Entwicklungsgeschichte der K. in der Schweiz, 1958.

Hallenkrypta

Kudu (ind.), Tschaityagiebel, Giebel einer → Tschaityahalle.

G. Jouveau-Dubreuil, *Archeologie du Sud de l'Inde I*, Paris 1914.

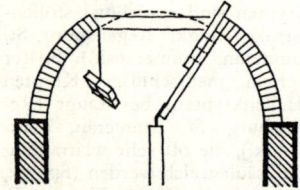

Auf Kuf gemauertes Gewölbe

Kuf, Kuff, ein statt auf Schalung auf einer Kufe, einem beweglichen, jede der zur Längsachse parallelen Steinscharen unterstützenden Lehrholz, gemauertes Tonnengewölbe ist „auf Kuf gemauert".

G. Wanderley, Hdb. der Baukonstruktionslehre, 1878; J. K. Merinsky, Hochbau, Raumbaukonstruktionslehre (II. Teil), 1949.

Kugelfries, → *Fries.

Kugelgewölbe, → *Kuppel.

Kugelhaus, Haus in Kugelform, das zum ersten Mal als Idealentwurf von Claude Nicolas Ledoux für ein Flurwächterhaus auftritt (1806).

Levallet-Haug, *Ledoux*, 1934; H. Sedlmayr, Die Kugel als Gebäude oder das Bodenlose (Das Werk des Künstlers), 1939; Reval-Moreux, *Ledoux*, 1954.

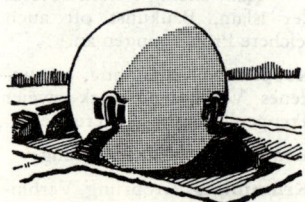

Kugelhaus. Entwurf für ein Flurwächterhaus von C. N. Ledoux

Kugelkappe, Kalotte, Kugelabschnitt, dessen Pfeil geringer als der Halbmesser ist (→ *Kuppel).

Kulisse (franz. Rinne), ursprünglich in Nuten verschiebbare Seitenwände einer Theaterbühne. Die K. sind meist lamellenförmig und so gestaffelt angeordnet, daß sich das Bild für den Betrachter zu schließen scheint, während in Wirklichkeit zwischen den einzelnen K. Durchgänge sind. In übertragenem Sinne ist eine Architekturk. eine vorgeblendete Schauarchitektur, der kein realer Kern entspricht, z. B. Fassade eines modernen Zirkus, Gartenprospekte u. dergl. (→ *Theaterbau).

O. Fischel, Das moderne Bühnenbild, 1923; O. Hurm, Die Geschichte der Theaterdekoration (Diss. Wien), 1926; C. Niessen, Das Bühnenbild, Ein Kulturgeschichtlicher Atlas, 1927; F. Schumacher, Wandlungen im Bühnenbild, 1948; E. Pirchan, Bühnenmalerei, ²1950; W. Znamenacek, K., Bühne und Bild, 1957; s. a. Bühne.

Kumbha (ind.), ausgebauchtes Element einer ind. Säule, das manchmal ein Kapitell trägt.

Kuppel, I. Gewölbe- und Dachform, deren Mantelfläche in der Regel ein Kugelabschnitt ist. Die der K. adäquate Grundrißfigur ist der Kreis, doch können verschiedenartige Grundrisse mit K. überwölbt werden. Bei einem quadrat. Grundriß kann der Fußkreis der K. umschrieben werden, wobei die überstehenden Segmente entfallen (→ Hängek.). Ist die zu überwölbende Fläche kleiner als das Grundquadrat, so entsteht eine → *Böhmische Kappe (Stutzkuppel). Als Flachk. (Stichkugelgewölbe) bezeichnet man eine K.-form, deren Wölbung von einem Kugelabschnitt (Kalotte) und nicht von einer Halbkugel gebildet wird, so daß ihr Stich geringer als der Halbmesser ist. Eine → Halbk. (Konche) hat viertelkreisförmigen Querschnitt über halbkreisförmigem Grundriß. Eine Spitzk. ist eine K. mit spitzbogigem Querschnitt, eine Zwiebelk. hat zwiebelförmigen Querschnitt, eine → Faltkuppel hat einen gefalteten Rücken, d. h. nach außen konvex vorspringende Teile zwischen tiefen Furchen. Eine Ellipsenk. ist eine K. über ellipt. Grundriß. Als Überleitung vom Quadrat zu einer eingeschriebenen K. kann man Pendentifs oder Trompen verwenden. Pendentifs sind Eckzwickel in der Form sphär. Dreiecke, also Kugelausschnitte, die seitlich durch zwei Viertelkreise und oben durch ein Viertel des Fußkreises der K. begrenzt sind. → *Trompen sind Trichternischen, also halbe Hohlkegel, deren Spitzen in den Ecken des umgeschriebenen Quadrates liegen. Eine klare Überleitung ist dies jedoch nicht, weshalb sich Trompen auch besser dazu eignen, von einem Quadrat zu einem achteckigen Klostergewölbe überzuleiten. Will man eine K. über den Unterbau hinausheben, so kann man ein zylindr. Zwischenstück (Tambour, Trommel) einschieben. II. K. sind die typ. Gewölbeformen für quadrat. und kreisrunde → *Zentralbauten. Letztere können an zwei (Konstantinopel, H. Sophia), drei (→ *Dreikonchenanlage) oder vier Seiten (Todi, S. M. della Consolazione) halbkuppelüberwölbte Nischen haben, deren Scheitel den Fußkreis der K. berühren. Diese rahmenden Halbkreisnischen können selbst wieder von kleineren radialen Halbkreisnischen begleitet sein (Konstantinopel, H. Sophia und viele türkische → *Moscheen). Bei Langbauten mit Querhaus können K. über der Vierung, manchmal aber auch über quadrat. Teilräumen des Langhauses (→ *K.basilika), des Chors und des Querhauses vorkommen. Eine Sonderform dieser Art ist die → *Kreuzk.kirche. Es

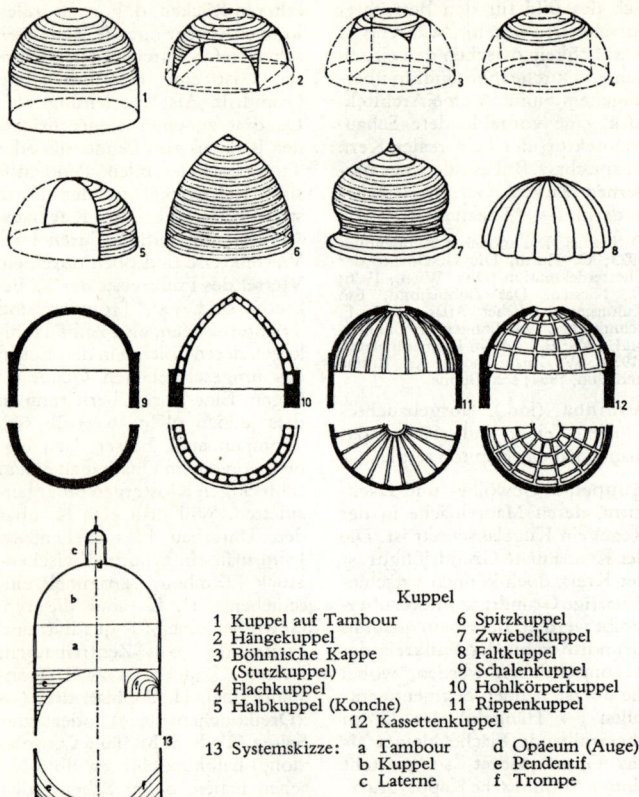

Kuppel

1 Kuppel auf Tambour
2 Hängekuppel
3 Böhmische Kappe (Stutzkuppel)
4 Flachkuppel
5 Halbkuppel (Konche)

6 Spitzkuppel
7 Zwiebelkuppel
8 Faltkuppel
9 Schalenkuppel
10 Hohlkörperkuppel
11 Rippenkuppel

12 Kassettenkuppel

13 Systemskizze: a Tambour   d Opäeum (Auge)
                 b Kuppel   e Pendentif
                 c Laterne   f Trompe

ist auch möglich, K. in beliebiger Zahl neben- bzw. hintereinander zu reihen und dazwischen Stützen anzuordnen (Bursa, Ulu Djami: 4 mal 5 K.). Auch eine Reihung von Ellipsenk. ist möglich, wobei allerdings zwischen den K. tiefe Einschnitte (Zwickel) entstehen (Neresheim, Klosterkirche). III. Die konstruktiv einfachsten K. sind nach dem Prinzip des → *unechten Gewölbes mit horizonta-

len Lagerfugen errichtet. Konzentrische Ringe, die nach oben zu immer kleiner werden, überlagern einander. Der Querschnitt ist bienenkorbförmig oder einer Spitzk. angenähert (Mykenae, → *K.gräber). Bei der echten K. sind sämtliche Fugen auf den Krümmungsmittelpunkt gerichtet. Die K. kann massiv gemauert, aber auch als Rippenk. mit füllenden Kappen ausgeführt sein

(Konstantinopel, H. Sophia).Sind diese Kappen segelförmig gebläht, so spricht man von einem Segelgewölbe (Schirmgewölbe). Sind die Rippen untereinander in der Horizontalen durch Stege verspannt, so entsteht eine Kassettenk. (Rom, Pantheon). Aus konstruktiven, aber auch aus formalen Gründen kann die K. zweischalig ausgebildet sein, wobei die innere Schale stärker ausgeführt ist und mit der äußeren Schale (Schutzkuppel) durch Stege verbunden ist. Zur Entlastung können auch Hohlkörper in die K.-schale eingebaut sein. IV. Die Belichtung der K. bereitet einige Schwierigkeiten, da (bes. bei Spitzk.) die Gewölbefläche und vor allem der Scheitel im Dunkel liegen. Die K. kann durch Tambourfenster, durch Fenster im K.fuß (hauptsächlich bei den Rippenk. der Byzantiner), durch Fenster in der K.schale und durch Öffnung des K.scheitels(Opaeum, Auge, Nabel) belichtet werden. Über der Scheitelöffnung ist meist eine weitere kleine Tambourk. (Laterne) aufgebaut. Verschiedene dieser Möglichkeiten können auch zusammen angewandt werden. V. Der K.bau war bereits den Assyrern bekannt. Etrusk. Gräber verwenden ihn, ebenso Grabbauten der Mykener, allerdings als unechtes Gewölbe. Die Römer entwickelten bedeutende K.bauten (Rom, Pantheon; Rom, Minerva Medica) ebenso die späthellenist.-röm. Kulturen des Ostens (Pergamon, Asklepieion). Später wurden die Byzantiner die hervorragendsten K.bauer und auf diesen byzantin. Vorbildern fußend, die Türken. Im MA. war der K.bau – von bedeutenden, auch byzantin. beeinflußten Aus-

nahmen abgesehen – nicht sehr bedeutend. Erst in der Renaissance wurden wieder große K.bauten errichtet, wobei Brunelleschi mit seiner „Domk." von Florenz (eig. ein Klostergewölbe!) den Anfang machte. Später folgten Bramante (Mailand, S. M. della Grazie) und Michelangelo (Rom, St. Peter). In der Barockzeit entstanden ebenfalls beachtliche K., so die Ellipsenk. der Wiener Karlskirche von Fischer von Erlach, mit hohem belichteten Tambour, in Paris der Invalidendom von J. H.

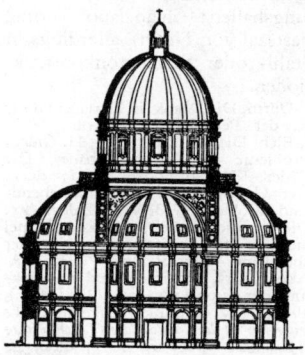

(Beispiel: Todi, S. Maria della Consolazione, 16. Jh.)

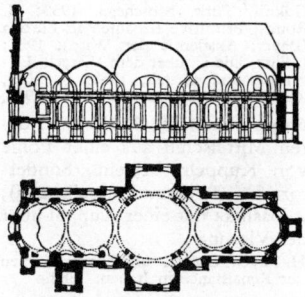

(Beispiel: Neresheim, Klosterkirche 2. H. 18. Jh.)

Mansart mit drei K.schalen: einer K. mit großer Scheitelöffnung, einer diese überlagernde K.schale und der beträchtlich höheren, äußeren Dachk. Bei der Dresdener Frauenkirche des Georg Bähr war diese Tendenz der Trennung von Innenk. und Außenk., die nur durch ein relativ kleines Auge im Scheitel der Innenk. miteinander verbunden sind, zu monumentaler Wirkung gesteigert. Auch die moderne Architektur verwendet die K.form für Fest- und Ausstellungshallen (Breslau, Jahrhunderthalle; Paris, Ausstellungshallen; Chianciano Terme, Festsaal von Nervi), allerdings in Stahl- oder Stahlbetonkonstruktionen.

J. Durm, Die Domk. in Florenz und die K. der Peterskirche in Rom, 1887; J. Eich, Die Gewölbe, 1921; H. Glück, Probleme des Wölbungsbaues, Die Bäder Konstantinopels, 1921; ders., Der Ursprung des röm. und abendländ. Wölbens, 1933; W. R. Zaloziecky, Die Sophienkirche in Konstantinopel und ihre Stellung in der Geschichte der abendländ. Architektur, 1936; A. Akbari-Fara, Ursprung und Entwicklung der Kuppel von Iran (Diss. Wien), 1945; M. Rumpler-Schlachter, *Le triomphe de la Coupole dans l'architecture Byzantine*, Straßburg 1947; dies., *Le coupole dans l'architecture byzantine et musulmane*, 1957; B. Smith, *The Dome* (Monographs in art and archeology 25), Princetown 1950; U. Vogt-Göknil, Türk. Moscheen, 1953; G. Rohlfs, Primitive K.bauten in Europa (Bayer. Akademie der Wiss.), 1957; J. Fink, Die K. über dem Viereck, Ursprung und Gestalt, 1958; F. Hart, Kunst und Technik der Wölbung, 1965.

Kuppelbasilika, 1. Basilika, deren Mittelschiff aus einer Folge von Kuppeln besteht (Sonderform: → *Kreuzkuppelkirche); 2. Basilika mit einer Kuppel über der Vierung.

H. Strack, Central- und Kuppelkirchen der Renaissance in Italien, 1882.

Kuppeldach, Haubendach, Dachhaube, Dach mit geschweifter Kontur (→*Dachformen). In der ind. Baukunst ein abgestuftes Dach mit verschiedenen kleinen Kuppeln (→ *Ratha).

Kuppeldachhaus, 1. Urform des Hauses mit einer oder mehreren von Kuppeln überwölbten Zellen (→ *Trulli).

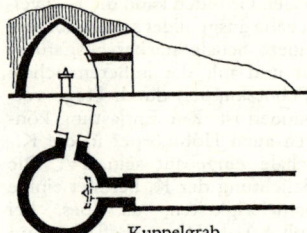

Kuppelgrab
Beispiel: Mykenae, sog. Schatzhaus des Atreus)

Kuppelgrab, Grabbau aus einer durch einen Dromos zugänglichen Spitzkuppel (ein unechtes Gewölbe) und einer kleineren Grabkammer. Die ganze Anlage war mit einem Erdhügel überdeckt. Bekannt sind die K. von Mykenae, sog. „Schatzhäuser".

C. Belger, Beiträge zur Kenntnis der griech. K., 1886; D. Fimmen, Die kret.-myken. Kultur, ²1924; Karo, K. (Reallexikon der Vorgeschichte, hg. Ebert), 1926.

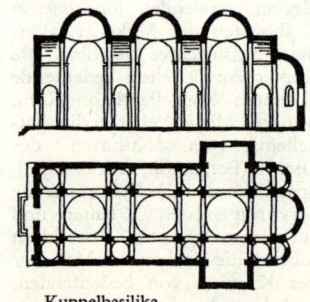

Kuppelbasilika

Kurvatur, 1. kaum merkliche, jedoch für die bauliche Erscheinung wichtige Krümmung der Horizontalen einzelner Bauteile (Stylobat, Gebälk usw.) des antiken Tempels. 2. Kurvenförmige Grundrißprojektionen von Gewölberippen, hauptsächlich in der spätesten Gotik (→ *Gewundene Reihung).

1. Goodyear, *Greek Refinements*, 1913; Die Krümmungen im Gebälk des dor. Tempels (Mitt. des dt. Archäolog. Institutes), 1925; O. Schubert, Gesetze der Baukunst, 1954.
2. K. H. Clasen, Dt. Gewölbe der Spätgotik, ²1961.

Kyma, Kymation (griech.: Welle), konkav oder konvex ausgebildete Stäbe (Blattwellen) als Abschlußleiste zwischen einzelnen Bauelementen. Das dor. K. ist eine unterschnittene, sonst aber

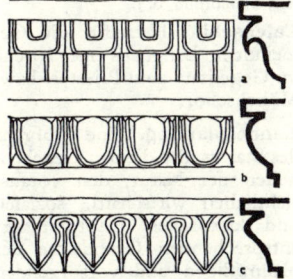

Kyma
a dorisch b ionisch c lesbisch

nicht profilierte Leiste, die mit abstrahierten Blattgebilden bemalt war. Das ion. K. zeigt plast. ovale Gebilde (Eierstab), die durch schmale Hohlstege getrennt sind. Ob dies auch eine Abstraktion von Blattformen sein soll, ist umstritten. Das lesb. K. besteht aus einer Folge von Herzblättern des Wasserlaubs mit dazwischenliegenden senkrechten Stäben.

Sein Profil ist konkav-konvex. Spätere Kymatien sind mit Akanthus, Palmetten und Medaillons geschmückte Viertelstäbe.

C. Weickert, Das lesb. K. (Diss. München), 1913; F. Krischen, K. (Wasmuth), 1931.

Kymation → *Kyma.

Labyrinth (griech.), wahrscheinlich Haus der Doppelaxt (*labrys*) und somit Bezeichnung für den

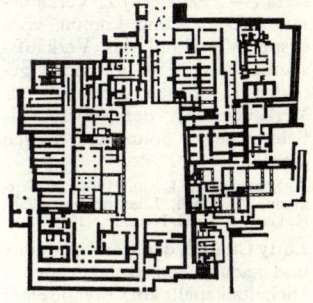

Labyrinth
(Beispiel: Knossos, Palast)

Palast zu Knossos, später allgemein für ein Gebäude mit unübersichtlichem Grundriß. Der Ausdruck L. wird auch für den Irrgang im Unterbau des Tholos von Epidauros und für die Treppenanlage des Apollotempels von Didyma verwendet. In der Gotik

Labyrinth in der Kathedrale
von Chartres

sind L. im Fußboden mancher Kathedralen eingemeißelt (Chartres, Reims). In der Barockzeit bezeichnet man ein Boskett mit verwickelter Wegführung zwischen den Hecken als L. (Irrgarten).

Sir Galahad, Im Palast des Minos, 1913; S. A. Evans, *The Palace of Minos*, 1921 bis 1938; W. K. Matthews, *Mazes and Labyrinths*, London 1922; R. Eilmann, Labyrinthos (Diss. Halle), 1931; K. Kerényi, L. Studien, L. als Linienreflex einer mytholog. Idee, ²1950.

Laden, 1. Verschluß eines Fensters (→ *Fensterl.) 2. Verkaufsraum. Der Name kommt vom urspr. Verschluß des Verkaufsstandes mit meist horizontal geteilten L., dessen unterer L. als Verkaufstisch, der obere als Schutz gegen Sonne und Regen diente.

A. Schumacher, L.bau, ³1951; R. Gutmann, A. Koch, L.gestaltung, 1956; K. Gatz, F. Hierl, Neue L., ²1961/62.

Lady Chapel, der Maria geweihte und nach außen vorstehende → *Scheitelkapelle am Ostende einer engl. Kathedrale.

F. Bond, *An Intruduction to English Church Architecture from the 11th to the 16th Century*, 1913; K. Escher, Engl. Kathedralen, 1929; M. Hürlimann.

Lageplan, Grundrißzeichnung in stark verkleinertem Maßstab (meist unter 1:500), auf der die Lage eines Bauwerkes in seiner Umgebung dargestellt ist. Im L. werden die Grenzen eines Grundstückes, die Nachbargrundstücke bzw. Gebäude und die angrenzenden Straßen und Plätze dargestellt.

Lager, 1. Auflager; 2. L.flächen von Steinen, wobei das untere L. das harte L., das obere das weiche L. genannt wird. Gegensatz: das Haupt, d. h. die Stirnfläche der einzelnen Steine des Mauerwerks (→ *Mauerverband).

Lagerfuge, waagrechte → Fuge im Mauerwerk.

Lagerholz, schwaches Rechteckholz auf einem Estrich oder einer Massivdecke als Auflager eines hölzernen Fußbodens.

Laibung, Leibung, 1. im Innern eines Raumes oft schräg verlaufende Begrenzung (Gewände) einer Maueröffnung bei → *Bogen, → *Fenstern, Portalen u. dergl. 2. Die den Raum schließende Unterseite des Gewölbes.

Laibungsbogen, innerer Abschlußbogen über einer Fensternische (→ *Estrade).

Laienrefektorium, → Refektorium der Laienbrüder in einem → *Kloster des Zisterzienserordens.

E. Paulus, Die Zisterzienser-Abtei Maulbronn, 1890; K. H. Clasen, Kloster, Maulbronn, o. J.

Laienschiff, Platz für die Gemeinde im Langhaus einer Kirche im Gegensatz zum Priester- bzw. Mönchschor.

Landesplanung, eine Aufgabe des Staates, der die den Gegebenheiten der Natur, den voraussichtlichen wirtschaftl., sozialen und kulturellen Erfordernissen entsprechenden Grundsätze der planmäßigen und vorsorgenden Gesamtgestaltung des Staatsgebietes oder einzelner Teile desselben gegenüber Einzelinteressen durch Entwicklungsprogramme (Entwicklungspläne) festzulegen versucht.

Rappaport, Notwendigkeit und Grenzen der L., 1927; R. Schmidt, Ist L. notwendig?, 1930; H. Ritter, L. Wasmuth), 1931; W. Schaumann, Die L. im schweizer., engl. und franz. Recht, 1950; F. Schumacher, Vom Städtebau zur L., 1951; H. B. Klamroth, Organisation und rechtliche Grundlagen der L. in der Bundesrepublik Deutschland und in Berlin, ²1954; J. Umlauf, We-

sen und Organisation der L., 1958;
L.-Ziele und Aufgaben (Schweizer.
Vereinigung für L., hg.), 1961.

Landpfeiler, Landfeste, bei Bo-
genbrücken (→ *Brücke), der am
Ufer stehende Endpfeiler einer
Brücke.

Langbau, Longitudinalbau, im
Gegensatz zum Zentralbau ein
Bauwerk, bei dem die Längsachse
dominiert.

Lit.: → Basilika.

Langhaus, Teil der Kirche zwischen Fassade und Querhaus bzw.
Chor.

Langhausjoch, → *Joch eines
Langhauses.

Längsachse, → *Achse.

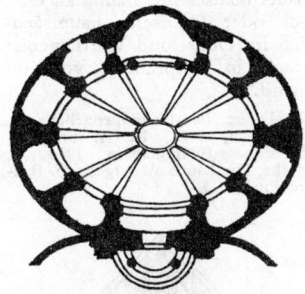

Queroval
(Beispiel: Rom, S. Andrea al Quirinale)

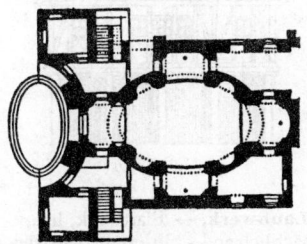

Längsoval
(Beispiel: Salzburg, Dreifaltigkeits-
kirche)

Längsoval, ungenau für eine
Ellipse, deren längere Achse sich
mit der Hauptachse eines Raumes
deckt, im Gegensatz zu Queroval.

Längsschnitt, → Schnitt.

Längsverband, 1. Windverband
eines Sparrendachs (→ *Dachkonstruktion) 2. Läuferverband
(→ *Mauerverband).

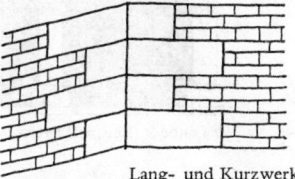

Lang- und Kurzwerk

Lang- und Kurzwerk, in der
engl. Baukunst die Eckquader des
→ *Mauerwerks (Turm), die abwechselnd mit der längeren bzw.
kürzeren Seite einbinden.

Lanzettbogen, → *Bogenformen.

Lateinisches Kreuz, im Gegen-
satz zum griech. → *Kreuz eine
Form, deren senkrechter Arm
länger ist als der Querarm. Das
L. K. bildet die Grundfigur vieler
Langbauten.

Laterne (von lat. *lanterna:* Lam-
pe), in der Baukunst ein lichtein-
lassender Aufsatz über einer
Decken- bzw. Gewölbeöffnung,
meist über der Scheitelöffnung
(Auge) einer → *Kuppel oder
eines Klostergewölbes.

Laube, 1. kleines Gartenhaus in
leichter Holzkonstruktion. 2. Halle (z. B. Gerichtslaube) oder offener Gang an der Front eines Gebäudes, an der Schmalseite auch
Stirnl. genannt. Die L. können
bei unmittelbar aneinandergebau-
ten Häusern an der Straßenfront

Laube 2 (Beispiel: Bruck/Mur, Kornmesserhaus, um 1500)

auch durchlaufend angeordnet sein (z. B. Münster/Westf., Bozen, Feldkirch). 3. → Loge.

M. Kießling, L. (Wasmuth, Bd. 5), 1937; S. Walewa, Die architekton. Bedeutung der Straße mit bes. Berücksichtigung der L.straße (Diss. Wien), 1946; A. Hinterleitner-Graf, Unter L. Erkern und Schwibbogen, 1959; M. K. Mahmoud, Die Entwicklung des Arkadenhausbaues im 20. Jh. in Europa (Diss. München), 1965; E. Kulke, Die L. als ostgerman. Baumerkmal, o. J.

Laubengang, → Laube 2, → *Laubenganghaus.

Laubenganghaus, Haus, dessen Geschoßwohnungen nur über einen Laubengang zugänglich sind.

K. L. Spengemann, Grundrißatlas, 1955.

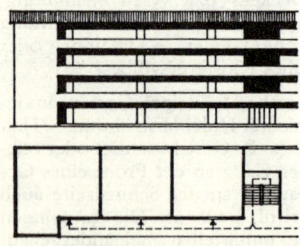

Laubenganghaus

Laubenhaus, Typ eines ostdt. Bauernhauses mit Laube an Giebel- oder Traufseite, hauptsächlich im Oder- und Warthegebiet sowie in Ostpreußen vorkommend.

W. Peßler, Die Haustypengebiete im dt. Reich, 1908; K. A. Sommer, Bauernhaus-Bibliographie, 1944; E. Kulke, Die Laube als ostgerman. Baumerkmal, o. J.

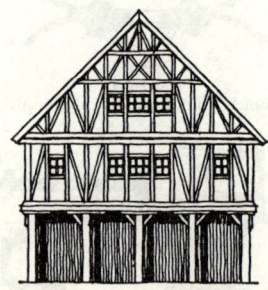

Laubenhaus

Laubwerk, → Blattwerk, hauptsächlich an → *Friesen (Blattfries, Kymation) und → *Kapitellen (Blattkapitell).

M. Meurer, Vergleichende Formenlehre des Ornaments und der Pflanze,
1909; H. Weigert, Blattwerk (RDK),
1948.

Lauf, eine ununterbrochene Stufenfolge zwischen zwei Geschossen oder zwei Podesten einer
Treppe (→ *Treppenformen).

Laufender Hund, laufende Welle, ein fortlaufendes griech. Ornament, das im Gegensatz zum eckig
gebrochenen → Mäander abstrahierten, sich überschlagenden
Wasserwogen gleicht (→ *Fries).

Läufer, im → *Mauerverband
der mit seiner Langseite parallel
zur Mauerflucht liegende Stein,
im Gegensatz zum Binder, dessen
kurze Seite (Stirn, Haupt) in der
Mauerfläche liegt.

Läuferverband, Längsverband
(→ *Mauerverband).

Laufgang, von Säulen abgeschlossener Gang in den oberen
Teilen einer Fassade eines Bauwerkes (→ *Galerie 2, Säulengalerie) oder im Innern einer Kirche (→ Triforium, → *Wandaufbau).

Lawra, Laura (griech.: Straße),
Bezeichnung für ein griech.
Mönchskloster, bei dem die Zel-
len um ein gemeinsames Zentrum
gruppiert sind; hauptsächlich in
Rußland vorkommend und dort
als Bezeichnung für verschiedene
Klöster verwendet.

Leerbalken, → Zwischenbalken
(→ *Decke).

Leergebinde, Leergespärre, zwischen den Hauptgebinden liegende Sparrenpaare einer → Dachkonstruktion.

Lehrgerüst, hölzernes Hilfsge-
rüst zum Bau eines Gewölbes
oder eines Bogens.
E. Preinfalck, Moderner L.bau, 1964.

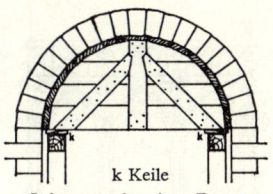

k Keile
Lehrgerüst für einen Bogen

Leib, Riese, Rumpf, bei Säulen
und Fialen der senkrechte Schaft
unter dem Kapitell bzw. der Pyramide der → *Fiale.

Leiste, stabartiges, oft profilier-
tes Element aus Holz, Metall u.
dergl., das eine Fuge verdeckt
(Deckl.), Bretter konstruktiv ver-
bindet (Einschubl.), zwischen
Fußboden und Wand (Fußl. →
*Sockell.) bzw. Wand und Decke
(Kehll.) eingefügt ist.

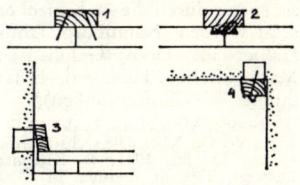

Leiste
1 Deckleiste   3 Sockel-(Fuß-)leiste
2 Einschubleiste   4 Kehlleiste

Lesche (griech.), Versammlungs-
halle in einem Säulengang (→
Stoa). Bekannt war die L. der
Knidier zu Delphi.

Lettner, der L. hat sich aus den
→ *Ambonen der frühchristl.
Kirchen weiterentwickelt. Der L.
ist eine Abschlußmauer zwischen
Mönchschor und Raum der
Laienbrüder in Klosterkirchen
(Kloster Maulbronn). Später wur-
de der L. hauptsächlich bei Bettel-
ordenskirchen (Gebweiler/Elsaß;

Gotischer Lettner

Esslingen, Franziskanerkirche) weiterentwickelt. Er wurde bei Domen, Kathedralen, Stiftskirchen im späten MA. die Regel, doch wurden die L. in der Folgezeit oft wieder abgebrochen, da sie später durch die → Kanzel ersetzt wurden (Naumburg, Dom; Halberstadt, Dom; Gelnhausen, Marienkirche; Tübingen, Stiftskirche. → *Chorschranken).

W. Noack, Mittelrhein. L. des 13. Jh., 1911; W. Greischel, Die sächs-thüring. L. des 13. Jh., 1931; E. Kirchner-Doberer, Die dt. Lettner bis 1300 (Diss. Wien), 1946; J. Magin, *Les Jubés de la Renaissance*, 1946.

Letze, selten gebrauchter Begriff für → *Wehrgang.

Leuchtturm, Turm im Meer mit starker Lichtquelle, an Landzungen, vor Hafeneinfahrten bzw. in Häfen. L. gab es bereits in der Antike (Pharus von Alexandria).

D. A. Stevenson, *The Worlds Lighthouses before 1820*, New York 1959.

Lichte, Öffnung, bes. Lichtöffnung z. B. → Oberlichte, die Fensteröffnung, die das Oberlicht einläßt (→ *Lichthof).

Lichte Maße, die freien Abstände zweier einander entsprechenden Bauteile (lichte Weite und lichte Höhe einer Maueröffnung, eines Durchganges). Die lichte Höhe eines Raumes ist die Raumhöhe zwischen Fußbodenober- und Deckenunterkante.

Lichtgaden, Gaden, → Obergaden, oberer, durch Fenster belichteter Teil (Gaden) des Mittelschiffs einer → *Basilika.

Lichthof, ein meist von einem Glasdach überdeckter Hof in einem Gebäude.

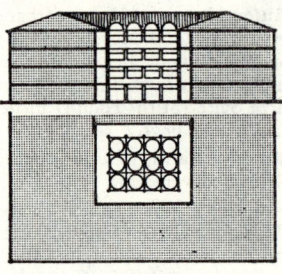

Lichthof

Lichtschacht, → *Schacht zur Belichtung von Räumen unter dem Erdboden oder innerhalb eines Baukörpers.

Lichtspindel, Schneckenauge, Treppenauge, offene Spindel einer → *Wendeltreppe.

Lichtwange, die dem Raum zugekehrte Wange einer → *Treppe.

Liegender Dachstuhl, →*Dachkonstruktion, bei der die Pfosten schräg gestellt und durch einen Spannriegel verspannt sind, um den Dachraum frei zu halten.

Lilienfries, → *Fries.

Lingam, Linga (ind.), pfahlähnliches Gebilde als Zeugungssymbol in der → Garbha Griha des ind. Tempels (→ *Mandapa).

Lisene
(Beispiel: Maursmünster,
Klosterkirche, 12. Jh.)

Lisene (von franz. *lisière:* Rand),
schwach vortretende, vertikale
Mauerverstärkungen ohne Basis
und Kapitell zur Gliederung von
Fassaden, hauptsächlich in der
roman. Epoche. Die L. können
oben durch Blendbogen oder
Rundbogenfriese miteinander verbunden sein.

Lithokollete (griech.), Einlegearbeit in verschiedenfarbigem
Steinmaterial.

Liwan, Iwan, (von arab. *el Iwan*),
zum Hof geöffnete, überwölbte
Haupthalle des arab. → *Wohnhauses. Der L. kommt auch in
der Mittelachse der vier Hof-
seiten einer → *Medrese vor
(z. B. Kairo, Sultan Hassan-
Moschee).

F. Sarre, Denkmäler pers. Baukunst,
1924; F. Öhlmann, Hilani und L.haus
(Bonner Jahrbücher), 1922.

Loculus, Arcosolium (lat.), →
*Nischengrab zur Aufnahme von

Bestattungen in den → *Katakomben.

Loge (franz.), Laube 3, nur zum
Innenraum geöffnete Empore für
Besucher in Kirchen, Sälen und
vor allem im → *Theaterbau.

Loggia (ital), offene → *Laube
bzw. Säulenhalle eines Bauwerkes,
seltener unterhalb des Daches
(Dachloggia). Manchmal auch
selbständige, offene Säulenhalle
an Plätzen (Florenz, L. dei Lanzi).

Longitudinalbau, → Langbau.

Lorbeerstab, → Blattstab (→
*Stab).

Lotosfenster, ind. Fensterform.

Lotossäule, ägypt. → Säule mit
einem Lotoskapitell, auch als Bündelsäule (→ *Kapitell).

Lotrecht, im Lot, senkrecht.

Lucht (→ *Auslucht 2), hauptsächlich in Norddeutschland vorkommender Begriff für einen Giebel über einem Joch des Kirchen-
schiffes (→ Zwerchgiebel).

Luftschacht, → *Schacht zur Belüftung von Räumen, die durch
Fenster nicht oder nur ungenü-
gend belüftet werden können.

Lukarne (franz.), Dacherker
bzw. Zwerchhaus, meist mit reicher Fensterrahmung und Giebel-
kontur. L. kommen hauptsächlich
in der Schloßbaukunst der franz.
Spätgotik (Blois) und Renaissance
(Azay le Rideau, Chambord) vor
(→ *Dachfenster).

Lunette, Lünette (franz. *lunette:*
kleiner Mond), Bogenfeld über
Türen bzw. Fenstern, das oft dekoriert ist und hauptsächlich in
der Barockbaukunst vorkommt
(Abb. S. 256).

Lustschloß, Lusthaus, Garten-
schloß zum Sommeraufenthalt

Lunette

einer fürstlichen Hofhaltung. Bekannt war das (abgebrochene) Lusthaus von Heinrich Schickhardt im Stuttgarter Schloßgarten, ein von Arkaden umgebener Fest- und Tanzsaal. Ebenso muß das → Belvedere unter dem Hradschin zu Prag als Lusthaus angesprochen werden. Lustschlösser hatte in der Barockzeit fast jede größere Hofhaltung. Sie tragen meist franz. Namen (Mon Repos, Mon Bijou, Mon Plaisir, Bagatelle, Fantaisie usw.), → *Pavillon.

Lit.: → Schloß.

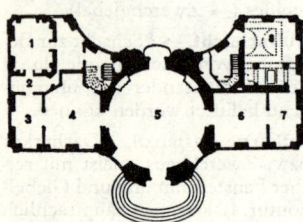

Lustschloß
(Beispiel: München, Nymphenburg, Amalienburg)

1 Hundekammer	5 Saal
2 Toilette	6 Zimmer
3 Kabinett	7 Kabinett
4 Schlafzimmer	8 Küche

Mäander (griech. nach dem vielgewundenen kleinasiat. Fluß *Maiandros*), fortlaufendes Ornament mit rechtwinkliger Richtungsänderung. Der M. ist hauptsächlich Bestandteil antiker → *Friese. Falls die Höhenteilung zwischen den waagerechten Linien eine gerade Zahl von Zwischenräumen ergibt, spricht man von einem att. M., bei ungerader Zahl von einem kleinasiat. Wenn M.formen überlagert sind, ergibt sich im Kern des Ornaments die Grundform des Hakenkreuzes. Eine kurvierte Sonderform des M. ist der → Laufende Hund.

O Künkel, Der M. in den vor- und frühgeschichtlichen Kulturen Europas, 1925; Eilmann, Labyrinthos, ein Beitrag zur Geschichte einer Vorstellung und eines Ornaments, 1931; K. Hecht, Der sog. perspektiv. M. (Diss. Stuttgart), 1946.

Macellum (lat.), Markthalle (hauptsächlich für Fleisch) einer röm. Stadt (z. B. Timgad, Algerien).

Mammisi, → *Geburtshaus ägypt. Tempel der Spätzeit (Dendera, Edfu, Philae).

Mandapa (ind.), Halle vor dem Kultsymbol (Lingam) eines ind. Tempels. Es können auch mehrere M. nebeneinander aufgereiht sein.

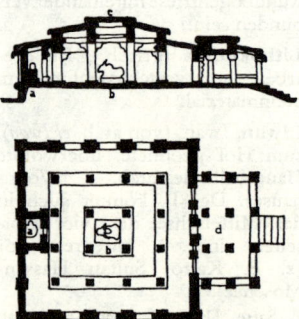

Mandapa
(Beispiel: Aihole, Lad-Khan-Tempel)

a Lingam   b Nandin   c Mandapa
d Antarala

Mandara, Maq'ad (arab.), Empfangshalle des Hausherrn im arab. Wohnhaus, hauptsächlich in Ägypten.

Mansarddach (franz. nach dem Namen des Baumeisters Mansart), geknicktes Dach mit steilerer Neigung im unteren Teil (→ *Dachformen).

Colomb, *François Mansart et Jules Hardouin, dit Mansart,* 1886; R. Dohme, Barock- und Rococo-Architektur, 1892.

Mansarde, Dachwohnung im ausgebauten Raum eines Daches, das jedoch nicht die Form eines Mansarddaches (Dachformen) haben muß.

Mansardendach, ein Dach, das eine Dachwohnung (Mansarde) enthält.

Mansardenfenster, Fenster einer → Mansarde.

Mantelmauer, Bering, Zingel, die eine Burgstelle rings umschließende Mauer (→ *Burg).

Maq'ad, Makad, Mandara (arab.) Empfangsraum am Vorhof des arab. Wohnhauses, vor allem in Ägypten.

Maqsura (arab.), ursprünglich der Betplatz des Kalifen vor dem Mihrab einer Moschee. Allgemein auch jeder abgeschlossene Betplatz der Moschee, besonders die durch Gitter abgetrennten Räume für Frauen und Schulen.

Marketerie, **Marqueterie** (franz.), Intarsia, Holzeinlegearbeit aus verschiedenfarbigen Edelholzfurnieren.

Märkischer Verband, Polnischer Verband, → Mauerverband, ähnlich dem Gotischen Verband.

Markise (von franz. *marquise:* leinenes Sonnendach), aufrollbares Sonnendach aus Stoff über Fenstern, Balkonen u. dergl. angebracht.

Marktplatz, Markt, →*Platz, auf dem der Markt abgehalten wird, meist der Hauptplatz einer Stadt mit dem Rathaus. Im alten Griechenland hieß der M. → *Agora, im röm. Reich → *Forum.

P. A. Rappaport, Die Entwicklung des dt. M., 1914; F. Krischen, Die griech. Stadt, 1938.

Marschhufendorf, Reihendorf, dessen Häuser am Rand eines Deiches aufgestellt sind (→ Dorfformen).

Martyria, Coemetrialkirche, Memoria, Gedächtniskirche über einem Märtyrergrab.

T. Klauser, Vom Heroon zur Märtyrerbasilika, 1942.

Maschikulis (franz.), Ausgußöffnungen für Pech und Schwefel zwischen den Konsolen des vorkragenden → *Wehrganges eines Schlosses oder einer Burg (Pechnasenkranz). Die M. sind bes. in Frankreich oft für die Erscheinung ma. Wehrbauten von architekton. Bedeutung.

Massivbau, Bauweise, bei welcher Tragfunktion und Raumabschluß gleicherweise von einer homogenen Konstruktion übernommen werden (im Gegensatz zum Skelettbau).

Massivdecke, aus homogenem Material bestehende → *Decke. Man unterscheidet Dippelbalkendecken aus Holz und Platten-, Plattenbalken- und Rippendecken aus Stahlbeton, sowie eine Reihe von Sonderkonstruktionen.

Maßstab, Angabe der Größe einer Darstellung im Verhältnis

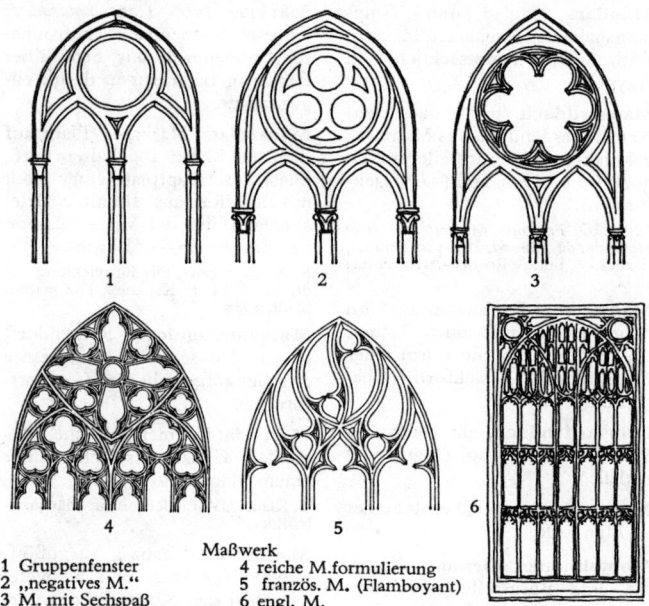

Maßwerk

1 Gruppenfenster
2 „negatives M."
3 M. mit Sechspaß
4 reiche M.formulierung
5 französ. M. (Flamboyant)
6 engl. M.

zur wirklichen Größe. Eine Darstellung im M. 1:1 heißt Naturdetail bzw. Darstellung in natürlicher Größe. Meist sind die M. jedoch stark verkleinert, z. B. Lagepläne 1:5000, 1:2500, 1:1000, 1:500, 1:250 u. a., Bauzeichnungen 1:200, 1:100, 1:50 sowie Details 1:25, 1:20, 1:10, 1:5 und 1:2.

Maßwerk, geometr. Schmuckform der Gotik, die zur Unterteilung von Fenstern (M.fenster), → *Giebeln (Schleierwerk) und Wänden, Portaltympana, → *Wimpergen, Brüstungen und anderen Flächen verwendet wird. Das M. ist entstanden, weil die großen Öffnungen got. Fenster unterteilt werden mußten (kleine Scheibenformate, Winddruck u.

a.). Die einfachsten Bildungen sind Lochformen („negatives M.") wie in Chartres oder Limburg/Lahn. Später gibt es M. in Form von Speichenrädern (→ *Rundfenster; Paris, Notre Dame, M.rose der Westfassade). Die wichtigste Grundform des M. ist der → *Paß, ein Kreisteil zwischen den Nasen (→ Nase 1) des M. (Dreipaß, Vierpaß, Fünfpaß, Achtpaß, Vielpaß usw.). Bestehen die Einzelelemente nicht aus Kreisformen, sondern aus Spitzbogen, die hauptsächlich in krummlinig begrenzte Quadrate oder Dreiecke eingefügt sind, so spricht man vom → *Blatt (z.B. Dreiblatt, Vierblatt usw.). Eine Sonderform ist die Fischblase (→ *Schneuß), mit der ebenfalls grö-

ßere Figuren zusammengesetzt
werden können (Dreischneuß).
Sie kommt bes. reich in der franz.
Spätgotik vor (Flamboyant). Das
M. setzt sich in dem unter der
Kämpferlinie liegenden Teil des
Fensters als Stabwerk fort. Son-
derformen mit ausschließlicher
Verwendung von Stabwerk zeigt
der engl. Lanceloted Style, mit
starker Betonung der senkrechten
Teile zeigt der Perpendicular Style
der engl. Spätgotik.

L. Behling, Das ungegenständliche
Bauornament der Gotik (Diss. Berlin),
1937; dies., Gestalt und Geschichte des
M., 1944.

Mast, innere Stütze einer →
*Stabkirche.

Mastaba (arab.), ägypt. Bankgrab, insbesondere im Alten Reich
(Gizeh, Sakkara). Die M. sind
rechteckige geböschte Baukörper,
die oft mehrere Kammern enthalten. In der letzten Kammer ist
eine → *Scheintür (Blendtür) mit
der Statue des Toten. Von hier
führt ein versperrter Schacht zu
der eigentlichen unterird. Grabkammer, dem Serdab, in der Statuen des Toten standen (→*Grabbau).

O. Daum, Der ägypt. Profangrabbau
(Diss. Wien), 1926; K. Holey, Giza I,
Die M. der IV. Dynastie auf dem West-
friedhof, 1929.

Mauer (von lat. *murus*), aus
Lehm, luftgetrockneten Ziegeln,
Backsteinen, Beton, Werksteinen
und anderen natürlichen oder
künstlichen Gesteinen errichtete,
massive Konstruktion. Die Standfläche der M. wird M.sohle, ihr
oberer Abschluß M.krone genannt, die sichtbare Schmalseite
heißt Haupt, die Dicke M.stärke
und die Richtung Flucht. Je nach
der Lage einer M. im Bauwerk
unterscheidet man Grund- und
Fundamentm., Sockelm., Umfas-

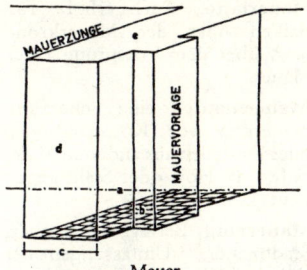

Mauer
a Mauerflucht   c Mauerstärke
b Sohle   d Haupt
        e Krone

sungsm., Außenm., Innenm. u.
dergl. Tragm. dienen im Gegensatz zu den nichttragenden Zwi-
schenwänden zur Aufnahme der
Deckenlast. Brandm. (Feuerm.), in
die kein Holzwerk einbinden darf,
schützen gegen das Übergreifen
von Feuer auf anschließende Bauten oder Bauteile. Eine Stütz-
oder Futterm. verhindert das Ab-
rutschen oder Abstürzen von Erdreich, Felsen usw., eine Staumauer (Staudamm) dient zum
Aufstauen von Wasser, die Strebemauer als Widerlager gegen
Gewölbeschub. Eine Mantelm.
umgibt eine Burgstelle. Eine
Blendm. täuscht M.werk aus besserem Material vor (Füllm.), ein
M.mantel umgibt Konstruktionen
oder Bauteile aus anderem Material (Holz, Stahl) zu deren Schutz,
eine Vormauerung dient der Verstärkung einer M.

Maueranker, → *Ankerstein.

Mauerblenden, → Blende (→
*Lisene).

Mauerhaken, Eisenhaken zum
Befestigen von Putzlatten u.dergl.
an einer Mauer.

Mauerkrone, der obere Abschluß einer → *Mauer.

Mauerlatte, Auflagerholz für Balken über der Mauerkrone bzw. über dem Vorsprung einer Mauer.

Mauermantel, eine Schutzummauerung vor Konstruktionen oder Bauteilen aus anderem Material (z. B. Holz oder Stahl gegen Feuer).

Mauerring, Bering, Ringmauer, Stadtmauer, Umfassungsmauer einer befestigten Stadt (→ *Stadtbefestigung).

Mauersohle, Standfläche einer → *Mauer.

Mauerstärke, Dicke einer → *Mauer, die bei Werksteinmauern nach den örtlichen Maßeinheiten (Meter, Zoll, Elle, Fuß u. a.), bei Backsteinmauern nach der Anzahl der Breitseiten, die in der Regel 25 cm lang sind, (1 Stein, 1½ Stein, 2 Stein usw.) gerechnet wird. Die M. ist abhängig von der Art des Materials, der Höhe, der Beanspruchung auf Druck sowie von einer Reihe anderer Faktoren (Standfestigkeit, Wärmeisolierung).

Mauerverband, die Art der regelmäßigen Verbindung natürlicher, insbesondere aber künstlicher Steine (Backsteine). Ein Stein, der mit der Langseite quer zur Mauerflucht verläuft, heißt Binder (→ Binder 1). Liegt die Langseite in der Mauerflucht, so spricht man vom → Läufer. Erscheinen in der sichtbaren Mauerfläche in einer Schicht (Schar) nur Binderköpfe (bzw. Läufer), so entsteht eine Binderschicht (bzw. Läuferschicht). Liegen die Steine auf ihrer Breitseite, spricht man von Lagerschichten. Eine Rollschicht entsteht durch Aneinanderreihung von hochkant gestell-

ten Bindern. Werden diese an der sichtbaren Mauerfläche übereckgestellt, so entsteht der Sägeverband (→ Deutsches Band, → *Fries). Bereits die Römer entwickelten eine Reihe von M., wie z. B. Läuferverbände (opus gallicum, opus diamictum), Verbände mit gleich großen Quadern in gleich hohen Schichten (opus isidomum) oder in verschieden hohen Schichten (opus pseudoisidomum) oder nur aus quadrat. Steinen (opus quadratum). Figurierte Verbände (opus figuratum) sind Netzverband (opus reticulatum) und Ährenverband oder → *Ährenwerk (opus spicatum). Es gibt eine Reihe von Regeln, die bei sämtlichen M. Gültigkeit haben: Wechsel von Läufern und Bindern in der Ansicht (außer Läuferverband und Binder- bzw. Streckerverband), möglichst viele Binder, Stoßfugen müssen versetzt sein, bevorzugte Verwendung von ganzen Steinen. Sonderregeln betreffen Mauerecken, Mauerkreuzungen und Schornsteine. Beim Blockverband liegt über der Stoßfuge der Läuferschicht die Mittelachse eines Bindersteines. Beim Kreuzverband sind die Läuferschichten um einen Stein versetzt. Beim Got. Verband (auch Poln., Wend., Märk. Verband) sind die Läuferschichten in einem bestimmten Wechsel mit Bindern durchsetzt. Beim Engl. Verband folgen auf eine Binderschicht mehrere Läuferschichten, beim Holländ. Verband folgen auf jede Binderschicht eine Schicht, bei der Läufer und Binder regelmäßig abwechseln. Bei der Ausriegelung des Fachwerks kommen (hauptsächlich in Niedersachsen) auch ornamentale Backsteinverbände vor, die man

Mauerverband

Ziegelverbände:
1 Läuferverband   5 Blockverband
2 Binderverband   6 Kreuzverband
3 Rollschicht   7 Got. Verband
4 Sägeverband   8 Holländ.Verband

Steinverbände:
9 Opus Isidomum
10 Opus Pseudoisidomum

Figurierter Verband:
11 Netzverband (Opus Reticulatum)
   im Gußmauerwerk

allerdings nicht als M. im üblichen Sinne ansprechen kann, da der Stein hier nur eine füllende Funktion ausübt (→ figuriert).

G. Semper, Entwicklung der Wand- und Mauerkonstruktionen bei den antiken Völkern (Kleine Schriften), 1883; M. E. Blake, *Ancient Roman Construction in Italy*, Washington 1947; A. Hasenbein, Der Schornsteinm., 1950; G. Staufenbiel, Mauerwerksverbände (Ziegelbau-Taschenbuch) 1953.

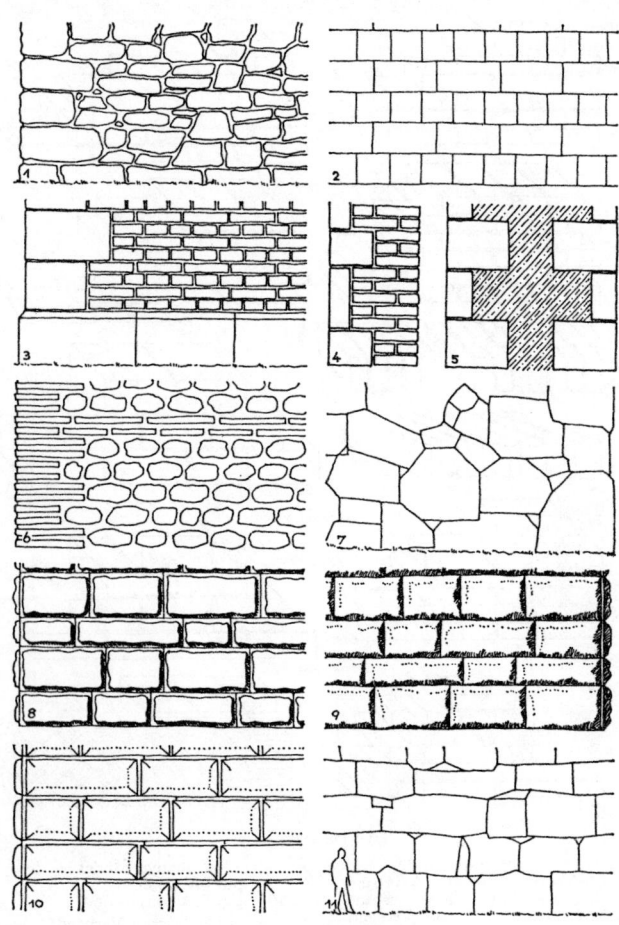

Mauerwerk

1 Bruchsteinm.
2 Quaderm.
3 Backsteinm. mit Ort- (Lang- und Kurzwerk) und Sockelquadern
4 Ziegelm. mit Werksteinvormauerung (Schnitt)
5 Gußm. hinter Vormauerung: Füllmauer (Schnitt)

6 Feldsteinm. mit Ortsteinen und Ausgleichsschichten: Schichtmauerwerk
7 Polygonalm.
8 Bossenm.
9 Rustikam.: Opus Rusticum
10 Polsterm.
11 Zyklopenm.

Mauervorlage, Wandvorlage, Vorlage (→ *Mauer).

Mauerwerk, ein aus natürlichen oder künstlichen Steinen bestehendes Gefüge, meist mit Mörtelbindung. Falls Mauern ohne Verwendung von Mörtel errichtet werden, spricht man von Trokkenmauerwerk, das bei Stützmauern und auch bei hochentwickelten Werksteinbauten vorkommt. Je nach der Art und der Bearbeitung der Mauersteine spricht man von Findlingsm., Bruchsteinm., Feldsteinm., Quaderm., Werksteinm., Backsteinm. oder Lehmm. Es können auch verschiedene Materialien miteinander vorkommen, etwa Backsteinm. mit Werksteindetails. Wertvolleres Material, z. B. Marmor, kann vor Backstein- oder Bruchsteinm. als Vormauerung, Verblendung oder Bekleidung verwendet werden. Auch werden bei Findlings-, Bruchstein- oder Feldsteinm. die Ecken häufig aus Werksteinen gebildet. Gußm. kann aus Mörtel oder Beton zwischen Schalung oder Vormauerung (Füllmauer) bestehen. Bei unregelmäßigen Bausteinen(Findlinge, Feldsteine, Bruchsteine) werden Ausgleichsschichten aus besserem Material eingefügt, vor allem falls Decken eingebaut werden müssen (Schichtm.). Im Gegensatz zu dem meist massiven Vollm. wird M. mit Hohlräumen Hohlm. genannt. M., dessen Ansichtsfläche aus polygonalen Steinen besteht, heißt Polygonalm., M. aus diamantierten Steinen (mit pyramidenförmiger Erhöhung) Diamantm. (→ *Diamantquader), mit → *Bossen Bossenm., mit polsterförmiger Ausbildung der Bosse Polsterm., während Zyklopenm. aus bes. großen, meist et-

was unregelmäßigen, aber gut gefügten Natursteinen besteht. Die Römer kannten bereits sehr differenzierte Arten von M., so den Steinbau (opus italicum), Ziegelbau (opus latericium), Quaderbau (opus romanum), Bruchsteinm. (opus antiquum, opus incertum bzw. opus rusticum → Rustika), gemischtes M. (opus mixtum), Gußm. (opus caementicium, opus fusile), Füllmauerwerk (opus emplectum) sowie M., aus durch Metallklammern verbundenen Steinen (opus revinctum). Je nach der Lage des M. unterscheidet man Fundamentm. und aufgehendes M., das mit einer Seite gegen den gewachsenen Boden stößt, wird einhäuptig genannt. (→ *Mauer).

Engel-Noack, Hdb. landwirtschaftl. Bauwesens, [11]1923; A. Opderbecke, Der Maurer, [6]1925; M. E. Blake, *Ancient Roman Construction in Italy*, Washington 1947; A. Stoller, Die Bauweise mit Natursteinn, 1949; F. Wienke, Das große Baubuch, 1953; O. Bröcker, Gemauerte Wände, 1959.

Mauerzunge, aus der Mauerflucht vorspringendes, kurzes Mauerstück (→ *Mauer).

Maureske, → *Arabeske.

Mausoleum, Name des Grabmals des Königs Mausollos von Halikarnass (gest. 352), wohl von Pytheos erbaut und von den Bildhauern Skopas, Bryaxis und Leochares dekoriert. Das M., das in der Form auf lyk. Grabbauten, wie das Löwenmonument von Knidos und das Nereidenmonument von Xanthos zurückgeht, hat einen hohen Unterbau mit einem mehrstufigen Sockel, darüber die eigentliche, von Säulenstellungen umgebene Grabkammer mit einem Pyramidendach und bekrönender Quadriga. Das zu den Weltwundern zählende M.

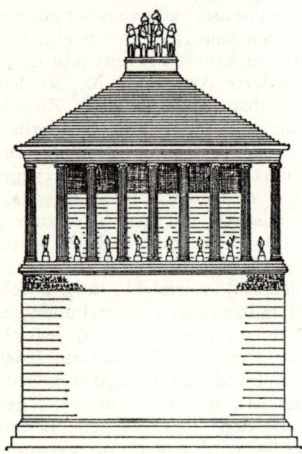

Mausoleum
(Beispiel: Halikarnass, Grab des Königs
Mausollos)

Medina (arab.), Name der Altstadt arab. Städte in Nordafrika.

Medrese (arab.), um einen Hof gruppierte Sonderform einer → Moschee, die als Schule diente. In der Mitte einer Hofseite bildet ein → Liwan (Iwan) einen architekton. Schwerpunkt. Die pers. Moschee erscheint bes. oft in Form einer M. (→ *Pischtak).

J. Franz, Die Baukunst des Islam, 1887; E. Diez, Die Kunst der islam. Völker, 1915; ders., Churasan, Baudenkmäler, 1918; ders., Persien, Islam, Baukunst in Churasan, 1923; H. Glück, Die Kunst der Seldschuken in Kleinasien und Armenien (Bibliothek der Kunstgeschichte 61); T. Nezihe, Die türk. M. in der seldschuk. und osman. Epoche (Diss. Wien), 1960; U. Vogt-Göknil, Osman. Bauten, 1965.

wurde später zu einem Begriff, der für jeden monumentaleren Grabbau verwendet wurde. Bekannte Mausoleen sind das M. Diokletians in Spalato, das Hadriansm. in Rom („Engelsburg"), die M. der Galla Placidia und Theoderichs zu Ravenna sowie das M. der S. Costanza zu Rom (→ *Grabbau).

F. Adler, Das M. von Halikarnaß (Zs. für Bauwesen) 1900; G. Niemann, Das Nereidenmonument von Xanthos, 1921; M. Boregatti, *Il Mausoleo di Adriano e Castel Sant'Angelo*, Rom1929; F. Krischen, Die städtebaul. Bedeutung des Mausolleions von Halikarnassos (Städtebau XXIII); E. Buschar, Maussolos und Alexander, 1950; A. Müller, R. Ammon, Die sieben Weltwunder, 1966.

Medaillon (franz.), in der Baukunst kreisförmiges Schmuckglied mit Flachrelief in Stuck, Terrakotta u. dergl. meist zum Schmuck einer Wandfläche, eines Deckenfeldes, einer Lünette oder eines Pendentifs.

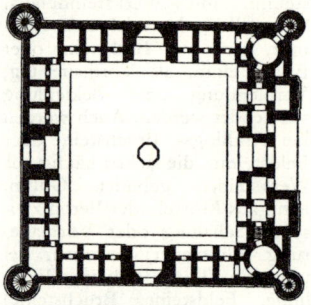

Medrese
(Beispiel: Samarkand,
Schir Dar Medrese)

Megalith-Bauten, Bauten der Steinzeit, meist Grabbauten, → *Dolmen, Hühnengräber, → Menhire, Trilithen (→ *Architravbau).

E. Sprockhoff, Die nord. Megalithkultur, 1938; H. Biedermann, H. Biesantz, J. Wiesner, Das europ. Megalithikum, 1963.

Megaron (griech.), Haupthalle mit Herd im griech. → *Wohnhaus, davor meist eine Vorhalle zwischen Anten. Das M.haus

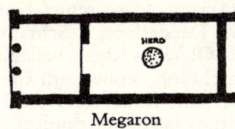

Megaron

kommt bereits in Troja und Tiryns vor und bildet die Vorstufe
des griech. → Antentempels (→
*Tempelformen).

F. Öhlmann, Haus und Hof im Altertum, 1927.

Megarontempel, → Antentempel (→ *Tempelformen).

Meisterzeichen, Steinmetzzeichen eines leitenden Meisters der
örtlichen → Bauhütte, das im Unterschied zu gewöhnlichen →
*Steinmetzzeichen meist in einem
Schild angebracht ist.

Meisterzeichen
des Peter
von Koblenz

Memoria, Memorialkirche, →
Coemetrialkirche.

Memorialbau, in Antike und
frühchristl. Zeit Bauwerk zur Erinnerung an einen Heroen, Heiligen, Märtyrer (Memoria) oder
Herrscher. Ist dieser dort beigesetzt, so spricht man von einem
→ *Mausoleum, sonst vom →
Kenotaph.

Menhir (kelt. *men:* Stein, *hir:*
lang), aufrecht stehende steinerne
Stele, oft von gewaltigen Dimensionen (bis 20 m Höhe), Teil frühgeschichtlicher kelt. Kultanlagen
in der Bretagne (Megalithbau).

J. Röder, Pfahl und M., 1949; H. Kirch-
ner, Die M. in Mitteleuropa (Akademie
der Wiss. und der Lit. in Mainz), 1955.

Mensa, Platte eines Altars (→
*Altar 2).

Meta (lat.), eine meist kegelförmige Zielmarke in einem röm. →
Zirkus.

Metalldübel, → *Dübel.

Metope (griech.: Zwischenfeld),
das meist mit Bauplastik geschmückte Feld zwischen den Triglyphen der → *Dorischen Ordnung. Bekannt sind bes. die M.-
reliefs vom Parthenon und vom
Zeustempel in Olympia.

E. Katterfeld, Die griech. M.bilder,
1911; G. Rodenwaldt, Das Relief bei
den Griechen, 1923; H. Kähler, Das
griech. M.bild, 1949; A. v. Gerkan,
Pronaon, M. und Proskenion (Jahreshefte des österr. Archäolog. Instituts),
1949.

Mezzanin, Entresol, Halb- oder
Zwischengeschoß, → *Geschoß.

Michaelskapelle, eine als Berg-
(Michaelsberg) oder als Turmkir-
che (Schwäb. Hall, St. Michael)
bzw. Torkapelle (Groß-Komburg) hauptsächlich in der Zeit
der Christianisierung der german.
Gebiete und im frühen MA. angelegte Kapelle. Bes. als → *Westwerk, Karner und Kaiserkirche
ist die M. häufig anzutreffen.

A. M. Renner, Der Erzengel Michael
in der Geistes- und Kunstgeschichte,
1927.

Miethaus, Zinshaus, ein privates
oder der öffentlichen Hand gehö-
rendes Haus, dessen meist in
Stockwerken gelegene Wohnungen vermietet werden. M. (in
negativem Sinne „Mietskaser-
nen", „Zinskasernen") gab es bereits im antiken Rom, teilweise
erhalten sind antike M. in Ostia.
Die Wohnungen in den Stockwerken können direkt am Stiegenhaus angeordnet sein (Zwei-
spänner, Dreispänner, Vierspänner, → *Sternhaus) oder an lan-

gen, innen oder außen liegenden Gängen (→ *Laubenganghaus).

S. Stratemann, Grundrißlehre, Die Stockwerkswohnung, ²1951; K. L. Spengemann, Grundrißatlas, 1955; J. Daum, Das Wiener städt. Mietwohnhaus 1700–1859 (Diss. Wien), 1957; J. S. Hornbeck, *Apartments and Dormitories*, New York 1958; Y. and F. Gibberd, *Modern Flats*, London 1961; H. Hoffmann, Sozialer Wohnungsbau international, 1962; s. a. Wohnbau.

Mihrab (arab.), kleine Gebetsnische, die die Richtung nach Mekka (Kibla, Qibla) weisen muß, gegenüber dem Eingang einer Moschee. Aus diesem Grunde sind zwar alle Moscheen einheitlich nach Mekka gerichtet, jedoch nach ihrer geograph. Lage verschieden „orientiert". Der M. ist oft durch ein Stalaktitengewölbe abgeschlossen und die Wände mit bunten Azulejos bekleidet.

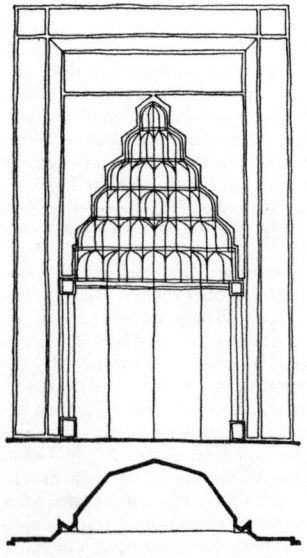

Mihrab mit Stalaktitengewölbe

Militärriß, eine schief-axonometr. Darstellung (Schrägriß) eines Objektes bei beliebiger Blickrichtung, wobei zum Unterschied vom Kavalierriß die Höhenmaße über dem Grundriß aufgetragen werden. Der M. wird manchmal auch ungenau Militärperspektive genannt (→ *Projektion).

Mimbar

Mimbar, Minbar (arab.), Predigtstuhl aus Holz oder Stein, in einer Moschee, meist über einer Treppe mit kunstvoll durchbrochenem Geländer (Edirne, Selim-Moschee).

Minar, Minarett (von arab. *manara:* Leuchtturm, Mz. Minare, Minarette), Turm für den Gebetsrufer (Muezzin) einer Moschee. In Nordafrika und Spanien ist das M. meist ein quadrat. Turm mit reicher Ornamentdekoration (Sevilla, Giralda). In der ind.-islam. Baukunst finden wir Bündelpfeilern ähnliche M., in der türk. nadelschlanke Türme, die nur eine Wendeltreppe enthalten, die zu einem oder mehreren Umgängen

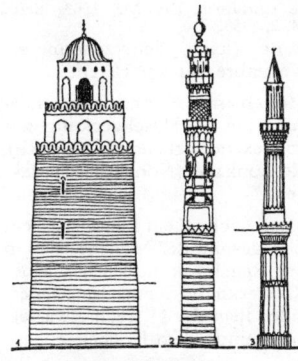

Minar
1 nordafrikanisch-maurisch
2 ägyptisch   3 türkisch

(Sherefeli) führt. Gewöhnlich hat eine Moschee ein M., doch haben bedeutendere Anlagen zwei, vier oder sechs M. (Istanbul, Sultan Ahmed Moschee). Nur das Heiligtum in Mekka hat sieben M. (→ *Moschee).

E. Diez, Churasan, Baudenkmäler, 1918; ders., Manara (Enzyklopädie des Islam), 1931; s. a. Moschee.

Miserikordie (lat. *misericordia* Erbarmen), konsolartiger Unterbau am Klappsitz eines → *Chorgestühls, der den stehenden Mönchen als Gesäßstütze dient.

Mithräum, Kultstätte des iran. Weltheilands und Erlösers Mithras, der am 25. Dezember von einer Jungfrau geboren und mit dem Sonnengott gleichgesetzt wurde. Infolge der auffallenden Analogien zur christl. Religion wurden christl. Kultstätten oft über einem M. errichtet (Rom, S. Clemente), das in seiner Grundanlage mit Seitenschiffen und einer Kultnische vielleicht auch die Anlage der ersten Basiliken beeinflußt hat. Bes. verbreitet waren M. in den röm. Provinzen. In Carnuntum bei Wien und im heutigen Hessen sind berühmte M. nachgewiesen.

Cumont, Die Mysterien des Mithras, [3]1927; F. Behn, Das Mithras-Heiligtum zu Dieburg, 1928; F. Saxl, *Lectures,* 1957; M. J. Vermaseren, Corpus Inscriptionum ..., 1960.

Mittelachse, meist die Symmetrieachse eines Bauwerkes oder seiner Teile (→ *Achse).

Mittelrisalit, → *Risalit in der Mitte eines Baukörpers.

Mittelstütze, ein Stützglied (Pfeiler, Säule u. dergl.), das in der Mitte eines Raumes (oft eines Zentralraumes) oder in der Mittelachse steht. Eine Folge von M.

Mithraeum (Beispiel: Carnuntum, drittes M.)

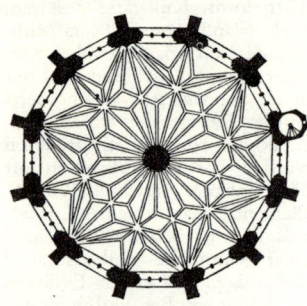

Mittelstütze
(Beispiel: Wolgast/Greifswald,
St. Gertrud, 15. Jh.)

kommt bei zweischiffigen Hallenbauten (Hallenkirchen, Schloßsäle,
Refektorien, →*Remter usw.) vor.

Modell (ital.), → *Baumodell.

Modul (lat., Mz. Moduli), Ver-
hältnismaß der antiken Formenlehre, als dessen Einheit der halbe
untere Säulendurchmesser dient,
der wieder in 30 Partes (Minuten)
unterteilt werden kann. Die Höhe, Breite, Weite und Ausladung
antiker Bauteile wurde in M. bzw.
Partes angegeben (→ *Proportion).

Modulor, eine auf dem Goldenen
Schnitt beruhende und auf den
stehenden Menschen mit erhobe-
ner Hand bezogene Proportions-
skala Le Corbusiers mit zwei auf
die Körpergrößen von 1,83 und
1,75 m abgestimmten Reihen.

Le Corbusier, Der M., 1953; ders.,
M. 2, 1958.

Mole (ital.), Schutzdamm als
Wellenbrecher vor Häfen.

Mönch und Nonne, Klosterziegel, eine → *Dachdeckung aus
konvexen Dachziegeln (Mönch),
die konkave (Nonnen) überdek-
ken.

Mönchschor, ein Raum mit dem
Chorgestühl der Mönche, also in
der Regel mit dem Chor einer
Klosterkirche ident. In Sonderfällen liegt der M. auch etwas erhöht hinter dem Hochaltar.

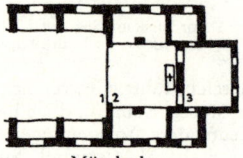

Mönchschor
1 Schiff   2 Chor   3 Mönchschor

Mönchsgang, schmaler Gang in
der Mauerstärke einer Kirche.

Monolith (griech.: „ein Stein"),
Bauteil oder Bauwerk aus einem
einzigen Stein (Säule, Menhir,
Pfeiler, Obelisk u. a.).
W. Hecimovic, Ein Beitrag zur Geschichte und Technologie des monolithen Betonhauses (Diss. Wien), 1950.

Monopteros (griech.), von einem
Säulenkranz umgebener offener
Rundbau, der häufig in barocken
Gärten zu finden ist.

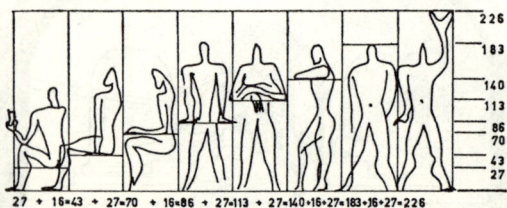

27 ◆ 16◆43 ◆ 27◆70 ◆ 16◆86 ◆ 27◆113 ◆ 27◆140◆16◆27◆183◆16◆27◆226

Modulor von Le Corbusier

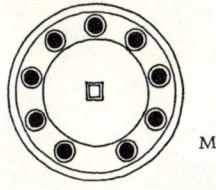

Monopteros

Monument (lat.), → Denkmal; auch ein Bauwerk von bes. Bedeutung.

Monumental, in Maßstab oder Gesinnung außergewöhnlich und bemerkenswert.

Mörtel (lat. *mortarium*), Mischung von Sand, Zement (bzw. Kalk, Gips, Lehm etc.) und Wasser in einem bestimmten Verhältnis als Bindemittel eines Steinverbandes (Mauerverband). Man unterscheidet nach der Art des Bindemittels Kalkm., Gipsm., Lehmm. und Zementm. Luftm. erhärten nur an der Luft, während hydraul. M. (Wasserm.) auch unter Wasser erhärten.

K. Schoch, Die Mörtelbindestoffe, ⁴1928; Eisemann, M., 1931; W. Humm, Bindemittel, M. und Beton, 1947.

Mortuarium (lat.), Bestattungsort, hauptsächlich der Kreuzgang in Klöstern oder ein mit diesem verbundener Bauteil (Eichstätt, Dom).

Mosaik (ital.). aus kleinen bunten, künstlichen oder natürlichen Steinen oder aus Glas (Smalten) in ein Mörtelbett gesetzte geometr. Muster und Bilder. Darstellungen, die bereits in der Antike (meist als Wand- und Fußbodenschmuck, opus alexandrinum, opus musivum, opus sectile) verwendet wurden (bedeutendste Beispiele in den Museen von Tunis und Sousse). In der frühchristl. und in der byzant. Epoche wurden vor allem Wände und Gewölbe mit M. geschmückt (Konstantinopel, Chorakirche; Ravenna, S. Vitale).

J. Kurth, Die M. von Ravenna, ²1912; J. P. Vogel, *Tile-Mosaics of the Lahore-Fort* (Journal of Indian Art and Industrie) London 1912; J. Wilpert, Die röm. M. und Malereien der kirchlichen Bauten vom 4. bis 13. Jh., 1916; E. W. Anthony, *A History of Mosaics,* 1935; J. L. Fischer, Das dt. Mosaik, 1939; S. Bettini, *Mosaici Christiani,* Novara 1942; O. Demus, *Byzantine Mosaic Decoration,* 1947; G. Bovini, *Ravenna, i suoi mosaici e i suoi monumenti,* 1950; E. Hutton, *The Cosmati,* 1950; Parlasca, Die röm. M. in Deutschland, 1959; H. P. L'Orange, P. I. Nordhagen, M. von der Antike bis zum MA., 1960.

Mosaikplatte, kleine mit bunten Mustern bemalte, oder auch einfarbige Steinzeugplatten, zum Verkleiden von Wänden, Böden, Stützen u. dergl. Neuerdings auch Kunststoffplatten mit geprägten, einfarbigen oder bunten Mustern.

Moschee, Mesdjid, Masdschid, Mesqita (arab.), ursprünglich nur ein Betsaal mit anschließendem Hof. Der als → Quersaal errichtete Raum (Haram) ist meist als Pfeiler- oder Säulenhalle (Hypostyl) ausgebildet. Das in der kürzeren Achse liegende Mittelschiff ist oft breiter und von einer oder mehreren Kuppeln überdeckt. Es weist in die Mekka-Richtung (Kibla, Qibla), die durch eine fla-

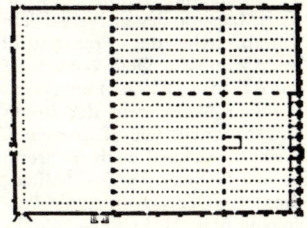

Moschee
(Beispiel: Cordoba, Spanien, 8.–10. Jh.)

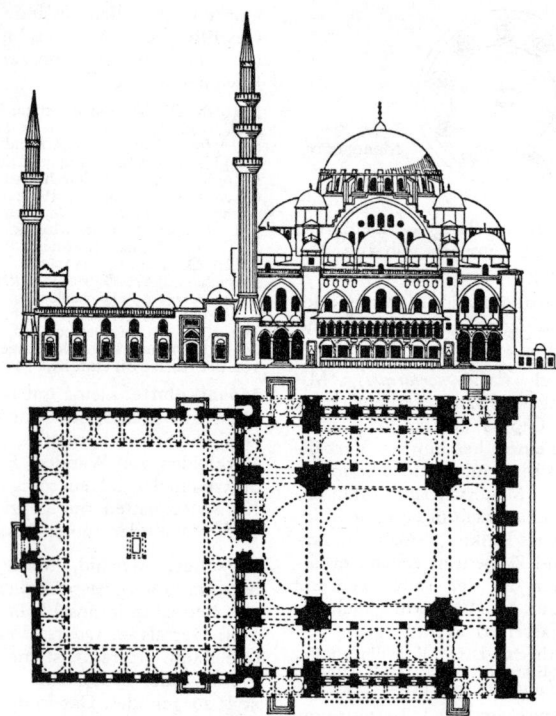

(Beispiel: Istanbul, Suleiman Moschee, 16. Jh.)

che Gebetsnische (→ *Mihrab) in der abschließenden Qiblawand gekennzeichnet ist. Davor kann der umschrankte Betplatz des Kalifen (Maqsura) liegen. Neben dem Mihrab steht der Predigtstuhl (→ *Mimbar). Der Vorhof ist von Arkaden (Riwaqs) umgeben. In seiner Mitte steht der Reinigungsbrunnen. Die M. hat einen Turm (manchmal auch mehrere) für den Gebetsrufer (→ *Minar, Minarett). Der monumentale Toreingang pers. M. heißt → *Pischtak. Die frühen Formen der M. sind analog den Feldlagern ange-

ordnet und heißen deshalb auch Lager- bzw. Soldatenm. Später kommt nach dem Hauptgebetstag (Freitag) auch der Name Freitagsm. auf. Die *Grabm. ist bei einem Kalifen-, Sultans- oder Fürstengrab errichtet, doch ist das Mausoleum (türk. Türbe) nie direkt in der M., sondern in einem eigenen Gebäude untergebracht. In der türk.-osman. Baukunst wurden die M. in Weiterentwicklung älterer byzant. Vorbilder (Konstantinopel, H. Sophia, S. Sergius und Bacchus) als kostbare Kuppelbauten ausgeführt (Istanbul, Ahmed-M.). An die türk. M. sind meist noch Stiftungen (Wakif) mit Armenküchen, Spitälern u. dergl. angeschlossen. Dadurch wird der Gesamtkomplex beträchtlich erweitert. Eine Sonderform der M. ist die → *Medrese.

J. Franz, Die Baukunst des Islam, 1887; E. Diez, Die Kunst der islam. Völker, 1915; ders., Die Kunst des Islam, 1925; O. Höver, Kultbauten des Islam, 1922; M. S. Briggs, *Muhammadae Architecture in Egypt and Palestine*, Oxford 1924; E. T. Richmond, *Moslem Architecture*, London 1926; M. v. Barchem, Architektur (Enzyklopädie des Islam,) 1931; R. A. Kern, E. Diez, Masdjid (Enzyklopädie des Islam), 1931; E. Kühnel, Kunst und Kultur der arab. Welt, 1943; ders., Die M., 1949; K. M. Swoboda, Berührungen der christl.-abendländ. Kunst mit der des Islam (Alte und neue Kunst), 1952; U. Vogt-Göknil, Türk. Moscheen, 1953; E. Egli, Sinan, Der Baumeister osman. Glanzzeit, 1954; M. H. K. Söylemezoglu, *Islam dini ilk*

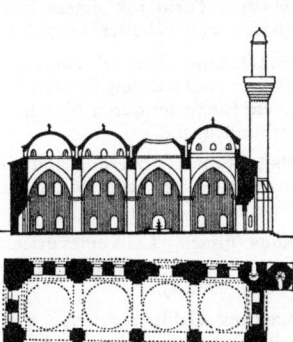

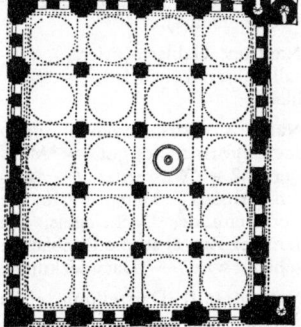

(Beispiel: Brussa, Ulu Cami, um 1400)

camiler ve osmanli cameri, Istanbul 1954; G. Marcaise, *L'Architecture Musulmane d'Occident*, 1954; L. A. Mayer, *Islamic Architects and their Works*, Genf 1956; M. Sudali, *Hünkâr mahfilleri*, Istanbul 1958; K. A. C. Creswell, *A Short Account of Early Muslim Architecture*, Harmondsworth 1958; ders., *Bibliography of the Architecture, Arts and Crafts of Islam to 1960*, New York 1961; A. Kiziltan, *Anadolu beyliklerinde cami ve mescitler*, Istanbul 1953; M. H. Hadjizadeh, Die Probleme der neuzeitlichen islam. Architektur im Iran (Diss. Wien), 1959.

Motel, → Hotel.

Mounds (engl.), kegel- oder pyramidenförmige Wohnhütten, Grabstätten, Terrassen, Umwallungen oder Plattformen der Indianer.

C. Thomas, *Report on the Mound Expooratisns* (12. Anunal Report of the Bureau of American Ethnology), Washington 1894; ders., *Indrodution to the Study of North American Archaeology*) Cincinnati 1903.

Mudejar (von span. *mudjelat:* unterworfen), Vermischung maur. mit got. Stilelementen bzw. Renaissanceformen in Spanien.

E. Kühnel, Maur. Kunst, 1924; P. Ricard, *Pour comprendre l'art musulman*, 1924; G. Moreno, *La Ornamentacion mudéjar toledana, arquitectura española*, 1924–26; T. Arnold, A. Guillaume, *The Legacy of Islam*, Oxford 1931; K. M. Swoboda, Berührungen der christl. abendländ. Kunst mit der des Islam (Alte und neue Kunst), 1952.

Muldengewölbe, Tonnengewölbe, dessen Schmalseiten durch Wangen geschlossen sind (→*Gewölbeformen).

Multiplikationsornament, aus verschiedenen Teilplatten im un-

Multiplikationsornament

endlichen Rapport zusammengesetztes Flächenornament (Fußböden).

H. Otte, Archäolog. Wörterbuch, 1877.

Münster (vom lat. *monasterium:*
Klosterkirche), hauptsächlich in
Südwestdeutschland gebräuchliche Bezeichnung für größere Kirchenbauten, die nicht unbedingt
Bischofskirchen oder Klosterkirchen sein müssen (Ulm, Straßburg, Freiburg).

Muqarnas, Mukarnas (arab.),
zellenartiges Schmuckglied der
islam. Baukunst, aus Holz, Stein
oder Stuck, das verschiedenartige
stereometr. Gebilde verbindet (→
Stalaktit, → Stalaktitenkuppel, →
Stalaktitenportal, → *Gewölbeformen).

Muristan (pers.), Hospital, in der
islam. Baukunst meist um einen
Hof gelegen und mit der Moschee
oder mit dem Mausoleum des
Stifters verbunden.

Muschelwerk, aus muschelähn-
lichen Formen gebildete Dekoration, die bereits in der Spätrenaissance auftrat und im Rokoko stil-
bildend wurde.

Muschrabije (arab.), Holzgitter
in den Fenstern des arab. Hauses.

Museum (griech.-lat.), ein den
Musen geweihter Raum, im
eigentlichen Sinne jedoch ein
Gebäude zur Aufbewahrung
von Kunstschätzen, Bildwerken
(Glyptothek), Gemälden (Pinakothek) u. dergl. Museen gab es bereits in Babylon. In Rom übernahmen Tempel, im Mittelalter
Kirchen diese Funktion. Fürsten
legten in der Barockzeit Galerien
an, während eigentliche Museen
erst in klassizist. Zeit entstehen
(Berlin, Altes M.).

J. v. Schlosser, Die Kunst- und Wun-
derkammern, 1908; O. Homburger,
M.kunde, 1924; C. Matschoss, Das dt.
M., ³1933; C. G. Heise, Das M. in
Gegenwart und Zukunft, 1961.

Muster, meist im endlosen Rapport flächenfüllende Verzierung,
der keine andere als schmückende
Funktion zugrunde liegt.

Mutulus (lat.), der Dielenkopf,
Hängeplatte an der Untersicht des
Geisons der → *Dorischen Ord-
nung.

Nabel, Opäum, seltene Bezeichnung für das Auge einer → *Kuppel.

Nagara, (ind.), → *Sikhara, über
der Cella eines ind. Tempels aufgebauter Turm mit einem dem
Quadrat angenäherten Grundriß.

Nagelbinder, Bretterbinder, dessen in verschiedenen Ebenen liegende Elemente durch Nagelung
verbunden sind.

Nagelkopf, Verzierung mit →
Diamantierung, hauptsächlich in
der roman. Ornamentik.

Naos (griech.), Cella eines griech.
Tempels (→ *Tempelformen, →
*Tempelbau 1).

Narthex, Galilaea (griech.), Vorhalle einer frühchristl. → *Basilika.

Nase, 1. Vorspringende Spitze
der Paßformen des got. → *Maßwerks. 2. → Wassernase (→ *Gesimsformen). 3. Vorsprung an der
Unterseite des Dachziegels, mit
dem der Ziegel an die Dachlatten
gehängt wird (→ *Dachdeckung).

Naturdetail, Darstellung eines
Details in natürlicher Größe
(Maßstab 1:1).

Naumachie (griech.), mit Wasser gefüllte Kampfbahn der Römer, in der Bootskämpfe und Seeschlachten stattfanden. Manche Zirkusanlagen (Rom, Piazza Navona) und Amphitheater konnten auch als N. benützt werden.

Nebenchor, Seitenschiff neben dem → *Chor b, c.

Nekropole (griech.), → *Gräberstadt. Bei den Ägyptern (Gizeh, Sakkara) wurden die Toten einer Dynastie in zu großen Friedhöfen vereinigten Mastabas beigesetzt, die man Totenstädte (N.) nennt. Das ganze westliche Theben war eine N. Im islam. Ägypten errichteten die Mamluken ebenfalls N. östlich von Kairo mit zahlreichen Grabbauten und Mausoleen. Auch die Etrusker hatten Totenstädte (Caere, Orvieto).

J. Boehlau, Aus ion. und ital. N., 1898; R. Pagenstecher, Nekropolis, 1919; K. Fizia, Eine neuartige span. N. (Diss. Wien), 1926; G. Calza, *La necropoli del porto di Roma nell'isola sacra*, Rom 1940; M. Pallottino, Die N. von Cerveteri, Rom ²1960.

Netzgewölbe, Rautengewölbe, eine → *Gewölbeform der späten Gotik mit maschenartig überkreuzten Rippen, zwischen denen rautenförmige Felder entstehen.

Niederburg, → *Burg in der Ebene, meist Wasserburg.

Niedersachsenhaus, Sonderform des niederdt. Bauernhauses. Das N. ist ein Einhaus, das in Westfalen, am Niederrhein, in Nordhessen und Hannover verbreitet ist. Bezeichnend für die Form ist die breite mittlere Längsdiele, die sich mit einem großen Tor an der Giebelseite öffnet. Zu beiden Seiten der Diele (Dreschtenne) sind schmale Nebenräume (Kübbungen) für das Vieh. Am durch Querarme erweiterten En-

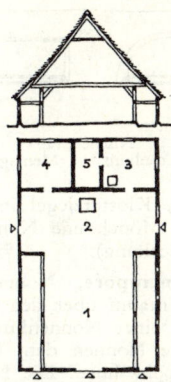

Niedersachsenhaus
1 Diele mit Kübbungen
2 Flett mit Herd   4 Kammer
3 Stube mit Ofen   5 Alkoven

de der Diele (Flett) liegt der Herd und dahinter schließen die Kammern des Wohnteils an. Zwei Pfostenpaare tragen das Gebälk, auf dem das Dach ruht. Die Außenerscheinung wird durch engmaschiges Fachwerk gekennzeichnet.

W. Lindner, Das niedersächs. Bauernhaus in Deutschland und Holland, 1912.

Nische, einseitig offene Aussparung in einer Mauer, die durch einen Bogen (Nischenbogen) überdeckt sein kann. Sie kann techn. bedingt sein (Fenstern., Türn.) und ist meist sehr flach, manchmal aber auch eine Ausweitung des Raumes (Exedra, Konche, → *Estrade).

Nischengrab, Loculus, ein in einer Nische liegendes Wandgrab, bes. in unterird. Grabanlagen (→ *Katakomben). Das in einer rechteckigen Nische liegende N. heißt Mensagrab, das N. in einer Bogennische → Arcosolium (Arkosol. /Abb. S. 274).

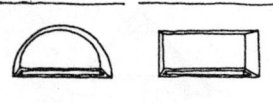

Nischengrab
Arcosolium   Mensagrab

Nonne, Klosterziegel in Form von → Mönch und Nonne (→ *Dachdeckung).

Nonnenempore, Nonnenchor, Emporenraum über den Seitenschiffen einer Nonnenkirche, in dem die Nonnen dem Gottesdienst beiwohnen. Die N. liegt

Nonnenempore
(Beispiel: Gernrode, Nonnenstiftskirche, 10. Jh.)

auch über einer meist dreischiffigen, niedrigen Halle im Westen der Kirche, während der Chor nicht unterteilt ist (Emporenkirche 2).

Nordung, Pläne und Karten werden meist genordet gezeichnet, so daß die Nordrichtung auf den oberen Blattrand weist.

Normalprojektion, Normalriß, winkel- und längentreue Darstellung (→ *Projektion) eines Objektes. Zur vollständigen Darstellung sind mindestens drei Normalrisse notwendig (Grundriß, Aufriß, Seitenriß; Kreuzriß).

Notstein, Kraft- oder Balkenstein, ein Kragstein als Auflager für Balken oder Mauerlatten (→ *Konsole).

Nottreppe, eine Treppe, oft aus Eisen, die nur im Notfall benützt wird und innerhalb oder außerhalb des Baukörpers liegen kann.

Nurage, Nuraghe, mehrgeschossiger Steinbau in Kegelform aus vorgeschichtlicher Zeit (unechtes Gewölbe), haupts. in Sardinien vorkommend. Eine Sonderform sind die Talayoten auf den Balearen. Ähnliche bis heute in Süditalien errichtete Wohnbauten heißen → *Trulli.

H. Glück, Der Ursprung des röm. und abendländ. Wölbens, 1933; M. Castellano, *La valle dei Trulli*, Bari 1960; H. Soeder, Urformen der abendländ. Baukunst, 1964.

Nut, eine rillenartige Vertiefung. Als → *Holzverbindung (Nut

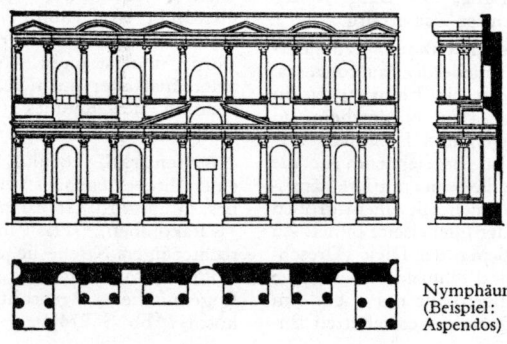

Nymphäum
(Beispiel: Aspendos)

und Feder) eine Aussparung am Stoß (Schmalseite) eines Brettes, die meist ein Drittel der Brettstärke breit ist und in die die Feder eingreift.

Nymphaeum (griech.), Kultplatz der Nymphen, urspr. über einer Quelle, später aber hauptsächlich an der Mündung einer Wasserleitung in der Stadt. In der hellenist. und röm. Kunst sind Nymphaeen mehrgeschossige Säulenarchitekturen, vor denen Wasserbassins liegen (Milet, Aspendos, Rom Septizonium am Palatin). In der röm. Baukunst werden die Nymphaeen aber auch tempelähnliche Anlagen (Nîmes, Bad der Diana) oder Zentralbauten (Grundanlage des Baptisteriums im Lateran zu Rom und S. Giovanni in Fonte, „Baptisterium der Orthodoxen", zu Ravenna).

C. Hülsen, Das Septizonium des Severus, 1886; I. Hülsen, Das N. von Milet, 1919; R. Naumann, Der Quellbezirk von Nîmes, 1937.

Obelisk (griechisch: „kleiner Spieß"), quadrat., nach oben leicht verjüngter und von einer kleinen Pyramide abgeschlossener Steinpfeiler (Monolith), oft mit Hieroglyphen beschriftet. Der O. der Ägypter ist Kultsymbol des Sonnengottes und kommt in Sonnenheiligtümern und zu beiden Seiten des Tempeltores, des Pylons vor. Die O. haben oft beachtliche Ausmaße (bis 30 m Höhe) und waren auch bei den Römern und Byzantinern beliebt, die echte O. aus Ägypten holten. Der Baukunst des Barock und des Klassizismus war der O. ebenfalls bekannt.

A. Erman, Röm. O., 1917; Engelmann, *The Problem of the Obelisks*, 1923; G.

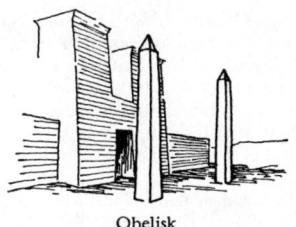

Obelisk

Roeder, E. Unger, O. (Reallexikon der Vorgeschichte) 1927; H. Kees, Der Götterglaube im alten Ägypten, 1941; H. Bonnet, Reallexikon der ägypt. Religionsgeschichte, 1952.

Oberbühne, Teil der Bühne über dem Bühnenausschnitt. Da hier die aufziehbaren Teile des Bühnenbildes hängen (Schnürboden), muß die O. höher sein als der Bühnenausschnitt und erscheint daher außen als Bühnenturm den ganzen → Theaterbau beherrschend.

Oberchor, um wenige Stufen erhöhter abschließender Teil eines → Chors.

Obergaden, Gaden, Lichtgaden, der über die Seitenschiffdächer erhöhte obere Teil (Obergadenwand) des Mittelschiffes einer → *Basilika, in dem die Hochschifffenster (Obergadenfenster) liegen.

Obergeschoß, → *Geschoß.

Obergurt, verstärkender → * Gurtbogen am Gewölberücken (im Gegensatz zum Untergurt, der an der Gewölbelaibung vortritt).

Oberlichte, 1. in der Decke liegende Fensteröffnung, die Oberlicht einläßt. Schon in ägypt. Tempeln kommt neben Obergadenfenstern die O. vor. Sie hat sich bes. in der Architektur bei Ausstellungs- und Industriebauten bewährt (→ *Lichthof). Eine Sonderform der O. ist die ringför-

mige Öffnung (Auge, Opäum, Nabel) im Scheitel einer Kuppel.
2. Seltener für Fenster, die im obersten Teil der Umfassungswände eines Raumes oder über dem Fensterkämpfer angebracht sind und hohes Seitenlicht geben.

H. Frühling, Die Beleuchtung von Innenräumen durch Tageslicht (Hefte der dt. Beleuchtungstechnik-Gesellschaft), 1940; H. Ossenberg, R. Schneider, Fenster im Dach, 1957.

Oberzug, im Gegensatz zu dem gebräuchlicheren → Unterzug eines Gebälks bzw. einer Massivdecke ein Träger, der über der Decke liegt.

Oblong (lat.), länglich.

Ochsenauge, kreisförmiges oder ellipt. Fenster (→ *Rundfenster), oft im Schildbogen eines Gewölbes oder über einem Rechteckfenster unter dem Entlastungsbogen gelegen (→ Fensterformen).

Ochsenschädel, → Bukranion, aus skelettierten Ochsenschädeln bestehender → *Fries eines röm. Tempels.

Oecus (griech.), Saal.

Odeion, Odeum (griech.), Konzerthaus vor allem der griech. und röm. Antike. In der Grundanlage dem röm. Theater verwandt, jedoch manchmal ganz oder teilweise überdeckt. Bekannt sind die O. von Pompeji, Rom, und das O. des Herodes Attikus am Fuße der Akropolis.

M. Bieber, A History of the Greek and Roman Theatre, 1939.

Offene Bauweise, → *Bauweise mit einzelnen durch Bauwiche voneinander getrennten Baukörpern.

Offenes Gewölbe, → *Gewölbe ohne Stirnmauer.

Ogive (franz.), Rippe.

Ohr, oben seitlich überstehende Umrahmung von Portalen, Fenstern u. dergl.

Fensterrahmung mit Ohren

Ohrmuschelwerk (Ohrmuschelstil), im 17. Jh. hauptsächlich in den german. Ländern vorkommende pflanzenähnliche Dekoration, die an Knorpel (Knorpelwerk) bzw. Ohrmuscheln erinnert.

W. K. Zülch, Entstehung des Ohrmuschelstils (Heidelberger Kunstgeschichtliche Abhandlungen), 1932.

Ohrmuschelwerk

Oktastylos (griech.), Tempel mit acht Säulen an der Front (→ *Tempelformen).

Oktogon (griech.), Achteck, → *Zentralbau über dem Grundriß eines regelmäßigen Achteckes.

Olympieion (griech.), eine dem Zeus (Olympios; Jupiter) geweihte Tempelanlage, z. B. das O. in Athen.

Opäum, Auge, seltener Nabel, kreisrunde Lichtöffnung im Scheitel einer → *Kuppel.

Opisthodomos (griech.: „Hinterhaus"), die der Vorhalle (Pronaos) entsprechende Halle zwischen den Anten der Cellarückseite des Doppelantentempels (→ *Tempelformen).

Oppidum 1. Türme zu beiden Seiten der Ablaufstände (Carceres) eines röm. → Zirkus. 2. Befestigter Platz, der in Kriegszeiten als Zufluchtsstätte (Fliehburg) aufgesucht wurde.

Reinecke, Korrespondenzblatt der dt. Gesellschaft für Anthropologie 51, 1920.

Opus... (lat.), Werk, Sammelbegriff für fast alle Arbeitstechniken der röm. Antike 1. verschiedene Arten des antiken → Mauerwerks tragen diese Bezeichnung, so o. latericium (Ziegelbau), o. italicum (Steinbau), o. romanum (Quaderbau), o. antiquum bzw. o. incertum (Bruchsteinbau), o. rusticum (Rustika), o. mixtum (gemischtes Mauerwerk), o. caementicum bzw. o. fusile (Gußmauerwerk), o. emplectum (Füllmauerwerk) und o. revinctum (Mauerwerk mit Eisenklammern). 2. Verschiedene Arten von antiken → *Mauerverbänden, wie o. gallicum bzw. o. diamictum (Läuferverband), o.

isodomum (gleiche Schichthöhen) bzw. o. pseudoisodomum (verschiedene Schichthöhen), o.quadratum (quadratische Steine), o. figuratum (figurierter Verband), o. reticulatum (Netzverband) und o. spicatum (→ *Ährenwerk). 3. Verschiedene Putz- bzw. Stuckarten, wie o. albarium, o. arenatum, o. tectorium, o. album, o. coronarium bzw. o. marmoratum. 4. Verschiedene Mosaik- und Plattenverkleidungen, wie o. musivum, o. alexandrinum, o. vermiculatum und o. sectile. 5. Verschiedene Fußbodenarten, wie o. signinum und o. tesselatum. 6. Verschiedene Gewölbearten, wie o. ogivale (Rippengewölbe). 7. Zimmermannsarbeit (o. fabrile) und andere Techniken wie o. anaglyphicum (Flachrelief).

H. Blümner, Technologie und Terminologie der Gewerbe und Künste bei Griechen und Römern, ²1912.

Orangerie (franz.), eigentlich Gewächshaus für nicht winterharte Pflanzen (Palmenhaus) in barocken Parkanlagen, allgemein ebenerdiges barockes Gartenhaus mit großen Fenstertüren, meist am Ende der Mittelachse eines Parks. Bekannt sind u. a. die O. von Fulda, Zerbst, Gaibach, Weilburg. (Abb. S. 278).

A. Tschira, O. und Gewächshäuser (Kunstwiss. Studien 24), 1939.

Oratorium (lat.), in der Baukunst eine gegen den Hauptraum meist durch Fenster abgeschlossene Empore im Chor (seltener im Langhaus) einer Kirche. Das O. war für besondere Kirchenbesucher (Kaiser, Fürsten, Ortsherrschaft usw.) bestimmt. Im weiteren Sinne ein Betsaal.

Many, *Praelectiones de locis sacris*, Paris 1905; V. Thalhofer, Hdb. der kath. Liturgik, ²1912.

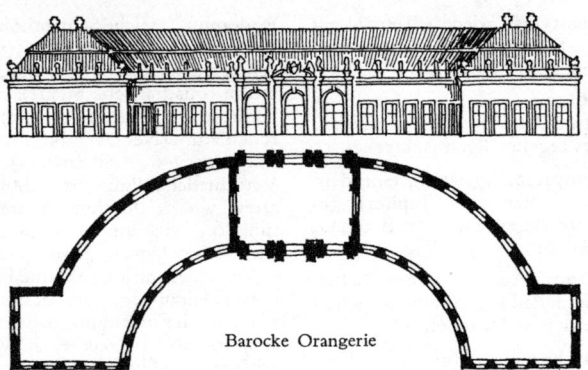

Barocke Orangerie

Orchestergraben, der meist versenkte Raum des Orchesters vor der Bühnenrampe (→ Theaterbau).

Orchestra (griech.), der kreisförmige Tanzplatz im Zentrum des griech. Theaters (→ *Theaterbau).

Ordensburg, Klosterburg des Deutschen Ritterordens vor allem in Preußen und im Baltikum (Sonderform der Burg). Die meist aus Backsteinen errichteten O. zeichnen sich durch ihre geometr. Regelmäßigkeit und durch starke Befestigung aus. Die Kirche ist dabei von geringerer architekton. Bedeutung als die Hauptsäle (Remter). Den Auftakt bildet meist eine Vorburg für die Ritterheere. Eine Besonderheit der O. ist der → *Dansker. Bedeutende O. sind die Marienburg und die Schlösser von Mewe, Gollub, Marienwerder u. a.

J. v. Eichendorff, Die Marienburg, 1844; C. Steinbrecht, Die Baukunst des Dt. Ritterordens in Preußen, 1885–1920; K. H. Clasen, Die ma. Kunst im Gebiete

a Remter   b Kapelle

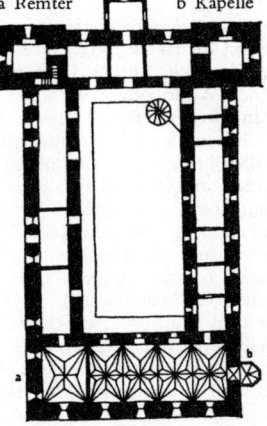

Ordensburg (Beispiel: Neidenburg/Ostpreußen, 14. Jh.)

des Deutschordenstaates Preußen, 1927; E. Lindemann, Das Problem des Deutsch.-O.typus (Diss. Berlin), 1938; B. Schmidt, Die Burgen des Dt. Ritterordens in Preußen, 1938–40; A. Winnig, Der Dt. Ritterorden und seine Burgen, 1940; E. Gall, Deutscho. (RDK), 1954.

Ordnung, → *Säulenordnungen

Orgelempore, Empore für die Orgel, urspr. nicht über dem Westeingang, sondern an den Hochschiffwänden des Langhau-

Orgelempore

ses angebracht (Straßburg, Freiburg). Erst in der Barockzeit, als die Orgel monumental in das Langhaus eingefügt wurde (Orgelprospekt), wurden eigens O. („Orgelchor") erbaut. Sie wurden später allgemein und auch in ältere Kirchen ohne ursprüngliche Westempore eingefügt.

A. Schweitzer, Dt. und franz. Orgelbaukunst, 1906; H. Klotz, Über die Orgelbaukunst der Gotik, der Renaissance und des Barocks, 1934; W. Ellerhorst, Hdb. der Orgelkunde, 1936; W. Kaufmann, Der Orgelprospekt in stilgeschichtl. Entwicklung, ²1939.

Orientierung, Ausrichtung einer Bauachse nach Osten (→ Ostung).

Ornament (lat. *ornare:* ordnen, rüsten, schmücken), das einzelne Motiv einer Verzierung. Die Funktion des O. ist es, einen Gegenstand zu schmücken und zu gliedern sowie seine Teile opt. gegeneinander abzusetzen. Es greift dabei im Allgemeinen nicht in den Aufbau des zu schmückenden Objektes ein, sondern begleitet ihn nur. Das O. hat die Tendenz, sich auf alle Werke der gleichen Zeit im ganzen Kulturbereich auszudehnen, obwohl es ursprünglich nur für eine bestimmte Kunstgattung (z. B. → *Bauornament) gedacht war. Hauptformen des O. sind das konstruierbare geometr. O. und das vegetabilische oder Pflanzeno., das alle Grade von naturgetreuer Nachbildung bis zur völligen Abstraktion aufweisen kann. Eine Sonderform ist das Tierornament. Das O. ist eine Urform künstler. Ausdrucks, doch ist die Fähigkeit O. zu erfinden, in manchen Epochen schwächer.

G. Semper, Der Stil in den techn. und tekton. Künsten, ²1879; O. Jones, *The Grammar of Ornament,* London ⁴1880; F. S. Meyer, Ornamentale Formenlehre, 1886; ders., Hdb. der Ornamentik, ³1927; A. Riegl, Die spätröm. Kunstindustrie, 1901–23; ders., Stilfragen, ²1923; B. Salin, Die altgerman. Tierornamentik, 1904; M. Meurer, Vergleichende Formenlehre des O. und der Pflanzen, 1909; A. Schmarsow, Anfangsgründe jeder Ornamentik, 1910; ders., Die reine Form in der Ornamentik aller Künste, 1924; A. Speltz, Das Empire-O., ²1913; ders., Das farbige O. aller Stile, ²1923; ders., Der O.stil; P. Jessen, Der O.stich, 1920; R. Hamann, Dt. O., 1924; H. Bossert, Das O.werk, 1924; ders., Geschichte des Kunstgewerbes aller Zeiten und Völker, 1929–35; ders., O. der Völker, 1955–59; M. Hoernes, O. Menghin, Urgeschichte der bildenden Kunst in Europa, ³1925; H. Stolpe, *Collected Essays in Ornamental Art,* 1927; N. Åberg, Nord. Ornamentik, 1930; E. T. Leeds, *Celtic Ornament in the British Isles,* 1933; B. Salin, Die altgerman. Tierornamentik, [2]1935; J. Goederitz, O. (Wasmuth, Bd. 5), 1937; H. Weigert, Die Deutung des german. O. (Festschrift für W. Pinder), 1938; H. Wichmann, Dt. O.fibel, 1942; P. Meyer, Das O. in der Kunstgeschichte, 1944; W. v. Wersin, Das elementare O. und seine Gesetzlichkeit, [3]1953; K. Erdmann, Arab. Schriftzeichen als O. in der abendländ. Kunst des MA., 1954; D. Debes, Das O., Ein Schriftverzeichnis, 1956; E. Nerdinger, Zeichen, Schrift und O., 1960; A. Loos, O. und Verbrechen (Schriften I), 1962; M. A. Racinet, *L'Ornament Polychrome*, Paris o. J.

Ort, 1. Spitze (→ *Achtort), 2. Begrenzung, Rand eines Bauteils (z. B. Giebel).

Ortbalken, → *Balken, der unmittelbar an die Giebelmauer anschließt.

Ortgang, als Abschluß der Dachdeckung am Giebel in der Ebene eines Giebelsparrens verlaufendes Brett.

Orthostat (griech.), unterste Schicht des aufgehenden Mauerwerks eines Gebäudes, die aus größeren und manchmal hochkant gestellten Steinen besteht, beim griech. → Tempelbau die Schicht über dem Mauerfuß, die den Sockel der Cella bildet und von einer Abdeckplatte abgeschlossen ist. In der Baukunst Mesopotamiens und der Hethiter waren nur die O. aus Stein und meist mit Reliefs geschmückt (Sendschirli, Karatepe, Nimrud Kalach, Dur Sargon u. a.).

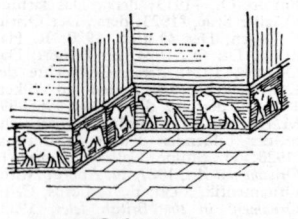

Orthostaten

A. Moortgat, Die bildende Kunst des Alten Orients, 1932; K. Bittel, Die Ruinen von Bogazköy, 1937; M. Vieyra, *Hittite Art 2300–750 B. C.*, 1955.

Ortziegel, Anziegel, Dachziegel am Giebel (Ort, → Dachdeckung).

Osirispfeiler, Pfeiler, an dessen Stirnseite Osiris plastisch dargestellt war. O. kommen im Neuen Reich Ägyptens vor (Totentempel Ramses' II. „Ramesseum"und Totentempel Ramses' III. in Theben-Medinet Habu). Sie stehen meist an der dem Königspalast gegenüberliegenden Seite des ersten Tempelhofes.

A. Scharff, Die Ausbreitung des Osiriskultes in der Frühzeit und während des Alten Reiches (Sitzungsberichte der Bayer. Akademie der Wiss.), 1947.

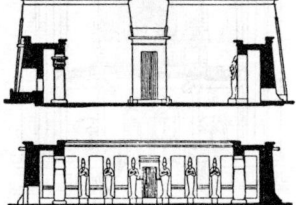

Osirispfeiler
(Beispiel: Theben-Medinet Habu,
Totentempel Ramses III.)

Ostapsis, Apsis am Ostende einer Kirche, meist im Gegensatz zum Westchor einer → *Doppelchörigen Anlage.

Ostung, Orientierung, Ausrichtung der Bauachse einer Kirche nach Osten. Kultbauten wurden vielfach nach allgemeinen Regeln ausgerichtet: griech. Tempel haben Portal und Vorhalle im Osten (Morgensonne beleuchtet das Götterbild), christl. Kirchen sind nach dem Heiligen Land oder meist nach Osten (Sonnenauf-

gang), Moscheen nach Mekka gerichtet. In späteren Zeiten wurden
diese Regeln meist von den Stand-
orteigenschaften oder anderen Be-
zugssystemen (Städtebau) ver-
drängt.

Wehner, Die O. ma. christl. Kirchen
(Denkmalpflege Nr. 12), 1899; Wei-
gand, Die O. in der altchristl. Kunst
(Festschrift Merkele), 1922; J. Sauer,
Symbolik des Kirchengebäudes, ²1924.

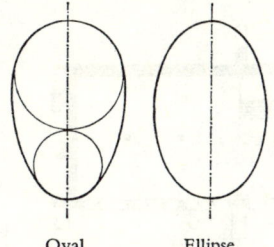

Oval   Ellipse

Oval (lat. *ovalis*), eirund, oft un-
richtig für ellipt. verwendet.

Pagode (prakrit.), aus dem→Stu-
pa der buddhist. Baukunst Ostasiens weiterentwickelter Stockwerksbau auf quadrat. oder polygonalem Grundriß. Die meist
ungerade Zahl der Stockwerke
beträgt zwischen drei und neun.
Die oft geschwungenen und
manchmal auch mit Glocken besetzten Dächer springen weit vor.
Die P. ist ein umschreibares Heiligtum und kann isoliert, aber
auch in Verbindung mit anderen
Bauten einer buddhist. Tempelanlage stehen. Der Begriff P. wird
auch für turmähnliche Bauten ind.
bzw. hinterind. Tempel (Gopura,
Tsedi, → *Sikhara u. a.) verwendet.

J. Baltzer, Die Architektur der Kultbauten Japans, 1907; J. J. M. de Groot

Der Thupa, das heiligste Heiligtum˜des
Buddhismus in China, 1919; E.Boersch-
mann, Chines. Architektur, 1926; ders.,
Die Baukunst und religiöse Kultur der
Chinesen: P., 1931; F. Öhlmann, Der
Ursprung der P. (Sinica, VI), 1931;
W. Speiser, Die Kunst Ostasiens, 1956;
A. Boyd, *Chinese Architecture and Town
Planning*, London 1962.

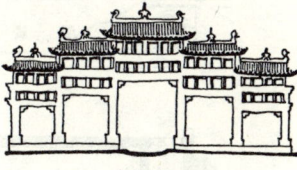

P'ai-Lou

P'ai-lou (chines.), Ehrentor vor
Feststraßen oder Tempelanlagen
in China mit mehreren Durchgän-
gen und nach der Mitte zu ge-
staffelten Dächern.

Palais (franz.), → Palast (→
*Hôtel).

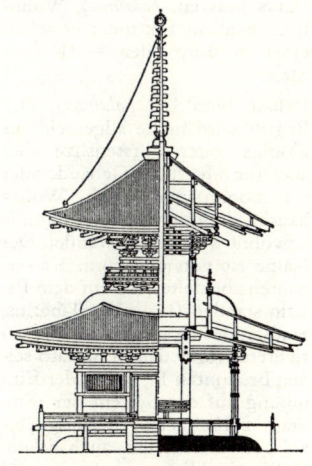

Pagode
(Beispiel: Kyoto, Ishiyama-Dera-
Tahoto)

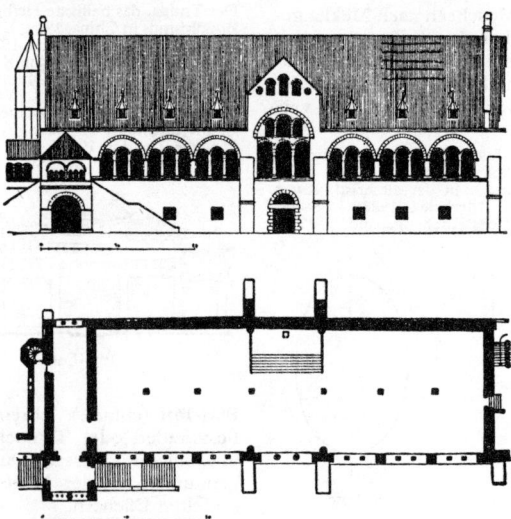

Palas (Beispiel: Goslar, Kaiserpfalz)

Palas (aus lat. *palatium*), Wohn-
bzw. Saalbau für die Herrschaft
einer → Burg oder → *Kaiserpfalz.

Palast (von lat. *palatium*), Der
Begriff wird heute allgemein für
Königs- oder Fürstensitze aber
auch für öffentliche Gebäude oder
für monumentale städt. Wohnhäuser, die nur von einer Familie
bewohnt werden, verwendet. Der
Name ist von den röm. Kaiser-
bauten abgeleitet, die auf dem Palatin standen (Haus des Tiberius,
Stadion des Domitian). Später errichtete Diokletian in Spalato seinen bekannten P., der in der Einteilung auf das System der röm.
Stadt zurückgeht. Gewaltige P.-
anlagen errichteten auch islam.
Kalifen und Fürsten in Syrien und
im Zweistromland. Seinen Höhepunkt erlebte der Palastbau in den
Zeiten der Renaissance und des
Barocks.

H. Jordan, Die Kaiserp. in Rom, 1868;
A. Musil, Ḳuṣejr'Amra (Akademie der

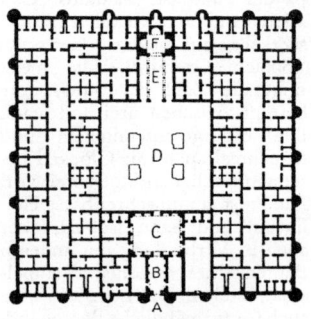

Arabischer Palast
(Beispiel: Mschatta, Winterlager, um
720)

A Hauptportal   D Haupthof
B Torgang   E Fürstenhalle
C Vorhof   F Kuppelsaal

Wiss., Wien), 1907; F. Noack, Ovalhaus und P. in Kreta, 1908; A. Haupt, P.architektur von Oberitalien und Toskana, 1908–30; G. Niemann, Der P. Diokletians in Spalato, 1910; E. Hebrard, J. Zeiller, *Spalato, le Palais de Diocletien*, Paris 1912; F. Sarre, Die Kunst des alten Persiens, 1922; K. M. Swoboda, Röm. und roman. P., ²1924; O. Reuther, Ind. P. und Wohnhäuser, o. J.; C. Hülsen, Forum und Palatin, 1926; H. Pee, Die P.bauten des Andrea Palladio, ²1941; K. Erdmann, Die Kunst Irans zur Zeit der Sassaniden, 1943; B. Grimschitz, Wiener Barockp., 1947; P. Romanelli, *Le Palatin*, Rom 1958; G. Masson, Ital. Villen und P., 1959; C. v. Lorck, Kastelle, P. und Villen in Italien, 1961.

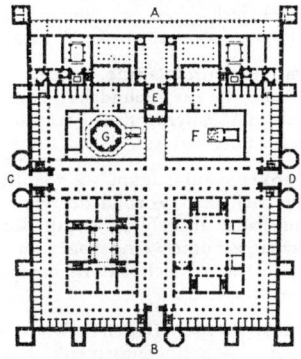

Römischer Palast
(Beispiel: Spalato, Diokletianspalast)
A Kaiserwohnung
B Porta Aurea (Goldenes Tor)
C Porta Argentea (Silbernes Tor)
D Porta Ferrea (Ehernes Tor)
E Vestibül der Kaiserwohnung
F Tempel   G Mausoleum

Italienischer Stadtpalast des 15. Jh.
(Beispiel: Siena, Palazzo Piccolomini)

Palastkapelle, Kapelle in einem Palast, hauptsächlich in den → *Kaiserpfalzen (Pfalzkapelle), Königsschlössern und Renaissancepalästen (Palermo, Capella Palatina; Paris, Sainte Chapelle, die P. von Vincennes und St. Germain en Laye).

L. Arntz, Burg- und Schloßkapellen (Zs. für christl. Kunst 27), 1914; H. Baier-Schröcke, Die Schloßkapellen des Barock in Thüringen (Das christl. Denkmal 58), 1962; F. U. Rauda, Schloßkirchen und Schloßkapellen in Österreich und Deutschland (Diss. TH. Wien), 1966.

Palästra (griech.), Ringerschule bzw. Kampfstätte im antiken Griechenland, oft in Verbindung mit einem Gymnasium. Die P. hat meist einen Peristylhof und anschließend Salb- und Waschräume. Bekannte Beispiele sind in Olympia, Epidauros, Priene und Pergamon (→ *Thermen).

A. v. Gerkan, F. Krischen, Thermen und P., 1928.

Palazzo (ital.), → *Palast.

Palier, → Parlier.

Palisade (lat.-franz.), Befestigung aus Pfählen, hauptsächlich bei vorgeschichtlichen Fliehburgen und röm. Kastellen.

Palladio-Motiv, bereits von Serlio entwickelte und von Palladio (Basilika in Vicenza) weiterentwickelte Komposition in der Spätrenaissance: Verbindung eines mittleren, breiteren Bogens mit zwei schmäleren Seitenöffnungen, die von einem Gebälk in Höhe des Bogenkämpfers abgeschlossen sind. Bekannte Beispiele in der Barockbaukunst sind die Mittelöffnung der großen Treppe des Stiftes St. Florian und die Öffnung der Verbindungsbrücke

Palladiomotiv
(Beispiel: Vicenza, Basilika von Palladio, 16. Jh.)

zwischen den beiden Saalbauten des Stiftes Melk in Österreich.

Barichella, *Andrea Palladio e la sua sculoa*, 1870.

Palmengewölbe, Fächergewölbe, Strahlengewölbe, Gewölbe mit einer Auflager fächerförmig ausgehenden Rippen, hauptsächlich in der engl. Gotik vorkommend (→ *Gewölbeformen).

Palmenhaus, Gewächshaus für nicht winterharte Pflanzen einer Parkanlage (→ *Orangerie).

Palmensäule, Säule der ägypt. Baukunst mit einem Palmblattkapitell (→ *Kapitell). Bekanntestes Beispiel der P. im Totentempel des Sahure in Abusir.

L. Borchardt, Ägypt. Pflanzensäule, 1897.

Palmette (franz.), symmetr. Abstraktion eines Palmenwipfels als Grundform der Ornamentik. Die P. kann einzeln vorkommen (z.B. Bekrönung von Stelen, → *Grabdenkmal), wird aber meist wiederholt (→ *Fries, → Anthemion). Die P. kommt bereits in der babylon. Kunst vor (Babylon, Thron-

saal) und tritt meist in Verbindung mit Voluten auf.

M. Meurer, Formenlehre des Ornaments, 1909.

Palmettenfries, → *Fries aus fortlaufend gereihten Palmetten.

Paneel (neulat., niederländ.), hölzerne Wandbekleidung, die aus einzelnen Feldern zusammengesetzt sein kann und meist in Brusthöhe abschließt.

Pantscharam (ind.), modellartig verkleinerte Nachbildung von Pavillons an den verschiedenen Stockwerksecken an einem → *Ratha, Gopuram bzw. Vimana.

Papyrusbündelsäule, ägypt. → *Säule, die aus gebündelten Stengeln der Papyruspflanze entstanden zu denken ist.

Papyrussäule, ägypt. → *Säule, die nach dem Vorbild der Papyruspflanze ausgebildet wurde. Ihr Schaft ist unten eingezogen und wächst aus Kelchblättern heraus (→ *Kapitell).

Parabelbogen, Bogen in Parabelform (→ *Bogenformen). Der dem stat. Kräfteverlauf genau entsprechende P. wird vor allem in unserer Zeit häufig verwendet.

Paradies (griech. von *paradeisos:* Garten), Galilaea, Atrium, Vorhof vor dem Narthex einer Basilika. Manchmal wird aber auch

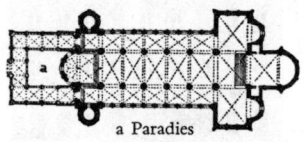

a Paradies
Paradies
(Beispiel: Maria Laach, Klosterkirche, 12. Jh.)

der Narthex Paradies genannt (Maulbronn, Klosterkirche).

L. Joutz, Der ma. Kirchenvorhof in Deutschland (Diss. TH. Berlin-Charlottenburg), 1906.

Paralleldach, mehrere nebeneinander angeordnete Satteldächer über einem einzigen Baukörper (→ *Dachformen).

Parallelperspektive, ungenaue Bezeichnung der Axonometrien (→ *Projektion) zur Unterscheidung von der Zentralperspektive (→ *Perspektive).

Parallelprojektion, Parallelriß, Axonometrie, zur Unterscheidung von der Zentralperspektive auch Parallelperspektive genannt (→ *Projektion).

Paraskenion, seitliche Begrenzung der Bühne beim röm. → *Theaterbau.

Park (lat.), 1. weitläufiger, großflächig angelegter → *Garten oder Tiergehege, bes. der → Englische Garten.

W. Hegemann, Ein P.buch, Amerikan. P.anlagen, 1911; Der dt. P., vornehmlich des 18. Jh. (Die Blauen Bücher), o. J.

Parkett (franz.), 1. der ebenerdige Raum vor der Bühne, auf den das Parterre folgt (→ Theaterbau). 2. Hölzerner Fußboden, der aus zu Mustern zusammengesetzten quadrat. Tafeln besteht.

K. Fichtner, Die Geschichte des Fußbodenbelages in Deutschland, 1929;

Parkett

M. Groskopf, P.fußboden, seine Herstellung, Behandlung und Eigenschaften, ²1955; P. (Holz-Zentralblatt), 1961.

Parkhaus, Hochgarage, Bauwerk zum Abstellen von Fahrzeugen in verschiedenen Geschossen, die durch Aufzüge, Rampen oder Wendelrampen miteinander verbunden sind.

G. Müller, Großstadtgaragen, 1928; H. Conradi, Großgaragen, 1931; G. Baker, B. Funaro, *Parking*, New York 1958; O. Sill, Parkbauten, 1961; D. Klose, P. und Tiefgaragen, 1963; H. Farmont, Parken, P. in der Stadt, 1965.

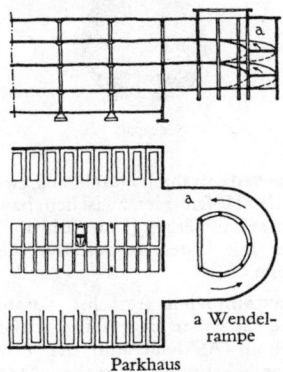

a Wendelrampe

Parkhaus

Parlatorium, Sprechraum in einem Zisterzienserkloster.

Parlier, Polier, Palier, Parler (franz.), Sprecher der Steinmetzen in der ma. Bauhütte; in der Form „Parler" auch Name einer Familie von Baumeistern.

O. Kletzl, Parler (Thieme-Becker Künstlerlexikon), 1932; ders., Titel und Namen von Baumeistern dt. Gotik (Schriften der Dt. Akademie, 26), 1935.

Parodoi (griech. Mz. von *parodos* Zugang), seitliche Zugänge zwischen Skene und Zuschauerreihen beim antiken → *Theaterbau.

Parterre (franz.), 1. Erdgeschoß (→ *Geschoß); 2. ebener Teil des

Zuschauerraumes eines Theaters
hinter den Sitzreihen des Parketts.
3. → Broderiep., ebene Garten-
fläche mit Teppichbeeten im Ba-
rockgarten (→ *Garten).

Parzelle (franz.), vom Kataster-
amt vermessene Grundstücksein-
heit, die numeriert und im Grund-
buch eingetragen wird.

Paß, Kreisteil zwischen den Nasen (→ Nase 1) des got. Maßwerkes (Dreip., Vierp., usw., Vielp.).

Sechspaß

Patrizierhaus
(Beispiel: Nürnberg, Nassauerhaus)

Passage (franz.), Durchgang zwischen Höfen oder zwischen bzw.
unter Bauwerken (Unterführung),
der mit Läden ausgestattet sein
kann.

Pastophorien (griech.), zusammenfassender Begriff für Diakonikon (Ankleideraum der Priester, Sakristei) und Prothesis(Auf-
bewahrungsort für Geräte) am
Ostende der Seitenschiffe einer
frühchristl. → *Basilika (z. B. Ravenna, S. Apollinare in Classe;
Rusafah, Sergiusbasilika).

H. Laag, Wörterbuch der altchristl.
Kunst, 1959.

Patio (span.), Wohnhof eines
span. Hauses (→ Wohnhaus).

Patrizierhaus, Wohnhaus von
urspr. dem niederen Adel zugehörigen Patriziern, später auch das
von Kaufleuten oder Ratsherren
einer Stadt. Das P. war meist ein
Steinhaus („Burg") und zeichnete
sich gegenüber den Bürgerhäusern durch differenziertere Gestal-

tung und reichere Ausbildung
aus. Bekannt ist das Nassauer-
Haus in Nürnberg mit Chörlein
und Eckerkern zwischen einem
(ehemaligen) Zinnenkranz.

R. v. Schreckenstein, Das Patrizat in den
dt. Städten, 1856; M. Foltz, Beiträge
zur Geschichte des Patriziats in den dt.
Städten (Diss. Marburg), 1899.

Pavillon (franz.), kleiner freistehender (Gartenp.) oder mit einem
Schloß durch eine Galerie oder
unmittelbar verbundener Baukörper. Der P. ist vom Gesamtbau-

Pavillon
a Dachp.   b Eckp.

körper eines Barockschlosses durch ein eigenes Dach klarer abgetrennt als der → Risalit, doch sind die Begriffe (Eckp., Eckrisalit) nicht immer klar zu trennen.

Pavillonsystem, ein Anlagesystem aus mehreren isolierten oder nur lose verbundenen Baukörpern, bes. bei Schulen oder Krankenhäusern häufig angewandt.

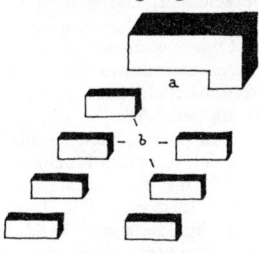

Pavillonsystem
a Hauptgebäude   b Pavillon

Pavimentum (lat.), antiker Fußbodenbelag aus bunten Platten.

Pechnase, kleiner erkerartiger Ausguß für heißes Pech, meist über dem Tor einer → Burg, als Pechnasenkranz (→ Maschikulis) zwischen den Konsolen eines auskragenden → *Wehrganges.

Pendant (franz.), Gegenstück zur Wahrung der Symmetrie. Pendants sind in barocken Kirchen gegenüber der Kanzel, als Aufbauten über Taufsteinen oder als kleine Orgeln errichtet (Kanzelp.). Auch städtebauliche P. sind keine Seltenheit (Rom, Kirchen an der Piazza del Popolo; Turin; Berlin, Gendarmenmarkt).

A.E. Brinckmann, Die Baukunst des 17. u. 18. Jh. in den roman Ländern, ⁵1929; M. Wackernagel, Die Baukunst des 17. u. 18. Jh. in den german. Ländern, o.J.

Pendeltür, Schwingflügeltür, → *Tür mit zwei ausschwingenden (pendelnden) Türblättern.

Pendentif, Hängezwickel, Eckzwickel oder Teilgewölbe, ein sphär. Dreieck zur Überleitung vom quadrat. Grundriß des Unterbaues zum Fußkreis der → *Kuppel. Das P. wird von drei Viertelkreisbogen begrenzt, von denen der obere horizontale den vierten Teil des Fußkreises der Kuppel bildet.

J. Rosintal, P., Trompen und Stalaktiten, 1912; J. Fink, Die Kuppel über dem Viereck, 1958.

Penetrale (lat.), auch Penetralia, Adyton, selten gebrauchter Begriff für den hinteren Teil eines Tempels mit dem Götterbild, auch Fürstengruft oder nicht jedermann zugänglicher Teil eines Hauses.

Penpit (engl.), vorgeschichtliche Höhlenwohnung in Großbrit.

Pentagramm (griech.), Drudenfuß, aus dem Fünfeck entwickelte, sternförmige und in sich geschlossene Symbolfigur. Das P. kommt häufig am Fachwerk vor.

Pentagramm

Pentastylos (griech.), seltene → Tempelform mit fünf Säulen an der Frontseite.

Penthouse (engl.: Wetterschutzdach), ein bungalowartiger Dachaufbau auf einem Wolkenkratzer, der eine Luxuswohnung enthält.

Pergola (ital.), Rankgerüst, nicht überdeckter Laubengang in einer

Gartenanlage. Die auf Stützen liegenden Unterzüge tragen ein Gebälk, das von Pflanzen umrankt ist.

R. Pfister, Zwischen Haus und Garten, 1958.

Peribolos (griech.), Temenos, der einen Tempel umgebende, oft durch Säulenhallen begrenzte Bezirk (→ *Tempelbezirk).

Peridromos (griech.), der Umgang zwischen dem Säulenkranz und der Cellawand über dem Pteron des antiken Tempels (→ *Tempelbau).

Peripteraltempel, → Peripteros.

Peripteros (griech.), Peripteraltempel, Tempel mit von einem Pteron umgebener Cella (→ *Tempelformen).

M. Theuer, Zum griech. dor. Peripteraltempel, 1918; H. Riemann, Zum griech. Peripteraltempel (Diss.), 1935.

Peristyl (griech.), die einen Hof umgebende Säulenhalle. Das P. kann den Hof eines → *Wohnhauses (Pompeji, Delos), aber auch einen Tempelhof rahmen (Peribolos) oder den Vorhof (Atrium) einer altchristl. → *Basilika.

Peristylhof, von einem → Peristyl umgebener Hof (→ *Atrium).

Perlstab, → *Astragal, aus runden oder länglichen Perlen und dazwischenliegenden Scheiben gebildeter Stab, der den Abschluß des ion. →Kyma bildet (→ *Stab).

Lit.: → Astragal.

Perpendicular style (engl.), Sonderform des → *Maßwerks der Spätgotik mit starker vertikaler Betonung.

Persische Säule, Säule der altpers. (achämenid.) Baukunst mit glockenförmiger, von einemBlattkranz umgebener Basis, hohem kanneliertem Schaft und einem → *Kapitell mit Stierköpfen über Blattkränzen und vier ansteigenden Volutenpaaren. Die P. S. trug die Decken in der Apadana der großen Königspaläste von Persepolis und Susa.

Perspektive (lat.), bes. bildwirksame zeichner. Darstellung eines aus endlicher Entfernung betrachteten Objektes auf Grund der seit der Renaissance entwickelten und wissenschaftlich begründeten Beobachtungen. Alle in die Tiefe laufenden horizontalen Parallelen treffen sich in einem Fluchtpunkt in der Höhe des betrachtenden Auges (Horizont). Die Fluchtpunkte aller geneigten Parallelen liegen darunter oder darüber. Eine P. mit hochliegendem Horizont bezeichnet man als Vogelp. (Vogelschau), eine P. mit tiefliegendem Horizont als Froschp. Ist die Blickrichtung nicht, wie gewöhnlich waagerecht, sondern gegen die Horizontale geneigt, so laufen auch die Vertikalen zu einem Fluchtpunkt zusammen. Auch in solchen Fällen spricht man von Vogelp. (Vogelschau) oder von Froschp., wenn das betrachtende Auge hoch bzw. tief angenommen wird. Eine häufig verwendete P. ist die Frontalp., bei der nur ein Fluchtpunkt dem betrachtenden Auge gegenüber in der Bildmitte liegt. Alle diese Arten der P. sind Zentralprojektionen und werden auch Zentralp. genannt, zum Unterschied von der auch Parallelp. genannten Parallelprojektion (Axonometrie, → *Projektion). Sie entsprechen nur annähernd der opt. Wahrnehmung, der die Binokularp. und perspektiv. Darstel-

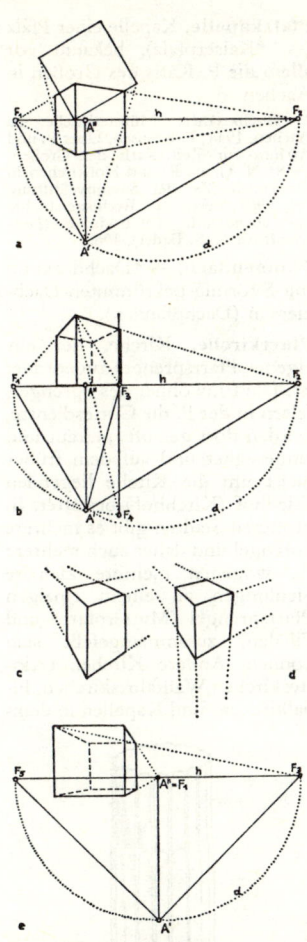

lungen auf gekrümmten Bildflä-
chen näher zu kommen versu-
chen. In der Baukunst zeigt sich
die bewußte Anwendung der P.
im konvergenten und im diver-
genten Verlauf gewöhnlich paralleler Linien. Angestrebt wird die
Verstärkung der perspektiv. Wirkung durch → *Konvergenz und
ihre Aufhebung durch → *Divergenz. Die Theaterp. versucht die
räumliche Wirkung eines verhältnismäßig flachen Bühnenbildes zu
verstärken, wobei von möglichst
allen Blickrichtungen ein ähnlicher Eindruck gewahrt bleiben
soll.

G. Hauck, Die maler. P., 1882; C.
Lübenau, Leichtfaßliche, prakt. P. mit
Berücksichtigung der Theaterp., 1898;
R. Delbrück, Beiträge zur Kenntnis der
Linienp. in der griech. Kunst (Diss.
Bonn), 1899; M. Kleiber, Katechismus
der angewandten P., 1900; E. Sauer-
beck, Ästhet. P., 1911; A. Anger, Neues
Lehrbuch der P., 1911; G. J. Kern, Die
Anfänge der zentralperspektiven Kon-
struktion (Mitt. des Kunsthistor. In-
stituts Florenz, 2), 1913; E. Böck, Die
perspektive Abbildung im architekton.
Entwurf (Diss. Wien), 1923; E.
Panofsky, Die P. als „symbol. Form"
(Vorträge der Bibl. Warburg), 1924/25;
G. Schöne, Die Entwicklung der Per-
spektivbühne, 1933; H. A. Fritzsche,
Bernardo Belotto, gen. Canaletto, 1936;
H. Eidth, Die perspektive Darstellungs-
art in ihrem Verhältnis zu Vorstellungs-
bild und Sehbild, 1936; P. Novotny,
Cézanne und das Ende der wissen-
schaftlichen P., 1937; G. J. Kern, Die
Entwicklung der zentralperspektiv.
Konstruktion in der europ. Malerei
(Forschung und Fortschritt), 1937;
C. G. Argan, *Brunelleschi and the Origins
of Perspective Theory* (The Journal of the
Warburg and Courtould Institutes),
1946; P. Tank, Konstruierte P., 1951;

Perspektive

a Perspektive Konstruktion (aus dem
  Grundriß)
b Froschperspektive (Konstruktion mit
  Hilfe der Diagonalen)
c Vogelschau mit waagrechter Blickrichtung (2 Fluchtpunkte)
d Vogelschau mit geneigter Blickrichtung (3 Fluchtpunkte)
e Frontalperspektive

A′   Grundriß des Augpunktes
A″   Aufriß des Augpunktes
h   Horizont
d   Distanzkreis
F_1, F_2 Fluchtpunkte aller Parallelen zu
        den waagrechten Würfelkanten
F_3, F_5 Fluchtpunkte aller Parallelen zu
        den Diagonalen der Deckfläche
F_4 Fluchtpunkt aller Parallelen zur
        Würfeldiagonale

H. Döllgast, Gebundenes Zeichnen, 1952; E. Gull, Perspektivlehre, [4]1952; B. Schweitzer, Vom Sinn der P., 1953; H. v. Sanden, Darstellende Geometrie, [8]1960; G. Scharwächter, P. für Architekten, 1964.

Pesel (mhd.), Hauptstube des Bauernhauses in Friesland.

Pfahlbau, 1. auf Pfählen gegründete Bauten (Pfahlgründung) bei schlechtem Baugrund (Venedig);

Pfahlbau

2. der Pfahlbau kommt bereits in vorgeschichtlicher Zeit und bei primitiven Kulturen der Gegenwart vor und wurde sowohl bei Vorrats- als auch bei Wohngebäuden angewendet, um diese vor Tieren zu schützen, vielleicht auch zur Verteidigung. P. stehen daher auch oft in flachen Ufergewässern.

1. A. Mast, Pfahlgründungen, 1959; F. Schiel, Statik der Pfahlwerke, 1960. 2. E. v. Tröltsch, Die P. des Bodenseegebietes, 1902; H. Reinerth, P. am Bodensee, 1922; ders., Die jüngere Steinzeit der Schweiz, 1926; ders., Das Pfahldorf Sipplingen, 1932; R. R. Schmidt, Jungsteinzeitsiedlungen am Federseemoor, 1930; P. Paret, Das neue Bild der Vorgeschichte, 1946.

Pfalz (ahd. von lat. *palatium*), ma. Residenz von Kaisern (→ *Kaiserpfalz), Königen oder Bischöfen (→ *Palas).

Pfalzkapelle, Kapelle einer Pfalz (→ *Kaiserpfalz), bekannt vor allem die P. Karls des Großen in Aachen.

J. Buchkremer, Münsterkirche zu Aachen, 1944; F. Kreusch, Über P. und Atrium zur Zeit Karls des Großen, 1958; N. Grass, P. und Hofkirchen in Österreich (Zs. der Savigny-Stiftung 78), 1961; ders., Zur Rechtsgeschichte der abendländ. Königskirche (Festschrift für K. S. Bader), 1965.

Pfannendach, → *Dachdeckung mit S-förmig gekrümmten Dachziegeln (Dachpfannen).

Pfarrkirche, Kirche, der ein eigener Pfarrsprengel zugeordnet ist. Die Einwohner des Sprengels feiern in der P. die Gottesdienste, werden dort getauft, getraut und eingesegnet und auf dem früher meist um die Kirche liegenden Friedhof (Kirchhof) bestattet. In größeren Städten gibt es mehrere Sprengel und daher auch mehrere P., wogegen mehrere kleinere Siedlungen zu einem einzigen Pfarrsprengel (Mutterpfarre und Filialen) zusammengefaßt sein können. Andere Kirchen (Klosterkirchen, Wallfahrtskirchen, Filialkirchen) und Kapellen in dem-

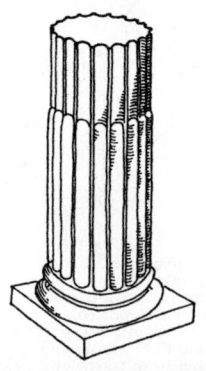

Pfeifen an einem kannelierten Säulenschaft

selben Sprengel hatten urspr. keine Pfarrechte. Die Haupt- oder Stadtp. erhielt im MA. oft bedeutende Größe und den Namen Münster oder Dom (z. B. Ulm; Wien).

Lit.: → Kirchenbauten.

Pfeife, kleiner Rundstab, hauptsächlich am Säulenschaft, aber auch am → *Kapitell (→ P.kapitell) vorkommend und manchmal den unteren Teil der Kannelierung einer Säule füllend.

Pfeifenkapitell, seltene Form eines → *Kapitells, bestehend aus gebündelten und unten verjüngten Kegelstümpfen (Pfeifen).

Pfeil, Stich, senkrechter Abstand zwischen Kämpferlinie und Scheitel eines → *Bogens und eines → Gewölbes. Auch flache Decken (gesprengte Decke) und waagerechte Balken können in der Mitte der Spannweite über die ideale Horizontalverbindung der Auflagerpunkte erhöht sein (Pfeil oder Stich haben), um den opt. Eindruck des scheinbaren Durchhängens der Horizontalen zu korrigieren.

Pfeiler, Mauerstütze zwischen Öffnungen (Türen, Fenster u. dergl.), meist mit quadrat., rechteckigem oder polygonalem Grundriß. Der Rundp. hat kreisrunden Grundriß, jedoch keine Verjüngung und keine Entasis wie die Säule. Der P. kann Basis und Kapitell (P.kapitell) haben.

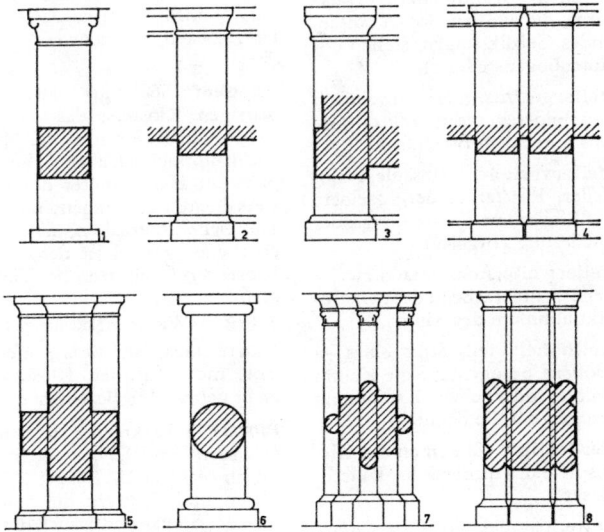

Pfeiler
1 Freipfeiler
2 Wandpfeiler (Pilaster), Halbpfeiler
3 Eckpfeiler (Eckpilaster)
4 Doppelpilaster
5 Kreuzpfeiler
6 Rundpfeiler
7 Freipfeiler mit Pfeilervorlagen
8 Kantonierter Pfeiler

Je nach Lage und Ausbildung eines P. spricht man von Freip., Halbp., Wandp. (Pilaster), Eckp. (Eckpilaster), Antenp. (→*Ante), Doppelp. bzw. Doppelpilaster, → Kantonierter P., → Kreuzp. und bei der Bündelung verschiedener Rundpfeiler von einem → *Bündelp. Der → Strebep. (→ *Strebewerk) dient zur Aufnahme des schräg gerichteten Gewölbeschubes.

Pfeilerbasilika, Basilika, deren Hochschiffwände von Pfeilern getragen werden (im Gegensatz zur Säulenbasilika).

Pfeilerbogenstellung, in der röm. Antike und in der Renaissance häufig vorkommender Architekturaufbau, dessen Bogen zwischen Wandpfeilern (Pilastern), die ein den Bogen tangierendes Gebälk tragen, stehen (→ Säulenbogenstellung).

Pfeilergesims, meist nur einfach ausgebildetes waagerechtes Gesims unter dem Bogenlauf.

Pfeilervorlage, Halbsäule, Halbpfeiler, Pilaster u. dergl., einem → *Pfeiler zur Verstärkung oder Gliederung vorgelegt.

Pfeilerweite, Achsabstand zweier Pfeiler, entsprechend dem → *Interkolumnium der Säulen.

Pfeilhöhe, Pfeil, Stich eines → *Bogens bezogen auf die Kämpferlinie, oder einer Krümmung bezogen auf die Sehne.

Pferdeköpfe, Zierrat an der Giebelspitze des niedersächs. Bauernhauses.

Pfette, parallel zum First verlaufende Hölzer, die beim Pfettendach auf Querwänden aufruhen und die Dachhaut tragen, beim Pfettensparrendach als Firstp.,

Fußp. und Mittelp. auf Stuhlsäulen, Zangen oder Binderbalken aufruhen und die Sparren unterstützen (→ *Dachkonstruktion).

K. Esselborn, Lehrbuch des Hochbaues, ⁸1922.

Pfettendach, → Pfette (→*Dachkonstruktion).

Pfettensparrendach, → *Dachkonstruktion.

Pflanzensäule, → *Säule, deren Schaft und → *Kapitell auf pflanzliche Vorbilder zurückgehen. P. sind die Lotos-, Papyrus-, Lilien- und Palmensäulen der ägypt. Baukunst.

L. Borchardt, Die ägypt. P., 1897.

Pflaster, Befestigung der Erdoberfläche oder des Fußbodens mit im Verband verlegten Platten, Steinen (P.steine), Ziegeln, Holzstöcken, Ährenwerk oder dergl.

Pfleghof, Stadthaus eines auswärtigen Klosters, das als Absteigequartier für Abt und Mönche, hauptsächlich aber als Stapelplatz für Handelsgüter des Klosters diente. In Esslingen sind noch zahlreiche P. erhalten, das besterhaltene Beispiel ist der P. des Klosters Bebenhausen bei Tübingen.

F. Reischl, Wiener Prälatenhöfe, 1919.

Pforte (aus lat. *porta*), kleines Tor, meist für den Klostereingang gebrauchte Bezeichnung.

Pfosten, 1. senkrechte Holzstütze (Ständer, Säule), bes. beim → *Fachwerk, z. B. Eckp.; 2. bei Türen und Fenstern die Seitenteile des Stockes oder auch dessen gliedernde senkrechte Unterteilung (Mittelp., Setzholz).

Phantasiearchitektur, phantast· Architekturplanung, die nicht zur

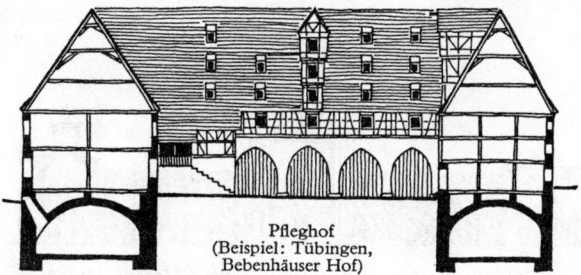

Pfleghof
(Beispiel: Tübingen,
Bebenhäuser Hof)

Realisierung gedacht oder geeignet ist, seltener auch ausgeführte Bauwerke mit phantast. Charakter, wie z. B. viele Architekturprospekte in barocken Gartenanlagen.

Ausgewählte Werke von J. B. Piranesi, 1888; J. Ponten, Architektur, die nicht gebaut wurde, 1925; G. Schöne, Die Entwicklung der Perspektivbühne, 1933; U. Vogt-Göknil, Giovanni Battista Piranesi „Carceri", 1959; U. Conrads, H. G. Sperlich, Phantastische Architektur, 1960.

Phra Chedi, Prachedi (hinterind.), zylindr. Turmaufbau hinterind. Tempel, der aus dem Glockenstupa weiterentwickelt ist.

K. Döhring, Der P.bau in Siam (Zs. für Ethnologie), 1912; ders., Buddhist. Tempelanlagen in Siam, 1920.

Phraprang (hinterind.), Turm hinterind. Tempelanlagen mit polygonalem Grundriß (z. B. Bangkok, Vat Arun P.).

Piano Nobile (ital.), Beletage, Hauptgeschoß eines größeren Gebäudes (→ *Geschoß).

Piazza (ital.), Platz.

Piedestal (franz.), → *Postament, sockelartiger Unterbau meist eines Stützgliedes, z. B. Unterbau von rahmenden Säulen.

Pilaster (lat.), Wandpfeiler (→ *Pfeiler).

Pilzdecke, Stahlbetonplatte ohne Unterzüge, die mit ihren oben pilzförmig verbreiterten Stützen („Pilzsäulen") biegesteif verbunden ist.

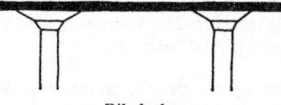

Pilzdecke

Pilzstütze, „Pilzsäule", → *Pilzdecke.

Pinakel (lat.), Ziersäule, auch Fiale, Obelisk.

Pinakothek (griech.), Gemäldegalerie.

Pinienzapfen, bekrönendes Schmuckelement, hauptsächlich als Knauf über dem Zeltdach eines Rundtempels. Auch über dem Rathausgiebel von Augsburg

Pinienzapfen

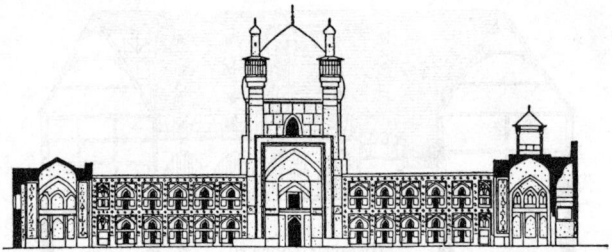

Pischtak (Beispiel: Isfahan, Sultan Hussein Medrese, 18. Jh.)

ist ein P. als Abschlußelement angebracht. Ein riesiger antiker P. (wohl ursprünglich ein Fruchtbarkeitssymbol) steht im Belvederehof des Vatikans, weshalb dieser Hof den Namen „giardino della pigna" erhielt.

Pischtak (pers.), monumentaler Toreingang der pers. → Moschee, eine manchmal von Minaren überragte, hohe Fassade mit spitzbogiger Portalnische.

Piscina (lat.) 1. Schwimmbassin in den röm. → Thermen; 2. Taufbecken des → *Baptisteriums; 3. Becken mit Ausguß für liturg. Waschungen, meist an Chor- oder Sakristeiwand.

Plafond (franz.), flache Decke.

Planriß, → *Bauriß einer Bauhütte der Gotik.

Platereske (span.), dem Kunstgewerbe (bes. der Goldschmiedekunst) entspringende Schmuckform der span. Baukunst, maur. und got. beeinflußt und zeitlich zwischen Gotik und Renaissance liegend.

K. M. Swoboda, Berührungen der christl.-abendländ. Kunst mit der des Islam (Alte und neue Kunst), 1952.

Platte, tafelförmiges, meist rechteckiges Bauelement geringer Stärke, in der Baukunst formal als Zwischenglied (Plinthe, Abakus), Hängep. (Mutulus), Abdeckp., als Wand- oder Fußbodenbekleidung (Wand- oder Fußbodenp.), in der Baukeramik Fliese genannt (→ Azulejos), oder im Stahlbetonbau konstruktiv als Fundamentp., Decken- oder Dachp., Wandp. (Scheibe).

G. Girkmann, Flächentragwerke, [5]1959; F. Angerer, Bauen mit tragenden Flächen, 1960; G. Herholdt, P.bauweise, 1963.

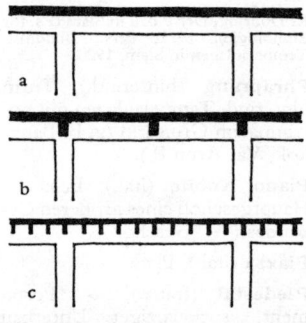

a Plattendecke   b Plattenbalkendecke
c Rippendecke

Plattenbalkendecke, Massivdecke aus Stahlbeton. Die an der

Untersicht vortretenden Balken und die quer darüber verlegte Deckenplatte (Deckenplatte 2) bilden eine stat. Einheit. Werden schlankere Balken (Rippen) in geringeren Abständen angeordnet, spricht man von Rippendecke.

A. Kleinlogel, Der Stahlbeton in Beispielen, 1949 ff.

Plattendecke, Massivdecke ohne Unterzüge (Deckenplatte 1, → *Plattenbalkendecke).

Plattenfries, → Fries, der aus einer Folge von Platten besteht.

Platz, wichtigstes Raumelement der → Stadtbaukunst. Der P. dient entweder wirtschaftlichen Zwecken (Marktp.), Volksversammlungen oder festlichen Aufzügen (Rathausp., Corso), oder reiner Repräsentation und dem Zweck, Monumentalbauten besser in Erscheinung treten zu lassen. Die geschlossenen P. der Antike und des MA. waren nie Verkehrsflächen im heutigen Sinne, sie lagen abseits des Verkehrs (→ *Agora, → *Forum). Seit der Renaissance und dem Barock wird der P. immer öfter in den Dienst repräsentativer und monumentaler Aufgaben gestellt. P. werden vor den wichtigsten Bauwerken der Stadt, um diese aus angemessener Entfernung betrachten zu können, oder an durch Denkmäler betonten Schnittpunkten weitläufiger Achsen angelegt. Mit der Zunahme des modernen Individualverkehrs entstand der Verkehrsp. (Verkehrsknotenpunkt, → *Knoten 2) und mit der aufgelockerten Bebauung ging der Sinn für den geschlossenen P.raum weitgehend verloren.

J. Brix, F. Genzmer, Die Gestaltung des Straßen- und P.raumes, 1909; C. Bieder, P. und Turm, 1911; A. E.

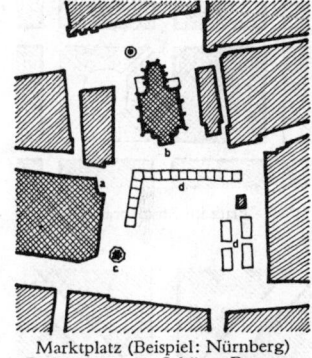

Marktplatz (Beispiel: Nürnberg)
a Rathaus   c Schöner Brunnen
b Kirche   d Marktstände

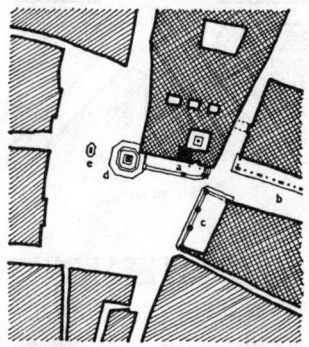

Rathausplatz (Beispiel: Florenz, Piazza della Signoria)
a Palazzo Vecchio b Uffizien c Loggia dei Lanzi d Brunnen e Denkmal

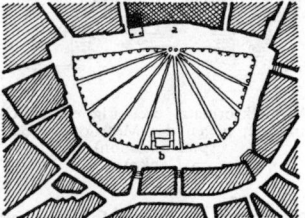

Festplatz (Beispiel: Siena, Piazza del Campo)
a Rathaus   b Brunnen

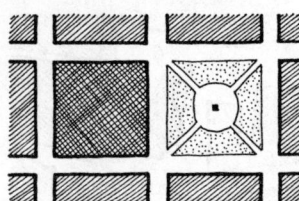

Platz im Straßenraster

Sternplatz

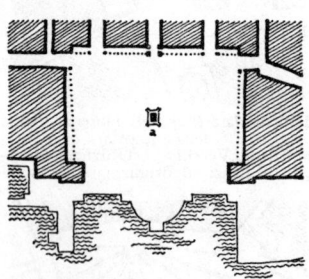

Architekturplatz, dreiseitig einheitlich umbaut, gegen das Meer offen (Beispiel: Lissabon)
a Denkmal

Brinckmann, P. und Monument als künstler. Formproblem, ²1923; S. Walewa, Die architekton. Bedeutung der Straße (Diss. Wien), 1946; P.

Zucker, *Town and Square*, New York 1959; C. Sitte, Der Städtebau nach seinen künstler. Grundsätzen, ⁶1965.

Platzdorf, Dorf, das sich um einen Platz gruppiert. Sonderfälle sind der Rundling und das Angerdorf (→ Dorfformen).

Platzelgewölbe, andere Bezeichnung für → *Böhmische Kappe.

Plinthe (griech.), quadrat. Unterlagsplatte der → *Basis eines Stützgliedes.

Podest (neulat.), Treppenabsatz am Beginn oder am Ende eines Treppenlaufes bzw. zwischen den Treppenläufen, meist an der Stelle des Richtungswechsels (→ *Treppenformen).

Podesttreppe, Treppe mit einem oder mehreren Podesten (→ *Treppenformen).

Podium (griech.), erhöhter Unterbau (z. B. für Bauwerke, Schaustellungen etc.).

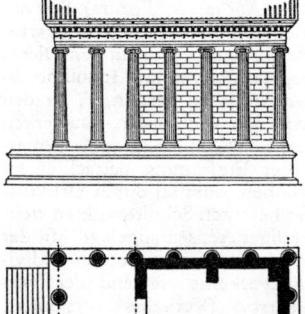

Podiumtempel
(Beispiel: Rom, Tempel der Fortuna Virilis, 1. Jh. v. Chr.)

Podiumtempel, Tempel auf einem hohen Unterbau (Podium) mit einer Freitreppe an der Front. Der P. kommt hauptsächlich in der röm. Baukunst vor.

J. Bühlmann, Der röm. Tempelbau (Die Baukunst 9), o. J.; H. Degering, Über etrusk. Tempelbau, 1897.

Poikile (griech.), Säulenhalle mit innerem Gemäldeschmuck. Bekannt die Stoa poikile an der Agora von Athen.

Point de vue (franz.), Blickpunkt. Architekton. Blickfang in einer Straßen- oder Gartenachse.

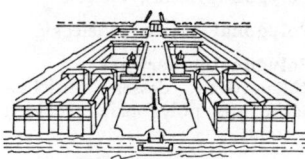

Point de vue

Pokuna (ind.), architekton. gerahmtes Wasserbassin für rituelle Waschungen in Indien.

Polier, Parlier, Parler, Sprecher der Bauleute, Vorarbeiter.

Polnischer Verband, Gotischer Verband, → *Mauerverband, ähnlich dem Märkischen Verband.

Polster, der → *Echinus des dor. Kapitells, auch das dem Echinus vergleichbare Element unter dem Volutenkörper des ionischen → *Kapitells.

Polsterquader, Quader mit polsterförmig ausgebildeter Bosse (→ *Mauerwerk).

Polychromie (griech.), Verschiedenfarbigkeit. Die P. der Architektur kann durch Bemalung oder durch verschiedenfarbiges Bau-

material bzw. verschiedenfarbigen Putz erreicht werden. Die Farbe spielt in der Architektur eine heute meist unterschätzte Rolle. Sie wurde meist gliedernd (strukturbetonend) aber auch rein ornamental (symbolisch), später dekorativ oder maler., illusionist. und letztlich auch psycholog. angewendet. Die altägypt. Architektur war innen und außen bunt bemalt (die Kapitelle als Nachbildungen von Bäumen, Pflanzen und Blüten, die Decken als Nachbildungen des Himmelsblaus, oft

Polychromie

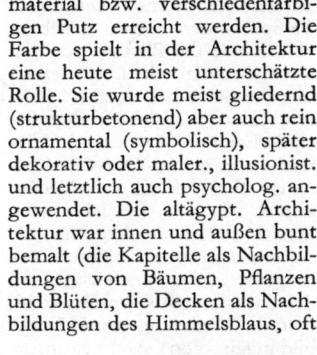

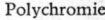

Bemalung (Dor. Kapitell)

Wechsel von verschiedenfarbigem Material

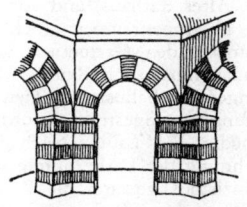

mit goldenen Sternen). Die griech. Tempel waren ebenso grellbunt bemalt wie die Plastik, wodurch manche strukturelle Besonderheiten, die heute nur noch schwach erscheinen (Triglyphen) oder glatt sind (Echinus) urspr. stark differenziert waren (→ Dorische Ordnung). Auch durch verschiedenartiges Material versuchte man bereits seit dem Altertum die Architekturformen zu differenzieren. Bei Innenräumen vor allem der Backsteingotik werden architekton. Gliederungen und Nachbildungen von Architekturformen in Freskomalerei angebracht. Erst die Renaissance schuf, bes. in Süddeutschland und in der Schweiz (Stein am Rhein, Augsburg), bemalte Zierfassaden (→ *Fassadenmalerei). Außerdem findet man dekorative Nachbildungen von Werksteinfassaden durch → Sgraffito an Backstein- und Fachwerkbauten (Ulm). Die Barockzeit brachte gemalte Scheinarchitekturen an Fassaden (Bamberg, Altes Rathaus) und vor allem in Innenräumen (Schloß Pommersfelden, Gartensaal), wobei manchmal auch Raumerweiterungen durch illusionist. Tiefenwirkungen angestrebt wurden (Venedig, Pal. Labia). Nach der Ablehnung der Farbe durch den Klassizismus gewann die P. im 19. Jh. erneute Bedeutung. Die moderne Baukunst verwendet die bunten Farben neben weiß und schwarz (unbunte Farben) vorwiegend im Kontrast zur Materialwirkung.

J. J. Hittorff, *L'architecture polychrome chez les Grecs*, Paris 1851; G. Semper, Der Stil in den techn. und tekton. Künsten, ²1878/79; ders., Kleine Schriften, 1883; T. Alt, Die Grenzen der Kunst und die Buntfarbigkeit der Antike, 1886; H. v. Rohden, P. (Denkmäler des klass. Altertums, hg. A. Baumeister), 1889; J. Brix, F. Genzmer, Die Farbe im Stadtbild, 1915; W. Ostwald, Die Farbenlehre, 1918–22; J. v. Altesch, Die ästhet. Erscheinungsweise der Farben, 1925; Lettenmayer, Wibelitz, Farbe im Städtebild, 1927; H. T. Bossert, Farbige Dekorationen, 1928; P. Klopfer, Die Farbe in der Baukunst (Zs. für Ästhetik und allgemeine Kunstwiss. XXIII), 1929; H. Phleps, Farbige Architektur (Wasmuth), 1929; ders., Die farbige Architektur bei den Römern und im MA., 1930; C. v. Biema, Farben und Formen als lebendige Kräfte, 1930; O. Rückert, Die Farbe als Element baulicher Gestaltung, 1935; E. Boller, D. Brinkmann, E. J. Walks, Einführung in die Farbenlehre, 1947; J. Itten, Kunst der Farbe, 1961.

Polygon (griech.), Vieleck.

Polygonal (griech.), vieleckig.

Polygonalmauerwerk, → *Mauerwerk, dessen Ansichtsfläche aus polygonalen Steinen besteht.

Polygonalornament, Ornament aus vieleckigen Platten.

Polygonchor, → *Chor mit vieleckigem Schluß, meist in der Gotik.

Polystyl (griech.), vielsäulig.

Pontonbrücke, Schiffsbrücke, → Brücke auf verankerten Schiffen oder Schwimmkörpern (Pontons).

Porta Decumana (lat.), Haupttor eines röm. → *Castrums.

Porta Dextra, rechtes Tor der Querachse eines röm. → *Castrums.

Portal (lat.), monumentales Tor, meist mit besonderer architekton. Rahmung, wie Gewände, → *Archivolten, Tympanon, → *Wimperg, Atlanten, Karyatiden, Dreiecksgiebel, Segmentgiebel, Pilaster, Wandsäulen (→ *Säulenp., Stufenp.), Bauplastik (Säulenfigurenp.), Baukeramik u. dergl. Das P. kann bei größerer Breite durch einen Mittelpfosten geteilt sein, auch können zwei oder drei Öffnungen zu einem P. zusammengefaßt werden. Manchmal wird das P. durch einen Vorbau (P.vorhalle) oder einen bekrönenden Baldachin (P.baldachin) geschützt. Manchmal ist es ein eigener Baukörper von oft beträchtlichen Ausmaßen (→ Torbau, → *Pylon, → *Propylon). Man unterscheidet Haupt- und Seitenp.

F. Corelli, Freitreppen und P. vom MA. bis zur Neuzeit, 1902; R. Bernoulli, Die roman. P.architektur in der Provence, 1906; E. Redslob, Das Kirchenp., 1909; K. Reissmann, Roman. P.architektur in Deutschland, 1937.

Porta Praetoria (lat.), dem Praetorium gegenüberliegendes Tor eines röm. → *Castrums.

Porta santa (lat.), eine nur in Jubeljahren geöffnete heilige Tür. Das Vorbild von Babylon (Etemenanki) wurde später in Rom (St. Peter) übernommen.

Porta Sinistra, linkes Tor der Querachse eines röm. → *Castrums.

Portikus (lat.), eine von Säulen (Säulenp.), seltener von Pfeilern getragene Vorhalle vor der Hauptfront eines Gebäudes. Bes. häufig kommt der P. in der klassizist.

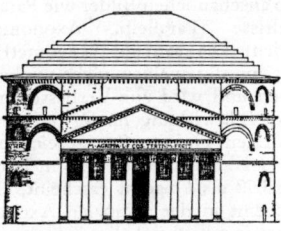

Portikus
(Beispiel; Rom, Pantheon)

Architektur vor. Auch eine Säulenhalle mit geschlossener Rückwand (ähnlich Stoa).

C. A. Crane, E. Sonderholz, Alte Bauwerke im Kolonialstil aus den nordamerikan. Unionstaaten etc., o. J.; P. Klopfer, Von Palladio bis Schinkel, 1911.

Postament (lat.), Piedestal, Unterbau, in der Baukunst meist Sockel von Stützgliedern oder Statuen.

Postament einer Säule

Postica, Posticum (lat.), hinterer Teil eines röm. → Wohnhauses.

Prachedi, → Phra Chedi.

Praefurnium (lat.), Heizraum bei → Hypokausten.

Praetorium, → Prätorium.

Prang, Prasat (hinterind.), Tempel in Hinterind., dessen Cella auf einem Stufenberg steht. (Abb. S. 300.)

Prasat, → *Prang.

Prätorium (lat.), Haus des Praetors in einem röm. → *Castrum.

Predella (ital.), Altarstaffel, der auf der Mensa aufsitzende Sockel eines Altarretabels oder des Schreines eines → *Flügelaltares, meist mit Malereien oder Bildwerken geschmückt oder als Reliquienbehälter.

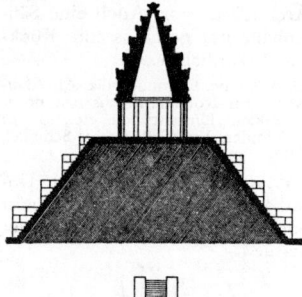

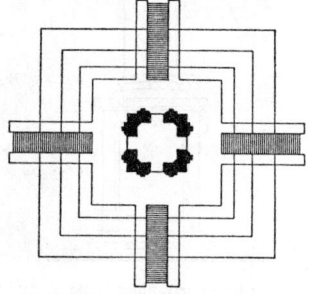

Prang
(Beispiel: Angkor Thom, Baksei-
Chang-Krang)

Prellstein, Abweichstein, Abweiser, Radabweiser, Radstößer, Stein zum Schutz der Hausecken oder Portallaibungen gegen Beschädigung durch Fahrzeuge.

Presbyterium (griech.), Bema, Chor, um einige Stufen erhöhter Priesterraum am Ende des Langhauses einer → *Basilika.

Prellstein

Preußische Kappe, tonnensegmentförmige → *Gewölbekappe zwischen Trägern.

Prodomus (lat.), Vorhaus, Vorhalle des röm. Hauses.

Profanbau, ein Gebäude ohne kult. Bestimmung.

Profil (ital.), 1. Querschnitt eines Bauelementes (Gewände, →*Rippe, → *Gesims u. dergl.), zusammengesetzt aus Vor- oder Rücksprung, Hohlkehle, Stab oder dergl. 2. Längsschnitt (Längsp.) bzw. Querschnitt (Querp.) einer Straße oder eines Geländes.

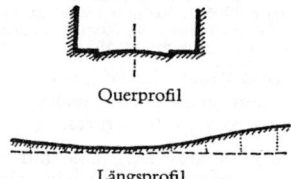

Querprofil

Längsprofil

Projekt, Vorhaben, Entwurf.

Projektion, Riß, Darstellung eines Objektes durch Projizieren auf eine Bildebene (Zeichenfläche). Die einfachste P. ist der Normalriß (Normalp.). Um ein Objekt vollständig darzustellen, sind mindestens drei Normalrisse erforderlich (Grundriß, Aufriß, Seitenriß). Normalrisse sind winkeltreu und längentreu, geben aber keine so anschaulichen Bilder wie Parallelrisse (Parallelp., Axonometrien). Die normale Axonometrie ist im allgemeinen nicht winkeltreu und wird zur Verbesserung der Bildwirkung häufig mit verkürzten Tiefenmaßen gezeichnet. Der Einheitswürfel, der im Normalriß als Quadrat erscheint, erscheint in der normalen Axonometrie schiefwinkelig, jedoch mit parallelen Kanten. Sind alle seine

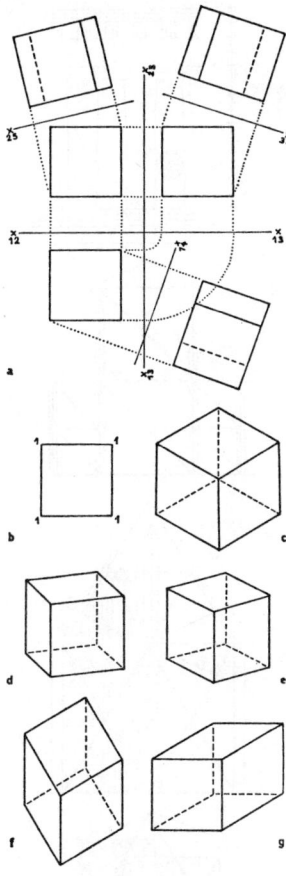

Projektion

Darstellungen des Würfels mit der Seitenlänge 1

a Normalrisse
Grundriß, Aufriß, Seitenriß und drei Kreuzrisse
b kotierte Projektion
c isometrische Axonometrie, „Isometrie"
d dimetrische Axonometrie
e trimetrische Axonometrie
f isometrischer Militärriß
g isometrischer Kavalierriß

Kanten gleich lang (isometr.) dargestellt und ist sein scheinbarer Umriß ein regelmäßiges Sechseck, so nennt man die Darstellung Isometrie. Ist eine nach hinten weisende Kante des Einheitswürfels verkürzt (dimetr.) dargestellt, heißt die Darstellung allgemeine dimetr. Axonometrie, bei der bes. bildwirksame Annahmen genormt sind (Genormte dimetr. Axonometrie). Die schiefe Axonometrie entsteht aus Grund- oder Aufriß bei frei angenommener Blickrichtung (Schrägriß oder frontale Axonometrie): die Tiefenmaße des Kavalierrisses werden vor dem Aufriß aufgetragen, die Höhenmaße des Militärrisses werden über dem Grundriß aufgetragen. Allgemeine schiefe Axonometrien und normale Axonometrien können auch trimetr. angenommen werden, d. h. alle Richtungen erscheinen in einem besonderen Verkürzungsmaßstab. Die Parallelp. werden oft zur Unterscheidung von der Zentralp. (Zentralperspektive, → *Perspektive) Parallelperspektive genannt. Hinsichtlich der für die eindeutige Darstellung notwendigen Anzahl von Bildern spricht man von Eintafelp. (Perspektiven, Parallelrisse, → Kotierte P.), Zweitafelp. und Dreitafelp. (Normalrisse). Die kotierte P. ist eine durch Höhenmaße ergänzte Grundrißdarstellung und wird hauptsächlich bei Geländedarstellungen (Landkarten) angewendet. Eine Sonderform der kotierten P. sind die → *Baurisse der Gotik, bei denen Grundrisse aus verschiedenen Höhenlagen in einer P. vereinigt werden.

Pronaos, Vorhalle der Cella (Naos) des griech. Tempels (→ Tempelformen).

A. v. Gerkan, Pronaon, Metope und Proskenion (Jahresheft des Österr. Archäolog. Institutes), 1949.

Proportion (lat.), Vergleich der Maßverhältnisse (Höhe : Breite : Tiefe) von Bauteilen in Bezug auf das Ganze. In Antike und Renaissance ging man vom unteren Säulenhalbmesser (Modul) aus und brachte alle Bauteile einer Säulenordnung in ein Verhältnis von Vielfachen bzw. Bruchteilen derselben. Doch ließ sich nie eine feste Norm (Kanon) bilden, weil sich die Verhältnisse im Laufe der Entwicklung verändern. Im MA. ging man auf einfache Grundfiguren, Kreis, Quadrat (Quadratur), Dreieck (Triangulation), zurück, d. h. P.systeme, die auch vermessungstechn. bedingt waren. Auch der → *Goldene Schnitt bildet eine Grundlage für die P., doch wurde seine Bedeutung oft überschätzt. Immer wieder galten auch die Verhältnisse des menschlichen Körpers vorbildlich, zuletzt im → *Modulor.

A. Zeising, Neue Lehre von den P. des menschlichen Körpers, 1854; H. Maertens, Der opt. Maßstab, 1884; J. Bochenek, Canon aller menschlichen Gestalten und Tiere, 1885; G. Dehio, Untersuchungen über das gleichseitige Dreieck als Norm got. Baup., 1894; ders., Ein P.gesetz der antiken Baukunst und sein Nachleben im MA. und in der Renaissance, 1895; F. Hoeber, Orientierende Vorstudie zu einer Systematik der Architekturp. auf histor. Grundlage, 1906; A. Weiser, Der Maßstab in der Architektur (Diss. Wien), 1916; E. Panofsky, Die Entwicklung der P.lehre als Abbild der Stilentwicklung (Monatshefte für Kunstwiss.), 1921; E. Moessel, Die P. in Antike und MA., Urformen des Raumes als Grundlagen der Formgestaltung, 1926; ders., Vom Geheimnis der Form und der Urform des Seins, 1938; F. Durach, Das Verhältnis der ma. Bauhütte zur Geometrie, 1929; J. Giesen, Dürers P.studien, 1930; W. Thomae, Das P.wesen in der Geschichte der got. Baukunst, 1933; W. Überwasser, Von Maß und Macht der

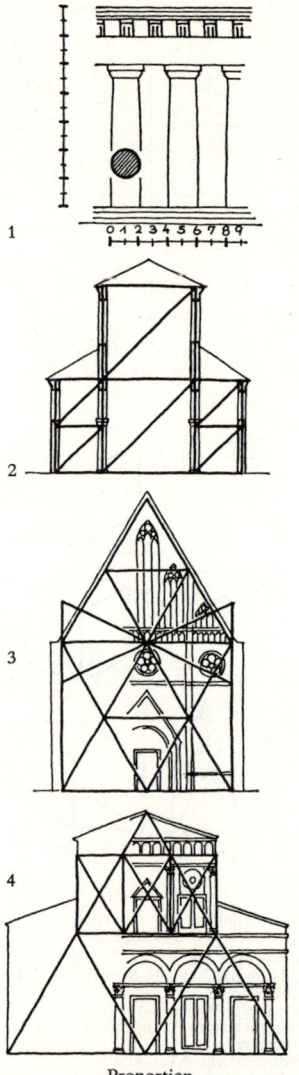

Proportion
1 Antiker Modul   2 Ma. Quadratur
3 und 4 Ma. Triangulation

alten Kunst, 1933; T. Fischer, Zwei Vorträge über P., 1934; O. Kletzl, Das P.wesen in der Geschichte der got. Baukunst (Zs. für Kunstgeschichte), 1935; K. Wieninger, Versuche über eine Harmonielehre der Baukunst (Diss. Wien), 1916; H. Koch, Vom Nachleben des Vitruv, 1951; M. Velte, Die Anwendung der Quadratur und Triangulatur, 1951; Le Corbusier, Der Modulor, 1953; ders., Modulor 2, 1958; O. Schubert, Gesetz der Baukunst, 1954; H. Graf, Bibliographie zum Problem der P., 1958; M. Buchartz, Gleichnis der Harmonie, ²1955; E. F. Sekler, *P., a Measure of Order*, Havard 1965; K. Freckmann, P. in der Baukunst, 1965; s.a. Goldener Schnitt.

Proportionsschlüssel, geometr. Grundfigur, aus der die Maßverhältnisse eines Bauwerks entnommen werden können (→ *Achtort, Quadratur, Triangulation).

Propylon, Propyläen (griech.), Torbau eines meist von hohen Mauern umschlossenen griech. Tempelbezirks (Temenos). Das P. hat meist eine oder mehrere Türen, eine größere äußere und eine kleinere innere Vorhalle. Ein derartiges P. hat bereits die Burg von Tiryns, die bedeutendste Anlage hat die Akropolis von Athen. Auch die Tempelanlagen von Eleusis, Pergamon (Demeter und Asklepios), Delphi und Ägina hatten ein P. Bei frühchristl. → *Basiliken wird auch der → *Anteportikus P., bei antiken Chalcidikum genannt.

R. Bohn, Die Propylaeen der Akropolis zu Athen, 1882; E. Weigand, P. und Bogentor in der östl. Reichskunst (Wiener Jb. für Kunstgeschichte), 1928; H. Hörmann, Die inneren Propylaeen von Eleusis, 1932.

Proscenium (lat.), 1. erhöhte Bühne vor der Scenae frons und zwischen den Paraskenien beim röm. → *Theaterbau. 2. → Proszenium.

Proskenion (griech.), → Proscenium.

A. v. Gerkan, Pronaon, Metope und P. (Jahreshefte des Österr. Archäolog. Institutes), 1949.

Prospekt (lat.), die naturgetreue Wiedergabe eines Bauwerks, einer Baugruppe oder Stadtansicht in Kupferstichtechnik oder Malerei.

Prostas, Prostasis (griech.), Vorhalle des griech. → *Wohnhauses, dem Pronaos des Tempels vergleichbar, der manchmal ebenfalls P. genannt wird.

Prostylos, Tempel mit einer den Pronaos umschließenden Säulenvorhalle an der Frontseite (→ *Tempelformen).

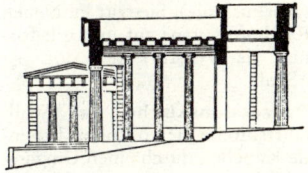

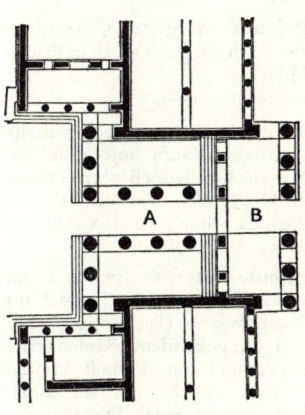

Propylon
(Beispiel: Athen, Akropolis, Propyläen)
A Äußere Westvorhalle
B Innere Ostvorhalle

Proszenium (lat.), 1. Vorbühne, der Teil der Bühne des modernen Theaterbaues zwischen Vorhang und Rampe bzw. Orchestergraben. 2. Proskenion, → Proscenium.

Lit.: → Bühne, Theaterbau.

Prothesis (griech.), Nebenraum byzantin. und frühchristl. Kirchenbauten zur Vorbereitung des Meßopfers. Die P. lag symmetr. zum Diakonikon neben der Apsis (Konche). Beide sind die Pastophorien (→ *Basilika).

Protodorische Säule, Stütze über regelmäßig vieleckigem Grundriß mit Abakus als Kapitell (Abakussäule). Sie tritt im Neuen Reich Ägyptens auf und gilt formal als Vorstufe der dor. → *Säule.

Prozessionskirche, → *Wallfahrtskirche, deren isoliert liegende Kapellen durch einen Umgang mit dem Hauptraum verbunden sind.

Prytaneion (griech.), Amtshaus einer griech. Stadt (z. B. in Priene, Milet).

Lit.: → Buleuterion.

Pseudobasilika (griech.), mehrschiffiger Raum mit erhöhtem Mittelschiff, jedoch ohne Fenster im Obergaden, wie dies bei einer Basilika üblich ist (→ *Staffelhalle).

Pseudodipteros (griech.: falscher Dipteros), 1. Tempel mit Wandsäulen (Pseudoperipteros) und umgebendem Säulenkranz. 2. Tempel mit doppelt breitem Pteron, jedoch ohne die innere Stützenreihe eines Dipteros (→ *Tempelformen).

Pseudoperipteros (griech.: falscher Peripteros), Tempel mit Wandsäulen anstelle eines Säulenkranzes (→ *Tempelformen).

Pseudoprostylos (griech.: falscher Prostylos), Tempel mit Wandsäulen anstelle der Säulen an den Stirnseiten (→ Tempelformen).

Pteron, Pteroma (griech.), Fläche zwischen Cella und Säulenkranz des griech. Tempels (→ *Tempelbau, Peridromos).

Pueblo (span.), Indianersiedlung im Süden der Vereinigten Staaten von Amerika. Der P. besteht aus zahlreichen (bis zu 500) neben- u. übereinanderliegenden Wohnelementen.

Mindeleff, *A Study of Pueblo Architecture* (Ann., Report of the Bureau of Ethnology 8), Washington 1891; H. Eickhoff, Die Kultur der P. in Arizona und New Mexiko, 1908.

Pulpitum (lat.), 1. Rednertribüne, Kanzel; 2. Mittelteil des Prosceniums eines antiken Theaters (→ Theaterbau).

Pultdach, Halbdach, halbes Satteldach, das manchmal an eine höhere Mauer anschließt (→ *Dachformen).

Punkthaus, → Turmhaus, Hochhaus über einem dem Quadrat angenäherten Grundriß.

E. F. Sekler, Das P. im europ. Wohnungsbau (Dokumentationszentrum für Technik und Wirtschaft 16), 1952; P. Peters, Wohnhochhäuser, P., 1958.

Putz, Mörtelüberzug als Außenp. oder Innenp. (Stuck), Wandp. oder Deckenp. vorkommend. Eine Sonderform des Innenp. ist der → Stucco lustro. Auf den Unterp. folgt der Oberp. (Feinp.). Je nach den Beimengungen unterscheidet man Zementp., Kalkp. und Gipsp. Edelp. ist eine Mischung aus bes. ausgewählten Grundstoffen, ebenso der Steinp.

Mehrere farbige P.schichten sind Voraussetzung für das Sgraffito (Kratzp.). Die Römer nannten ihre verschiedenen P.- bzw. Stuckarten opus albarium, opus arenatum, opus tectorium, opus album und opus coronarium bzw. marmoratum.

K. Lade, A. Winkler, Die P.arbeiten (Architekt und Bauhandwerk), 1936; ders., P., Stuck, Rabitz, 1952; W. Piepenburg, Mörtel, Mauerwerk, P., 1961.

Putzarchitektur, landschaftlich begrenzte Ausbildung der Oberfläche der Bauwerke in Putz als klimat. bedingter Schutzüberzug über Backsteinmauerwerk oder auch Fachwerk. Die P. variierte oft die Architekturformen des Steinbaues und entwickelte als eigene materialgerechte Schmuckform das plast. und frei modellierte Stuckwerk (→ Stuckatur) und das flächige und farbige → Sgraffito. Vor allem in Süddeutschland tritt häufig → *Fassadenmalerei auf.

Putzhaut, der Putzüberzug einer Mauer oder Wand. Im MA. war die P. meist nur wenige mm dick und nicht mit der Latte geebnet, sondern folgte den Unebenheiten des Mauerwerks.

Putzträger, Rohrmatten, Drahtziegelgewebe, Holzlatten u. dergl. zur Erhöhung der Putzhaftung an glatten Materialien (Beton, Metall, Holz u. a.).

Pyatthat (hinterind.), Turmaufbau mit ungerader Geschoßanzahl (bis sieben), der sich in Hinterindien über der Cella eines Tempels, über einer Kapelle oder über einem Thronsaal erhebt.

Pyknostylos (griech.: dichtsäulig), enge Säulenstellung, bei der das → *Interkolumnium 1½ un-

teren Säulendurchmessern entspricht.

Vitruv, 3. Buch, Kap. 3.

Pylon (griech.), 1. Torbau des ägypt. Tempels mit zwei turmähnlichen, geböschten Bauten, in deren Schlitzen Fahnenmasten aufgestellt werden. Im Inneren des P. sind Treppen, die Fronten waren oft mit Reliefs geschmückt. Der besterhaltene P. ist in Edfu. 2. Pfeilertürme einer Hängebrücke, an denen das Tragwerk aufgehängt wird (→ *Brücke).

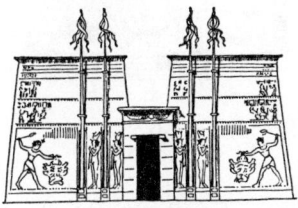

Pylon
(Beispiel: Edfu, Horustempel)

Pyramide (ägypt.-griech.), Grabbauten ägypt. Pharaonen. Über quadrat. Grundfläche errichteter Baukörper mit unter einem Neigungswinkel von rund 50° allseitig geböschten Oberflächen. Die P. ist wohl aus der Mastaba, Stufenmastaba und Stufenp. entstanden. Die Abtreppung einer Stufenp. ist jedoch nicht durch Aufstockung, sondern durch Ummantelung zu erklären. Eine Sonderform ist die Knickp. mit gebrochenem Neigungswinkel (Daschur). In Ägypten sind alle Formen der P. Pharaonengräber. Dagegen tragen die Stufenp. Babyloniens (→ *Zikkurat, Stufenberg) Hochtempel, die wie die Tempel auf den Stufenbergen Altamerikas meist zur Beobachtung

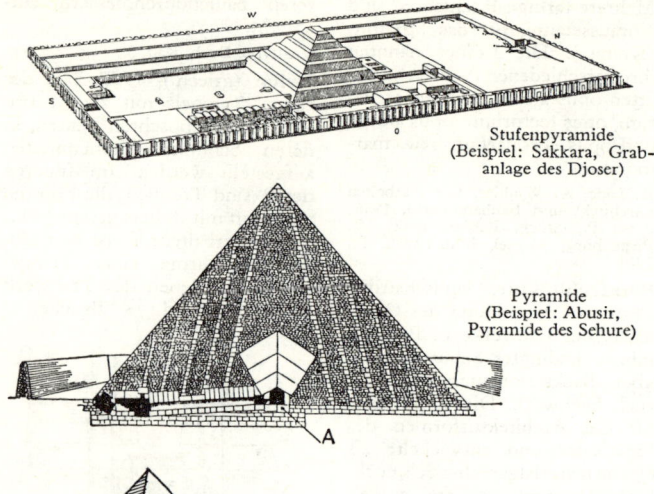

Stufenpyramide
(Beispiel: Sakkara, Grab-
anlage des Djoser)

Pyramide
(Beispiel: Abusir,
Pyramide des Sehure)

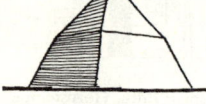

Knickpyramide

von Himmelskörpern (Sonnenp.,
Mondp.) dienten. Auf → *Stufen-
bergen stehen auch einige Tempel
(→ *Prang) in Hinterindien (Ang-
kor-Thom/Kambodscha; Baksei-
Chang-Krang).

L. Borchardt, Die P., 1911; ders.,
Gegen die Zahlenmystik an der großen
P. von Giseh, 1922; ders., Die Entstehung der P., 1928; U. Hölscher,
Grabdenkmal des Chefren, 1912; L.
Ginsell, *Egyptian Pyramids*, Gloucester
1947; S. Schott, Bemerkungen zum
ägypt. P.kult (Beiträge zur ägypt. Bauforschung und Altertumskunde), Kairo
1950; J. P. Lauer, *Le problème des pyra-
mides d'Egypte*, Paris ²1952; J. E. S.
Edwards, *The Pyramids of Egypt*, Balti-
more ²1961; A. Fakhry, *The Pyramids*,
Chikago 1961; G. Rühlmann, Kleine
Geschichte der Pyramiden, ²1965.

Pyramidendach, Zeltdach, Dach
in Pyramidenform (→ *Dachformen).

Qa'a, Ka'a (arab.), Grundform des
arab. Hauses mit zusammenge-
faßtem Hof und Liwan, öfter T-
förmig ausgebildet. Sie kann als
Vorbild für Moscheen gedient
haben.

O. Reuther, Die Qa'a (Jb. für asiat.
Kunst), 1925.

Qamriya (arab.), Fensterfüllung
der islam. Baukunst Ägyptens aus
meist geometr. durchbrochenen
Gipsplatten, in deren Öffnungen
bunte Gläser eingesetzt sind.

Qamriya

Qasr, Kasr (arab. nach lat. *ca-strum*), Schloß (→ Alkazar).

Qatai, Katai (arab.), befestigter Bezirk einer arab. Stadt mit Moschee oder Palast als Zentrum.

Qibla, Kibla (arab.), die nach Mekka weisende Richtung (Gebetsrichtung) der Hauptachse einer Moschee, die durch die Gebetsnische (→ *Mihrab) gekennzeichnet ist.

Lit.: → Moschee.

Qiblawand, flache Abschlußwand gegenüber dem Haupteingang einer Moschee.

Quader, Quaderstein, in regelmäßige Form gebrachter Hau- oder Werkstein mit meist glatten, parallelen Flächen. Sonderformen mit unebener Sichtfläche sind Buckelq., Bossenq. (→ *Mauerwerk) und → *Diamantquader.

Quadermauerwerk, → *Mauerwerk aus Quadersteinen.

Quadratisches Schema, Grundrißeinteilung einer Basilika der roman. Zeit, für die das Vierungsquadrat die Einheit ist und das Querhaus wie das Langhaus bei gleicher Breite ein Vielfaches des Vierungsquadrates bilden (→ *Gebundenes System).

P. Frankl, Die frühma. und roman. Baukunst (Hdb. der Kunstwiss.), 1926.

Quadratur, Proportionsschlüssel zur Bestimmung der Maßverhältnisse von Bauteilen untereinander und in Bezug auf das Ganze (→ *Proportion).

M. Velte, Die Anwendung der Q. und Triangulatur bei der Grund- und Aufrißgestaltung got. Kirchen, 1951; H. Graf, Bibliographie zum Problem der Proportion, 1958.

Quadrierung, Nachahmung des Aussehens eines Quaderbaues durch Ziehen von Scheinfugen im Putz oder durch Bemalung.

Quadrifrons (lat.), ein vierseitiger Triumphbogen (→ *Tetrapylon).

Quadriga (lat.), Viergespann, bronzenes Gespann mit vier Pferden vor einem Streitwagen. Die Q. war oft auf einem → *Triumphbogen angebracht, doch sind nur die vier Pferde einer einzigen Q. aus der Antike erhalten (heute über dem Eingang von S. Marco in Venedig). Eine Q. aus klassizist. Zeit befindet sich z. B. auf dem Brandenburger Tor zu Berlin.

G. Hafner, Viergespanne in Vorderansicht, 1938.

Qubba (arab.), Kuppel, auch islam. Grabbau mit Kuppel.

Querachse, → *Achse.

Querdach, Zwerchdach, Dach mit quer zum First des Hauptdaches verlaufendem First (→ *Dachformen, → *Auslucht).

Querhaus, Querschiff, Transept, quer zum Langhaus verlaufender Bauteil. Bei der frühchristl. Basilika eine seitliche Ausweitung am Ostende des Langhauses, die nicht immer gleich breit bzw. gleich hoch wie dieses sein muß und an die unmittelbar die Apsis anschließt. Bei roman. Kirchen folgt auf das Q. oft noch ein Chorquadrat, wodurch der Grundriß kreuzförmig wird (Kreuzarme, Kreuzflügel). Die Durchdringung von Langhaus und Q. ergibt (bei gleichen Breiten) das Vierungsquadrat. Bei → *Doppelchörigen Anlagen können bes. in otton. Zeit auch zwei Q. vorkommen (Abb. S. 308).

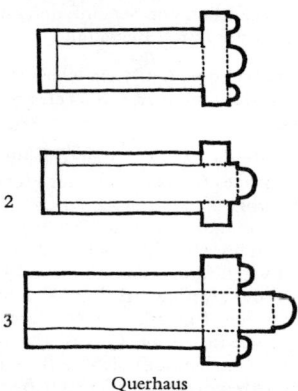

Querhaus
1 Querhaus an einer frühchristlichen
  Basilika
2 Seitliche Erweiterung des Langhauses
3 Durchdringung von Lang- und Querhaus in ausgeschiedener Vierung

Querhausapside, Apsis an den
Ostseiten der Querhausarme, seltener an den Stirnseiten (Nord,
Süd) eines → *Querhauses. Die
Q. an der Ostseite des Querhauses
können auch gestaffelt sein, wobei
der Chor mit der Hauptapsis am
weitesten nach Osten vorstößt.
Bei Zisterzienserbauten sind die
Q. meist kleine Rechtecknischen,
die unmittelbar nebeneinander
liegen.

Querhausarm,   Kreuzflügel,
Kreuzarm, Teil des Querhauses
seitlich des Vierungsquadrates.
Beim quadrat. Schema (→ Gebundenes System) hat der Q. die
Größe des Vierungsquadrates,
so daß das Querhaus drei Quadrate umschließt.

Querhausfront, Stirnfläche eines
Querhausarmes. Bei dreischiffigen
Querhausanlagen werden vor al-
lem in der französ. Gotik reiche
Fassaden ausgebildet, die ähnlich
der Westfassade gegliedert sind.

Querhauskapelle, → Querhausapside (→ *Querhaus).

Queroval, ungenau für eine
Ellipse, deren längere Achse quer
zur Hauptachse eines Raumes angeordnet ist (im Gegensatz zum
sog. → *Längsoval).

Querraum, → Quersaal.

Querriegel, bes. betont ausgebildetes Querschiff roman. Kirchen
in der Auvergne (→ *auvergnat.
Querriegel).

Quersaal, Querraum, Saal, dessen längere Achse quer zur Hauptachse verläuft z. B. die Säulen-
säle ägypt. Tempel (→ *Tempelbau) und islam. → Moscheen, german. → *Königshallen, → *Thermen u. dergl.

Querschnitt, → Schnitt.

Quertonne, Tonnengewölbe,
dessen Scheitellinie – im Gegensatz zur Längstonne – quer zur
Hauptachse eines Raumes verläuft (→ *Gewölbeformen).

Rabitzgeflecht, Rabitzgitter, ein
Draht-Ziegel-Gewebe, das als
Putzträger verwendet wird.
K. Lade, A. Winkler, Putz, Stuck,
Rabitz, 1952.

Radabweiser, Radstößer, Abweichstein, Abweiser → *Prellstein.

Radfenster, → *Rundfenster mit
speichenartiger Unterteilung, die
als Vorform des Maßwerks bezeichnet werden kann (z. B. Fensterrose der Notre-Dame von
Paris).

Radial, von einem Zentrum aus-
gehend, z. B. Kapellen eines
Kapellenkranzes (→ *Chor) oder

Straßensystem einer → *Idealstadt.

Radialstadt, eine Stadt, der ein
System radial von einem Zentrum
ausstrahlender Straßen zugrunde-
liegt (→ *Idealstadt). Seit dem
Ende des 19. Jh. ist die durch
Ring- und Gürtelstraßen ergänzte
R. Modell einer funktionellen
Gliederung des Stadtkörpers (Ge-
neralregulierungsplan für Wien
von Eugen Faßbender 1893).

E. Faßbender, Erläuterung zum Ent-
wurfe eines Generalregulierungsplanes
über das gesamte Gemeindegebiet von
Wien, 1893.

Radiante Kapellen, radiale Kapellen, Kapellenkranz eines →
*Chors.

Radkan (pers.), zylindr. Grab-
turm mit Kegeldach.

E. Diez, Churasan. Baudenkmäler I,
1918; ders., Islam. Baukunst in Churasan, 1923.

Radstößer, Abweiser, Radabweiser, → *Prellstein.

Rähm, Rahmholz, waagrechtes
Holz einer Fachwerkwand, das
über den Ständern liegt, entsprechend der unter diesen liegenden
Schwelle (→ *Fachwerk).

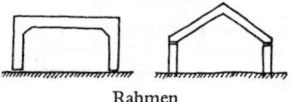

Rahmen

Rahmen, 1. rahmenförmig geknicktes Tragwerk aus Holz,
Stahl oder Stahlbeton, dessen
Knickpunkte biegesteif ausgebildet sind. R. mit eingespannten
Auflagern können durch den Einbau von Gelenken statisch bestimmbar werden (→ *Gelenk 2);
2. R. und Füllung (→ *Füllung).

1. O. Luetkens, Die Methoden der
R.statik, 1949; ders., Der räumliche R.,

1951; W. Fries, Fachwerk und R.werk,
1953; A. Kleinlogel, R.formeln, [12]1957;
R. Abdank, R., Bogen und Durch-
laufkonstruktionen, 1959.

Rahmen- und -Füllungstür,→
*Tür aus Rahmen und Füllungen
(Zweifüllungstür, Dreifüllungs-
tür).

Rampe, schräg ansteigende Zufahrt oder Zugang (schiefe Ebene) zu einem erhöhten Platz, einer
Terrasse oder einem Bauwerk.
Monumentale Rampen kommen
beim → *Terrassentempel der
Hatschepsut zu Theben (Der-el-
Bahri), bei assyr. Palästen (Chorsabad) und Zikkurats vor. Beim
Bau der Pyramiden verwendete
man R. zum Materialtransport. R.
mit gewendeltem Lauf nennt man
Wendelrampen (Wendeltürme:
Samarra → Minar, → *Spiralturm).

Randschlag, Kantenschlag, genaue Zurichtung der Kanten
eines Quadersteines, dessen Sichtfläche bis auf den schmalen R.
unbearbeitet oder ungeglättet
bleibt (→ *Mauerwerk).

Rapport, regelmäßige Wieder-
kehr derselben Form eines Mu-
sters, z. B. bei Friesen, Tapeten
oder Geweben.

Raster, rechtwinkeliges Linien-
netz als Ordnungsschema des →
Skelettbaus. Die Stützen des
Skelettbaues sind im Grundriß
auf die Kreuzungspunkte des R.
(R.punkte) bezogen. Ein enger R.

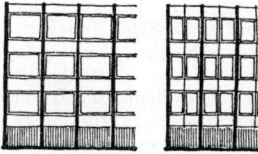

Enger Raster   Weiter Raster

liegt der Anordnung nur einer Öffnung zwischen den tragenden Stützen zugrunde, ein weiter R. der Anordnung mehrerer durch nichttragende Stützen getrennter Öffnungen zwischen den tragenden Stützen.

C. Siegel, Strukturformen der modernen Architektur, 1960.

Rasthaus, an Autobahnen gelegenes Restaurant, das im Gegensatz zum Motel keine Herberge ist.

Ratha
(Beispiel: Mamallapuram, Dharmaradscha Rath, 7. Jh.)

Ratha, Rath (ind.), kleiner, dem Götterwagen nachgebildeter Steintempel, der meist monolith aus dem Felsen gehauen und manchmal mit Rädern geschmückt ist (Mamallapuram).

Rathaus, Gebäude für die Ratsversammlung einer Stadt, dessen Hauptraum der Ratssaal ist. Das antike R. der Griechen ist das → *Buleuterion. Das R. der ma. Stadt diente den bes. privilegierten oder gewählten Ständevertretern. Es steht meist an bevorzugter Stelle (Lübeck, Danzig, Bremen, Ulm, Rothenburg o. T.) und fällt durch seinen Turm und bes. reiche architekton. Gestaltung auf (Brüssel, Löwen, Antwerpen,

Amsterdam). Manchmal haben R. auch wehrhaften Charakter (Florenz, Siena) oder sie haben im Erdgeschoß große Hallen, die als Verkaufsraum dienten (Michelstadt, Esslingen – Altes R.), einige R. haben außerdem noch große Säle für festliche Veranstaltungen, so in Wien und in Augsburg. Doch dienen diesem Zwecke meist selbständige Saalbauten, wie Hochzeitshaus, Tanzhaus, Trinkstube und Kaufhäuser. Später wird das R. mehr und mehr zum Verwaltungsgebäude (→ *Backsteingotik, → *Giebel).

O. Stiehl, Das deutsche R. im MA., 1905; A. Grisebach, Das deutsche R. der Renaissance, 1907; Elkart, R. (Wasmuth, Bd. 5), 1937; F. Krischen,

Rathaus

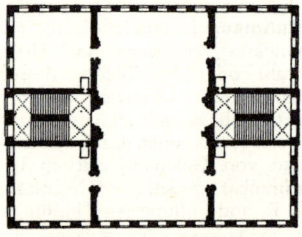

(Beispiel: Augsburg, Rathaus)

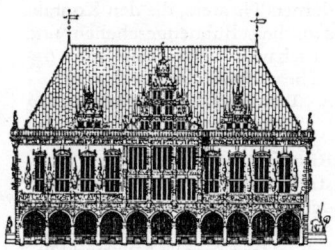

(Beispiel: Bremen, Rathaus)

Antike R., 1941; K. Gruber, Das
deutsche R., 1943; K. Junghanns, Die
öffentlichen Gebäude im ma. dt. Stadtbild, 1956; W. Rauda, Dt. R., 1958;
W. Tiedje, R. (Architekturwettwerbe-
be 33), 1961; W. Kiewert, Dt. R., 1961;
Sickel, Das R. im Ortsbilde (Städtebauliche Vorträge VII, 4).

Rauchfang, → *Schornstein.

Rauchstubenhaus, bes. in der
Steiermark und in Kärnten, aber
z. T. auch im östl. Deutschland
verbreiteter Typ des Bauernhauses, dessen Herdstelle keinen
Rauchfang hat, so daß der Rauch
durch kleine Luken im Gebälk
der „schwarzen Küche" ent-

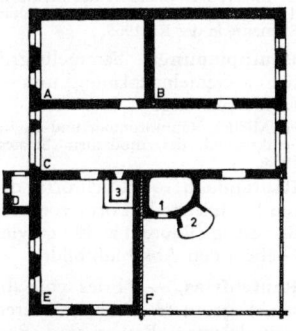

Kärntner Rauchstubenhaus

A Kammer   D Abort
B Dienstleutstube E Kachelstube
C Laube   F Rauchstube

1 Rauchstubenofen   2 Herd
3 Kachelofen

weicht. Ursprünglich war nur
eine Feuerstelle, die als Herd und
Ofen zugleich diente, vorhanden.

J. Papesch, H. Riehl, W. v. Semetkows-
ki hg., Heimatliches Bauen im Ostalpenraum, 1941.

Rauhputz, Putz mit rauher Oberfläche durch Verwendung grob-
körniger Zuschlagstoffe oder auch
durch spätere künstliche Aufrau-
hung (Spritz- oder Graupelputz,
Besenputz). Der R. dient meist
als Unterputz (Anwurf) auf dem
der Feinputz aufgetragen wird.

Raum, in der Baukunst ein von
Baukörpern oder von Oberflächen
raumbildender Konstruktionen
(z. B. von Wänden) begrenzter
und dadurch sinnlich wahrnehm-
barer Teil im Inneren eines Baukörpers oder umgrenzt von verschiedenen Baukörpern eines städte-
baulichen Gefüges. Der R. wird
in seiner Wirkung durch die
Eigenschaften seiner Begrenzungen und durch deren Verhältnis
zueinander und zum Menschen
wesentlich bestimmt und seine
Gestaltung ist neben der des Baukörpers das eigentliche Thema
allen baukünstler. Schaffens. Der
geschlossene R. (Innenraum) kann
durch Durchlöchern oder Entfer-
nen einer oder mehrerer seiner
Umschließungen in den offenen
R. übergehen (Hof, Platz; R. mit
Glaswand). Dem uralten Bestreben, den geschlossenen R. durch
Entmaterialisierung seiner Begrenzungen (Mosaik, Malerei,
Glasmalerei) zu erweitern, steht
die moderne Tendenz zum unbe-
grenzten R. gegenüber (Ausklei-
dung mit Spiegeln, Glaswände).

J. Brix, F. Genzmer, Die Gestaltung des
Straßen- und Platzr., 1909; R. Jaensch,
Über die Wahrnehmung des R., 1911;
O. Karow, Die Architektur als R.-
kunst, 1921; A. E. Brinckmann, Plastik

und R. als Grundformen künstler. Gestaltung, [2]1924; G. Steinmetz, Grundlagen für das Bauen in Stadt und Land, Bd. 1: Körper und R., 1928; F. Sander, Die Entwicklung der R.theorien in der 2. Hälfte des 19. Jh. (Diss. Halle), 1931; E. Moessel, Die Proportion in Antike und MA., Urformen des R. als Grundlage der Formgestaltung, 1931; R. Klamt, Über die Auflösung der Baumasse und des R. (Diss. Wien), 1935; F. Wachtsmuth, Der R., 1935; E. Riß, R.veredelung – Die neue Stadt, 1936; K. A. Doxiades, R.ordnung im griech. Städtebau, 1937; H. Jantzen, Über den kunstgeschichtlichen R.begriff (Sitzungsberichte der Bayer. Akademie der Wiss.), 1938; S. Walewa, Die architekton. Bedeutung der Straße (Diss. Wien), 1946; W. v. Wersin, Das Buch vom Rechteck, Gesetz und Gestik des Räumlichen, 1956; W. Rauda, R.probleme im europ. Städtebau, 1956; ders., Lebendige Städtebauliche R.bildung, 1957; C. A. Bembe, Von der Linie zum R., 1959; W. T. Otto, Der R.satz, 1959; E. Trier, Figur und R., 1960; E. Aksoy, Mittelr., Grundgestaltungsprinzip der türk. Profanarchitektur (Diss. Stuttgart), 1963; K. Badt, R.phantasien und R.illusionen, 1963; W. Meisenheimer, Der R. in der Architektur (Diss. Aachen), 1964; G. M. W. Pinder, Einleitende Voruntersuchungen zu einer Rhythmik roman. Innenr., o. J.

Raumabwicklung, → *Abwicklung.

Raumbogen, Verschnittkurven verschieden gekrümmter Flächen (Kurven höherer Ordnungen). In der Baukunst treten sie stets beim Verschnitt verschiedener Gewölbe auf. Als bewußte Ausdrucksform verwendet die Spätgotik kurvierte Gewölberippen (→ *Gewundene Reihung), das Barock komplizierteste Kuppelverschneidungen (→ *Kuppel) und den ausgebauchten Fassaden folgende oder aus der Fassadenfläche herausgedrehte Diadembogen, bes. an Portalen.

Raumbühne, die vom Zuschauerraum nicht abgetrennte, sondern mit diesem zu einer Einheit verbundene Bühne eines modernen Theaters, die den Kontakt zwischen Bühnengeschehen und Zuschauer verstärken soll (→ *Theaterbau).

E. Burmeister, Möglichkeiten und Grenzen der R. (Diss. München), 1961; s. a. Bühne.

Räumliches Tragwerk, Konstruktion aus Holz oder Stahl, deren Tragelemente sich entsprechend dem Kräfteverlauf räumlich in der Längs-, Quer- und Diagonalrichtung erstrecken.

Raumordnung, die anzustrebende Ordnung der Gesamtentwicklung eines Staatsgebietes oder von regionalen Teilen und deren Durchführung durch die einzelnen Verwaltungsstellen. R. ist ein komplexer Begriff, der alle Tätigkeiten umfaßt, die auf den einzelnen Gebieten der vorsorgenden Planung einer möglichst zweckentsprechenden räumlichen Verteilung von Anlagen und Einrichtungen bedürfen.

R. Wurzer, Einzelinteressen und R., 1953; H. Michel, R. und Raumplanung im Strukturbild des modernen Staates, 1958; E. Dittrich, R. und Leitbild, 1962; G. Isbary, Der Standort der Städte in der R., 1964; K. Freisitzer, Soziolog. Elemente in der R., 1965.

Raumplanung, Sammelbegriff für → Gemeindeplanung und → Landesplanung.

H. Michel, Raumordnung und R. im Strukturbild des modernen Staates, 1958.

Rautendach, → *Dachform, deren Dachfläche in Form von vier Rhomben (Rauten) zwischen vier Giebeln den Abschluß bildet.

Rautenfries, → *Fries von abstrakt geometr. Bildung, deren Grundelement Rauten sind. Bes. in der normann. und roman. Baukunst.

Rautengewölbe, Netzgewölbe der spätgot. Baukunst, dessen Parallelrippen in der Grundrißprojektion Rauten bilden (→ *Gewölbeformen).

Refektorium (lat.), Speisesaal in einem → *Kloster, bei Deutschordensbauten auch → *Remter genannt. Das R. ist meist an dem der Klosterkirche gegenüberliegenden Flügel des Kreuzganges angeordnet. Bei Zisterzienserklöstern gibt es neben dem R. der Mönche noch ein R. der Laienbrüder (Laienr.). Bei vielen ma. Klöstern liegt gegenüber dem Eingang zum R. jenseits des Kreuzganges im Kreuzgarten die Brunnenkapelle. Lit.: → Kloster.

Regulae (lat.), kleine Plättchen mit sechs Tropfen (Guttae) unter der vorspringenden Leiste (Taenia) des Architravs der → *Dorischen Ordnung. Die Anzahl der R. entspricht den Triglyphen und den Metopenfeldern.

Reihendorf, Kettendorf, 1. In Marschgebieten das Marschhufendorf, dessen Häuser an der Innenseite des Deiches gereiht sind; 2. in Gebirgsgegenden das Waldhufendorf, bei dem die Hufen mit den Gehöften an einem Bach bzw.

an einer Talstraße aufgereiht sind (→ *Dorfformen).

O. Schlüter, R. (Reallexikon der german. Altertumskunde, hg. Hoops), 1915/16.

Reihenhaus, miteinander in fortlaufender Reihung (Zeilenbauweise) verbundene ein- oder mehrgeschossige Einfamilienhäuser mit gemeinsamer Zwischenmauer und Brandmauern in Abständen von etwa 30 m.

R. Eberstadt, Hdb. des Wohnungswesens, ⁴1920; R. Klapheck, Siedlungswerk Krupp, 1930; O. Kindt, Das Einwohnungs-R., 1957; ders., Einfamilien-R., 1961.

Reihung, → *gewundene Reihung, im Grundriß kurvenförmig ausgebildete Gewölberippen.

Rekonstruktion (lat.), Versuch der Wiederherstellung des urspr. Aussehens eines abgebrochenen oder durch Umbau stark veränderten Bauwerks. Die R. kann durch eine R.zeichnung oder durch Instandsetzung bzw. Wiederaufbau erfolgen. Doch ist eine zu weitgehende R. dann nicht zu empfehlen, wenn sie nicht ganz gesichert ist oder nur noch unbedeutende originale Reste erhalten sind.

Rekonstruktion (Beispiel: Krems/Donau, Gozzoburg)

vor der Rekonstruktion   nach der Rekonstruktion

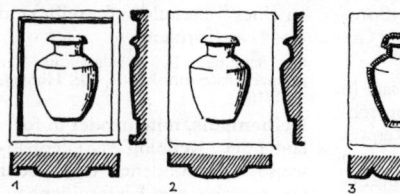

Relief

1 Relief mit versenktem Hintergrund
2 aufgetragenes Relief

3 versenktes Relief (Koilanaglyph)
4 aufgetragenes Relief mit vertieften
Umrissen

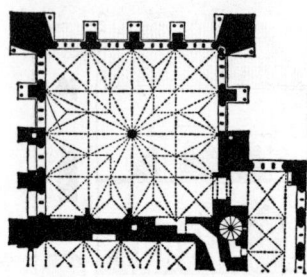

Remter
(Beispiel: Marienburg, Ordensburg,
14./15. Jh.)

T. Heß, Die Wiederaufrichtung der
antiken Baureste der Akropolis (Die
Denkmalpflege, 6), 1931; Zur R. der
Stadtzentren (Hochschule für Architektur u. Bauwesen, Weimar hg.), 1960.

Relief (franz.), plast. Komposition, in der Form von → Basr.,
→ Flachr., Hochr., → Koilana-
glyphen oder dergl. mehr oder
weniger stark herausgearbeitet, jedoch immer mit dem Mauergrund
verbunden (→ *Baumodell).

A. Schmarsow, Plastik, Malerei und
R.kunst, 1899; L. Volkmann, Grenzen
der Künste, 1903; F. Sarre, E. Herzfeld,
Iran. Felsr., 1910; G. Rodenwaldt, Das
R. bei den Griechen, 1923; W. Messerer,
Das R. im MA., 1959.

Relieforthostaten, unterste
Schicht des Mauerwerkes aus
größeren Steinen (→ *Orthostaten) mit Reliefs. R. finden sich
meist am Unterbau assyr. und
hethit. Paläste (Ninive, Chorsabad, Sendschirli).

Lit.: → Orthostaten.

Remter, Speisesaal (Refekto-
rium) einer → *Ordensburg des
Deutschordens. Bekannt ist der
Sommerr. der Marienburg.

Retabel (lat.), Altaraufsatz über
der Mensa (→ *Altarr.).

Retrochor (engl.: *retro-choir*), in
England ein den Seitenschiffen
des Langhauses entsprechender
Chorumgang hinter den Chorge-
stühlen.

Rhythmus (griech.), in der Baukunst Aufeinanderfolge immer wiederkehrender Gruppen von Grundelementen gleicher oder unterschiedlicher Länge bzw. Art (Joche, Travée, Haupt- und Nebenstützen, → *Stützenwechsel).

K. Lange, Wesen der Kunst; W. Drost, Die Lehre vom R. in der heutigen Ästhetik der bildenden Künste (Diss. Leipzig), 1919; L. Klages, Vom Wesen des R., ²1944.

Ribat (arab.), dem pers.-türk. Han entsprechende Herberge, die mit einer Medrese oder einem Mausoleum verbunden sein kann, hauptsächlich in Tunesien.

Riegel, Querverbindungen beim → *Fachwerk (Zwischenr.), über und unter Fensteröffnungen Sturzr. bzw. Brustr.

Riemchen, Riemenstein, der Länge nach gespaltener Backstein, der am Beginn bzw. Ende einer Mauer als Ausgleichsstein in den Verband eingefügt wird.

Riese, „Ryse", pyramidenförmiger, krabbenbesetzter und in einer Kreuzblume endigender Helm einer → *Fiale.

Ringanker, → Anker, der ein Gebäude oder einen Bauteil (Turmhelm, Kuppel) ringförmig umschließt (z. B. an der Domkuppel zu Florenz).

Ringgewölbe, → *Gewölbeform mit kreisförmig verlaufender Scheitellinie, meist eine Ringtonne.

Ringkrypta, stollenförmige → Krypta, die eine Apsis halbkreisförmig umschließt (→ *Konfessio).

Ringmauer, 1. Mauerring, Bering, ringförmig verlaufende Stadtmauer (→ *Stadtbefestigung); 2. Mantelmauer, Zingel,

Umfassungsmauer einer ma. → Burg oder einer frühgeschichtlichen Fliehburg.

Ringpultdach, Pultdach, das sich ringförmig um einen höheren, zentralen Baukörper, z. B. um einen Chor, schließt (→ Dachformen).

Ringsäule, Bundsäule, Säule mit durch ringförmige Zwischenglieder (→ *Schaftring, Bund, Wirtel) unterteiltem Schaft.

Ringstab, ein mit ringförmigen Zwischengliedern versehener Rundstab (meist als Gewölberippe).

Ringstraße, eine ringförmig den alten Stadtkern umgebende und auf den eingeebneten Gräben und Stadtwällen angelegte Straße. R. sind eine für das 19. Jh. typ. Form der Stadterweiterung und wurden oft monumental ausgestaltet (Paris, Wien, Brüssel, Köln u. a.). (Abb. S. 316).

R. v. Eitelberger, Die preisgekrönten Entwürfe zur Erweiterung der Inneren Stadt Wien, 1859; A. Bohdal, Die Stadterweiterung Wiens 1857 (Diss. Wien), 1931; E. Belloni, Die Wiener R.zone (Diss. Wien), 1940.

Ringtonne, Ringgewölbe, ringförmig um einen meist höheren Baukörper (Zentralbau) oder um eine Mittelstütze gelegte Tonne (→ *Gewölbeformen).

Rinne, offene Leitung mit Gefälle aus Holz, Metall oder Stein zur Ableitung von Flüssigkeiten. In der Baukunst hauptsächlich die → *Dachr., beim antiken Tempelbau die → *Rinnleiste (Sima).

Rinnleiste, eine in Karniesform aufgebogene Traufleiste (Sima) über dem Kranzgesims des antiken Tempels. Die R. war zunächst aus Terrakotta, später meist aus

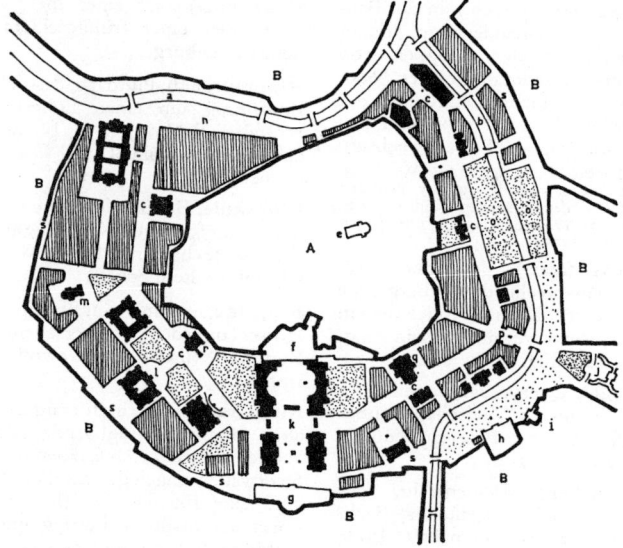

Ringstraße (Beispiel: Wien, Ring 1857ff.)

A Stadt
B Vorstadt
a Donau-Kanal
b Wienfluß
c Ringstraße
d nicht einbezogene Restfläche des
  Glacis
e Stephansdom
f Hofburg
g Hofstallungen
h Technische Hochschule
j Karlskirche
i Palais Schwarzenberg

k „Forum" von G. Semper
  (Neue Hofburg, Museen)
  Die westl. (linke) Hälfte der Neuen
  Hofburg nicht ausgeführt.
  Rathausviertel (mit Parlament und
  Universität)
m Votivkirche
n Kai
o Stadtpark
p Schwarzenbergplatz
q Oper
r Burgtheater
s Lastenstraße

Stein. Da Ablaufrohre nicht bekannt waren, floß das Dachwasser
durch Wasserspeier, meist Löwenköpfe, ab.

Rinnleiste mit Wasserspeiern

M. Schede, Antikes Traufleisten-
Ornament, 1909; P. Marconi, Griech.
Löwenköpfe aus Sizilien (Die Antike
V), 1930.

Rippe, Ogive, verstärkender rip-
penartiger Konstruktionsteil einer
Stahlbetondecke (→ R.decke)
oder eines Gewölbes (R.gewölbe).
Die R. sind nicht immer sichtbar,
sondern können in der Gewölbeschale oder auch am Gewölberücken (→ Obergurt) liegen. Das

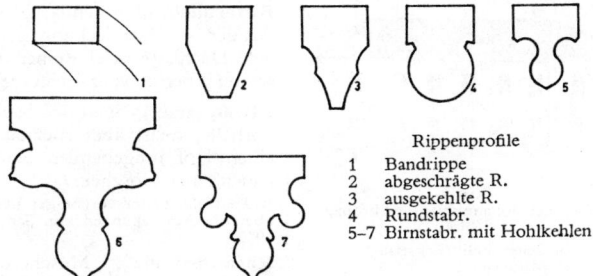

Rippenprofile
1 Bandrippe
2 abgeschrägte R.
3 ausgekehlte R.
4 Rundstabr.
5–7 Birnstabr. mit Hohlkehlen

R.gefüge ist ein Skelett mit nicht-tragenden Füllungen (Wangen, Kappen u. dergl.). In der Spätzeit der Gotik sind R. oft nur dekorativ unter eine tragende Gewölbeschale gesetzt. In der Endphase können sich die R. auch ganz von der Gewölbeschale loslösen und frei hängen (Zweischichtengewölbe). Je nach der Lage der R. unterscheidet man entsprechend den dazugehörigen Bogen (→ Gewölbeformen) Wandr. oder Schildr., Querr. oder Gurtr., Gratr., Diagonalr. oder Kreuzr., Kehlr. und Scheitelr. Die frühesten R. hatten rechteckigen Querschnitt (Bandr.), doch kommen auch Rundstäbe, teilweise Ringstäbe oder Bündelungen mit Hohlkehlen, Birnstäbe, sowie Verbindungen und Varianten dieser Formen vor.

H. Glück, Zur Entstehung des Gurten- und R.gewölbes (Belvedere IX, X), o. J.; G. Ungewitter, Lehrbuch der got. Konstruktion, ⁴1900–03.

Rippendecke, Massivdecke aus Stahlbeton. Die an der Untersicht in kurzen Abständen vortretenden schlanken Rippen und die quer darüber verlegte Deckenplatte bilden eine stat. Einheit (→ *Plattenbalkendecke).

Rippengewölbe, ein von → *Rippen getragenes Gewölbe, z. B. Kreuzr., Sterngewölbe, Netzgewölbe, Fächergewölbe, Domikalgewölbe u. dergl. (→ *Gewölbeformen). In der Spätzeit der Gotik gibt es auch Gewölbe mit nichttragenden Stuckrippen, die nur formal als R. bezeichnet werden können, → Zweischichtengewölbe, deren Rippen frei unter der selbsttragenden Gewölbeschale verlaufen, ferner frei nach unten durchhängende R. (→ *Abhängling 1) und R. mit → *gewundener Reihung.

Rippenkuppel, eine → *Kuppel aus tragenden Rippen und nichttragenden Füllflächen. Die Rippen treten oft nicht aus der Gewölbeschale hervor. Sind die füllenden Kappen segelförmig gebläht, so daß die Rippen zwischen ihnen als scharfe Grate erscheinen, spricht man von Segel- oder Schirmgewölbe.

F. Hart, Kunst und Technik der Wölbung, 1965.

Rippenzwickel, in der Baukunst des Islams gebräuchliche Sonderform der Gewölbezwickel (Pendentifs) mit gekreuzten Rippen, die Rautenformen umschließen. (→ *Grabmoschee).

Risalit
(Beispiel: Johannishus/Karlskrona,
Schloß)

a Seitenrisalit (Eckrisalit)
b Mittelrisalit

Risalit (ital.), vor die Flucht des Hauptbaukörpers vorspringender Bauteil, der auch höher sein kann und oft ein eigenes Dach hat. R. kommen hauptsächlich bei Profanbauten der Barockzeit vor. Je nach der Lage des R. unterscheidet man Mittelr. (mit Giebel auch Frontispiz), Seitenr. bzw. Eckr. Ein nicht durch alle Geschosse reichender vorgezogener Teil der Fassade heißt Vorbau, weiter vorgezogene Eckbauten nennt man Flügel. Einen, vom Hauptbaukörper stärker abgehobenen Eckr. mit besonderer Dachform, nennt man auch → *Pavillon (z.B. Wien, Oberes Belvedere) oder wenn er den Hauptbaukörper überragt auch Turm.

A. E. Brinckmann, Die Baukunst des 17. und 18. Jh. in den roman. Ländern, ⁵1929; M. Wackernagel, Die Baukunst des 17. und 18. Jh. in den german. Ländern, o. J.

Riß, zeichner. Darstellung eines Objektes (→ *Projektion). Man unterscheidet Normalr. (Grundr., Aufr., Seitenr.; Kreuzr.), Parallelr. (Axonometrie) u. → *Perspektive. Als Schrägr. bezeichnet man die frontale Axonometrie mit den Sonderformen Kavalierr. und Militärr. Die → *Baurisse der Gotik sind Sonderfälle der Kotierten Projektion.

Ritterdach, Kronendach, eine Art der → *Dachdeckung, bei der jede Dachlatte zwei Reihen versetzter Biberschwanz-Ziegel trägt.

Riwaq (arab.), eigentlich Säulenvorhalle, meist aber speziell die einen Hof umgebenden Säulenhallen einer Moschee.

E. Herzfeld, Erster vorläufiger Bericht über die Ausgrabungen von Samarra, 1912.

Rocaille (franz.), 1. Muschelwerk in künstlichen Grotten; 2. Muschelformen ähnliches, asymmetr. Dekorationselement der Spätbarockzeit, nach dem der ganze Stil auch Rokoko genannt wurde.

2. P. Jessen, Das Ornament des Rokoko und seine Vorstufen, 1894; R. Sedlmaier, Grundlagen der Rokoko-Ornamentik in Frankreich, 1917; M. Osborn, Der Kunst des Rokoko (Propyläen-Kunstgeschichte), 1929; H. Bauer, R., Zur Herkunft und zum Wesen eines Ornamentmotivs, 1962.

Rocaille

Roland, eine Ritterfigur mit erhobenem Schwert – wohl ein Rechtssymbol – auf dem Marktplatz einer Stadt. Der bekannteste R. steht auf dem Markt zu Bremen.

G. Sello, Zur Literatur der R.säulen, (Dt. Geschichtsblätter Bd. 2–4), 1900 bis 1904; K. Heldmann, Die R.bilder Deutschlands, 1904; F. E. Mann, Das R.bild als Geschichtsquelle und die Entstehung der R.säulen, 1912; T. Goerlitz, Der Ursprung und die Bedeutung der R.bilder, 1934; M. Samson-Campbell, Deutschlands R. in Geschichte und Bild, 1939; A. D. Gathen, R. als Rechtssymbole (Neue Kölner Rechtswiss. Abhandlungen), 1959.

Rolladen, → *Fensterladen, der aus einzelnen Holzlatten oder aus Wellblech besteht und auf einer Welle aufgerollt werden kann. An beiden Seiten ist eine U-Schiene zur Führung angebracht, die Welle mit dem aufgerollten Laden ist im Rolladenkasten untergebracht.

Rollenfries, → *Fries aus waagerechten zylindr. Rollen, in mehreren übereinanderliegenden Lagen mit Hohlräumen abwechselnd.

Rollschar, Rollschicht, gemauerte Schicht aus hochkant gestellten Bindern (→ *Mauerverband).

Rolltreppe, Treppe mit mechan. fortbewegten Stufen.

Rollwerk, hauptsächlich in der dt. Renaissance vorkommende Dekoration mit verschlungenen und aufgerollten Bandformen, vor allem bei Wappen und Kartuschen, ähnlich dem → Beschlagwerk (→ *Kartusche).

A. Lichtwark, Der Ornamentstich der dt. Frührenaissance, 1888; M. Deri, Das R. in der dt. Ornamentik, 1905; L. Pulvermacher, Das R. in der süddt. Skulptur, 1931.

Römisch-dorische Ordnung, modifizierte griech. → Dorische Ordnung, deren Säulen eine Basis und unter dem Echinus einen Halsring haben. Der R. d. O. ist die toskan. Ordnung ähnlich (→ *Säulenordnungen).

Lit.: → Säulenordnungen.

Römisch-ionische Ordnung, ziemlich schemat. und spannungslose Abwandlung der griech. → Ionischen Ordnung (→ *Säulenordnungen).

Lit.: → Säulenordnungen.

Rose, mit Maßwerk geschmücktes got. → *Rundfenster.

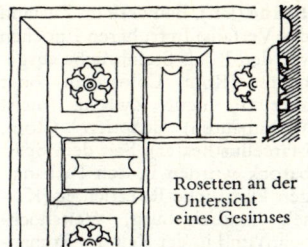

Rosetten an der
Untersicht
eines Gesimses

Rosette (franz.), stilisierte Abstraktion einer Blütenform, bei der um einen runden Kern Blütenblätter angeordnet sind. R. sind schon in der babylon. Kunst (Babylon, Prozessionsstraße und Thronsaal) nachgewiesen und kommen in fast allen Epochen der Kunst vor.

F. Streng, Das R.motiv in der Kunst- und Kulturgeschichte, 1918.

Rostra (lat.), Name der Rednertribüne auf dem Forum Romanum, genannt nach den an ihr angebrachten Schiffsschnäbeln.

Rotunde (lat.), Rundbau, Zentralbau von kreisrundem Grundriß (→ *Rundkirche).

Rücken, die meist übermauerte Oberseite eines → *Bogens oder obere Fläche eines → *Gewölbes.

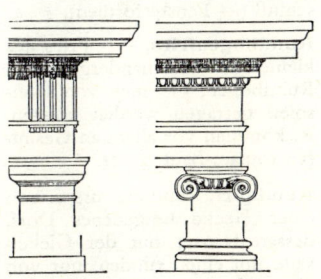

Römisch-dorische   Römisch-ionische
Ordnung   Ordnung

Ruine (lat.), Bauwerk im Zustand
des Verfalls. In früheren Epochen
wurden R. als Steinbrüche ausge-
beutet (Rom, Colosseum) oder
aber für neue Zwecke (meist
Wohnbauten) adaptiert (Rom,
Marcellustheater). Seit dem Spätbarock wurden in den Parkanlagen künstliche R. errichtet (Kassel, Ludwigsburg, Veitshöchheim) und in der Zeit der Roman-
tik setzte eine sentimentale R.be-
geisterung ein. Fraglos sind manche R. malerisch sehr reizvoll
(Bacharach, Wernerkapelle).

M. Dreger, Der engl. Garten und seine
Beziehung zur Baukunst (Allgemeine
Bauzeitung), 1896; M. L. Gothein,
Geschichte der Gartenkunst, [2]1926;
K. Clark, The Gothic Revival, 1928;
E. de Ganay, Le goût du moyen-âge et
des ruines aux jardins du XVIIIe siècle
(Gazette des Beaux Arts, Bd. 74),
1932; Appel, R. (Wasmuth, Bd. 5),
1937.

Rumpf, 1. bei → *Säulen der
Schaft; 2. bei → *Fialen der Leib
(Riese).

Rundbau, Rotunde → Zentralbau von kreisrundem Grundriß
(→ *Rundkirche).

Rundbogen, Halbkreisbogen (→
*Bogenformen).

Rundbogenfenster, Fenster mit
halbkreisförmigem Bogenabschluß (→ Fensterformen).

Rundbogenfries, → *Fries aus
kleinen aneinandergereihten
Rundbogen, die auch von Konsolen getragen werden können.
R. kommen vor allem an Gesimsen roman. Bauten vor.

Runddorf, Rundling, urspr. von
einer Hecke umgebenes Dorf,
dessen Häuser mit einen Giebelseite um einen runden, nur von
einer Seite zugänglichen Platz stehen (→ *Dorfformen).

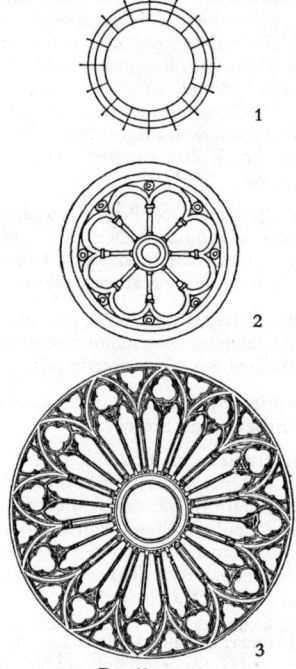

Rundfenster
1 Lochfenster   2 Radfenster
3 Maßwerkrose

Rundfenster, Fenster mit kreisrunder Öffnung. R. ohne Unterteilung werden auch Ochsenauge
genannt, R. mit speichenartiger
Unterteilung heißen Radfenster,
R. mit Maßwerkfüllung werden
Rose (Fensterrose) genannt.

Rundkirche, Kirche mit kreisförmigem Grundriß, oft mit Umgang. Hauptsächlich in Dänemark (Bornholm) und Schweden
(Gotland) vorkommend (→ Zentralbau, → *Mittelstütze).

M. Engelhart, Kirchliche Rundbauten
des MA. in Österreich (Diss. Wien),
1926.

Rundling, → Runddorf (→ *Dorfformen).

Rundpfeiler, → *Pfeiler mit kreisförmigem Querschnitt, jedoch nicht mit Entasis und Verjüngung wie eine Säule.

Rundstab, stabförmiger zylindr. Bauteil, hauptsächlich bei Profilen, → *Rippen, Fenster- und Portalgewänden der Gotik (→ *Stab). Ein Dreiviertelstab ist ein R. mit Dreiviertelkreisquerschnitt.

Rundtempel, ein Tempel mit runder Cella und runder Säulenhalle heißt Tholos (→ *Tempelformen), ein R. ohne Cella → *Monopteros (meist in barocken Parkanlagen).

Rustika (*opus rusticum:* bäur. Werk), → *Mauerwerk aus Bruch- oder Buckelsteinen. Bei letzteren ist die Bosse eigens zugehauen und manchmal mit Randschlag versehen, so daß die beabsichtigte Wirkung eines Bossenmauerwerkes betont wird. Während Antike und MA. die R. aus Zweckmäßigkeitsgründen verwendeten, entdeckte die ital. Renaissance den ästhet. Reiz des Bossenmauerwerks und versuchte

den primitiven „rustikalen" Eindruck durch bes. weit ausladende Bossierung zu verstärken.

J. Durm, Die Baukunst der Renaissance in Italien (Hdb. der Architektur II., Bd. 5), 1914.

Saal, ein großer, oft monumentaler Raum in Schlössern, Burgen, Palästen, Rathäusern oder öffentlichen Gebäuden. Bedeutende Säle hatten die Kaiserpfalzen, die ital. Renaissancepaläste, vor allem aber die Barockschlösser und Stifte (Würzburg, Residenz; Brühl, Schloß; Nymphenburg, Schloß; Wien, Liechtenstein-Gartenpalais; Melk; St. Florian; Ottobeuren).

Dt. Wohn- und Festräume aus 6. Jh. (Bauformenbibl.).

Saalbau, Gebäude, das im Hauptgeschoß (außer kleinen Nebenräumen) nur einen Saal enthält. Die bedeutendsten S. sind in Frankreich das Palais de Justice in Poitiers, in Italien die Basilika zu Vicenza und der Ragione zu Padua, in Deutschland das Stuttgarter Lusthaus (abgebrochen) und das Palais im Großen Garten von Dresden (→ *Palladiomotiv).

K. Junghanns, Die öffentlichen Gebäude im ma. dt. Stadtbild, 1956; H. W. Theil, S., 1959.

Saalkirche, Kirche, deren Innenraum ein (mit Ausnahme der Emporenpfeiler) nicht durch Stützen unterteilter Saal ist. Der nicht klar definierte Begriff wird meist für weiträumige und ungewölbte protestant. Predigtkirchen angewendet (→ *Architekturmalerei).

Sägedach, Sheddach, Folge von parallel angeordneten Satteldächern über einem Baukörper, de-

Rundkirche
(Beispiel: Petronell)

ren steiler angeordnete Flächen verglast sind (→ *Dachformen).

Sägezahnverzierung, sägeförmige Verzierung der normann. Baukunst, hauptsächlich an → *Friesen vorkommend.

Sakralbau, ein im Gegensatz zum Profanbau Kultzwecken dienendes Bauwerk (→ Kirchenbau, → *Moschee, → *Tempelbau u. dergl.).

W. Andrä, Das Gotteshaus und die Urformen des Bauens im alten Orient (Studien zur Bauforschung), 1930.

Sakramentshaus, ein turmartiges Bauwerk, das aus einem Fuß, einem Überleitungselement (Korb), dem Gehäuse und einem bekrönenden Baldachin besteht, seltener nur eine Wandnische (Sakramentsnische) an der Nordwand des Chorraumes. Das S.

Sakramentshaus
mit Astwerkbekrönung

diente zur Aufbewahrung der Hostien, Kelche und liturg. Gefäße und wurde in spätgot. Zeit bes. prunkvoll ausgebildet (Nürnberg, St. Lorenz; Ulm, Münster).

E. Wesenberg, Das got. S. (Diss. Gießen), 1937.

Sakristei (lat.), Nebenraum des Chores, der zum Ankleiden der Priester und zur Aufbewahrung von Kultgeräten dient. Die S. ist aus den beiden Räumen Prothesis und Diakonikon hervorgegangen, die schon bei griech. orthodoxen Kirchen zur Pastophorie zusammengefaßt waren.

Sala (ind.), Versammlungshalle buddhist. Klöster.

Sala terrena (ital.), Gartensaal im Erdgeschoß eines Schlosses oder Palastes, meist im Mittelrisalit unter dem Hauptsaal als Übergang zum Park angeordnet. Die S. t. warurspr. offenund auch als Grotte ausgestaltet (Würzburg, Residenz; Wien, Oberes Belvedere).

Sanktuarium (lat.), der Raum mit dem Heiligtum, bei christl. Kirchen der Chor mit dem Hochaltar.

Sängerbühne, eine Empore an den Langseiten, meist aber über dem Westeingang einer Kirche (→ *Orgelempore). Die S. waren urspr. nicht sehr groß. Bekannt wurden die S. des Luca della Robbia und des Donatello zu Florenz (Mus. del Opera).

Sangharama (ind.), buddhist. Klosteranlage, bestehend aus einer von Zellen umgebenen Halle oder Hof mit mehreren Stupas.

Sarkophag (griech.: fleischfressend), ein sichtbares, nicht wie ein Sarg mit Erde überdecktes Grab-

Antiker Sarkophag

denkmal aus Holz, Stein, Metall
oder Ton in Form einer einfachen
Kiste, in Ägypten auch in Formen, die dem menschlichen Körper bzw. der Mumie angepaßt
sind. Bei den Griechen und Römern, häufig auch im MA., nimmt
der S. hausähnliche Formen an
und erhält meist ein Giebel-, seltener ein Walmdach. Es kommen
sogar Analogien zum Tempel-
und Kirchenbau mit Querschiffen
und bei der Sonderform der Reli-
quiare sogar mit Kuppeln vor, die
Wände zeigen Architekturgliede-
rung (Portale, Säulenarkaden u.
dergl.), das Dach Ziegel und
Dachbekrönungen (Akroterien).

H. v. Rohden, S. (Denkmäler des klass.
Altertums, hg. A. Baumeister), 1889;
W. Altmann, Architektur und Orna-
mentik der antiken S., 1902; J. Wilpert,
I sarcofagi christiani antichi, 1929–33; F.
Gerke, Die christl. S. der vorkonstantin.
Zeit, 1940; H. Bonnet, Reallexikon der
ägypt. Religionsgeschichte, 1952.

Sarkophagaltar, Altar mit sar-
kophagartigem Unterbau (→ *Altar 2 d).

Sattelbogen, auch Eselsrücken,
Kielbogen, Bogen mit konkav-
konvexer Kontur (→ *Bogenformen).

Satteldach, Giebeldach, eine aus
zwei gegen einen gemeinsamen
First ansteigenden Flächen bestehende → *Dachform, die an den
Schmalseiten von Giebeln geschlossen wird.

Sattelholz, ein waagerechtes Holz
zur Verbreiterung des Auflagers
über einem Ständer und zur Unterstützung eines Unterzuges.
Durch Anordnung von einem
oder mehreren S. kann die freie
Spannweite von Unterzügen wie
durch Kopfbüge oder Streben
verringert werden. Das S. hat
auch die Aufgabe, das Hirnholz
des Ständers vor dem Aufsplittern
zu schützen. Formal sind auch
verschiedene Kapitelle – z. B. das
ion. – dem S. verwandt.

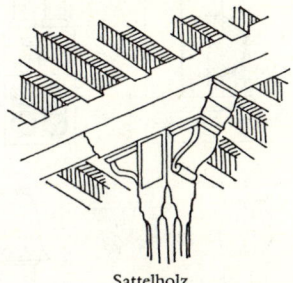

Sattelholz

Sattelturm, Turm mit einem
Satteldach (→ *Dachformen).

Säule, 1. Im → *Fachwerk jedes
senkrechte Holz (Pfosten, Stiel,
Ständer), bei der → *Dachkonstruktion der Stuhls., beim →
*Hängewerk die Hänges. 2. Im
Steinbau ein Stützglied mit kreisförmigem Grundriß und im Gegensatz zum Rundpfeiler (→
*Pfeiler) mit Verjüngung und
manchmal auch mit Entasis. Die
S. ist gewöhnlich in Basis, Schaft
und Kapitell gegliedert. Die Basis
besteht aus einer quadrat. Platte
(Plinthe) und einem oder mehreren Wülsten und Kehlen. Der
Schaft kann aus nur einem Stück
bestehen (monolith) oder auch
aus verschiedenen Trommeln zu-

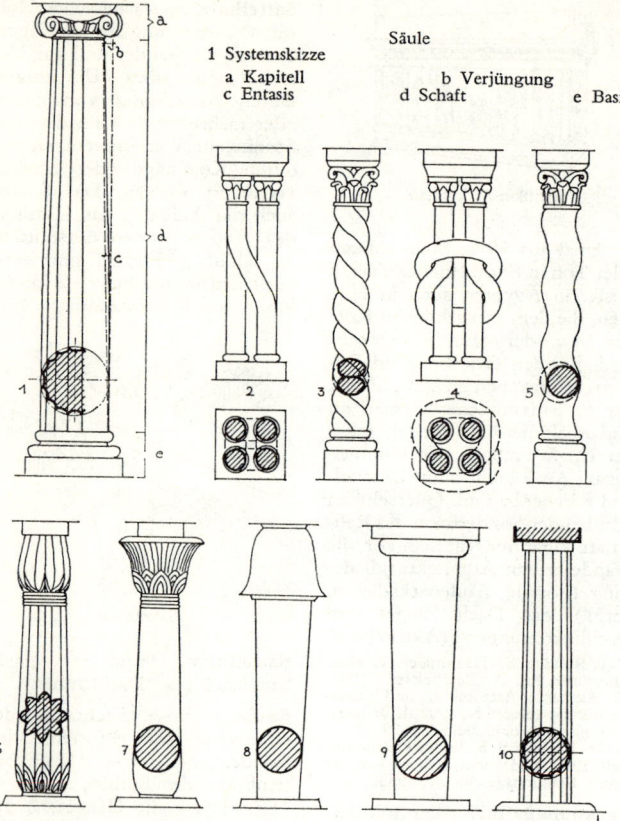

Säule

1 Systemskizze
a Kapitell   b Verjüngung
c Entasis   d Schaft   e Basis

2 verschlungene Säule
3 Schlangensäule
4 Knotensäule
5 gedrehte Säule
6 Papyrosbündelsäule mit
  geschlossenem Kapitell

7 Papyrossäule mit offenem
  Kapitell
8 Zeltstangensäule
9 kretische Säule
10 protodorische Säule

sammengesetzt sein. In der halben
Höhe des Schaftes gibt es selten
ringförmige Verstärkungen (→
*Schaftring, Bund, Wirtel). Bei
der toskan. Ordnung scheidet ein
Halsring unter dem Kapitell den
S.schaft vom S.hals (→ *Säulen-
ordnungen). Man unterscheidet
freistehende S. und Wands. (meist
Halbs., an Ecken Dreiviertels.).

Wands. von kleinem Querschnitt und relativ großer Höhe, die auch gebündelt vorkommen können, nennt man Dienste (→ *Dienstbündel). S. können auch in Gruppen aufgestellt sein, z. B. als Doppels. (→ *gekuppelte S.) oder Vierlingss. Der S.schaft kann verschiedene Formen haben. So gibt es außer der Bündels., die hauptsächlich in Ägypten als Lotosbzw. Papyrusbündels. mit durch Bindungen verknüpften Stengeln vorkommt, noch Schlangens., das sind Bündels. mit in der Art von Tauen verschlungenen Schäften, oder Knotens. mit verknoteten Schäften. Der Schaft einer S. kann auch korkzieherartig gedreht oder mit Reliefs versehen sein (→ *Bestiens.). Verbindungen aller dieser Formen können vorkommen. Sonst unterscheidet man S. hauptsächlich nach der Form des → *Kapitells, das in Ägypten Pflanzenformen nachgebildet (Lotoss., Papyross., Palmens.), aber auch stereometr. sein kann (Zeltstangens. mit glockenförmigem Kapitell und nach unten verjüngtem Schaft). Ein Kapitell (oder nur einen Kapitellaufsatz) mit vier Köpfen der Göttin Hathor trägt die Hathors., während die sog. protodor. S. Ägyptens einen polygonalen Schaft mit Abakus zeigt. Die Überleitung zur dor. S. bildet die kret. S. mit Basis, nach unten verjüngtem Schaft und Kapitell, bestehend aus Wulst und Abakus. Zu den klass. → *Säulenordnungen der griech. und röm. Antike rechnet man die → *Dorische Ordnung mit einem kannelierten S.schaft ohne Basis und einem Kapitell mit Wulst (Echinus) und Abdeckplatte (Abakus), die → *Ionische Ordnung mit kanneliertem Schaft, mit einer Basis (Plinthe, Wulst, Kehle, Wulst) und einem Volutenkapitell und die → *Korinthische Ordnung mit einem Akanthuskapitell. Die hauptsächlich für die röm. Baukunst wichtigen Ordnungen (→ *Kompositordnung, →*Römisch dorische Ordnung, → *Römisch ionische Ordnung und → Toskanische Ordnung) stellen Varianten der griech. Ordnungen dar, bei denen auch die Form der S. leicht variiert wird.

L. Borchardt, Die ägypt. Pflanzensäule, 1897; H. Sohrmann, Die altind. S., 1906; s. a. Säulenordnungen.

Säulenbasilika, → *Basilika, deren Schiffe durch Säulen getrennt sind.

Säulenbogenstellung, ein in der röm. Antike und in der Renaissance häufig vorkommender Architekturaufbau, bei dem die Bogen zwischen den Wandsäulen, die ein den Bogenscheitel berührendes Gebälk tragen, stehen. Bekannte Beispiele in der röm. Antike sind in Rom das Colosseum und das Marcellustheater und in der Renaissance der Palazzo Farnese (Hof) in Rom (Abb. S. 326).

Säulenbündel, Bündelsäule, Zusammenfassung kleinerer →Säulen oder Dienste zu einer Gruppe, fälschlich oft auch → *Bündelpfeiler genannt.

Säulenfigurenportal, ein →Säulenportal, bei dem zwischen den Säulen des Gewändes Skulpturen angeordnet sind. Das S. kommt in der franz. Baukunst der Romanik, vor allem aber bei den Kathedralen der Gotik vor.

K. Reissmann, Roman. Portalarchitektur in Deutschland, 1937.

Säulenfuß, → *Basis.

Säulengalerie, eine Galerie (→ *Galerie 2) mit Säulen, meist als

Säulenbogenstellung
(Beispiel: Rom, Kolosseum)

oberer Abschluß einer Fassade. S. können auch mehrgeschossig angeordnet und als Arkaden oder Kolonnaden ausgebildet sein (Pisa, Dom, Fassade; Arezzo, S. M. della Pieve, Fassade).

Säulengang, ein Gang, dessen Überdeckung von Säulen getragen wird. S. kommen z. B. als Pteron beim griech. Tempel (Peripteros), als Wandelhalle (→ Stoa) oder als Rahmung (Peristyl) von Platzräumen (Priene), von Höfen in *Wohnhäusern (Pompeji) und von → *Tempelbezirken (Baalbek; Rom, Venus-und-Roma-Tempel) vor.

Säulenhalle, ein hallenartiger Wandelgang vor öffentlichen Gebäuden oder Kirchen und als Rahmung von Plätzen (→ Säulengang). Auch Vorhalle von Kirchen- und Profanbauten (→ *Portikus).

Säulenhals, Hypotrachelion, Epitrachelium, der obere Teil des Schaftes einer Säule unmittelbar unter dem Kapitell. Die untere Grenze des S. bildet bei der dor. Ordnung eine Kerbe (→ *Echinus), bei der → Toskanischen Ordnung ein Halsring.

Säulenkapitell, Säulenkopf, → *Kapitell einer Säule.

Säulenordnungen, Proportionierung klass. Säulen und Gebälke. Die Relationen und auch die Anordnung der Bauelemente kann bei den klass. S. im Laufe der Entwicklung etwas schwanken. Bei den Griechen unterscheidet man drei Ordnungen: die → *Dorische Ordnung, die → *Ionische Ordnung, unterteilt in die att.- und kleinasiat. ion. Ordnung, und die → *Korinthische Ordnung. Die Römer übernahmen von den Griechen deren S. in abgewandelter Form als → *Römisch-dorische und → *Römisch-ionische Ordnung. Eine Sonderform der röm. dor. S. ist die → Toskanische (etrusk.) Ordnung. Eine Verbindung von ion. und korinth. Ordnung bringt die → Kompositordnung. In der Renaissance wurde wieder an die antiken, vornehmlich an die röm. S. angeknüpft, wobei Theoretiker (→ Architekturtheorie) Normen über die Proportionierung (→ Proportion) der S. aufstellten. In der Barockzeit kommt noch die sogen. → Deutsche Ordnung hinzu.

Säulenordnungen

1 dorisch   2 attisch-ionisch   3 kleinasiatisch-ionisch
                   4 korinthisch   5 toskanisch

K. Boetticher, Die Tektonik der Hellenen, [2]1874; J. M. v. Mauch, Die architekton. Ordnungen der Griechen und
Römer, [8]1896; A. Speltz, Die S. der
Ägypt., Griech. und Röm. Baukunst,
o. J.; J. Bühlmann, Die Architektur des
klass. Altertums und der Renaissance,
[3]1904; J. Durm, Die Baukunst der
Renaissance in Italien (Hdb. der Architektur), [2]1914; H. Weniger, Die drei
Stilcharaktere der Antike, 1932; E.
Forssmann, Säule und Ornament,
Stockholm 1956; ders., Studien über
den Gebrauch der S. in der Architektur
des 16.–18. Jh., Uppsala 1961.

Säulenportal, Portal, in dessen
abgetreppter Laibung (Stufenportal) Säulen eingesetzt sind. Bes.
häufig kommt das S. in der roman.
Baukunst vor.

K. Reissmann, Roman. Portalarchitektur in Deutschland, 1937; s. a. Stufenportal.

Säulenportikus, Säulenhalle,
meist der Schauseite eines Bauwerkes in der Achse des Hauptportals vorgelegt (→ *Portikus).

Säulensaal, ein Saal, dessen
Decke von Säulen getragen wird.
Bekannte S. sind die → *Apadana
der pers. Königspaläste (Hun-
derts.), die Quersäle ägypt. Tem-

Säulenportal

Säulensaal
(Beispiel: Theben-Karnak,
Großer Amuntempel, sog. „Basilika")

pel und der S.moscheen (Hypostyl). Eine Sonderform des S. ist
der ägypt. Saal, ein dreischiffiger
S. der hellenist. Baukunst mit basilikal erhöhtem Mittelschiff.

Säulensaalmoschee, eine →
*Moschee, deren Hauptraum
durch Säulen unterteilt ist (Cordoba; Kairouan; Kairo, El Azhar-
moschee).

Säulenschaft, Rumpf einer →
*Säule. Der S. kann aus einem
Stück bestehen (monolith) oder
aus einzelnen Trommeln zusammengesetzt sein. Meist ruht er
unten auf einer Basis und trägt
manchmal über einem Hals das
Kapitell.

Säulenstuhl, seltene Bezeichnung für → Stylobat.

Säulentrommel, ein Teilstück
des nicht monolithen Säulenschaftes (→ Trommel, → Säule).

Säulenweite, Abstand zwischen
den Säulenachsen (→ *Interkolumnium).

Scagliola (ital.), → Stucco lustro.

Scamillus (lat.), an den → Stylobat angearbeitetes, keilförmiges

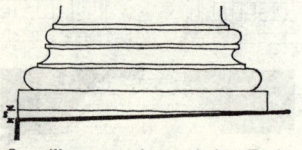
Scamillus unter einer attischen Basis

Ausgleichselement, das trotz dem
durch die Entwässerung beding-
ten Gefälle des Stylobats eine
waagrechte Standfläche für die
Säule schaffen soll.

Scenae frons (lat.), die architekton. gegliederte Rückwand der
Bühne (Skene) zwischen den Paraskenien des röm. Theaters (→
*Theaterbau).
G. v. Cube, Die röm. S. f. in den pompejan. Wandbildern 4. Stils (Beiträge
zur Bauwissenschaft 6), 1905; ders.,
Über die röm. „s. f." (Diss. Berlin),
1906.

Schachbrettfries, Würfelfries,→
*Fries mit vor- und zurücksprin-
genden Elementen.

Schacht, 1. im Bergbau und
Brunnenbau eine senkrechte Gru-
be; 2. in der Baukunst eine senkrechte Aussparung von meist geringem Querschnitt, aber größerer Höhe (Lichts., Aufzugss.,
Lufts.).

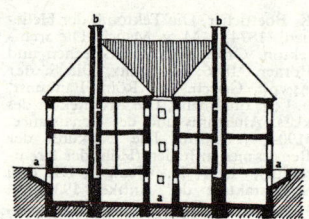
Schacht
a Lichtschacht   b Luftschacht

Schaft, → Säulenschaft.

Schaftring, Bund, Wirtel, ringförmige Verstärkung am Schaft
einer Säule. Der S. ist techn. als
Binder (Zungenstein) zu erklären,
der Wandsäulen mit dem Mauerwerk verbindet. Doch kommen
manchmal auch S. an freistehen-
den Säulen vor (Ringsäule, Bundsäule).

ΕΙΣΙΤΗΡΙΟΝ

ΔΡΧ. 50
DR.

ΠΕΡΙΚΛΗΣ

Η 334454

ΑΚΡΟΠΟΛΙΣ

ΤΗΝ ΠΟΛΙΝ ΕΚ ΜΕΓΑΛΗΣ ΜΕΓΙΣΤΗΝ ΠΟΙΗΣΑΣ
ΚΑΙ ΓΕΝΟΜΕΝΟΣ ΔΥΝΑΜΕΙ ΠΟΛΛΩΝ ΒΑΣΙΛΕΩΝ
ΚΑΙ ΤΥΡΑΝΝΩΝ ΥΠΕΡΤΕΡΟΣ...ΜΙΑ ΔΡΑΧΜΗΝ
ΜΕΙΖΟΝΑ ΤΗΝ ΟΥΣΙΑΝ ΟΥΚ ΕΠΟΙΗΣΕΝ

HE MADE THE CITY...GREATEST...AND
GREW TO BE SUPERIOR IN POWER TO
KINGS AND TYRANTS...BUT HE DID NOT
MAKE HIS ESTATE A SINGLE SHILLING
GREATER.

ΠΛΟΥΤΑΡΧΟΣ - PLUTARCH

ΓΡΑΦΙΚΑΙ ΤΕΧΝΑΙ ΑΣΠΙΩΤΗ - ΕΛΚΑ Α.Ε.

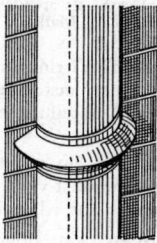

Schaftring

Schale, eine massive, krumm-flächige Tragkonstruktion mit geringer Stärke und größerer Spannweite, z. B. die Gewölbeschale (→ Gewölbe), bei modernen Ingenieurkonstruktionen eine Spannbetons. mit stark geschwungener Kontur (St. Louis/USA, Flughafen Empfangsgebäude; New York/USA, Idlewild Flughafen).

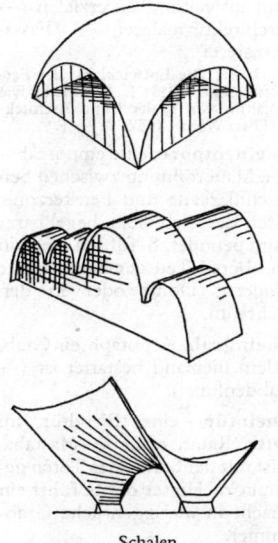

Schalen

G. Girkmann, Flächentragwerke, 1959; C. Siegel, Strukturformen der modernen Architektur, 1960; F. Angerer, Bauen mit tragenden Flächen, 1960; J. Joedicke, S.bauten, 1962; F. Hart, Kunst und Technik des Wölbens, 1965; P. B. J. Gravina, Theorie und Berechnung der Rotationss.

Schalenbrunnen, → *Brunnen mit einer oder mehreren Brunnenschalen (Goslar, Adlerbrunnen; Maulbronn, Klosterbrunnen).

Schallarkade, Maueröffnung an Türmen in der Höhe des Glockenstuhls (→ *Westwerk).

Schalldeckel, ein meist kunstvoll ausgebildeter, baldachinartiger Überbau über einer → Kanzel (Ulm, Münster).

Schalloch, runde Öffnung an Türmen in der Zone des Glockenstuhls.

Schalung, 1. Verbretterung einer Fläche (Wands., Dachs.); 2. Hilfskonstruktion, meist aus Schalbrettern, zur Herstellung von Beton und dergl., wobei die S. nach Erhärten des Materials wieder abgenommen werden kann.

F. Böhm, Schalung und Rüstung,[4]1957; ders., Das Arbeiten mit Gleitschalungen,[3]1958; A. Graschl, M. Kranz, Das Betonbauerbuch, 1960.

Schar, Schicht eines → *Mauerverbandes bzw. Folge von Dachziegeln, die in derselben Reihe liegen (→ *Dachdeckung).

Scharnier (franz.), aus zwei um ein Gelenk drehbaren Metallplatten, von denen die eine am Rahmen, die andere am beweglichen Teil (Tür, Flügel) eines Möbel-

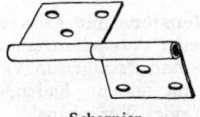

Scharnier

stückes angebracht ist. Ein S. in ganzer Länge des beweglichen Teils heißt Klavierband.

Scharrieren, Oberflächenbehandlung der Steine mit einem Scharriereisen, wodurch schmale, parallele Rillen entstehen (Steinbearbeitung).

Schatzhaus, Thesauros, ein kleines Gebäude zur Aufbewahrung von Weihegaben einer Stadt oder eines Landes im Temenos griech. Kultstätten (Delphi, Olympia). Irrtümlich nannte man auch die → *Kuppelgräber der myken. Epoche S., wohl wegen der reichen Grabbeigaben, die hier gefunden wurden.

Schatzhaus

Schaubild, Übersicht über ein Bauwerk, meist in Form einer → Perspektive oder Vogelperspektive.

E. Böck, Die perspektive Abbildung im architekton. Entwurf (Diss. Wien), 1923.

Schaufenster, mit Glas abgeschlossener Ausstellungsraum an Straßen und Passagen in Verbindung mit einem Laden, Geschäfts- oder Warenhaus.

Mahlberg, Das S. als architekton. Erscheinungsform des Marktes (Dt. Bauzeitung 3), 1934.

Schaukasten, Vitrine, mit Glas abgeschlossener, kastenartiger Behälter, der Ausstellungszwecken dient.

Scheibenfries, ein meist in der normann. Baukunst vorkommender → *Fries aus rd. Scheiben.

Scheidbogen, ein Bogen, der Mittelschiff und Seitenschiffe voneinander trennt (→ *Joch, → *Gewölbefeld).

Scheidewand, Scheidemauer, eine nichttragende Zwischenwand, die einen Raum von einem anderen trennt.

Scheinarchitektur, eine illusionist. gemalte oder durch Reliefwirkung nur angedeutete Architektur, die räumlich nicht existiert. S. findet man vor allem in barocken Kirchenbauten, um eine Raumausweitung zu erzielen (→ *Architekturmalerei, → *Fassadenmalerei).

G. Schöne, Die Entwicklung der Perspektivbühne, 1933; L. Siegmeth, Das Verhältnis von Malerei und Architektur (Diss. Wien), 1952.

Scheinempore, eine emporeähnliche Maueröffnung zwischen Seitenschiffarkade und Fensterzone, hinter der sich kein begehbarer Raum befindet. S. führen meist in den oberen Teil der Seitenschiffe (Modena, Dom) oder in den Dachraum.

Scheingrab, Kenotaph, ein Grab, in dem niemand bestattet ist (→ Grabdenkmal).

Scheintür, eine Blendtür im letzten Raum einer → Mastaba, meist mit der Statue des Toten geschmückt. Hinter der S. führt ein Schacht in die eigentliche Grabkammer.

Scheitel, höchster Punkt eines →
*Bogens oder eines → *Gewölbes.

Scheitelfuge, Fuge am höchsten
Punkt eines Gewölbes, falls kein
Schlußstein (Scheitelstein) vorhanden ist.

Scheitelhöhe, bei → *Bogen und
→ Gewölben die Höhe, die zwischen Fußboden und Scheitel
senkrecht gemessen wird, also die
Summe aus Kämpferhöhe und
Stichhöhe (Pfeil).

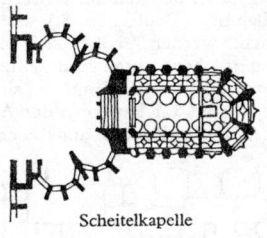

Scheitelkapelle

Scheitelkapelle, eine meist der
Gottesmutter geweihte und im
Osten vorstehende Kapelle in der
Mittelachse eines → Chors. In
Frankreich ist die S. vor allem bei

Scheintür

der Kathedrale von Amiens, in
England (*Lady Chapel*) in Salisbury und London-Westminster
ausgeprägt.

Scheitellinie, Linie entlang des
Scheitels eines → Gewölbes oder
eines Bogens.

Scheitelrippe, Rippe, die entlang der Scheitellinie eines Gewölbes verläuft. Die S. kommt meistens beim Fächergewölbe, Strahlengewölbe und Palmengewölbe
der engl. Baukunst vor (→ *Gewölbeformen).

Scheitelstein, Keilstein am höchsten Punkt eines → *Bogens oder
→ *Gewölbes (Schlußstein 1)
bzw. ein Stein im Verlauf der
Scheitellinien eines Gewölbes.

Scheitrechter Sturz, scheitrechter Bogen, Sturzbogen, Horizontalbogen, trotz waagerechter Un-

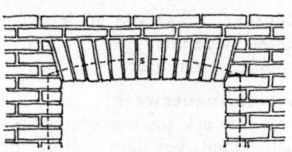

Scheitrechter Sturz
S Stützlinie

tersicht ein echter Bogen, d. h. die
Fugen weisen zu einem angenommenen gemeinsamen Mittelpunkt.
Der Setzung des Mauerwerks
wird bei der Konstruktion des S.
durch eine geringfügige Erhöhung der Mitte oder durch Anordnung eines Entlastungsbogens
entgegengewirkt. Ist der S. aus
Werksteinen gefügt, so können
zur Verbesserung der Tragfähigkeit auch → *Hakensteine verwendet werden.

Schenkel, 1. die Bogenhälfte
zwischen Kämpfer und Scheitel

(→ *Bogen); 2. die rahmenden Hölzer des Fensterflügels. Der untere S. eines nach innen aufgehenden Außenflügels ist mit einer außen vorspringenden Wassernase versehen und heißt daher Wetters. oder Wassers. (→ *Fenster).

Scherengitter, ein durch scherenartig bewegliche Glieder zwischen den Vertikalstäben zusammenschiebbares Gitter (Fenster, Türe).

Scherzapfen, eine → *Holzverbindung am Dachfirst, bestehend aus dem mittleren Drittel eines Sparrens (Zapfen), den die beiden äußeren Drittel des anderen Sparrens umschließen.

Scheune, Scheuer, landwirtschaftliches Gebäude zum Lagern von Stroh und Heu (→ *Gehöft).

Schicht, Schar, die in derselben Reihe liegenden Steine eines → *Mauerverbandes.

Schichtmauerwerk, ein → *Mauerwerk aus unregelmäßigen Bausteinen, bei dem Ausgleichsschichten aus regelmäßigem Material eingefügt sind, auch Wechsel von verschiedenartigem oder verschiedenfarbigem Material (z. B. Backstein-Werkstein, → *Polychromie).

Schiebefenster, ein Fenster, bei dem ein Flügel seitlich verschoben werden kann. Der Begriff S. wird heute aber auch für Fenster verwendet, deren unterer Flügel nach oben gegen einen feststehenden oder sich herabsenkenden Flügel bewegt wird (Hebefenster). Beim Senkfenster wird hingegen der unt. Flügel in die Zone der Fensterbrüstung bzw. des Fußbodens versenkt (→ *Fenster).

Schiebeladen, Laden zum Verschluß einer Maueröffnung (Fenster), der im Gegensatz zum vertikal bewegten Falladen horizontal verschiebbar ist (→ *Fensterladen).

Schiebetür, → *Tür mit horizontal zur Seite schiebbarem Türblatt.

Schieferdach, → *Dachdeckung aus natürlichen Schieferplatten (heute vielfach auch Eternitplatten). Diese können in schräg ansteigenden Scharen auf hölzerner Schalung (Deutsches S.) angebracht werden, wobei sich die Platten oben, unten und seitlich überdecken. Beim Engl. S. sind die Platten auf Latten in der Art eines Doppeldaches angebracht.

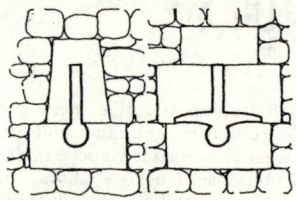

Schießscharte

Schießscharte, ein schmaler Mauerschlitz, meist in hoher Rechteckform, mit unterer Ausweitung (Loch oder dergl.). Die S. kommen bei → Wehrgängen, an Stadtmauern, Stadttoren, Bergfrieden, Kirchenburgen u. dergl. vor. Manchmal sind sie auch durch Bossen gerahmt (Trochtelfingen/Württ., Wehrturm) und mit geschwungenen Konturen ausgebildet.

Schiff, Kirchenschiff, Innenraum in Langbauten, sprachlich mit dem Naos des griech. und dem Navis (Cella) des röm. Tempels

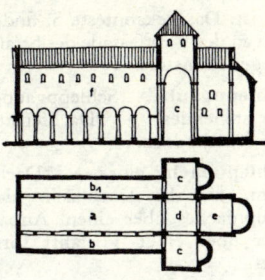

Schiff

a   Lang-, Mittel-, Hauptschiff
b, b₁ Seitenschiffe
c   Querschiff   e   Chorquadrat
d   Vierung   f   Hochschiff

ident. Während man von einschiffigen Kirchen (Saalkirchen)
sprechen kann, gibt es den Begriff des einschiffigen Raumes im
Profanbau nicht. Dagegen kann
man von mehrschiffigen Sälen
auch bei profanen Räumen sprechen. Bei mehrschiffigen Anlagen
heißt der mittlere Raum Mittels.
(Haupts.), die seitlichen, meist
paarweise angeordneten und oft
niedrigeren Räume Seitens. (Ab-
seiten). Der obere Teil eines
Mittels. heißt bei → *Basiliken
Hochs. Das südl. Seitens. wird
manchmal Männers., das nörd-
liche Frauens., die Langhauss., im
Gegensatz zum Chor Laiens. genannt. Die einzelnen S. werden
durch Stützglieder (Säule, Pfeiler,
manchmal Stützenwechsel) getrennt und können gleich hoch
(Halle) oder verschieden hoch
sein (Basilika, Pseudobasilika,
Staffelhalle), auch Kombinationen
dieser Raumformen sind möglich.
Ein S. quer zum Haupts. heißt
Quers. (Querhaus).

J. u. W. Grimm, Deutsches Wörterbuch, 1899; K. R. Holey, Die zweischiffigen Kirchenbauten (Diss. Wien), 1904.

Schiffkanzel, eine einem Schiff
nachgebildete Kanzel. Die Form
geht auf theolog. Spekulationen
zurück. Ein bekanntes Beispiel
einer S. befindet sich in Kloster
Irsee (Schwaben).

P. J. Geistberger, Die S. Oberöster-
reichs (Christl. Kunstblätter), 1914; A.
Strobl, Die Naturkanzeln des 18. Jh.
(Alte und neue Kunst 4), 1955.

Schiffbrücke, Pontonbrücke,
eine → Brücke, die anstatt auf
Pfeilern auf Schwimmkörpern
oder Booten (Pontons) aufruht.
Die S. wird hauptsächlich bei militär. Unternehmungen verwendet, da sie bes. rasch montiert
bzw. demontiert werden kann.
Die erste große S. wurde von
Harpalos im Auftrage des Perser-
königs Xerxes über den Hellespont gelegt.

Schiftung, Verbindung von Sparren (Schiftsparren) mit den Gratsparren oder mit dem → *Kehlsparren eines Walmdaches.

Esselborn, Lehrbuch des Hochbaues,
⁸1922.

Schild, ein das Schlüsselloch
(Runds.) umgebender oder
Schlüsselloch und Türschnalle
(Langs.) zusammenfassender Be-
schlag.

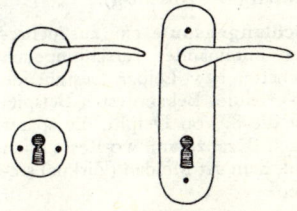

Rundschild   Langschild

Schildbogen, der Bogen an der
Wand- bzw. an der Fensterseite
eines Gewölbes (→ Gewölbeformen).

Schildgurt, Gurtbogen über der Schildmauer eines Gewölbes, z.B. beim Westabschluß eines kreuzgewölbten Kirchenraumes.

Schildmauer, Stirnmauer, 1. Mauer unter einem Schildbogen (→ *Gewölbe); 2. hohe Schutzmauer einer → Burg, die an der Stelle angeordnet ist, an der das Gelände höher ansteigt.

Schildrippe, eine Wandrippe unter dem Schildbogen bzw. über der Schildmauer (Schildmauer 1) eines Gewölbes.

Schildwand, → Schildmauer 1.

Schindeldach, →*Dachdeckung aus gespaltenen Holzschindeln. Ein S. wird auf Schalung verlegt. Schindeln, die nicht genagelt, sondern bei flacher Dachneigung nur durch Steine beschwert sind, werden Legschindeln genannt.

Schirmgewölbe, Segelgewölbe, ein Gewölbe in der Art einer Rippenkuppel (→ *Kuppel) mit segelförmig nach außen geblähten Kappen zwischen Graten oder Rippen.

Schlagleiste, mittlere Deckleiste bei zweiflügeligen Fenstern oder Türen (→ *Anschlag).

Schlangensäule, eine aus mehreren miteinander verschlungenen Schäften bzw. Leibern bestehende → *Säule. Bekanntestes Beispiel ist die S. von Delphi, die später nach Byzanz kam, wo Reste noch auf dem At Meidan (Zirkus) stehen.

Schleierwerk, eine Sonderform des → *Maßwerkes, das im Gegensatz zum Blendmaßwerk frei einer geschlossenen Wand, einem → *Giebel oder einer Öffnung mit kleinerem Querschnitt vorgeblen-

det ist. Das bekannteste S. findet sich an der Westfassade des Straßburger Münsters.

Schleppgaube, Schleppgaupe, ein stehendes → *Dachfenster mit Schleppdach.

Schleppdach, eine → *Dachform, die die Dachfläche des Hauptdaches über einem Anbau oder über einer Vorfahrt fortsetzt.

Schloßbau
(Beispiel: Chambord, Schloß, 16. Jh.)

Schloßbau, ursprünglich ein in sich abgeschlossener Verteidigungsbezirk. Die verwandten Begriffe Schloß und Burg überschneiden sich, wobei häufig Grenzfälle auftreten. Während

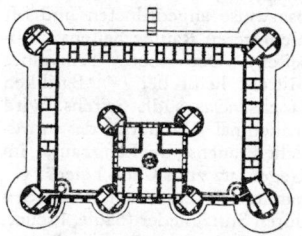

man unter der Burg immer ein stark befestigtes Gebäude versteht, kann das Schloß auch unbefestigt sein. Die unbefestigten S. haben aber oft noch Ecktürme (Wolfegg, Zeil, Chambord, Aschaffenburg), die später verkümmern (Azay-le-Rideau) oder durch Dacherker nur angedeutet

werden. Das Schloß kann wie die
Burg einen Hof haben, der in der
Barockzeit an der Eingangsseite
offen ist (Cour d'honneur, →
*Corps de logis), während auf der
anderen Seite der achsial auf das
Schloß bezogene Garten liegt.
Der Escorial verbindet → Klo-
ster und S., gibt aber mit seiner
dominierenden Kirche eher das
Vorbild für süddt. Stifte als für
S. ab.

P. Favier, *Versailles et les Trianons*, Paris
1900; H. Schmerber, Studie über das
dt. Schloß und Bürgerhaus im 17. und
18. Jh., 1902; B. Ebhardt, Der S., Eine
Betrachtung über Neubau und Wiederherstellung von S., 1914; E. Cohn-
Wiener, Turan.-islam. Baukunst in
Mittelasien, 1930; P. Guinard, *L'Escorial
et les anciennes résidences royales*, Madrid
1935; M. Bie, Die Schlösser der Loire,
1959; *Parcs et Chataux de France*, Paris
1960; C. v. Lorck, Burgen, Schlösser
und Gärten in Frankreich, 1962; M.
Merian, Die schönsten Schlösser, Burgen und Gärten, 1965.

Schloßkapelle, die Kapelle eines
Schlosses; eine Abgrenzung gegen die ma. Burgkapelle ist
schwierig. Wie die Burgkapelle
kann die S. in ein Schloß eingebaut oder angebaut sein oder frei
stehen. In der Renaissance nehmen die S. oft einen ganzen
Schloßflügel in voller Höhe ein
(Stuttgart, Altes Schloß; Schmalkalden; Bevern, Weißenfels).
Auch in der Barockzeit wurden
die Schloßkapellen in Risalite und
Flügel eingebaut, allerdings ohne
dominierende Stellung im Schloß-
gefüge (Würzburg). Nur in Versailles, beim Escorial und in Dresden (Hofkirche) nehmen die S.
monumentalere Formen an.

L. Arntz, Burg und S. (Zs. für christl.
Kunst 27), 1914; H. Baier-Schröcke,
Die S. des Barock in Thüringen (Das
christl. Denkmal, 58), 1962; F. U.
Rauda, Schloßkirchen und S. in Öster-
reich und Deutschland (Diss. T. H.
Wien), 1966.

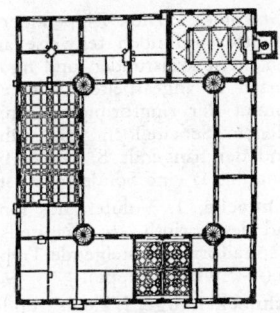

Schloßkapelle
(Beispiel: Schmalkalden, Schloß, 16. Jh.)

Schlot, gemauerter Rauchabzugsschacht (→ *Schornstein), speziell
bei Fabrikanlagen.

Schlüssellochfenster, eine →
*Fensterform mit reich beweg-
tem, einem Schlüsselloch ähn-
lichem Umriß, hauptsächlich in
der rhein. Spätromanik bzw. in
der Zeit des Übergangsstils vorkommend (Neuß, St. Quirin).

Schlußgesims, seltene Bezeichnung für ein Hauptgesims (→
*Gesims).

Schlußstein, Scheitelstein, 1.
Stein im Scheitelpunkt eines →
*Bogens, falls keine Scheitelfuge
vorhanden ist; 2. Stein am Haupt-
knotenpunkt der Rippen eines →

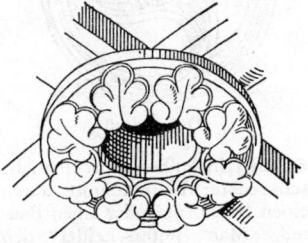

Schlußstein mit offenem Scheitelloch

*Gewölbes. Die Rippenquerschnitte sind noch teilweise an den meist kreisrunden und figurierten S. angearbeitet. Seltener kommt der ringförmige S. mit offenem Scheitelloch vor, während der hängende S. (→ *Abhängling 1) eine Sonderform ist.

Schnecke, 1. Voluten des ion. und des korinth. → *Kapitells; 2. spiralförmig ansteigende Treppe (→ *Wendeltreppe).

Schneckenauge, 1. kleine, runde Scheibe im Zentrum der Volute des ion. → *Kapitells (Auge 2); 2. Lichtspindel einer → *Wendeltreppe (Auge 4).

Schneckengewölbe, Spindelgewölbe, Spiralgewölbe, das den spiralförmigen Lauf einer →Wendeltreppe unterbaut, meist eine steigende Ringtonne (→ *Gewölbeformen).

Schneuß, Fischblase, Sonderform des → Maßwerks, die besonders in der Spätgotik anzutreffen und der Form der → Fischblase nachgebildet ist.

L. Behling, Das ungegenständliche Bauornament der Gotik (Diss. Berlin), 1937.

Dreischneuß

Schnitt, in der Baukunst ein meist senkrechter Durchschnitt durch einen Baukörper oder einen Bauteil. Man unterscheidet den Längss. in der Ebene der Längs-

achse und den quer dazu verlaufenden Quers.

Schornstein, Rauchfang, Schlot (manchmal auch mundartlich Kamin), gemauerter Rauchabzugsschacht, der an der Außenmauer, an Innenwänden, meist jedoch an der Mittelmauer und an Brandmauern errichtet ist. Der Teil über der Dachhaut heißt S.kopf (Kaminkopf). S. können auch zu Gruppen zusammengefaßt oder

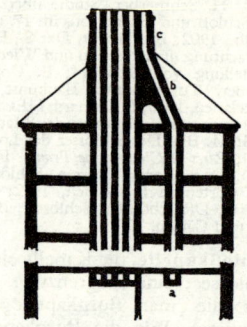

Schornstein
a gezogener Schornstein   b Ziehung
c Schornsteinkopf

reicher architekton. gegliedert sein (Loire-Schlösser). Die Schrägführung eines S. nennt man Ziehung (gezogener S.).

G. Makowetz, Über die Anlage von Feuerstätten und Rauchfängen (Diss. Wien), 1941; A. Hasenbein, Der S.-mauerverband, 1950; O. Göhring, S., 1950; T. Baytin, Bacalar, Istanbul 1951.

Schornsteinaufsatz, Aufsatz, meist eine Röhre, über dem Schornsteinkopf, um die Zugwirkung des Schornsteines zu verbessern, in früherer Zeit oft architekton. reich gegliedert.

Schräggesims, Kaffgesims, Gesims mit schräger Abdeckung, vornehmlich bei got. Bauten (→ *Gesimsformen).

Schrägriß, frontale Axonometrie, aus Grund- oder Aufriß entwickelte schiefaxonometr. Darstellung eines Objektes bei beliebiger Blickrichtung. Der Kavalierriß entsteht durch Auftragen der Tiefenmaße vor dem Aufriß, der Militärriß durch Auftragen der Höhenmaße über dem Grundriß (→ *Projektion).

Schrägschar, eine Reihe schrägliegender Ziegelsteine bei gewissen Mauer- oder Gewölbeverbänden (→ *Ährenwerk).

Schrein, hölzerner Behälter. Der Begriff wird vornehmlich für bestimmte Behälter (Reliquiens., Heiligens., Kastenaltar), vor allem aber für den s.artigen Mittelteil eines → *Flügelaltars verwendet.

Schub, Seitenschub, horizontale Komponente eines Kraftverlaufes innerhalb des Mauerwerks, der durch Gewölbe oder durch Dachkonstruktionen hervorgerufen wird. Man begegnet dem S. durch Verstärkung des Mauerwerks (Strebemauern, Strebepfei-

ler, → *Strebewerk, Strebe- und Schwibbogen) oder im Innenraum durch Anordnen von → *Ankern.

F. Chmelka, E. Melan, Einführung in die Statik, 71961.

Schulterbogen, Konsolbogen, Kragsturzbogen, → *Bogenform, bei der der mittlere Kreisbogen durch einen waagerechten Sturz ersetzt ist und die beiden seitlichen auskragende Konsolsteine sind.

Schuppen, ein in leichter Bauweise errichtetes Bauwerk zur Lagerung und Unterbringung von Gegenständen, manchmal an einer oder mehreren Seiten offen.

Schuppenfries, ein aus schuppenähnlichen Elementen bestehender → *Fries der ma. Baukunst.

Schutzdach, Vordach, meist ein Schleppdach zum Schutz von Eingängen u. dergl. (→ *Dachformen).

Schutzkuppel, äußere Schale einer zweischaligen → Kuppel oder eine über einer Kuppel liegende zweite Kuppel, die als Wetterschutz dient.

Schwalbenschwanz, zugfeste → *Holzverbindung, vor allem bei Dachkonstruktionen und beim Fachwerk.

Schwarzwaldhaus, Sonderform des alemann. Einhauses. Das S. steht meist am Hang, wodurch eine bequeme Einfahrtsmöglichkeit in die oberen Teile der Tenne (Hochtenne) ermöglicht wird. Im vorderen Teil befinden sich im Erdgeschoß die Ställe, im Obergeschoß Wohnräume, vor denen Holzgalerien liegen. Das urspr. strohgedeckte S. hat ein Krüppelwalmdach, das an den Langseiten

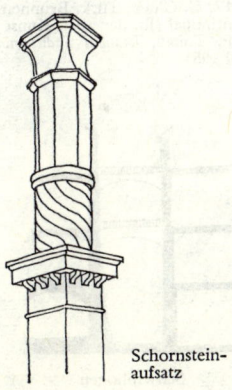

Schornstein-
aufsatz

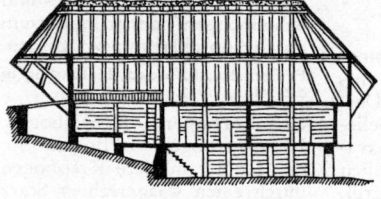

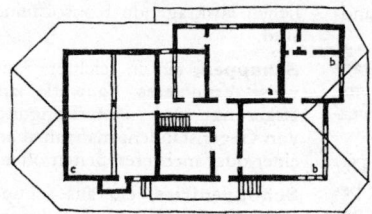

Schwarzwaldhaus
a Küche
b Stube
c Stall

fast bis auf Geländehöhe heruntergeführt ist.

H. Schilli, Das S., 1953.

Schwebebogen, → *Schwibbogen.

Schweifwerk, eine dem → Beschlagwerk verwandte Dekorationsform der Frühbarockzeit, deren Charakteristikum einzelne am
Ende eingerollte Formen (Rollwerk) sind.

Schwelle, das untere Querholz
des → *Fachwerks (Bunds.) oder
eines Türstockes (Türs.). Auch
die einzelnen Elemente eines hölzernen Rostes bei schlecht tragen-
dem Baugrund heißen S.

Schwibbogen, Schwebebogen,
waagrecht gespannter Bogen (→
Bogen II) zur Übertragung des
Horizontalschubes zwischen zwei
Gebäuden, meist über engen
Gassen.

A. Hinterleitner-Graf, Unter Lauben,
Erkern und Schwibbogen, 1959.

Schwingflügeltür, Pendeltür, →
*Tür mit nach beiden Seiten aus-
schwingenden Türblättern.

Sebil (arab.), Brunnen. Bedeutende Brunnenanlagen mit weit
vorspringendem Dachschirm haben vor allem türk. Städte.

F. W. Virck, Brunnen in Konstantinopel (Zentralblatt der Bauverwaltung
37), 1917; G. Glück, Türk. Brunnen in
Konstantinopel (Jb. der asiat. Kunst I),
1924; E. Tokay, *Istanbul Sadirvanlari*,
Istanbul 1951.

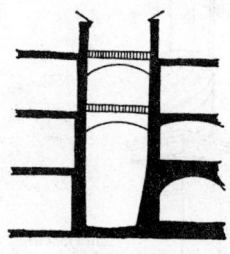

Schwibbogen

Seccomalerei (ital.), im Gegensatz zur Freskomalerei eine Wandmalerei auf trockener Putzfläche.

A. Eibner, Entwicklung und Werkstoffe der Wandmalerei vom Altertum bis zur Neuzeit, 1926.

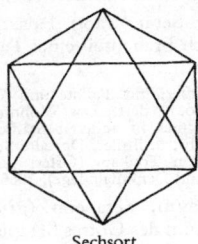

Sechsort

Sechsort, eine Symbolfigur, die aus der Durchdringung zweier gleich großer gleichseitiger Dreiecke entsteht, deren Spitzen die Eckpunkte eines regelmäßigen Sechseckes markieren.
→ Achtort.

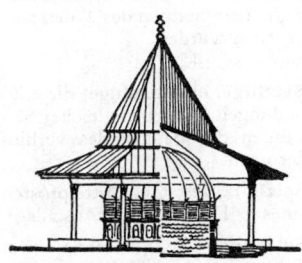

Türkischer Sebil (Ansicht und Schnitt)

Sechspaß, eine aus sechs Dreiviertelkreisen zusammengesetzte Figur des Maßwerkes (→ Paß).

Sechsschneuß, eine aus sechs → Schneußen (Fischblasen) zusammengesetzte Form des gotischen Maßwerkes.

Sechsteiliges Gewölbe, eine → Gewölbeform, hauptsächlich des Übergangsstiles, bei der außer den vier Kreuzrippen noch zwei weitere Rippen quer zur Längsachse verlaufen, so daß sechs Kappen entstehen (→ *Wandaufbau).

Segelgewölbe, Schirmgewölbe, Gewölbe mit segelartig geblähten Kappen zwischen den Graten oder Rippen einer → Kuppel.

Segmentbogen, Flachbogen, Stichbogen, eine → *Bogenform, deren Kontur von einem Kreissegment gebildet wird. Der Kreisausschnitt ist kleiner als beim Halbkreisbogen (Rundbogen), bei relativ großem Kreisdurchmesser und relativ kleinem Ausschnitt nähert er sich dem scheitrechten Sturz.

Segmentfenster, Fensterform, deren Öffnung durch einen Segmentbogen abgeschlossen wird.

Segmentgiebel, → *Giebel mit segmentbogenförmigem Abschluß.

Seildach, Hängedach, durchhängendes Dach, dessen Konstruktion nur auf Zug beansprucht wird. Die lichte Höhe des darunterliegenden Raumes nimmt nach der Raummitte ab (→ *Dachformen).

F. Otto, Das hängende Dach, 1954.

Seitenaltar, Nebenaltar, Altar neben dem Hochaltar, meist zu beiden Seiten des Langhausabschlusses oder am Ostende der Seitenschiffe.

Seitenflügel, Seitentrakt, oft paarweise an einen Hauptbaukörper angeschlossene Flügel (→ *Corps de logis).

Seitenportal, Portal an der Seitenfront einer Kirche, bei mehreren Portalen an der → Fassade auch die Eingänge seitlich des → Hauptportals (→ *Turmfassade).

Seitenrisalit, Eckrisalit, im Gegensatz zum Mittelrisalit ein seitlicher → *Risalit, an den Enden eines Baukörpers.

Seitenriß, Seitenansicht eines Objektes (Bauwerk, Bauteil etc.) in Normalprojektion (→ *Projektion).

Seitenschiff, Abseite, seitlich, meist zu beiden Seiten des Mittelschiffes angeordnete Raumteile, durch Wandöffnungen (Arkaden u. dergl.) mit letzterem verbunden (→ *Schiff).

Seitenschiffeld, → *Gewölbefeld zwischen zwei Gurtbogen eines Seitenschiffes.

Seitenschub, Schub, horizontale Resultierende einer Gewölbekraft (→ *Bogen).

Sekos (griech.), Barkenkammer, das Allerheiligste des ägypt.Tempels, in dem das Götterbild meist auf einer Barke stand (→ *Tempelbau 2).

Selamlik (arab.), Männerabteilung des islam. Hauses, vom Harem streng abgesondert, auch Begrüßungs- und Empfangsraum.

Senana (ind.), Frauenteil des ind. Wohnhauses.

Senkfenster, Sonderform eines Schiebefensters, bei der man den Flügel in die Brüstungszone oder in den Fußboden versenken kann (→ *Fenster).

Septizonium (lat.), ein antikes Bauwerk, mit angeblich sieben Geschossen, nach anderen Angaben eine Schauarchitektur mit einer Uhr, an der die sieben Wochentage (Planeten) angezeigt wurden. S. wurde auch die von Kaiser Septimius Severus errichtete Schauarchitektur mit Wasser-

bassins am Palatin zu Rom genannt.

C. Hülsen, Das S. des Septimius Severus, 1886; ders., S. (Zs. für Geschichte der Architektur), 1911/12; Dombart, Das S. in Rom, 1921; ders., S. (Realenzyklopädie der klass. Altertumswiss.), 1923.

Serail, Serai (arab.), Palast, später auch Frauenteil eines Palastes (Harem).

O. Reuther, Ind. Paläste und Wohnhäuser, o. J.; ders., Das Wohnhaus in Bagdad und in anderen Städten des Irak, 1910; S. Emler, Der alte Sultanspalast von Topkapi (Österr. Zs. für Kunst und Denkmalpflege), 1965.

Serapeum, Serapeon (griech.), Heiligtum des Gottes Serapis, der später mit dem ägypt. Apis-Stier gleichgesetzt wurde (Gräber der Apis-Stiere in Sakkara). Der Kult wurde auch von den Römern und Griechen übernommen (Puteoli).

H. Bonnet, Reallexikon der ägypt. Religionsgeschichte, 1952.

Serdab (pers.), Kellerraum, ein unterird. Raum der ägypt. Mastaba, in dem Statuen des Toten aufbewahrt wurden.

Lit.: → Mastaba.

Setzfuge, eine Baufuge, die Rißbildungen infolge ungleicher Setzungen des Baugrundes verhindern soll.

Setzholz, feststeh. Mittelpfosten eines → Fensters (→ *Anschlag).

Setzstufe, das zwischen zwei Trittstufen einer Holztreppe eingesetzte, senkrechte Brett (→ *Treppe, → *Stufe).

Sgraffito, Kratzputz, Putz aus mehreren farbig getönten Schichten. Durch Abkratzen der oberen Schichten stößt man auf die andersfarbigen unteren Schichten, wodurch man architekton., figürl. oder ornamentale Dekorationen von großer Haltbarkeit erzielen kann.

G. Semper, Die S.-Dekorationen (Kleine Schriften), 1883; E. Berger, Freskomalerei und S.technik, 1909; H. Urbach, Geschichtliches und Techn. zum S.putz, 1928; Kraus, Freihands., 1929; K. Wehlte, Wandmalerei, ⁴1957.

Sheddach, → *Dachform aus parallelen, einhüftigen Satteldächern, deren steilere Flächen verglast sind, bes. bei modernen Fabrik- und Ausstellungshallen.

Sherefeli (türk.), Umgang für den Gebetsrufer am → *Minar einer türk. Moschee.

Siebenblatt, Figur des got. Maßwerks, bestehend aus sieben Spitzbogen, die in einen Kreis eingefügt sind (→ Blatt 2).

Siebenpaß, aus sieben Dreiviertelkreisen (→ Paß) zusammengesetzte Figur des Maßwerks.

Siebenschneuß, aus sieben in einem Kreis angeordneten Fischblasen bestehende Figur des Maßwerks (→ Schneuß).

Siegessäule, monumentale Säule zur Erinnerung an einen Sieg, mit einer Plastik bekrönt und mit Reliefs geschmückt (→ *Triumphsäule).

Siegestor, Ehrenbogen zur Erinnerung an einen Kaiser (→ Triumphbogen 2).

Sikhara, Nagara (ind.), Turm über der Cella eines ind. Tempels (S. und Cella bilden das Vimana). Das S. kann in verschiedenen Ausführungen als Turm mit meist ungerader Stockwerkzahl (→ Pagode), als konvexer Turm, als Turm mit vertikaler Streifung oder mit achteckigem Grundriß (Dravidha) auftreten und ist mit einem Wulst (→ Amalaka) und mit einem vasenförmigen Aufsatz (Kalasa) bekrönt.
E. la Roche, Ind. Baukunst, 1921; s. a. Tempelbau.

Sima (griech.), → *Rinnleiste der dor., der ion. und anderer antiker Ordnungen.
M. Schede, Antikes Traufleistenornament, 1909; P. Marconi, Griech. Löwenköpfe aus Sizilien (Die Antike IV), 1930.

Sims, → *Gesims.

Simsbrett, Fensterbrett (→*Fenster).

Sinterzeug, → Steinzeug, → Klinker.

Sippenhaus, das Haus einer Großfamilie (Sippe), insbes. in Ozeanien.

Sistrum-Säule, Hathor-Säule, Säule mit blockförmigem Aufsatz über einem Hathorkapitell (→ *Kapitell).

Skelettbau, Gerippebau, eine Bauweise, bei der im Gegensatz zum Massivbau alle tragenden Funktionen auf ein System tragfähiger Glieder, für die der Kräfteverlauf formbildend und maß-

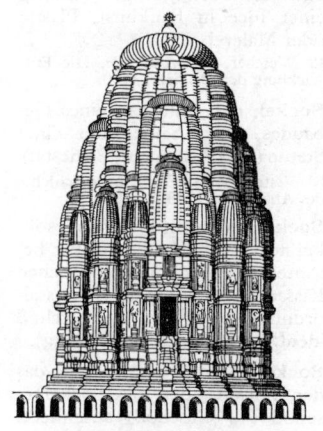

Sikhara
(Beispiel: Bhuvanesvar, Rajarani-Tempel, 17. Jh.)

gebend ist (Skelett), beschränkt werden. Die Funktionen des Raumabschlusses werden gegebenenfalls von nichttragenden Füllungen übernommen. Als Material eignen sich Holz (→ *Fachwerk), Stahl, Stein (→ *Strebewerk) und Stahlbeton. Das Skelett kann außen sichtbar sein (wie z. B. bei den got. Kathedralen) oder von einer meist vorgehängten Fassade verdeckt werden (→ *Vorhangfassade). Allen Skelettbauten liegen Rastersysteme zugrunde (→ *Raster).

K. W. Schulze, Der Stahls., 1928; A. Hawranek, Der Stahls., 1931; W. W. Michmjlow, Gebäude aus vorgefertigten Stahlbetons.teilen, 1953; F. Hart, S. in Stahl und Stahlbeton, 1956; W. Bongard, Rohbaufertiger Stahls., 1959; C. Siegel, Strukturformen der modernen Architektur, 1960; M. Fengler, S. mit Fassadenelementen, 1962; K. H. Wittek, Die Entwicklung des Stahlhochbaues (Diss. München), 1962.

Skene (griech.), Bühnenhaus des griech. Theaters, → *Theaterbau.

Skizze, ein flüchtiger Entwurf bzw. nicht endgültige Fassung einer Idee in Baukunst, Plastik oder Malerei.

P. Wescher, *La prima idea*, Die Entwicklung der Ölskizze, 1960.

Sockel, der Unterbau eines Gebäudes, einer Säule oder einer Statue (→ *Postament, Piedestal).

M. Vetter, Der S. (Zur Kunstgeschichte des Abendlandes, 75), 1910.

Sockelgeschoß, als Gebäudesokkel ausgebildetes und stärker betontes → *Geschoß, bei manchen Fassadengliederungen (Kolossalordnung) mit dem Erdgeschoß ident. (→ *Fensterverdachung).

Sockelgesims, → *Gesims, das den Sockel oder das Sockelgeschoß (→ Geschoß) abschließt.

Sockelleiste, → *Leiste zwischen Fußboden und Innenputz.

Soffitte (ital.), 1. Untersicht einer Decke; 2. Teil einer Theaterdekoration, der den Einblick in die Oberbühne verhindert; 3. lange, schmale Beleuchtungskörper, urspr. nur zur Beleuchtung von S. 2.

Sohlbank, Fensterbank, unterer Abschluß eines → *Fensters, meist aus Stein. Die S. muß nach vorne geneigt sein, über das Mauerwerk überstehen und eine Wassernase erhalten, am hinteren Ende läuft ein Falz, auf dem der Fensterrahmen aufsitzt. Innen wird die S. durch das Fensterbrett abgedeckt.

Sohlbankgesims, Fensterbankgesims, ein → *Gesims, das unter der Fensteröffnung durchläuft.

Söller, → *Altan, ein unterbauter, nicht überdeckter Austritt in einem Obergeschoß im Gegensatz zu dem auskragenden und überdeckten Erker.

Sonnenheiligtum, Sakralbau des Alten Reiches Ägyptens, bestehend aus Aufweg, Altar mit Opferplatte und Obelisk. Bekannt ist das S. zu Abusir.

R. Müller, Der Sonnentempel in den Ruinen von Tihuanacu (Bäßler-Archiv XIV), 1930/31; W. Kaiser, Zu den S. der 5. Dynastie (Mitteilungen des Dt.

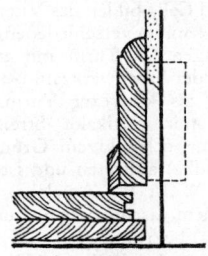

Sockelleiste

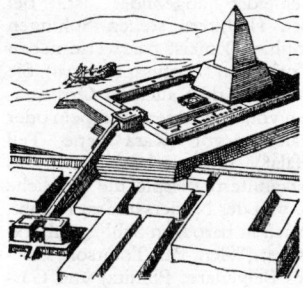

Sonnenheiligtum
(Beispiel: Abu-Gurab-Abusir,
5. Dynastie)

Archälog. Inst. Kairo), 1956; E. Winter, Zur Deutung der S. der 5. Dynastie (Zs. für Kunde des Morgenlandes), 1957; H. Stock, Das S. von Abusir (Neue dt. Ausgrabungen), 1959.

Sonnensegel, Segel als Sonnenschutz in einem röm. → *Amphitheater. Die S. wurden mittels Tauen an den Masten befestigt, die am oberen Teil der Umfassungsmauern aufgesetzt waren. Das S. hing in der Art eines Seildaches nach unten durch und hatte in der Mitte über der Arena eine Öffnung (→ *Säulenbogenstellung).

Sopana, Treppenanlage eines → *Stupa.

Souterrain (franz.), Untergeschoß, → *Geschoß unter dem Erdgeschoß.

Spandach, Splißdach, eine einfache → *Dachdeckung, deren senkr. Fugen mit unterlegten Spließen (Spänen) abgedichtet sind.

Spandrille, Dreieckzwickel zwischen Bogen und senkrechter Begrenzung einer Maueröffnung (→ *Triumphbogen).

Spannriegel, der waagerechte, von Streben verspannte Balken eines → *Sprengwerkes.

Spannweite, Stützweite, Abstand von Auflager zu Auflager einer Konstruktion (Brücke, → *Bogen, Binder, → Gewölbe).

Sparren, schräg ansteigende Hölzer einer → *Dachkonstruktion, die meist paarweise angeordnet sind und die Dachhaut tragen. Die Bunds. (Binders.) sind bei den Dachbindern, die Leers. zwischen diesen angeordnet. An Graten und Kehlen der Dächer sind die Grats. bzw. → *Kehls. zu finden. An diesen anlaufende S. heißen Schifts.

Sparrendach, → *Dachkonstruktion, bei der jedes Sparrenpaar auf einem Bundbalken ruht.

Sparrenfuß, das untere, am Binder aufruhende Ende des Sparrens eines Sparrendaches.

Sparrenkopf, das untere, über die Fußpfette überstehende Ende des Sparrens eines Pfettendaches (→ *Dachkonstruktion).

Sparrenlage, Grundrißprojektion einer Dachkonstruktion (→ *Werksatz).

Sparrenwerk, Gespärre, Gesamtheit der Sparren eines Daches (→ Dachkonstruktion).

Speicher, ein Lagerhaus für Landwirtschafts- und Handels-

S Spandrille

Speicher
(Beispiel: Ulm, Kornhaus, 16. Jh.)

produkte. Der S. skandinav. Bauernhöfe (Stabbur) ist meist auf Pfosten errichtet (Schnee, Nagetiere!). Monumentales Ausmaß nehmen die an Kanälen gelegenen S. bauten der Handelsstädte, hauptsächlich der Hansestädte (Lübeck, Danzig) an. Auch in Süddeutschland gibt es große städt. S. (Nürnberg, Mauthaus; Ulm, Kornhaus; Geislingen, Bau).

M. Hellmich, Die Laimes, Lehmsel in Schlesien. Aussterbende Speicherbauten, 1930.

Sperrholztür, Türblatt mit auf einen inneren, konstruktiven Rahmen (Blindrahmen) aufgeleimten Sperrholztafeln.

Sphärisches Dreieck, Pendentif, Ausschnitt einer Kugeloberfläche zur Überleitung vom Grundquadrat des Kuppelunterbaues zum Fußkreis der → *Kuppel (Teilgewölbe 2).

Sphinx (griech.), in Ägypten ein liegender Löwe mit menschlichem Haupt, wohl ein Symbol des Königs, der oft mit einem Löwenfell

bekleidet abgebildet ist. Bei den Hethitern stehen Sphingen (Sphinxe) meist paarweise neben Torbauten (Hattusa, Malatya). Sie kommen dort auch an Orthostaten von Torbauten, Tempeln oder Palästen vor (Kara Tepe, Tell Halaf). In Griechenland ist das bekannteste Beispiel die weibliche S. von der Naxiersäule zu Delphi. Auch in barocken Schlössern, Palästen (Wien, Pal. Trautson, Oberes Belvedere; Pillnitz) und Gärten (Veitshöchheim) kommen weibliche S. vor.

Pauly-Wissowa, Realenzyklopädie der klass. Altertumswissenschaft, 1929; J. Leibovitch, *La Sphinge*, 1947; U. Schweitzer, Löwe und S. im alten Ägypten (Ägyptolog. Forschung), 1948; S. Hassan, *The S., History in the Light of Recent Excavation*[8], Kairo 1949; F. Matz, Kret. Sphingen (Jb. des dt. archäolog. Institutes), 1950/51; W. Helck, Die liegende und geflügelte weibliche S. des neuen Reichs, 1955.

Ägyptische Sphinx

Sphinxallee, wichtige, zu beiden Seiten von Sphingen (oder von Widdern → Widderallee) begleitete Prozessionsstraße im alten Ägypten (Theben – Karnak).

Spiegeldecke, eine → Decke, deren mittleres Feld (Deckenspiegel) von Profilen gerahmt ist. Der Übergang zur Wand erfolgt mittels Kehlen (Deckenkehle, Voute) oder mit einem Deckengesims.

Spiegelgalerie, ein langgestreckter Raum in barocken Schlössern, dessen Wände von Spiegeln bedeckt sind, um den Raum opt.

auszuweiten. Kleinere Räume dieser Art nennt man Spiegelkabinett.

Spiegelgewölbe, 1. Muldengewölbe (→ *Gewölbeformen); 2. irreführende Bezeichnung für eine → Spiegeldecke.

Spina (lat.), Trennmauer zwischen den beiden Richtungsbahnen in der Arena des röm. → *Zirkus.

Spindel, 1. mittlerer zylindr. Teil einer *Wendeltreppe. Die S. kann geschlossen sein, d. h. sie setzt sich aus einzelnen an die Stufen angearbeiteten Teilzylindern zu einem Rundpfeiler zusammen oder die S. ist offen (Hohls., Treppenauge), d. h. anstelle des Pfeilers tritt ein Hohlraum, der von der schraubenartigen Lichtwange der Treppe begrenzt wird; 2. allg. für Wendeltreppe.

Spindelgewölbe, Schneckengewölbe, Spiralgewölbe, eine spiralförmig ansteigende Ringtonne, meist als Unterbau einer Wendeltreppe (→ *Gewölbeformen).

Spindeltreppe, Spindel 2, → *Wendeltreppe.

Spirale, Schneckenlinie, eine häufige ornamentale Grundform, z. B. der Laufende Hund (→ *Fries). Um ein Auge als Zentrum entwickelt sich die → Volute des ion. → *Kapitells.

Würz, S. und Volute, 1914; A. R. Hein, Künstler. Wirbeltypen, 1929.

Spiralgewölbe, → Spindelgewölbe, Schneckengewölbe → Wendeltreppe (→ *Gewölbeformen).

Spiralturm, ein zylindr. Turm mit schraubenförmig gewundener Außenrampe (Samarra, Minar der Soldatenmoschee).

E. Diez, Die Kunst des Islam, 1925; A. Springer, Hdb. der Kunstgeschichte, Bd. 6, 1929.

Spital, Krankenhaus bzw. städt. Altersheim oder an Gebirgspässen gelegenes Hospiz (→ *Hospital).

Spitzbogen, ein Bogen mit spitzer Kontur. Die Krümmungsmittelpunkte des gedrückten S. liegen zwischen den Kämpferpunkten, die des gleichseitigen S. in den Kämpferpunkten und die des überhöhten S. (Lanzettbogen) außerhalb der Kämpferpunkte (→ *Bogenformen).

Spitzbogenfries, ein → *Fries aus kleinen Spitzbogen.

Spitzstufe, Stufe einer → *Wendeltreppe mit spitz zulaufendem Auftritt.

Spitztonne, Tonnengewölbe mit spitzbogigem Querschnitt (→ *Gewölbeformen).

Spitzzahnornament, ein dem Sägezahn ähnliches, normann. Ornament (→ *Fries).

Splint, 1. das Holz zwischen Kernholz und Rinde; 2. Flacheisen, das durch die Öse des Ankerkopfes (→ *Anker) gesteckt wird und ornamental verziert sein kann.

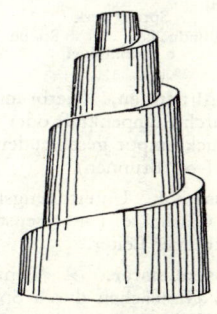

Spiralturm

Spließdach, Spandach, →*Dach-deckung, deren senkrechte Fugen mit einem Spließ (Span) abgedichtet sind.

Spolie (lat.), ein wieder verwendeter Bauteil, der einem abgebrochenen Gebäude entnommen ist (meist Säulenschäfte, Kapitelle, Friese, Gesimse). Viele Baudetails altchristl. Basiliken sind S.

Sporn, 1. Strebepfeiler an Stützmauern; 2. Vorspringende Mauer zur Auflagerung einer Treppenstufe.

Sprengwerk, eine meist hölzerne Konstruktion zur Aufnahme großer Lasten bzw. zur Überbrückung großer Spannweiten. Beim S. wird der waagerechte Balken von zwei gegeneinander gelehnten Streben unterstützt. Bei größeren Spannweiten wird zwischen die Streben ein Spannriegel eingefügt. S.konstruktionen finden bei → Dachkonstruktionen, vor allem aber bei Brückenbauten Anwendung.

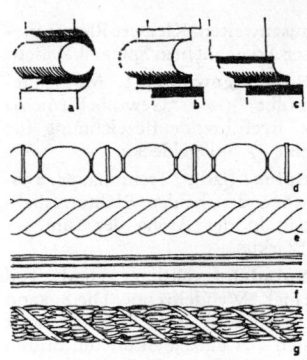

Stab
a Rundstab   e Taustab
b Halbrundstab f Kannelierter
c Viertelstab   Wulst
d Perlstab   g Blattstab

Stab, 1. ein stabförmiges Konstruktionsglied (→ Stabbau, → *Fachwerk); 2. ein stabförmiges Zierglied (Rundstab) oder Teile desselben (Viertelstab), auch profiliert bzw. in einzelne Elemente unterteilt vorkommend (Astragal, Perlstab, Taustab, kannelierter Wulst, Blattstab).

Stabbau, Holzbau, dessen runde Eckstäbe zusammen mit den Grundschwellen und den Oberschwellen einen festen Rahmen bilden, in den senkrechte Bohlen eingespundet werden. Die bes. in Skandinavien verbreitete Bauweise erreichte bei den → *Stabkirchen ihre Vollendung.

O. v. Leixner, Der Holzbau in seiner Entwicklung und in seinen charakterist. Typen, 1907.

Stabbur, Speicher der skandinav. Bauernhäuser, meist auf Pfählen stehende Blockbauten.

Stabkirche, skandinav. Holzkirche, deren konstruktives Gerüst aus Masten besteht (Stabbau). Der Innenraum ist relativ klein und

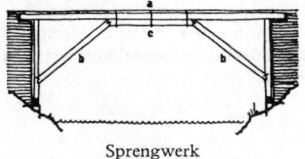

Sprengwerk
a Bundbalken   b Strebe
c Spannriegel

Springbrunnen, Zierbrunnen, mit durch Pumpenkraft oder Gefällsdruck empor geschleudertem Strahl (→ *Brunnen).

Sprosse, 1. Unterteilungsholz einer Glaslichte (→ *Fenster); 2. Tritt einer Leiter.

Sprossenfenster, → *Fenster, dessen Glasflächen durch Sprossen in Felder unterteilt werden.

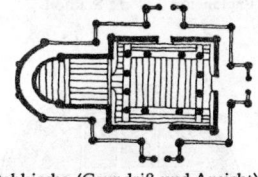

Stabkirche (Grundriß und Ansicht)

Hippodrom und der Zirkus dieselbe Grundform, während moderne S. eher einem ausgeweiteten Amphitheater gleichen.

R. Ortner, Sportbauten, 1953; A. Henze, Olymp. Bauen in Rom, Nervis Sportbauten, 1961.

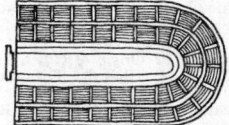

Antikes Stadion

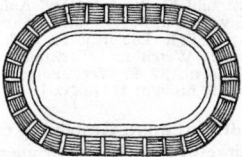

Modernes Stadion

durch die Masten verstellt. Die Außenerscheinung einer S. ist sehr charakterist. und unter den christl. Sakralbauten völlig unikal. Die bekanntesten Beispiele sind die S. von Borgund und Hitterdal.

H. Reiher, Norwegische S.; L. Dietrichson, M. Munthe, Die Holzbaukunst Norwegens, ²1901.

Stabwerk, senkrechte Stäbe zur Unterteilung der Glasflächen unter dem → *Maßwerk got. Fenster.

Stadion (griech.), Laufbahn, deren Grundform zwei parallele, gerade, durch eine Kehre verbundene, mehrspurige Bahnen bilden. Zu beiden Seiten liegen ansteigende Zuschauerränge. Das besterhaltene antike S. ist das von Delphi, während das S. von Epidauros nur in der Grundanlage erhalten ist. Später zeigen das

Stadt, Gemeinwesen beliebiger Größenordnung, dessen Einwohner keine Naturalwirtschaft betreiben und daher von der Größe und Güte des umgebenden Ackerlandes unabhängig sind. Die städt. Kultur basiert wirtschaftlich auf der Arbeitsteilung und polit. auf weitmöglichster Selbstverwaltung. Das S.gefüge wird nach verkehrstechn., geograph., wirtschaftlichen und künstler. Gesichtspunkten gestaltet (→ Städtebau, → *Stadtbaukunst).

W. Sombart, Der Begriff der S., 1907; O. Wagner, Die Großs., 1911; W. Geisler, Die dt. S., Ein Beitrag zur Morphologie der Kulturlandschaft, 1924; J. Gantner, Grundformen der europ. S., 1928; A. Griesebach, Die altdt. S. in ihrer Stammeseigenart, 1930; F. Krischen, Die griech. S., 1938; F. Bachmann (hg.), Die alte dt. S., 1944; H. Keller, Oberbayer. S. des 13. Jh. (Festschrift für W. Goetz), 1948; E. Saarinen, *The City,* New York 1949; H. Bernoulli, Die S. und ihr Boden,

[2]1950; E. Ehnen, Frühgeschichte der
europ. S., 1953; A. Stöckli, Die S. – ihr
Wesen und ihre Problematik, 1954;
H. Planitz, Die dt. S. im MA., 1954;
E. Herzog, Von der Römers. zur Bür-
gers. des MA., 1954; ders., Die otton.
S., 1964; E. Kirsten, Die griech. Polis
(Colloquium geographicum 5), 1956;
F. L. Wright, *The Living City*, New
York 1958; K. Junghanns, Die dt. S. im
Frühfeudalismus, 1959; ders., Die dt. S.
im Frühkapitalismus, 1959; W. Schnei-
der, Überall ist Babylon, 1960; R. M.
Adams, *The Origin of Cities*, London
1960; H. P. Bahrdt, Die moderne
Großs., 1961; H. Tessenow, Die kleine
und die große S., 1961; W. Rausch,
Die S. Mitteleuropas im 12. und 13.
Jh., 1963; L. Mumford, Die S., Ge-
schichte und Ausblick, 1963; K. Gutkas,
Die Entwicklung des österr. S.wesens
im 12. und 13. Jh., J. Sydow, Anfänge
des S.wesens in Bayern und Österreich,
o. J.; E. Egli, Die neue S., o. J.; H.
Reschke, Wesen und Bedeutung der
Großs., o. J.; E. Vercauteren, Die
europ. S. bis zum 11. Jh., o. J.

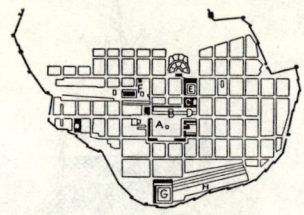

Schachbrettraster (Beispiel: Priene)

A Agora
B Stoa
C Buleuterion
D Prytaneion

E Gymnasion
F Athenatempel
G Gymnasion
H Stadion

Gegründete ma. Stadt
(Beispiel: Friedeberg/Neumark,
E. 13. Jh.)

Stadtbaukunst, Gestaltung eines
Stadtgefüges nach vorwiegend
künstler. und ästhet. Gesichtspunkten. Die griech. Stadt war
meist ein locker gefügtes Konglo-
merat, dessen Fixpunkte die Agora und die Tempelbezirke sind.
Das strenge Schachbrettraster des
Hippodamus von Milet wurde
nur in Kolonistenstädten (Milet,
Priene) angewendet. Auch die
etrusk. Stadt war infolge des meist
hügeligen Geländes unregelmä-
ßig. Erst röm. Provinzstädte
(Trier, Timgad u. a.) zeigten den
regelmäßigen Schachbrettgrund-
riß des röm. → *Castrums (Cardo,
Decumanus). Das MA. gründet
viele neue Städte, meist im norddt. Raum, vor allem im nordostdt.
Kolonisationsgebiet aber auch in
Österreich. Fixpunkte der ma.
Stadt sind Marktplatz und Kirche.
Die Renaissance verwirklichte
einzelne → *Idealstädte von geometr. Grundrißstruktur (Palmanova, Freudenstadt). In der Barockzeit wurden neue Städte angelegt, deren Grundrißstruktur
entsprechend den damaligen ab-
solutist. Gepflogenheiten auf das
Schloß bezogen war (Versailles,
Ludwigsburg, Mannheim). Das
19. Jh. brachte als Folge des Ab-
bruchs der Stadtbefestigungen
zahlreiche Stadterweiterungen
und als neue Form der S. die Anlage einer → *Ringstraße um den
alten Stadtkern (Wien). Seit der
starken Vergrößerung der Städte

Stadtbaukunst

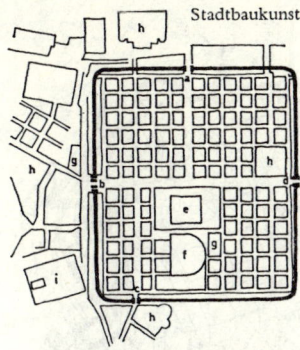

Römische Stadt (Beispiel: Timgad)

a Nordpforte   e Forum
b Westpforte   f Theater
  (Trajansbogen)   g Tempel
c Südpforte   h Thermen
d Ostpforte   i Kapitol

Gewachsene ma. Stadt
(Beispiel: Nördlingen, 13./14. Jh.)

in der neueren Zeit überwiegen
techn., verkehrstechn., hygien.
und andere Gesichtspunkte (→
Städtebau).

R. v. Lichtenberg, Haus – Dorf – Stadt.
Eine Entwicklungsgeschichte des anti-
ken Städtebildes, 1909; P. Schultze-
Naumburg, Städtebau (Kulturarbei-
ten), [2]1909; J. Brix, F. Grenzmer (hg.),
Städtebauliche Vorträge, 1912ff.; P.
Wolf, Städtebau, Das Formproblem der
Stadt in Vergangenheit und Zukunft,
1919; T. Fischer, Sechs Vorträge über
S., 1920; F. Schumacher, Wie das

Kunstwerk Hamburg nach dem großen
Brand entstand, 1920; A. Hoenig, Dt.
Städtebau in Böhmen, 1921; A. E.
Brinckmann, Dt. S. in der Vergangenheit, [2]1921; ders., Die S. vom MA. bis
zur Neuzeit, [2]1925; C. Rohleder, Stadt-
raumkunst und Bebauungsplan, 1924;
A. v. Gerkan, Griech. Städteanlagen,
1924; R. Neutra, Räumliche Entwicklung amerikan. Städte (Baugilde), 1925;
P. Lavedan, *Histoire de l'Urbanisme*,
1926 ff.; Le Corbusier, Städtebau, 1929;
ders., Grundfragen des Städtebaues,
[2]1958; K. A. Doxiadis, Raumordnung
im griech. Städtebau, 1937; K. H.
Clasen, Die ostpreuß. Stadt als Kunstwerk (Festschrift für D. Frey), 1943; S.
Walewa, Die architekton. Bedeutung
der Straße (Diss. Wien), 1946; H. B.
Reichow, Organ. Stadtbaukunst, 1948;
R. E. Wycherley, *How the Greeks
buildt Cities*, 1949; G. Jobst, Leitsätze
für die städtebauliche Gestaltung, 1950;
K. Gruber, Die Gestalt der dt. Stadt,
1952; M. Braunfels, Ma. S. in der Toskana, 1953; Reau, P. Lavedan, Plouin,
Hugeney, Auzelle, *L'Oevre du Baron
Haussmann*, Paris 1954; W. Rauda,
Raumprobleme im europ. Städtebau,
1956; ders., Lebendige städtebauliche
Raumbildung, 1957; W. Schwagen-
scheidt, Ein Mensch wandert durch die
Stadt, 1957; D. Pinkney, *Napoleon III.
and the Rebuilding of Paris*, Princeton
1958; W. Braunfels, Ma. S. in der
Toscana, [2]1959; E. Egli, Geschichte des
Städtebaues, 1960; H. Tessenow, Die
kleine und die große Stadt, 1961; A.
W. Bunin, Geschichte des russ. Städte-
baues bis zum 19. Jh., 1961; H. Speck-
ter, Paris, Städtebau von der Renais-
sance bis zur Neuzeit, 1964; C. Sitte,
Der Städtebau nach seinen künstler.
Grundsätzen, [6]1965; G. R. Collins,
*Camillo Sitte and the Birth of Modern
City Planning* (Columbia University
Studies in History and Archaeology 3)
London–New York 1965; H. Koch,
Gartenkunst im Städtebau; s. a. Städte-
bau, Idealstadt.

Stadtbefestigung, Sicherung
einer Stadt durch eine oder mehrere Burgen (Hattusa), Gräben
und Wälle, → *Bastio-
nen oder Mauern (→ *Stadtmauer). Je nach der topograph.
Lage der einzelnen Stadtteile bzw.
nach deren zeitlicher Entstehung
können diese auch einzeln befestigt sein, wobei manchmal, wie
bei der Burg, einzelne Befesti-

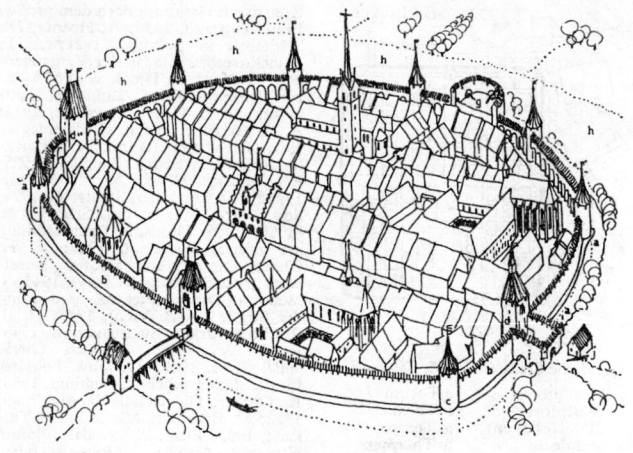

Stadtbefestigung

a Graben	c Wehrturm	e Fluß	h Glacis
b Ringmauer mit Wehrgang	d Torturm mit Zugbrücke u. Pechnase	f Brückenkopf	i Vorwerk
		g Barbakane	j Zollwache

gungsabschnitte hintereinander-geschaltet sind. Liegt die Stadt im Schutze einer Burg (Zitadelle), so ist das Befestigungssystem von Stadt und Burg eine durch Flügelmauern miteinander verbundene Einheit. Liegt die Stadt auf einer Höhe, wird ihre Ausdehnung weitgehend durch die topograph. Struktur bestimmt. Bei Tallagen werden aus Verteidigungsrücksichten Flußschlingen bevorzugt. Brücken wird auf dem jenseitigen Flußufer häufig ein Brückenkopf als Vorposten der Verteidigung vorgelegt. Nach Einführung der Feuerwaffen wurden differenziertere Befestigungssysteme, wie → *Barbakanen, Sternschanzen, → *Bastionen und Außenwerke (Forts, Vorwerke) notwendig. Im 19. Jh. wurden die Befestigungen meist abgetragen, auf den eingeebneten Gräben breite Straßen

(„Graben", „Ring", „Esplanade") errichtet (→ *Ringstraße).

Cölner Thorburgen und Befestigungen (Architekten und Ingenieurverein für Niederrhein-Westfalen), 1884; A. v. Cohausen, Die Befestigungsweisen der Vorzeit und des MA., 1898; Stavenhagen, Grundriß der Befestigungslehre, ⁴1910; W. Waetzoldt, Dürers Befestigungslehre, 1916; H. Werner, Das bastionäre Befestigungssystem und seine Einwirkung auf den Grundriß dt. Städte, 1935; K. H. Clasen, Bastion (RDK), 1937; B. Ebhardt, Der Wehrbau Europas im MA., 1939; F. Krischen, Die Stadtmauern von Pompeji und griech. Festungsbaukunst, 1941; s. a. Stadtmauer.

Städtebau, Zusammenfassung bautechn., verkehrstechn. und wirtschaftlicher Aufgaben, die sich bei der Anlage, Erweiterung (→ Stadterweiterung) und Sanierung einer Stadt ergeben. Die Stadtplanung (→ Gemeindeplanung) beruht auf der Verarbeitung statist. Materials und soziolog. Untersuchungen. Die Verwirklichung erfolgt auf Grund eines Flächenwidmungs- und eines Bebauungsplanes, in dem die Fluchtlinien und Bauhöhen festgelegt sind. Auch künstler. Gesichtspunkte müssen beim Städtebau berücksichtigt werden (→ *Stadtbaukunst).

Der S. (Zs.), 1904ff.; J. Brix, F. Genzmer, Aufgaben und Ziele des S., 1908; R. Unwin, Grundlagen des S., 1910; O. Wagner, Die Großstadt, 1911; E. Faßbender, Grundzüge der modernen S.kunde, 1912; P. Wolf, S., Das Formproblem der Stadt in Vergangenheit und Zukunft, 1919; J. Stübben, Die Entwicklung des dt. S. und sein Einfluß auf das Ausland, 1921; ders., Der S., ³1924; C. Gurlitt, Hdb. des S., ²1926; H. C. Elmig, Kulturgrundlagen des S., 1927; K. A. Hoepfner, Grundbegriffe des S., 1928; A. Tröster, Verkehrstechnik im S. (Diss. Wien), 1931; L. Adler, H. Ritter, S. (Wasmuth), 1932; E. Szendröi, Das städt. Grünsystem als Problem der Stadtgestaltung (Diss. Wien), 1937; A. Christen, Zur Entwicklungsgeschichte des S., 1946; G. Jobst, Leitsätze für städtebauliche Gestaltung (Dt. Akademie für S. und Landesplanung), 1949; L. Jänecke, Verkehr im S., 1954; K. H. Brunner, Städteschnellverkehr, 1955; W. Ortmann, S. früher und heute, 1956; J. Göderitz, R. Rainer, Die gegliederte und aufgelockerte Stadt, 1957; K. Leibbrand, Das Verkehrswesen als Glied der Landes-, Regional- und Stadtplanung, 1957; J. W. Korte, Stadtverkehr, gestern, heute und morgen, 1959; Städtebau, Was ist – was will – wie arbeitet S. (Dt. Verband für Wohnungswesen und Raumplanung, hg.), 1959; K. Otto, Die Stadt von morgen, 1959; W. Seidensticker, Umbau der Städte, 1959; H. Wandersleb (hg.), Hdwörterbuch des S., Wohnungs- und Siedlungswesen, 1959; E. Egli, Geschichte des S., 1960; G. A. Jellicoe, Motopia, A Study in the Evolution of Urban Landscape, London 1961; F. Jaspert, Vom S. der Welt, 1961; R. Hillebrecht, S. und Stadtentwicklung, 1962; F. Heiß, Einführung in den S.; J. Wolff, Stadtplanungskunde; ders., S., o. J.; A. C. Boettger, Städtebauliche Grundbegriffe (Diss. Aachen), 1965; s. a. Stadtbaukunst.

Stadterweiterung, planmäßige Vergrößerung einer Stadt durch

Stadterweiterung

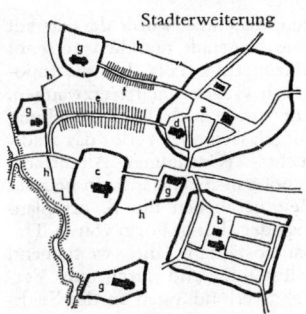

(Beispiel: Hildesheim)

a Altstadt	e Marktsiedlung
b Neustadt	f Dorf
c Domburg	g Kloster
d Markt-	h Befestigung der
kirche	Marktsiedlung

(Beispiel: Rostock. Von rechts nach links: Altstadt 1218, Mittelstadt 1232, Neustadt 1252)

Einbeziehung neuen Baulandes oder bestehender Vorstädte in das gemeinsame Verteidigungssystem oder unter gemeinsame Verwaltung, wobei die einbezogenen Siedlungen ihre Selbständigkeit verlieren. Die S. kann additiv erfolgen, wie z. B. in Milet, wo an die ältere Hafenstadt eine S. mit etwas weiterem Rechteckraster angefügt wurde, oder in Rostock und in wenig regelmäßiger, doch bei Berücksichtigung des Geländes ähnlich folgerichtiger Art in Bern. Konzentr. Erweiterungen können wir z. B. in Rothenburg o. T. und in Nördlingen verfolgen. Manchmal wurde der Altstadt eine Neustadt räumlich getrennt hinzugefügt, falls dies die topograph. Gegebenheiten erzwangen. Oft wurde auch die alte Siedlung aufgelassen oder verlor das Stadtrecht (Geislingen - Altenstadt; Schongau-Altenstadt). In neuerer Zeit geschehen die S. oft planlos oder aber in Form von → Trabantenstädten, die weitgehend selbständig und durch gute Verkehrsverbindungen an das Stadtzentrum angeschlossen sind.

R. v. Eitelberger, Die preisgekrönten Entwürfe zur Erweiterung der Inneren Stadt Wien, 1859; O. Schilling, Innere S., 1921; A. Bernatzky, Von der ma. Stadtbefestigung zu den Wallgrünflächen von heute, 1960; R. Hartog, S. im 19. Jh., 1962; T. Melicher, Die Städtebaul. Entwicklung im Bereich der ehemaligen Befestigungsanlagen gezeigt an den sechs größten österr. Städten zwischen 1800 und 1900 (Diss. Wien), 1965.

Stadthalle, Halle oder Saal für öffentliche Veranstaltungen, Konzerte, z. T. auch Bühnenvorführungen, in neuerer Zeit auch für Sportveranstaltungen. Waren die urspr. S. meist Saalbauten, so wurden in neuerer Zeit auch

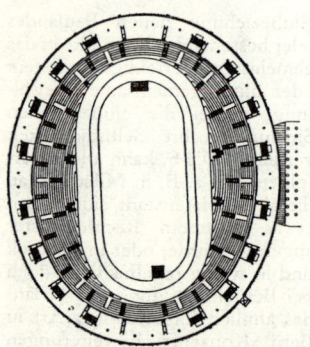

Stadthalle
(Beispiel: Dortmund, Westfalenhalle)

Großraumkonstruktionen mit zentralisierendem Grundriß (Breslau, Jahrhunderthalle; Hannover, Stadthalle) entwickelt. Verschiedenen Veranstaltungen dienen die Mehrzweckhallen, die durch Veränderung der Einrichtung der jeweiligen Funktion angepaßt werden können. Die Zuschauerränge sind meist amphitheatral. angeordnet (Dortmund, Westfalenhalle). Da die Besucherzahlen der einzelnen Veranstaltungen oft sehr unterschiedlich sind, werden teilweise auch mehrere Säle verschiedener Größe zu einem S.-gebäude zusammengefaßt.

K. Bertsch, Rathäuser und S., 1956.

Stadtkern, Innenstadt, Zentrum einer Stadt. Der S. ist bei europ. Städten meist der ehemals von Mauern, Gräben und Wällen umgebene Teil (Altstadt). Im weiteren Sinne des Wortes auch das Zentrum mit den Hauptgeschäftsstraßen und öffentlichen Gebäuden (→ City) im Gegensatz zu den Außenbezirken bzw. Vorstädten.

K. Kühn, Die schöne Altstadt, ihr Schutz, ihr Umbau, ihre Verkehrsverbesserung, 1932; Zur Rekonstruktion der Stadtzentren (Hochschule für Architektur und Bauwesen, Weimar hg.), 1960; H. Simon, Das Herz unserer Städte, 1963; H. Foramitti, P. Leisching, Wiederbelebung histor. Stadtviertel, 1965; s. a. City.

Stadtkrone, Kernzelle einer Stadt mit den wichtigsten Monumentalbauten und in stark hervortretender, oft beherrschender Lage (Akropolis, Kapitol u. dergl.).

B. Taut, Die S., 1919; K. Junghanns, Die öffentl. Gebäude im ma. Stadtbild, 1956.

Stadtmauer, Mauerring, Bering, Ringmauer mit Wehrgang, Stadttürmen und Stadttoren. Liegen mehrere Mauern hintereinander (Hauptmauer, Vormauern), sind

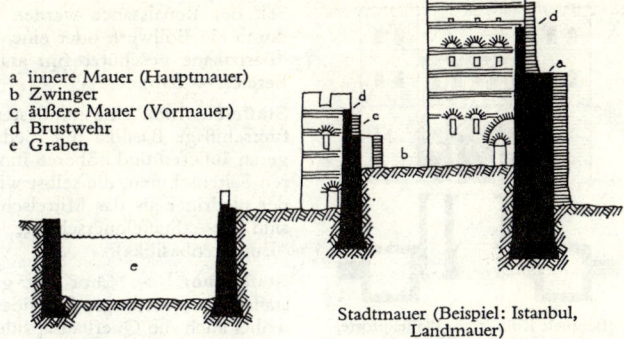

a innere Mauer (Hauptmauer)
b Zwinger
c äußere Mauer (Vormauer)
d Brustwehr
e Graben

Stadtmauer (Beispiel: Istanbul, Landmauer)

zwischen diesen die Zwinger. Die Stadttore konnten zusätzlich durch ringförmige Außenwerke (Bastille, → *Barbakane) gesichert sein. In der Antike sind bedeutende S. in Dendera, Hattusa, Babylon und Rom (Aurelianische Mauer). Konstantinopel schützte sich mit einer doppelten „Landmauer". Bedeutende ma. Befestigungen haben sich u. a. in Ragusa, Aigues Mortes, Carcassonne und Nördlingen erhalten.

F. Krischen, Die Landmauer von Konstantinopel, 1938; B. Mayer Plath, A. M. Schneider, Die Landmauer von Konstantinopel, 1943; s. a. Stadtbefestigung.

Stadtplan, Lageplan einer Stadt mit Eintragung der Straßen und Plätze.

J. Brix, F. Genzmer, Stadtgrundrisse, ein Rückblick auf ihre geschichtliche Entwicklung, 1911; C. Klaiber, Die Grundrißbildung der dt. Stadt im MA., 1912; A. v. Gerkan, Hippodamos (Tieme-Becker, Allgemeines Lexikon der bildenden Künstler), 1924; O. v. Leixner, Der Stadtgrundriß und seine Entwicklung, 1925; G. Kaminka, Die regelmäßigen Stadtgrundrisse im 13. Jh. im östl. Österreich (Diss. Wien), 1930; Der S. geht uns alle an (Dt. Verband für Wohnungswesen, Städtebau und Raumplanung), 1955; E. Keyser, Städtegründungen und Städtebau in Nord-

westdeutschland, Der Stadtgrundriß als Geschichtsquelle, 1958; H. Boesch, P. Hofer, Flugbild der Schweizer Stadt, 1963; s. a. Idealstadt.

Stadttor, Tor einer → *Stadtbefestigung. Das S. ist Abwehr und Empfang zugleich. Die Unterbrechung der → *Stadtmauer mußte durch einen Torturm oder durch zwei flankierende Türme oder aber durch eine Verbindung von Turm und Flankentürmen gesichert werden. Bereits in der röm. Antike wurde das flankierende Turmpaar (Trier, Porta Nigra) verwendet, das auch im MA. (Köln, Hahnentor; Büdingen) oft errichtet wurde. S. mit einem mittleren Torturm und seitlichen Flankentürmen am Vortor finden wir in Basel, Weißen-

Stadttor
(Beispiel: Perugia, etruskisches Stadttor)

Stadttor

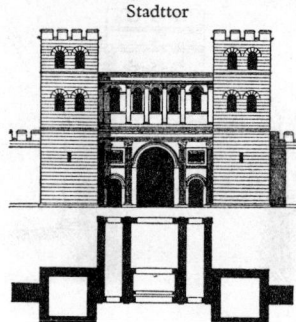

(Beispiel: Köln, röm. Pfaffenpforte,
3./4. Jh. n. Chr.)

(Beispiel: Stendal, Ünglinger Tor,
15. Jh.)

burg/Bayern und Pfullendorf.
Seit der Renaissance werden S.
durch ein Bollwerk oder eine →
*Barbakane geschützt (im arab.
Bereich → Bab).

Staffelbasilika, eine mindestens
fünfschiffige Basilika mit niedrigeren äußeren und höheren inneren Seitenschiffen, die selbst wieder niedriger als das Mittelschiff
sind (→ *Staffelquerschnitt, →
*Emporenbasilika).

Staffelchor, → *Chor mit gestaffelt angeordneten Apsiden,
wobei auch die Querhausapsiden
einbezogen werden können.

E. Lehmann, Bemerkungen zum S. der
Benediktinerklosterkirche Thalbürgel
(Festschrift J. Jahn), 1957.

Staffelgiebel, → *Giebel mit abgetreppter Kontur. Die Abtreppung erfolgte zunächst aus techn.
Gründen, um die einzelnen Steinschichten waagerecht durchfüh-
ren, gerade abschließen und mit
Dachziegeln eindecken zu können (→ *Backsteingotik).

Staffelhalle, Pseudobasilika, eine
mehrschiffige → Hallenkirche mit
stufenförmig nach der Mitte zu
ansteigenden Decken bzw. Gewölben in den einzelnen Schiffen,

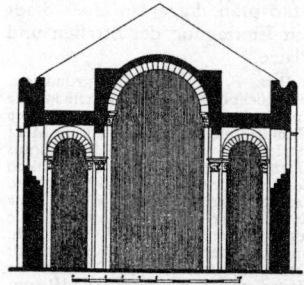

Staffelhalle
(Beispiel: Poitiers, Notre Dame, 12. Jh.)

Staffelquerschnitt
(Beispiel: Beauvais, Kathedrale, 13. Jh.)

jedoch ohne direkte Belichtung des Mittelschiffes (und der inneren Seitenschiffe, falls äußere Seitenschiffe vorhanden sind).

J. Vogel, Der Raumgedanken von St. Stefan in Wien im kirchl. Bauschaffen der Gotik Österreichs (Diss. Wien), 1938.

Staffelkirche, eine mehrschiffige Kirche, deren Decken- bzw. Gewölbehöhe stufenförmig zum Mittelschiff ansteigt (→ Staffelbasiliken, → *Staffelhalle, → *Staffelquerschnitt).

R. Schellenberger, Das Dachwerk der got. S. Niederösterreichs (Diss. Wien), 1937.

Staffelquerschnitt, Querschnitt eines mindestens fünfschiffigen Raumes (Staffelraum, Staffelkirche), bei dem die Decken- bzw. Gewölbehöhen stufenweise nach der Mitte ansteigen. Sind alle fünf Schiffe durch Obergadenfenster belichtet, spricht man von Staffelbasilika, sind nur die äußeren Schiffe durch Fenster belichtet, das Mittelschiff jedoch nur mittelbar über die Seitenschiffe, so spricht man von Staffelhalle (oder Pseudobasilika).

Staffelraum, ein Raum mit → *Staffelquerschnitt.

Stahlbeton, ein Verbundkörper aus Beton und einer Stahlbewehrung, der so ausgeführt ist, daß der Beton nur die Druckspannungen, der Stahl jedoch meist nur die Zugspannungen aufzunehmen hat. Der S. wird auf vorfabrizierten oder eigens für einen bestimmten Bauteil angefertigten Schalungen gegossen, die nach Erhärten des Materials wieder entfernt werden können. Je nach Art der Aus-

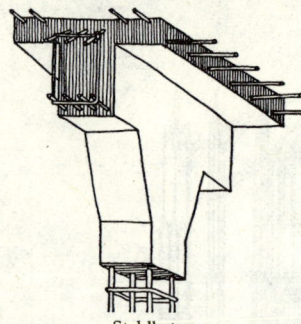

Stahlbeton
Detail vom Anschluß einer Stütze an
eine Plattendecke mit Unterzug

bildung einer S.konstruktion unterscheidet man → *Pilz-, Rip-
pen-, Platten- und → *Platten-
balkendecken, Rahmen, Schalen
u. dergl.

T. P. Benett, Bauformen in Eisenbeton,
1919; H. Möll, Spannbeton, 1954; R.
Saliger, Der S.bau, [8]1956; W. S. Londe,
Concrete Engineering Handbook, New
York 1961; R. Glatz, Einführung in den
Stahlbetonbau, [21]1962; A. Kleinlogel,
Der Stahlbeton in Beispielen; G.
Ehlers (hg.), Beton-Kalender; Kon-
struieren und Gestalten in Stahlbeton
(Dokumente der modernen Architek-
tur); E. N. Rogers, Pier Luigi Nervi,
Bauten in S.; s. a. Beton.

Stahlfenster, Fenster aus Stahlprofilen.

Stahltür, Tür aus Stahlprofilen.

Staken, 1. Ausfüllung der Bal-
kengefache einer Wand oder Dek-
ke mit Stakhölzern, die verfloch-
ten und mit Strohlehm umgeben
sind. 2. → *Abkreuzung (Versteifung) von Balken durch kreuzweise angeordnete Stakhölzer
(Kreuzstakung).

Stalaktit (griech.), Muqarnas,
zellenartiges Schmuckelement der
islam. Baukunst (S.gewölbe, S.-
kapitell → *Kapitell, S.kuppel,
S.portal, → *Mihrab).

Stalaktitengewölbe, → *Gewölbeform der islam. Baukunst, die
aus Stalaktiten zusammengesetzt
ist (→ *Mihrab).

J. Rosintal, Pendentifs, Trompen und
Stalaktiten, 1912.

Stalaktitenkapitell, → *Kapitell
der islam. Baukunst, das aus Sta-
laktitenformen zusammengesetzt
ist.

Stalaktitenkuppel, Kuppel der
islam. Baukunst, die aus Stalakti-
tenformen zusammengesetzt ist.

Stalaktitenportal, Portal der islam. Baukunst, das von Stalaktiten abgeschlossen wird.

Stallen, Sitze eines → *Chorgestühls.

Stambha, Dhvadscha S. (ind.),
Säule zur Erinnerung an Ereignisse im Leben Buddhas.

Ständer, Stiel, Säule, Pfosten,
senkrechtes Holz beim → *Fachwerk, beim → *Stabbau und beim
→ *Ständerbau.

Ständerbau, eine Bauweise, bei
der tragende Wände aus senkrechten Holzstützen (Ständer) gefügt
werden (zum Unterschied vom
Blockbau).

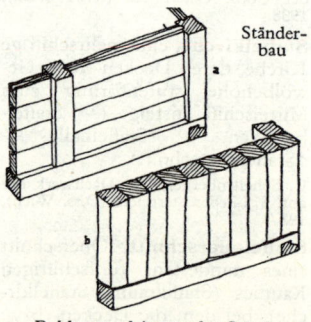

Ständer-
bau

a Bohlenwand (tragendes Ständer-
gerüst mit Bohlen ausgefacht)
b Ständerbau

Statik (griech.), die Wissenschaft vom Gleichgewicht der Kräfte, die auf feste, starre Körper einwirken, bei Baukonstruktionen als Baus. bezeichnet.

F. Chmelka, E. Melan, Einführung in die S., ⁷1961; E. Torroja, Logik der Formen, Die stat. Grundlagen der Bauformen, 1961.

Staudamm, ein künstlich errichteter Damm, Wall oder eine Mauer, um Wasser für Energiegewinnung und Bewässerung aufzustauen. Im Niltal und in Fayum gab es S., um die natürliche Nilüberschwemmung zu korrigieren. Auch der Mörisee war ein Staubecken. Die Römer errichteten S. in Nordafrika und die Araber in Spanien, doch zerfielen diese Anlagen nach der Reconquista wieder. Auch die Türken legten im 16. Jh. in den Wäldern um Istanbul Stauseen (Bend) mit heute noch wohlerhaltenen S. an, die sich bogenförmig dem Wasserdruck entgegenwölben. In neuerer Zeit werden Staumauern größten Ausmaßes auch im Gebirge errichtet, um Wasser für die Energieversorgung aufzustauen (Talsperre).

F. Tölke, Talsperren, 1953; H. Preß, Stauanlagen und Wasserkraftwerke, ²1958; K. Keil, Der Dammbau, ³1960.

Staumauer, → Staudamm.

Staupsäule, Pranger, Schandpfahl in einer ma. Stadt, an dem Delinquenten festgebunden und mit Ruten geschlagen wurden.

Steg, 1. verbindendes Element, z. B. kleine Brücke (meist aus Holz); 2. vorspringende Elemente zwischen den Kannelüren einer Säule; 3. S. zwischen den Schlitzen einer Triglyphe; 4. S. zwischen den Flanschen eines Profilträgers.

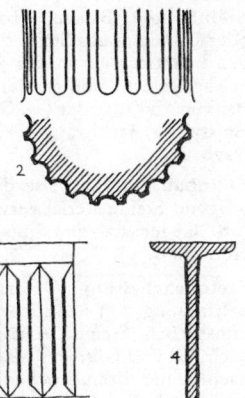

Steg
2 Kannelüren   3 Triglyphe
4 Doppel-T-Träger

Stehender Mann, ein konstruktives Grundelement des → *Fachwerks, bestehend aus einem Stiel, der durch zwei Fußstreben mit der Schwelle und durch zwei Kopfstreben mit dem Rähm verbunden ist.

Stehfalz, hakenförmige, stehende Verbindung zweier Blechplatten (→ *Falz).

Stehender Dachstuhl, →*Dachkonstruktion, deren Pfetten durch senkrechte Pfosten (Stuhlsäulen) unterstützt werden.

Steigender Bogen, einhüftiger Bogen, → *Bogenform mit steigender Kämpferlinie.

Steigung, das Verhältnis der Höhe zur Länge eines ansteigenden Geländes oder einer Treppe.

Steinanker, → *Ankerstein zur Verbindung von Mauerteilen.

Steinbalken, Balken, Überlager oder Unterzug aus Stein. S. wurden hauptsächlich in der ägypt., in der griech. und in der röm. Baukunst verwendet (→ Gebälk, Epistyl, → Architrav, → *Architravbau).

Steinbau, eine Bauweise, die vorwiegend Steinmaterial verwendet (im Gegensatz zum Stahlbau, Holzbau u. a.).

Steinbearbeitung, Oberflächenbehandlung von natürlichen und künstlichen Steinen. Die S. ist nach Art und Güte des Materials, nach seiner Beanspruchung und nach der beabsichtigten Wirkung verschieden. Man unterscheidet nach der Oberflächenstruktur: Bossieren (→ Bosse), → Stokken, → Scharrieren, Spitzen und Krönein. Durch Schleifen und Polieren wird die innere Struktur und Färbung des Steinmaterials besser zur Wirkung gebracht.

K. Friedrich, Die S. in ihrer Entwicklung vom 11. bis 18. Jh., 1932; A. Kieslinger, Gesteinskunde für Hochbau und Plastik, 1951; P. Otto, Werkstoffkunde für Steinmetzen und Steinbildhauer, ³1956; G. Zimmerschied, Naturstein als gestaltendes Element, 1961.

Steindübel, ein Dübel aus Stein (→ Ankerstein) oder ein → *Dübel aus anderen Materialien (Metall, Hartholz) zur Verbindung von Steinen.

Steingarten, ein bes. in Japan entwickelter Garten mit Steinen und Felsen, in Europa meist mit Alpenpflanzen (Alpengarten) geschmückt.

Harada, *The Gardens of Japan*, 1928; T. Yoshida, Der Japan. Garten, 1957; K. Foerster, Der S. der 7 Jahreszeiten, ⁷1960; W. Schacht, Der S. und seine Welt, ³1960.

Steinguß, Guß von Bauteilen (Gewölberippen etc.) und Bildhauerarbeiten aus einer Masse aus Steinmehl und Bindemittel in Negativformen, vor allem um 1400 verbreitet.

L. A. Springer, Die bayr.-österr. S.plastik der Wende vom 14. zum 15. Jh. (Diss. Leipzig), 1936; E. Murbach, Form und Material in der spätgot. Plastik, 1943.

Steinkammer, ein vorgeschichtliches Grab mit Grabkammer aus Steinen (→ Grabbau, → *Dolmen) und darüber aufgeschüttetem Erdhügel.

F. Behn, Außereuropäische Vorzeit, 1957.

Steinkreis, eine runde Steinsetzung aus senkrecht stehenden Monolithen (England, Stonehenge) oder Steinplatten, die eine Kultstätte bzw. ein Grab umgeben (→ *Architravbau).

C. Schuchardt, Alteuropa, ³1935.

Steinmetz, Handwerker, der Werksteine zurichtet. Die S. waren im MA. in einer → Bauhütte organisiert und versahen jeden Werkstein mit ihrem Zeichen (→ *S.zeichen).

M. Hasak, Haben S. unsere ma. Dome gebaut?, 1895; E. Weiß, S.art und S.geist, 1927; R. Thiele, S.arbeiten in der Architektur, 1957; P. Otto, Handbuch für S., ⁵1958; s. a. Baumeister.

Steinmetzzeichen, ein meist geometr. oder ornamentales, manchmal monogrammartiges Zeichen als persönliches Signum eines Steinmetzen, um die Abrechnung von Steinmetzarbeiten zu erleichtern, oder auch als Gütezeichen. S. kommen seit der Antike vor, werden aber erst in spätroman. Zeit allgemein gebräuchlich. In der Gotik führt jeder Steinmetz als Angehöriger einer → Bauhütte ein S., so daß manchmal, vor allem bei spätgot. Bauten, jeder Stein ein S. trägt. Die leitenden

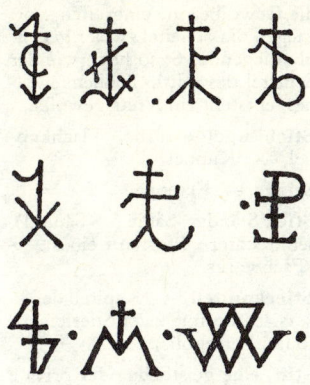

Steinmetzzeichen

Meister brachten ihr S. im Schild an (→ *Meisterzeichen).

Schneider, Über die S., 1872; L. Schwarz, Die dt. Bauhütten des MA. und die Erklärung der S., 1926; R. Wissel, Des alten Handwerks Recht und Gewohnheit, 1929.

Steinschnitt, Fugenschnitt, geometr. bzw. stereometr. Ausmittlung der Wölb-, Kopf-, Lager- und Stoßflächen von Werksteinen, vor allem bei Bogen (→ *Bogenquaderung) und → *Gewölbe. Eine Sonderform des S. finden wir beim → *Ankerstein und → *Hakenstein.

Ringleb, Lehrbuch des S., 1883; G. Ungewitter, Lehrbuch der got. Konstruktionen, [3]1889–92; F. Durach, Das Verhältnis der ma. Bauhütte zur Geometrie, 1929; F. Pechwitz, Der S., [2]1955; Leroy, Die Stereotomie.

Steinzeug, Sinterzeug mit bes. hartem Scherben aus geschmolzenem Ton, das hauptsächlich für Fliesen und Kanalisationsrohre verwendet wird.

O. Falke, Das rhein. S., 1908; K. Koetschau, Rhein. S., 1924.

Steinzeugplatte, → Fliese aus Steinzeug.

Stele (griech.), eine aufrechtstehende Steinplatte als Gedenkstein, hauptsächlich bei → *Grabdenkmälern.

A. Conze, Die att. Grabreliefs, 1890–1923; Watzinger, Die griech. Grabs. und der Orient, 1929; H. Möbius, Die Ornamente der griech. Grabs., 1929; A. Diepolder, Die att. Grabreliefs des 5. und 4. Jh., 1931; E. v. Hall, *Over den Oorsprong van de griekse Grafstele*, 1942.

Stelzbogen, eine gestelzte oder gefußte → *Bogenform.

Stelzung, die kurze Weiterführung der Vertikalen zwischen Kämpfergesims oder Kapitell und Bogen- oder Gewölbekrümmung (→ *Bogenformen, → Gewölbeformen).

Stereobat, Krepidoma, Krepis (griech.), Stufenunterbau bzw. Fundament antiker Bauwerke vor allem der Tempel (→ *Dorische Ordnung).

Sternbogen, seltene Bezeichnung des Vorhangbogens (→ *Bogenformen).

Sterngewölbe, ein Gewölbe aus zentr. angeordneten Dreistrahlgewölben oder Rauten (→ *Gewölbeformen).

Sternhaus, ein moderner Wohnhaustyp, bei dem um ein zentrales

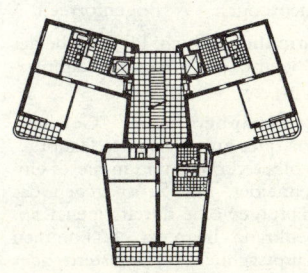

Sternhaus

Stiegenhaus mehrere Wohnungen radial angeordnet sind.

K. L. Spengemann, Grundrißatlas, eine Typenkunde für den Wohnungsbau, 1955.

Sternschanze, → Stadtbefestigung in Form winkelförmiger, gegen den Feind vorstoßender → *Bastionen. Manche Städte waren rings von S. umgeben. Die S. entwickelten sich seit dem Projekt einer → *Idealstadt von Filarete und wurden bes. im 17. Jh. von dem franz. Festungsbaumeister Vauban vervollkommnet (Vaubansystem).

Brialmont, *Progrès de la fortification depuis Vauban,* Brüssel 1898.

Stibadium (lat.), eine Ruhebank mit geschwungener Form.

Stich, 1. Stichhöhe, Höhe des Scheitels eines → *Bogens oder eines → Gewölbes über der Kämpferlinie; 2. Überhöhung des Gewölbescheitels gegenüber der Scheitelhöhe der Schild- oder Gurtbogen; 3. S.balken (→ *Balken).

Stichbalken, auch Stich, ein mit einem Ende auf einem Deckenbalken oder auf einem Wechselbalken und mit dem anderen Ende auf der Außenmauer aufruhender → *Balken.

Stichbogen, Flachbogen, Segmentbogen, → *Bogenformen.

Stichhöhe, Stich, Pfeil, Höhe des Bogenscheitels über der Kämpferlinie (→ *Bogen).

Stichkappe, ein → *Gewölbe, das quer zur Achse des Hauptgewölbes verläuft und in dieses einschneidet. Die S. ist gegen das Hauptgewölbe durch einen Kappenkranz begrenzt. S. kommen hauptsächlich bei Fenstern oder anderen Maueröffnungen, die in die Gewölbezone eingreifen, vor. Liegen die Scheitel zweier gegenüberliegender S. so hoch wie der Scheitel des mittl. Tonnengewölbes, entsteht ein Kreuzgewölbe.

Stichkugelgewölbe, Flachkuppel, → *Kuppel.

Stiege, → *Treppe.

Stiel, Ständer, Säule (→ Säule 1), senkrechter Pfosten eines → *Fachwerks.

Stierkapitell, → *Kapitell der → pers. Säule mit zwei Stierleibern (Susa, Persepolis).

Stift, eine geistliche oder private Stiftung mit bes. Rechtsstatut und zugehörigen Gebäuden. In engerem Sinne geistliche Stiftungen, wie Erzbistümer (Erzs.), Bistümer (Hochs.), Doms., Kollegiats., Chorherrens., Männers. und Frauens.

H. Schäfer, Pfarrkirche und Stift im MA., 1903; E. Schaffran, Die niederösterr. Stifte, o. J.

Stiftskirche, Kirche eines Stiftsherrenkollegiums, → Kollegiatkirche, Kollegienkirche, allgemein die Kirche einer geistlichen Stiftung (→ Stift).

Stil, eine auf wesentlicher Eigenart beruhende Gleichartigkeit künstler. Mittel. Der Begriff S. zielt einerseits auf Zusammenfassung aller Besonderheiten. Man unterscheidet daher den Persönlichkeitss. (Individuals.), den Orts- oder Landschaftss. (Regionals.), den S. eines Volkes (Nationals.), den Zeits., den durch eine Funktion hervorgerufenen Zwecks. (sog. Nutzs., besser Sachlichkeit), den einem bestimmten Stoff entsprechenden sog. Materials. und den S. einer Kunstgattung, z. B. → Baustil. Das 19. Jh. benützte den S.begriff zur

Systematisierung des Geschichts-
ablaufes. Eine unvorhergesehene
Folge war der S. pluralismus, der
den S. wandel nicht als Folge einer Wesensveränderung erkannte,
sondern die „Stile" als verschiedene gleichwertige Möglichkeiten
ansah.

G. Semper, Der S. in den bildenden
Künsten, 1860; ders., Der S. in den
techn. und tekton. Künsten, ²1878/79;
A. Riegl, S.fragen, 1893; U. Titz, Was
ist S.?, 1911; H. Titze, Die Methode
der Kunstwiss., 1913; B. F. Wallach,
Über Anwendung und Bedeutung des
Wortes S., 1919; W. C. Behrendt, Der
Kampf um den S. im Kunstgewerbe
und in der Arch., 1920; M. Dworak,
Kunstgeschichte als Geistesgeschichte,
1924; P. Frankl, S.gattungen und S.-
arten (Zs. für Ästhetik und allgemeine
Kunstwiss. XIX.), 1938; H. van de
Velde, Zum neuen S., 1955; H.
Lützeler, Vom Sinn der Bauformen,
⁴1957; W. Weisbach, S.begriffe und
S.phänomene, 1957; s. a. Baustil.

Stilisieren, Vereinfachen von
Naturformen (z. B. Blattwerk) zu
einer charakterist., oft geometr.
Grundform.

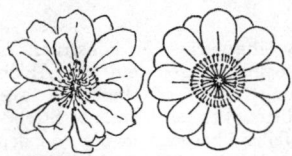

Stilisieren
Naturvorbild   Kunstform

Stipes, Träger der Platte (Mensa)
eines → *Altars.

Stirn, Haupt, vordere Ansichtsfläche eines → *Bogens, eines
offenen → *Gewölbes, eines Zie-
gelsteines, eines Balkens u. a.

Stirnbogen, 1. vorderer Bogen
eines offenen → *Gewölbes; 2.
Ansichtsfläche eines Bogens (→
Archivolte 1).

Stirnbrett, Windbrett, Brett an
der Giebelkante, das die Dach-

deckung (Legschindel, Pfannen)
schützt.

Stirnmauer, Schildmauer, 1.
Mauer unter einem Schildbogen
(→ *Gewölbe); 2. hohe Schutzmauer einer Burg gegenüber der
ansteigenden Seite des Geländes.

Stirnziegel, Antefixa, beim antiken Tempel ein Dachziegel mit
aufrecht stehender Ansichtsfläche,
der über der Traufkante den Stoß
der Flachziegel überdeckt und
meist mit einer Palmette geschmückt ist (→ *Dachdeckung).

H. Koch, Von ion. Baukunst, 1956.

Stoa (griech.), eine Säulenhalle
(Lesche), meist am Rande der →
*Agora. Eine Säulenhalle mit ge-
schlossener Rückwand vor einem
anderen Gebäude wird auch →
*Portikus genannt.

R. Bohn, Die S. König Attalos II. zu
Athen, 1882; W. Dörpfeld, Alt-Athen
und seine Agora, 1937; F. Krischen,
Die griech. Stadt, 1938.

Stockwerk, Stock, aus dem
Holzbau stammende Bezeichnung
für ein Obergeschoß, → *Geschoß.

Stockwerkshöhe, → *Geschoßhöhe, Maß von der Fußbodenoberkante eines Stockwerks bis
zur Fußbodenoberkante des nächsten, also lichte Raumhöhe plus
Deckenstärke.

Stocken, Behandlung der Oberfläche eines Steines (Steinbearbeitung) mit einem Stockhammer.

Stollenkrypta, → *Krypta in der
Form eines stollenförmigen Gan-
ges.

Stoß, Verbindungsstelle zweier
Konstruktionselemente.   Beim
Mauerverband die → Fuge zwischen zwei nebeneinanderliegenden Steinen (S.fuge). Auch Hölzer können durch einen S. mit-

einander verbunden sein (→
*Holzverbindung).

Stoßfuge, → Fuge, an der zwei
nebeneinanderliegende Konstruktionsteile zusammentreffen.

Strahlengewölbe, Fächergewölbe, Palmengewölbe, ein durch
zahlreiche vom Scheitel bzw. von
einer Stütze ausgehende Rippen
unterteiltes Gewölbe (→ *Gewölbeformen).

Straßendorf, Dorf mit beidseiti-
ger Bebauung entlang einer kurzen Straße (→ *Dorfformen 4).

Strebe, ein schräges Bauglied zur
Ableitung von Widerlagerkräften
oder Schubkräften, beim →
*Fachwerk (→ Bug, Kopfband,
→ *Sprengwerk, → *Hänge-
werk), im Steinbau als Strebepfeiler, Strebebogen (→ *Strebewerk).

Strebebogen, ein schräg ansteigender Bogen, der den Gewölbeschub vom Hochschiff einer got.
Basilika auf den Strebepfeiler
überträgt (→ *Strebewerk).
Waagrecht verlaufende S., die der
Verspannung zwischen zwei Gebäuden dienen, heißen Schwibbogen.

Strebemauer, 1. schräg abge-
deckte Mauerzunge zur Übertragung des Widerlagerdruckes eines
Kreuzgewölbes. Eine S. von geringem Querschnitt heißt Strebepfeiler (→ *Strebewerk); 2. meist
gebößchte Widerlagermauer eines
Tonnengewölbes.

Strebepfeiler, zur Verstärkung
der Außenmauer quer vorstehende Mauerzunge am Widerlager
des Gewölbes. Die S. können
außen vorspringen oder auch in
das Innere des Gebäudes eingezogen sein (eingezogene Strebe),

so daß zwischen diesen → Einsatzkapellen angeordnet werden
können. Bei basilikalen Anlagen
stehen die S. an den Umfassungsmauern der Seitenschiffe. Der Gewölbeschub des Hochschiffes wird
durch frei über das Seitenschiff-
gewölbe hinweggeführte Strebebogen auf die S. übertragen. Bei
fünfschiffigen Anlagen werden
weitere S. über den Stützen zwischen den Seitenschiffen notwendig (→ *Strebewerk).

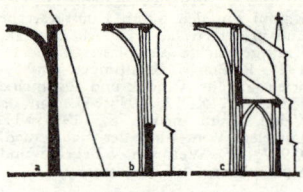

Strebewerk
a Strebemauer
b Strebepfeiler
c Strebewerk (Strebepfeiler und Strebebogen)

Strebewerk, ein konstruktives
Verspannungssystem zur Ableitung der Gewölbeschübe vor
allem got. Basiliken. → Strebepfeiler übernehmen die von den
Strebebogen (Hochschiffstreben),
die über den Seitenschiffgewölben
frei ansteigen, übertragenen Gewölbeschübe und leiten sie auf
die Fundamente ab. Die Strebebogen werden dabei möglichst
leicht ausgebildet, die Strebpfei-
ler aber möglichst schwer und erhalten gewichtige Aufsätze in
Form von → Fialen oder Türmchen, um die stat. Verhältnisse zu
verbessern. Bei mehrschiffigen
Anlagen werden zwischen den
Seitenschiffen weitere Strebepfeiler errichtet, hochragende Schiffe
können durch mehrere überein-

anderliegende Strebebogen abgestützt werden (→ *Wandaufbau).

G. Ungewitter, Lehrbuch der got.
Konstruktion, ⁴1900–03; J. Fitchen,
The Construction of Gothic Cathedrals,
Oxford 1961.

Streckerverband, Binderverband, ein → *Mauerverband, der
nur aus Bindern besteht.

Streichbalken, Streifbalken, ein
unmittelbar neben einer Mauer
verlaufender → *Balken. Der S.
an der Giebelmauer heißt Ortbalken.

Stucco lustro (ital.), Stuckmar-
mor (Scagliola), ein seit dem Barock angewandter, marmorierter
Innenputz, der aus verschieden
gefärbten Pasten geknetet, aufgetragen, gebügelt und poliert
wurde.

K. Wehlte, Wandmalerei, ⁴1957.

Stuck, ein mit Leimwasser ange-
machter Gipsmörtel. Je nach den
Zusätzen (Kalk, Marmor) unterscheidet man Gipss., Weißs., S.-
marmor (Stucco lustro), Kalks.,
Zements. und Graus. S. ist nicht
wetterfest (Gips!) und kann daher
meist in Innenräumen verwendet
werden. Seiner spezif. Eigenschaften wegen wird er bes. zur Herstellung frei aufgetragener Dekorationen, zum Ziehen von Profilen mit Schablone oder für geschliffenen und polierten Wandputz verwendet (→ Stuckatur).

K. Lade, A. Winkler, Die S.arbeiten
(Architekt und Bauhandwerk), 1936;
dies., Putz, S., Rabitz, 1952.

Stuckatur, eine aus → Stuck her-
gestellte Bekleidung von Bauteilen, die an Mauerwerk aus Stein
direkt, auf alle anderen Materialien nur mit Hilfe eines Putzträ-
gers aufgetragen werden kann.
Dieser besteht entweder aus einem
Latten- oder Schilfrohrgeflecht

(S.rohr), aus einem Drahtziegelgewebe (Rabitzgitter) oder aus
Holzwolleleichtbauplatten. Unter
S. versteht man insbesondere die
plast. Stuckverzierungen, die seit
dem Barock allgemein üblich wurden. Diese können vom Stucka-
teur frei aufgetragen, mit Schablone gezogen oder aber auch in
Form gegossen und als fertige
Teile versetzt werden (→ Stuckdekoration).

G. Bankart, The Art of the Plasterer,
1908; F. Berndt, Stuckplastik im frühma. Sachsen (Diss. Hannover), 1932; F.
Theilmann, F. Schulze, Über das
St.handwerk, 1937; H. Cramer, Stuck-
marmor, 1954.

Stuckdekoration, Verzierung
von Wänden und Decken in meist
ornamentaler, aber auch figürl. →
Stuckatur. Einen Höhepunkt erreichte die S. in der Zeit des Barock und Rokoko, wobei verschiedene Dekorationsformen,
wie → *Bandelwerk, → Blattstab,
Akanthusranken und → *Rocaille entwickelt wurden.

Stufe, Tritt, das einzelne Stei-
gungselement einer → *Treppe,
auch ein Absatz eines → *Stufen-
berges. Die erste S. eines Treppenlaufes ist die Antritts., die

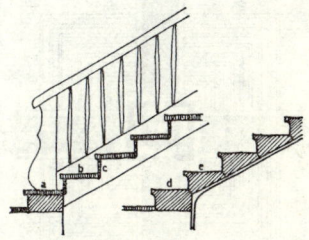

Stufe
a Blockstufe (Antrittstufe)
b Trittstufe
c Setzstufe
d Blockstufe (Antrittstufe)
e Keilstufe

letzte die Austritts. Die Blocks. ist eine massive S. mit rechteckigem Querschnitt, die stets massive Antritts. einer Holztreppe. Eine Keils. ist eine massive S. mit schräger Unterseite und ermöglicht eine kontinuierlich steigende, nicht abgetreppte Untersicht des Treppenlaufes. Bei einer Holztreppe nennt man die horizontalen Trittbretter Tritts., sie können mit vertikalen Setzs. verbunden sein. Das Verhältnis von S.höhe zur Auftrittsbreite ist das Steigungsverhältnis (Steigung). Verändert sich die Auftrittsbreite einer S. (z. B. bei einer → *Wendeltreppe), so spricht man von einer Spitzs.

Stufenberg, abgestufter Unterbau eines Hochtempels mit Freitreppen in Mesopotamien (→ *Zikkurat), in Hinterindien (→

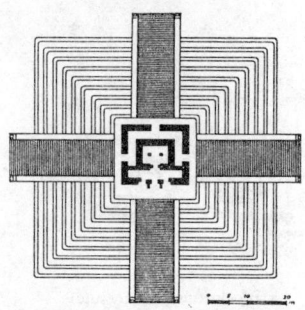

Stufenberg
(Beispiel: Chichen-Itza, Kukulcantempel)

*Prang, Prasat) und in Altamerika. Bes. bekannt wurden die Sonnen- und die Mondpyramide in Teotihuacan, der „Tempel 3" in Tikal, der Morgensterntempel in Tula und der Kukulcantempel in Chichen-Itza. Manchmal trägt der S. auch zwei Göttercellen, zu denen zwei Freitreppen emporführen, z. B. die Hauptpyramide in Tenochtitlan und die Sonnenpyramide in Tenayuka.

Penafiel, *Monumentos del arte Mexicano antiguo,* Berlin 1890; Joyce, *Mexican Archaelogy,* 1914; W. Lehmann, Aus den Pyramidenstädten von Alt-Mexiko, 1933; H. Stierlin, Architektur der Welt: Maya, 1964.

Stufengiebel, ein → *Giebel mit abgetreppter Kontur.

Stufenmastaba, → Mastaba mit abgestuftem Baukörper. Der Grundriß der S. ist im Gegensatz zu dem einer Stufenpyramide rechteckig.

Stufenportal, → Portal mit von außen nach innen zurückgestuftem Gewände, so daß die meist relativ geringe Öffnung bei großen Mauerstärken in der Fassade wesentlich erweitert erscheint. Das Gewände kann durch eingestellte Säulen, die sich in oft ornamental verzierten Archivolten fortsetzen (→ *Säulenportal) und durch Skulpturen zwischen den Säulen (Säulenfigurenportal) bereichert werden.

K. Erdmann, Zur Genesis der roman. S. (Repetitorium für Kunstwiss. 51), 1931; K. Reissmann, Roman. Portalarchitektur in Deutschland (Diss. München), 1937.

Stufenpyramide, abgestufte → *Pyramide. S. kommen in Ägypten, in Mesopotamien (→ *Zikkurat), in Hinterindien (→*Prang) und bei den altamerikan. Kulturen vor (→ *Stufenberg).

Stufenzinne, Mauerzinne mit abgetreppter Kontur. Sie kommt vor allem in Mesopotamien und in der islam. Baukunst vor (→ *Zinne).

Stuhlsäule, senkrechter Ständer zur Unterstützung der Pfetten einer → *Dachkonstruktion.

Stupa, Dagaba (ind.), ein aus dem Grabhügel entstandener ind. Reliquienbehälter, ein kuppelförmiger Aufbau (Anda) über kreisrundem Grundriß mit einem würfelförmigen Aufsatz (Deva kotuva, Harmika). Den oberen Abschluß bildet ein schirmförmiges Gebilde, Chattra (Tschattra, Tschatravali, Hti), eigentlich das Herrscherzeichen, das man auf den Grabhügel steckte. Der Begriff Tschaitya (Gehäuftes) wird im eigentlichen Sinn auch für S. verwendet. Sonderformen sind Tschorte (in Tibet) und Tsedi (in Birma). Die bekanntesten S. findet man in Santschi und Borobudur. In Hinterindien ist der S. glockenförmig (Glockens., z. B. Pagan, Schwe Zigon Pagode; Rangun, Schwe Dagon Pagode). Der S. wird von einem Zaun (Vedika) mit Torbauten (Torana) umgeben. Die Treppe eines S. heißt Sopana.

C. Ritter, Die S. und die architekton. Denkmale der indobaktr. Königsstraße, 1838; A. H. Longhurst, *The Story of the S.,* Colombo 1936; G. Combaz, *L'evolution du S. en Asie,* Paris 1937.

Sturz, gerader oberer Abschluß einer Tür- oder Fensteröffnung (→ *Scheitrechter S.).

Sturzbalken, → Sturz.

Sturzbogen, segmentbogenförmiger Abschluß einer Fenster- oder Türöffnung, mißverständ-

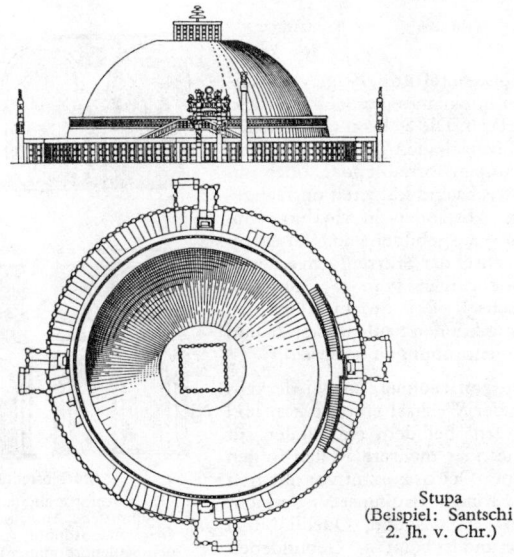

Stupa
(Beispiel: Santschi,
2. Jh. v. Chr.)

lich auch für einen → *Scheitrechten Sturz.

Sturzriegel, waagerechtes Holz (Riegel) über der Tür- oder Fensteröffnung eines → Fachwerks.

Stütze, aufrechtes, meist stabförmiges Bauglied, das je nach seinem Querschnitt als Säule oder als Pfeiler bezeichnet wird. Im Holzbau nennt man die S. Ständer, Mast, Steher, Stiel oder auch → Säule. Nach ihrer Ausbildung nennt man S. im Stahlbetonbau V-S. oder Kreuzs.

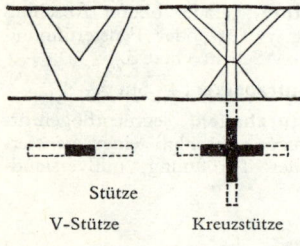

Stütze

V-Stütze   Kreuzstütze

Stützenstellung, Folge von Stützen in einer Reihe oder in Stockwerken. Die S. kann mit gleichen Stützabständen (→ *Interkolumnium) in fortlaufender, oder mit abwechselnd kürzeren und längeren Abständen in rhythm. Reihung ausgebildet sein. Bei einem Wechsel der Stützenform einer S. spricht man vom → *Stützenwechsel. Bei Stockwerksanordnung können Säulenabstände und Säulenordnungen wechseln.

Stützenwechsel, ein wiederkehrender Wechsel von Pfeilern und Säulen, bei dem ein Pfeiler auf eine oder mehrere Säulen folgen kann. Der S. kommt vor allem in der roman. Baukunst Niedersachsens (Hildesheim, Quedlinburg) vor und ist beim → *Gebundenen

System techn. bedingt. Auch bei sechsteiligen Gewölben gibt es eine Differenzierung der Stützen, die man jedoch nicht als S. bezeichnen kann (→ *Wandaufbau).

G. Humann, S. in der roman. Baukunst (Studie zur dt. Kunstgeschichte, 233), 1925.

Stützmauer, eine Mauer aus Backstein, Naturstein oder Beton, die rutschgefährdete Erde, Felsen u. dergl. stützen soll.

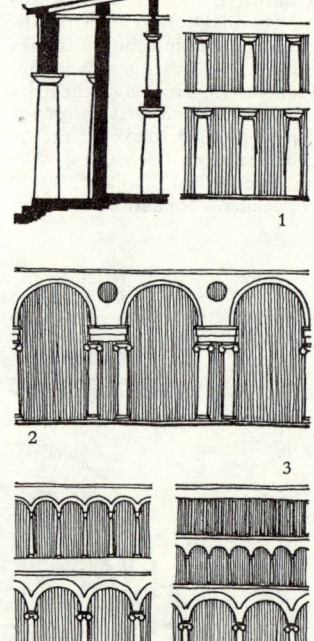

Stützenstellung

1 Geschoßanordnung (am dor. Tempel)
2 Rhythmische Anordnung
3 Geschoßanordnung (mit verschiedenen Säulenordnungen)

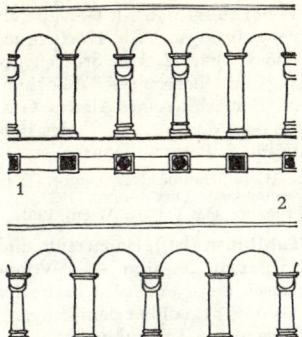

Stützenwechsel
1 Niedersächsischer Stützenwechsel
2 Rheinischer Stützenwechsel

Stutzkuppel, Platzelgewölbe, Kuppelausschnitt über einer kleineren Fläche innerhalb des Grundquadrats des umbeschriebenen Kreises (→ *Böhmische Kappe).

Stylobat (griech.), oberste Stufe des antiken Tempelunterbaues (Krepidoma), auf dem die Säulen aufruhen (→ *Dorische Ordng.).

Subsellien (lat.), Sessel der Beamten und Würdenträger im griech. Theater (→ Theaterbau).

Substruktion (lat.), Unterbau eines Bauwerkes auf wenig tragfähigem Grund bzw. zur Herstellung einer ebenen, horizontalen Fläche (Diokletianspalast Spalato).

Sudatorium (lat.), Schwitzraum in einer röm. → Therme.

Supraporte, Sopraporte (lat.), eine in der Renaissance und Barockzeit oft bildlich oder dekorativ belebte und gerahmte Fläche über dem Türsturz.

Symbol (griech.), ein abstrahiertes Kennzeichen oder Sinnbild für einen Begriff (→ Bausymbolik).

W. Menzel, Christl. Symbolik, 1896; M. Schlesinger, Geschichte des S., 1912; J. v. Schlosser, Heidn. Elemente in der christl. Kunst des Altertums (Präludien), 1921; W. Walter, Lehrbuch der Symbolik, 1924; W. Molsdorf, Christl. Symbolik in der ma. Kunst, 1926; O. Doering, Christl. S., ²1940; B. Kipping, *S. en Allegorie in de beeldende Kunst*, 1941; G. Haupt, Die Farbensymbolik in der sakralen Kunst, 1941; G. Stuhlfauth, Das Dreieck, Geschichte eines religiösen S.; s. a. Bausymbolik.

Symmetrie (griech.), urspr. die Ausgewogenheit im Verhältnis des Ganzen zu seinen Teilen, später nur noch die Spiegelgleichheit auf eine Mittelachse bezogener Teile eines Ganzen (→ Pendant).

W. J. v. Engelhardt, S., 1949; D. Frey, Zum Problem der S. und der bildenden Kunst (Zs. Studium generale 2), 1949; L. Behling, S.probleme in der bildenden Kunst (Zs. der Friedrich-Schiller-Universität Jena), 1952/53; H. Weyl, S., 1955; W. Rauda, Lebendige städtebauliche Raumbildung, 1957; R. Gross, S. (Deutsche Bauzeitschrift 6), 1966.

Synagoge (griech.), Bethaus und Kultstätte der Juden. Der Innenraum hat manchmal Emporen für die Frauen. Die Einrichtung sieht einen Platz für den Vorleser und

Supraporte

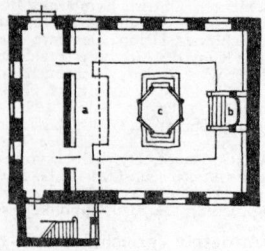

Synagoge

a Empore
b Schrein (Bundeslade)
c Almemor

auf einem erhöhten Standort zwischen siebenarmigen Leuchtern einen Schrein für die Gesetzesrollen vor. Die Kanzel für Bibellesungen (Bima, Almemor) steht in der Mitte oder bei der Eingangswand des Raumes. Die Blickrichtung der Gemeinde geht zur Eingangswand, die nach Jerusalem weist. Die ältesten S. gehen nicht über die späthellenist. bzw. röm. Epoche zurück. Die bekanntesten S. liegen im Vorderen Orient (Beth-Alpha, Kapernaum, ein bes. schönes Beispiel ist Kefar Baram). Außerhalb dieses Gebietes findet man in Prag und in Worms alte S.

A. Breyer, Die hölzernen S. in Galizien und Russ. Polen (Diss. Wien), 1912; I. Elbogen, Der jüd. Gottesdienst, 1913; A. Grotte, Dt., böhm. und poln. S.-typen vom 11. bis Anf. 19. Jh. (Mitt. der Gesellschaft zur Erforschung jüd. Kunstdenkmäler), 1915; R. Krautheimer, Ma. S., 1927; H. Asher, Die architekton. Entwicklung der antiken S. (Diss. Wien), 1960; E. Roth, Die alte S. zu Worms, 1961.

Systylos (griech.), Säulenstellung, deren → *Interkolumnium zwei untere Säulendurchmesser beträgt.

Vitruv, 3. Buch, Kap. III.

Tabernakel (lat.), 1. Gehäuse als Verwahrungsort für Hostien auf einem Altar; 2. von Stützen getragener Überbau (→ *Ziborium, → *Baldachin) eines Altares, Grabes oder dergl. (z. B. T. des Bernini in S. Peter zu Rom).

E. Baare-Schmidt, Das spätgot. T. in Deutschland (Diss. Bonn), 1937; W. Prutscher, Das T. (Diss. Wien), 1961.

Tablinum (lat.), Hauptraum und Speisesaal des röm. → *Wohnhauses, meist an der Rückseite des Atriums gegenüber dem Eingang gelegen (→ Triklinium 1).

Tacara, → Tatschara.

Tadsch (arab.), 1. im Irak: Kapitell; 2. in Indien: Rahmung des Mihrab.

Taenia, vorspringende Leiste am Epistyl der → *Dorischen Ordnung.

Tafelbau, Bauweise mit vorgefertigten Holztafeln.

Täfelwerk, Täfelung, Wand- oder Deckenbekleidung mit Holztafeln.

Talar (pers.), die Säulenhalle des vorderasiat. und pers. Hauses, die sich nach dem Hof oder Garten öffnet und zu beiden Seiten von Räumen umgeben ist.

O. Reuter, Das Wohnhaus in Bagdad und anderen Städten des Irak, 1910; F. Wachtsmuth, Der Raum, Raumschöpfungen in der Kunst Vorderasiens, 1929.

Talayoten, mit den Nuraghen verwandte und nach oben verjüngte steinerne Rundtürme, die in vorgeschichtlicher Zeit auf den Balearen errichtet wurden.

Talsperre, Staudamm quer über ein Tal, dessen Wasser zur Energiegewinnung oder Bewässerung genutzt wird.

P. Schultze-Naumburg, Die Gestaltung der Landschaft durch den Menschen; Lindener, Ingenieurbauten in ihrer guten Gestaltung; F. Tölke, T., 1953; Die T. Österreichs (Schriften der österreich. Staubecken-Kommission), 1954ff.; H. Press, Stauanlagen und Wasserkraftwerke, [2]1958.

Taltempel, der an der Grenze von Fruchtland und Wüste gelegene Torbau eines ägypt. Totentempels (→ *Grabtempel; Gizeh, Chefren-Totentempel; Abusir).

Tambour (franz.), der zylinderförmige Unterbau einer → *Kuppel mit Fenstern zur Belichtung des Kuppelraumes.

Tambourkuppel, eine über einem Tambour errichtete → *Kuppel.

Tapete (lat.), eine meist gemusterte Wandbekleidung aus Geweben, Tapisserien, Leder, Papier oder Holz (Furnier).

G. E. Pazaurek, Die T., Beiträge zu ihrer Geschichte und ästhet. Wertung, 1922; F. Rullmann, Die T. und ihre Herstellung, 1939; Entwisle, *The Book of Wallpaper*, 1953; A. Koch, Dekorationsstoffe, T., Teppiche, 1953.

Tapetentür, eine unauffällige Zwischentür mit verdecktem Rahmen und bündig in der Wandfläche liegendem, tapeziertem Türblatt.

Tapisserie (franz.), → Wandteppich.

Taq, Tak (arab.), seltene Bezeichnung für Bogen und Tonnengewölbe im Orient.

Tarma, Tarimah (arab.), eine Vorhalle oder eine Säulenhalle im Innenhof des arab. → *Wohnhauses, dem griech. Peristyl vergleichbar.

O. Reuther, Das Wohnhaus in Bagdad und anderen Städten des Irak, 1960.

Taschana, Takhana (pers.), der unterird. Wohnraum des pers. Hauses, der während der heißen Jahreszeit aufgesucht wird.

Tatschara, Tacara (pers.), Wohnhalle pers. Paläste, die in der kalten Jahreszeit benutzt wurde, Winterpalast (z. B. Persepolis).

Taufkapelle, → *Baptisterium.

Taukreuz, T-Kreuz, T-förmiges Kreuz mit abschließendem oberen Querbalken (→ Antoniuskreuz, → *Kreuz).

Taustab, tauartig gedrehter → *Stab als Schmuckglied der normann. Baukunst.

Technik (griech.), Sachverständigkeit, Hand- bzw. Kunstfertigkeit und Methode, um ein Werk auszuführen und zu vollenden.

A. Neuburger, T. des Altertums, [2]1921; C. Matschoß, Männer der Technik, 1925; ders., W. Lindner, Techn. Kulturdenkmale, 1932; F. M. Feldhaus, Die T. der Antike und des MA., 1931; L. S. de Comp, Ingenieure der Antike, 1964.

Teilgewölbe, 1. die in ein → *Gewölbe einschneidenden Zwikkel (Stichkappen); 2. die zwischen einem Gewölbe und seinem Unterbau vermittelnden Wölbungen (Pendentifs, → *Kuppel, → *Trompe).

Tekje, Tekke (türk.), islam. Kloster.

D. Lamb, *Seljouk Buildings at Konia* (Annual of the British School of Athens), Athen 1914–16.

Tektonik (griech.), struktureller Aufbau eines Gebäudes, wobei die Einzelteile techn. wie formal eine künstler. Einheit bilden. Gegensatz dazu: → Atektonisch.

K. Boetticher, Die Tektonik der Hellenen, [2]1874; G. Semper, Der Stil in den techn. und tekton. Künsten, [2]1878/79; R. Scharff, Die Kraft, ein baukünstlerisches Motiv (Diss. Wien), 1923; P. Klopfer, T. (Wasmuth Bd. 5), 1937; O. Schottenhaml, Lastprobleme des griech. dor. Tempelbaues (Diss. Wien), 1943; W. v. Wersin, Das Buch vom Rechteck, 1956; O. Siegel, Strukturformen der modernen Architektur,

1960; W. Blaser, Struktur und Gestalt in Japan, 1963; E. F. Sekler, Konstruktion und Technik (Der Aufbau), 1964; A. Mangiarotti, Konstruktion-Prinzip der Erscheinungsform in der Architektur; L. Mies van der Rohe, Die Kunst der Struktur, 1965; D. Grötzebach, Der Wandel der Kriterien bei der Wertung des Zusammenhanges von Konstruktion und Form in den letzten 100 Jahren (Diss. Berlin), 1965.

Telamon (griech.), Gebälkträger (→ *Atlant, → *Gigant).

Tellerkapitell, ein dem Kelchkapitell verwandtes → Kapitell, das oben von mehreren übereinanderliegenden Scheiben abgeschlossen ist.

Temenos, Altis, auch Peribolos (griech.), der durch eine Mauer oder Säulenhalle begrenzte und durch ein Propylon zugängliche griech. → *Tempelbezirk.

Tempelbau, 1. Den Kern des griech. und des röm. Tempels bildet die Cella (Naos), deren Tür meist an der Ostseite liegt. Während dieser gegenüber im Inneren das Götterbild manchmal in einem bes. Raum (→ *Adyton, Abaton) steht. Die Cella erhebt sich über einem dreistufigen Unterbau (Stereobat, Krepis oder Krepidoma), dessen oberste Stufe Stylobat (Eutynthterie) heißt. Die unterste Schicht des meist aus gleichgroßen (isodomen) Quadern errichteten Cellamauerwerks bildet ein Sockel mit Abdeckplatten und manchmal größeren, oft hochkant stehenden Orthostaten. Die die Cella meist umgebenden Säulen (→ *Tempelformen) stehen am Rande des Stylobats, der oft nicht eben, sondern zur Mitte leicht überhöht ist. Diese opt. Korrektur teilt sich auch noch dem Gebälk mit und wird → Kurvatur genannt. Die Säulenschäfte sind verjüngt und entweder aus einem

Tempelbau 1
(Beispiel: Olympia, Zeustempel, 5. Jh.)

Stück (monolith) oder aus mehreren Zylindern (Trommeln) zusammengesetzt und verdübelt (→ Säule). Die Kapitelle der Säulen leiten zum Gebälk (Epistyl) über, das in Architrav, Fries und Kranzgesims (Geison) gegliedert ist und bei Holzkonstruktionen auch mit Terrakotten bekleidet sein kann (→ *Antefixa). Den Abschluß bildet die mit Wasserspeiern versehene → *Rinnleiste (Sima) am Dachsaum. Die Dachkonstruktion ist immer aus Holz. Die Traufziegel (Stirnziegel) sind bes. ausgebildet (→ *Dachdeckung). Auch das Giebelfeld (Tympanon, Aëtoma) wird von einem schrägen Geison und einer Sima begrenzt. Die Ecken des Giebels sind wie dessen Spitze von → *Akroterien bekrönt. Ist die Cella für die Überdeckung zu breit, so können im Innern Mauerzungen aufgebaut oder der Innenraum durch Säulen in Schiffe unterteilt werden. Das die Cella umgebende Pteron (Peridromos) ist meist durch eine steinerne Kassettendecke (→ *Kassette), deren Felder ornamental verziert sein können, abgeschlossen. Bauplastik ist beim antiken Tempel auf den Metopen der → *Dorischen Ordnung, auf den Friesen der att. →

*Ionischen Ordnung und in den Giebelfeldern, seltener im Inneren oder an der Außenseite der Cella zu finden. Die Tempel sind meist aus Marmor errichtet, doch wurden auch gröbere Gesteine verwendet, die mit Stuck überzogen wurden. Fast der ganze Tempel, zumindest aber dessen wichtigste Teile, waren bunt bemalt (→ Polychromie). Der Tempel kann isoliert sein, steht aber meist in einem → *Tempelbezirk (Heiliger Bezirk, Altis, Temenos), dessen Umfassungsmauern von einer inneren Säulenhalle (Peribolos) begleitet sein können. Der röm. Tempel liegt oft nach etrusk. Vorbildern auf einem hohen Unterbau und wird deshalb → *Podiumtempel genannt. Auf das Podium führt nur eine Freitreppe an der Frontseite, mit manchmal von Skulpturen geschmückten Wangen. Der Tempelbezirk einer röm. Stadt wird manchmal in Anlehnung an den Haupttempelbezirk von Rom Kapitol genannt. Nach der Gottheit, der der Tempel geweiht ist, nennt man ihn Olympieion (Zeus), Heraion (Hera), → Asklepieion (Asklepios), → *Nymphäum (Nymphen) und → *Mithräum (Mithras). Der alte Parthenon in Athen, dessen Cella 100 Fuß lang war, wurde Hekatompedon genannt.

2. Die Ägypter errichteten → *Grabtempel (Totentempel), die im Alten Reich vor der Pyramide lagen und aus Taltempel, Aufweg und Totenopfertempel bestanden. Der ägypt. Tempel war meist ein rechteckiger, ummauerter Bezirk. Die Front bildete der → *Pylon mit dem Tempeltor. Es folgen ein Hof (oder mehrere Höfe), von Säulen umgeben, eine Vorhalle, ein meist quer gelagerter → *Säu-

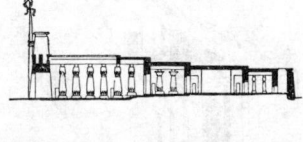

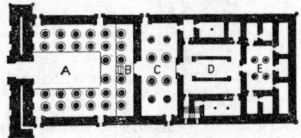

Tempelbau 2
(Beispiel: Theben-Karnak, Chonstempel, 20. Dynastie)
A Hof   C Säulensaal
B Vorhalle   D Barkenkammer
         E Saal

lensaal (Hypostyl) mit basilikal erhöhtem Mittelschiff (ägypt. Saal). Den Abschluß bildete die Barkenkammer (Sekos) mit dem Götterbild. Vor dem Pylon können Kolossalstatuen (in Theben die Memnonskolosse) oder → *Obelisken angeordnet sein. Bei Tempeln der Spätzeit steht vor dem Eingang auch ein → *Geburtshaus (Mammisi). Widder- oder Sphingenalleen begleiten den Weg zum Tempeltor. Sonderformen des ägypt. Tempels sind der → *Terrassentempel (Tempel der Hatschepsut in Theben, Der el bahri), der → *Höhlen- bzw. Felsentempel (Tempel Ramses' II. in Abu Simbel), der dem Apis (Serapis, → Serapeum) und der der Göttin Hathor geweihte Tempel (Hathortempel).

3. In Mesopotamien sind die Tempelanlagen meist um einen oder mehrere Tempel gruppierte Kultbezirke, oft ohne axiale Beziehung zum Eingang. Eine von den Sumerern entwickelte Sonderform ist der Stufenberg (→ *Zikkurat), auf dem ein über Freitreppen er-

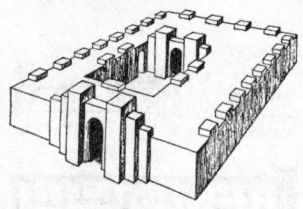

Tempelbau 3
(Beispiel: Babylon, Ninmachtempel)

5. In Indien ist der Tempelgrundriß meist dreiteilig. Auf eine oder
mehrere offene Versammlungs-
hallen (→ *Mandapa, in Südindien Tschaultri) mit Vorhallen
(Antarala) folgt die Cella (Garbha
Griha), in der ein Lingam als
Kultsymbol steht. Über der Cella
ist meist ein hoher Turm (→ *Sik-

reichbarer Hochtempel stand, den
man als Wohntempel der Gottheit ansah (Turm von Babylon).
4. Bei den altamerikan. Kulturen
steht der Tempel bzw. die Göttercella häufig auf einem → *Stufenberg (Pyramide). Die aztek. Tempel heißen → Teocalli und waren
von großen Höfen umgeben.
Manchmal kommen auch zwei
Götterzellen, zu denen zwei Freitreppen an der Front der Stufenpyramide emporführen, nebeneinander vor. Ebenso häufig standen aber die Kultplätze auf Terrassen, wie in Teotihuacan die
„Zitadelle", in Chichen-Itza der
Jaguartempel, bei den Tarasken
die → Yakatas, bei den Zapoteken
in Monte-Alban der Danzantes-
Komplex und in Mitla der „Säu-
lenpalast".

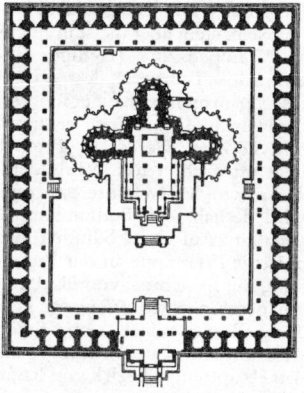

Tempelbau 5
(Beispiel: Somnathpur, Keshavatempel,
13. Jh.)

hara) aufgebaut, dessen Grundriß
quadrat. (Nagara), aber auch acht-
eckig (Dravidha) oder rund sein

Tempelbau 4 (Beispiel: Chichen-Itza, Jaguartempel)

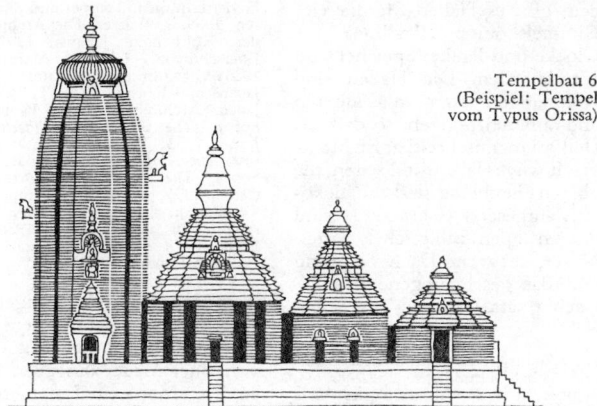

Tempelbau 6
(Beispiel: Tempel
vom Typus Orissa)

kann. Cella und Turm zusammen werden in Südindien Vimana genannt. Bei einem sitzenden Götterbild kommt anstelle des Sikhara auch ein flaches Kuppel- oder Walmdach (→ *Asana) vor. Sonderformen sind Tempel mit Kleeblattabschluß und drei Cellaräumen um die → Mandapa (Somnathpur, Keshava-Tempel) und der → Doppeltempel mit zwei nebeneinanderliegenden Mandapas. Ein → *Felsentempel, der meist monolith aus dem Felsgestein gehauen und dem Götterwagen nachgebildet ist, wird ebenso wie andere Sonderformen → *Ratha genannt. Die → *Tschaityahalle ist ein Höhlenheiligtum.

6. Bei den hinterind. Anlagen können Tempel in einem großen Klosterbezirk (Vat) stehen und von einem Glockenstupa (Stupa) oder einem → Phraprang oder einem → Phra Chedi abgeschlossen sein. Auch können Göttercellen auf einem Stufenberg stehen (→ *Prang, Prasat) und mit einem stufenpyramidenförmigen

Aufbau versehen sein (Tschandi). Ein Turmaufbau mit ungerader Geschoßzahl über einem Thronbau wird Pyatthat genannt.

7. Die ostasiat. Tempelanlagen sind uns hauptsächlich durch japan. Beispiele, die zahlreiche Einzelgebäude in gestufter Struktur zeigen, bekannt. Die Hauptachse verläuft in nord-südl. Richtung, das Eingangstor liegt im Süden. Die Hauptgebäude (→ *Goldene Halle, Predigthalle) sind zentral an dieser Achse aufgereiht und von Nebengebäuden symmetr. umgeben. Die Stellung der → *Pagoden ist verschieden. Außer-

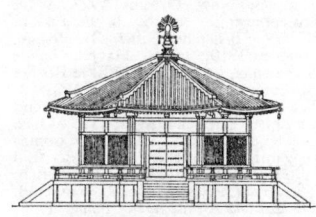

Tempelbau 7
(Beispiel: Nara, Horyuii-Traumhalle
8. Jh.)

dem gibt es Hallen für die vier Himmelskönige, Pavillons für Glocke und Pauke, Speicher und Wandelhallen. Die Hallen sind Holzständerbauten mit inneren und äußeren Stützen, so daß das Heiligtum umschreitbar ist. Mehrgeschossige Hallen sind selten, die oberen Geschosse sind nur dekorativ aufgesetzt. Charakterist. sind die Gruppen zahlreicher Sattelhölzer, der weite Dachvorsprung und das geschwungene Irimoja-Dach (Nara, Horyuji-Tempelbezirk).

1. R. Adamy, Architektonik auf histor. und ästhet. Grundlage, 1881–96; G. Semper, Die Restauration des tusk. Tempels (Kleine Schriften), 1883; H. Degering, Über etrusk. Tempelbau, 1897; R. Koldewey, O. Puchstein, Die griech. Tempel in Unteritalien und Sizilien, 1899; J. Bühlmann, Der röm. T. (Die Baukunst 9), o. J.; P. O. Rave, Griech. T., 1924; F. Studniczka, Das Wesen des tuscan. Tempels, 1928; G. Rohde, Die Bedeutung der Tempelgründungen im Staatsleben der Römer, 1932; G. Patroni, *Architettura preistorica generale ed italica: Architettura etrusca*, 1941; H. Koch, Der griech. dor. Tempel, 1951; G. Rodenwaldt, Griech. Tempel, 1951; F. Cali, *L'Ordre Grec, Essai sur le temple dorique*, 1958; W. Lawrence, *Greek Architecture*, 1961; H. Berve, G. Gruben, Griech. Tempel und Heiligtümer, 1961. 2. W. Wolf, Die Kunst Ägyptens, Gestalt und Geschichte, 1957; J. L. de Cenival, Ägypten, Das Zeitalter der Pharaonen, 1964. 3. M. Vogüe, *Le Temple de Jerusalem*, Paris 1894; F. Oelmann, Pers. Tempel (Archäolog. Anzeiger, III/IV), 1921; s. a. Zikkurat. 4. F. Blom, Tribes and Temples, New Orleans 1927; s. a. Stufenberg. 5. u. 6. J. Fergusson, *History of Indian and Eastern Architecture*, London 1910; E. B. Havell, *Indian Architecture*, London 1913; E. la Roche, A. Sarasin, Ind. Baukunst, 1921/22; T. H. Thormann, Ein Jahrtausend buddhist. Tempelkunst, 1923; E. Diez, Die Kunst Indiens, 1926; A. Coomaraswami, Geschichte der ind. und indones. Kunst, 1927; S. Kramrisch, *The Hindu Temple*, 1946; B. Rowland, *The Art and Architecture of India*, ²1956; Tokiwa, Skino, *Buddhist. Monuments*; K. Gairola, Die Entwicklung des ind. Tempelstils (Baumeister 4), 1956; L.

Frederic, Indien, Tempel und Skulpturen. 1959. 7. Baltzer, Die Architektur der Kultbauten Japans, 1907; E. Boerschmann, Chines. Architektur, 1925; O. Kümmel, Die Kunst Chinas, Japans und Koreas, 1929; T. Yoshida, Japan. Architektur, 1952; Payne, A. Soper, *The Art and Architecture of Japan*, 1953; W. Speiser, Die Kunst Ostasiens, 1956; L. Sickmann, A. Soper, *The Art and Architecture of China*, 1956; W. Blaser, Tempel und Teehaus in Japan, 1956; W. Alex, Architektur der Japaner, 1956; A. Boyd, *Chinese Architecture* and *Town Planning*, London 1962.

Tempelbezirk, ein heiliger Bezirk, in dessen Zentrum ein oder mehrere Tempel stehen und der von einer Mauer umgeben wird, an deren Innenseite Kammern (→ *Schatzhäuser*) oder Säulenhallen

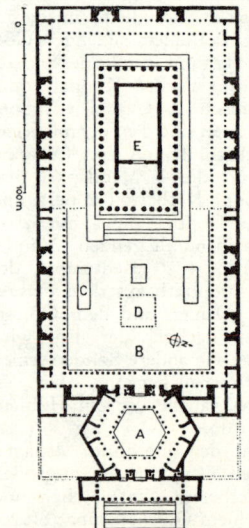

Römischer Tempelbezirk
(Beispiel: Baalbek)
A Vorhof
B Altarhof
C Reinigungsbecken
D Brandaltar
E Tempel des Jupiter Heliopolitanus

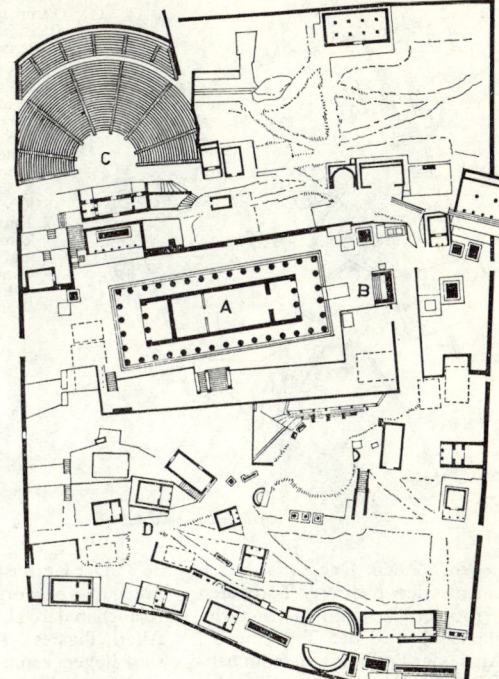

Griechischer
Tempelbezirk
(Beispiel: Delphi,
Altis)

A Apollotempel
B Altar
C Theater
D Schatzhäuser

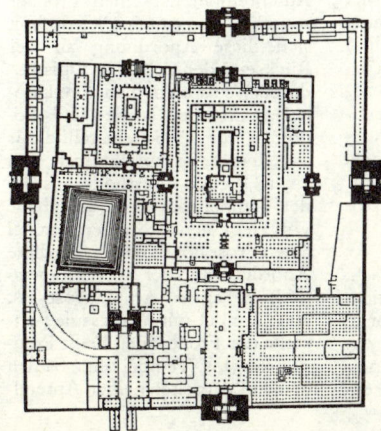

Indischer Tempelbezirk
(Beispiel: Madura, Minakshi-
Sundareshvara-Tempel,
17. Jh.)

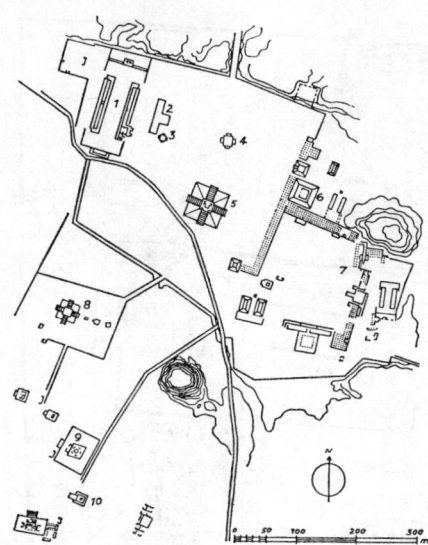

Altamerikanischer
Tempelbezirk
(Beispiel: Chichen-Itza,
Stadt des
Regengottes Chac)

1 Ballspielplatz mit
  Jaguartempel
2 Terrasse des Schädel-
  gerüstes
3 Adlertempel
4 Morgensterntempel
5 Kukulcantempel
6 Kriegertempel
7 Tausendsäulen-
  komplex
8 sog. Hohepriestergrab
9 Caracoltempel
  (Observatorium)
10 Wandtafeltempel

liegen können. Der T. ist durch einen oder mehrere Torbauten (Propylon) zugänglich. In Griechenland wird der T. Temenos, Altis oder Peribolos, in Rom häufig Kapitol genannt. Auch in Indien, Ostasien und in Altamerika gibt es große T., die durch eine Einfriedung (Prakdra, Vedika) abgeschlossen und durch Torbauten (in Indien: Gopuram) zugänglich sind und in denen mehrere Tempel, Pagoden oder andere Kultbauten stehen, manchmal auch heilige Teiche (in Indien: Teppakulam) liegen (→ *Tempelbau, → *Akropolis).

Tempelformen, beim griech. und röm. Tempel unterscheidet man je nach der Grundrißform, der Anordnung der Anten bzw. Säulen an der Stirn des Tempels und dem Säulenkranz verschiedene T. Der Kern ist die aus dem → *Megaron hervorgegangene Cella (Naos), in deren hinterem Teil ein Allerheiligstes (→ *Adyton, Abaton) liegen kann. Diese T. ohne Säulen nennt man Astylos. Der Antentempel hat einen Pronaos zwischen → Anten. Wiederholt sich diese Anordnung an der Rückseite der Cella (→ Opisthodomus), so spricht man vom Doppelantentempel. Ist der Opisthodomus nur als Scheinarchitektur angedeutet, so spricht man von einem Pseudo-Opisthodomus. Ist der Tempelfront eine Säulenhalle vorgelegt, nennt man den Tempel einen Prostylos und falls sich diese Anordnung an der Rückseite wiederholt, einen Amphiprostylos. Ein Tempel mit Wandsäulen anstelle der Frontsäulen heißt Pseudoprostylos. Tempel ohne Säulen an den Langseiten heißen Apteral-

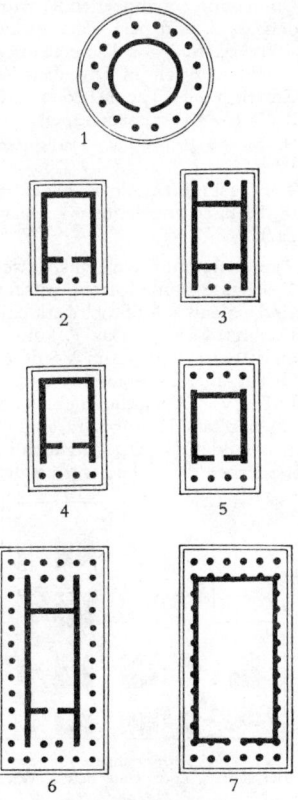

tempel. Hat der Tempel ringsum ein Pteron, das den um die Cella laufenden Umgang (Peridromos) enthält, so heißt er Peripteros. Ist dieser Säulenkranz an den Langseiten nur durch Wandsäulen vorgeblendet, ohne daß ein Peridromos entsteht, so heißt der Tempel Pseudoperipteros. Ein Tempel mit doppeltem Säulenkranz ist ein Dipteros. Eine T. mit Doppelpteron ohne zweite Säulenstellung oder einfachem Pteron mit Wandsäulen heißt Pseudodipteros. Rundtempel, die von einem Säulenkranz umgeben sind, nennt man → Tholos oder (ohne Cella) → *Monopteros. Nach der Zahl der Frontsäulen bezeichnet man die Tempel als Tetrastylos (vier Säulen), Pentastylos (fünf Säulen), Hexastylos (sechs Säulen), Heptastylos (sieben Säulen), Oktastylos (acht Säulen), Dekastylos (zehn Säulen), Dodekastylos (zwölf Säulen) und Polystylos (vielsäulig). Wichtig für die Erscheinung des Tempels ist auch das → *Interkolumnium. Nach dem Verhältnis von Interkolumnium zu Säulendurchmesser unterscheidet man dichtsäulig (pyknostylos), engsäulig, diastylos, eustylos, systylos, aräostylos (lichtsäulig). Son-

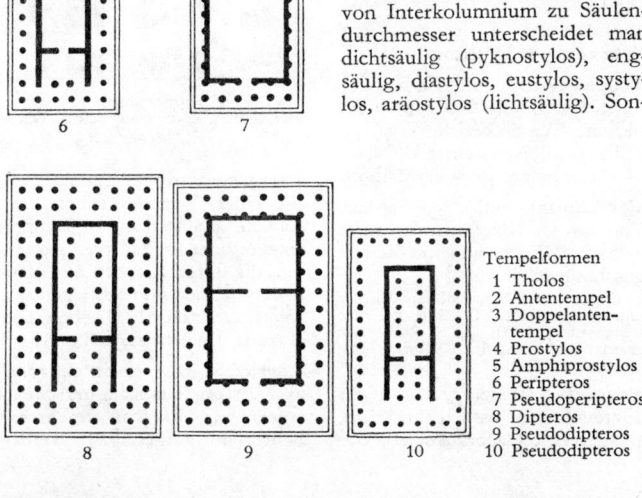

Tempelformen
1 Tholos
2 Antentempel
3 Doppelanten-
  tempel
4 Prostylos
5 Amphiprostylos
6 Peripteros
7 Pseudoperipteros
8 Dipteros
9 Pseudodipteros
10 Pseudodipteros

derformen sind der röm., auf einem Podium stehende → *Podientempel, der nur über eine Fronttreppe zugänglich ist, der → *Hypäthraltempel ohne Dach über der Cella und der → *Doppeltempel, bei dem zwei Cellaräume, die verschiedenen Gottheiten geweiht sind, neben- oder hintereinander liegen.

M. Theuer, Der griech. dor. Peripteraltempel, 1918; P. O. Rave, Griech. Tempel, 1924; H. Riemann, Zum griech. Peripteraltempel (Diss.), 1935; R. Borrmann, Der dor. Tempel der Griechen, o. j.; W. B. Dinsmoor, *The Architecture of Ancient Greece*, ³1950; G. Rodenwaldt, Griech. Tempel, ²1951; H. Koch, Der griech. dor. Tempel, 1951; A. W. Lawrence, *Greek Architecture*, 1957.

Tenne, der Teil einer Scheune, der zum Dreschen des Getreides dient. Beim → *Schwarzwaldhaus kommt oft eine Hochtenne mit günstiger Zufahrt von der Bergseite vor.

Teocalli (aztek.), ein auf einer Stufenpyramide errichteter → Tempelbau der Azteken.

F. Blom, *Tribes and Temples*, New Orleans 1927.

Tepidarium, lauwarmes Bad einer röm. → *Therme.

Teppakulam (tamil), ein heiliger Teich für rituelle Bäder in einem südind. Tempelbezirk. Das bekannteste Beispiel eines T. ist im → *Tempelbezirk von Madura.

Terrakotta (ital.), gebrannter Ton als → *Baukeramik, meist dekoriert (Fries) und mit Reliefs geschmückt.

F. Sarre, Der Fürstenhof zu Wismar und die norddt. T.architektur der Renaissance, 1890; A. Köster, Die griech. T., 1926; L. Kjellberg, Die architekton. T., 1940; s. a. Baukeramik.

Terrasse (franz.), eine nicht überdeckte, künstlich geebnete, waagerechte Fläche. Auf von der Umgebung abgehobenen T. wurden assyr. und pers. Paläste und altamerikan. → *Tempelbauten errichtet. Auch in barocken → Gärten spielen T. eine bedeutende Rolle (→ *Terrassentempel).

H. Meyer, Balkon, T., Dachgarten, 1962.

Terrassendach, ein als begehbare Terrasse angelegtes → Flachdach.

Terrassenhaus, ein Haus, dessen Geschosse stufenförmig versetzt sind, so daß jedes Stockwerk eine Dachterrasse hat. Das T. kommt meist bei Hanglage im Vorderen Orient, in Mesopotamien und in Indien vor. Auch die Pueblos der altamerikan. Kultur sind ähnlich ausgebildet. Das T. wird auch im modernen Wohnbau verwendet.

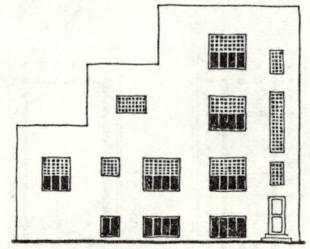

Terrassenhaus
(Beispiel: A. Loos, Haus Scheu, Wien, 1912)

Terrassentempel, Tempel, die auf einer Terrasse ruhen, wie manche altamerikan. → Tempelbauten, oder in mehreren Terrassen, die durch Rampen miteinander verbunden sind, ansteigen, wie ägypt. Grabtempel (Theben, Der el bahri, Hatschepsuttempel).

Terrazzo (ital.), urspr. ein venezian. Estrich aus Kalk und Steinstückchen, der in mehreren Schichten aufgetragen werden

muß. Heute wird der Begriff auch
für zementgebundene Kunst-
steinestriche verwendet.

Tetrapylon (griech.), Quadrifrons (lat.), ein vierseitiger Torbau mit Öffnungen auf jeder Seite
(Tebessa, Tripolis).

Tetrastylos (griech.), ein Tempel
mit vier Säulen an der Frontseite
(→ *Tempelformen).

Thalamos (griech.), Frauengemach und Schlafgemach im
griech. → Wohnhaus.

Theaterbau, das griech. Theater
ist so in die Landschaft eingefügt,
daß die Sitzreihen auf dem natürlichen Gelände aufruhen. Ein Altar (Thymele) im Zentrum der als
kreisrunder Tanzplatz ausgebilde-
ten Orchestra bildet die Mitte des
Theaters, um die konzentr. Sitz-

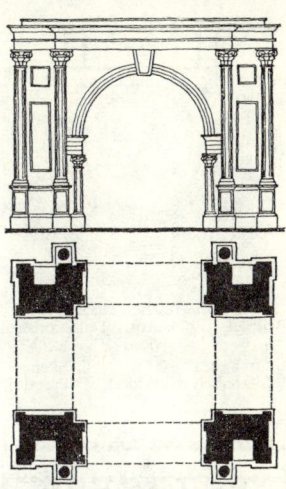

Tetrapylon. Ansicht und Grundriß

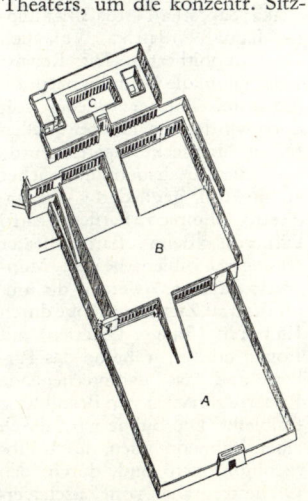

Terrassentempel
(Beispiel: Theben-Der el bahri, Tempel
der Hatschepsut, 18. Dynastie)
A Vorhof
B Mittlerer Hof
C Haupthof

stufen ansteigen. Zwischen diese
ist manchmal ein etwas breiterer
Umgang (Diazoma) eingefügt.
Die Sitzränge sind durch radiale
Treppen in einzelne Sektoren
(Kerkides) unterteilt. Hinter der
Orchestra ist meist ein Bühnenhaus (Skene) für Theaterrequisi-
ten angefügt, das aber kaum eine
architekton. Bedeutung hat, jedoch mit einem Vorbau (Hyposkenion) versehen sein kann. Zwischen Skene und Zuschauerrän-
gen liegen seitlich die Eingänge
(Parodoi). Die Sessel der Beamten
und Würdenträger (Subsellien)
sind meist am Rande der Orchestra, seltener am Diazoma zu finden (griech. T.: Athen, Dionysos-
theater; Epidauros; Delphi; Se-
gesta/Sizilien; Pergamon/Klein-
asien). Das röm. Theater steht
meist ohne Rücksicht auf das Gelände in einer Stadt, so daß die
Sitzstufen durch Umgänge und

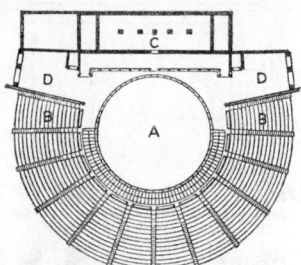

Griechisches Theater
(Beispiel: Epidauros, Teilrekonstruktion)

A Orchestra   C Skene
B Sitzreihen (Kerkides) D Parodoi

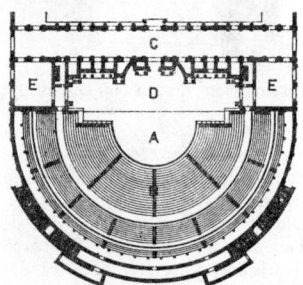

Römisches Theater
(Beispiel: Orange)

A Orchestra   C Scene frons
B Sitzreihen   D Proscenium
E Paraskenien

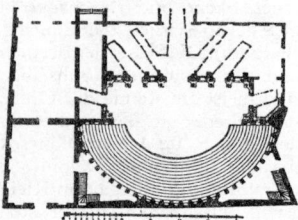

Renaissancetheater
(Beispiel: Vicenza, Teatro Olimpico,
A. Palladio)

Treppenanlagen unterbaut werden müssen. Das Bühnenhaus wird jetzt als Scenae frons in gleicher Höhe wie die Sitzränge ausgebaut und mit diesen durch die Paraskenien so verbunden, daß ein ringsum geschlossenes Gebäude entsteht. Der Platz, auf dem gespielt wird, ist jetzt nicht mehr die Orchestra, sondern die der Scenae frons vorgelagerte und von den Paraskenien seitlich begrenzte Bühne (Proscenium), deren mittlerer Teil Pulpitum heißt. Die Schauwand der Scenae frons ist in mehreren Stockwerken durch Säulenstellungen, Nischen, Aedikulen, Gebälke und Gesimse gegliedert. Das oberste Geschoß heißt bei Vitruv Episcenium (röm. T.: Orange; Arles; Rom, Marcellustheater; Dugga/Nordafrika; Sabratha/Nordafrika; Leptis Magna/Nordafrika). Vgl. auch → *Amphitheater. Die Renaissance nahm die Grundkonzeption des röm. Theaters wieder auf, doch wurden die Theater in allen Fällen überdeckt. Später wurde auch der Zuschauerraum reicher architekton. gegliedert (Vicenza, Teatro Olimpico; Parma, Teatro Farnese). Beim Barocktheater (Bologna, Bibienatheater; München; Bayreuth) werden die amphitheatral.Zuschauerränge durch Emporen (Ränge, Galerien) mit Logen ersetzt, während das Parkett und das dahinterliegende Parterre zunächst von Bestuhlung freibleibt. Die Bühne wird durch einen Bühnenrahmen, durch Proszeniumslogen und durch den Orchestergraben vom Zuschauerraum getrennt und ist für vielfältige illusionist. Verwandlungen eingerichtet (Guckkastenbühne). Der moderne T. hat dieses barocke Schema übernommen und

noch nicht durch eine allgemein
verbindliche, neue Konzeption
ersetzt. Es wird versucht, die bis-
herige Guckkastenbühne durch
eine mit dem Zuschauerraum verbundene Raumbühne zu ersetzen.
Auch auf rasche Umwandlungs-
möglichkeit dieser Systeme im
gleichen T. wird Wert gelegt,
wobei der Orchestergraben zwischen Parkett und Bühne überdeckt werden kann. Das Bühnenhaus wird durch komplizierte
techn. Einrichtungen, wobei die
Bühnenbilder und → Kulissen in
die Oberbühne aufgezogen, in die
Unterbühne versenkt, in die Sei-
tenbühnen abgeschoben oder mit
Drehscheiben verändert werden
können, ein sehr großer Baukörper, der auch in der Außenerscheinung des T. stark mitspricht.

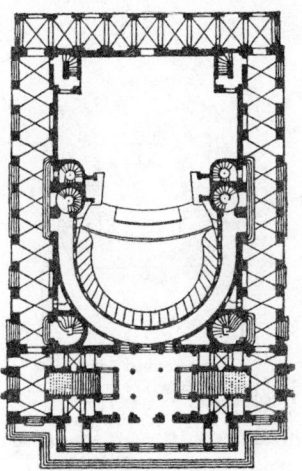

Typ des barocken Logentheaters
(Beispiel: Paris, Odeon, 1799)

G. Kawerau, Theatergebäude (Denkmäler des klass. Altertums, hg. A. Baumeister), 1889; W. Dörpfeld, Reisch,
Das griech. Theater, Athen 1896; Streit,
Das Theater, 1903; G. v. Cube, Über
die röm. „Scene frons" (Diss. Berlin),
1906; M. Hammschitz, Der moderne
T., 1906; E. Moritz, Das antike Theater
und die modernen Reformbestrebun-
gen im T., 1910; J. N. Anderson, R.
Spiers, Ashby, *The Architecture of
Ancient Rome*, 1927; E. Fiechter, Antike
griech. T., 1930 ff.; J. Mond, Probleme
des T. (Diss. Wien), 1930; A. Wedemeyer, T. (Wasmuth), 1932; E. Novey,
Bühne und Zuschauerraum (Diss.
Wien), 1932; H. H. Borcherdt, Das
europ. Theater im MA. und in der
Renaissance, 1935; E. Stadler, Das
neuere Freilichttheater in Europa und
Amerika, 1951; H. Gollob, Das moderne Zentralbühnenhaus und die antiken Spielarenen, 1955; R. Aloi,
Architetture per lo Spettacolo, Mailand
1958; A. v. Gerkan, W. Müller-Wiener, Das Theater von Epidauros, 1961;
Arbeitsgruppe 4, Der neue T., Entwicklung und Ausblick (Der Aufbau
4/5), 1962.

Theaterperspektive, die Anwendung der → Perspektive zur
Verstärkung der Raumwirkung
eines Bühnenbildes, wobei von

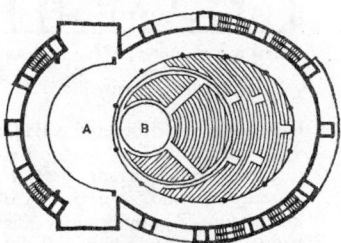

Theater mit veränderlichem Bühnen-
und Zuschauerraum
(Beispiel: W. Gropius, Totaltheater,
1922)
A Bühne B Drehbühne mit Sitzplätzen

möglichst allen Blickrichtungen
ein ähnlicher Eindruck gewahrt
bleiben soll.

G. Schöne, Die Entwicklung der
Perspektivbühne, 1933.

Thermen (griech.), röm. Badean-
lagen. Zwar hatten bereits die
griech. Gymnasien Bäder, doch

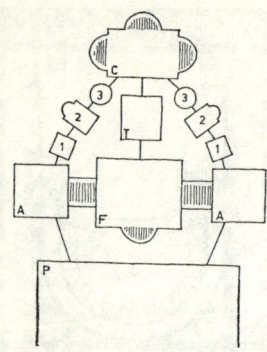

Schema einer Therme
A Apodyterium   F Frigidarium
C Caldarium   T Tepidarium
             P Palästra
1, 2, 3 Wasch-, Schwitz-, Massageräume

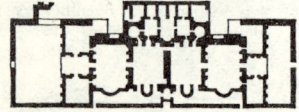

Doppeltherme mit vier Thermalbade-
räumen
(Beispiel: Badenweiler)

haben erst die Römer die Bäder
systemat. zu großen Anlagen weiterentwickelt, die streng symmetr.
angeordnet sind. Auf den Auskleideraum (Apodyterium, Vestiarium) folgen das Kaltbad (Frigidarium) mit einem Schwimm-
becken (Piscina), das lauwarme
Bad (Tepidarium) und das heiße
Bad (Caldarium). Daneben gab
es Salbräume (Aleipterion), das
Schwitzbad (Sudatorium) und
eine ganze Reihe weiterer Einrichtungen. Die Heizung wärmte
Luft, die durch unterird. Kanäle
(→ *Hypokausten) und in Wand-
kanälen (Zubuli) weitergeleitet
wurde. Während das Frigidarium
oft nicht überdeckt ist, können
über dem Tepidarium Kreuzge-

wölbe vorkommen, die von Quertonnen über seitlichen Nebenräumen verspannt sind. Das Caldarium ist oft ein von einer Kuppel
überwölbter Zentralraum. Dieser
Grundtyp wird in den einzelnen
röm. Provinzen, vor allem aus regionalen Gründen, stark variiert.
So liegt nördl. der Alpen das Caldarium meist an der Südseite der
T. Bei Thermalbädern gibt es
weitere Differenzierungen, so sind
bei der T. von Badenweiler vier
Thermalbassins symmetr. nebeneinander angeordnet. Die bedeutendsten T. waren in Rom (Caracallat., Diocletianst.) zudem noch
von einem Freigelände umgeben,
das von ergänzenden Bauten begrenzt wurde. Die Tradition der
röm. T. lebte im türk. Bad (→
*Hammam) fort.

G. A. Blouet, *Restauration des Thermes
d'Antonin Caracalla a Rome*, Paris 1828;
G. Zapport, Über das Badewesen ma.
und späterer Zeit (Archiv für Kunde
österr. Geschichtsquellen), 1859; H.
Marggraff, Badewesen und Bade-
technik der Vergangenheit, 1881; H. de
Geymüller, *Documents inedits sur les
Thermes d'Agrippa, le Pantheon et les
Thermes de Diocletien*, Lausanne 1883;
H. Blümmer, Baden (Denkmäler des
klass. Altertums, hg. A. Baumeister),
1889; E. Pfretzschmer, Die Grundriß-
entwicklung der röm. Thermen, 1909;
K. Büchler, Das Römerbad Badenweiler, 1909; C. Huelsen, Die Thermen
des Agrippa, Rom 1910; J. Zellinger,
Bad und Bäder in der altchristl. Kirche,
1928; A. v. Gerkan, F. Krischen, T. und
Palästren, 1928; D. Krencker, Die
Trierer Kaisert., 1929; E. Brödner,
Untersuchungen an den Caracallat.,
1951; H. Gollob, Die antiken Bäder
von Carnuntum und ihr Wiederaufbau,
1955.

Thesauros (griech.), → *Schatzhaus im griech. Tempelbezirk.

Tholos (griech.), Rundtempel,
dessen Cella von einem Säulenkranz umgeben war. Z. B. der T.
von Epidauros; Olympia, Phi-
lippeion (→ *Tempelformen).

Thymele, Altar in der Mitte der Orchestra des griech. Theaters (→ Theaterbau).

Tibari, Tibara (ind.), Säulenhalle des ind. Wohnhauses.

Tiefbau, Ingenieurbau, jener Bereich des Bauwesens, der die Herstellung von Straßenbauten, Flußregulierungen, Dammbauten, Eisenbahnbauten, Brückenbauten u. dergl. umfaßt. Eine klare Scheidung vom → Hochbau ist kaum möglich, da der Ingenieurbau auch jene Gebäude einschließt, die in unmittelbarem Zusammenhang mit den genannten Bauwerken notwendig sind.

H. Straub, Die Geschichte der Bauingenieurkunst, 1951.

Tischaltar, ein Altar in Tischform, dessen Platte (Mensa) von Stützen (meist Säulchen) getragen wird (→ *Altar 2a).

Tonne, → Tonnengewölbe (→ *Gewölbeformen).

Tonnendach, → *Dachform mit Tonnenquerschnitt.

Tonnengewölbe, → *Gewölbeform mit längs einer Achse gleichbleibendem viertelkreis-, halbkreis-, segmentbogen- oder spitzbogenförmigem Querschnitt.

H. Lömpel, Die monumentale Tonne in der Architektur (Diss. München), 1913.

Topfgewölbe, Gußgewölbe, in dessen Schale topfähnliche Tonhohlkörper eingegossen sind, um das Gewicht herabzusetzen. Bei Kuppeln sind die Töpfe meist spiralförmig angeordnet. T. kommen in der spätantiken und byzantin. Baukunst vor.

Tor, größere Maueröffnung, meist oben geschlossen, aber bei Einfriedungen (Gartenmauer,

Hofmauer, Zaun) auch oben offen (→ Portal). Eine Toranlage in selbständigem Baukörper wird → T.bau oder, mit einer inneren T.halle, T.gebäude genannt.

Türen und Tore aus Deutschland, Österreich und der Schweiz (Bauformen Bibliothek); F. Spannagel, Türen und Tore, ²1952; A. Haberer, Tür und Tor, ⁵1959; U. Reitmayer, Holztüren, Holzt. und handwerklicher Konstruktion, ⁶1960.

Torana (ind.), Torbau im Zaun (Vedika) eines → *Stupa (z. B. in Santschi). Die T. besteht aus Pfosten, die durch mehrere obere Querbalken miteinander verbunden und plast. geschmückt sind. Obwohl die Konstruktion dem Holzbau entstammt, sind die meisten T. aus Stein.

Torband, → Beschlag zum Bewegen größerer Türblätter (Tore.)

Torbau, Torgebäude, größere, selbständige Toranlage wie → *Stadttor, → *Triumphbogen oder Burgtor. In Ägypten → *Pylon, in Griechenland → *Propylon (in Sonderfällen Propyläen, → Dipylon, Tripylon und → *Tetrapylon) genannt.

Torhalle, Innenraum eines Torbaus, z. B. beim Totentempel zu Sakkara oder beim Tor des Xerxes in Persepolis.

Torhaus, Torbau, oft mit der Wohnung des Torhüters oder anderen Räumen.

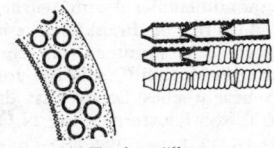

Topfgewölbe
links: Querschnitt
rechts: Längsschnitt und Ansicht der ineinandergesteckten Tonkörper

Torii (japan.: Vogelsitz), das Tor eines shintoist. Tempelbezirkes, das aus zwei senkrechten und zwei waagerechten Holzbalken gebildet ist.

Torsion, Verdrehung eines Baukörpers (Turmhelm) oder Bauteils (→ *Säule) in korkzieherähnlicher Form.

Torso (ital.), ein nicht vollendetes oder durch Zerstörung unvollständiges Werk.

H. v. Einem, Der T. als Thema der bildenden Kunst (Zs. für Ästhetik und allgemeine Kunstwiss.), 1935; J. A. Schmoll, Der T. als Symbol und Form, 1954; ders., Das Unvollendete als künstler. Form, 1959.

Torturm, Turm über oder neben einem → *Stadttor, einem Klostertor oder einem Burgtor.

Torus, Wulst der att. → *Basis.

Toskanische Ordnung, tuskische Ordnung, etruskische Ordnung, eine der → *Römisch-dorischen Ordnung ähnliche antike→ *Säulenordnung der Römer, deren Schaft oft keine Kanneluren aber eine Basis hat. Unter dem Echinus liegt ein Halsring. Die Ecktriglyphen sind achsial auf die Ecksäulen bezogen, die Mutuli entfallen, während zusätzlich noch ein Zahnschnitt angeordnet sein kann.

Totenleuchte, Lichthäuschen, tabernakelartiges Türmchen zur Aufnahme eines Totenlichtes. T. in monumentaler Form wurden im 11. Jh. in Frankreich entwickelt und kommen bis zum Ende des Ma. auf Friedhöfen vor. Ein beachtliches Beispiel ist die got. T. von Klosterneuburg/N. Ö.

F. Hula, Die T. und Bildstöcke Österreichs, 1948.

Totenopfertempel, der Teil des ägypt. Totentempels (→ *Grabtempel), in dem die Opfergaben für den Toten niedergelegt wurden.

Totentempel, → *Grabtempel.

Trabantenstadt, Satellitenstadt, eine baulich in sich abgeschlossene und wirtschaftlich selbständige Nebenstadt einer Großstadt.

C. B. Purdom, *The Building of Satellite Towns*, London 1925; H. Dräger, Die Schnellbahnstadt, 1957; R. Rosner, T., 1961; W. Jordan, Die T. Elizabeth im Vergleich mit europ. T. (Diss. Berlin), 1962; Studien zum Problem der T. (Forschungsberichte der Akademie für Raumforschung und Landesplanung, Bd. XXVI), 1965.

Träger, 1. tragender Balken, der andere Bauteile (Balken, Decke) trägt und aus Holz, Stein, Stahl oder Stahlbeton ausgeführt sein kann. Es gibt T. über zwei Auflagern und T. über mehreren Auflagern (Durchlauft.). T. können als Unterzug oder als Überzug ausgebildet sein. 2. Tragwerk aus Holz (→ *Dachkonstruktion) oder Stahl (Binder 2). Nach der Konstruktion werden Blecht., → *Gittert., Fachwerkt., Parallelt., Parabelt. u. a. unterschieden. 3. → *Räumliches Tragwerk. 4. Walzprofil (T-T. und Doppel-T-T. mit durch einen → *Steg verbundenen Flanschen).

Tragmauer, eine Mauer, die konstruktiv tragend ausgebildet ist.

Tragstein, Kraftstein, Balkenstein, vorspringende →*Konsole.

Tragwerk, → Räumliches Tragwerk.

Trakt, Teil eines größeren, gegliederten Baukörpers, Mittelt., Vordert., Hintert., Hoft., Seitent. (Flügel).

Transenna (lat., Mz. Transennen), Verschluß der Fensteröff-

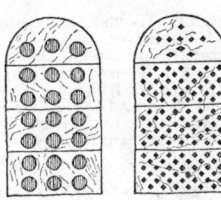

Transennen

nung mit durchbrochenen Stein-
oder Holzplatten oder auch mit
dünn geschliffenen Marmorplat-
ten, vor Einführung der Fenster-
verglasung (→ *Qamriya).

Transept (franz.), seltene Bezeichnung für das → *Querhaus.

Transversalbogen, ein quer zur
Längsachse eines Raumes verlaufender Bogen (Querbogen).

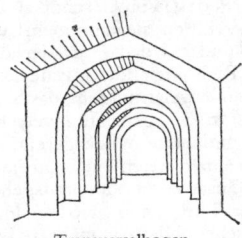

Transversalbogen

Trapezkapitell, → *Kapitell mit
trapezförmigen Ansichtsflächen,
das hauptsächlich in der byzantin.
Baukunst vorkommt. Eine ähnliche Form hat auch das Ziegelwürfelkapitell.

Traufe, Saum, untere waagerechte Begrenzung eines Daches
(→ *Dachausmittlung).

Traufenhaus, ein Haus, das der
Straße die Traufe zukehrt.

Traufgesims, → Gesims unter
der Traufe (→ Dachdeckung).

Travée (franz.), →*Gewölbefeld.

Traverse (franz.), Querträger. In
der Befestigungstechnik ein Quer-
wall.

Trennwand, die einen Raum un-
terteilende nichttragende Wand.

Treppe, Verbindung von zwei
auf verschiedenen Höhen liegenden Ebenen, im Inneren als In-
nent. (T.haus), außen als Freit.,
in Verbindung mit Gebäuden
auch Außent. Eiserne Außent. für
Notfälle werden Feuert. oder
Nott. genannt. Eine vor allem bei
starkem Verkehr angeordnete T.
mit mechan. bewegten Stufen ist
die Rollt. Man unterscheidet je
nach Lage der T. im Grundriß
Haupt- und Nebent., nach der
Lage in den Geschossen Keller-,
Dach- oder Bodent., Zwischent.
führen nicht durch alle Geschosse.
T. können aus Holz, Stein, Stahl
oder Stahlbeton errichtet sein. Die
Stein- und Stahlbetont. können
auf einer Laufplatte aufliegen, unter der Lichtwange konstruktiv
unterstützt oder freitragend in die
T.hausmauer eingespannt sein.
Das Einzelelement einer T. heißt
Stufe. Das Verhältnis von Stufen-
auftrittsbreite zur Stufenhöhe ist
die → Steigung (Steigungsverhältnis). Eine ununterbrochene
Folge von Stufen nennt man T.-
lauf. Die erste Stufe eines T.laufes
heißt Antrittsstufe, die letzte Austrittsstufe. Ein zwischen zwei T.-
läufe eingefügter Absatz heißt
Podest (T.podest). Bei reicheren
→ *T.formen bezeichnet man die
Folge von T.läufen zwischen zwei
Geschossen als T.arm. Die seitliche, brusthohe Begrenzung ist
das T.geländer (→ *Geländer),
das durch einen → Handlauf abgeschlossen wird. Die → *Stufen
können rechteckigen (Blockstufe) oder auch keilförmigen (Keil-

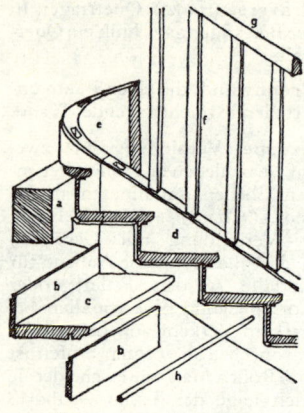

Eingestemmte Holztreppe
a Treppenwechsel unter der Austrittstufe
b Setzstufe
c Trittstufe
d Lichtwange
e Krümmling
f Geländerstäbe
g Geländerholm (Handlauf)
h eiserne Zugstange zwischen den
Wangen (Treppenschließe)

stufe) Querschnitt haben. Bei der
Holzt. können massive Keilstufen
auf zwei tragenden Balken aufgesetzt sein, meist besteht aber die
Holzt. aus zwei Wangen, zwischen die Bretter als Tritt- und
Setzstufen eingesetzt (einge-
stemmt) sind. Die Wangen kommen auch selbst abgetreppt vor,
so daß die Stufenbretter aufgesetzt (aufgesattelt) werden können. Die unterste Stufe (Antrittsstufe) ist jedoch massiv (Blockstufe) und die Austrittsstufe liegt
auf einem Deckenbalken oder auf
einem Wechsel auf. Man unterscheidet Wandwange und Lichtwange, zwischen denen der T.-
lauf liegt. Die kurvierte Überleitung zwischen zwei Wangen heißt
Kröpfling oder Krümmling (→
Wendeltreppe).

F. Kress, Der T.- und Geländerbauer,
1949; U. Reitmayer, Holzt. in hand-
werklicher Konstruktion, 1953; K.
Gatz, F. Hierl, T. und Treppenhäuser,
1954; O. Steinhöfel, Holzt., 1960; K.
Hoffmann, Stahlt., 1960; F. Schuster,
T. aus Stein, Holz und Metall, ⁴1961;
Opderbecke, Der Bau hölzerner T.

Treppenabsatz, ein zwischen
zwei Läufen einer → Treppe ein-
geschalteter Podest (→ *Treppenformen).

Treppenarm, Folge mehrerer
Treppenläufe zwischen zwei Geschossen bei reicheren (zweiarmi-
gen, dreiarmigen, mehrarmigen)
→ *Treppenformen.

Treppenauge, Auge, Lichtspindel, offene Spindel einer → *Wendeltreppe.

Treppenformen, eine Treppe
kann einläufig sein, also ohne Absatz (Podest) von Geschoß zu Geschoß führen, sie kann mehrläufig
sein und bei den Podesten auch
ihre Richtung ändern. Eine Treppe kann zweiarmig sein, das heißt,
sie ist in zwei getrennte, verschieden gerichtete Wege geteilt, die
nach einem ersten Lauf von einem
gemeinsamen Podest ausgehen.
Jeder Arm kann wieder durch
Zwischenpodeste in mehrere Läufe geteilt sein und seine Richtung
ändern. Auch Treppenanlagen,
deren Wege nicht gemeinsam beginnen oder enden, werden als
zwei- oder mehrarmig bezeichnet,
wenn ihre Wege räumlich zusam-
mengehören. Mehrarmige Treppen sind selten, man bezeichnet so
Treppen mit mehreren verzweig-
ten Wegen. Eine Sonderform sind
parallel übereinander geführte
Treppen, deren Wege auf gemeinsamen Podesten beginnen und
enden ohne sich dazwischen zu
berühren. Alle diese T. können
mit geraden, gekrümmten oder
gewendelten Läufen vorkommen

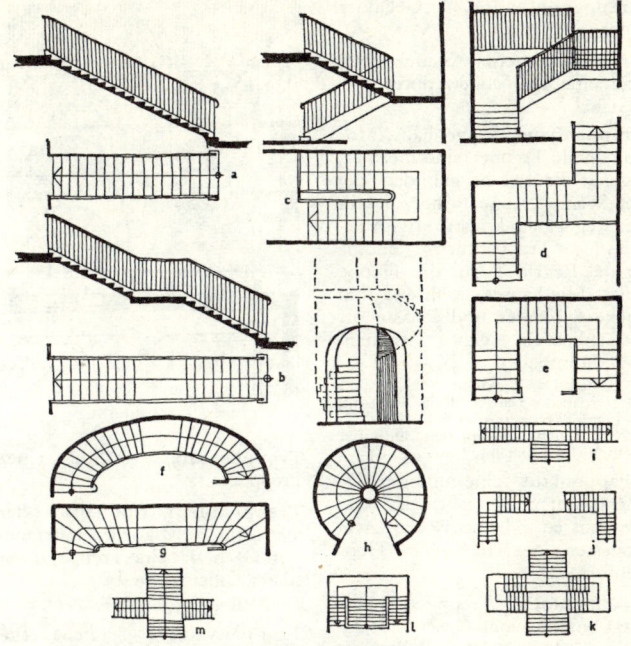

Treppenformen

a gerade, einläufig
b gerade, zweiläufig
c gerade, zweiläufig mit Richtungswechsel (gegenläufig)
d gerade, dreiläufig mit gegensinnigem Richtungswechsel
e gerade, dreiläufig mit gleichsinnigem Richtungswechsel
f gekrümmt, zweiläufig
g gerade, zweiläufig mit gezogenen Stufen
h Wendeltreppe mit gemauerter Spindel
i zweiarmig, dreiläufig mit gemeinsamem Antritt
j zweiarmig, vierläufig mit gemeinsamem Austritt
k zweiarmig, sechsläufig mit gemeinsamem An- und Austritt
l zweiarmig, dreiläufig mit gemeinsamem Antritt
m dreiarmig, vierläufig mit gemeinsamem Antritt

(→ *Wendeltreppen). Bei gekrümmten Treppen werden die
Stufen verzogen, d. h. es wird ein
allmählicher Übergang vom geraden zum gekrümmten Verlauf
hergestellt, um die Bequemlichkeit beim Besteigen der Treppe zu
erhöhen. Bes. die Barockzeit ent-

wickelte großartige T. in ihren
Schlössern (→ Treppenhaus)

A. Gersbach, Geschichte des Treppen-
baues der Babylonier und Assyrer,
Ägypter, Perser und Griechen, 1917;
J. Gödderz, Die Gewendelte Treppe,
1949; A.A.Mohamed, Die Entwicklung
der Miethaustreppe im 19. Jh. in Europa
(Diss. München), 1962; F. Mielke, Die
Geschichte der dt. Treppen, 1966.

Treppengeländer, Geländer einer → *Treppe.

Treppengiebel, Staffelgiebel, Stufengiebel, abgetreppter → *Giebel.

Treppenhaus, Stiegenhaus. Monumentale Treppen sind meist als eigener Bauteil ausgebildet. Bei der Wendeltreppe bringt dies in der Regel auch konstruktive Vorteile (→ *Treppenturm). Sinnlos ist der Begriff T. für die Treppe eines Miethauses, während barocke Schlösser und Paläste oft tatsächlich ein eigenes T. haben. (→ *Sternhaus).

H. Keller, Das T. im dt. Schloß- und Klosterbau des Barock, 1936; K. Gatz, F. Hierl, Treppen und T., 1954; C. Ewert, Offene T. in den südfranz. Städten (Diss. Berlin), 1964.

Treppenlauf, eine ununterbrochene Stufenfolge zwischen zwei Geschossen oder zwischen zwei Podesten einer Treppe (→ *Treppenformen).

Treppenloch, Treppenöffnung, die Öffnung einer Geschoßdecke oder Balkenlage (→ Balken 8), durch die eine Treppe führt. Auch die Öffnung zwischen den Lichtwangen der mehrläufigen Treppe.

Treppenspindel, Spindel einer → *Wendeltreppe.

Treppensteigung, das Verhältnis von Auftrittbreite zu Stufenhöhe bzw. das Verhältnis der Länge eines Treppenlaufes zu der von ihm überwundenen Höhe (→ Stufe).

Treppenstraße, Treppenweg, ein außerhalb von Gebäuden liegender (öffentlicher) nicht befahrbarer Verkehrsweg, der als Treppe ausgebildet ist oder in dessen Verlauf Treppen eingeschaltet sind.

P. A. Rappaport, Steigende Straßen, 1911.

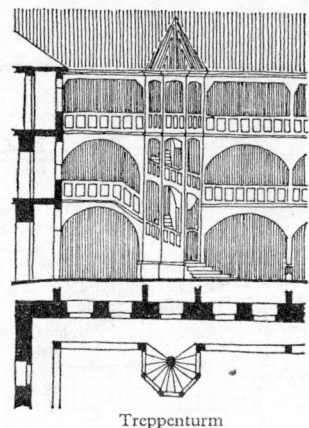

Treppenturm

Treppenstufe, → *Stufe einer Treppe.

Treppenturm, ein Turm oder turmartiger Baukörper mit eigenem Dach, der eine Treppe, meist eine Wendeltreppe, birgt.

E. Viollet le Duc, Escalier (Dict.).

Treppenwange, seitliche Begrenzung einer → *Treppe. Man unterscheidet Wandwange und Lichtwange, die das Geländer trägt.

Treppenwechsel, Wechselbalken, der quer zum übrigen Gebälk verlaufend das Treppenloch begrenzt (→ *Balken, → *Treppe).

Triangulation (lat.), Vergleich der Maßverhältnisse eines Bauwerkes oder seiner Teile mit Hilfe ähnlicher Dreiecke (→ *Proportion).

G. Dehio, Untersuchungen über das gleichseitige Dreieck als Norm got. Proportionen, 1894; W. Thomae, Das Proportionenwesen in der Geschichte der got. Baukunst und die Frage der T., 1933; M. Velte, Die Anwendung der Quadratur und Triangulatur bei der Grund- und Aufrißgestaltung der got. Kirche, 1951.

Tribuna (lat.), halbrunder Abschluß einer röm. Markt- oder Gerichtsbasilika (→ Apsis 1, → *Basilika 1).

Tribunal (lat.), erhöhtes Podium, oft am Ende einer röm.-antiken Basilika, auf dem der Prätor Recht sprach.

Tribüne (lat.), 1. Schaubühne oder Rednerbühne; 2. → Empore.

Trichorum, → *Dreikonchenanlage.

Trichtergewölbe, Trichternische, Gewölbe in der Form eines halben Hohlkegels mit nach unten gekehrter Öffnung (→ *Trompe).

Triforium (lat., eigentlich Dreibogenöffnung), Laufgang zwischen den Arkaden oder Emporen und der Fensterzone einer Basilika. Das T. kommt bereits in roman. Zeit als Gliederung der Hochschiffwand in der Zone der Seitenschiffdächer vor. Bei der got. Kathedrale mit drei- und vierzonigem Aufbau ist das T. integrierender Bestandteil des → *Wandaufbaues. Entfällt der Gang und sind der Wand nur Blendbogen vorgeschaltet, so spricht man von einem Blendt. Das T. kann in späterer Zeit auch durch Fenster direkt belichtet sein.

H. E. Kubach, Rhein. Baukunst der Stauferzeit, Das T. und seine Parallelen in Frankreich, 1934; ders., Das T. (Zs. für Kunstgeschichte), 1936.

Triglyphe (griech.), Dreischlitzplatte am Fries der → *Dorischen Ordnung. Die T. sind als im Steinbau nachgebildete Balkenköpfe zu verstehen. Ohne seitliche Halbschlitze nennt man diesen Balkenkopf Diglyph (→ *Steg).

Triglyphenfries, Triglyphon, Fries der → *Dorischen Ord-

nung, bei dem Triglyphen und Metopen abwechseln. Die Metopen tragen meist reliefplast. Schmuck. Der T. war polychrom gestaltet.

A. v. Gerkan, Die Herkunft des dor. Gebälks (Jb. des Dt. Archäolog. Inst. 63/64), 1948/49.

Triglyphenkonflikt, bei der → *Dorischen Ordnung sind die Triglyphen in der Regel auf die Säulenachse bzw. auf die Mitte des Interkolumniums bezogen, nur die Ecktriglyphe sitzt genau an der Ecke. Eine Triglyphe ist aber meist schmäler als der obere Säulendurchmesser, so daß die Differenz im letzten Interkolumnium ausgeglichen werden muß. Das geschieht durch Verringerung des letzten Interkolumniums (Eckkontraktion).

Triglyphenkonflikt

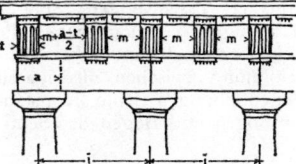

Ecklösung mit gleichen Interkolumnien

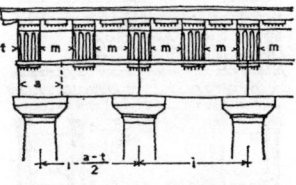

Eckkontraktion

Triglyphon, → Triglyphenfries der → *Dorischen Ordnung.

Triklinium (lat./griech.), 1. Speisezimmer des röm. → *Wohnhauses; 2. → Dreiflügelanlage (meist eines Barockschlosses) (→ *Corps de logis).

Trikonchos (griech.), Trichorum, Anlage mit drei kleeblattförmig angeordneten Konchen (→ *Dreikonchenanlage).

Trilithen (griech.), ein aus zwei Torpfosten und einem Sturzstein bestehender Torbau der Altsteinzeit.

Trittstufe, Auftritt, Tritt, waagerechtes Brett einer Holztreppe (→ *Stufe, → *Treppe).

Triumphbogen, 1. Bogen zwischen dem Mittelschiff des Langhauses bzw. der Vierung und dem Chor einer ma. Kirche. 2. Ehrenbogen zur Erinnerung an einen Kaiser, seltener an eine Schlacht (Orange/Provence). Der T. kann eine Öffnung haben (Rom, Titusbogen; Benevent, Trajansbogen; Ancona, Trajansbogen; Sbeitla, T.; Dugga, T.), doch haben die bekanntesten T. eine höhere Mittelöffnung zwischen niedrigeren Seitenöffnungen (Rom, Konstantinsbogen und Bogen des Septi-

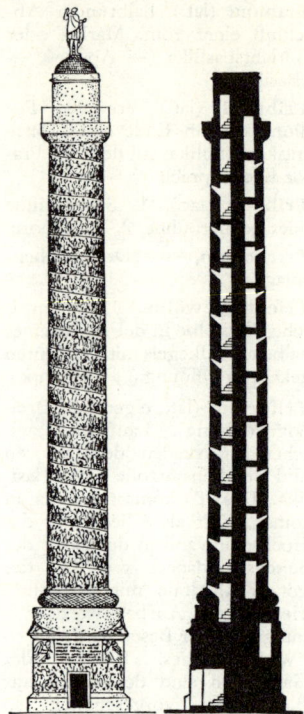

Triumphsäule
(Beispiel: Rom, Trajanssäule)

Triumphbogen
(Beispiel: Rom, Titusbogen, 70 n. Chr.)

mius Severus; Timgad, Trajansbogen). Eine Sonderform ist der Quadrifrons (→ *Tetrapylon), eine quadrat. Anlage mit je einem Bogen an allen vier Schauseiten (Tebessa, Caracallabogen; Tripolis, T.; Saloniki, Galeriusbogen). Über dem Hauptdurchgang ist immer eine Inschrifttafel, als Abschluß stand über der Attika des T. eine Quadriga.

P. Graef, T. und Ehrenbogen (Denkmäler des klass. Altertums, hg. A. Baumeister), 1889; C. Bernoulli, Die roman.

Portalarchitektur in der Provence, 1906;
E. Ilz, T. und T.motiv in der antiken
Baukunst (Diss. Wien), 1923; E. Löwy,
Die Anfänge des T., 1928; F. Noack,
Triumph und T. (Vortrag der Bibl.
Warburg), 1928; J. H. Schmidt, Nach-
röm. Triumphtore (Das Werk des
Künstlers), 1939; C. Pietrangeli, *L'arco
di Traiono a Benevento*, Novara 1947;
H. Kähler, T. (Realenzyklopädie,
Pauly-Wissowa hg.).

Triumphkreuz, Kreuz unter
dem Triumphbogen einer Kirche
(→ Triumphbogen 1), das aufgehängt sein, jedoch auch auf einem
Triumphbalken stehen kann.

Triumphsäule, Ehrensäule, eine
freistehende monumentale Säule
mit Darstellungen aus dem Leben
eines röm. Kaisers in spiralförmig
angeordneten Reliefbändern. Die
T. wurde von einer Statue des
Kaisers bekrönt. Im Inneren führt
eine Wendeltreppe zur oberen
Plattform. In Rom sind nur die T.
Marc Aurels, Trajans und Bruch-
teile der T. des Antoninus Pius
erhalten. In der Barockzeit wurden T. in Paris errichtet und ein-
malig als Teile eines stark differenzierten Baukörpers an der
Karlskirche in Wien.

L. Julius, Ehrensäule (Denkmäler des
klass. Altertums, hg. A. Baumeister),
1889; W. Hoffmann, Das ital. Säulen-
monument (Beiträge zur Kulturgeschichte 55), 1939; ders., Die Bern-
wardsäule (Zs. Für Kunstgeschichte),
1939.

Triumphtor, der häufig auch für
einen Triumphbogen verwendete
Begriff bezeichnet richtiger ein
Ehrentor, das als festliche Schau-
architektur für Empfänge von
Fürsten errichtet wurde, z. B. die
Ehrenpforten Fischers von Erlach
in Wien.

A. Trost, Wiener Triumphbogen und
Trauergerüste auf Stichen (Mitt. der
Ges. für vervielfältigende Kunst, Bei-
lage 23), 1900; H. Schmitz, Festdekora-
tion (Wasmuth Bd. 5), 1937; J. H.
Schmidt, Nachröm. T. (Das Werk des
Künstlers), 1939; s. a. Triumphbogen.

Barockes Triumphtor

Trochilus, Hohlkehle der att. →
*Basis.

Trockenmauerwerk, ein ohne
Mörtel errichtetes Mauerwerk.

Trommel, 1. zylindr. Einzelelement eines Säulenschaftes (→
Säule, Säulent.); 2. selten verwendete Verdeutschung von
Tambour (→ *Kuppel).

Trompe (franz.), Trichtergewölbe, Trichternische, Teilgewölbe,

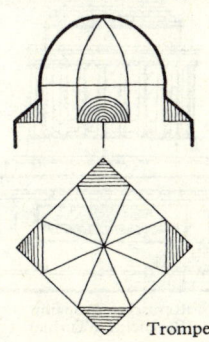

Trompe

(Gewölbezwickel) in der Form eines halben Hohlkegels mit nach unten gekehrter Öffnung. Über einem Quadrat, z. B. einer Vierung, kann durch vier T. an den Ecken (Ecktrichter) ein Klostergewölbe oder eine T.kuppel errichtet werden.

J. Rosintal, Pendentifs, T. und Stalaktiten, 1912.

Trompenkuppel, eine über Ecktrichtern (→ Trompe) errichtete Kuppel. Ungenau auch für ein über Trompen errichtetes Klostergewölbe.

Tropaion (griech.), Siegesdenkmal (Trophäe 1), das an der Stelle einer Schlacht errichtet wurde. Urspr. hängte man die Waffen besiegter Feinde an Bäumen auf. Später wurden derartige Darstellungen auch an Triumphbogen (S. Remy, Orange, Carpentras) angebracht. Das bekannte T. in Adamklissi (Dobrudscha) erinnert an den Sieg Trajans über die Daker. Über Monaco liegt das T. von La Turbie.

Trophäe (lat.), 1. Siegesdenkmal (→ *Tropaion); 2. Embleme des

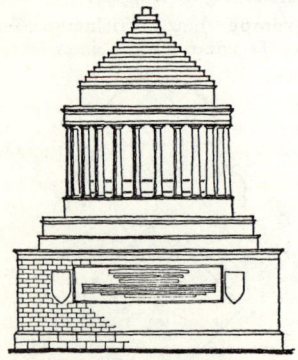

Römisches Tropaion
(Beispiel: La Turbie)

Krieges, wie Fahnen, Standarten, Schilde, Lanzen, Rüstungen, Helme, Schwerter oder dergl., die an einem Tropaion oder an einem Triumphbogen (Orange) angebracht sind.

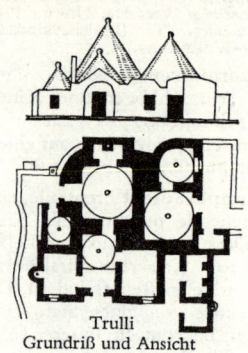

Trulli
Grundriß und Ansicht

Trulli (ital.), spitzkuppelförmige, steinerne Wohnbauten mit unechten Gewölben in Süditalien (Alberobello), die oft zu ganzen Gruppen zusammengefaßt sind. Ähnliche Konstruktionen wurden bereits in vorgeschichtlicher Zeit (z. B. in Sardinien) entwickelt (Nuraghen).

H. Glück, Der Ursprung des röm. und abendländ. Wölbens, 1933; G. Notarnicola, *T. d'Alberobello della preistoria al presente*, Rom 1940; M. Castellano, *La valle dei Trulli*, Bari 1960; H. Soeder, Urformen der abendländ. Baukunst, 1964.

Trumeau (franz.), 1. Fensterpfosten; 2. ein tief herunterreichender Wandspiegel am Fensterpfeiler.

Tschaitya (ind.), 1. → *Stupa; 2. Heiligtum in Indien, in Hinterindien auch Tsedi (Chedi) genannt, in dem ein Stupa steht (→ *Tschaityahalle).

Tschaitya-Giebel, Kudu, der geschwungene Giebel des ind. Ton-

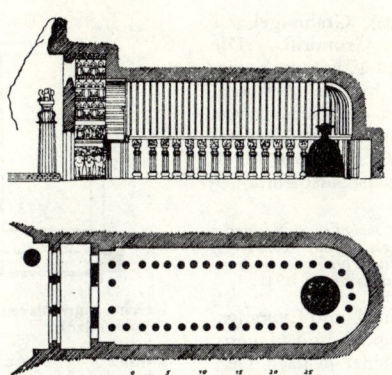

Tschaitya-Halle (Beispiel: Karli, um Chr. Geb.)

nendaches, der an der Frontseite einer → Tschaityahalle angebracht ist.

Tschaitya-Halle, ind. Höhlenheiligtum mit tonnengewölbtem Mittelschiff zwischen halbtonnengewölbten Seitenschiffen, die als Umgang eine halbrunde Apsis umschließen, in der ein Stupa (Dagoba, Tschaitya) steht. Die bekannteste der rund 1200 ind. T. ist in Karli.
J. Fergusson, *History of Indian and Eastern Architecture,* London 1910.

Tschakra (ind.), Kapitell einer ind. Gedenksäule (Stambha).

Tschandi (hinterind.), stufenförmig bekrönte Göttercella über einem Stufenberg in Hinterindien.

Tschatravali, Hti, Chattra, Tschattra (ind.), stockwerkartig gegliederter Schirm (Herrschersymbol) als Bekrönung eines → *Stupas.

Tschatri (ind.), Gartenhaus oder Pavillon mit Zeltdach. Ein T. kann auch auf Dächern von Palästen oder in Miniaturform auf Tempeln und Kuppeln angeordnet sein.

Tschaultri (ind.), Pfeilerhalle südind. Tempel.

Tschorte (tibet.), Sonderform des → Stupa in Tibet.

Tsedi, Chedi (birm.), Sonderform für → Stupa in Birma.

T-Träger, ein Walzprofil mit T-förmigem Querschnitt (→ *Steg, → Träger 4).

Tudorblatt, Tudorblume, eine einem Efeublatt ähnliche Dekorationsform der engl. Gotik.

Tudorbogen, Bogen aus je zwei Segmenten zweier kleiner und großer Kreise (→ *Bogenformen).

Tumba (lat.), rechteckiges → Grabdenkmal, auf dem die Grabplatte, oft mit einem Relief oder einer vollplast. Darstellung des Toten, liegt. Die Grabplatte kann auf Füßen oder auf einem geschlossenen und mit Plastik geschmückten Unterbau ruhen. Manchmal ist auch ein Baldachin über der T. angeordnet.

Tumulus (lat.), Grabhügel auf
kreisrundem Grundriß. Die
Grundform des T. kommt haupt-
sächlich bei myken. Gräbern,
Grabhügeln in der Gegend von
Pergamon, etruskischen (Cervete-
ri) und röm. Gräbern vor (z. B.
Rom, Augustusmausoleum →
Grabbau).

M. Boregatti, *Il mansoleo di Adriano e
Castel Sant'Angelo*, Rom 1929; G.
Patroni, *Architettura preistorica generale
ed italica: Architettura etrusca*, 1941.

Tür, Durchgangs- und Eingangs-
öffnung in Wänden und Mauern.
Man unterscheidet je nach Lage
Eingangst., Haust., Gartent., In-
nent., Wohnungst., Flurt., Keller-
t., Zwischent., → Tapetent. und
→ *Fenstert. (im Möbelbau auch
Schrankt.). Die T.öffnung wird
oben durch einen geraden T.sturz
oder einen Bogen, unten durch
die waagerecht liegende Schwelle
(T.schwelle) und seitlich durch
die im rechten Winkel zur Mauer
eingeschnittene T.laibung oder
durch das schräg eingeschnittene
T.gewände begrenzt. Die T. sitzt
in einem am Mauerwerk befestigten Rahmen (T.stock, Zarge). Die
Laibung kann mit einem Futter
bedeckt sein, das in der Mauerflucht durch eine Bekleidung abgeschlossen wird. Ist die T.öff-
nung unterteilt, so heißt das fest-
stehende obere Querholz T.-
kämpfer, über dem ein durch ein
Gitter (T.gitter) gesichertes Fenster (Oberlicht) liegen kann. Der
bewegliche Teil der T. heißt T.-
blatt (T.flügel). Wird die T.öff-
nung von zwei T.blättern verschlossen, so spricht man von
einer zweiflügeligen T. Weitere
Möglichkeiten zum Verschluß
breiterer T. oder von T.wänden
sind die Faltt. oder die Harmoni-
kat. T.blätter, die nach beiden Sei-

Tür

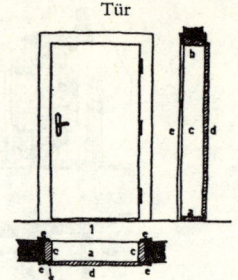

1 rechts angeschlagene, einflügelige
  Sperrholztür
a Schwelle
b Sturz   b + c Stock
c Laibung
d Türblatt
e Bekleidung

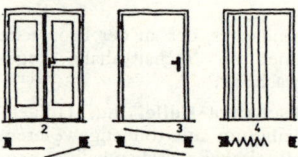

2 zweiflügelige Rahmen-Füllungstür
3 links angeschlagene Doppeltür
4 Falttür (Harmonikatür)

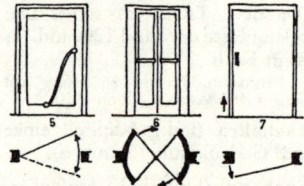

5 Schwingflügeltür (Pendeltür) mit
  Glaslichte
6 Drehtür
7 Hebetür

ten beweglich sind, nennt man
Pendel- oder Schwingflügelt. Eine
Dreht. hat ein um eine mittlere
Achse bewegliches Blatt, das
Blatt einer Schiebet. ist seitlich
verschiebbar. Eine Hebet. wird
durch bes. Beschläge erst ange-
hoben, ehe sie gedreht werden

Tür

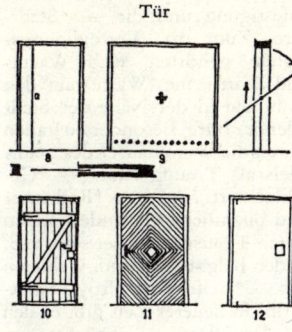

8 Schiebetür
9 Kipptor
10 Lattentür
11 Aufgedoppelte Tür
12 Ganzglastür

kann. Die T. kann aus Metall (Metallt., Stahlt.), auch mit einem Gitter als T.blatt (bes. bei Gartent.) ausgebildet sein (Gittert.). Das Blatt einer Glast. kann ganz aus Glas bestehen (Ganzglast.), wird jedoch vielfach von einem Holz- oder Stahlrahmen umgeben. Die Holzt. besteht entweder aus Brettern, die durch Einschubleisten verbunden sind oder aus Latten (Lattent.), die auf eine Unterkonstruktion genagelt werden (meist Kellert.). Die häufigste Konstruktion ist die Rahmen- und Füllungst. (Zweifüllungst., Dreifüllungst.). Werden zwei Lagen Holz aufeinander gesetzt (meist Rahmen und Füllung mit außen aufgedoppelten Brettern), so entsteht die Doppelt. Das Blatt einer Sperrholzt. besteht aus einem Blindrahmen, auf den zwei Sperrholzplatten geleimt sind. Die innere Konstruktion der Sperrholzt. kann auch aus verschiedenen schmalen Leisten bestehen. Die T.öffnung kann durch Bogen (→ *Bogenformen) oder reichere architekton. Rahmung, Supraporte,

Spandrille, Säulen, Gebälke, Verdachungen, Hermen, Atlanten, Karyatiden und Bauplastik betont sein. Auch darüberliegende Fenster oder Balkone können in die T.komposition einbezogen sein (→ Portal).

M. Binan, *Kapilar*, Istanbul, 1950; F. Spannagel, T. und Tore, [2]1952; A. G. Schneck, T. aus Holz und Metall, [5]1957; K. Ulrich, Haust., 1958; A. Haberer, T. und Tor, [5]1959; U. Reitmayer, Holzt. und Holztore in handwerklicher Konstruktion, [6]1960; F. W. Schlegel, Fertigfenster – Fertigt., 1961.

Türbe (türk.), → Grabbau eines Sultans, Wesirs oder eines anderen Würdenträgers. Die T. ist ein Zentralbau mit Kuppel- oder Kegeldach.

H. Glück, Die Kunst der Seldschuken in Kleinasien und Armenien (Bibliothek der Kunstgeschichte 61).

Osmanische Türbe

Türblatt, Türflügel, beweglicher Verschluß der Öffnung einer → Tür.

Türgewände, schräg in die Mauerfläche eingeschnittene, seitliche Begrenzung einer Tür.

Türklopfer, beweglicher, oft ornamental ausgestalteter Beschlag, der zum Klopfen um Einlaß diente (Abb. S. 396).

Türklopfer

Türlaibung, Türleibung, quer zur Mauerfläche eingeschnittene, seitliche Begrenzung einer Tür.

Turm, ein über im Verhältnis zur Höhe kleiner Grundfläche errichtetes Bauwerk, das frei stehen, aber auch in Verbindung mit anderen Baukörpern vorkommen kann. T. kommen in der Antike hauptsächlich als bastionsartiger Vorsprung an → *Stadtmauern oder neben → *Stadttoren (Babylon, Rom) vor (Wehrt.). Monumentale Ausmaße und architekton. Rang erhielt der T. in der Baukunst des MA. Die Kirchen erhielten zunächst meist einen T. (→ *Kampanile), später auch zwei Fassadentürme (→ *T.fassade), seltener Dreit.gruppen (→ *Westwerk), oft auch → *Chortürme, einen → Vierungsturm und seltener Querhaustürme. Die → Eselstürme ersetzten im MA. den Baukran. Im islam. Bereich kommt bei Moscheen das → *Minar (Minarett) vor. Zu den ind. Tempeltürmen vgl. → *Tempelbau 4 und 5, zu den ostasiat. → *Pagode. Auch Burgen und Schlösser hatten im MA. oft einen T. (→ *Bergfried), ebenso die → *Stadt-

befestigung und die → *Stadttore. Zum ma. Verteidigungssystem gehörten auch Wacht- und Warttürme (Warte) auf den Anhöhen in der Nähe der Stadt oder der Burg. Besonders in Italien waren die Wohnhäuser des Stadtadels als T. aufgebaut (→ *Geschlechtert.). Auch → *Rathäuser und öffentliche Gebäude können durch T. ausgezeichnet sein, z.B. in den belg.-niederländ. Gebieten der → *Belfried (Beffroy), Stadtturm. In neuerer Zeit gibt es den → Aussichtst., → Leuchtt., → Wassert., und Fernmelde- bzw. → Fernsehtürme. Der obere Abschluß eines T. kann sehr verschieden gestaltet sein (→ *Dachformen, T.helm). Der Übergang von dem meist quadrat. Unterbau, zu dem reicher differenzierten Helmaufbau kann durch verschiedene Überleitungselemente (Schmiegen, Halbpyramiden, Verdachungen, Fialengruppen) erfolgen.

C. Sutter, F. Schneider, Das T.buch, 1888–95; G. Eiffel, *La Tour d'Eiffel,*

Turm
Fernsehturm, Eiffelturm, Wasserturm

Paris 1901; Fritz, Andrae, Der babylon. T., 1932; N. Karger, Der Kircht. in der österreich. Baukunst (Diss. Würzburg), 1937; H. Soehner, Geschichte des Westeint. im Abendland (Diss. München), 1950; L. Tonjew, T. und Glockent. in Bulgarien vor der Befreiung, 1952; M. Révész-Alexander, Der T. als Symbol und Erlebnis, 1953.

Turm des Schweigens (ind.), offene Rundtürme als Gräber der Parsen in Indien.

Turmdach, → *Dachformen.

Turmfassade, einheitliche Gestaltung der Schauseite eines Bauwerkes unter Einbeziehung eines

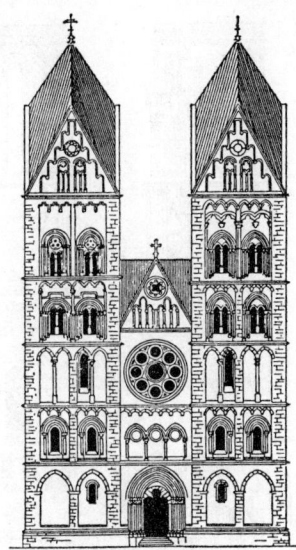

(Beispiel: Limburg/Lahn, Dom. 13. Jh.)

Turmfassade
(Beispiel: Freckenhorst,
Stiftskirche, 12. Jh.)

oder mehrerer Türme. Die T. kann nur mit einem Turm versehen sein, der entweder vor der Fassade steht (Fassadenturm; Freiburg; Münster; Dürnstein) oder aber organ. aus derselben herauswächst (Zwettl, N.-Ö.). Meist werden aber zwei Türme mit einer Fassadenkomposition verbunden (Doppelt., Zweit.). Diese Art der T. erreichte in der franz. Gotik einen Höhepunkt, als senkrechte und waagerechte Elemente einander harmon. überlagerten und eine Fensterrose das Zentrum bildete (Paris, Notre Dame; Laon, Kathedrale). Einen weiteren Höhepunkt erreichte die Gestaltung der Zweit. in der Barockzeit, wobei das zwischen den Türmen liegende Fassadenelement konkav oder konvex aus-

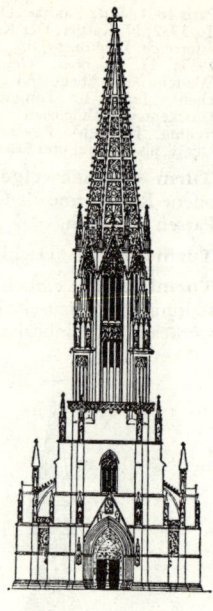

Turmfassade

(Beispiel: Laon, Kathedrale, 13. Jh.)

(Beispiel; Freiburg/Breisgau, Münster, 14. Jh.)

gebildet wurde. Dreit., bei denen ein mittlerer, höherer Turm von zwei seitlichen Türmen (Ansbach, St. Gumbert) oder ein turmähnlicher Mittelbau von Treppentürmen flankiert ist (Worms, Westchor, → *Westwerk), sind seltener (→* Lisene).

H. Soehner, Gesch. des Westeinturmes im Abendland (Diss. München), 1950.

Turmgrab, turmähnlicher → *Grabbau mit pyramidenförmigem Abschluß.

Turmhaus, ein hohes Haus über kleiner Grundfläche (→ *Hochhaus) in ma. Zeit als → *Wohnturm oder → *Geschlechterturm.

Turmhelm, der obere Abschluß eines Turmes mit geneigten Dachflächen, meist in Pyramidenform (→ *Dachformen). In der Romanik gab es massive Steinhelme, in der Gotik durchbrochene und aus Maßwerkformen gebildete, z. B. in Freiburg/Br. (→ *Turmfassade). In der Barockzeit wurden außer Zwiebelformen auch mit Voluten und Skulpturen geschmückte, steinerne T. errichtet (Salzburg, Kollegienkirche; Grüssau).

L. Schmid, Die geometr. Proportionen der barocken Zwiebelhelme (Diss. Wien), 1959.

Turmknopf, Knauf, kugelförmiger Abschluß eines Turmhelmes oder Turmdaches.

Turnierhof, größerer, rings von Zuschauergalerien umgebener

Turmfassade

(Beispiel: Wahlstatt, Klosterkirche,
18. Jh.)

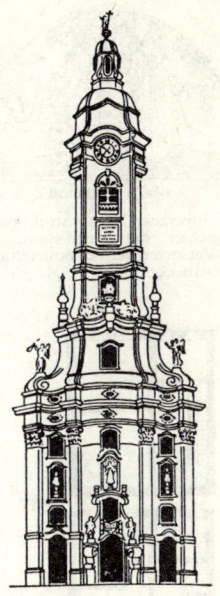

(Beispiel: Zwettl,
Stiftskirche, 18. Jh.)

Hof, manchmal mit Ecktürmen. Der T. kommt meist in Verbindung mit Schloßanlagen vor (Rosenburg, N. Ö.).

Türschwelle, waagerechte, untere Begrenzung einer → *Tür.

Türstock, fest mit dem Mauerwerk verbundener Rahmen einer → *Tür, in dem das bewegliche Türblatt sitzt. Man unterscheidet den flachen, eingestellten Türrahmen und den Zargenstock (Zarge), der eingemauert wird.

Türsturz, oberer waagerechter Abschluß der Öffnung einer → *Tür.

Türwand, 1. Scheidung zweier Räume durch eine zur Gänze aus beweglichen Türblättern bestehende Zwischenwand (Falttür); 2. die Wand, in der eine Tür liegt.

Tympanon, 1. Giebelfeld eines antiken Tempels, meist mit Bauplastik geschmückt; 2. Fläche über einem Portal innerhalb des Bogenfeldes (Abb. S. 400).

Tympanon 1 (Beispiel: Athen, Akropolis, Alter Athenatempel, Rekonstruktion)

Ma. Tympanon 2

K. Schwerzek, Rekonstruktion des Westgiebels des Parthenons, 1896; ders., Versuch einer Rekonstruktion des östl. Parthenongiebels, 1904.

Typenhaus, Wohnhaus mit typisierter (genormter) Grundriß- und Aufrißgestaltung, vor allem in Kolonisationsgebieten oder in Sozialsiedlungen. Typenhäuser werden meist aneinandergereiht (Reihenhaus), doch können sie auch reizvoll gruppiert werden (Augsburg, Fuggerei; Hanau, Neustadt).

C. Herold, Die Wohnstiftungen in Brügge (Die Wohnung, 7), 1932/33.

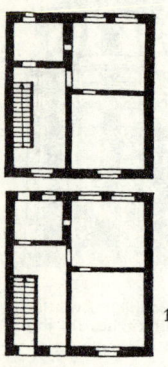

Typenhaus
1 Augsburg – Fuggerei, 1511–1525
2 Hanau-Neustadt, Typenhaus, um 1600

Überblattung, Verblattung, eine → *Holzverbindung mittels eines → Blattes.

Überfangbogen, Obergurt, Verstärkungsbogen (→ *Gurt), der über der Gewölbeschale auftritt und im Inneren eines Raumes nicht sichtbar ist.

Übergangsbogen, Übergang von der Bogenkrümmung in die Gerade mit einem flachen Bogenstück.

Überhang, Vorsprung der oberen Geschosse eines Fachwerkbaus (→ *Fachwerk, → *Auskragung).

Überhöhter Bogen, ein →*Bogen, dessen Scheitelhöhe größer als die halbe Bogenspannweite ist.

Überschneidung, Überstabung, Durchdringung von Profilen, Rundstäben u. dergl. bei Eckausbildung spätgot. Portale, Nischen oder Fenster. Ü. entstehen auch, wenn ein Bogenlauf von einem Rechteckrahmen überlagert wird.

Überstabung, →*Überschneidg.

Überzug, ein Entlastungsträger, der im Gegensatz zum → Unterzug über der Balkenlage oder Decke liegt.

Ulu Dschami, Ulu Djami (türk.: „Große Moschee"), Hauptmoschee einer türk. Stadt (→ *Moschee).

Umbauter Raum, das von den Umfassungsmauern und von den Dachflächen umschlossene Volumen eines Baukörpers, das für eine überschlägige Baukostenberechnung wichtig ist.

Umfassungsmauern, Umfassungswände, sind die ein Bauwerk umschließenden Außenmauern (-wände), im Gegensatz zu den Innenwänden (Trennwänden).

Umgang, der um einen mittleren Bauteil herumgeführte Gang (Chorumgang, → *Chor, → *Ambitus 1), kann auch als selbständiger Bauteil von einer →

Umgebindehaus

*Wallfahrtskirche zur Gnadenkapelle führen.

Umgangschor, ein mit einem Umgang versehener → *Chor.

Umgebindehaus, ein als Blockbau errichtetes Haus, dessen Obergeschoß oder Dach (Dachgeschoß) auf einer selbständigen äußeren Tragkonstruktion aus Stielen, Riegeln und Kopfbändern aufruht.

Umgekehrter Bogen, Grundbogen, ein mit dem Scheitel nach unten gekehrter Bogen (→ *Erdbogen).

Ummantelung, Verkleidung oder Verstärkung von Bauteilen zur Erhöhung der Feuer- oder Wetterbeständigkeit oder zur Erhöhung der Tragfähigkeit.

Unechte Kuppel, → *Unechtes Gewölbe.

Unechter Bogen, ein Bogen, der nur aus vorkragenden Steinen mit horizontalen Parallelfugen gemauert ist (→ *unechtes Gewölbe).

Unechtes Gewölbe, ein Gewölbe, das nur aus vorkragenden Stei-

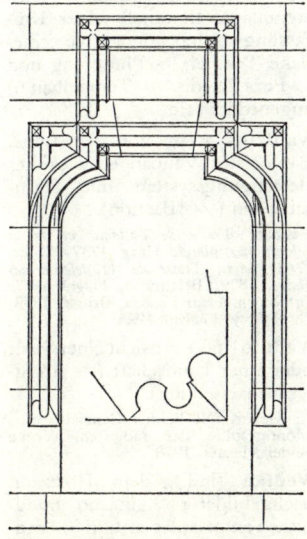

Überschneidung

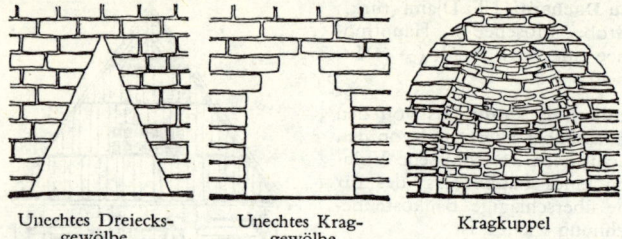

Unechtes Dreiecks-   Unechtes Krag-   Kragkuppel
gewölbe   gewölbe

nen mit horizontalen Parallelfugen gemauert ist.

G. Rohlfs, Primitive Kuppelbauten in Europa, 1957.

Unterchor, chorus minor, ein vor dem Chor angeordneter Raumteil für Diakone und Sänger, der oft um wenige Stufen tiefer liegt als der Oberchor und von diesem durch eine Schranke (Diastole) getrennt wird (→ *Chorb.).

Untergeschoß, Kellergeschoß, ein unter dem Erdgeschoß liegendes → *Geschoß.

Unterglied, Bauelement unter der Deckplatte eines Kranzgesimses (→ *Gesimsformen).

Untergurt, → *Gurtbogen, der im Gegensatz zum Obergurt an der Laibung eines Gewölbes vortritt.

Unterkirche, 1. → *Krypta; 2. Erdgeschoß einer → *Doppelkapelle.

Unterschneidung, eine Querschnittsschwächung bei vorspringenden Baugliedern (Profilen), z. B. die Neigung der unteren Fläche einer Gesimsplatte nach außen (→ *Gesimsformen).

Untersicht, 1. Darstellung eines Gegenstandes mit Blick von unten; 2. der von unten sichtbare obere Abschluß eines Raumes,

z. B. die sichtbare Unterseite einer Decke (→ *Kassettendecke).

Unterzug, ein Entlastungsträger, der im Gegensatz zum Überzug unter einer Balkenlage, einer Decke oder unter einer Auflast (Mauer) liegt.

Vat (hinterind.), buddhist. Klosteranlage. Innerhalb einer Umfassungsmauer können verschiedene Tempel, → Phraprang und → Phra Chedis (→ Tempelbau 6) angeordnet sein.

Vaubansystem, von dem franz. Baumeister Vauban entwickeltes Befestigungssystem mit Sternschanzen (→ *Bastion).

Vauban, *Traité de l'attaque et de la défense des places*, Haag 1737–42, dt. 1748; ders., *Traité de la défense des places*, 1829; Brialmont, *Progrès de la fortifaction depuis Vauban*, Brüssel 1898; D. Halevy, *Vauban*, 1923.

Vedute (ital.), Ansicht einer Stadt oder einer Landschaft (→ Architekturdarstellung).

R. Meyer, Die beiden Canaletto etc., Monographie der radierten Werke beider Meister, 1878.

Vedika (ind.), dem Holzzaun nachgebildeter Steinzaun buddhist. Tempelanlagen und →*Stupas.

Veranda (span.), ein gedeckter, manchmal auch verglaster Anbau eines Wohnhauses.

Verankerung, zugsichere Verbindung eines Bauteils mit einem anderen (→ *Anker, → *Ankerstein).

Verband, 1. Verbindung von einzelnen Bauteilen, vor allem von Mauersteinen (→ *Mauerverband, → *Holzverbindung); 2. Windv. einer → *Dachkonstruktion.

Verblattung, Überblattung, → *Holzverbindung mit einem → Blatt.

Verblender, ein Stein aus besserem Material, der zum Verkleiden (Verblenden) einer Mauer (→ *Mauerwerk) aus einfacherem Material dient (→ Blendstein).

Verblendmauerwerk, Blendmauerwerk, ein mit Blendsteinen (Verblendern) verkleidetes → Mauerwerk.

Verblendung, Oberflächenverkleidung, die Massivität aus besserem Material vortäuscht (→ Bekleidung 1).

Verbundfenster, Fenster, dessen parallele Flügel gemeinsam angeschlagen und mit einem einzigen Handgriff zu öffnen sind.

Verdachung, vorspringendes Bauglied über einer Maueröffnung (→*Fensterv., Türv. usw.).

Verdübelung, schubsichere Verbindung zweier Teile durch → *Dübel (→ *Holzverbindungen).

Verfallung, Grat, der verschieden hohe Firstpunkte miteinander verbindet (→ *Dachausmittlung).

Verhältnis, Maßverhältnisse (Höhe : Breite : Tiefe) von Bauteilen (→ *Proportion).

Verjüngung, das Abnehmen des Durchmessers, z. B. des Schaftes einer → *Säule vom unteren zum oberen Querschnitt.

Verklauung, Aufklauung, → *Holzverbindung mit einer → Klaue.

Verkleidung, → Verblendung, → Bekleidung 1.

Verkröpftes Gebälk, → *Verkröpfung.

Verkröpfung, Kröpfung, Vorziehen eines Gebälks samt Fries und Gesims, eines Gesimses u. dergl. über einem vorstehenden Bauteil (Wandsäule, Wandpfeiler, Pilaster, Mauervorsprung u. dergl.). Die vorstehende Kante des verkröpften Elementes heißt Kropfkante. Der Höhe nach verkröpfen wird aufkröpfen genannt.

a Verkröpfung um Mauervorlagen
b Aufkröpfung um Maueröffnung

Verlies, ein nur durch eine Deckenöffnung zu erreichendes, meist unterird. Gefängnis (z. B. bei einem → Bergfried).

Verputz, → Putz.

Versatz, → *Holzverbindung bei Pfosten, Streben, Bügen u. dergl., die auch durch Zapfen verstärkt sein kann.

Versetzen, 1. Einfügen von Werksteinen am Bau mit Hilfe eines Versatzplanes; 2. Versetztes Anordnen von Stoßfugen (→ *Mauerverband).

Verschalung, → Schalung.

Verstrebung, Sicherung eines Bauwerkes, Bauteils oder einer Baugrube durch Streben.

Verschneidung, → *Überschneidung.

Verwitterung, langsame Zerstörung von Material durch Witterung, chem. Einflüsse und durch Pflanzen.

V. Pollack, V. in der Natur und an Bauten, 1923; A. Kieslinger, Zerstörungen an Steinbauten, 1932; F. Rathgen, J. Koch, Merkblatt für Steinschutz (Staatl. Museen Berlin), 1940.

Verzahnung, sägezahnähnliche, schubsichere → *Holzverbindung zweier paralleler Balken (z. B. bei Durchbiegung).

Verzapfung, → *Holzverbindung mit einem Zapfen.

Verzogene Stufe, eine nach bestimmter Gesetzmäßigkeit gezogene Stufe bei gebogenem Treppenlauf (→ *Treppenformen).

Veste, → *Festung.

Vestiarium (lat.), Auskleideraum einer röm. → Therme.

Vestibül (lat.), Vorhalle eines Hauses meist mit Garderobe.

Viadukt (lat.), Brücke zur Überführung eines Weges oder einer Eisenbahnlinie über einen Taleinschnitt. Bekannte V. führen über das Göltschtal (Sachsen) und das Enztal bei Bietigheim.

H. Fiesinger, Massivbogen und V., 1950.

Vielpaß, Figur des got. Maßwerks mit zahlreichen → *Pässen in einem Kreis.

Vielpaßbogen, Zacken- oder Fächerbogen, eine → *Bogenform mit zahlreichen rahmenden Pässen an der Laibung.

Vierblatt, aus vier gleichgroßen Spitzbogen bestehende Figur des got. Maßwerks (→ *Blatt 2).

Viergespann, Quadriga, meist als Bekrönung eines → *Triumphbogens.

Vierkanthof, eine hauptsächlich in Oberösterreich vorkommende Form eines Bauernhauses, bei der Wohn- und Wirtschaftsgebäude einen allseitig geschlossenen Hof umgeben. Der V. ist meist aus Backstein- oder Schichtmauerwerk, einzelne Teile der Wirtschaftsgebäude auch als Holzkonstruktion mit Verschalung errichtet.

E. Kriechbaum, Das Bauernhaus in Oberösterreich, 1933.

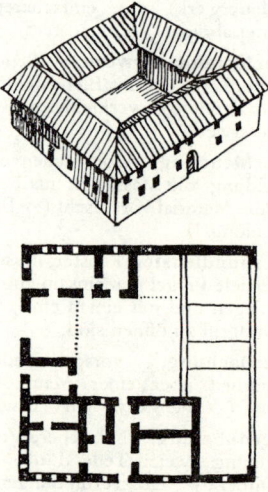

Vierkanthof
Grundriß und Ansicht

Vierkonchenanlage, → *Zentralbau, bei dem vier Nischen (Konchen) an ein mittleres Quadrat angefügt sind (→ *Kuppel).

Vierschneuß, Figur des got. Maßwerks, bei dem vier → Schneuße in einem Kreis angeordnet sind.

Vierpaß, Figur des got. Maßwerks mit vier → Pässen in einem Kreis.

Vierspänner, Typ eines Miethauses, bei dem in jedem Geschoß vier Wohnungen an einem Treppenhaus angeordnet sind.

K. L. Spengemann, Grundrißatlas, 1955.

Viertelstab, Rundstab mit einem Viertelkreisprofil (→ *Stab).

Vierung, der Raumteil einer Kirche, der aus der Durchdringung von Langhaus und Querhaus entsteht. Diese sind in der Regel gleich breit, daher bildet sich ein Quadrat (Vierungsquadrat). Die quadrat. V. ist die Grundlage für das quadrat. Schema des → *gebundenen Systems. Eine abgeschnürte V. wird von stark vorgezogenen Mauerzungen an den Vierungspfeilern eingeengt. Die V. kann außen durch einen → V.turm, eine V.kuppel oder einen Dachreiter betont werden.

P. Frankl, Die frühma. und roman. Baukunst, 1926; H. Beenken, Die ausgeschiedene V. (Repertorium für Kunstwiss.), 1930.

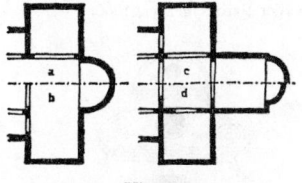

Vierung
a nicht ausgeschieden mit durchgehendem Langschiff
b nicht ausgeschieden mit durchgehendem Querschiff
c ausgeschiedene Vierung
d abgeschnürte Vierung

Vierungskuppel, über einer Vierung mittels → Trompen oder Pendentifs angeordnete → Kuppel (ungenau auch für ein Klostergewölbe über der Vierung). Falls die Kuppel von einem Turm überbaut ist, spricht man vom → Vierungsturm.

Vierungspfeiler, die meist verstärkten Pfeiler an den Eckpunkten einer → *Vierung.

Vierungsquadrat, eine → *Vierung über quadrat. Grundfläche.

Vierungsturm, Turm über einer Vierung. Der V. kann zum Innenraum gehören (hauptsächlich in der engl. Gotik) und flach gedeckt oder überwölbt sein (Kuppel, Klostergewölbe, Kreuzgewölbe, Sterngewölbe u. dergl.). Oft erscheint er nur außen oder ist bloß als → Dachreiter ausgebildet (→ *Doppelchörige Anlage).

F. Bond, *An Introduction to English Church Architecture from the 11th to the 16th Century*, 1913; K. Escher, Engl. Kathedralen, 1929; M. Hürlimann, P. Meyer, Engl. Kathedralen, 1950; S. Guyer, Grundlagen ma. abendländ. Baukunst, 1950.

Vihara (ind.), ein in den natürlichen Fels gehauenes Kloster (→ *Felsenkloster, Felsenv.), z. B. in Ajanta in Indien.

Villa (lat.), Landhaus. In der Römerzeit Gutshof oder vornehmes Wohnhaus örtlich sehr unterschiedlichen Typs auf dem Land. In der Umgebung von Trier sind zahlreiche röm. Villen nachgewiesen. Die größte Anlage war die V. des Hadrian in Tivoli. Erst in der Renaissance wurde die V. auf dem Lande, die meist von Gärten gerahmt wird, wieder geschätzt. Die eigentliche V. innerhalb der Parkanlagen wurde auch Kasino genannt. So errichteten die Medici

Villen in der Nähe von Florenz, die Farnese in Rom die V. Farnesina und Palladio eine große Zahl von Villen in der Umgebung von Vicenza (V. Rotonda).

B. Patzak, Die Renaissance- und Barockv. in Italien, 1908–13; F. Burger, Die V. des Andrea Palladio, 1909; H. Kähler, Hadrian und seine Villa bei Tivoli, 1950; G. v. Gentili, Die kaiserliche V. bei Piazza Armerina, Rom 1955; G. Masson, Italien. Villen und Paläste, 1959; G. Mancini, *Villa Adriana et Villa d'Este*, Rom [6]1958; C. v. Lorck, Kastelle, Paläste und V. in Italien, 1961.

Vimana (ind.), Cella (Garbha Griha) und Turmaufbau (Sikhara) eines südind. Tempels (→ Tempelbau 5).

Visierung, Planriß, → *Bauriß, eine Aufnahme-, Werk- oder Entwurfszeichnung der Gotik.

Vitrine, → Schaukasten.

Vogelperspektive, Vogelschau, eine → *Perspektive mit hoch liegendem Horizont oder mit nach unten geneigter Blickrichtung.

Vollbalken, → *Balken, der mit beiden Enden auf einer Mauer ruht.

Vollmauerwerk, massives Mauerwerk, im Gegensatz zum Hohlmauerwerk.

Vollwandträger, ein Träger, dessen Ober- und Untergurt im Gegensatz zum Fachwerkträger durch einen massiven Steg miteinander verbunden sind.

Volute (franz.), Spiral- oder Schneckenform, die häufig an → *Konsolen, → *Giebeln (V.-giebel) und → *Kapitellen (ion. Kapitell) vorkommt.

Wurz, Spirale und V., 1914.

Volutengiebel, ein seitlich von Voluten gerahmter Giebel.

Volutenkapitell, → *Kapitell mit beidseitigen Volutenendigungen (ion. Kapitell, äol. Kapitell).

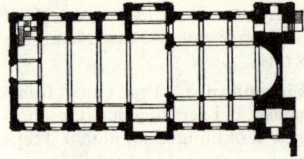

Vorarlberger Schema
(Beispiel: Obermarchtal, Klosterkirche)

Vorarlberger Schema, Bezeichnung für ein Bauschema, das aus Vorarlberg stammende Meister (Thumb, Beer, Moosbrugger) bei ihren Kirchenbauten oft angewendet haben. Das Schema zeigt ein tonnengewölbtes Langhaus zwischen Kapellennischen und darüberliegenden Emporen. Das Querhaus ladet meist nur wenig aus und ist schmaler als das Mittelschiff des Langhauses. In dem etwas eingezogenen Chor setzt sich das Langhaussystem modifiziert fort. Das V. S. ist in der Schweiz und in Süddeutschland in der Zeit um 1700 weit verbreitet.

B. Pfeiffer, Die Vorarlberger Schule (Württ. Vierteljahrsschrift für Landesgeschichte 13), 1914; H. Hoffmann, Die Architekten der Vorarlberger Schule, 1929; N. Lieb, F. Dieth, Die Vorarlberger Barockmeister, 1960.

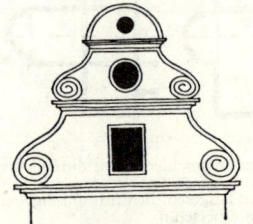

Volutengiebel

Vorburg, eine befestigte Anlage zur Sicherung des Tores einer → Burg.

Vordach, in Niederdeutschland: Abdach, vorspring. Dach über einem Eingang oder Sitzplatz.

Vorentwurf, skizzenhafte Konzeption des Entwurfes für ein Bauwerk oder einen Bauteil.

Vorhalle, 1. Vorbau vor einem Hauseingang, z. B. ein → *Portikus; 2. Vorraum in einem Haus (Vestibül, → *Wohnhaus).

Vorhangbogen, Sternbogen, ein Bogen, der von konvexen Bogenlinien begrenzt wird (→ *Bogenformen).

Vorhangfassade, Curtain Wall, eine dem konstruktiven Skelett (→ Skelettbau) vorgehängte, nicht tragende Fassadenhaut, meist aus Metall und Glas.

W. D. Hunt, *The Contemporary Curtain Wall,* New York 1958; R. Schaal, Vorhangwände. Curtain Walls, 1961; B. Gockell, Über die Verwendung von vorgehängten Fassaden (Diss. Darmstadt), 1964.

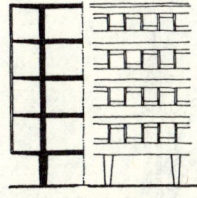

Vorhangfassade
Ansicht und Schnitt

Vorkopf, Wellenbrecher einer → *Brücke.

Vorlage, Gliederung oder Verstärkung einer→*Mauer, (Mauerv., Wandv.) oder eines → *Pfeilers (Pfeilerv.) durch einen Pilaster, eine Halbsäule, Dienste, → *Lisenen oder dergl.

Vormauer, niedrigere äußere Mauer einer → *Stadtmauer.

Vormauerung, Mauerwerk zur Verstärkung oder → Ummantelung bestehender Mauern.

Vorwerk, 1. vom Gehöft getrenntes landwirtschaftliches Gebäude; 2. Außenwerk (Bastide) eines Verteidigungssystems (→ *Stadtbefestigung).

Voute, Deckenkehle, konkav gerundeter Übergang zwischen Wand und Decke. Die mit oft sehr großen V. gerahmten Spiegeldecken werden fälschlich auch Spiegelgewölbe (→ *Gewölbeformen) genannt.

V-Stütze, Winkelstütze, eine → *Stütze, die vom Auflager in zwei Äste gegabelt ist.

Wachtturm, Wartturm, Warte, Burgwarte, ein Turm mit Plattform zur Überwachung eines Lagers oder einer Grenze (z. B. Limes).

Waldhufendorf, Reihen- oder Kettendorf in Gebirgsgegenden, dessen Gehöfte längs eines Baches oder einer Straße liegen und die Hufen in langen parallelen Streifen quer dazu zum Gebirgswald führen (→ *Dorfformen).

Lit.: → Dorfformen.

Wall, Erdaufschüttung einer Befestigung, meist verbunden mit einem Graben.

Wallfahrtskirche, Gnadenkirche, Kirche an einem Gnadenort. In der Kirche oder hinter dem Chor kann eine bes. Gnadenkapelle angeordnet und mit der W.

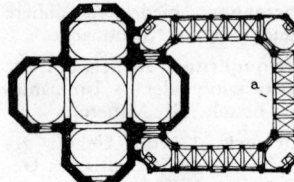

Barocke Wallfahrtskirche
mit Prozessionsweg (a)

durch einen Umgang verbunden
sein (z. B. in Böhmen und Mähren).

A. Müller, Das heilige Deutschland.
Geschichte und Beschreibung sämt-
licher in dt. Reiche bestehenden Wall-
fahrtorte, ²1897.

Walm, Dachfläche anstelle eines
Giebels. Ist nur an einer Seite des
Daches ein W., so spricht man
vom Halbw.dach, ist nur der
obere Teil des Giebels abgewalmt, vom Krüppelw., falls nur
der untere Teil abgewalmt ist,
von Fußw. (→ *Dachformen).

Walmdach, → Walm (→ *Dachformen).

Wand, ein meist nicht tragender
Raumabschluß, oft eine schwache
Konstruktion (Glasw.), im Gegensatz zur massiven Mauer.
J. K. Merinsky, Hochbau, I. Teil, 1948.
Wandarkade, eine Arkade, die
ohne Öffnung einer Wand vorgeblendet ist (→ *Blendbogen).
Wandaufbau, Gliederung der In-
nenseiten der Mittelschiffmauern
einer Basilika. In verschiedenen
Geschossen könnenArkaden, Em-
poren, Triforien und Obergaden-
fenster angeordnet sein. Nach der
Anzahl der übereinanderfolgen-
den Elemente spricht man von
zweizonigem (Arkade, Fenster),
dreizonigem (Arkade, Empore,
Fenster oder Arkade, Triforium,
Fenster) und vierzonigem W.
(Arkade, Empore, Triforium,
Fenster). Bei gewölbten Basiliken
erfolgt die senkrechte Teilung der
Wände nach Jochen durch Wand-
dienste oder Dienstdübel.
Wandbekleidung, Bekleidung
einer Wand mit Wandplatten,
Tafelwerk, Tapeten oder dergl.

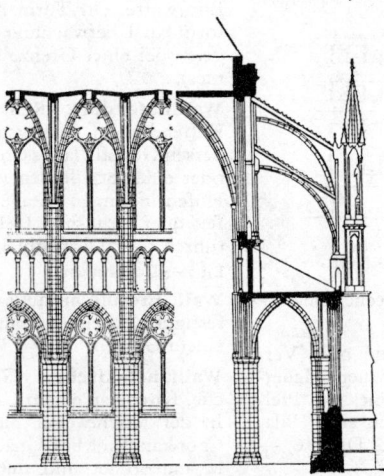

Dreizoniger
Wandaufbau
(Beispiel: Reims,
Kathedrale)

Wandbogen, 1. Blendbogen (→ *Blendbogen); 2. Stirnbogen (→ *Gewölbe); 3. Schildbogen (→ Gewölbeformen).

Wanddienst, Säulchen (auch gebündelt → *Dienstbündel) mit geringem Querschnitt, das an eine Wand bzw. eine Mauer angelehnt ist oder in diese einbindet und im Innenraum in den Gewölberippen fortgesetzt wird (→ *Wandaufbau).

Wandelaltar, ein → *Flügelaltar mit mehreren Flügelpaaren, wodurch sich mehrere Wandlungsmöglichkeiten ergeben.

Wandfliese, → Fliese, → Baukeramik.

Wandgliederung, Gliederung einer → *Fassade oder der Wände eines Innenraumes (→ *Wandaufbau) durch Maueröffnungen (Fenster und Türen), Arkaden, Galerien, Kolonnaden, Nischen, Vorbauten, durch → *Blendbogen, Rahmen und Füllungen, durch Wandvorlagen (→ *Lisenen, Pilaster u. dergl.), durch Bänder, Friese, Gesimse u. dergl. und durch die Ausbildung von Achsen.

Wandmalerei, Bemalung von Wänden in Innenräumen aber auch von Fassaden (→ *Fassadenmalerei). Bereits die Ägypter schmückten ihre Gräber mit W. Die Kreter verwendeten sie zur Ausschmückung ihrer Paläste, die Römer gliederten ihre W. durch Architekturmotive (Pompeji). Auch im frühen MA., in der Renaissance und vor allem in der Barockzeit spielte die W., ergänzt durch → Deckenmalerei, eine bedeutende Rolle. Dargestellt wurden Architekturgliederungen (→ Architekturmalerei), figürl. Szenen und Landschaften, in der Barockzeit wurde eine illusionist. Raumausweitung angestrebt. Die häufigste Technik der W. ist die Freskomalerei. Bes. im byzantin. Kulturbereich war die W. durch das Mosaik, in der Gotik durch die → Glasmalerei ersetzt. Die farbige Behandlung des architekton. Aufbaus nennt man → *Polychromie.

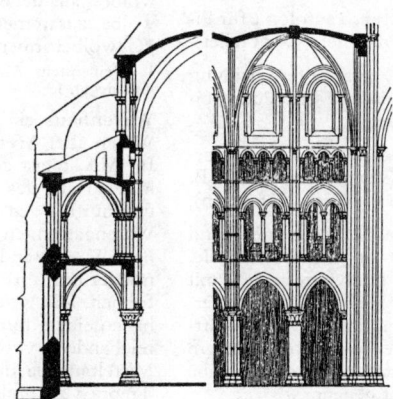

Vierzoniger
Wandaufbau
(Beispiel: Laon,
Kathedrale)

R. Borrmann, Aufnahmen ma. Wand-
und Deckenmalerei in Deutschland,
1897; A. Hoelzel, Über bildliche Kunst-
werke im architekton. Raum (Der
Architekt 12), 1906; H. Hildebrandt,
W., ihr Wesen und ihre Geschichte,
1920; J. Popp, Die figurale W., 1921;
A. Eibner, Entwicklung und Werk-
stoffe der W., 1926; T. H. Bossert,
Farbige Dekorationen, 1928; L. Curtius,
Die W. Pompejis, 1929; F. Wirth,
Röm. W. vom Untergang Pompejis
bis Ende 3. Jh., 1934; M. Kutschmann,
Wand- und Dekorationsmalerei (Was-
muth Bd. 5), 1937; A. Maiuri, Die
Fresken von Pompeji und Herkula-
neum, 1939; W. Frodl, Die got. W. in
Kärnten, 1944; K. Wehlte, Wand-
malerei, ²1946; K. Herberts, Wände
und Wandbild, 1953; H. Haselberger,
Die W. der afrikan. Neger, 1957; K.
Schefold, DieWände Pompejis, 1957.

Wandpfeiler, Pilaster, → *Pfeiler.

Wandpfeilerkirche, einschiffige
Kirche mit Wandpfeilern, zwischen denen anstelle des früheren
Seitenschiffes Kapellen liegen. Bereits in der Spätgotik vorkommend (→ Einsatzkapellen), wird
die W. bevorzugtes Kirchenbau-
schema der Renaissance und bes.
des Barocks (→ *Vorarlberger
Schema, → *Hallenchor).

J. Büchner, Die spätgot. W. Bayerns
und Österreichs, 1964.

Wandpilaster, Tautologie für Pilaster, Wandpfeiler (→ *Pfeiler).

Wandputz, zur Unterscheidung
vom Deckenputz der Putz von
Innenwänden.

Wandrippe, an einer Wand verlaufende Gewölberippe, z. B.
Schildrippe (→ Gewölbeformen).

Wandsäule, Säule, die einer Wand
vorgelagert ist (meist Halbsäule,
an Ecken Dreiviertelsäule), mit
dieser aber auch konstruktiv verbunden sein kann (→ *Schaftring). Eine W. von geringem
Querschnitt und großer Höhe
wird Dienst genannt.

Wandteppich, Tapisserie, ein
Teppich zum Schmuck oder zur
Bekleidung (Bespannung) der
Wand (Gobelin).

H. Schmitz, Bildteppiche, ³1922; H.
Goebel, W., 1923/24; B. Kurth, Dt.
Bildteppiche des MA., 1926; M.
Schutte, Bestickte Bildteppiche und
Decken des Ma., 1927–30; C. Stein-
brucker, Bildteppiche (RDK), 1948;
M. L. Plourin, Historia del tapiz en
occidente, Barcelona 1955; R. A. Wei-
gert, La tapisserie française, Paris 1956;
F. Steuton, The Bayeux Tapestry, 1957;
Cassou, Damain, Montard, Uldry, La
tapisserie française et les peintres carton-
niers, 1957; D. Heinz, Europ. W.,
1962ff.

Wandvorlage, Mauervorlage,
Gliederung und Verstärkung
einer Wand bzw. einer Mauer
durch vorgelegte → *Lisenen,
Mauerpfeiler, Pilaster oder dergl.
(→ *Mauer).

Wandwange, die an der Wand
entlang laufende Wange (→ Wange 1) einer → Treppe.

Wange, 1. seitlicher Abschluß
der Bank eines → *Chorgestühls,
einer → *Treppe (Wandw.,
Lichtw.) oder eines offenen →
*Kamins; 2. die den Kämpfer zu-
geordneten Teile eines Tonnengewölbes, aus denen ein Klostergewölbe zusammengesetzt ist (→
*Gewölbeformen).

1. Weißenstein, Ma. W.steine (Denkmalpflege), 1907.

Warenhaus, ein Gebäude, in dem
Waren aller Art verkauft werden.
Im MA. meist als → *Kaufhaus
in der Nähe des Marktes gelegen
und nur für den Verkauf weniger
Warengattungen bestimmt. Größere W. entstanden erst im 19.Jh.
mit der Einführung der Gewerbe-
freiheit. Die W. der Zeit um 1900
haben einen durch alle Geschosse
reichenden, von oben erhellten
Mittelraum, an dessen Schmalseite
Treppen zu umlaufenden Empo-

ren führen. In neuerer Zeit sind
die einzelnen Geschosse durch
Rolltreppen oder Personenaufzü-
ge miteinander verbunden. Da das
W. hauptsächlich auf künstliche
Beleuchtung eingestellt ist, wird
die Fassade neuerdings aus Formsteinen oder Lichtblenden gestaltet.

A. Wiener, Das W., 1912; H. Pasder-
madjian, Das W., Entwicklung und
wirtschaftl. Struktur, 1954.

Wartturm, Warte, Wachtturm,
außerhalb von ma. Städten auf
Anhöhen liegender Turm zur Beobachtung herannahender Feinde.

Wasserblatt, eine ornamentale
Blattform in der Baukunst des
MA. (→ Blattwerk).

Wasserburg, Wasserschloß, eine
von Wasser umgebene Niederburg (→ *Burg).

Wasserlaub, Blätter des lesb.
Kymations (→ *Kyma).

Wassernase, (Nase 2) Tropfleiste
an der vorderen Kante eines
Wasserschlags (→ *Gesimsformen).

Wasserschenkel, → Wetterschenkel (→ *Fenster).

Wasserschlag, Kaffgesims, ein
unterschnittenes Gesims mit Wassernase und Hohlkehle zur Was-
serabweisung an Bauwerken. Der
W. kommt bes. häufig in der Gotik als Gesims in der Höhe der
Fenstersohlbank (→ *Gesimsformen) und an den Vorsprüngen
von Strebepfeilern vor.

Wasserschloß, 1. Wasserburg,
von Wasser umgebene Niederburg (→ *Burg); 2. Sammelbe-
hälter einer Wasserleitung zum
Druckausgleich.

Wasserschräge, Abschrägung
der Deckplatte von Gesimsen (→

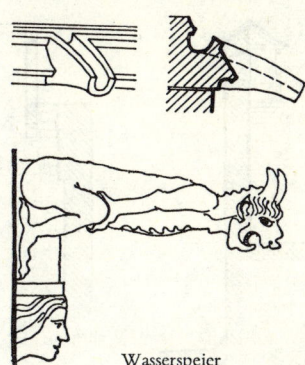

Wasserspeier

*Gesimsformen), Wasserschlägen
und Fensterbänken (→ *Fenster).

Wasserspeier, Abtraufe, Ansetztraufe, wasserabführendes Rohr
aus Blech oder Stein an einer
Rinnleiste, oft in figürl. Ausschmückung als Tier, Drache,
Mensch, so bes. an Tempeln und
got. Kathedralen, falls keine Ab-
fallrohre der Dachrinne vorhanden sind.

Wasserturm, Wasserhochbehäl-
ter, der in der Ebene auf einem
turmähnlichen Unterbau angeordnet werden muß (→ *Turm).

Wechsel, Balken, der quer zum
übrigen Gebälk verläuft und in
zwei → *Balken eingezapft ist.
Ein W. ist vor allem bei Decken-
öffnungen (Treppenwechsel) und
bei der Schornsteindurchführung
(Kaminwechsel) notwendig.

Wehrbau, Bauten, die durch
Mauern, Bastionen u. dergl. geschützt sind (→ *Burg, → *Kirchenburg, → *Stadtbefestigung,
→ *Festung, → *Stadtmauer).

Wehrgang, Letze, Verteidigungs-
gang einer Burg- oder Stadtmauer. Der W. kann hinter einer

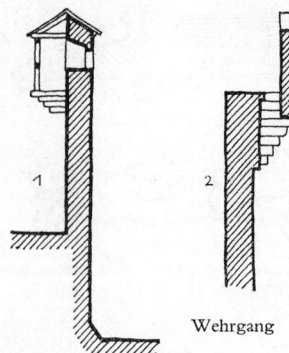

Wehrgang

1 mit Schießscharten
2 mit Maschikulis und Zinnen

Mauer als Holzkonstruktion errichtet und gegen die Feindseite durch → *Schießscharten geöffnet sein, aber auch über Konsolen mit zwischenliegenden Pechausgußöffnungen (→ Maschikulis) nach außen auskragen und durch → *Zinnen geschützt sein.

Wehrkirche, eine zu Verteidigungszwecken eingerichtete Kirche (→ *Kirchenburg).

Wehrturm, Turm einer→*Stadtbefestigung oder *Burg.

Wellenbrecher, Vorkopf, die meist spitzwinkelig ausgebildete und der Strömung zugewandte Seite des Flußpfeilers einer → *Brücke.

Welsche Haube, Haubendach, Dachhelm, Turmdach mit geschweifter Kontur (→ *Dachformen).

Wendelrampe, Rampe mit gewendeltem Lauf. Von der Wendeltreppe unterscheidet sie sich durch das Fehlen der Stufen und durch flachere Steigung. Die W. kann um eine massive Spindel an-

geordnet sein (→ Eselsturm), ist jedoch meist um eine Lichtspindel größeren Durchmessers angeordnet (→ *Parkhaus). Manchmal führt die W. auch außen um einen Turm (→ *Spiralturm) herum (Minar der Soldatenmoschee in Samarra).

Wendeltreppe, Schnecke (2), Treppe mit im Grundriß nach der Mitte zu schmäler werdenden Stufen (Spitzstufen), die schraubenförmig um eine geschlossene Spindel oder um ein Treppenloch (Auge, Treppenauge, offene Spindel, Lichtspindel) ansteigen (Hohltreppe). Die geschlossene Spindel ist an die Stufe angearbeitet, doch kann zwischen Stufe und Spindel eine kleine Kerbe sein, so daß sich im Zentrum eine in ganzer Treppenhöhe durchlaufende Stütze (Spindel) bildet. Die Lichtwange der offenen Spindel kann bei größeren Öffnungen von Säulchen unterstützt sein. Die Untersicht des Treppenlaufes kann abgetreppt sein, aber auch bei Keilstufen kontinuierlich ansteigen und noch reliefiert sein. Der Lauf einer W. kann auch mit steigender Tonne (Spiral-, Schneckengewölbe) unterbaut sein. Man kann zwei oder mehrere W. über gemeinsamer Spindel anordnen (Chambord,Schloß), zwei verschiedene W. in einem Lauf vereinen und wieder trennen (Graz, Burg) und die Laufrich-

Wendeltreppe
a mit massiver Spindel
b mit offener Spindel

EΞ ANEMΩN ΔΕ ΘΑΛΑΣΣΑ ΤΑΡΑΣΣΕΤΑΙ· ΗΝ ΔΕ ΤΙΣ ΑΥΤΗΝ
ΜΗ ΚΙΝΗ, ΠΑΝΤΩΝ ΕΣΤΙ ΔΙΚΑΙΟΤΑΤΗ.

BY WINDS THE SEA IS LASHED TO STORM, BUT IF IT
BE UNVEXED, IT IS OF ALL THINGS MOST AMENABLE.

ΣΟΛΩΝ · SOLON

ΕΙΣΙΤΗΡΙΟΝ
ΔΡΧ. 25
DR.

ΣΟΛΩΝ

I 003309

ΕΚΤΥΠΩΣΙΣ "ΑΤΛΑΝΤΙΣ"· ΠΕΧΛΙΒΑΝΙΔΗΣ· ΑΘΗΝΑΙ

tung wechsel (linksgewendelt, rechtsgewendelt), wobei allerdings die Spindel beim Wechsel versetzt angeordnet sein muß. W. mit wechselnder Laufrichtung kommen bei abgetreppten Bauteilen (z. B. Strebepfeiler) vor (Prag, Veitsdom). W. sind oft in einem bes. –> *Treppenturm vor der Fassade angeordnet oder diese stehen frei, wie z. B. –>*Triumphsäulen und –> *Minars (vor allem in der türk. Baukunst).

J. Gödderz, Die gewendelte T., 1949; s. a. Treppenformen.

Wendischer Verband, ein dem got. Verband ähnlicher –> Mauerverband.

Werksatz, nennt man die Werkzeichnung für einen Dachstuhl (–>Dachkonstruktion), in der aufgrund der –> Dachausmittlung die Binder (Bundgespärre) und alle tragenden Konstruktionsteile als Grundriß aufgetragen werden. Sind auch die Sparren eingezeichnet, so heißt der Plan Sparrenlage.

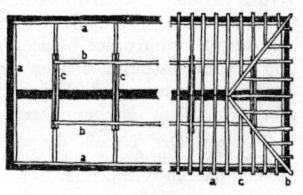

Werksatz
(Beispiel: Pfettensparrendach)

links: Werksatz   rechts: Sparrenlage
a Fußpfette   a Sparrenpaar
b Mittelpfette   b Gratsparren
c Binder   c Schiftsparren

Werkstein, Haustein, Quader, ein von einem Steinmetzen sorgfältig zugerichteter Naturstein.

Werksteinbearbeitung,–>Steinbearbeitung.

Werksteinmauerwerk, ein aus Werksteinen (Quadersteinen) bestehendes –> *Mauerwerk.

Westbau, architekton. differenzierter gestaltete Westfront einer Kirche ohne ausgeprägten Fassadencharakter (–> *Westwerk, –> Westchor).

Westchor, Chor im Westen einer Kirche bzw. als Gegensatz zum Ostchor. Von einem Ostchor spricht man aber in de. Regel nur, falls auch ein W. vorhanden ist. Der W. kommt hauptsächlich in der karoling. und otton. Baukunst vor. Die –> *Doppelchörige Anlage kann liturg. begründet sein (Doppelpatrozinium), entspringt aber meist dem Bedürfnis, reichere architekton. Gruppenbildungen unter Einbeziehung von Querschiffen oder Turmanlagen zu schaffen. Bekannte W. sind in Mainz, Maria Laach und Worms.

Lit.: –> Doppelchörige Anlagen.

Westquerhaus, westl. Querhaus bzw. Querhaus, das an einen –> Westchor (–> *Doppelchörige Anlage) angefügt ist (z. B. in Mainz; Hildesheim, St. Michael und Bamberg).

Westwerk, Kirche eines Kaisers im Westen eines Domes oder einer Klosterkirche, oft Michaelskapelle. Das W. besteht aus einem mittleren quadrat. Raumschacht, der an drei Seiten von Emporen (Kaiserempore) umgeben ist, die durch Treppen (Treppentürme) miteinander verbunden sind. Die Verbindung der Treppentürme mit dem basilikal erhöhten mittleren Raumschacht, der in seiner Außenerscheinung einem Turm

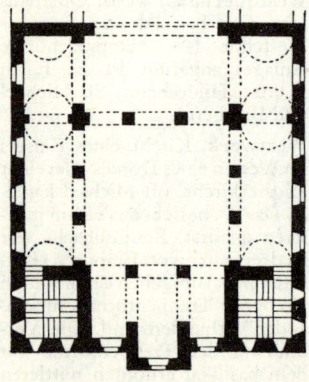

Westwerk
(Beispiel: Corvey, 9. Jh.)

gleicht, ergibt eine monumentale Wirkung. Bedeutende Beispiele sind Corvey/Weser; Köln, St. Pantaleon und Maursmünster/Elsaß. (→ *Lisene). Oft wird der Begriff W. mißverständlich auch für einen → Westbau oder eine Doppelturmfassade verwendet.

A. Fuchs, Die karoling. W., 1929; E. Gall, Karoling. und otton. Kirchen, 1930; ders., Entstehung und Zweckbestimmung der W. (Westfäl. Zs.), 1950; O. Gruber, Das W., Symbol und Ausgestaltung german. Christentums (Zs. des dt. Vereins für Kunstwiss.), 1936; H. Thummler, Die Stiftskirche in Cappel und die W. Westfalens, 1937; A. Schmidt, W. und Doppelchöre (Diss. Göttingen), 1950; D. Großmann, Zum Stand der W.forschung (Wallraf-Richartz-Jb. 29), 1957.

Wetterfahne, drehbares, oft ornamental verziertes Blechstück, das auf Türmen oder dem First eines Gebäudes die Windrichtung anzeigt.

Wetterschenkel, Wasserschenkel, unterer Schenkel nach innen aufgehender Flügel eines → *Fensters oder einer Außentür mit einer Wassernase.

Widderallee, Prozessionsstraße vor einem ägypt. Tempel, die ähnlich der → Sphinxallee beidseitig von Widdern (heiliges Tier des Amun) gerahmt wird. Eine W. gibt es z. B. in Theben-Karnak.

T. Hopfner, Der Tierkult der alten Ägypter (Denkschrift der kais. Akademie der Wiss. in Wien), 1913.

Widerlager, Auflager eines → *Bogens, Brückenbogens (Landfeste) oder → *Gewölbes, das auf Druck und Schub beansprucht ist.

Wimperg, giebelartige Bekrönung got. Portale und Fenster, die oft Maßwerkschmuck zeigt. Der W. wird von Krabben und → *Fialen gerahmt und von einer Kreuzblume abgeschlossen und

Wimperg

ist als Relikt (Giebelansicht) eines
Vordaches zu verstehen. Der W.
ist oft in der Gotik architekturbe-
stimmend, da er alle horizontalen
Gesimse überschneidet (Köln,
Dom; Oppenheim, Katharinen-
kirche – Südfront, → *Archivolte 2)

E. Lefèvre-Pontalis, *Les origines des
gâbles* (Bulletin monumental), 1907.

Windbrett, Stirnbrett, Brett an
der Giebelseite, das die Dachdeckung (Legschindel, Pfannen)
gegen Windangriff schützt.

Windfang, Vorraum oder Vorbau an einer Außentür, der das
Hausinnere gegen das Eindringen
von Kälte schützt.

Windrispe, eine schräg zur
Trauflinie verlaufende Latte, die
als Windverband (Längsverband)
eines Sparrendaches dient (→
*Dachkonstruktion).

Windverband, Längsversteifung
durch Diagonalrispen (Windrispen) unter den Sparren einer →
*Dachkonstruktion.

Wintergarten, ein mit großen
Glasfenstern versehener Innenraum oder Vorbau eines Gebäudes, der vornehmlich zur Pflege
von Pflanzen bestimmt ist und
dem → Gewächshaus (→ Orangerie) verwandt ist.

A. Tschira, Orangerien und Gewächshäuser, 1939.

Wirtel, Bund, Zungenstein, ringförmige Verstärkung am Schaft
einer Säule (→ *Schaftring).

Wirtshausschild, Aushänge-
schild eines Wirtshauses meist aus
Schmiedeeisen mit aus Blech ge-
triebenen Reliefs oder vollplast.
Figuren, die mit den → Haus-
marken verwandt sind.

Blavignac, *Histoire des enseignes d'
hôtelleries, d'auberges et de cabarets*, 1878;
Larwood, Hotten, *History of Signboards
from the earliest times*, ³1898; Grohne,
Die Hausnamen und Hauszeichen, 1912.

Wohnbau. Beim W. unterscheidet man Einfamilienhaus, Zwei-
familienhaus und Mehrfamilien-
haus, das meist mehrgeschossige
Miethaus (Zinshaus), das Eigen-
heim, Stockwerks- und Woh-
nungseigentum. Zum dauernden
Wohnen, meist getrennt für verschiedene Alters- oder Berufs-
gruppen, dienen Wohnheime wie
das Altersheim (manchmal auch
Spital oder Bürgerspital), Ledi-
genheim, Lehrlingsheim, Schwe-
sternhaus, Klosterpfleghof u. dergl. Zu zeitlich begrenztem Wohnen
dienen Hotel, Gasthaus, → *Hospital, Appartementhaus u. Motel.
Nach der Bauweise gliedert sich
der W. in Flachbau oder Geschoßbau, Kleinhäuser, Reihenhäuser,
→ *Terrassenhäuser, Atriumhäuser, Hochhäuser, die nach der
Grundrißdisposition auch Turm-
oder Sternhäuser sein können.
Sind mehrere Wohnungen nicht
direkt vom Treppenhaus, sondern

nur über einen an der Hofseite laufenden Gang zugänglich, heißt der W. → *Laubenganghaus.

Nach der sozialen Gliederung der Bewohner bzw. nach deren Gewerbe unterscheidet man → Bauernhaus, → *Bürgerhaus, Ackerbürgerhaus und → *Handwerkerhaus (in verschiedenartigen Formen, z. B. Gerberhaus). W. des Adels in der Stadt (Stadtadel, Patriziat) nennt man → *Patrizierhaus, Palast (Palais), in Frankreich auch → *Hôtel (Adelshôtel). Befestigte W. der ma. Zeit sind → *Geschlechterturm, Wohnturm, Steinhaus, in Frankreich → *Donjon. Befestigte W. außerhalb oder am Rande einer Stadt sind Burg und Schloß. Eine unbefestigte Anlage außerhalb einer Stadt nennt man Villa oder Landhaus.

Nach der Konstruktion sind die W. als Holzhaus (→ *Umgebindehaus, Blockhaus, Fachwerkhaus) und Steinhaus zu unterscheiden.

A. v. Essenwein, Die roman. und die got. Baukunst, der W. (Hdb. der Architektur), 1892; M. Heyne, Das dt. Wohnungswesen, 1899; K. G. Stephani, Der älteste dt. W., 1902/03; O. Stiehl, Der W. des MA. (Hdb. der Architektur), ²1908; E. Osterloh, Frauenwünsche zum Wohnungsbau, 1951; K. Müller-Rehm, Wohnungsbauten von heute, 1955; Habitation 1945–1955, 1955ff.; K. L. Spengemann, Grundrißatlas, eine Typenkunde f. d. W., 1955; L. Tiedemann, Menschlich wohnen, 1956; H. Wandersleb hg., Hdb. des Städtebaues, Wohnungs- und Siedlungswesens, 1959; H. Hoffmann, Sozialer Wohnungsbau – international, 1962; O. Hoffmann, C. Repenthin, Neue urbane Wohnungsformen, 1966.

Wohnhaus, ein vorwiegend dem Wohnen dienendes Gebäude. Das W. ist je nach Zeit, Kultur, Klima und Bautechnik eine sehr verschiedenartige Erscheinung. Wir finden bereits in frühester Zeit neben Einraumwohnungen Baukomplexe von sehr differenzierter

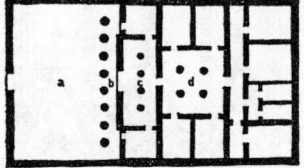

Ägypt. Wohnhaus

a Vorhof   c Quersaal
b Vorhalle   d Tiefe Halle

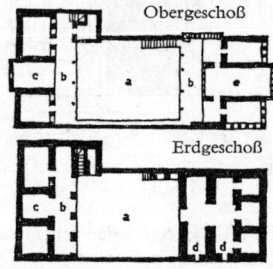

Obergeschoß

Erdgeschoß

Arab. Wohnhaus

a Hof   c Liwan
b Tarma   d Eingang
e Empfangsräume

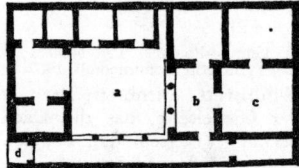

Griech. Wohnhaus

a Hof   c Megaron
b Vorhalle   d Eingang

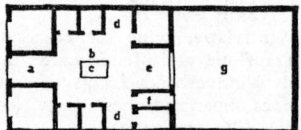

Röm. Wohnhaus

a Vorhaus   d Alae
b Atrium   e Speisesaal
c Impluvium   f Gang
        g Garten

Organisation (Ägypten, Kreta). Das ägypt. W. hat meist einen Vorhof, oft mit einem Wasserbassin, auf den eine Vorhalle, ein Quersaal und eine tiefe Halle, die von vielen Nebenräumen umgeben sind, folgen. Außer diesem Haus der Vornehmen gibt es aber auch ganz einfache Typen, die oft als Reihenhäuser aufgebaut sind. Das um einen Hof gruppierte Mittelmeerhaus entwickelte sich später auch in dem ähnlich disponierten arab. und span. W., dessen Innenhof Patio heißt, weiter. Beim arab. W. schließt an einer Seite des Hofes (in der Form des Peristyls: Tarma) eine zu diesem geöffnete Haupthalle (Liwan), wodurch der Grundriß T-Form annimmt (Qa'a, Ka'a). Die Empfangsräume heißen Mandara bzw. Maq'ad und Selamlik (auch für Männerteil), die Frauengemächer Harem (Harimlik) später auch Serail (urspr. allgemein ein Palast). Der Kiosk (urspr. ein Gartenhaus) ist die Vorstufe des türk. W., das seine Wohnräume im Obergeschoß meist symmetr. um eine mittlere Halle gruppiert. Die bereits in Troja und in Mykenae vorkommende Urform des griech. W. hat einen Vorhof, an den der rechteckige Herdraum (→ *Megaron) meist mit einer Vorhalle (Prostas) anschließt. Später wird das griech. W. differenzierter ausgebildet und mit einem Innenhof (Aula) versehen. Man unterscheidet den Speisesaal (Andron), Oecus (Saal) und die nur Männern (Andronitis) bzw. Frauen (Gynäkeion, Thalamos) vorbehaltenen Teile. In Italien gibt es eine Reihe von Steinbauten aus vor- oder frühgeschichtlicher Zeit (Tumulus, Nuragen), deren späte Nachläufer die → *Trulli, heute noch

in Süditalien als W. errichtet werden. Das etrusk. Haus war hingegen ein um einen Mittelraum gruppiertes Einhaus aus Holz. Das Mittelmeerhaus in seinen griech. und etrusk. Formen ist später für das röm. Haus bestimmend geworden. Über eine Vorhalle (Prodomus) gelangt man in das → *Atrium (urspr. der Herdraum), das ein Wasserbecken (Impluvium) enthält. An das Atrium schließen seitliche Räume (Alae) und an seiner Rückseite der Speisesaal (Tablinum, Triclinium) an. Vom Atrium kann ein Gang (Andron) zu dem allenfalls vorhandenen hinteren Hausteil (Postica, Posticum) führen, der sich um einen von Säulenhallen umgebenen Garten (Peristylhof) gruppiert, an dessen Rückseite sich eine Exedra befinden kann. In Mitteleuropa findet man eine große Vielzahl von → *„Einhäusern", also um einen Mittelraum (Halle) geschlossene W., die in ihrer Grundform dem → Bauernhaus folgen, jedoch meist mehrgeschossig angelegt waren. Daneben kommt auch noch das Hofhaus (→ *Bürgerhaus) und das → *Gehöft vor. Insgesamt findet man schon im MA. eine Vielzahl von W.-Typen, differenziert nach Landschaft und örtlicher Bautradition. Die Renaissance und die Barockzeit bevorzugte in Südeuropa wieder das um einen Innenhof gruppierte W. (Palast), während sich im Norden das bodenständige Hallenhaus hielt. Der moderne → Wohnbau verwendet z. T. die auch früher schon bekannten Typen, entwickelte aber auch völlig neue Ideen.

E. Violett le Duc, *Histoire d'une maison*, 1873; ders., *Histoire del'habitation humaine*, 1875; W. Lange, Das antike griech.-röm. W., 1878; H. Blümner, Haus (Denkmäler des klass. Altertums, hg. A. Baumeister), 1889; M. Meyne, Dt. Hausaltertümer, 1899ff.; K. G. Stephani, Der älteste dt. Wohnbau und seine Einrichtung, 1902; Baltzer, Das japan. Haus, 1903; H. Muthesius, Das engl. Haus, ²1908; F. Noack, Ovalhaus und Palast in Kreta, 1908; O. Reuter, Das W. in Bagdad und anderen Städten des Irak, 1910; ders., Ind. Paläste und W., o. J.; S. Rosenzweig, Das palästinens. W. zur Zeit der Mischnah, 1910; W. Schulz, Das german. Haus in vorgeschichtlicher Zeit, 1913; F. Behn, Das Haus in vorröm. Zeit, 1922; Pernice, Griech. und röm. Privatleben (Einleitung in die Altertumswiss.), ³1922; J. Weidenbacher, Die Fuggerei in Augsburg, 1926; F. Oelmann, Haus und Hof im Altertum, 1927; F. Wachtsmuth, Der Raum, 1929; Handwörterbuch des Wohnungswesens, 1930; H. Ricke, Der Grundriß des Amarna-W., 1932; C. Herold, Die Wohnstiftungen in Brügge (Die Wohnung 7), 1932/33; H. Phleps, Ost- und westgerman. Baukultur, 1934; R. Anheisser, Das ma. W. in dt. Landen, 1935; F. Schmidt, Geschichte der Wohnung (Wasmuth, Bd. 5), 1937; C. H. Baer, Dt. Wohn- und Feträume aus sechs Jh. (Bauformenbibliothek), o. J.; P. Schmitthenner, Das dt. Wohnhaus, 1950; L. Veltheim-Lottum, Kleine Weltgeschichte des städt. W., 1952; S. H. Eldem, *Türk evi plan tipleri*, Istanbul 1954; T. Yoshida, Das japan. W., ²1954; K. L. Spengemann, Grundrißatlas, eine Typenkunde für den Wohnungsbau, 1955; E. Meier-Oberist, Kulturgeschichte des Wohnens im abendländ. Raum, 1956; P. Peters, Atriumhäuser, städt. W. mit Gartenhöfen, 1961; M. Daub, Zweigeschossige Einfamilienhäuser oder freistehende Einfamilienhäuser? (Diss. Berlin), 1962; s. a. Miethaus, Wohnbau.

Wohntempel, ein auf einem Stufenberg (→ *Zikkurat) stehender Hochtempel Mesopotamiens, den man als Wohnung der Götter ansah.

Wohnturm, ein Turm, der ständig oder vorübergehend Wohnzwecken dient, in der ma. Stadt hauptsächlich → *Geschlechtertürme und → *Patrizierhäuser, in Burgen der → *Donjon. Im Gegensatz zum W., bei dem der

Wehrcharakter vorherrschend ist, nennt man turmähnliche Wohngebäude der neueren Zeit → Turmhaus.

Wölbung, → *Gewölbe, → *Gewölbeformen.

Wölbungsarten, → *Gewölbeformen, → *unechtes Gewölbe.

Wölbziegel, keilförmiger Ziegelstein (Formstein) für Wölbungen, vor allem bei sichtbar gemauerten Bogen.

Wolkenkratzer, ein Gebäude von überdurchschnittlicher Höhe, ähnlich dem Hochhaus bzw. Turmhaus. Die aus Amerika stammende Bezeichnung (Skyscraper) wird hauptsächl. für amerikan. Hochhäuser verwendet.

L. Mumford, Vom Blockhaus zum Wolkenkratzer, 1925.

Wolkenornament, normann.-roman. Ornamentform (→*Fries).

Wulst, → *Stab, Rundstab, Viertelstab u. dergl. als Element von Gesimsen, Friesen, an Säulenbasen: Torus (att. → *Basis).

Würfelkapitell, ein ma. → *Kapitell, dessen stereometr. Grundform aus einer auf dem Säulenschaft ruhenden Halbkugel gebildet wird, von der ein eingeschriebenes Quadrat Segmente abschneidet, so daß vier halbkreisförmige Ansichtsflächen entstehen, die glatt oder reliefiert sein können. Sonderformen sind das sog. Doppelw., das in jeder Ansichtsfläche zweimal die Form des W. zeigt, und das dem Trapezkapitell ähnliche sog. Ziegelw.

Lit.: → Kapitell.

Würfelfries, Schachbrettfries, ein ma. → *Fries aus schachbrettartig angeordneten vor- und zurückspringenden Elementen.

Xystos (griech.), Promenadeweg in den Gärten röm. Villen.

Yakata, Kultbauten der Tarasken in Altamerika auf einer Plattform mit runden Vorbauten (→ Tempelbau 4).

Z auch unter „C"

Zackenbogen, Vielpaß-, Fächerbogen, Bogen mit zahlreichen rahmenden Pässen an der Laibung (→ *Bogenformen).

Zahnfries, Deutsches Band, aus hochkantigen übereckgestellten Backsteinen bestehender→*Fries.

Zahnschnitt, aus Balkenköpfen abstrahierter Fries der kleinasiat. → Ionischen Ordnung. Eine Sonderform mit unten gerundeten Balkenköpfen nennt man Kälberzähne (→ *Korinthische Ordnung).

A. v. Gerkan, Betrachtungen zum ion. Gebälk (Jb. des dt. Archäolog. Inst. 61/62), 1946/47.

Zahnsteine, Verzahnungen an Mauerenden, die durch vor- und zurückspringende Backsteinschichten gebildet werden, um einen nahtlosen Weiterbau zu ermöglichen.

Zange, auf Zug beanspruchter, horizontaler Teil einer → *Dachkonstruktion, meist paarweise vorkommend.

Zangenfries, eine spätantike Sonderform eines → *Frieses.

Zapfen, → *Holzverbindung (Verzapfung) mit einem an der Querschnittsfläche eines Balkens u. dergl. vorspringenden Element kleineren Querschnittes, das in eine gleichgroße Negativform des zweiten Holzteils eingreift.

Zarge, der eingemauerte Rahmen eines → Fensters (Fensterz.) bzw. einer Tür (Türz.) aus Bohlen oder Vierkanthölzern.

Zargenfenster, Fenster mit ringsumlaufendem aus Bohlen bestehendem Rahmen (Zarge), der vor dem Aufmauern eingesetzt wird.

Zaun, Einfriedung aus Brettern (Bretterz.), Latten (Lattenz.), Draht (Drahtz.) oder anderem Material.

Zelle (lat.), Aufenthalts- und Schlafraum eines einzelnen Mönches (→ *Kartause) oder eines Gefangenen. Manchmal auch als Begriff für ein kleines Kloster gebraucht. Als Kern eines Tempels → Cella (→ *Adyton).

Zellenbeton, poröser Leichtbeton, der gute Isolierfähigkeit besitzt.

Zellengewölbe, spätgot. → *Gewölbeform, die durch Übereckstellung der Ziegel an den Graten entstehen. Die Flächen zwischen den Graten sind tief eingeschnitten und verputzt.

Zeltdach, Pyramidendach, über vieleckigem oder quadrat. Grundriß errichtetes, allseitig abgewalmtes Dach, dessen Flächen zu einer Spitze anstelle des Firstes zusammenlaufen (→ *Dachformen).

Zeltdachkonstruktion, durch den Architekten Frei Otto entwickeltes Flächentragwerk aus Polyester und PVC, dessen zugbeanspruchbare Haut bei Flächenkrümmung Kräfte aufzunehmen vermag.

Zeltstangensäule, eine ägypt. Sonderform der → *Säule mit glockenförmigem Kapitell und nach unten verjüngtem Schaft.

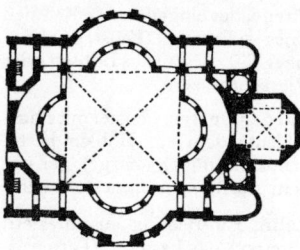

Zentralbau
Vierkonchenanlage (Beispiel: Mailand, S. Lorenzo)

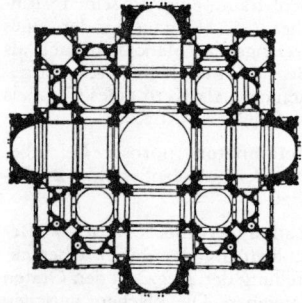

(Beispiel: Rom, St. Peter, Bramante-plan)

Zementestrich, Estrich, dessen Bindemittel Zement ist.

Zementmörtel, Mörtel, dessen Bindemittel Zement ist.

Zementputz, Putz aus Zement-mörtel, dem auch Kalk beige-mengt sein kann.

Zentralbau, ein Baukörper mit gleich oder annähernd gleich lan-gen Hauptachsen, so daß keine Richtung vorherrscht. Grundfor-men des Z. sind der Kreis, das Quadrat und das regelmäßige Vieleck. Differenziertere Formen sind das griech. Kreuz, die → *Kreuzkuppelkirche, die → Vier-

koncenanlage und Z. mit Um-gängen. Zu diesen Formen kön-nen noch kleinere rahmende Ele-mente treten, die dem Hauptraum untergeordnet sind, wie Recht-eckkapellen oder Apsiden. Der Z. ist in der Regel überwölbt. Die entsprechenden Gewölbeformen sind → *Kuppel und Klosterge-wölbe. Bei den differenzierten Formen steigen die Gewölbe von den äußeren Apsiden über Halb-kuppeln bis zur mittleren Haupt-kuppel an (osman. → *Moschee). Z. kommen in allen Epochen vor, wenn auch die Vorliebe für diese Bauform vor allem in ihren mo-numentalen Zeugnissen starken Schwankungen unterliegt. Der antike Rundbau (→ Tholos) fand im Pantheon zu Rom einen ersten Höhepunkt. Z. kommen auch in der byzantin. Baukunst (Konstan-tinopel, S. Sergius und Bacchus), in der türk.-osman. Baukunst (Istanbul, Sultan-Ahmed-Mo-schee), in der Renaissance (Todi, S. M. della Consolazione), in der

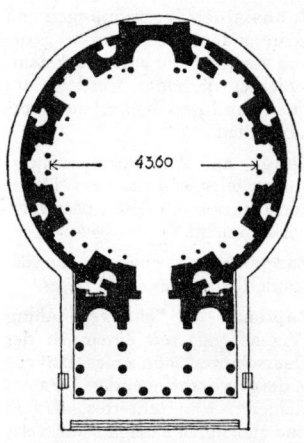

(Beispiel: Rom, Pantheon)

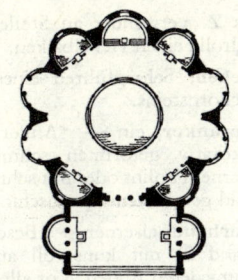

(Beispiel: Rom, Minerva Medica)

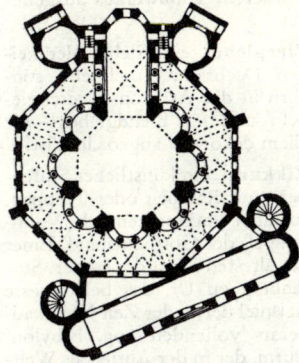

(Beispiel: Ravenna, San Vitale)

Barockzeit (Dresden, Frauenkirche), auch über ovalen Grundrissen (Wien, Karlskirche) und in der modernen Baukunst vor (Breslau, Jahrhunderthalle; Dortmund, Westfalenhalle).

J. R. Rahn, Über den Ursprung und die Entwicklung des christl. Zentral- und Kuppelbaues, 1866; H. Geymüller, Die ursprüngl. Entwürfe von St. Peter in Rom, Paris 1875; C. A. Javanovits, Forschungen über den Bau der Peterskirche zu Rom, 1877; H. Strack, Central- und Kuppelkirchen der Renaissance in Italien, 1882; O. Wulff, Altchristl. und byzantin. Kunst, 1914; W. R. Zaloziecky, Die Sophienkirche in Konstantinopel und ihre Stellung in der Geschichte der abendländ. Architektur, 1936; D. Boniver, Der Zentralraum, 1937; s. a. Kuppel.

Zentralperspektive, Zentralprojektion (→ *Perspektive).

Zentralraum, Raum mit gleich oder annähernd gleich langen Hauptachsen, z. B. der Innenraum eines → *Zentralbaues.

D. Boniver, Der Z., 1937.

Zeughaus, Arsenal, Gebäude, das dem Waffenlager einer Stadt dient. Bekannte Z. besitzen Danzig, Augsburg, Berlin.

Ziborium (griech.-lat.), 1. Tabernakel; 2. auf Säulen ruhender Aufbau (Baldachin) über einem Altar. In frühchristl. Zeit, als es in der Basilika nur einen Altar gab, der meist über einem Märtyrergrab stand, sollte das Z. die Altarstätte bes. auszeichnen und zugleich schützen. Nach Einführung von Nebenaltären im frühen MA. wurden auch diese mit Ziborien versehen, die darum häufig vor einer Wand standen oder aus ihr vorsprangen und sich zu bes. Schmuckstücken des Kirchenraums entwickelten. Sie wurden in got. Zeit mit architekton. Zierrat und figürl. Schmuck reich ausgestattet (z. B. im Wiener Stephansdom und im Dom zu Re-

Ziborium

gensburg). Für die monumentale Entwicklung des Z. im Barock wurde das Z. Berninis über dem Hochaltar der Peterskirche in Rom weithin maßgebend; 3. Z. heißt auch ein Deckelkelch aus Edelmetall, der die geweihte Hostie enthält.

J. Braun, Der christl. Altar, 1924; ders., H. Eggert, Altarziborium (RDK), 1937.

Ziboriumaltar, Altar unter einem → *Ziborium.

Zickzackfries, normann.roman. → *Fries.

Ziegel, 1.→Backstein (Backsteinbau, Backsteingotik, → *Mauerverband); 2. Dachziegel (→ *Dachdeckung, Biberschwanz, Mönch, Nonne, Falzziegel, Pfanne); 3. luftgetrockneter Lehmz., hauptsächlich bei Profanbauten der Ägypter, Assyrer, Babylonier, Perser, Hethiter und anderer Kulturen.

Lit.: → Backstein.

Ziegelboden, Bodenpflaster aus flach (Flachschicht) oder hochkant verlegten Backsteinen.

Ziegellatte, → Dachlatte, → *Dachdeckung.

Ziegelwürfelkapitell, ein aus Ziegeln gemauertes Kapitell in der Art eines Trapezkapitells (→ Kapitell), jedoch mit abgeschliffenen Kanten.

Ziehbrunnen, → *Brunnen, aus dem das Wasser in einem Eimer hochgezogen wird. Das Gerüst mit einer Seilrolle oder einem Rad zum Aufziehen des Eimers besteht aus zwei oder mehreren Stützen mit darüberliegendem Balken. In der Renaissance sind Z. oft sehr reich ausgebildet, so in Wertheim, Mainz oder Oberehnheim (Elsaß). Eine einfache Form

des Z. verwendet an Stelle der Seilrolle einen Hebelbalken.

Ziehen, Schrägführen eines → *Schornsteins.

Zieranker, ein → *Anker mit dekorativ geformtem schmiedeeisernem Splint oder mit schmückend gerahmtem Spannschloß.

Zierband, eiserner → *Beschlag (Band 3) mit kunstvoll ausgeschmiedeten Enden. Vor allem in der Gotik wurden Z. in Form stilisierten Laubwerkes ausgebildet.

Ziergiebel, ein Giebel, der keinen Dachraum abschließt, sondern in der Art von Zwerchgiebeln und → Blendgiebeln vor allem dekorativ angeordnet ist.

Zikkurat, ein künstlicher Stufenberg mit Rampen oder Treppen, auf dem ein Hochtempel (Wohntempel) der Gottheit stand. Einer der ältesten Z. ist der sumer. Stufenberg zu Ur, das bekannteste Beispiel der in der Zeit Nebukadnezars vollendete sog. babylon. Turm, der in der Antike als Weltwunder galt. Der Z. von Babylon wurde in der Zeit Alexanders des

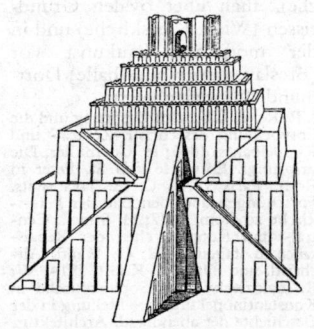

Zikkurat
(Beispiel: Babylon, Turm)

Gr. abgetragen, um durch einen Neubau ersetzt zu werden, zu dem es aber nicht mehr kam.

E. Unger, Der Turm zu Babel (Zs. f. Alttestamentar. Wiss.), 1927; H. Lenzen, Die Entwicklung der Z. (Diss. Dresden) 1942; K. G. Siegler, Der Ur-Turm, Entwicklungsgeschichte der babylon. Z. (Diss. Stuttgart), 1949; H. Minkowsky, Der Turm zu Babel, 1960.

Zimmerflucht, mehrere Zimmer, die an einer Türflucht gereiht sind (→ *Enfilade).

Zingel, Bering, Mantelmauer, Ringmauer einer → *Burg.

Zinken, eine → *Holzverbindung, bei der die Ecken rechtwinklig aufeinanderstoßender Bretter durch zinnen- oder schwalbenschwanzförmige Ausschnitte miteinander verbunden sind (hauptsächlich Tischlerarbeiten bzw. Möbelbau).

Zinne, eine Brustwehr an Stadtmauern, Wehrgängen und Mantelmauern von Burgen. Später nur noch dekorativ als Mauerbekrönung. Sonderformen der Z. sind

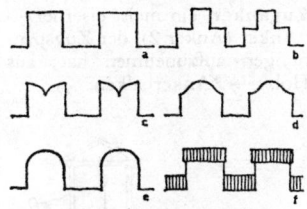

Zinne

a Zinne · d Karniesbogenzinne
b Stufenzinne e Rundbogenzinne
c Kerbzinne f Dachzinne

die Kerbz. (Schwalbenschwanzz.) mit einem mittleren Einschnitt zum Auflegen einer Schußwaffe, die in abgetreppter Form ausgeführte Stufenzinne (hauptsächlich mesopotam., pers., parth. und islam. Baukunst). Oben halbrund

begrenzte Z., die der Schildform nachgebildet sind, kommen bereits in der ägypt. Baukunst vor. In der Renaissance kommen Z. mit konkav-konvexem Bogenabschluß vor. Die obere Endigung der Z. ist oft satteldachförmig ausgebildet (Dachzinne).

Zinnenfries, roman. → *Fries mit Zinnenformen.

Zinnenkranz, Folge von → Zinnen an einem Turm oder auf der Mauerkrone eines Baukörpers.

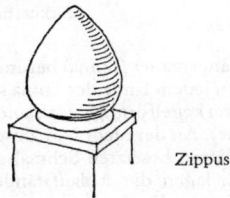

Zippus

Zippus (lat., Mz. Zippen), urspr. ein eiförmiger Felsen oder größerer Stein, der aufgerichtet und beschriftet den Römern als Wegmal diente; auch ein kleiner, eiförmiger Denkstein auf einem Grabmal.

Zirkel, 1. Gerät mit zwei verstellbaren Schenkeln zum Zeichnen von Kreisen oder zum Messen; 2. im Kreis oder Halbkreis angeordnete Bauten, vor allem bei barocken → Gärten (Schwetzingen) → *Orangerie.

Zirkus (lat. Circus = Kreis), urspr. für Pferde- und Wagenrennen, später auch für andere „circensische" Spiele bestimmte Rennbahn der Römer. Der Z. war eine langgestreckte, an beiden Längsseiten und an einer der halbrunden Schmalseiten von ansteigenden Sitzreihen umschlossene Arena, deren Bahn um eine breite

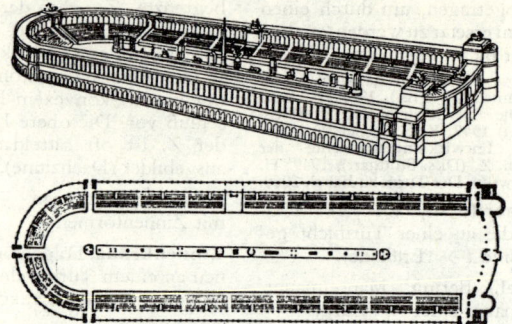

Zirkus (Beispiel: Rom, Circus Maximus)

Längsmauer (Spina) herumführte. An jedem Ende der Spina standen drei kegelförmige Zielsäulen (Metae). An der nicht von Zuschauerplätzen besetzten Schmalseite des Z. lagen die Ablaufstände (Carceres), die beiderseits an einen Turm (Oppidum) grenzten. Der größte Z. war der sog. Circus Maximus in Rom, dessen Tribünen urspr. aus Holz, später aus Stein errichtet waren und der mehrmals erweitert wurde; bei einer Größe von ca. 110/600 m faßte er 150 000 Zuschauer.

Pollack, Circus (Realenzyclopädie der class. Altertumswiss., hg. Pauly-Wissowa), 1899; O. Richter, Topographie der Stadt Rom, 1901.

Zisterne, ein meist unterird. Sammelbecken für Regenwasser, das von großen gepflasterten Flächen aufgefangen wurde.

Zitadelle (ital.), eine bes. befestigte Hauptverteidigungsanlage einer → Festung, an deren Rand oft auf einer Anhöhe gelegen und auch gegen die anderen Befestigungsanlagen (bzw. gegen die Stadt) von Gräben geschützt und durch ein Schußfeld (→ Esplanade) getrennt (→ *Idealstadt).

Zone, geschoßähnlicher, horizontaler Wandstreifen des → *Wandaufbaues im Mittelschiff einer Basilika.

Zophoros (griech.), Bilderfries der att. → *Ionischen Ordnung.

Zubuli, Tubuli, senkrechte Heizkanäle in den Wänden röm. Bauten und vor allem der → Thermen (→ *Hypokausten).

Zuganker, ein meist eiserner → *Anker (Anker 2), der Zugspannungen aufzunehmen hat; aus Holz: → *Ankerbalken.

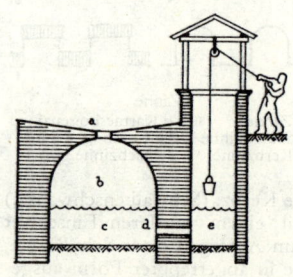

Zisterne
a Auffangfläche   b Zisterne
c Schlammfang   d Überlauf
e Brunnen

Zugbrücke, → *Brücke, die auf-
geklappt werden kann und zum
Verschluß von Burgtoren dient
(→ Burg).

Zunfthaus, Gesellschaftshaus
einer Handwerkerzunft, meist mit
einem größeren Saal (→ *Bürgerbauten).

Zungenstein, Bund, Wirtel, ein
Stein, der eine Wandsäule kon-
struktiv mit der Mauer verbindet
(→ *Schaftring).

Zweibündig, zweihüftig, Anordnung von zwei Zimmerfluchten
an einem Mittelgang.

Zweischichtengewölbe, → Gewölbeform der Spätgotik, unter
deren figurierter Gewölbeschale
noch eine von dieser losgelöste
Rippenfiguration vorhanden ist.
K. H. Clasen, Dt. Gewölbe der Spätgotik, [2]1961.

Zweischlitz, Diglyph, Sonderform einer → Triglyphe (→*Steg)
ohne seitliche Halbschlitze.

Zweischneuß, eine Figur des
got. → Maßwerks, bei der zwei
→ *Schneuße (Fischblasen) in
einen Kreis eingefügt sind.

Zweiturmfassade, Doppelturmfassade, eine Fassade, die von zwei
meist symmetr. Türmen flankiert
wird. Die Z. ist der bei monumentalen Sakralbauten im abendländ. Bereich von der karoling.
Epoche bis zum 19. Jh. am häufigsten verwendete Fassadentyp
(→ *Turmfassade).

Zwerchdach, Querdach,→*Auslucht 2, ein Dach mit quer zum
Hauptdach verlaufendem First.

Zwerchgiebel, → Blendgiebel,
ein Giebel vor einem → Zwerchdach (→ *Auslucht).

Zwerchhaus, Lukarne, ein über
einer Fassade aufsteigender, nicht

zurückgesetzter Dachaufbau, der
von einem Zwerchdach abgeschlossen wird. Im Gegensatz
zum Zwerchgiebel hat das Z. zwei
senkrechte, seitliche Begrenzungen von mindestens einem Geschoß Höhe (→ *Dachfenster →
*Typenhaus).

Zwerggalerie, ein von kleinen
Säulen gegliederter Laufgang unter dem Dachgesims einer Kirche,
vorwiegend an der Apsis (→
*Dreikonchenanlage). Nur bei
einigen Bauten (Ferrara, Kathedrale; Speyer, Dom) umzieht die
Z. das ganze Bauwerk. Die Z.
kommt hauptsächlich in der roman. Baukunst Oberitaliens und
des Rheinlandes vor (→ *Kaiserdom).
G. Kahl, Die Z., 1939.

Zwickel, Eckzwickel, Teilgewöl-
be (→ *Trompe), das zu einer →
*Kuppel oder zu einem Kloster-
gewölbe überleitet. Ein Z. in
Form eines sphär. Dreiecks ist der
→ Pendentif.

Zwickelkuppel, → *Kuppel, die
über vom Quadrat des Unterbaues
überleitenden Zwickeln (meist
Pendentifs) aufgebaut ist.

Zwiebeldach, Welsche Haube,
Kaiserdach, ein unten konvex
und oben konkav geschwungenes
Haubendach (→ *Dachformen).

Zwiebelkuppel, → *Kuppel mit
einem Zwiebeldach (→ *Denkmalkirche).

Zwiebelturm, Turm mit einem
Zwiebeldach (→ *Dachformen).

Zwiehof, Paarhof, ein Bauernhaus, dessen Wohnhaus und Stall
getrennt nebeneinander stehen.
Der Z. kommt hauptsächlich in
den Ostalpen vor (Abb. S. 426).

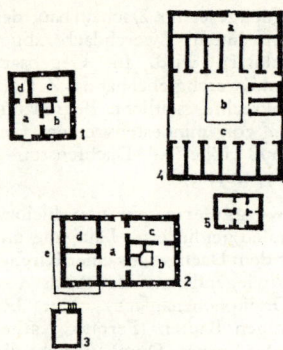

Zwiehof
1 Altenwohnhaus
  a Laube
  b Rauchstube
  c Nebenstube
  d Kammer

2 Wohnhaus   3 Speicher
  a Laube   4 Stall
  b Rauchstube   a Futter
  c Nebenstube   b Mist
  d Keller   c Durchfahrt
  e Holzlage   5 Schweinestall

J. Japesch, H. Riehl, W. v. Semet-
kowski hg., Heimatliches Bauen im
Ostalpenraum, 1941.

Zwillingsfenster, → *gekuppeltes Fenster.

Zwillingskapelle, zwei Kapellen
am Ostende eines Querhausarmes
(→ *Querhaus).

Zwinger, der Bereich zwischen
Vor- und Hauptmauer einer →
*Burg oder einer → Stadtbefesti-
gung, → *Stadtmauer.

Zwischenbalken, Fehlbalken,
Leerbalken, ein zwischen den
einen Fußboden tragenden Balken verlaufender Balken, der nur
die Deckuntersicht trägt, z. B. bei
kostbaren Stuckdecken, die nicht
erschüttert werden dürfen (→
*Decke).

Zwischendecke, Decke, die zwischen zwei Geschoßdecken die
Raumhöhe unterteilt oder ver-
mindert. Die Z. kann auch begehbar sein, wodurch ein Zwischengeschoß (Entresol, Mezzanin) entsteht.

Zwischenwand, Trennwand,
eine nichttragende Scheidewand
zwischen zwei Räumen.

Zwölfort, Zwölfspitz, Figur aus
zwei überlagerten regelmäßigen
Sechsecken, die analog dem →
*Sechsort einem Kreis einge-
schrieben sind.

Zyklopenmauerwerk, ein aus
bes. großen, unregelmäßigen,
manchmal aber sehr gut gefügten
Natursteinen bestehendes →
*Mauerwerk. Z. kommt haupt-
sächlich in der myken. Epoche
(Tiryns, Mykenae), bei den Hethitern und bei Inkabauten vor.

L. Julius, Kyklopenbau (Denkmäler des
klass. Altertums hg. A. Baumeister),
1889.

ANHANG

Auswahl praktischer Beispiele
von Prototypen der Baukunst

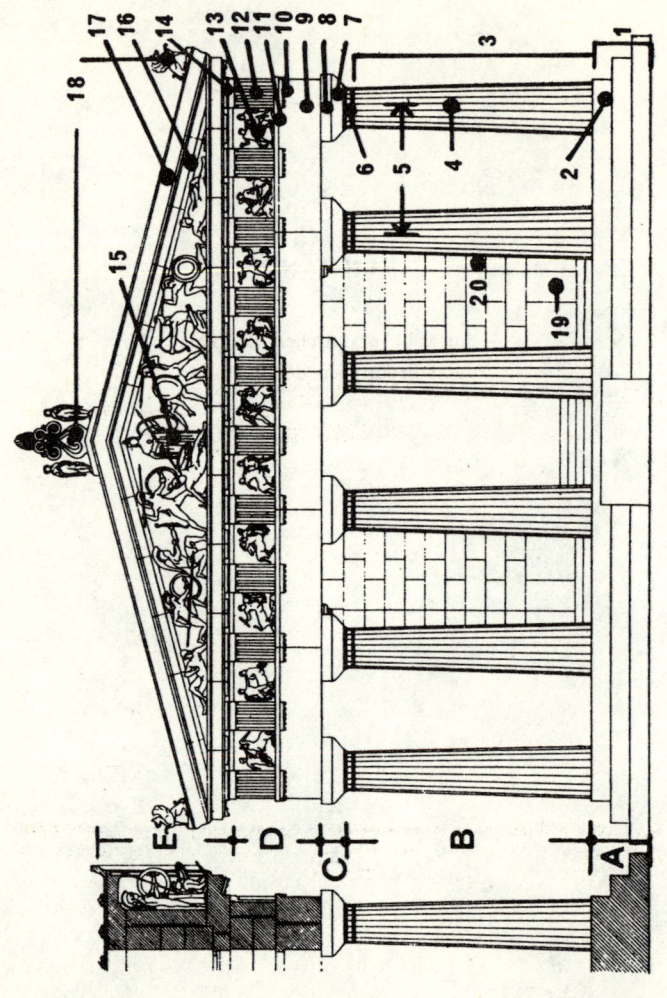

Dorischer Tempel

A *Stereobat*
1 Krepis, Krepidoma
2 Stylobat, Euthynterie

B *Säule*
3 Schaft mit Entasis
4 Kanneluren
5 Interkolumnium

C *Kapitell*
6 Säulenhals
7 Echinus
8 Abakus

D *Gebälk*
9 Epistyl
10 Regulae (mit Guttae)
11 Taenia
12 Triglyphen
13 Metopen
14 Hängeplatte (Mutulus)

E *Giebel*
15 Tympanon
16 Schräggeison
17 Sima
18 Akroterien

Cella
19 Orthostaten
20 Antenpfeiler

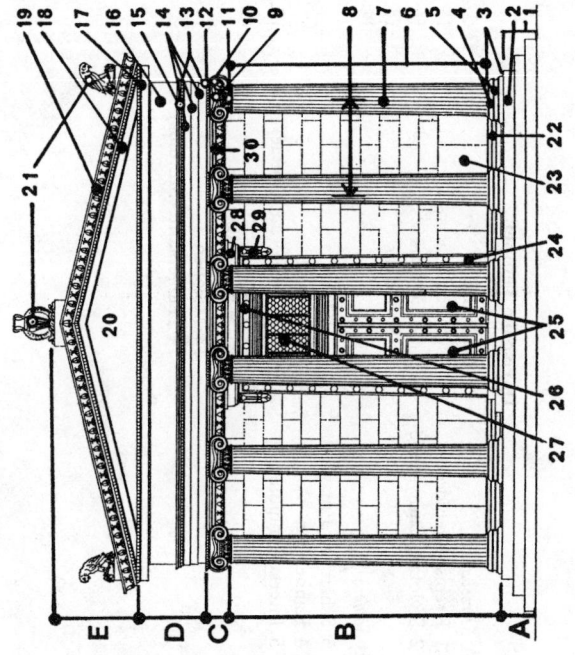

Ionischer Tempel

A *Stereobat*
1 Krepis, Krepidoma
2 Stylobat, Euthynterie

B *Säule*
3 Basis
4 Torus
5 Trochilus
6 Schaft mit Entasis
7 Kanneluren
8 Interkolumnium

C *Kapitell*
9 Wulstkörper mit Eierstab
10 Voluten
11 Palmettenfries
12 Abakus

D *Gebälk*
13 Epistyl, Architrav
14 Faszien
15 Kyma
16 Fries

E *Giebel*
17 Geison
18 Schräggeison
19 Sima
20 Tympanon
21 Akroterien

Cella
22 Sockel
23 Orthostaten
24 Türrahmung
25 Türflügel (Rahmen und Füllung)
26 Türsturz
27 Oberlicht
28 Türverdachung
29 Konsole
30 Deckengesims

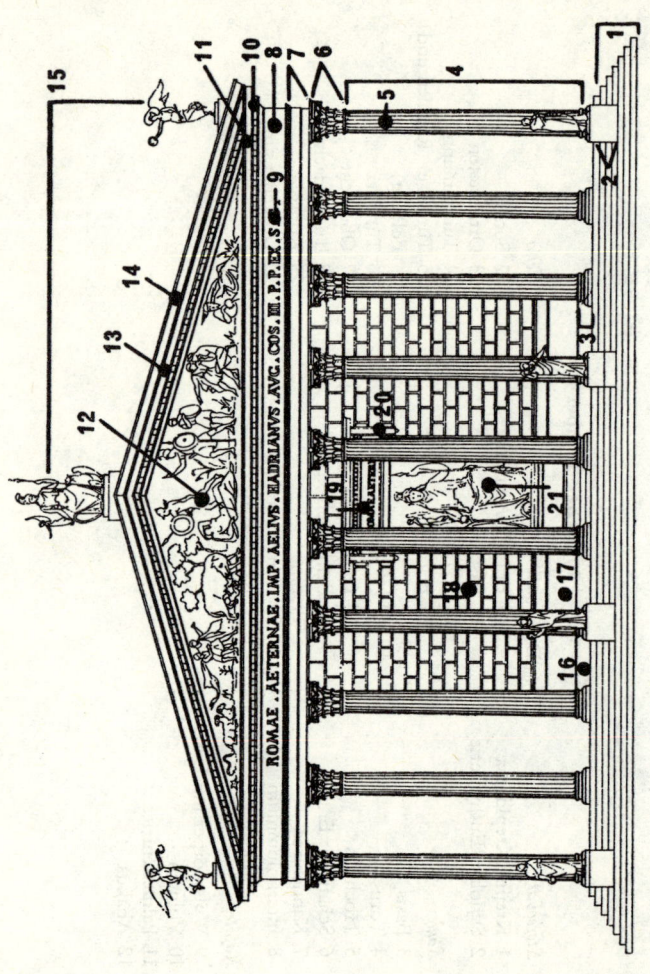

ROMAE . AETERNAE . IMP . AELIVS . HADRIANVS . AVG . COS . III . P . P . EX . S — 9

Römischer Tempel

1 Krepis, Krepidoma
2 Postament
3 Basis
4 Säulenschaft
5 Kanneluren
6 Korinthisches Kapitell
7 Epistyl, Architrav
8 Fries
9 Bauinschrift
10 Konsolgesims
11 Geison
12 Tympanon
13 Schräggeison
14 Sima
15 Akroterien
16 Sockel
17 Orthostaten
18 Cellamauer
19 Türverdachung
20 Konsole
21 Götterbild

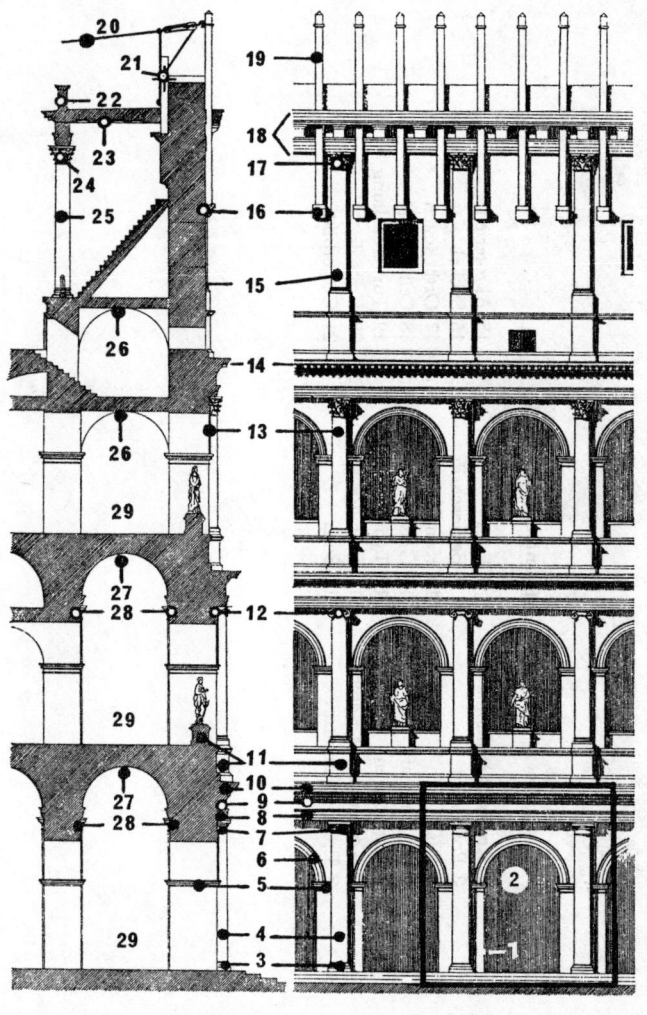

Römisches Theater

1 Säulenbogenstellung
2 Arkade
3 Basis
4 Wandsäule
5 Kämpfergesims
6 Architravierter Bogen
7 Römisch-dorisches Kapitell
8 Gebälk
9 Fries
10 Gesims
11 Postament
12 Römisch-ionisches Kapitell
13 Korinthische Ordnung
14 Konsolgesims
15 Pilaster
16 Konsole
17 Korinthisches Pilasterkapitell
18 Konsolgesims (Kranzgesims)
19 Masten für Sonnensegel
20 Taue für Sonnensegel
21 Aufziehwinde für Sonnensegel
22 Brüstung
23 Kassettendecke
24 Korinthisches Kapitell
25 Säule
26 Ringtonne mit Stichkappen
27 Ringtonne
28 Kämpfergesims
29 Stockwerksumgang

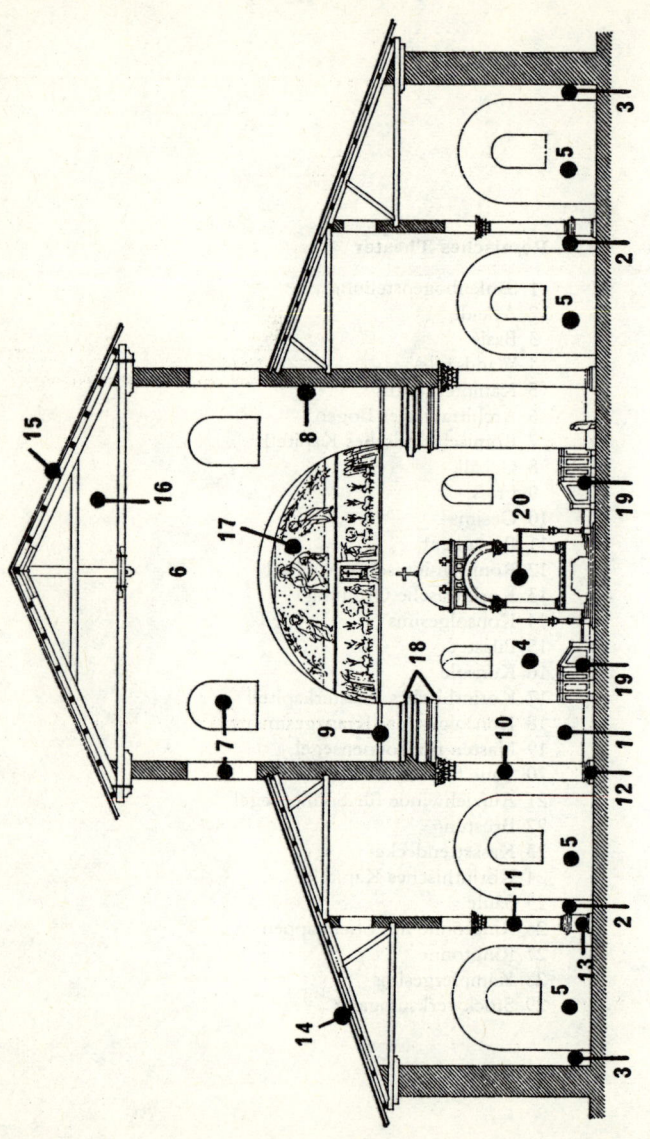

Altchristliche Basilika

1 Mittelschiff
2 Inneres Seitenschiff
3 Äußeres Seitenschiff
4 Hauptapsis
5 Nebenapsis
6 Hochschiff
7 Hochschiffenster
8 Hochschiffwand
9 Kämpfergesims
10 Kolonnaden
11 Arkaden
12 Basis
13 Postament
14 Seitenschiffdach (Pultdach)
15 Mittelschiffdach (Satteldach)
16 Offener Dachstuhl
17 Apsisgewölbe (Halbkuppel)
18 Gebälk
19 Ambonen
20 Ziborium

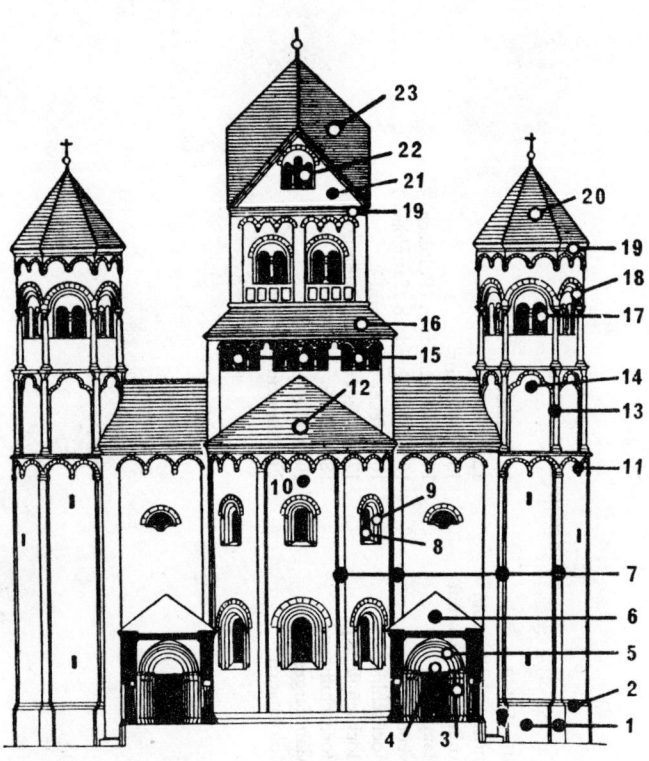

Romanische Kirchenfassade

1 Sockel
2 Sockelgesims
3 Portalgewände
4 Portaltympanon
5 Archivolte
6 Satteldach
7 Lisene
8 Apsisfenster
9 Fenstergewände
10 Apsis
11 Rundbogenfries
12 Halbkegeldach
13 Wandsäule
14 Kleeblattbogen
15 Zwerggalerie (Fensterarkaden)
16 Pultdach
17 Gekuppeltes Fenster
18 Blendbogen
19 Dachgesims
20 Pyramidendach
21 Giebeldreieck
22 Drillingsfenster
23 Rautendach

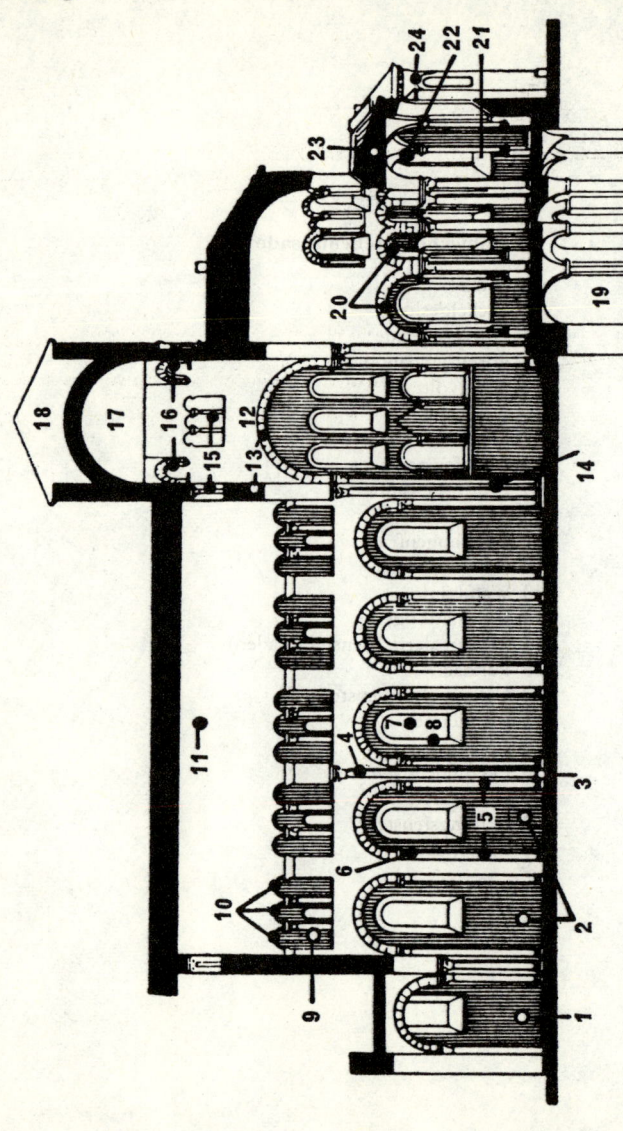

Romanische Emporenbasilika

1 Vorhalle
2 Arkaden
3 Sockel
4 Dienst
5 Säulenvorlagen
6 Kapitell
7 Seitenschiffenster (Rundbogenfenster)
8 Fensterlaibung
9 Empore
10 Drillingsöffnungen
11 Tonnengewölbe
12 Vierung

13 Vierungsbogen
14 Vierungspfeiler
15 Drillingsfenster
16 Trompen
17 Kuppel
18 Vierungsturm
19 Hallenkrypta
20 Chorarkaden
21 Chorumgang
22 Ringtonne mit Stichkappen
23 Ringpultdach
24 Radialkapelle

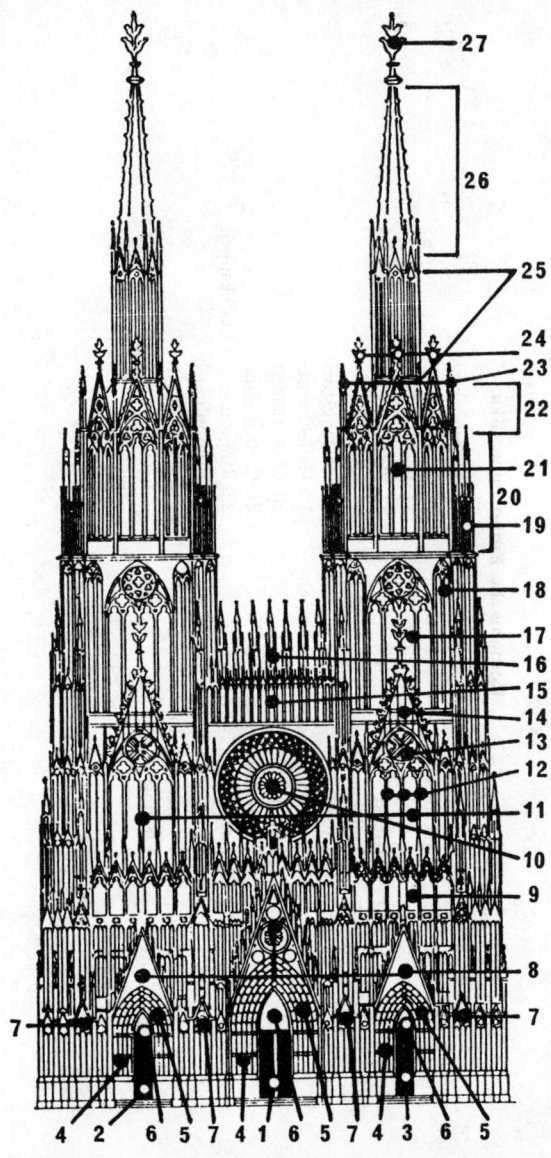

Gotische Zweiturmfassade

1 Hauptportal
2 Linkes (nördliches) Seitenportal
3 Rechtes (südliches) Seitenportal
4 Gewände
5 Archivolten
6 Tympanon
7 Wimperg
8 Portalwimperg
9 Galerie
10 Fensterrose
11 Maßwerkfenster
12 Stabwerk
13 Maßwerk
14 Fensterwimperg
15 Galerie
16 Fialbaldachin
17 Turmfenster
18 Blendfenster
19 Fialturm
20 Turmoktogon
21 Oktogonfenster
22 Pyramidenstumpf
23 Fiale
24 Kreuzblumen
25 Laterne
26 Pyramide
27 Kreuzblume

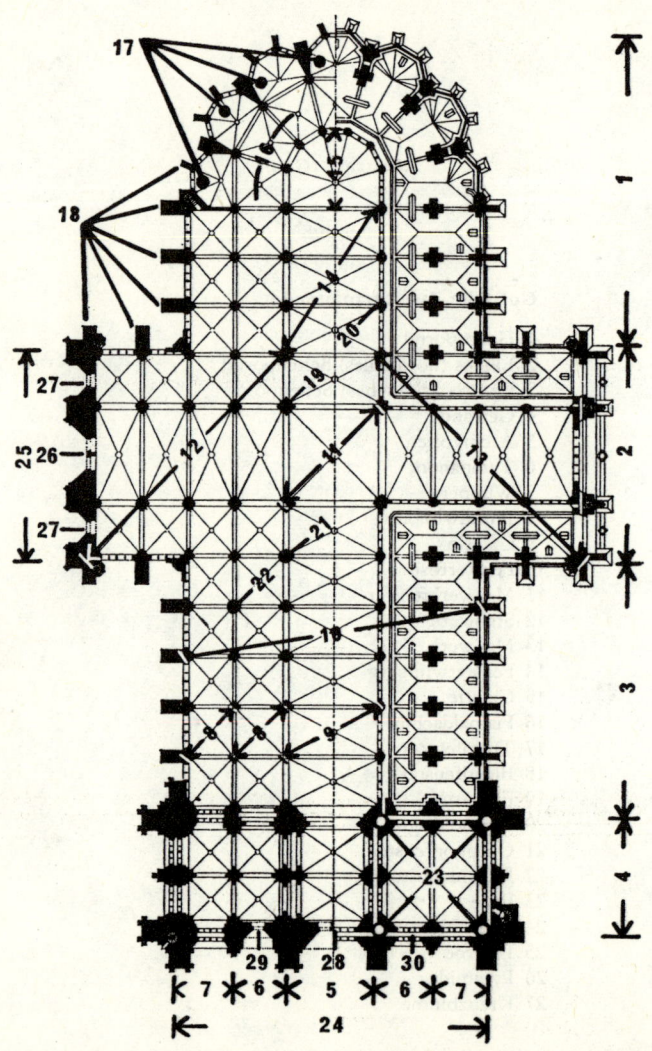

Gotische Kathedrale (Grundriß)

1 Chor
2 Querhaus (Querschiff)
3 Langhaus (Langschiff)
4 Turmfront
5 Mittelschiff
6 Inneres Seitenschiff
7 Äußeres Seitenschiff
8 Seitenschiffeld
9 Mittelschiffeld
10 Joch (Jochfeld)
11 Vierung
12 Nördlicher Querhausarm
13 Südlicher Querhausarm
14 Chor
15 Chorpolygon
16 Chorumgang
17 Kapellenkranz
18 Strebepfeiler
19 Vierungspfeiler
20 Chorpfeiler
21 Mittelschiffpfeiler
22 Seitenschiffpfeiler
23 Turmpfeiler
24 Westfassade
25 Querhausfassade
26 Querhausmittelportal
27 Querhausseitenportal
28 Hauptportal
29 Linkes (nördliches) Seitenportal
30 Rechtes (südliches) Seitenportal

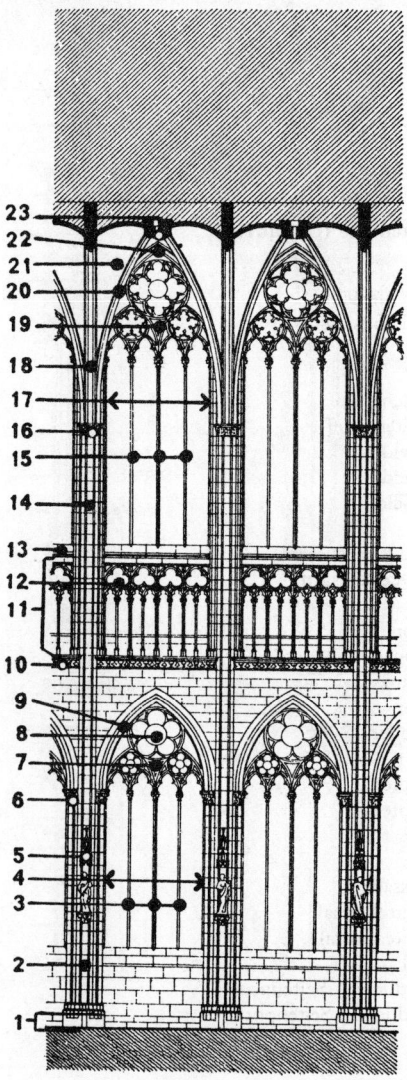

**Gotischer Wand-
aufbau innen**

1 Pfeilersockel
2 Bündelpfeiler
3 Stabwerk
4 Seitenschiffenster
5 Figurenbaldachin
6 Kapitell
7 Maßwerk
8 Sechspaß
9 Bogengewände
10 Blattgesims
11 Triforium
12 Dreipaß
13 Sohlbank
14 Dienstbündel
15 Stabwerk
16 Kapitell
17 Hochschiffenster
18 Gurtbogen
19 Maßwerk
20 Kreuzrippe
21 Kappe
22 Schildrippe
23 Schlußstein

**Gotischer Wand-
aufbau außen**

1 Sockel
2 Sockelgesims
3 Sohlbank
4 Strebepfeiler
5 Kaffgesims
6 Stabwerk
7 Seitenschiffenster
8 Maßwerk
9 Sechspaß
10 Fenstergewände
11 Blattgesims
12 Maßwerkgalerie
13 Seitenschiff-
   walmdach
14 Triforienfenster
15 Fenstergalerie
16 Stabwerk
17 Fialturm
18 Hochschiffenster
19 Maßwerk
20 Fenstergewände
21 Blendmaßwerk
22 Dachgesims
23 Dachgalerie
24 Fensterwimperg
25 Kreuzblume
26 Fiale

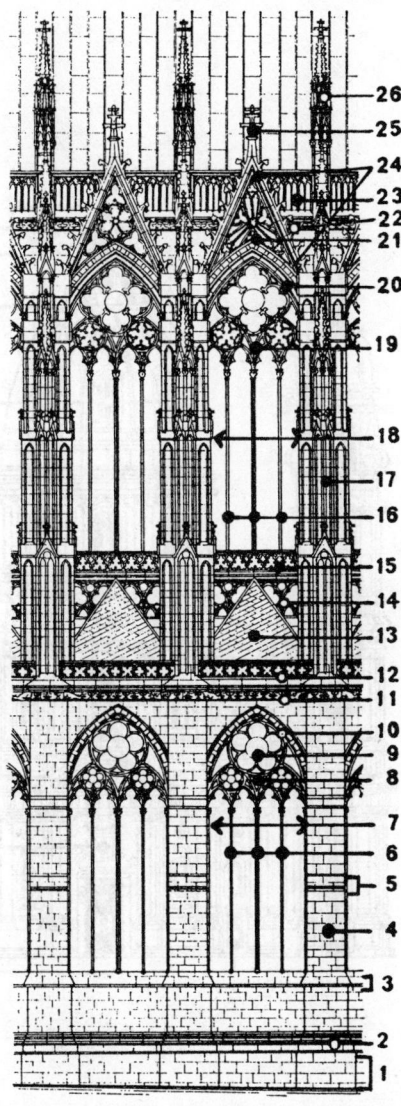

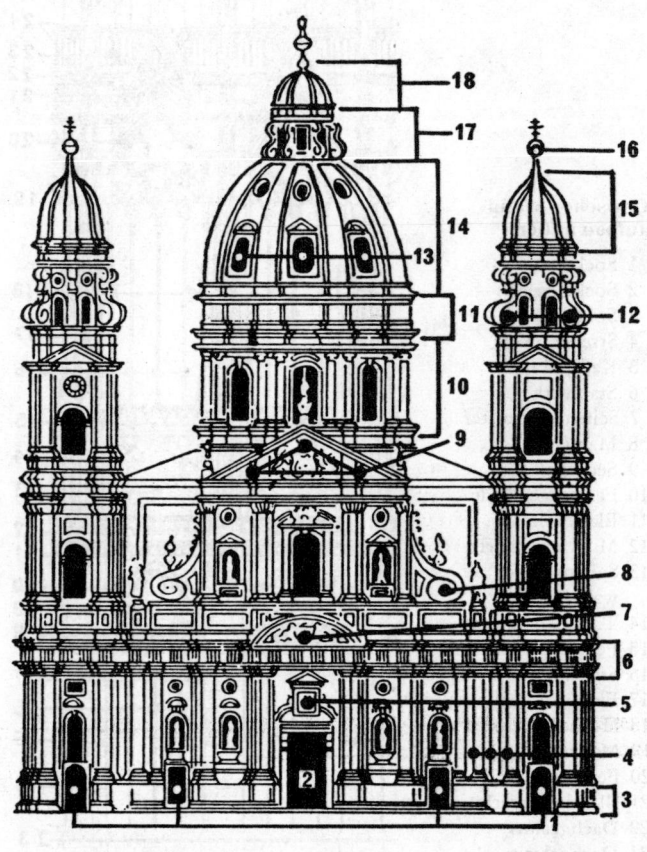

Barocke Kirchenfassade

1 Seitenportale
2 Hauptportal
3 Sockel
4 Pilaster
5 Supraporte
6 Hauptgebälk
7 Segmentgiebel
8 Voluten
9 Frontispiz
10 Tambour
11 Attika
12 Eckvoluten
13 Kuppelfenster
14 Spitzkuppel
15 Turmhelm
16 Helmknauf
17 Laterne
18 Kuppel der Laterne

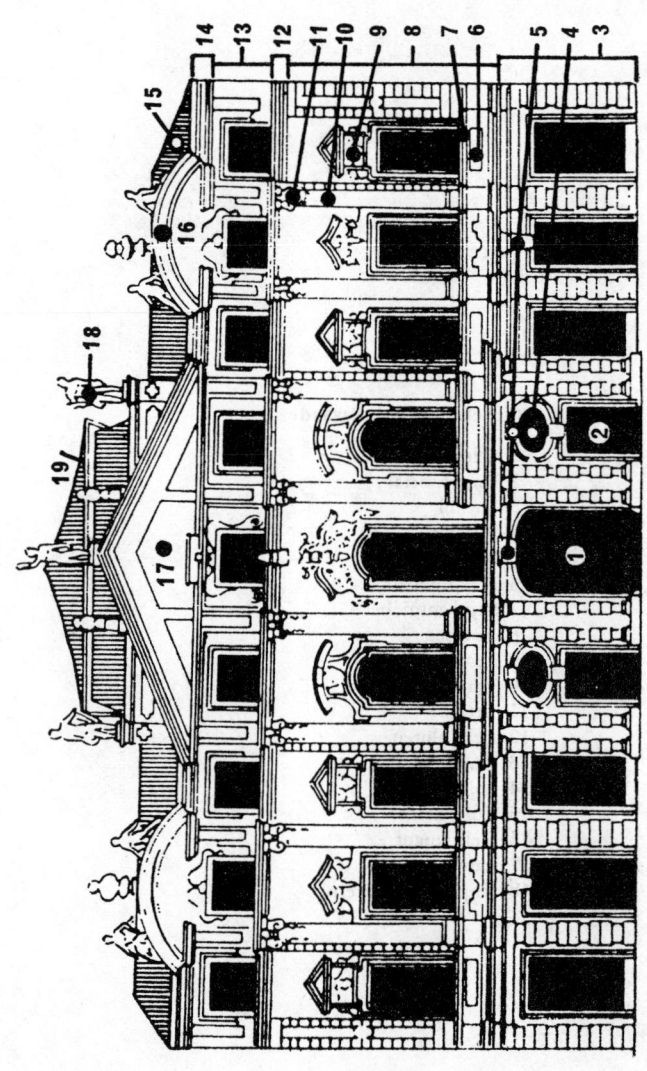

Barocke Palastfassade

1 Hauptportal
2 Nebenportal
3 Sockelgeschoß
4 Ochsenauge
5 Schlußstein
6 Fensterbrüstung
7 Fensterbankgesims
8 Hauptgeschoß
9 Fensterverdachung
10 Pilaster

11 Pilasterkapitell
12 Hauptgesims
13 Attikageschoß
14 Dachgesims
15 Walmdach
16 Segmentgiebel
17 Frontispiz
18 Giebelplastik
19 Mansarddach